Beduinen im Negev
Vom Zelt ins Haus

Elisabeth Biasio

Beduinen im Negev
Vom Zelt ins Haus

mit Beiträgen von

Sālīm Abū-Hānī · Kher Albaz · Tovi Fenster
Widad Kawar · Birgit Mershen · Ursula Rahm-Mottl

Verlag Neue Zürcher Zeitung

Folgende Personen und Institutionen haben die Publikation dankenswerterweise mit einem finanziellen Beitrag unterstützt:

Kathrin Aemisegger †
Ernst Göhner Stiftung, Zug
Völkerkundemuseum der Universität Zürich
Vontobel-Stiftung
Zürcher Hochschul-Verein

Fotos der nichttextilen Objekte:
Erich Frei, Völkerkundemuseum Zürich
Fotos der Textilien:
Peter Nebel, Völkerkundemuseum Zürich
Zeichnungen textiler Techniken:
Elisabeth Schillinger, Völkerkundemuseum Zürich
Übersetzungen:
Helga Tobias, Zürich
Peter R. Gerber, Völkerkundemuseum Zürich
Lektorat:
Heinz Lippuner, Grüt
Redaktion:
Peter R. Gerber, Völkerkundemuseum Zürich
Gestaltung, Satz, Fotolithos, Karten und Zeichnungen:
Andreas Brodbeck, Forch
Druck:
NZZ Fretz AG, Schlieren
Einband:
Buchbinderei Eibert AG, Eschenbach

Herausgegeben vom Völkerkundemuseum der Universität Zürich

ISBN 3 85823 699 3

Inhalt

Zum Gedenken an Kathrin Aemisegger

Wir sollen heiter Raum um Raum durchschreiten,
an keinem wie an einer Heimat hängen ...

Hermann Hesse

Vorwort und Dank

Über die Beduinen im Negev, eine mehr als 110 000 Menschen zählende arabische Minderheit im Staate Israel, dringt kaum etwas an die Weltöffentlichkeit. Die ursprünglich als Vollnomaden lebenden Viehzüchter wurden bereits Ende des letzten Jahrhunderts von den Osmanen (1516-1917) und später von den britischen Behörden (1917-1948) zu einer halbnomadischen Lebensweise gedrängt und nach der Gründung des Staates Israel 1948 in staatlichen Siedlungen zur Sesshaftigkeit gezwungen. Der konsequente Ansiedlungs- und Modernisierungsprozess, dem die Beduinen insbesondere seit den 1950er Jahren unterworfen sind, hat ihre Kultur und Gesellschaft entscheidend verändert. Der vorliegende Band versucht diesen Wandel mit Text und reichhaltigem Bildmaterial aus Vergangenheit und Gegenwart zu dokumentieren.

Das Buch ist in zwei Teile gegliedert. Während im zweiten Teil vier Aufsätze die heutige Situation der Beduinen in staatlich geplanten Siedlungen beleuchten, stehen im ersten Teil die materielle Kultur, d.h. Gegenstände für Alltag und Fest, im Zentrum. Diese Gegenstände sind Zeugen des traditionellen Lebens, der Kultur und der Gesellschaft der Beduinen, und sie dokumentieren den Wandel, der insbesondere in den letzten 50 Jahren stattgefunden hat. Ihre Vielfalt legt auch davon Zeugnis ab, dass die Negev-Beduinen wie alle arabischen Nomaden des Mittleren Ostens marktorientiert sind. Im Unterschied zu gewissen afrikanischen Hirtenvölkern, die ausschliesslich von den Produkten ihrer Tiere leben, tauschten die Beduinen dieser Region schon immer ihr Vieh gegen andere Güter ein.

Mit Ausnahme vereinzelter Objekte stammen alle aus den Beständen des Völkerkundemuseums der Universität Zürich. Der Grundstock der Sammlung umfasst 316 Objekte, welche die heute wieder in ihrer Geburtsstadt Berlin lebende Fotografin Sonia Gidal zusammengetragen hat und die das Museum 1986 dank eines Beitrags aus dem Fonds für gemeinnützige Zwecke des Kantons Zürich erwerben konnte. Die Sammlerin wanderte 1938 nach Palästina aus und beschäftigte sich von 1940 bis in die 1980er Jahre hinein immer wieder mit den Beduinen im Negev. Das Resultat ihrer Arbeit besteht in einer beträchtlichen Anzahl beduinischer Ethnographika sowie in einer fotografischen Dokumentation, die sie teilweise zusammen mit ihrem früheren Ehemann, dem Fotohistoriker Dr. Tim Gidal, erstellt hat und aus der u.a. das 1961 erschienene Kinderbuch «Söhne der Wüste» entstand. Gesammelt hat Sonia Gidal bei der Konföderation der ʻAzāzmih sowie bei den zu den Tiyāhā gehörenden Stämmen der ʻAṭāwnih und Hzayyil. Sie hat aber auch viele Objekte im Handel erworben. Da sie nach ihren eigenen Aussagen nicht primär für ein Museum sammelte, sondern aus Freude und Interesse an der beduinischen Kultur, sind genauere Sammlungsdaten und -orte oft unbekannt.

Ein Teil dieser Sammlung wurde zu Beginn der 1980er Jahre in den Museen für Völkerkunde von München und Berlin ausgestellt und schliesslich vom Berliner Museum erworben. Die dortige Kuratorin, Dr. Gisela Dombrowski, ermöglichte mir in verdankenswerter Weise die Besichtigung der Sammlung. Die zu dieser Ausstellung von Friederike Korsching 1980 verfasste Publikation «Beduinen im Negev» enthält einen Überblick über Kultur und Gesellschaft der Negev-Stämme. Allerdings bleiben die Informationen über die materielle Kultur rudimentär, da sie nicht auf Feldforschungsresultaten der Autorin basieren. Der andere, gleichartige Teil der ursprünglichen Sammlung bildet, wie erwähnt, den Grundstock der Sammlung des Völkerkundemuseums, der 1995/1996 noch um 217 Objekte erweitert werden konnte.

Dies geschah dank des unermüdlichen Einsatzes der ursprünglich aus Palästina stammenden Widad Kawar in Amman, die selbst eine der besten Sammlungen palästinensischer Textilien und palästinensischen Schmucks ihr eigen nennt. Einen Teil der von ihr gesammelten 147 Gegenstände hat sie von Angehörigen der ʻAzāzmih- und Tiyāhā-Konföderationen erworben, die nach der Gründung des Staates Israel aus dem Negev flüchteten und seither auf der jordanischen Seite des Wādī ʿArabah wohnen; ein weiterer Teil stammt von Tiyāhā-Beduinen, ebenfalls Flüchtlingen aus dem Negev, die im Sūf-Flüchtlingslager in der Nähe von Jerash leben, und der Schmuck wurde von einer Kuratorin des «Folklore Museum» in Amman zusammengetragen. Nach dem Tod dieser speziell an Negev-Schmuck interessierten Sammlerin wurden diese Objekte Widad Kawar zum Kauf angeboten. Es sei hier zu betonen, dass die meisten der in Jordanien lebenden Negev-Beduinen sich aus wirtschaftlicher Not von ihren alten Familienerbstücken trennen.

28 weitere Objekte stammen von Izhak Al-Hroub, einem palästinensischen pensionierten Lehrer, der heute in der Nähe von Hebron lebt. Ursprünglich im Nord-Negev beheimatet, interessiert er sich seit seiner Kindheit für Beduinen und trug im Laufe seines Lebens eine beeindruckende Sammlung zusammen, die an seinem Wohnort in einem Lagerraum gestapelt liegt. Sein Traum von einem eigenen Museum konnte sich Izhak Al-Hroub bis heute nicht verwirklichen, und auch er verkauft seine Objekte, um seine prekäre finanzielle Situation zu verbessern. Weitere 42 Gegenstände habe ich selber auf den Märkten von El Arish, Beersheba und Rahat gekauft, oder sie wurden von meiner Informantin, Fāyizah Abū ʿAmrah, für mich gesammelt.

Die wissenschaftliche Dokumentation der Sammlung, die sich damals erst aus den Gidal-Beständen zusammensetzte, begann im Jahre 1994. Bald zeigte sich, dass über die materielle Kultur der Negev-Beduinen nicht viel Literatur vorhanden ist. In Gustaf Dalmans siebenbändigem Standardwerk «Arbeit und Sitte in Palästina» (1928-1942), das sich speziell mit der materiellen Kultur Palästinas befasst, nehmen die Negev-Beduinen nur einen marginalen Platz ein. Weitere Werke, z.B. Alois Musils «Arabia Petraea» (1908) oder P. Antonin Jaussens «Coutumes des Arabes au pays de Moab» (1907), berücksichtigen zwar neben den südjordanischen Beduinen auch die Negev-Beduinen, doch steht in keinem dieser Werke die materielle Kultur im Zentrum. Neuere Forschungen von Widad Kawar und Katharina Hackstein («Pracht und Geheimnis», 1987) oder von Shelagh Weir («Palestinian Costumes», 1989) sind vor allem dem Thema der palästinensischen Tracht gewidmet; die Kleidung der Negev-Beduinen macht dabei nur einen geringen Teil aus, und in ihrem Buch «Bedouin» (1976) hat sich Shelagh Weir vor allem auf die materielle Kultur südjordanischer Beduinen konzentriert. Die von israelischen Wissenschaftern auf Englisch publizierte Literatur über Negev-Beduinen befasst sich nicht mit der materiellen Kultur, und kleinere, im «Museum of Bedouin Culture» auf Hebräisch erschienene Publikationen zum Thema waren für mich sprachlich unzugänglich. So entschloss ich mich zu vertieften Recherchen vor Ort.

Auf einer dreiwöchigen Reise 1994 in den Negev und Sinai konnte ich nicht nur erste Kontakte mit Beduinen knüpfen, sondern ich lernte auch Prof. Dr. Gideon Kressel kennen, Ethnologe und Leiter des Social Studies Center am Jacob Blaustein Institute for Desert Research (Ben-Gurion University of the Negev) in Sede Boqer, sowie den am gleichen Institut tätigen Linguisten und Arabisten Prof. Dr. Alexander Borg. Dank der Unterstützung durch diese beiden Wissenschafter, die sich schon seit Jahren mit den Beduinen befassen und sich auch immer wieder für sie einsetzen, konnte ich von September bis Dezember 1995 im Gästehaus des erwähnten Instituts wohnen. Diesen beiden Wissenschaftern gilt mein besonderer Dank, ebenso dem Institut, das meine Forschung grosszügigerweise durch einen finanziellen Beitrag förderte.

Ein weiterer Glücksfall bestand darin, dass ich den in Tel Sheva lebenden Beduinen Kher Albaz kennenlernte, der sich bereit erklärte, mich zu Beduinen zu begleiten und für mich als Übersetzer zu arbeiten. Zwar hatte ich mir einige Arabischkenntnisse angeeignet, doch sie reichten nicht aus, um mich im Beduinendialekt mit den Leuten direkt zu unterhalten. Kher Albaz spricht nicht nur ausgezeichnet Englisch, sondern er verfügt auch dank seiner Stellung als Sozialarbeiter und Direktor des Sozialdienstes des damaligen Masos Regional Council in Beersheba über ein grosses Beziehungsnetz zu Beduinen in verschiedenen Siedlungen. Dies erwies sich in der geschlossenen Beduinengesellschaft als unabdingbar für meine Arbeit, insbesondere da ich neben älteren Männern auch Frauen treffen wollte, die noch über die traditionelle Kultur Bescheid wissen. Ihnen zeigte ich Fotografien der Sammlungsobjekte und befragte sie nach den eth-

Das Betrachten der Fotos alter Objekte löst bei Kher Albaz (links) und Maǧīd al-ʿAṭāwnih Heiterkeit aus. Hura 1995 (Foto: Ania Biasio)

nischen Namen sowie nach deren Gebrauch und Funktion. Dabei liess ich mir von Kher die ethnischen Bezeichnungen in Arabisch aufschreiben und transkribierte sie sofort nach meinem Gehör. Diese Arbeitsweise erwies sich als erfolgreich. Dank der arabischen Schreibweise konnte ich selber meine Resultate immer wieder überprüfen und durch Alexander Borg kontrollieren lassen, der mich in die wichtigsten Besonderheiten des Beduinendialekts einführte. Ohne seine Hilfe wäre mir die Umschrift der ethnischen Namen nicht möglich gewesen. Ihm verdanke ich auch die Kontakte zu den ʿAzāzmih-Beduinen im Wādī Boggar, zu denen er mich begleitete und wo er für mich übersetzte. Von meinen dortigen Gewährsleuten bin ich besonders Ṣabḥah Salāmah Darawšah und Salmān Salīm Abū Ǧlidān zu Dank verpflichtet.

Da ich immer mindestens zwei Informanten oder Informantinnen über dieselben Objekte befragen wollte, war die Suche nach älteren Gewährsleuten, die bereit waren, mir Auskunft zu geben, für Kher auf-

Meine Hauptinformantin Kāmlah Albaz fertigt in ihrem Zelt eine Quaste für eine ihrer Webereien an. Tel Sheva 1995 (Foto: Ania Biasio)

wendig. In diesem Zusammenhang stellte er mich seiner Mutter, Kāmlah Albaz, vor, die nicht nur viele Jahre als Zeltfrau gelebt hat und sich noch gut an ihre Mutter und Grossmutter erinnern kann, sondern auch selber webt und stickt. Kāmlah, die in unmittelbarer Nachbarschaft ihres Sohnes wohnt, wurde bald meine wichtigste Informantin, da sie auch die nötige Geduld aufbrachte, mir Sachverhalte, die mir unklar waren, immer wieder zu erklären, und mit der ich Unstimmigkeiten zwischen Informationen diskutieren konnte. So sassen wir stundenlang in ihrem Zelt, tranken Tee und brüteten über meinen Ordnern. Es ist nicht übertrieben zu sagen, dass ohne die intensive Mitarbeit von Kher und Kāmlah Albaz dieses Buch nicht hätte geschrieben werden können. Doch auch allen anderen Informantinnen und Informanten sei für ihre Gastfreundschaft und Hilfe gedankt, wobei ich hier nur die wichtigsten nennen kann: In Tel Sheva waren es Scheich Ibrāhīm Abū Rgayyig (Tiyāhā-Gdērāt) und Ḥāğğih Ḥamdah al-Makāwī; in Segev Shalom die beiden ʿAzāzmih-Frauen Sulṭānah Abū ʿAfāš und Saʿdah al-ʿAzāzmih sowie Fāyizah Abū ʿAmrah, eine gebürtige Tarābīn-Frau, die mit dem Scheich der ʿAzāzmih verheiratet war; in Hura der Sozialarbeiter Mağīd al-ʿAṭāwnih und in Lagiyyah Ḥāğğih Miryam aṣ-Ṣānʿ, beide Angehörige der Tiyāhā-Konföderation. Weitere, nicht in staatlichen Siedlungen lebende Gewährsleute waren die ebenfalls der Tiyāhā-Konföderation an-

Unter Mithilfe der Belegschaft des Völkerkundemuseums errichten Kāmlah und Kher Albaz das Zelt. 1996 (Foto: Erich Frei)

gehörenden ʿAlī Abū Kaff und ʿAlī Abū Sbēt sowie der im ʿAzāzmih-Gebiet lebende Muḥammad Abū Ğarabīʿ.

Wichtig waren für mich auch die Besuche im «Museum of Bedouin Culture» im Joe Alon Center in der Nähe des Kibbutz Lahav. Dort erhielt ich diverse Anregungen für meine Arbeit, und ich danke der Kuratorin Rosemary Eshell sowie ihrem beduinischen Berater ʿAlī Abū al-Giʿān, die mich zu Beduinen ihres eigenen Bekanntenkreises mitnahmen. Ebenso danke ich der in Hofit lebenden Orna Goren, die jahrelang unter Sinai-Beduinen gearbeitet hat und mit der ich einige wichtige Fragen inbezug auf Kleidung und Schmuck klären konnte. Weiterer Dank gebührt Roz Willey aṣ-Ṣānʿ, Lagiyyah, Ruth Dayan, Herzliyya, und Hana Piravandi, Masos Regional Council, Beersheba, für die Informationen über die Frauenprojekte im Negev.

Ich möchte auch meiner Familie danken, meinem Lebenspartner Peter R. Gerber und meinen Kindern Ania und Fabian Biasio. Sie haben mich abwechslungsweise im Negev besucht und meine Arbeit massgebend unterstützt. Sie sind getreulich mit mir durch die Wüste gezogen und haben für mich fotografiert oder mich herumchauffiert.

In jenen Herbst 1995 fiel auch der Besuch bei Widad Kawar in Amman und bei Izhaq Al-Hroub, was die erwähnte Äufnung der Sammlung ermöglichte. Alle neuen Objekte trafen anfangs 1996 in Zürich ein und waren noch nicht dokumentiert. Anstatt nochmals in den Negev aufzubrechen, wozu die Zeit zu knapp war, entschloss ich mich, Kher und Kāmlah Albaz im August 1996 für zwei Wochen ans Museum einzuladen. Dies hatte den Vorteil, dass Kāmlah die Objekte in natura sehen konnte, aber den Nachteil, dass ich über die neuen Gegenstände nur eine Informantin befragen konnte. Da sich aber Kāmlah bislang als kompetente und äusserst vertrauenswürdige Informantin erwiesen hatte, scheint mir dieses Vorgehen vertretbar zu sein. Im Kontakt mit den Objekten, auch mit denen der schon dokumentierten Gidal-Sammlung, fielen ihr noch Details auf, die bis anhin nicht hatten erkannt werden können. Wir nutzten auch die Anwesenheit von Kāmlah und Kher und stellten probehalber unser Beduinenzelt im Garten des Museums auf, um für die Ausstellung vorbereitet zu sein.

Trotz aller Recherchen wurden beim Schreiben noch Unstimmigkeiten sichtbar, und um diese zu klären, reiste ich zusammen mit Peter R. Gerber im Mai 1997 nochmals nach Jordanien und in den Negev. In Amman hatten wir vorerst Gelegenheit, mit Widad Kawar über Kleidung und Schmuck zu diskutieren und von ihrem reichen Wissen zu profitieren, wobei ihre grossartige Sammlung als Anschauungsmaterial diente. Frau Kawar lud auch einige Negev-Beduininnen als Informantinnen ein, u.a. Umm Muḥammad al-ʿAzāzmih und Umm Ḥamdān an-Naǧǧā, und begleitete uns ins Sūf-Flüchtlingslager, wo wir ebenfalls mit Negev-Beduininnen sprechen und einen Einblick in ihre Lebensweise erhalten konnten. So sei Widad Kawar nicht nur für ihre Sammeltätigkeit zugunsten unseres Museums gedankt, sondern auch für ihre Unterstützung bei der Dokumentation. Im Negev arbeiteten wir wieder eng mit Kher und Kāmlah Albaz sowie mit den bereits erwähnten Gewährsleuten zusammen.

Nicht nur im Feld ist man auf Hilfe angewiesen, sondern auch beim Verfassen eines Buches mit breitgefächerter Thematik. Für die Analyse textiler Techniken danke ich der Textilrestauratorin des Museums, Elisabeth Schillinger, und der Textilfachlehrerin Eveline Churcher, Zürich; für die Mitarbeit beim Bestimmen metallurgischer Techniken Gitta Hassler, St. Gallen, für die Hilfe beim Bestimmen der Schmucksteine Ingrid Hansen, Zürich, und für die Bestimmung der Hörner Dr. Ueli Halder, Zürich. Die Installation einer einfachen Tastatur-Belegung auf dem PC für die Sonderzeichen der Umschrift arabischer Wörter verdanke ich Andreas Isler, Völkerkundemuseum. Atef Salim, Horgen, danke ich für die Übersetzung arabischer Inschriften auf Amuletten, Münzen und Waffen und Baruch Freiman, Zürich, für Übersetzungen aus dem Hebräischen, insbesondere für den nur in Hebräisch erschienenen Aufsatz von Orna Goren über die Kleidung der Beduininnen. Ebenso sei Cédric Parizot, Asnières-sur-Seine (Frankreich), für die Zusendung seiner Arbeit über die Negev-Beduinen gedankt, die mir als Quelle unentbehrlich war.

Für die Möglichkeit, Fotomaterial zu konsultieren und zu verwenden, danke ich folgenden Personen und Institutionen: Prof. Dr. Emile Gautier, Colombier, und Marianne Laufer, Morges, beide von der Fondation Lucien Gautier; Pia Gidal, Jerusalem; Sonia Gidal, Berlin; Klaus-Otto Hundt, Leamington Spa (England); Alberto Simon, Berlin; dem Archiv für Zeitgeschichte, Eidgenössische Technische Hochschule, Zürich; der Jewish National and University Library, Jerusalem; dem Landeskirchlichen Archiv, Stuttgart sowie der Library of Congress, Washington D.C. Den beiden Fotografen des Museums, Peter Nebel und Erich Frei, sei für ihre Aufnahmen der Objekte und Elisabeth Schillinger für die Zeichnungen der textilen Techniken gedankt. Dr. Klaus Ferdinand, Kopenhagen, Dr. Annemarie Seiler-Baldinger, Basel, sowie Shelag Weir, London, verdanke ich die Genehmigung, Zeichnungen aus ihren Publikationen verwenden zu dürfen.

Für die vielen wertvollen inhaltlichen Anregungen, Textkorrekturen und die Redaktion danke ich Dr. Peter R. Gerber und für das sorgfältige Lektorat Prof. Dr. Heinz Lippuner. Mein besonderer Dank gebührt Andreas Brodbeck für seine kreative und engagierte Gestaltung des Buches.

Dem Buchverlag Neue Zürcher Zeitung, insbesondere dem Produktionsleiter Heinz Egli, danke ich für die gute Zusammenarbeit und dem Verlagsleiter, Walter Köpfli, für sein Interesse, das er dem Thema immer entgegengebracht hat. Ebenso sei Dr. Karl Blöchliger, Hochdorf, für seine freundschaftliche Anteilnahme am Projekt gedankt.

Anmerkungen zum Katalog

Jedes Museumsobjekt hat eine Inventarnummer, die in den Objektlegenden wie folgt dargestellt wird: Inv. Nr. plus Zahl. Um den Lauftext nicht unnötig zu belasten, habe ich bei Hinweisen auf Objekte nur die Zahlen angegeben, ohne die Bezeichnung «Inv. Nr.». Aus dem gleichen Grund habe ich Seitenverweise auf Abbildungen nur dann vorgenommen, wenn sich die entsprechenden Abbildungen in anderen Kapiteln befinden.

Wie schon erwähnt, waren Sammlungsort und Sammlungsdatum nicht bei jedem Objekt bekannt. Ebenso ist es schwierig, das Alter gewisser Objekte zu eruieren.

Zur Umschrift beduinisch-arabischer Wörter

Ich habe die Wörter im arabischen Beduinendialekt so geschrieben, wie ich sie gehört habe, wobei ich die arabischen Schriftzeichen durch folgende lateinische Buchstaben und diakritische Zeichen wiedergegeben habe:

ا ʾa, ʾi, ʾu, ā (mit ʾ versehen, wird z.B. ʾa mit einem Stimmabsatz wie vor dem a in «beachten» ausgesprochen; der obligatorische Stimmabsatz bei vokalisch anlautenden Wörtern wird weggelassen; im Wortinnern, ohne ʾ, wird es zu einem langen hellen ā wie dt. «Bahre», manchmal auch wie «Fähre»)
ب b (wie dt. «Ball»)
ت t (wie dt. «Tal»)
ث ṯ (stimmloses englisches th; wie «thing»)
ج ǧ (stimmhaftes dsch; wie it. «giorno»)
ح ḥ (scharfes, in der Kehle gesprochenes h)
خ ḫ (rauhes ch wie dt. «Bach»)
د d (wie dt. «Dach»)
ذ ḏ (stimmhaftes englisches th wie «there»)
ر r (Zungenspitzen-r wie it. «risotto»)
ز z (stimmhaftes s wie dt. «Hase»)
س s (stimmloses s wie dt. «Hass»)
ش š (sch wie dt. «Schale»)
ص ṣ (dumpfes stimmloses s, das den benachbarten Vokal dunkler färbt)
ض ḍ (dumpfes stimmhaftes d, das den benachbarten Vokal dunkler färbt); beduinisch: ḏ̣ (dumpfes ḏ)
ط ṭ (dumpfes stimmloses t ohne Hauchlaut, das den benachbarten Vokal dunkler färbt)
ظ ẓ (dumpfes stimmhaftes s oder ṯ, das den benachbarten Vokal dunkler färbt); beduinisch: ḏ̣ (dumpfes ḏ)
ع ʿ (tief in der Kehle angesetzter gepresster Reiblaut)
غ ġ (Gaumen-r wie franz. «René»)
ف f (wie dt. «Farbe»)
ق q (hinten am Gaumensegel gesprochenes hauchloses k); beduinisch: g (wie dt. «gern»)
ك k (wie dt. «Kirche»)
ل l (wie dt. «Lamm)
م m (wie dt. «Mann»)
ن n (wie dt. «nach»)
ه h (wie dt. «Hals»)
و w, ū, ō (am Wortanfang rundes w wie engl. «wine»; im Wortinnern auch ū wie dt. «Kur» oder ō wie dt. «Hof»; am Wortende ū)
ى y, ī, ē, ā (am Wortanfang y wie dt. «Jahr»; im Wortinnern auch ī wie dt. «Liebe» oder ē wie dt. «Leben»; am Wortende ī oder ā wie dt. «Gabe»
ة ah, ih, at, it (weibliche Endungen von Nomina; ah wie dt. «Gisela», ih wie franz. «ici», at wie dt. «hat», it wie engl. «fit»

Bei den gebäuchlichen geographischen Bezeichnungen habe ich, um die Lesbarkeit zu erleichtern, auf eine exakte Umschrift mit diakritischen Zeichen verzichtet und eine konventionelle Schreibweise verwendet. Auch Namen von Personen, die eine eigene Transkription in lateinischen Buchstaben praktizieren, habe ich so belassen (also Kher Albaz und nicht Ḫēr al-Bāz).

Der Beduinendialekt weist einige Besonderheiten auf, von denen die wichtigsten erwähnt werden sollen: Der Buchstabe ق wird als g ausgesprochen, und zwischen den Buchstaben ظ und ض wird nicht unterschieden; beide werden durch einen dumpfen, stimmhaften Dentallaut wiedergegeben. Für die Hilfe bei der Umschrift danke ich Alexander Borg, der sich an Haim Blancs Beschreibung des Dialekts der Negev-Beduinen (1970) orientiert; er konnte viele, leider nicht alle Wörter kontrollieren, und etwaige Fehler liegen in meiner Verantwortung.

Einführung

«Die Wüste ist eine barmherzige Mutter;
wer ihren Wert anerkennt, den wird sie beschützen.»[1]

Der Negev als Natur- und Kulturraum

Der Negev, der aride Süden Israels, umfasst mit seinen 12 500 km² etwa zwei Drittel der Fläche des Staates Israel. Das «Südland», so die Übersetzung des hebräischen Wortes «Negev», erstreckt sich wie ein gleichschenkliges Dreieck von den judäischen Bergen und dem Nahal Shiqma (Wādī al-Ḥiṣī) im Norden nach Elat am Golf von Aqaba. Im Osten verläuft die Grenze gegen Jordanien entlang des Wādī ʿArabah, d.h. im jordanischen Graben, der zusammen mit dem syrischen zum ostafrikanischen Grabensystem gehört. Im Westen hingegen bildet der Negev mit dem Sinai eine geologische und morphologische Einheit, wobei die 1906 gezogene politische Grenze zwischen Palästina und Ägypten von Elat nach Rafah verläuft.

Im wesentlichen gliedert sich das Gebiet in den wenig reliefierten Nord-Negev und den gebirgigen Zentral- und Süd-Negev. Der Nord-Negev, dessen südliche Grenze das Nahal Zin (Wādī al-Marrah) bildet, weist eine durchschnittliche Höhe von 300 m ü.M. auf. Er ist durch eine Hügel- und Beckenlandschaft charakterisiert, wobei letztere zum Teil mit fruchtbarem Schwemmlöss bedeckt ist. Im nördlichen Teil des Zentral-Negev erreichen wildzerklüftete Gebirge eine Höhe von mehr als 1000 m ü.M. und stellen eine kahle Felswüste dar, während südlich des Nahal Paran (Wādī al-Ǧarātī) Kies- und Sandplateaus eine flache bis leichtwellige Landschaft auf 200-600 m ü.M. bilden. Im südlichsten Teil des Negev formen die Elatberge eine rund 700 m hohe, tief zerschnittene Region, die grösstenteils von sterilen Wüstenböden bedeckt ist. Da die Niederschläge von Nordwesten nach Südosten kontinuierlich abnehmen, ist der Nord-Negev der geeignetste Naturraum für Viehzucht und Ackerbau. Die zahlreichen Wadis, d.h. Trockentäler bzw. -flüsse, die nur sporadisch, nämlich nach heftigen Regenfällen, Wasser führen, können ebenfalls für Landwirtschaft und Viehzucht genutzt werden.

Lag der Negev abseits der politischen Interessen, so konnte er seiner ungünstigen Umweltbedingungen wegen nur eine nomadische Bevölkerung ernähren,

Das heisse und trockene, streckenweise unter dem Meeresspiegel liegende Wādī ʿArabah bildet die Grenze gegen Jordanien. 1997 (Foto: Peter R. Gerber)

Im gebirgigen Zentral-Negev weisen fast nur die mit Schwemmlöss bedeckten Wadis, hier der Oberlauf des Nahal Zin (Wādī al-Marrah), eine magere Vegetation auf. 1997 (Foto: Peter R. Gerber)

Das Nahal Zin (Wādī al-Marrah) bildet die Grenze zwischen Nord- und Zentral-Negev. 1995 (Foto: Ania Biasio)

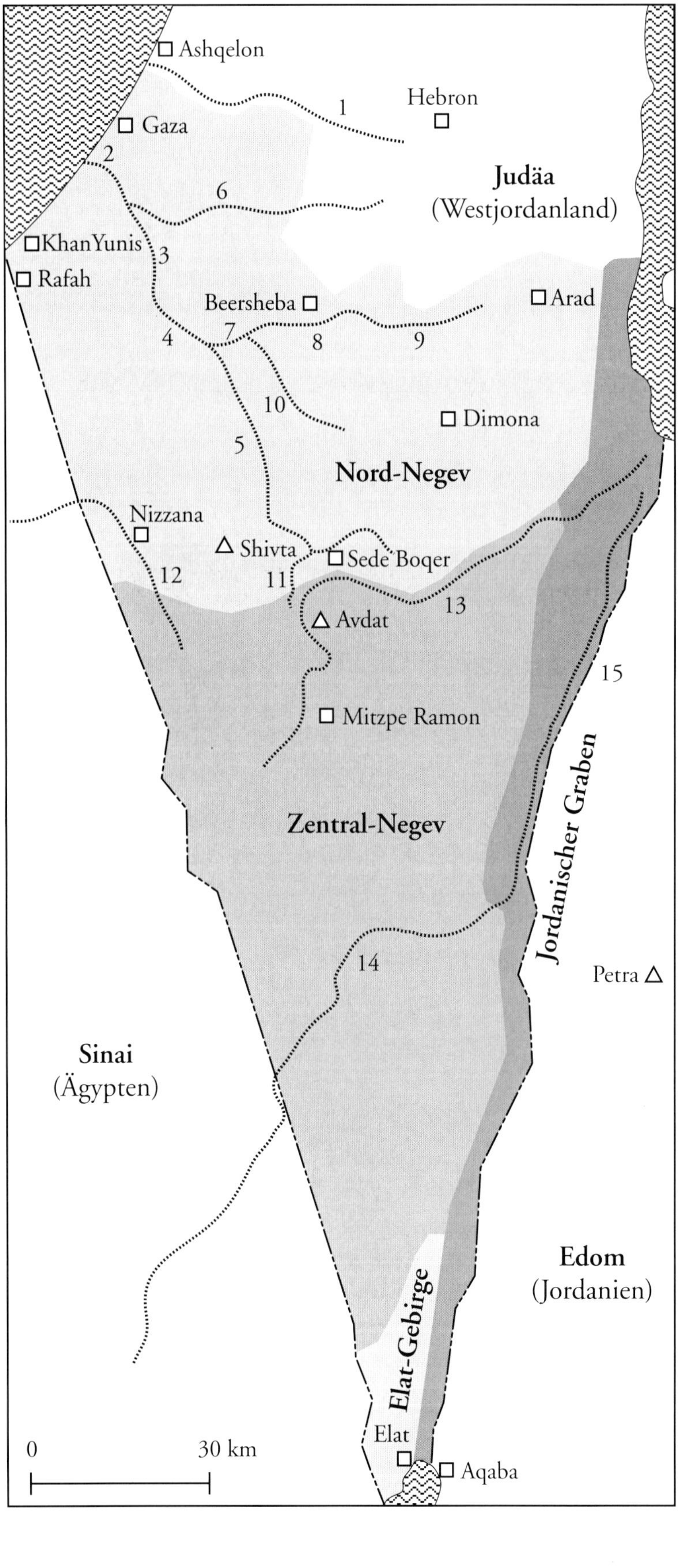

Der Negev als Naturraum

W. = Wādī (arabisch)
N. = Nahal (hebräisch)

1	W. al-Ḥiṣī	(N. Shiqma)
2	W. Ġazzah	(N. Besor)
3	W. aš-Šallālih	(N. Besor)
4	W. Šnāg	(N. Besor)
5	W. ʻAṣlūǧ	(N. Besor)
6	W. aš-Šarīʻah	(N. Gerar)
7	W. Martabah	(N. Beersheba)
8	W. Bīr as-Sabʻ	(N. Beersheba)
9	W. al-Milḥ	(N. Beersheba)
10	W. al-Mašāš	(N. Sekher)
11	W. Boggar	(N. Boqer)
12	W. al-Abyaḏ	(N. Nizzana)
13	W. al-Marrah	(N. Zin)
14	W. al-Ǧarātī	(N. Paran)
15	W. ʻArabah	(N. Ha'Arava)

□ Ortschaften
△ Antike Städte

Eine Schafherde weidet im sanft-hügeligen Nord-Negev mit den fruchtbaren Schwemmlossbecken. 1970er Jahre (Foto: Sonia Gidal)

wie dies nach der Eroberung durch die Muslime im 7. Jh. bis zur Gründung des Staates Israel 1948 der Fall war. In früheren Zeiten aber, als in den angrenzenden Ländern Frieden und Wohlstand herrschten, führten wichtige Handelsrouten durch den Negev, die den sog. Fruchtbaren Halbmond[2] mit Ägypten verbanden. Damals entstanden hier Siedlungen und Militärposten, die die Handelswege vor räuberischen Überfällen durch Nomaden schützten und von den Dienstleistungen lebten, die sie für die durchziehenden Karawanen erbrachten. Im Nord-Negev z.B. deuten an Wadis liegende Ruinenhügel, sog. Tells, auf Siedlungen während des Königreiches Juda (10. Jh. v.Chr.) hin; sogar im unwirtlichen Zentral-Negev wurden zu jener Zeit zahlreiche Festungen errichtet und Brunnen gegraben, die der Sicherung der Route zum Golf von Aqaba dienten.

Von den Nabatäern gegründet, erlebte das im Nordwest-Negev gelegene Shivta während der byzantinischen Epoche seine Blüte. Aus dieser Zeit stammen drei Basiliken; die hier abgebildete ‹Nördliche Kirche› wurde im 6. oder 7. Jh. errichtet. 1997 (Foto: Peter R. Gerber)

Für den Negev stellte die Zeit der Nabatäer und Byzantiner vom 2. Jh. vor bis 7. Jh. n.Chr. eine wichtige Periode dar. Die Nabatäer, ein vor-islamisches arabisches Volk mit dem im Ostjordanland gelegenen Petra als politischem Zentrum, gründeten hier sogar Städte, die während der byzantinischen Periode (4.-7. Jh.) ihre Blüte erreichten. Auch diese Städte (z.B. Shivta, Avdat, Nizzana) dienten als Militärgarnisonen und Raststätten für Handelskarawanen aus Arabien auf dem Weg nach Ägypten oder zum Hafen von Gaza. Dank der von den Nabatäern gebauten Bewässerungsanlagen, die auch von den Byzantinern unterhalten wurden, konnte in diesem Gebiet sogar Landwirtschaft betrieben werden. Als nach der Eroberung durch muslimische Araber im 7. Jh. n.Chr. der Handel seine Routen änderte, sanken die Städte zur Bedeutungslosigkeit ab, und bis zum Beginn des 20. Jh., als Beersheba (Bīr as-Sab') gegründet wurde, entstanden hier keine Städte mehr.

Mit der Islamisierung des Mittleren Ostens drangen Nomaden aus dem arabischen Hijaz und dem Ostjordanland auf der Suche nach besseren Lebensbedingungen nach ganz Palästina und somit auch in den Negev vor. Die Einwanderungen vollzogen sich nach Oppenheim vor allem auf Wegen, die südlich des Toten Meeres das Wādī 'Arabah kreuzten und zu den fruchtbaren Ebenen von Gaza und weiter in den Sinai führten.[3]

Treffen zwischen einem Beduinen, wahrscheinlich einem Scheich, und einem türkischen Beamten in Beersheba zu Beginn des 20. Jh. (Foto: The Jewish National and University Library, Jerusalem)

Zur Geschichte der Negev-Beduinen

Die vor 1948 im Negev lebenden Konföderationen eroberten ihr Gebiet erst Ende des 18. und zu Beginn des 19. Jh. vom Sinai aus, wohin sie schon früher gezogen waren. Der Negev bildet mit dem Sinai also nicht nur eine geographische, sondern auch eine kulturelle Einheit. Damals gehörte das Gebiet zum osmanischen Reich (1516-1917), und bis zur Gründung von Beersheba wurde es von einem Statthalter in Gaza verwaltet, dem aber häufig nicht genügend Truppen zur Verfügung standen, um die Nomaden kontrollieren zu können.

Immer dann, wenn die militärischen Streitkräfte der Osmanen in Kriege verwickelt waren, nutzten die Beduinen das Machtvakuum. So ist es kaum Zufall,

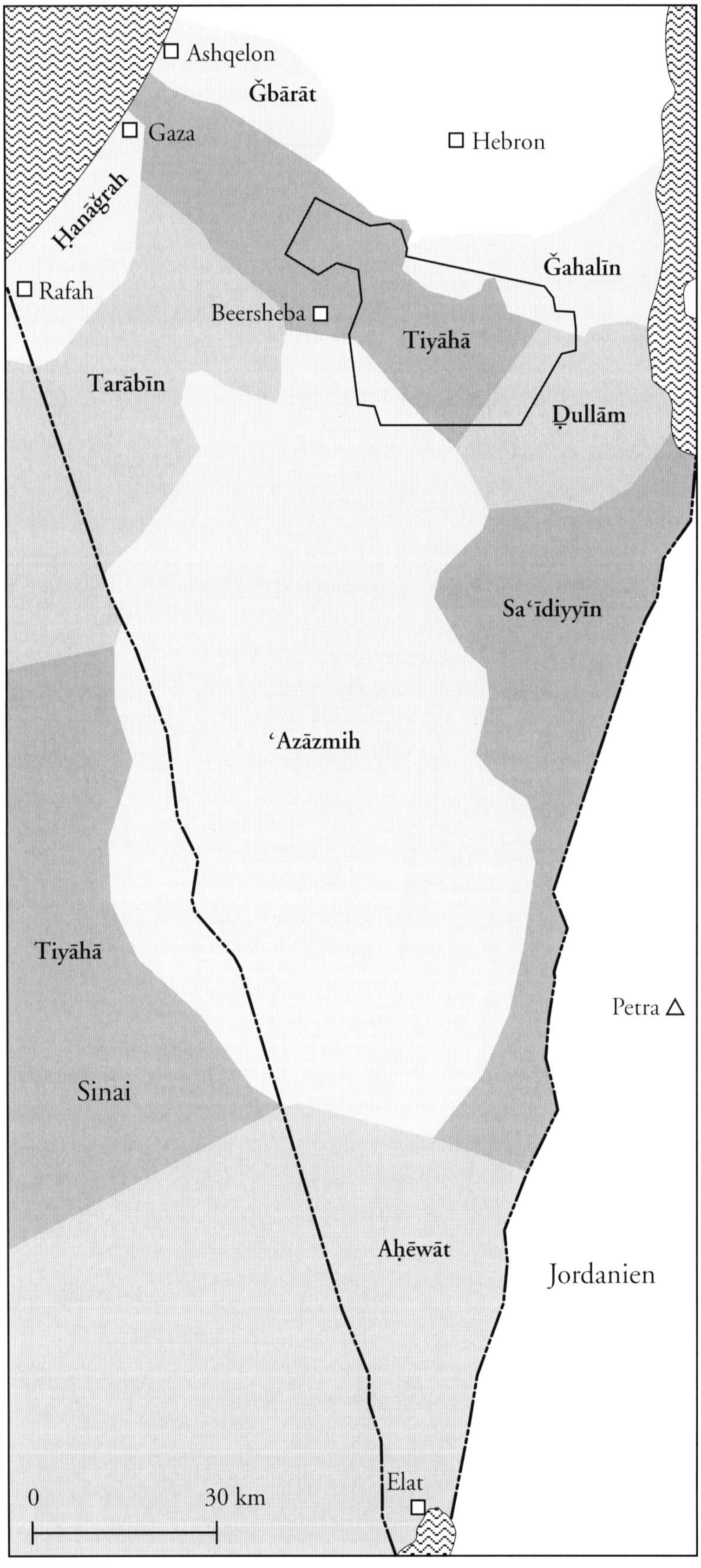

**Die Konföderationen
und ihre Territorien vor 1948**

Konföderation	Anzahl Stämme	Anzahl Personen
Tarābīn	25	21 000
Tiyāhā (inkl. Ḍullām)	28	18 000
'Azāzmih	12	12 000
Ḥanāğrah	4	7 000
Ğbārāt	14	5 000
Sa'īdiyyīn	6	1 000
Aḥēwāt	3	1 000
Ğahalīn	3	750
Total	95	65 750

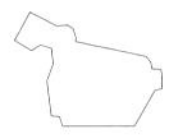

Reservation 1951-1966

(Karte nach Bailey 1991:4 und Abu-Rabia 1994:VII; Tabelle nach Marx 1967:11)

dass während des Napoleonfeldzuges von 1799 die grossen Konföderationen der Tarābīn und Tiyāhā vom Sinai aus den Negev eroberten. In der Folge drängten sie die schon damals im Negev ansässigen 'Azāzmih – von denen nicht überliefert ist, wann genau sie aus dem Sinai zugezogen waren – in die südlichen Gebiete des Nord-Negev und die unwirtlichen Gegenden des Zentral-Negev ab und beanspruchten die fruchtbareren Territorien im Nord-Negev. Die Ǧbārāt, die vom saudi-arabischen Hijaz aus in die östlich von El Arish gelegene Küstenregion eingedrungen waren, wurden von den entlang der Mittelmeerküste gegen Gaza ziehenden Tarābīn in das Gebiet des Wādī al-Ḥiṣī abgedrängt. Schon damals lebten im Mündungsgebiet des Wādī Ġazzah die Ḥanāǧrah, die nach ihren Überlieferungen immer hier beheimatet waren.

Die Ḍullām waren früher Teil der westlich von ihnen lebenden Tiyāhā, von denen sie sich Mitte des 19. Jh. abgespalten und eine eigene Konföderation gebildet hatten. Die Ǧahalīn in den Hebron-Bergen sind nach ihrer Tradition schon während der Islamisierung in ihr Territorium eingewandert. Die im Südosten lebenden Sa'īdiyyīn, die von den Ḥuwēṭāt des südlichen Ostjordanlandes abstammen, wurden hingegen erst im 19. Jh. in ihr unwirtliches Territorium abgedrängt. Eine bevölkerungsmässig grosse Konföderation waren die Aḥēwāt, die an der Südspitze des Negev und im Sinai lebten.

Mit der Eröffnung des Suezkanals (1869) wurde die Region für die Osmanen wieder wichtig, und seit 1870 begannen sie die Beduinen zu befrieden und die Grenzen zwischen den Konföderationen festzulegen, die auch während der britischen Verwaltungsperiode 1917-1948 (seit 1923 Völkerbundsmandat) unverändert blieben. Vor 1948 waren die Konföderationen in 95 Stämme unterteilt und umfassten eine Bevölkerung von über 65 000 Personen.[4]

Der Krieg, der anlässlich der Gründung des Staates Israel 1948 mit den umliegenden arabischen Ländern ausbrach, hatte für die Beduinen verheerende Folgen: Als die israelische Armee Ende 1948 den Negev besetzte, flohen ganze Stämme aus Angst vor den neuen Herren in den Sinai, den Gazastreifen, ins Westjordanland oder nach Jordanien, und viele wurden ganz einfach vertrieben. Die verbleibende beduinische Population, die 1953 noch 11 000 Personen und 19 Stämme zählte, wurde 1951-1966 unter Militärverwaltung gestellt, und die im Nord-Negev lebenden Beduinen wurden in ein geschlossenes Gebiet umgesiedelt, das nur mit einem Erlaubnisschein der Militärbehörde verlassen und betreten werden durfte. Diese hauptsächlich östlich von Beersheba auf den traditionellen Territorien der Tiyāhā-Stämme liegende Reservation von 1100 km² betrug nur noch 10 % der ursprünglich beduinischen Territorien.

Von offizieller Seite wurde diese Umsiedlung mit der Sicherheit für den jungen Staat begründet, aber in Wirklichkeit waren andere Gründe ausschlaggebend: Die Zwangsumsiedlung hinderte die Beduinen daran, in ihre Stammesgebiete zurückzukehren, die mit jüdischen Immigranten besiedelt werden sollten. Sie schützte zudem den jüdisch-israelischen Arbeitsmarkt vor unerwünschter Konkurrenz, und sie begünstigte die staatliche Kontrolle. Die Behörden regierten die Beduinen indirekt durch die Scheichs nach dem Grundsatz «teile und herrsche». Sie begünstigten diejenigen Scheichs, die dem Staat gegenüber besonders loyal eingestellt waren; somit waren die Scheichs selber am Wohlverhalten ihres Stammes interessiert und sorgten dafür, dass unter ihren Leuten keine politischen Unruhen ausbrachen.

Die Umsiedlungen begünstigten aber vor allem die Enteignung des beduinischen Landes durch den Staat, der 1959 ein Landgesetz erliess, das auf einem osmanischen Gesetz von 1858 basiert. Als damals die osmanische Verwaltung die Eigentumsverhältnisse klären wollte, insbesondere um eine Grundlage zur Registrierung des Bodens und zur Steuererhebung zu haben, definierte sie den Negev als «totes», d.h. unbebautes Land und erklärte ihn somit zum Staatsland. Auch als die Beduinen Ackerbau zu treiben und das Land intensiver zu nutzen begannen, liessen sie ihren Besitz nie ins Grundbuch eintragen. Sie sahen den Wert eines Fetzens Papier nicht ein und vertrauten weiterhin auf Waffengewalt und Gewohnheitsrecht. Trotzdem anerkannten später sowohl die Briten als auch die damals schon in Palästina aktiven jüdischen Organisationen faktisch die Gewohnheitsrechte und kauften das benötigte Land den Beduinen ab. Erst nach der Staatsgründung wurde das beduinische Land, das wegen der Zwangsumsiedlung nicht mehr bebaut werden konnte, annektiert.

Nach Aufhebung der Militärverwaltung 1966 versprach die für Landfragen zuständige Abteilung des Landwirtschaftsministeriums eine Klärung der Landrechte, aber bis heute ist es den Beduinen vor allem aus Mangel an schriftlichen Belegen kaum je gelungen, ihre Ansprüche geltend zu machen. Insbesondere jene, die auf Ersatz für das verlorene Land pochen, haben keine Chance, während Beduinen, die sich mit einer finanziellen Entschädigung begnügen, einen weniger schwierigen Stand haben.[5] Die Beduinen haben so seit der israelischen Staatsgründung nicht nur ihr Land verloren – wobei auch auch alle die ihnen vertrauten arabischen geographischen Bezeichnungen durch hebräische ersetzt wurden –, sondern auch ihre sozialen und politischen Strukturen wurden durch die Massenflucht und Vertreibung schlagartig verändert.

Herren und Abhängige: drei Gruppen von Beduinen

Die Beduinen im Negev sind keine einheitliche Ethnie, sondern sie setzen sich aus drei Gruppen zusammen, die sich nach Herkunft und sozialer Organisation unterscheiden: die ‹echten› Beduinen, die Bauern und die schwarzen Sklaven. Die ‹echten› Beduinen bezeichnen sich selber als *aʿrāb* (Wüstenaraber), da sie sich als Abkömmlinge saudi-arabischer Stammeskonföderationen betrachten und ihre Herkunft von einem mythischen, saudi-arabischen Ahnen ableiten.

Die Bauern (*fallāḥīn*) waren ursprünglich landlose, mehrheitlich zwischen 1830-1948 aus Ägypten in den Negev zugezogene Einwanderer und lebten bis 1948 als Klientelverbände in Abhängigkeit von den ‹echten› Beduinen. Die Sklaven (*ʿabīd*) wurden ursprünglich aus dem Sudan nach Saudi-Arabien verschleppt, wo sie von wohlhabenden Beduinen während einer Pilgerfahrt nach Mekka gekauft werden konnten. Männliche und weibliche Sklaven lebten mit ihrem Patron, bzw. dessen Frau, zusammen, verrichteten die tägliche Arbeit, und die Männer hatten ihre Herren auf Kriegszüge zu begleiten. Dafür erhielten sie Obdach, Kleidung und Nahrung. Seit die Osmanen um die Jahrhundertwende die Sklaverei verboten haben, leben sie wie die *fallāḥīn* als Gefolgsleute auf dem Territorium der Beduinen.[6] Sowohl *fallāḥīn* als auch *ʿabīd* haben sich kulturell an die *aʿrāb* assimiliert. Sie alle sprechen den gleichen arabischen Dialekt, leben in Zelten, treiben Viehzucht und tragen die gleichen Kleider. Alle sind sie *badawiyyūn* (Wüstenbewohner). So werden sie von der sesshaften Bevölkerung genannt, und von daher stammt auch das Wort «Beduinen».

Die soziale und politische Organisation der Beduinen

Die ‹echten› Beduinen sind in Stämmen organisiert, die sich ihrerseits aus Verwandtschaftsgruppen zusammensetzen. Die *fallāḥīn* und *ʿabīd* bilden ebenfalls Verwandtschaftsgruppen, aber keine Stämme. Erst seit 1948 haben grosse Gruppen der *fallāḥīn* begonnen, sich mit Bewilligung der israelischen Behörden zu Stämmen zusammenzuschliessen.

Jeder Stamm (*ʿašīrah*) ist in erster Linie eine territorial definierte Einheit, d.h., dass alle seine Mitglieder auf einem genau bezeichneten Gebiet (*dīrah*) leben und das Recht haben, gemeinsam Weide und Wasser dieses Gebiets zu nutzen. Vor der Befriedung des Negev durch die Osmanen und Briten bildete der Stamm die grösste politische Einheit, die z.B. bei Kriegszügen aktiv wurde. Später hatte er nur noch eine administrative Funktion. Dieser Prozess begann bereits unter den Briten, die die Stämme mit Hilfe der Stammesoberhäupter erfolgreich verwalteten, und war mit der Gründung des Staates Israel abgeschlossen. In benachbarten Gebieten lebende Stämme haben sich häufig zu einer Konföderation (*gabīlah* oder *ṣaff*) zusammengeschlossen, und innerhalb einer Konföderation haben manchmal einzelne Stämme eine Subkonföderation (evtl. *gabīlah*) gebildet.[7] Während die Stämme unter Führung eines gewählten Scheichs (*šēḫ*) stehen, haben weder Konföderationen noch Subkonföderationen ein Oberhaupt.

Die Zugehörigkeit zu einer Verwandtschaftsgruppe resp. zu einem Stamm erfolgt nach patrilinearer Regel, d.h., sie wird nur über Männer vererbt. Frauen gehören, auch nach ihrer Heirat, zur Verwandtschafts-

Die zweite Frau dieses ʿAzāzmih-Beduinen aus dem Wādī Boggar ist keine Beduinin, sondern eine Palästinenserin aus Gaza. 1997 (Foto: Peter R. Gerber)

gruppe ihres Vaters, die Kinder aber zu der ihres Mannes. Alle Angehörigen dieser Gruppe haben, wenigstens ideell, einen gemeinsamen Ahnen, der vor fünf oder mehr Generationen gelebt hat. In eine patrilineare Abstammungsgruppe können auch nichtverwandte Männer integriert werden, so dass eine solche Gruppe zwar hauptsächlich, aber nicht ausschliesslich, aus Verwandten besteht. Alle Individuen, also auch die *fallāḥīn* und die *ʿabīd*, beziehen ihre soziale Identität aus der Zugehörigkeit zu einer Abstammungsgruppe, und neben ihrem Eigennamen nehmen sie auch den Namen desjenigen Ahnen aus ihrer Abstammungsgruppe an, mit dem sie sich identifizieren.

Die Männer einer Abstammungsgruppe, nicht aber die Frauen, übernehmen die kollektive Verantwortung für alle ihre Mitglieder und kooperieren auch in politischen und rechtlichen Bereichen. Deshalb hat der aus den Männern bestehende Sektor der Abstammungsgruppe alle Eigenschaften einer sog. solidarischen Gruppe oder Körperschaft. Falls beispielsweise ein Angehöriger der Gruppe in ein Tötungsdelikt verwickelt ist, sind alle Mitglieder zur Bezahlung des Blutpreises verpflichtet.[8]

Für die solidarische Gruppe haben die Beduinen eine Vielzahl von Bezeichnungen; in der Literatur begegnet man vor allem den Begriffen *ḫams* (fünf, d.h. fünf Generationen) oder *ḥamūlah*. Während sich *ḫams* immer auf die solidarische Gruppe der ‹echten› Beduinen bezieht, bezeichnet *ḥamūlah* eigentlich die solidarische Gruppe der sesshaften Bevölkerung und der beduinischen *fallāḥīn*; unter Einfluss letzterer scheinen auch die ‹echten› Beduinen diesen Begriff vermehrt zu gebrauchen.

Die starken solidarischen Gruppen innerhalb eines Stammes hat Emanuel Marx als «Kerngruppen» bezeichnet. An jede Kerngruppe haben sich Alliierte und abhängige Klienten angegliedert. Bei den Alliierten handelt es sich immer um ‹echte› Beduinen, häufig um kleine solidarische Gruppen aus dem gleichen oder einem anderen Stamm, manchmal auch um einzelne Familien, die nach Zerwürfnissen mit ihren eigenen Leuten eine neue Heimat gesucht haben, und die Klienten setzen sich aus den *fallāḥīn* und *ʿabīd* zusammen. Jede Kerngruppe bildet zusammen mit den Alliierten, aber nicht mit der Klientel, einen Unterstamm, der *rubʿ* (ein Viertel) genannt wird, obwohl

Sālīm Abū Hānī mit vier seiner Kinder im Wohnzimmer seines Hauses in der staatlichen Siedlung Rahat. Die Einrichtung zeigt arabische und europäische Elemente. 1995 (Foto: Ania Biasio)

nicht immer vier Unterstämme einen Stamm bilden. Durch möglichst viele Alliierte und eine zahlreiche Klientel suchte jede Kerngruppe ihre Position in Bezug auf die anderen Kerngruppen zu stärken. Die führende Persönlichkeit der stärksten Kerngruppe, der *kabīr rub'* (Vorsteher des Unterstamms), wird zum Scheich des ganzen Stammes gewählt, und der Stamm wird meistens nach dieser Kerngruppe benannt. Ein sehr starker *rub'* kann sich zu einem unabhängigen Stamm entwickeln, was tatsächlich auch immer wieder geschah und was noch heute mit Zustimmung der israelischen Behörden möglich ist.

Die solidarischen Gruppen der ‹echten› Beduinen sind durch politische Strukturen in ihren Stamm eingebunden, mit dem sie sich identifizieren. Auch die *fallāḥīn* haben eine den Abstammungsgruppen übergeordnete Identifikationskategorie. Jene Gruppen, deren Ahnen aus dem gleichen Gebiet eingewandert sind, haben einen gemeinsamen Namen, der meistens ihre geographische Herkunft bezeichnet, z.B. Ġazzawīyyah (Leute von Gaza). Häufig aber bildeten solidarische Gruppen gleicher Herkunft die Klientel verschiedener Beduinenstämme und hatten weder ein gemeinsames Territorium noch eine gemeinsame politische Struktur. Erst seit sie in die neuen staatlichen Siedlungen gezogen sind, leben diese Gruppen in gemeinsamen Quartieren und nehmen gemeinsam politische Interessen wahr. Die *'abīd* werden manchmal von den ‹echten› Beduinen mit den Namen der Stämme bezeichnet, denen sie dienten, z.B. 'Abd al-'Aṭāwnih. Da dies aber ihre niedere Herkunft verrät, ziehen die *'abīd* den Namen eines Ahnen ihrer solidarischen Gruppe vor.

Die ‹echten› Beduinen beziehen ihre Identität aus ihrer vornehmen Abstammung (*aṣl*); daher fühlen sie sich den *fallāḥīn* und den *'abīd* überlegen. Heiraten zwischen diesen drei Gruppen finden nicht statt. Ausnahmsweise kann ein Beduine eine *fallāḥah* heiraten, nie aber würde er seine Tochter einem *fallāḥ* geben. Solange die *fallāḥīn* unter der Patronage von Beduinenstämmen standen, heirateten sie vor allem innerhalb ihrer eigenen solidarischen Gruppe. Dies stärkte die Solidarität und liess die Gruppe wirksamer ihre Interessen gegenüber den ‹echten› Beduinen vertreten. In den neuen Siedlungen heiraten auch Mitglieder verschiedener solidarischer Gruppen gemeinsamer Herkunft untereinander, falls sie im gleichen Quartier leben. ‹Echte› Beduinen heiraten zwar ebenfalls häufig innerhalb der solidarischen Gruppe, aber ebenso oft arrangieren sie Heiraten mit Angehörigen anderer Gruppen, manchmal sogar anderer Stämme. Dies erweitert ihr politisches Netzwerk und ermöglicht ihnen den Zugang zu weiteren Weidegebieten und Zisternen. Heiratet ein Mann innerhalb der eigenen Gruppe, so ist die Tochter des Vaterbruders (*bint 'amm*) eine Ehepartnerin, die dem kulturellen Ideal entspricht.[9]

Wie schon erwähnt, fand nach 1948 eine Umstrukturierung der Stämme statt. 1953 führte die Militärverwaltung eine Volkszählung durch und kam auf die oben erwähnte Zahl von 11 000 Beduinen. Um eine israelische Identitätskarte und somit das israelische Bürgerrecht zu erhalten, musste sich jedes Individuum einem der 19 Stämme anschliessen, deren Scheichs von der Regierung anerkannt wurden.[10] Da z.B. die Stammesgenossen vieler kleinen Beduinengruppen, wie erwähnt, geflohen waren, schlossen diese sich Stämmen an, zu denen sie nicht gehörten, und andere Gruppen wechselten die Stammeszugehörigkeit. Auch die Bauern und Sklaven wurden nun in die Stämme integriert, oder sie bildeten, wie im Falle der *fallāḥīn*, ihre eigenen Stämme.[11]

Die Negev-Beduinen – eine indigene Bevölkerung Israels

Nach Auskunft des Gewährsmannes Kher Albaz ist die beduinische Gesamtbevölkerung wieder auf über 112 000 Personen angewachsen, was nicht zuletzt mit der grossen Kinderzahl der Familien zusammenhängt. Dabei wohnt etwas mehr als die Hälfte in den sieben vom israelischen Staat verordneten neuen Siedlungen, während die ‹kleinere› Hälfte in sog. illegalen Siedlungen lebt, und zwar sowohl innerhalb wie ausserhalb des Gebiets der 1966 aufgehobenen Reservation. In den Aufsätzen von Tovi Fenster und Kher Albaz wird ausfuhrlich auf diese neueste und teils problematische Entwicklung eingegangen.

Die sieben staatlichen Beduinensiedlungen 1998*

Siedlung	Anzahl Personen
Rahat	29 000
Tel Sheva	8 500
Aroer	6 500
Kseifa	6 500
Lagiyyah	4 500
Hura	4 000
Segev Shalom	3 000
Total	62 000

* Die Zahlen sind Extrapolationen auf der Basis der offiziellen Zahlen von 1992; damals betrug das Total 46 000.

Erwähnenswert ist allerdings schon hier, dass die *fallāḥīn* und die *'abīd* die zwangsweise Ansiedlung als weniger traumatisch empfunden haben als die ‹echten› Beduinen, die als Herren der Wüste eine eigentliche Degradierung zu landlosen Siedlern erfuhren. Ihnen ist das Schicksal widerfahren, das weltweit die meisten indigenen Völker erleiden mussten, nämlich die Unterwerfung und Landenteignung durch einen dominierenden Staatsapparat. Auch wenn sich vieles nicht mehr ungeschehen machen lässt, gehen die Bestrebungen der globalen Völkergemeinschaft dennoch dahin, mit Hilfe des internationalen Völkerrechts solches Unrecht zu stoppen und den indigenen Völkern mehr Selbstbestimmung zu gewähren. Der israelische Staat wird sich dieser Entwicklung ebenfalls nicht entziehen können und sollte die Landfrage in Zukunft flexibler gestalten: Den Negev-Beduinen kann ihr Selbstbestimmungsrecht nicht mehr länger abgesprochen werden.

In ‹illegalen› Siedlungen lebende Stämme und ihre Bevölkerungszahl 1998**

Konföderation Subkonföderation	Stamm	Anzahl Personen
Tiyāhā		
Ḥkūk	al-Hzayyil	6 350
	Abū al-Gi'ān	570
	al-Asad	780
	Abū 'Abdūn	600
Ntūš	al-'Aṭāwnih	1 500
Gdērāt	Abū Rgayyig	9 500
	al-A'sam	3 000
	aṣ-Sān'	3 200
	al-'Ugbī	1 700
	al-Afēniš	900
	Abū Kaff	3 000
Ḍullām	Abū Rabī'ah	6 000
	Abū Grināt	4 500
	Abū Ǧwē'id	3 200
	al-Kaškar	500
Tarābīn		
Ǧarāwīn	Abū Sriḥān	350
Ġawālī	Abū 'Amrah	300
Niǧmāt	aṣ-Ṣān'	1 000
'Azāzmih		
	Mas'ūdīn	3 200
Total		50 150

(Stammestabelle nach Marx 1967:13; s. auch Karte S. 254.)

** Nach Kher Albaz wurden keine neueren Volkszählungen unter den Beduinen durchgeführt, weshalb die für 1998 gültige Anzahl von Personen auf Schätzungen beruht. In dieser Tabelle sind zudem kleinere Stammesgruppen wie die Abū Sbēt nicht aufgeführt.

Die Viehzucht

«Selbst wenn der Tod uns überfällt: Wir geben unsere Kamele nicht.»[1]

Vom Nomadismus zur Sesshaftigkeit

Kamele sind optimal an die Wüstenbedingungen angepasst. Ein Hirte tränkt seine Herde an einem wasserführenden Wadi. Er trägt ein weites Kleid (*ṯōb*), das oberhalb des Gürtels einen Bausch bildet. 1925-31 (Foto: Paul Hommel, LAS)

Nomaden sind unerwünscht

Das Leben im ariden Gebiet erfordert eine konsequente Anpassung an die ökologischen Bedingungen. Die karge Landschaft, die beschränkten Wasservorkommen und die extremen Klimaverhältnisse erlauben oft nur eine nomadische Lebensweise. Die wichtigsten Produktionsmittel der Nomaden im Mittleren Osten sind Kamele, Ziegen und Schafe. Während im Inneren der äusserst trockenen und heissen arabischen Wüste reine Kamelzüchter leben, halten die Beduinen im klimatisch weniger extremen Negev auch Ziegen und Schafe. Die Ansprüche der Tiere und das Angebot an Weide und Wasser diktieren den Lebensrhythmus der Menschen.

Wie die Geschichte zeigt, sind Nomaden nicht nur von ihrer natürlichen Umwelt abhängig, sondern auch von der politischen. Werden die Beduinen von den jeweiligen Behörden mit starker Hand regiert, so ziehen sie sich in die inneren Wüsten zurück, und die landwirtschaftlich genutzten Gebiete können sich ausdehnen. Ist die staatliche Macht hingegen schwach, so geraten die Bauern unter den Druck der Beduinen, weil diese in die wirtschaftlich günstigeren Ackerbaugebiete vorrücken und damit die sesshafte Bevölkerung bedrohen. Daher tendierten Kolonialverwaltungen und heute nationalstaatliche Regierungen dazu, die Nomaden unter Kontrolle zu bringen und sie anzusiedeln. Das Festlegen nationaler Grenzen beschränkt ebenfalls die zur Wanderviehwirtschaft nötigen Gebiete, und die Modernisierung tut das übrige, um die Lebensgrundlage der Nomaden zu untergraben.[2]

Aus Nomaden werden Halbnomaden: die Politik der Osmanen und Briten

Die Beduinen im Negev waren bis zu ihrer Befriedung durch die Osmanen 1870 Vollnomaden. Die Zucht von Kamelen und Ziegen bildete ihre Lebensgrundlage, und ohne permanente Wohnstätten zogen die Beduinen mit ihren Zelten von Weideareal zu Weideareal. Damals kontrollierten sie ein Gebiet, das sich bis zu den Märkten von Jerusalem und Hebron sowie den Küstenstädten Gaza, Jaffa, Ramla und Lod erstreckte. Hier weideten sie im Sommer ihre Herden, und auf den Märkten tauschten sie Tiere und tierische Produkte gegen Getreide und andere Güter ein.

In dieser Zeit erzielten die Beduinen dank dem Karawanenverkehr weitere Einnahmen. Durch ihr Gebiet führten die alten Heer- und Handelsstrassen von Ägypten entlang der Mittelmeerküste des Sinai und durch den Nord-Negev nach Palästina, Syrien und Jordanien. Hier verliefen auch die christlichen Pilgerstrassen nach Jerusalem und nach dem Katharinenkloster im Sinai sowie die muslimischen Pilgerstrassen nach Mekka und Medina. Beduinen kontrollierten den Salzhandel vom Toten Meer und aus dem Sinai zu den Märkten von Gaza, Nablus und anderen Städten sowie den Getreidehandel aus dem Nord-Negev nach Hebron, Nord-Palästina, Gaza und Ägypten. Sie offerierten Reisenden gegen entsprechendes Entgelt Geleitschutz und forderten Wegzölle sowie Tributzahlungen von sesshaften Bauern. Auch Raubzüge gegen andere Stämme oder Plünderung der Dörfer in dichtbesiedelten Gebieten bildeten, besonders in Notzeiten, wichtige ‹Einkommensquellen›.

Ein ʿAzāzmih-Beduine auf seinem Reitkamel mit Beinpolster und Satteltasche. 1978 (Foto: Klaus-Otto Hundt)

Auch wenn die Zeit der Karamelkarawanen schon längst vorbei ist, werden noch Ende der 1950er Jahre Kamele zum Transport von Strohballen und Getreide eingesetzt. (Foto: Tim Gidal)

Um 1870 drängten die Osmanen die Beduinen in den Negev zurück, setzten den Stammeskriegen ein Ende und versuchten, allerdings erfolglos, die nomadisierende Bevölkerung anzusiedeln. Die Briten (1917-1948) setzten die von den Osmanen begonnene Befriedung fort. Sie rekrutierten eine Beduinenpolizei, und die Politik, Nomaden von Nomaden kontrollieren zu lassen, war überaus wirksam. So verloren die Beduinen seit Mitte des 19. Jh. nach und nach ihre Einkünfte aus Plünderungen, Raubzügen und Tributzahlungen, und die kontinuierliche Ansiedlung jüdischer Immigranten seit Beginn des 20. Jh. beschränkte ihre Weidegebiete vor allem im Norden des Landes. Eine weitere Einschränkung ihrer Bewegungsfreiheit erfuhren die Beduinen nach dem 1. Weltkrieg mit der Etablierung der Grenzen zu Ägypten und Jordanien. Die Modernisierung des Transportwesens, insbesondere die Eröffnung des Suezkanals 1869, der Bau von Eisenbahnen[3] und das Aufkommen der Lastwagen, brachte mit der Zeit den Karawanenverkehr zum Erliegen und liess die Kamelzucht unrentabel werden.

Ihrer wichtigsten Einkommensquellen beraubt, begannen die Beduinen seit Mitte des 19. Jh. Landwirtschaft zu treiben. Ihr Weidezyklus wurde immer mehr durch die systematische Rückkehr zu den Feldern bestimmt, und während der Britischen Mandatszeit errichteten die Beduinen in der Nähe ihrer Felder permanente Lager und feste Bauten. Die kontinuierliche Entwicklung vom Nomadismus zum Halbnomadismus fand etwa mit dem Ende der Mandatszeit ihren Abschluss. Die Landwirtschaft hatte aber nicht nur Einfluss auf den Weidezyklus und die Siedlungsform, sondern sie veränderte auch die Zusammensetzung der Herden. Die Kamel- und Ziegenbestände wurden zugunsten von Schafen reduziert. Während Kamele und Ziegen gegen Trockenheit resistent sind und sich von der perennierenden Wüstenvegetation ernähren können, müssen Schafe häufiger getränkt werden und sind auf nahrhaftes Futter aus der Landwirtschaft angewiesen. Dafür ist ihr Fleisch schmackhafter, und sie richten weniger Schäden an der natürlichen Vegetation und in den Getreidefeldern an.[4] Im Nord-Negev, wo die bevorzugten landwirtschaftlichen Gebiete liegen, erfolgte die Umstellung auf eine halbnomadische Lebensweise mit Schafzucht am frühesten, und die im Wādī al-Ḥiṣī lebenden Ǧbārāt hielten sogar Kühe.[5] Am längsten Vollnomaden mit Kamel- und Ziegenzucht waren die in den südlichen, äusserst trockenen Gebieten lebenden ʿAzāzmih, Aḥēwāt und Saʿīdiyyīn.[6]

Viehzucht und Ackerbau bildeten nun die wichtigste Einnahmequellen, fanden aber in der Lohnarbeit für die Briten und jüdischen Siedler eine willkommene Ergänzung. Die Beduinen wurden für den Bau von Kasernen, Flugplätzen und Strassen ebenso eingesetzt wie als berittene Polizisten, und sie arbeiteten in der Erntezeit in den jüdischen landwirtschaftlichen Siedlungen.[7]

Konsequente Ansiedlungspolitik der Israeli

Die Gründung des Staates Israel änderte die Situation der Beduinen grundlegend. Die Behörden aller Stufen verfolgten nun konsequent die Politik, sie in insgesamt sieben Siedlungen innerhalb eines genau umschriebenen Gebiets im Nord-Negev anzusiedeln und die spontanen, ‹illegalen› Ansiedlungen der Beduinen zu unterdrücken.[8] Diese Politik hängt vor allem mit dem Bedürfnis nach Land für eine immer grössere Zahl jüdischer Immigranten zusammen sowie mit der wachsenden Bedeutung des Negev für Industrie und Militär und als Naturreservat. Diese Entwicklung wurde nach dem Friedensschluss mit Ägypten 1979 und damit dem Verlust des Sinai noch beschleunigt.

Bis zur Gründung des Staates Israel bewohnten die Konföderationen bestimmte Regionen, innerhalb derer sich jeder Stamm auf dem von ihm kontrollierten Gebiet, der sog. *dīrah*, frei bewegen konnte. Ihm stand auch das Territorium eines benachbarten Stammes der gleichen Konföderation offen, das er nach Absprache mit dessen Scheich aufsuchen konnte. Wollten die Beduinen im Sommer ihr Vieh im Norden weiden lassen, also ausserhalb des Stammesgebietes, so verhandelten sie mit den dort lebenden Gruppen über das Nutzungsrecht.

Mit der ab 1951 praktizierten zwangsweisen Umsiedlung in die Reservation verloren die dislozierten Beduinen alle ihre Gebiete, die aufgrund der geltenden Landgesetze zum Staatsland erklärt wurden. Während die Stämme, deren traditionelles Wohngebiet in der Reservation lag, ihr Land weiterhin selbst verwalten konnten, mussten Neuankömmlinge Weideland und Ackerbauflächen auf jährlicher Basis vom Staat pachten. Die Pachtverträge handelten die Behörden vor allem mit den Scheichs aus, von denen viele den Löwenanteil für sich behielten und das Land an ihre Stammesangehörigen weiterverpachteten.

Auch das Ende der Militärverwaltung 1966 verbesserte die Situation der Beduinen nicht wesentlich. Vor allem in Dürrejahren hatte die Militärverwaltung immer wieder Weiden in den feuchteren Regionen im Westen und Norden der Reservation für die Herden geöffnet. Doch die zunehmende Besiedlung dieser Gebiete durch jüdische Immigranten und Reklamationen wegen Schäden in den Feldern liessen die israelische Regierung seit 1978 restriktiver werden, und das Landwirtschaftsministerium erliess entsprechende Bestimmungen. So dürfen Ziegen, die durch ihre Fressgewohnheiten Schäden an Pflanzen anrichten, den Negev nicht mehr verlassen, und der Ziegenbestand, der schon auf Grund eines Gesetzes aus dem Jahre 1950 reduziert werden musste, nahm noch weiter ab. Auch die Anzahl der auf den Sommerweiden zugelassenen Schafe wird von den Behörden jährlich verringert. Ausserdem ist es in vielen Gebieten den Hirten nicht erlaubt, ihr Zelt aufzuschlagen. Eine weitere Einschränkung bildet das Verbot, zwischen Oktober und Januar die Herden ausserhalb des Negev weiden zu lassen. Die Kontrolle über das Einhalten der Bestimmungen obliegt der Grünen Patrouille, einer 1976 vom damaligen Landwirtschaftsminister Ariel Sharon gegründeten paramilitärischen Organisation, die mit harter Hand Übertretungen ahndet und ohne Bewilligung gebaute Häuser dem Erdboden gleichmacht.

Wollen nun die Beduinen ihr Vieh ausserhalb des Negev weiden lassen, so müssen sie Erlaubnisscheine bei verschiedenen Behörden beantragen, und ältere

Von weit her ziehen die Hirten mit ihren Herden zu den wenigen Brunnen. Ende 1950er Jahre (Foto: Tim Gidal)

Männer, oft Analphabeten, sind mit dem komplizierten Prozedere überfordert.[9] Viele gehen deshalb ein Partnerschaftsverhältnis mit einem Scheich ein, dem sie ihre Dienstleistungen offerieren und der dafür die Erlaubnisscheine beantragt. Die Behörden behandeln nämlich loyal eingestellte Scheichs bevorzugt und geben ihnen besonders attraktive Weidegebiete.

Der Verlust des Landes hat die feste Ansiedlung beschleunigen, nicht aber die Viehzucht unterdrücken können. Lohnarbeit spielt seit Ende der 1960er Jahre zwar eine immer grössere Rolle, aber wegen der Unsicherheit des Arbeitsmarktes sind Viehzucht und Ackerbau Bestandteile der beduinischen Wirtschaft geblieben. Während in einem Familienverband vorwiegend die jungen Männer einer bezahlten Arbeit nachgehen, widmen sich die älteren Familienmitglieder der Viehzucht.[10] Die Grösse der Herden hat sich allerdings kontinuierlich verkleinert. Ende der 1980er Jahre zählten die Herden der meisten Haushalte 50-100 Tiere, und nur noch 5 % der Haushalte besassen mehr als 200. 90 % der in den staatlichen Siedlungen lebenden Beduinen hatten sogar weniger als 20 Tiere.[11] Die meisten Viehzüchter halten das Vieh ganzjährig auf ihrem Territorium und haben die halbnomadische

Lebensform aufgegeben. Wenn die nahen Weiden erschöpft sind, füttern sie die Tiere mit gekaufter Gerste und Stroh.

Neben dem Verlust der traditionellen Weidegebiete und den Schwierigkeiten, Weideflächen ausserhalb des Negev zu beantragen, haben noch weitere Faktoren wie Modernisierung und Wandel des Lebensstils die Sesshaftwerdung beschleunigt. Die von den Israeli errichteten Wasserpipelines durch den Negev – seit 1961 haben die Ḍullām Zugang zu einer Zapfstelle und seit Mitte der 1980er Jahre auch die ʿAzāzmih im Zentral-Negev – macht die Beduinen von Brunnen und Zisternen unabhängig. Anstatt das Vieh zur Tränke zu treiben, führen sie das Wasser mit Traktor und Zisternenwagen zu ihrer Herde. Seit den 1960er Jahren sind immer mehr Eltern vom Nutzen der Schulbildung für ihre Kinder überzeugt, und um den Schulbesuch nicht zu gefährden, sind sie sesshaft geworden. Auch die Lohnarbeit ist bei einer sesshaften Lebensweise leichter zu organisieren, und insbesondere die jüngere Generation schätzt einen höheren Lebensstandard und mehr Komfort.[12]

Ein Beduine in einem robusten, gestreiften Überwurf (ʿ*abāyih*) an einem der Brunnen von Beersheba. Diese Aufnahme entstand 1894, also noch vor Gründung der Stadt.
(Foto: Lucien Gautier, FLG)

Der Weidezyklus:
die Abhängigkeit von Weiden und Wasser

Die Stämme im Negev wanderten vor 1948 je nach Lebensraum 10-80 km, während die in den syrischen Wüsten lebenden Rwalā-Beduinen bis zu 800 km zurücklegten. Im Negev machte das ausreichende Angebot von Weiden und Wasser auf einem relativ kleinen Gebiet eine grosse Mobilität überflüssig.[13] Die im Winter fallenden Niederschläge, die von Norden nach Süden und von Westen nach Osten abnehmen, bestimmten die Distanzen und Routen. Die im trockenen, südlichen Teil des Nord-Negev und im Zentral-Negev lebenden ʿAzāzmih sowie die südöstlich von ihnen beheimateten Saʿīdiyyīn beispielsweise legten die grössten Distanzen von 60-80 km zurück. Im Winter schlugen sie ihre Zelte im warmen und futtermässig günstigen Wādī ʿArabah auf, und im Frühjahr und Sommer suchten sie die Hochweidegebiete und die Wadis im Inneren des Negev auf. Die im feuchten Nordwesten lebenden Ḥanāǧrah und Tarābīn hingegen beschränkten sich auf ihren 10-40 km langen Wanderungen auf die fruchtbaren Wadis ihres Stammesgebietes, wo auch im Sommer ergiebige Weidegründe vorhanden waren.[14]

Zwischen Dezember und März lassen die Winterregen eine saftige Frühjahrsvegetation spriessen. Während dieser Zeit müssen Kamele und Ziegen nicht getränkt werden, und die Schafe brauchen nur etwa alle zehn Tage Wasser. Die restliche Zeit des Jahres, wenn sich die Tiere nur noch von der trockenen Wüstenvegetation ernähren können, bestimmt auch das Vorhandensein von Wasser zum Tränken der Tiere die Weideroute. Wasser in genügender Menge ist im Negev rar. Quellen und Wadis führen nicht das ganze Jahr über Wasser, und die natürlichen Regenwasserspeicher, die sich nach den Regenfällen in felsigen Senken der Wadis bilden, trocknen nach einigen Monaten aus. Länger hält sich das Wasser in den Zisternen (*harābāt*), in denen es durch Zuflusskanäle gesammelt wird. Einfache Zisternen werden von den Beduinen selber gegraben. Da ihre Wände selten mit Steinen befestigt sind und eine jährliche Reinigung unterbleibt, verschlammen sie nach einigen Jahren und werden

Ein ʻAzāzmih-Paar zieht in der Nähe von Ramat Hovav Wasser aus einer Zisterne und giesst es für die Schafe und Ziegen in die bereitgestellten Becken. 1978 (Foto: Klaus-Otto Hundt)

verlassen. Gut gebaute Zisternen stammen aus nabatäischer und byzantinischer Zeit und wurden von den Beduinen wieder in Stand gestellt und benutzt. Als Teil des damaligen Bewässerungssystems sind sie mit Steinen eingefasst und manchmal mit einer zementartigen Schicht verputzt.

Die Brunnen (*byār*) werden vom Grundwasser gespeist. An den Ufern der Wadis, wo während der Regengüsse das Wasser versickert, bis es auf eine undurchlässige Gesteinsschicht stösst, liegen die seichten Brunnen. Hier graben sich die Hirten sogar kleine, 20-40 cm tiefe Gruben (*t̲amāyil*), in denen sich das Wasser sammelt. Die meisten seichten Brunnen, deren schmale Öffnungen mit einem Stein verschlossen sein können, haben aber eine Tiefe von drei bis fünf Metern. Die weiter von den Wadis entfernten Brunnen hingegen sind bis zu 70 m tief und haben einen Durchmesser von drei bis vier Metern. Mit wenigen Ausnahmen versiegen sie im Spätsommer und während der häufigen Trockenzeiten; aber auch die Wasserreserven der ganzjährigen Brunnen sind nicht unerschöpflich und müssen geschont werden. Zur Schonung von Wasser und Weiden nutzen die Beduinen im Frühling bewusst Gebiete, die in den übrigen Jahreszeiten zu trocken sind, als dass sie aufgesucht werden könnten.

Quellen und Brunnen sind theoretisch öffentlich, d.h. allen Stämmen gleichermassen zugänglich. Diese Bestimmung geht auf die Briten zurück, die die wichtigsten Brunnen auf Kosten der Öffentlichkeit reparieren liessen. In Dürrezeiten aber beanspruchte diejenige Subkonföderation, auf deren Gebiet ein Brunnen lag, Priorität. Vor allem die Stämme im zentralen und südlichen Negev führten immer wieder erbitterte Kriege um die wenigen Quellen und Brunnen. Zisternen hingegen sind Privatbesitz, und Zugang haben der Besitzer und seine Verwandten. Dies hängt mit der durch den Ackerbau bedingten Privatisierung von Land zusammen und mit der Arbeit, die der Besitzer in das Graben und den Unterhalt einer Zisterne investiert. Seit die Beduinen Zugang zu den Wasserpipelines haben, sind sie von den Brunnen und Zisternen unabhängig geworden und richten ihr Wohn- und Weidegebiet nach den Zapfstellen.[15]

Da die Regenfälle nicht gleichmässig, sondern in lokalen Schauern niedergehen, bringen sie auf einem beschränkten Gebiet plötzlich das Gras zum Spriessen und füllen die Zisternen auf. Jedes Familienoberhaupt baute sich ein umfangreiches soziales Netzwerk auf, um möglichst viele Informationen über den Zustand von Weide und Wasser zu bekommen, und jeder Besucher eines Zeltes wurde, spätestens nachdem er sein Mahl beendet hatte, zu diesem Thema befragt. Vor dem Aufbruch zu einem neuen Weidegebiet mussten Kundschafter die Qualität der Weiden und der Wasserressourcen prüfen und Abklärungen vornehmen, in wessen Territorium die neuen Weiden lagen.[16]

Leider gibt es genauere Beschreibungen von Weidezyklen erst seit Beginn der 1960er Jahre.[17] Als Beispiel möge hier der von Marx beschriebene Weidezyklus der Bdūr dienen (1960-1963), einer kleinen, zum Abū Ǧwē'id Stamm (Ḍullām) gehörenden Beduinengruppe (*ḫams*), die im östlichen Beersheba-Becken lebt. Ihr wichtigster Einnahmezweig Viehzucht wurde durch Ackerbau ergänzt; die jungen Männer der Familie scheinen sowohl als Lohnarbeiter als auch als Hirten tätig gewesen zu sein.

Die Bdūr hatten ein permanentes Lager aus 5-6 Zelten bei ihren Feldern errichtet, wo die älteren Frauen und Männer lebten. Im Winter standen die Zelte geschützt vor kalten Winden in einer Talmulde, und im Sommer wurden sie auf einen kleinen Hügel verlegt, wo eine kühlende Brise die heissen Tage erträglicher machte. Beim Beginn des Winterregens im November und Dezember trafen die jüngeren Familienmitglieder im permanenten Lager ein und halfen beim Pflügen und Säen. Dann führten sie die Herden auf die nahrhaften Frühlingsweiden in die östlich gelegenen Hügelgebiete, wo sie ihre Zelte aufschlugen. Sobald der heisse Ostwind, der *ḫamsīn*, die Frühlingsweiden in-

Die 'Azāzmih-Beduinen im Wādī Boggar holen heute das Wasser an einer Zapfstelle und führen es mit dem Zisternenwagen zum Zelt. 1997 (Foto: Peter R. Gerber)

nert kurzer Zeit hatte vertrocknen lassen, was in den östlichen Gebieten zuerst geschah, kehrten die Hirtenfamilien mit ihren Zelten in Etappen wieder zum permanenten Lager zurück, halfen bei der Ernte und liessen die Tiere auf den abgeernteten Feldern weiden.

Da das Nahrungsangebot für die Tiere auf den von Hand abgeernteten Feldern bescheiden ist, mussten die Schafe weiter nach Westen getrieben werden, auf maschinell abgeerntete Felder ausserhalb der Reservation. Die Militärverwaltung tolerierte es allerdings nicht, dass sich in diesem Gebiet ganze Familien aufhielten. Deshalb wurde die Herde nur von einem jungen Mann betreut, und alle Familien der Bdūr blieben im permanenten Lager. Eine Ausnahme bildeten ihre Kamelhirten. Diese hielten sich auch nach dem Verdorren der Frühlingsweiden im östlichen Hügelgebiet auf, wo sich die Kamele von der trockenen, ganzjährigen Wüstenvegetation ernähren konnten. Hier lebten sie in zwei bis drei Zelten und hüteten auch die Tiere anderer Beduinenfamilien. Im Herbst und Winter dann wurden die Ziegen und Schafe mit Stroh und Gerste im permanenten Lager gefüttert.

Dieser Weidezyklus zeigt deutlich, wie die Beduinen unter dem Einfluss der Niederschläge im Laufe

Schon kleine Kinder kümmern sich um die Lämmer. Ende 1950er Jahre (Foto: Tim Gidal)

des Sommers in immer feuchtere Gebiete gegen Westen ziehen mussten. Vor 1948 wanderten die Herden zwischen August und November, wenn auch die ganzjährige Vegetation im Negev verdorrt, nach Norden, bis zum heutigen Tel Aviv, und in Dürrejahren sogar bis in die Gegend von Haifa. Die *fallāḥīn* hingegen, denen nicht die ganze *dīrah* mit all ihren Ressourcen zur Verfügung stand, hatten einen beschränkteren Weidezyklus und wechselten nur zwischen Sommer- und Winterlager.[18]

Hirten und Hirtinnen

Grosse Herden sind der Stolz jedes Beduinen; das Hüten und Tränken aber überlässt er seinen Söhnen und Töchtern, seltener seiner Frau. Allerdings vertraut er die Schafe und Ziegen nur dann der Obhut von Frauen an, wenn die Weiden in der Nähe des Lagers liegen; kleine Herden, vor allem die Lämmer und Zicklein, lässt er von den Kindern hüten. Damit ihe Ehre nicht gefährdet wird, begeben sich die Mädchen und Frauen nie allein auf die Weide und pflegen sich auf eine Erhebung im Gelände zu setzen. So können sie aus der Ferne von ihren Verwandten beobachtet werden.[19]

Das Hüten des Kleinviehs gilt als Domäne der Frauen und wird nicht als reputable Beschäftigung betrachtet. Eine hochrangige Persönlichkeit wie ein Scheich lässt deshalb seine Tiere nicht von seiner Familie, sondern von bezahlten Hirten hüten. Auch ein Viehbesitzer, der nicht über genügend familiäre Arbeitskräfte verfügt, stellt Hirten ein. Männer hüten allenfalls die Kamele und begleiten das Kleinvieh auf Weiden, die so weit entfernt liegen, dass sie nicht jeden Abend ins Lager zurückkehren können.

Ziegen und Schafe werden immer häufiger von Frauen und Töchtern gehütet. Nord-Negev, 1980er Jahre (Foto: Sonia Gidal)

Diese traditionelle Arbeitsteilung blieb von Beginn des 20. Jh. bis in die 1960er Jahre bestehen.[20] Sie hat sich seither nicht grundlegend geändert, ausser dass Frauen heute stärker in die Viehzucht involviert sind. Da die jungen Männer seit den 1960er Jahren vermehrt mit Lohnarbeit beschäftigt sind, können sie sich immer weniger um das Vieh kümmern. Auch auf die Kinder, von denen viele die Schule besuchen, kann der Viehbesitzer nicht mehr regelmässig zurückgreifen. So kommen zum Hüten und Besorgen der Herden vermehrt Frauen, unverheiratete Töchter und bezahlte Hirten zum Einsatz. Hirten wurden früher aus alliierten Beduinengruppen oder aus Gefolgsleuten, den *fallāḥīn*, rekrutiert; seit 1967 sind es vor allem Palästinenser aus dem Westjordanland. Der Lohn der Hirten bestand aus Nahrungsmitteln, Kleidern und einigen Tieren, die die Grundlage zu einer eigenen Herde bildeten. Auch heute wird der Hirte mit Nahrung und Kleidung versorgt, doch anstatt der Tiere erhält er einen Barlohn.[21]

Musil beobachtete um die Jahrhundertwende das Leben der Hirten, die weitab von ihrem Lager die Herden hüteten. Hirten blieben Tag und Nacht bei ihren Tieren, führten sie in der trockenen Jahreszeit täglich zur Tränke und übernachteten im Freien, mit Vorliebe bei alten Ruinen, wo sie aus Steinen Schutzmauern errichteten. In der Regenzeit zogen sie in die Täler und suchten Schutz in Höhlen, Grotten oder unter überhängenden Felsen.[22]

Das stetige Leben im Freien erfordert eine einfache und zweckmässige Ausstattung.[23] Die Ausrüstung, die nun beschrieben wird, war bis zum Ende der Mandatszeit in Gebrauch, in abgelegenen Gebieten bis zum Ende der 1960er Jahre. Zum Schutz vor Hitze und Kälte bestand sie aus einem Kleid (*ṯōb* oder *ǧallābiyyah*), einem Kopftuch (*mandīl*) mit Kopfring (*mrīrih*) und einem dicken, mantelartigen Überwurf (*'abāyih*), der auch als Decke und Sonnenschutz gebraucht werden konnte. Auch Schuhe waren unentbehrlich, und in der kalten Jahreszeit kam noch ein mit Fell gefütterter Mantel (*farwah*) hinzu (zur Kleidung s. S. 202-213).

Zum Lenken der Tiere dienten ein Stab und eine Steinschleuder (*miglā'*), wenn sich die Tiere zu weit entfernt hatten. Die Steinschleuder war auch zur Abwehr von wilden Tieren und Dieben nützlich, und sie wurde erfolgreich von den Palästinensern während der Intifada im Westjordanland eingesetzt. Knaben be-

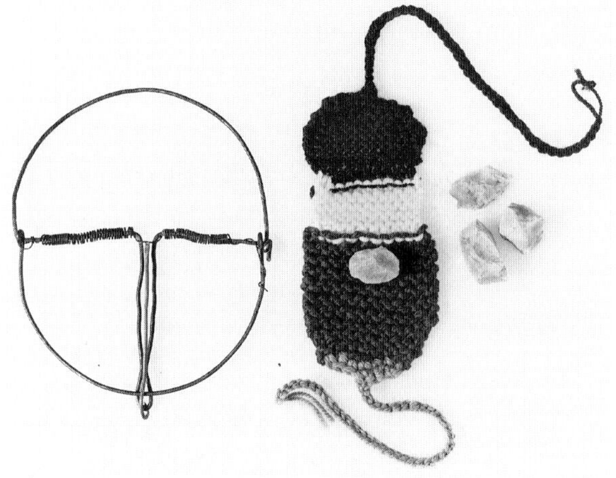

Vogelfalle
Ethnischer Name: *faḫḫ ʿaṣfūr*
Aus Eisendraht gefertigte Torsionsschlagfalle in geöffnetem Zustand. Einer der zwei halbkreisförmigen Bogen wird aufgeklappt und durch einen Stab in labilem Gleichgewicht gehalten; bei der Auslösung durch einen Vogel wird er mittels Torsion gegen den anderen geschlagen.
Länge: 20,5 cm; Breite: 15,5 cm
Gesammelt: Izhaq Al-Hroub
Inv. Nr. 22051

Steinschleuder
Ethnischer Name: *miglāʿ*
Gestrickte Rotationsschleuder aus roter, weisser, brauner, blauer und grüner Acrylwolle mit geflochtenen Schnüren und mit Kalksteinen als Projektilen. Zum Schleudern legt man einen Stein in die Schale, steckt den Mittelfinger der rechten Hand durch die Schlinge der einen Griffschnur, fasst die andere Griffschnur mit derselben Hand und schwingt die Schleuder über dem Kopf. Lässt man die zweite Griffschnur los, wird der Stein mit Wucht weggeschleudert.
Schalenlänge: 18 cm; Schalenbreite: 8 cm; Länge Griffschnur mit Schlinge: 27,5 cm; Länge Griffschnur ohne Schlinge: 23 cm
Gesammelt: Sonia Gidal, 1980er Jahre
Inv. Nr. 20922

Dieser Knabe versteckt seine Vogelfalle im Sand. 1980er Jahre (Foto: Sonia Gidal)

nutzen die Schleuder noch immer, um nicht ganz harmlose Wettkämpfe untereinander auszutragen;[24] auch die mit auffallend kurzen Griffschnüren versehene Schleuder 20922 unserer Sammlung ist eher Spielzeug als Waffe.[25] Neben der Steinschleuder dienten dem Hirten noch Keule, Gewehr oder Pistole (Abb. S. 97) als Waffe und der unentbehrliche Dolch (*šibriyyih*; Abb. S. 99f.), der auch als Werkzeug zu gebrauchen war.

Zum Beruhigen der Herde und zu ihrer eigenen Unterhaltung bliesen Hirten und Hirtinnen Flöte (*šabbābih*) und Schalmei. Typisch war die Doppelschalmei (*magrūn*), seltener die *arġūl* (Abb. S. 106f.). Flöten, insbesondere aus Eisen, sind noch heute in Gebrauch. Hirten können sich mit diesen Instrumenten untereinander verständigen, und Hirten und Hirtinnen pflegen auf der Flöte Liebeslieder zu blasen. Flötenmusik, so schreibt Smadar Lavie, besitzt eine erotische Komponente. Befindet sich ein Mädchen auf der Weide, so mag es für seinen heimlich Angebeteten ein Lied blasen, im Zelt hingegen spielt eine Frau nur, wenn kein Mann in der Nähe ist.[26] Einige Hirten erlangen auf Flöte oder Schalmei eine so grosse Virtuosität, dass sie auf Hochzeiten aufspielen und ihren sonst tiefen gesellschaftlichen Status erhöhen können.[27]

Die Nahrung war einfach. Hirten tranken die Milch der Tiere und buken auf der Glut des Feuers aus dem mitgebrachten Mehl ihr Brot (*kaʿk*)[28], das sie mit

Anhängetasche
Ethnischer Name: *ḫarīṭah*
Die Tasche wurde aus dem Stück eines alten, in Kettrepsbindung gewebten Teppichs mit groben Stichen zusammengenäht und mit einem Baumwollband als Henkel versehen. Die Kette besteht aus krapproter, olivgrüner, blauer und naturweisser Wolle, der Eintrag aus einem Gemisch von Ziegenhaar und Wolle. Am oberen Rand ist der ursprüngliche Randabschluss erhalten: umfassende Verschlingstiche, kombiniert mit Festonstichen, blockweise in den Farbkombinationen Krapprot, Oliv und Schwarz.
Länge: 29 cm; Breite: 26 cm
Gesammelt: Sonia Gidal
Inv. Nr. 19535

Anhängetasche
Ethnischer Name: *ḫarīṭah*
Diese Tasche ist ebenfalls aus dem Stück eines alten, in Kettrepsbindung gewebten Teppichs gefertigt, allerdings so, dass die Streifen quer liegen. Die Kette besteht aus naturweisser und krapproter Wolle sowie schwarzem Ziegenhaar, und der Schuss ist ein Gemisch aus Wolle und Ziegenhaar. Die Vorderseite wird mit drei gedrillten Quasten aus Wolle verziert; der Henkel besteht aus einer verzwirnten Wollschnur.
Länge: 34 cm; Breite: 26 cm
Gesammelt: Sonia Gidal
Inv. Nr. 20926

etwas zerlassener Butter (*samnah*) und Zwiebeln genossen. Wünschten sie ihre frugalen Mahlzeiten zu bereichern, so konnten sie versuchen, an einer Wasserstelle eine der Tauben zu fangen, die hier zur Tränke anflogen. Sie versteckten die Vogelfalle (*faḫḫ ʿaṣfūr;* 22051) im Sand und streuten Getreidekörner um und auf die Falle. Um die Vögel anzulocken, sangen sie Lieder und warteten, bis einer den Stab berührte und die Falle zum Zuschnappen brachte. Vogelfallen wurden nicht nur von den Hirten benutzt, sondern auch von vielen anderen Knaben.[29]

Ihre Lebensmittel und anderen Habseligkeiten packten die Hirten früher in Lederschläuche und Ledertaschen, die sie über die Schultern hängten oder einem Esel auf den Rücken banden. Sie verwendeten auch eine kleine, gewebte Umhängetasche (*ḫarīṭah*), die so typisch war, dass Crowfoot sie als «Beduinentasche» bezeichnete.[30] Im Negev sind heute Plastiktaschen an ihre Stelle getreten, doch im Sinai tragen die Hirtinnen noch heute ihre gewebten Taschen über die Stirne gehängt mit auf die Weide.[31] Hirten benutzten eher einfache Taschen (19535 und 20926), während Hir-

Anhängetasche
Ethnischer Name: *ḫarīṭah*
Die in Kettrepsbindung gewebte Tasche hat Streifen in Dunkelbraun, Krapprot, Naturweiss, Hellbraun und Schwarz. Die Kette besteht aus Schafwolle und hellbraunem Kamelhaar und der Eintrag aus einem Gemisch aus Ziegenhaar und Wolle. Die Vorderseite ist mit Baumwollstreifen und Kaurischneckenhäuschen besetzt und mit Quasten verziert. Weitere Dekorationen sind die am oberen Rand eingehängten Fransen mit blauen Glas- und Plastikperlen.
Breite: 31 cm; Höhe: 41 cm
Gesammelt: Widad Kawar
Inv. Nr. 22214

Anhängetasche
Ethnischer Name: *ḫarīṭah*
Diese aus einem Stück bestehende, moderne Tasche wurde aus Acrylwolle in Kettrepsbindung grob gewebt. Die Streifen und Schachbrettmuster sind in den Farben Braun, Rot, Violett, Blau, Gelb, Weiss und Grün gehalten. Die Vorderseite zieren zwei zwirngebundene Bordüren mit Dreiecken in Schwarz, Lachs, Rot und Braun sowie einige Quasten aus Chemiefaserstickgarn. Nähte und Randabschlüsse wurden alle mit zweifarbigen Festonstichen genäht. Der Henkel besteht aus einem geflochtenen Dreierzopf.
Breite: 29,5 cm; Höhe: 31 cm
Gekauft: 1995, Markt von Beersheba
Inv. Nr. 22082

tinnen verzierte Taschen (22214) vorzogen. Das heutige Exemplar aus Acrylwolle (22082) wurde für den Touristenmarkt hergestellt. In diesen Taschen finden eine Tagesration Nahrungsmittel, eine Flöte, eine Spindel oder eine Stickerei Platz.

Auch heute leben Beduinen bescheiden, wenn sie mit ihren Tieren unterwegs sind. Sie wohnen meistens in einem kleinen Zelt, das wie die nomadische Saison selber *'izbih* genannt wird,[32] und sie nehmen auf ihre Reise Wasser, Öl, Mehl, Linsen, Tomatenkonserven, Kaffee- und Teegeschirr mit. Allerdings kommen jedes Wochenende die im permanenten Lager gebliebenen Familienmitglieder auf Besuch und bringen in ihrem Pick-up frische Lebensmittel mit und unterhalten die Hirten mit den neusten Nachrichten.[33]

Die für den Negev typischen Fettschwanzschafe werden auf dem Markt von Beersheba verkauft. Ende 1970er Jahre (Foto: Klaus-Otto Hundt)

Die Tiere und ihre Produkte

Die Tiere der Wüstennomaden müssen gut an ihre karge Umwelt angepasst sein. Diese Bedingung erfüllt die im Negev verbreitete kleine Beduinenziege (Capra mambrica). Sie hat blaue Augen, ist schwarz oder rotbraun, gelegentlich hellgrau, selten weiss; die schwarze Ziege hat manchmal ein braunes Gesicht oder eine weisse Stirn.[34] Heute wird sie hin und wieder mit der im Norden Israels verbreiteten rötlichen oder rotweissen Damaskusziege gekreuzt, deren Milchproduktion grösser ist.[35]

Das bevorzugte Schaf ist das Awāsi- oder Fettschwanzschaf (Ovis laticaudata), wobei der Fettschwanz eine Reserve für die trockenen, vegetationslosen Sommer darstellt. Die Schafe sind meistens weiss und haben einen braunen, seltener einen schwarzen Kopf; manchmal sind sie braun oder gescheckt.[36] Ursprünglich wurden sie in den 1920er Jahren aus der Arabischen Halbinsel importiert,[37] wobei aus dem Nejd vor allem dunkelbraune Schafe kamen, die heute selten mehr anzutreffen sind.[38] Dies würde die dunkelbraune Farbe einiger unserer Webereien aus Schafwolle erklären.

Ziegen und Schafe liefern Milch für die tägliche Nahrung und Fleisch für das Festessen. Früher verwoben die Frauen das Haar der Ziegen und die Wolle der Schafe, und sie verarbeiteten die Haut der Ziegen zu Butter- und Wasserschläuchen. Die Schaffelle dienten als Polster für den Kamelsattel, und noch heute werden sie auf den Zeltboden gelegt oder als wärmendes Futter für Wintermäntel verwendet.

Für den Umzug von einem Zeltlager ins andere hat diese Familie ihre Kamele mit einem dekorierten Halfter und dem ungefähr 12 m langen Band, wie es für das Brautkamel verwendet wird (22036), festlich geschmückt. 1934-40 (Foto: Carl Lutz, AfZG)

Wichtiges Nutztier in der Wüste ist das einhöckrige Kamel (Dromedar, Camelus dromedarius), ein anspruchsloser Pflanzenfresser, der einige Tage ohne Wasser auskommen kann. Es diente als Last- und Reittier, bevor es zu Beginn des 20. Jh. durch Eisenbahn und Lastwagen verdrängt wurde. Beim Umzug der Beduinen von einem Weideplatz zum anderen behielt es seine Bedeutung als Lasttier noch bis zum Ende der 1940er Jahre bei, und es wurde von Beduinen und Bauern zum Pflügen und Dreschen eingesetzt, bis es Ende der 1950er Jahre weitgehend dem Traktor und dem Mähdrescher weichen musste.

Sehr geschätzt wird bis heute die äusserst nahrhafte Kamelmilch. Auf den langen Wanderungen durch wasserlose Wüsten war sie für die Beduinen lebensnotwendig, und falls ein Reisender in der Wüste auf eine Kamelherde traf, durfte er eine Kamelin melken und seinen Durst löschen.[39] Das Haar wurde verwoben, der Dung diente als Brennmaterial, und der Urin wurde manchmal zur Haarwäsche, insbesondere zur Bekämpfung von Läusen, verwendet. Kamelfleisch hingegen wurde von den Negev-Beduinen nie gegessen,[40] aber der Export von Kamelen als Schlachtvieh nach Ägypten war bis in die Mandatszeit eine weitere Einnahmequelle.[41]

Wie das Kamel war auch der Esel Last- und Reittier. Er hat noch heute diese Funktion nicht völlig eingebüsst, und in der Ansiedlung der ʿAzāzmih südlich von Beersheba kann man immer einige dieser genügsamen Tiere weiden sehen. Esel wurden zum Holz- und Wasserholen eingesetzt, und die Kinder ritten auf ihnen zur oft weit entfernten Schule (s. Abb. S. 275). Heute benutzen sie den Autobus, aber ʿAzāzmih-Frauen reiten gelegentlich frühmorgens auf ihrem Esel zum Markt in Beersheba.

Haar und Wolle

Im Frühling, wenn das Kamel sein Haar wechselt, pflückten die Frauen und Mädchen das alte, ausfallende Haar (*wabar*) direkt vom Tier weg.[42] Die gröberen Haare verarbeiteten die Beduininnen zu Säcken, Seilen, Teppichen und Trennwänden für das Zelt, das feine, flaumige Unterhaar hingegen wurde verkauft und von der sesshaften Bevölkerung zu Kamelhaarmänteln verwoben. Noch während der osmanischen Zeit bestanden alle gewobenen Textilien aus Kamel- und Ziegenhaar,[43] doch mit dem Wechsel zur Schafzucht hat die Schafwolle (*ǧizzih*) das Kamelhaar fast vollständig verdrängt.

Die Schafe wurden ebenfalls im Frühling, zwischen März und Ende April, geschoren. Entweder wurden sie vor der Schur in einer Quelle oder einem kleinen Bach gebadet, oder die Rohwolle wurde später gewaschen.[44] Das Scheren besorgten häufig Spezialisten mit einer speziellen Schafschurschere (*miǧazz ġanam*; 22251 und 20152). Sie begleiteten ihre Arbeit mit Scherliedern, die die Schönheit des Schafes preisen, aber auch die Mühsal der Schafschur beschreiben. Nach der Schur opferte der Viehbesitzer Gott manchmal ein Schaf, das er bei einem Festmahl zusammen mit den Scherern verspeiste.[45]

Die Ziegen wurden erst gegen Ende des Frühlings, im Mai, geschoren, und zwar nicht mit einer Schere, sondern mit einem Klappmesser (*mūs*; Abb. S. 100). Das Ziegenhaar (*šaʿr*) war vor allem für das Weben der Zeltbahnen unentbehrlich, und es wurde häufig der Schafwolle beigemischt, da es reissfester ist als Wolle. Die modernen Materialen haben heute weitgehend die traditionellen Produkte der Tiere ersetzt. Da kein Markt mehr fur tierische Fasern vorhanden ist, scheren die Viehbesitzer ihre Tiere nicht mehr, sondern verkaufen sie nur noch als Schlachtvieh.[46]

Ein ʿAzāzmih-Beduine im Wādī al-Mašāš schert seine Schafe. 1976 (Foto: Klaus-Otto Hundt)

Die soziale und kulturelle Bedeutung der Tiere

Tiere stellen in Gesellschaft und Kultur der Beduinen einen zentralen Wert dar, und sie sind Gegenstand zahlreicher sozialer und religiöser Praktiken. Obwohl das Vieh seit Ende der 1940er Jahre seine wirtschaftliche Bedeutung immer mehr einbüsst, hat es seine soziale und kulturelle Bedeutung für die Viehzüchterfamilien, insbesondere für die älteren Familienmitglieder, nicht verloren.

Nicht nur das Familienoberhaupt, sondern auch Frauen und Kinder besitzen in der Regel kleine Herden von Ziegen und Schafen, die sie aus geschenkten

Schafschurschere
Ethnischer Name: *miǧazz ġanam*
Schere aus Eisen mit zwei um einen Stift beweglichen Schneiden und zwei Bügeln als Griffen.
Länge: 25 cm
Gesammelt: Widad Kawar
Inv. Nr. 22251

Schafschurschere
Ethnischer Name: *miǧazz ġanam*
Bei der aus einem Stück bestehenden Schere aus Eisen sind die beiden Schneiden durch einen federnden Bügel miteinander verbunden.
Länge: 27 cm
Gesammelt: Sonia Gidal
Inv. Nr. 20152

Den Gräbern von Scheich al-A'ṣam (Tiyāhā) und seiner Frau in Bīr 'Aslūǧ (heute Be'er Mash'abbim) werden Öl, Zuckerwerk sowie das Blut von Tieren geopfert, und die Gräber werden mit weissen Fahnen geschmückt. 1995 (Foto: Elisabeth Biasio)

Scheich Ḥamad aṣ-Ṣān' (Tarābīn) auf seinem Reitkamel. 1898-1934 (Foto: G. Eric Matson, LCW)

Tieren gezogen haben und über die sie verfügen können. Das Besorgen des Kleinviehs ist heute zwar weitgehend den Frauen überlassen, aber die Männer und Kinder helfen wenn immer möglich mit. So sind die Tiere Gegenstand gemeinsamer Interessen und Gespräche geblieben und fördern den Zusammenhalt und die Solidarität innerhalb der Familie. Die Tiere intensivieren auch die Beziehung zwischen verschiedenen Viehzüchterfamilien, da sie untereinander als Geschenke ausgetauscht und in Straffällen als Kompensation bezahlt werden.

Ebenso stellen Tiere eine Quelle von Prestige dar, indem grosse Herden den Status eines Mannes erhöhen und ihm erlauben, seine Grosszügigkeit als Gastgeber unter Beweis zu stellen. Einen Gast gut zu bewirten und für ihn ein Schaf zu schlachten war für ihn früher Ehrensache. Noch heute ist ein Familienfest wie Hochzeit oder Beschneidung ohne das Schlachten eines Schafes oder einer Ziege undenkbar. Eine Heirat wird zum Beispiel erst dann rechtsgültig, wenn der Bräutigam in Anwesenheit seiner Braut ein Schaf oder eine Ziege geschlachtet hat.[47]

Um das Wohlgefallen Gottes zu erlangen, schlachten die Beduinen an religiösen Feiertagen, am Ende des Fastenmonats Ramadan (*'īd al-fiṭr*), oder am 70 Tage später stattfindenden Opferfest (*'īd al-aḍḥā*) ein Tier. Wird etwa ein Familienmitglied krank, so pilgern sie an das Grab eines Heiligen und bringen ihm als Mittler zwischen Gott und den Menschen ein Opfer dar. Es sind allein die beschnittenen Männer, die ein Tier schlachten dürfen. Mit ihrem Klappmesser oder dem Dolch schneiden sie dem Tier die Kehle durch, lassen das für den Genuss verbotene Blut auf die Erde ausfliessen und hängen den Kadaver zum Häuten an den Hinterbeinen auf.[48]

Wie kein anderes Tier ist das Kamel Symbol der Identität der Beduinen als freie Wüstenbewohner. Es verschaffte ihnen die Möglichkeit, sich jederzeit in die Wüste abzusetzen, wo sie autonom und von den Produkten ihres Reittieres leben konnten. Die Kamelzüchter besassen unter den Beduinen das grösste Prestige, das Besorgen der Kamele war Männerarbeit, und bei Kamelrennen konnten Kamel und Reiter ihre Geschicklichkeit gleichermassen zur Schau stellen. Als Bezahlung wurden Kamele nur bei wichtigen Angele-

Anlässlich einer grossen Beschneidungsfeier findet bei den ʻAzāzmih in der Nähe von Yeroham ein Kamelrennen statt; die Reiter haben ihre Tiere mit Satteltaschen geschmückt. 1979
(Foto: Klaus-Otto Hundt)

genheit angeboten wie dem Abgelten des Brautpreises oder dem Kauf von Land.[49]

Einige Viehzüchter besitzen noch heute ein paar Kamele, deren Milch sie geniessen und die sie als Schlachtvieh verkaufen. Doch es sei auch die nostalgische Erinnerung an alte Zeiten ausschlaggebend, sagt der Gewährsmann Kher Albaz, und sogar Kamelrennen würden heute wieder häufiger stattfinden. Auch vor den Tourismusunternehmen stehen immer einige Kamele für Ritte in die Wüste bereit.

Die kulturelle Bedeutung des Kamels äussert sich ausserdem in der Vielfalt der Namen, die es je nach Alter, Geschlecht, Farbe oder charakterlichen Eigenschaften bekommt. Ein neugeborenes Kamel wird beispielsweise *ḥuwār* genannt, und mit jedem Lebensjahr ändert sich sein Name. Ist es erwachsen, bezeichnen die Namen bestimmte Eigenschaften: *hiǧīn* wird etwa ein Kamel genannt, das schnell läuft, und *ḫawārah* ist eine Kamelin, die sehr viel Milch gibt. Der bekannteste, auch von der bäuerlichen Bevölkerung gebrauchte Name für das Kamel, *ǧamal*, bezeichnet bei den Beduinen nur das männliche, erwachsene Kamel nach dem fünften Lebensjahr.[50]

Obwohl Pferde in der kargen Wüste schwierig zu ernähren sind, wurden sie als Reittiere sehr geschätzt. Sie verschafften dem Besitzer Ansehen, und die Dichter wurden nicht müde, ihre Schönheit und Schnelligkeit zu preisen. Kam ein Reiter auf einem edlen Araberpferd zu einem Zelt geritten, wurde er vom Zeltherrn sogar vor dem Kamelreiter bewirtet. Zogen die Beduinen auf einen ihrer Raubzüge, so legten sie den langen Anmarsch auf den Kamelen zurück und ritten die Pferde während der kurzen schnellen Kampfeinsätze. Die Reiter können ihre Geschicklichkeit und die Schönheit ihrer Pferde auch beim Reiterspiel, der ‹Fantasia›, unter Beweis stellen, und für diese Gelegenheiten haben sie ihren Pferden eine besondere Trabart beigebracht. Doch nicht alle Pferde sind gleich ge-

Bei diesem Kamel ist das kreisförmige Brandzeichen auf der rechten Halsseite sichtbar. Der junge Reiter hat den Sattel mit einem Schaffell und einem Beinpolster versehen. Ende 1950er Jahre (Foto: Tim Gidal)

schätzt, denn die Zeichnungen auf ihrem Fell werden als gute oder schlechte Vorzeichen gedeutet. Hat beispielsweise ein Hengst an drei Beinen weisse Flecken, und ist das hintere rechte Bein ohne Flecken, bringt er dem Besitzer Glück. Hat er aber am hinteren linken Bein keine weissen Flecken, so wird er den Reiter ums Leben bringen.[51]

Das Erkennungszeichen (*wasm*)

Die Beduinen zeichnen ihr Vieh, mit Ausnahme der Pferde, mit Eigentumsmarken, einfachen geometrischen Zeichen, die sie mit einem glühenden Eisen an Kopf, Hals oder Bein eines Tieres einbrennen. Die Kamele und Esel markiert eine Subkonföderation oder ein einzelner Stamm mit einem gemeinsamen Erkennungszeichen. Den Schafen und Ziegen brennen die Besitzer oft ein indiviuelles Zeichen ein, und eine Ehefrau bringt an ihren Tieren das Zeichen des Vaters und nicht dasjenige ihres Mannes an.[52]

Das Erkennungszeichen für das Kamel ist das am häufigsten beschriebene. Die zu den Tarābīn gehörende Subkonföderation al-Ġawāliyih bezeichnet z.B. ihre Kamele auf der rechten Halsseite mit dem *wasm* IO,[53] und der ebenfalls zu den Tarābīn gehörende Stamm der Naǧmāt aṣ-Ṣān‘ bringt das *wasm* / auf der rechten Backe der Kamele an.[54] Das *wasm* der Subkonföderation Gdērāt (Tiyāhā) ist ein + auf der rechten Halsseite und ein // hinter dem Ohr des Tieres.[55] Die Erkennungszeichen waren besonders während der Zeit der Stammeskriege wichtig, haben aber ihre Bedeutung bereits wärend der Mandatszeit, als die Beduinen in dicht besiedelten Gebieten lebten, eingebüsst;[56] trotzdem scheinen sie zum Teil noch immer verwendet zu werden.

Die Ausstattung der Tiere

Um weidende Kamele und Schafe leichter finden zu können, hängen die Beduinen den Leittieren gelegentlich eine Glocke oder eine Schelle um den Hals.[57] Sie versehen auch das Band 22036 für das Brautkamel mit Glocken und Schellen, damit der Hochzeitszug schon von ferne angekündigt wird. Die Glocke oder Schelle für das Kamel heisst *ǧaras*, die kleine Schelle für das Leitschaf *gurgā*‘. Das Leitschaf hat insofern eine Sonderstellung, als es nicht zum Schlachten bestimmt ist. So dürfe ein Gast jedes Schaf für sein Mahl auswählen,

Glocke am Band für das Brautkamel
Ethnischer Name: *ǧaras*
Aus Messing oder Bronze gegossene und nachbearbeitete Glocke mit einem Kerbmusterband. Der Klöppel besteht aus einer an einem Eisendraht befestigten kleinen Glocke.
Höhe: 9,5 cm; Druchmesser unten: 7,5 cm
Gesammelt: Izhaq Al-Hroub
Teil von Inv. Nr. 22036

Glocke am Band für das Brautkamel
Ethnischer Name: *ǧaras*
Aus Kupferblech geschmiedete Glocke mit einer kleinen, an einem Eisendraht befestigten Glocke als Klöppel.
Höhe: 6 cm; Durchmesser unten: 6 cm
Gesammelt: Izhaq Al-Hroub
Teil von Inv. Nr. 22036

Schelle für das Kamel
Ethnischer Name: *ǧaras*
Aus Messing gegossene und nachbearbeitete Schelle mit einem Kerbmusterband. Im Innern erzeugt ein frei beweglicher Stein oder eine Metallkugel den Klang.
Höhe: 12 cm
Gesammelt: Sonia Gidal, 1970er Jahre
Inv. Nr. 19556a

Schelle für das Leitschaf
Ethnischer Name: *gurgā'*
Aus Messing gegossene und nachbearbeitete Schelle mit Kerb- und Kreismustern. Zwei kleine Steine und ein Metallbügel im Innern erzeugen den Klang.
Höhe: 5 cm
Gesammelt: Sonia Gidal
Inv. Nr. 19556f

aber nie das Tier mit dem *gurgā'*, erklärte der Gewährsmann Maǧīd al-'Aṭāwnih.

Die Lastkamele sind starkknochig und können mit einer Last von bis zu 200 kg im Tag etwa 50 km zurücklegen. Beladen die Beduinen ihre Kamele, befestigen sie die Lasten so am Packsattel, dass sie gleichmässig auf beide Seiten verteilt sind (s. auch Abb. S. 30). Getreide- oder Vorratssäcke werden deshalb immer paarweise geladen. Dies kommt sogar in der beduinischen Bezeichnung für den Sack, *fardih*, zum Ausdruck, was «Sack zum Transport als die eine Seite der Last» bedeutet.[58] Wichtig ist das Festbinden und Ausbalancieren der Säcke: Dies geschieht mit Hilfe von Metallstäben, die durch kleine Öffnungen in den Seitennähten am unteren Ende der beiden Säcke geführt und mittels Seilen unter dem Bauch des Tieres miteinander verknüpft werden. Öffnungen in den Seitennähten haben beispielsweise der Sack 22210 für die Aussteuer der Braut und der ‹Schlafsack› 22186, der auch als Transportsack für Hausgeräte oder Kleider verwendet wird.

Reitkamele sind feingliedriger und schneller als die Lasttiere. Ein schönes Reitkamel erhöht das Prestige des Besitzers, und es wird, besonders bei festlichen Ge-

Dieses Kamel mit dekoriertem Nackenband trägt einen Lastsattel. 1898-1934 (Foto: G. Eric Matson, LCW)

Reitsattel für das Kamel
Ethnischer Name: *šdād* oder *ġabīṭ*
Die einzelnen Teile des Sattels aus hellem, leichtem Holz sind zusammengenagelt und -geschraubt. Ein zwischen die Hälften jedes Sattelbogens geschobener Holzkeil bildet den Knauf. Schnüre aus Tierhaut geben der Konstruktion zusätzliche Festigkeit und dienen als Verzierung.
Länge: 58 cm; Breite: 40 cm; Höhe: 54 cm
Gesammelt: Sonia Gidal, 1970
Inv. Nr. 19658

Beinpolster aus Leder
Ethnischer Name: *mērakah* oder *dwēra'*
Das mit Rohwolle gefüllte Beinpolster ist oben bis auf eine kleine Öffnung mit Nieten verschlossen und kann mit einem Henkel an den Sattelknauf gehängt werden. Auf der Vorderseite ist ein Lederband aufgenietet, und unten ist das Polster mit geflochtenen Lederbändern und Quasten verziert.
Breite: 47 cm; Höhe ohne Bänder: 29 cm
Gesammelt: Sonia Gidal, 1950er Jahre
Inv. Nr. 19553

legenheiten liebevoll geschmückt. Zur Grundausrüstung eines Reitkamels gehören ein Sattel mit Polstern, ein Beinpolster, das Zaumzeug sowie ein Stab zum Lenken des Tieres. Allenfalls kommt noch eine gewebte Satteltasche für Vorräte hinzu.

Der im Negev verbreitete Sattel, *šdād* oder *ġabīṭ* genannt, gehört zum Typus des nord- und zentralarabischen Reitsattels, der auf dem Höcker plaziert und mit Gurten unter dem Bauch des Kamels festgebunden wird. Beim Prototyp dieses Sattels sind die beiden Sattelbögen mit je einem verlängerten Knauf an den Seiten durch zwei gekreuzte Querhölzer verbunden.[59] Der Sattel 19658 in unserer Sammlung weicht insofern von dieser Form ab, als zwei leicht konkave Bretter eine Sitzfläche bilden und die Sattelbögen nicht durch gekreuzte, sondern gerade Holzstangen miteinander verbunden sind. Nach Informationen der Sammlerin stammt er aus der Familie des Scheichs der 'Aṭāwnih, Kāyid 'Abd al-Kārīm. Nach diesem Sattel befragt, versicherte Maǧīd, der Ehemann einer Urenkelin des Scheichs, diese Sattelvariante sei zwar weniger angenehm für das Kamel, dafür komfortabler für den Reiter und deshalb durchaus gebräuchlich gewesen. Auf den Sattel kommt als Sitzpolster häufig ein Schaffell (*ǧā'id*) zu liegen, und die Sattelbögen werden zum Schutz des Kamelhöckers mit festen Kissen gepolstert. An den vorderen Sattelknauf wird ein Beinpolster, gehängt, das auf den Widerrist des Tieres zu liegen kommt (19553). Das *mērakah* («Ort für den Schenkel») oder *dwēra'* («kleiner Schild») genannte Polster dient dem Reiter, der nur das eine Bein seitlich des Tieres herunterhängen lässt, als Polster für den Unterschenkel des anderen, angewinkelten Beins.[60]

Das Halfter (*rasan*) besteht aus einem Nasenband mit Kinnkette und Lenkseil (*magwad*) sowie aus einem entlang der Backen und um den Nacken verlau-

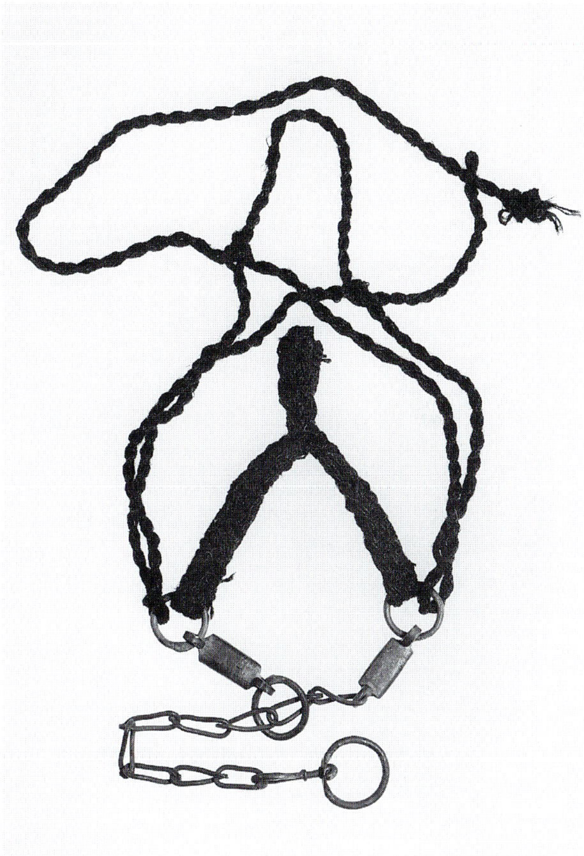

Halfter für das Reitkamel
Ethnischer Name: *rasan*
Bei diesem einfachen Halfter aus dem Sinai bestehen Nasen- und Nackenband aus Ziegenhaar, die Kinnkette aus Eisen, und das Lenkseil fehlt. Für das Nasenband wurde ein übereinander gelegter, zweidimensionaler Fünferzopf zusammengenäht, und das Nackenband wurde gezwirnt. Datierung: neu.
Länge Nasenband: 27 cm;
Länge Nackenband: 84 cm
Privatsammlung

Doppelte Satteltasche für das Kamel
Ethnischer Name: *ḫurǧ ǧamal*
Aus einem Stück gearbeitete Satteltasche, deren Rückseite in Kettrepsbindung gewebt ist. Die Kette besteht aus dunkelbraunem Ziegenhaar, hellbraunem Kamelhaar und die schmalen roten und weissen Streifen aus Schafwolle. Während der Eintrag auf der Rückseite aus Ziegenhaar ist, sind die Vorderseiten der beiden Taschen mit Schafwolle und wenig weisser Baumwolle zwirngebunden.
Die Muster werden auf S. 148 beschrieben. Farben: Verschiedene Rottöne, Orange, Gelb, Dunkelblau, Weiss. Randabschlüsse an den Taschen: umfassende Verschlingstiche, kombiniert mit Festonstichen. Nähte: Zopfstiche. Die Taschen sind unten mit einer Doppelreihe von Quasten aus Ziegenhaar verziert. Datierung: evtl. Mandatszeit.
Länge ohne Quasten: 170 cm;
Breite: 67 cm
Gesammelt: Sonia Gidal, 1954
Inv. Nr. 19690

fenden Band (*ʻaḏār*).[61] Das Halfter für den Alltag ist von einfacher Machart und unverziert; es wird von den Männern häufig selber aus Ziegenhaar angefertigt, ebenso wie ein Maulkorb (*kmāmah*), der dem männlichen Kamel während der Brunst umgebunden wird. Die doppelte Satteltasche (*ḫurǧ*) hingegen wird von den Frauen gewoben und auf der Vorderseite mit zwirngebundenen Mustern und dekorativen Bändern, Schnüren und Quasten verziert (19690 und 22271). Die Erklärungen aller Techniken und Muster finden sich im Kapitel *Die Beduinin als Textilproduzentin*, S. 138-157.

Das Nackenband des Kamelhalfters ist mit Kaurischneckenhäuschen und Quasten geschmückt. 1898-1934 (Foto: G. Eric Matson, LCW)

Doppelte Satteltasche für das Kamel
Ethnischer Name: *ḫurǧ ǧamal*

Aus einem Stück gearbeitete Satteltasche, deren Rückseite in Kettrepsbindung mit einem schmalen Schachbrettmuster verziert ist. Die Kette besteht aus weisser Wolle und schwarzem Ziegenhaar, der Eintrag aus Wolle.

Die Vorderseite der Taschen ist mit zwirngebundenen Mustern in Dunkelrot, Hellrot, Indigo und Weiss geschmückt, mit zwirngebundenen Bändern, ähnlich dem Gürtelschmuck der Frauen, sowie mit in Achterschleifen umwickelten Schnüren mit vielen kleinen Quasten in Hellrot, Dunkelrot und Indigo. Ähnliche Taschen sind noch heute im Wādī Ram (Jordanien) in Gebrauch. Datierung: wahrscheinlich neu.

Länge ohne Bänder: 148 cm; Breite: 54 cm
Gesammelt: Widad Kawar
Inv. Nr. 22271

Halfter für das Reitkamel
Ethnischer Name: *rasan*

Das Nackenband ist zwirngebunden (Baumwollgarn), mit Baumwollstoff gefüttert und mit «farbigen Rauten» in Dunkelrot, Orange und Weiss verziert. Randabschluss: einhängender Verschlingstich, kombiniert mit Festonstich in Dunkel- und Hellrot. Der untere Rand ist mit geflochtenen Schnüren, an denen immer zwei Quasten (in Hellrot und Dunkelrot) hängen, geschmückt. Die Schnüre aus vier Elementen sind vom Typus «Mäuseschwanz».

Für das Nasenband aus Ziegenhaar wurde ein übereinandergelegter, zweidimensionaler Sechserzopf («Chinesenzopf») zusammengenäht; die Kinnkette besteht aus Metall. Das Lenkseil wird auf S. 152 beschrieben. Das Ende des Seils schmücken mit Glasperlen verzierte Quasten.

Länge Nasenband: 28 cm;
Länge Nackenband: 76 cm;
Länge Lenkseil: 270 cm
Gesammelt: Widad Kawar
Inv. Nr. 22183

Kopfschmuck für das Kamel
Ethnischer Name: *ʿaḏar*
Alle Bänder bestehen aus Baumwolle und sind mit Kreuzstichmustern (Baumwollgarn) bestickt. Muster: Das Nackenband ist mit «Halsketten» verziert. Farben: Dunkelrot, wenig Hellrot, Orange, Rosa, Grün, Hellgelb und Weiss auf dunkelblauem Hintergrund. Das zur Nase führende Band zeigt «gewöhnliche Rauten», immer vier in der gleichen Farbe (Rosa, Grün, Blau, Gelb) auf dunkelrotem Hintergrund. Auf dem über die Stirne führenden Band finden sich eine geknickte Wellenranke und Dreiecke in Rosa, Gelb, Orange, Blau und Dunkelrot.
Weitere Dekorationen: Weisse Hemdenknöpfe, zum Teil in der Form von Dreiecken aufgenäht, eine stilisierte Hand aus Schnüren von hellblauen und wenigen weissen Glasperlen sowie Quasten aus dunkelrotem, orangem und grünem Baumwollgarn.
Länge Nackenband: 75 cm; Breite ohne Quasten: 6 cm
Gesammelt: Sonia Gidal, 1960
Inv. Nr. 19533

Nackenband für das Reitkamel
Ethnischer Name: *ʿaḏār*
Die Kette besteht aus Baumwolle, der zwirngebundene Eintrag (S- und Z-kreuzig) aus Wolle und weisser Baumwolle. Das Rautenmuster ist vom Typus «Halsketten» in den Farben Dunkelrot, Orange, Weiss und Indigoblau. Der obere Rand ist mit Zopfstichen, der untere Rand mit einhängenden Verschlingstichen, kombiniert mit Festonstichen, umnäht und mit Flechten von quadratischem Querschnitt und Quasten in Dunkelrot und Orange verziert. Datierung: evtl. 1950er Jahre.
Länge: 73 cm; Breite ohne Quasten: 4,5 cm
Gesammelt: Sonia Gidal, Markt von Beersheba
Inv. Nr. 21691

Quasten für das Reitkamel
Ethnischer Name: *šarāšib*
Drei Quasten an Schnüren sind an einem Metallring mit einer Fuchsschwanzkette befestigt. Die Schnüre bestehen aus einer Einlage aus Wollfäden, Ziegenhaar und Stoff, um die ein Eintrag aus Seidengarn zwirngebunden wurde (S-kreuzig). Über die ovalen, verdickten Stellen ist Seidengarn in Orange, Blau, Lila und Grün gespannt. Die gedrillten Quasten aus braunem Seidengarn sind am Ansatz mit Schneckenhäuschen bzw. mit einer weissen Glasperlenschnur geschmückt. Weisse Glasperlen finden sich auch in den Schlaufen der Quasten.
Länge ohne Metallkette: 18 cm
Gesammelt: Sonia Gidal
Inv. Nr. 20196

Bei festlichen Gelegenheiten, beim Besuch des Marktes oder einer wichtigen Persönlichkeit schmückt der Reiter sein Kamel mit Bändern, Quasten und Decken. Ein in Zwirnbindung gearbeitetes oder gesticktes Nackenband und ein aus farbigen Garnen geflochtenes Lenkseil können dem Halfter eine festliche Note verleihen (22183 und 21691). Werden an das Nackenband noch weitere bunte Bänder genäht, so entsteht ein dekorativer Kopfschmuck, der im Negev ebenfalls *ʿaḏār* genannt wird (19533).[62] Als weiterer Schmuck dienen Quasten (*šarāšib*; 20196), die seitlich an der Kinnkette befestigt werden.

Nicht nur der Kopf, sondern auch Rücken und Flanken des Kamels werden geschmückt: Eine Decke (*manḏar*; 22272) wird so über den Sattel gelegt, dass die breite Bordüre dahinter auf dem Rücken des Tieres liegt, und ein Flankenschmuck (*ġurḏah*; 22182) wird über den vorderen Sattelknauf gehängt. Ebenfalls am

Dekorative Decke für das Reitkamel
Ethnischer Name: *manḍar*
Die Decke ist aus zwei Webbahnen zusammengenäht und hat zwei Öffnungen für die Sattelknäufe. Die Kette besteht aus Ziegenhaar (dunkelbraun), aus einem Gemisch aus Ziegenhaar und Wolle (hellbraun) sowie aus Wolle (weiss); der Eintrag ist aus Wolle. Die in Kettrepsbindung gewebte Partie zeigt vertikale Streifen, Schachbrettmuster und Rippen.
Das 62 cm breite Band mit zwirngebundenem Eintrag ist von schmalen Kettrepspartien unterbrochen, und die Muster sind vor allem vom Typus «farbige Raute» in Dunkelrot, Hellrot und Indigotönen. Das 7 cm breite Band ist mit «gewöhnlichen Rauten» in Dunkelrot, Hellrot, Weiss und Indigotönen verziert. Den Abschluss auf der einen Seite bilden gedrillte Fransen, auf der anderen Seite sind die Fransen über mehrere Stränge umkehrend zwirngebunden, und ihre Enden sind paarweise verdrillt.
Länge ohne Fransen: 161 cm; Breite: 82,5 cm
Gesammelt: Widad Kawar
Inv. Nr. 22272

Flankenschmuck für das Reitkamel
Ethnischer Name: *ǧurḍah*
Die Kette besteht aus naturbrauner Schafwolle, der über je zwei Kettfäden zwirngebundene Eintrag aus gefärbter Schafwolle. Zwischen den gemusterten Feldern wurden drei bis fünf Kettfadenbündel umkehrend mit zwirngebundenen Einträgen versehen, wobei diese Partien unfertig geblieben sind. Zwirngebunden sind auch die Fransen mit gedrillten Enden, die durch weitere, eingehängte Fransen ergänzt wurden. Die oberen Ränder sind mit einem Baumwollband eingefasst, und seitlich sind die Bänder mit je einer Viererflechte in Orange und Grau vom Typus «Mäuseschwanz» verziert.
Muster: Im obersten Feld erkennen wir u.a. «gewöhnliche Rauten», im zweiten Feld «farbige Rauten» und «Schmetterlinge» und zuunterst «farbige Rauten» mit zwei gegenständigen Winkeln. Die zwirngebundenen Fransen sind z.T. mit «Zinnen» geschmückt.
Länge eines Bandes: 160 cm; Breite: 22 cm
Gesammelt: Widad Kawar
Inv. Nr. 22182

Sattelknauf befestigt wird ein schmales Band, das auch *ǧurḍah* genannt wird. Seine Enden hängen lose herunter, oder sie werden an der Kinnkette des Halfters befestigt und schmücken den Hals mit ihren farbigen Mustern und Quasten. Das vermutlich in die Mandatszeit zu datierende Band 22043 ist in Diagonalflechttechnik gearbeitet, während das neue Band 21652 aus dem Sinai in Kettrepsbindung gewebt ist.

Band zur Dekoration des Kamels
Ethnischer Name: *ǧurḍah*
Im Gegensatz zum älteren Band ist die neue Version in Kettrepsbindung gewebt, wobei die Kette aus Ziegenhaar und der Schuss aus Wolle bestehen; die farbigen Zierfelder wurden mit Acrylwolle zwirngebunden. Die Muster, gegenständige Winkel und Dreiecke, sind in den Farben Dunkelrot, Hellrot, Grün, Blau, Schwarz und Weiss gehalten. Weitere Dekorationen sind weisse Knöpfe und kleine Quasten. Die Kettfäden an den Enden sind zu dekorativen Quasten mit zwirngebundenen Mustern (S-kreuzig) am Ansatz verarbeitet, und die Ränder sind mit hell- und dunkelroten umfassenden Verschlingstichen, kombiniert mit Festonstichen, umnäht.
Länge ohne Quasten: 307 cm; Breite: 7,5 cm
Gekauft: 1994, El Arish
Inv. Nr. 21652

Band zur Dekoration des Kamels
Ethnischer Name: *ǧurḍah*
Das Band besteht aus einem Diagonalgeflecht aus dunkelbraunem Ziegenhaar (s. S. 151). Die Zierfelder an den Bandenden sind über eingehängten Kettfäden zwirngebunden, wobei der Eintrag aus dunkelroter, hellroter und indigoblauer Schafwolle und weisser Baumwolle besteht; die Muster sind «gewöhnliche Rauten». Den Abschluss bilden je drei Flechten mit quadratischem Querschnitt, wobei jede Flechte mit zwei grossen Quasten aus Ziegenhaar geschmückt ist. Im Bereich der Zierfelder wurden die Ränder mit hell- und dunkelroter Wolle mit umfassenden Verschlingstichen, kombiniert mit Festonstichen, umnäht. Datierung: evtl. 1930er Jahre.
Länge ohne Quasten: 380 cm; Breite: 7 cm
Gesammelt: Izhaq Al-Hroub
Inv. Nr. 22043

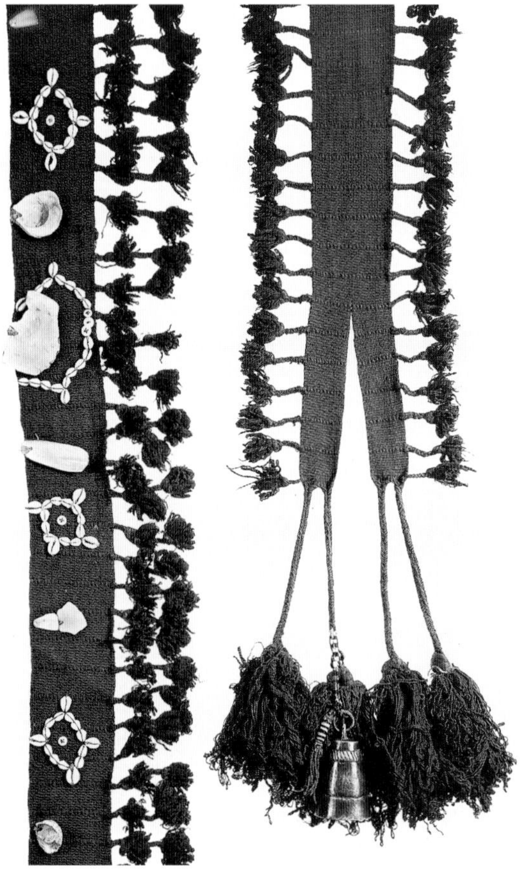

Band zum Schmuck des Brautkamels
Ethnischer Name: *sfīfih*
Das fast 12 m lange Band wurde sehr fein mit krapproter Schafwolle in Kettrepsbindung gewebt. Im mittleren Teil sowie in den Endpartien finden sich alle 4 cm ein zwirngebundener Eintrag und kleine Vierkantflechten mit Quasten. Den Abschluss bilden auf jeder Seite lange Vierkantflechten und grosse Quasten, in denen kleine Glocken und eine Schelle hängen. Auf dem mittleren Teilstück ist das Band mit Kaurischneckenhäuschen und grossen Muschelschalen aus Perlmutter verziert. Datierung: evtl. 1930er Jahre oder früher.
Länge: 1170 cm; Breite ohne Quasten: 11 cm
Gesammelt: Izhaq Al-Hroub
Inv. Nr. 22036

Decke für das Brautkamel
Ethnischer Name: *ġaṭā* oder *ḫidād*
Diese aussergewöhnlich schöne, vollständig immer über zwei Kettfäden zwirngebundene Decke wurde aus zwei 77,5 cm breiten Bahnen mit groben Überwindlingsstichen zusammengenäht, wobei die Muster der beiden Hälften – einige werden auf S. 149 beschrieben – leicht verschieden sind. Die Kette besteht aus Schafwolle und wenig Ziegenhaar, der zwirngebundene Eintrag aus oranger, roter, indigofarbener und naturweisser Schafwolle. Immer zwei Kettfädenstränge wurden an den Enden blockweise in je zwei Farben mit Achterschleifen umwickelt. Die Decke wird vom Sammler Izhaq Al-Hroub auf den Beginn des 20. Jh. datiert.
Länge: 435 cm; Breite: 155 cm
Gesammelt: Izhaq Al-Hroub
Inv. Nr. 22030

Dies, weil heute die meisten Frauen die Diagonalflechttechnik nicht mehr beherrschen.[63]

Der Schmuck für das Kamel wurde von Mutter, Schwester oder Ehefrau des Mannes angefertigt; er blieb über Generationen im Besitz der Familie des Mannes und konnte gegebenenfalls anderen Männern aus der Verwandtschaft ausgeliehen werden. Dies galt insbesondere für den Schmuck des sogenannten Brautkamels.

Noch vor einer Generation, als die Mutter der Gewährsfrau Kāmlah Albaz heiratete, holten die Frauen aus der Bräutigamsfamilie die Braut auf einem festlich geschmückten Kamel bei ihren Eltern ab. Die Hochzeit ist das wichtigste Fest, und um ihren Wohlstand und all ihr Prestige zur Schau zu stellen, schmückte die Familie des Bräutigams das Brautkamel mit allen verfügbaren Dekorationen. Um den Höcker drapierte sie Decken und Bänder, z. B. auch das Kissen (*wsādih*; 22031a, Abb. S. 86), zu einer Plattform, auf der die Braut und ihre Begleiterinnen sitzen konnten. Das fast zwölf Meter lange rote Band (*sfīfih*; 22036), das mit Quasten, Kaurischneckenhäuschen, Muscheln und Glocken verziert ist, wurde nicht nur um den Höcker geschlungen, sondern auch am Zaumzeug befestigt, damit die Hals- und Brustpartie des Kamels von den Quasten am Ende des Bandes bedeckt wurde. Ein solches Band diente bei einem Fest auch zum Schmuck des Zeltdachs, und heute weben die Frauen diese Bänder aus Acrylwolle, um ihr Haus zu dekorieren.

Prunkstück aber war eine grosse, rot gemusterte Decke, die über das Kamel gelegt wurde und auf beiden Seiten fast bis zum Boden reichte (22030). Die Decke wird *ġaṭā* (bedecken, einhüllen), oder *ḫidād* genannt. Letzterer Begriff ist vom beduinischen Verb *yiḫaddid* (ein Brautkamel schmücken) abgeleitet und wird auch für das geschmückte Kamel selbst verwendet. Bildeten mehrere geschmückte Kamele einen ganzen Zug, so wurde er *ġaṭār* genannt. Heute ist an die Stelle des Brautkamels ein geschmücktes Auto getreten.[64]

Zaumzeug für das Pferd
Ethnischer Name: *rasan*
Das Kopfgestell aus Nasenriemen sowie Backen- und Genickstück bestehen aus Baumwolle, die Kandare aus Eisen. Der an ihr befestigte Zügel wurde aus heller Schafwolle und schwarzem Ziegenhaar zu einem zweidimensionalen Sechserzopf («Chinesenzopf») geflochten. Datierung: evtl. 1970er Jahre.
Gesamtlänge mit Zügel: 129 cm
Gesammelt: Widad Kawar
Inv. Nr. 22253

Tasche für den Eselsrücken
Ethnischer Name: *ḫurǧ ḥimār*
Die aus einem alten Getreidesack gefertigte Tasche wurde in Kettrepsbindung gewebt und ist mit Längsstreifen und einem Musterband aus Rippen verziert. Die Kette besteht aus schwarzem Ziegenhaar sowie aus naturweisser und brauner Wolle, der Eintrag aus einem Gemisch von Wolle und Ziegenhaar. Die Taschen sind mit je drei Quasten aus Ziegenhaar geschmückt. Randabschlüsse und Nähte wurden mit Festonstichen in Weiss und Schwarz ausgeführt.
Länge: 111 cm; Breite: 48 cm
Gesammelt: Sonia Gidal
Inv. Nr. 19716

Die Utensilien für das Pferd sind einfach und funktionell, trotz der Wertschätzung, die diesem Tier entgegengebracht wird.[65] Sie bestehen im wesentlichen aus einem leichten Sattel mit Steigbügeln, einem allenfalls mit bunten Bändern verzierten Zaumzeug mit Gebiss (22253) und einer gewebten Satteltasche. Letztere ist ebenso schön verziert wie die Kamelsatteltasche, aber kleiner und hat keine Öffnungen für Sattelknäufe.

Dem Esel bringen die Beduinen nur geringe Achtung entgegen, und das Reiten eines Esels ist nicht mit Prestige verbunden. Alle Frauen erklärten übereinstimmend,[66] sie hätten sich nicht die Mühe genommen, für den Esel schöne Satteltaschen mit zwirngebundenen Mustern zu weben. Unser in Kettrepsbindung gewebtes Exemplar 19716 beispielsweise wurde aus einem alten Getreidesack zusammengenäht, wie Kāmlah Albaz in Zürich feststellte, als sie das Objekt begutachten konnte.

Im Negev sieht man die Dekorationen für die Kamele ausser im Beduinenmuseum noch in den Touristenzentren, und auch hier nur noch vereinzelt. Im Wādī ʿAslūǧ in der Nähe des Kibbutz Revivim beispielsweise befindet sich das ‹Wüstenschiff›, ein kleines Unternehmen des ʿAzāzmih Farḥān aš-Šlēbī. Es besteht im wesentlichen aus einem Zelt und einigen Kamelen für Touristen. Hier gibt es noch einige traditionelle Holzsättel und lederne Beinpolster. Die meisten Sättel aber sind aus Eisenstangen gefertigt, und eine einzige gewebte Satteltasche hängt im Zelt als Dekoration. Allerdings spielt das Kameltrekking im Negev eine geringere Rolle als beispielsweise im Sinai oder in Jordanien. Während die Tourismusindustrie in Israel vor allem mit den biblischen Stätten wirbt, werden die Beduinen in Jordanien bewusst als Imageträger des Landes eingesetzt. So kann man im Wādī Ram beispielsweise hin und wieder einem Angehörigen der Wüstenpolizei (Arabische Legion) auf seinem schön geschmückten Reitkamel begegnen.[67]

Der Ackerbau

«Mutter des Regens, Unsterbliche, befeuchte unsere schlafende Saat.»[1]

Ackerbau gestern: eine ökonomische Notwendigkeit

Die traditionelle Grundlage beduinischer Wirtschaft ist die Viehzucht, doch Ackerbau wird seit Mitte des 19. Jh. im Negev immer wichtiger. Dies, obwohl die Feldarbeit keineswegs beduinischer Vorstellung einer ehrenwerten Beschäftigung entspricht. Ackerbau gilt als Arbeit der verachteten *fallāḥīn*. Er schränkt, da zumindest während Aussaat und Ernte die Anwesenheit von Arbeitskräften auf den Feldern erforderlich ist, die Bewegungsfreiheit der Beduinen empfindlich ein.[2] Nach dem Verlust wichtiger traditioneller Erwerbszweige zwangen jedoch politische und ökonomische Notwendigkeiten zum Anbau von Weizen und Gerste. Die Modernisierung des Transportwesens machte den Karawanenverkehr überflüssig, die osmanische Regierung unterband Krieg- und Raubzüge, und der Verlust der Sommerweiden im Norden verunmöglichte eine Vergrösserung des Viehbestandes. Später kamen die Verbote der britischen Regierung hinzu, mit Salz und Waffen zu handeln sowie Tabak anzubauen.[3]

Weitere Faktoren wie die Gründung der Stadt Beersheba, die Privatisierung von Land und die Einwanderung landloser Bauern förderten den Getreideanbau beträchtlich, insbesondere den der Gerste für den in- und ausländischen Markt. Schon lange hatte sich am Wadi Bir as-Sab', beim sogenannten Brunnen Abrahams, ein traditioneller Viehmarkt etabliert. Hier, wo sich die wichtigen Strassen nach Gaza und Jaffa, Hebron und Jerusalem sowie Elat und Ägypten kreuzen, gründeten die Osmanen 1903 eine Stadt, nicht zuletzt um die Beduinen besser kontrollieren zu können. Beersheba entwickelte sich bald zu einem wichtigen Handelszentrum mit einem grossen Getreidemarkt. Grosshändler aus Gaza und Hebron vermarkteten die Gerste der Beduinen und exportierten sie nach Europa, wo die Bierindustrie gute Preise zahlte.[4] Dies sicherte den Beduinen wenigstens in guten Jahren ein Einkommen, und sie konnten ihre wachsenden Bedürfnisse nach Marktgütern befriedigen. Gerste wurde auch als Viehfutter, weniger für die menschliche Nahrung, verwendet. Wichtiges Grundnahrungsmittel hingegen war Weizen, den die Beduinen vor allem für den Eigenbedarf anpflanzten. Das bei der Ernte anfallende Stroh diente dem Vieh während der trockenen Spätsommermonate als Nahrung, und in schlechten Jahren konnte notfalls die ganze Ernte noch als Viehfutter verwendet werden.

Pflügen mit dem südpalästinensischen Pflug im Nord-Negev. Mitte 1950er Jahre (Foto: Ruben Milon)

Privatbesitz und Pachtverhältnisse

Die Privatisierung von Land ermöglichte und förderte den Getreideanbau. Die Familien begannen, ihre kleinen bepflanzten Felder zuerst mit Steinhaufen und später mit Meerzwiebeln zu markieren. Letztere treiben ihre Blüten im Herbst und können beim Pflügen nicht übersehen werden.[5] Innerhalb des gemeinsamen, allen Mitgliedern eines Stammes gleichermassen zugänglichen Territoriums (*dīrah*) entstand so Privateigentum. Obwohl es nirgends registriert war, wurde dieses Eigentum von allen Beduinen anerkannt, und kein Beduine hätte gewagt, das Feld eines anderen zu beanspruchen, auch wenn dieser abwesend war. Die Privatisierung war auch die Voraussetzung zum Verpachten und Verkaufen von Land an landlose Bauern, die auf der Suche nach Arbeit in den Negev zogen.

Die Migration von Bauern (*fallāḥīn*) aus dem Niltal und dem Nildelta und, in geringerem Ausmasse, aus dem übervölkerten Transjordanien begann im ersten Drittel des 19. Jh. und dauerte bis zum Ende der Mandatszeit.[6] Trafen einzelne *fallāḥīn* im Negev ein, so boten sie einem Scheich oder dem Vorsteher eines grossen *rub'* ihre Dienste an, schlugen ihr Zelt neben dem ihres Patrons auf und bearbeiteten als Pächter dessen Land. Dieses Arrangement hatte für die Beduinen den Vorteil, dass ihnen die verhasste Feldarbeit erspart blieb und dass sie in den Genuss des Fachwissens der Bauern kamen. Die Bauern waren den Beduinen sowohl in Anbau- und Erntetechniken wie auch im Verkauf der Ernte an die Getreidehändler überlegen. Viehhandel betrieben die Beduinen zwar mit Leidenschaft, aber der Getreidehandel lag unter ihrer Würde.[7]

Die Bauern zogen allerdings einen geringeren Nutzen aus diesem Arrangement. Sie bekamen zwar einen Teil der Ernte, und das auf gegenseitiger Loyalität begründete Klientelverhältnis zwischen ihnen und ihrem Patron garantierte einen gewissen Schutz vor Über-

Weizenfeld bei Abū Kaff im Nord-Negev. Wegen zu geringer Niederschläge verdorrte das Getreide und diente nur noch den Schafen als Nahrung. 1997 (Foto: Peter R. Gerber)

Weizenfeld im mit Schwemmlöss bedeckten Oberlauf des Wādī al-Marrah bei Avdat im Zentral-Negev. 1997 (Foto: Peter R. Gerber)

griffen irgendwelcher Art. Anderseits waren die Bauern in diesen Klientelbeziehungen nie gleichberechtigt, auch wenn die Beduinen diese etwas schönfärberisch als ‹Partnerschaften› bezeichneten.

Trafen ganze Gruppen von *fallāḥīn* im Negev ein, so pflegten sie in der Regel von den Beduinen ein Stück Land zu kaufen, wobei sie die Vermittlung der Getreidehändler aus Gaza in Anspruch nahmen. Alle *fallāḥīn* liessen sich ausschliesslich in den fruchtbaren Gebieten des Nord-Negev nieder. Die im südlicheren Hochland lebenden ʿAzāzmih und die Saʿīdiyyīn hingegen mussten ihre Äcker wohl oder übel selber bestellen.[8]

Beschränkung der Anbauflächen

Mit der Gründung des Staates Israel wurden die Beduinen in ein begrenztes Gebiet im Nord-Negev umgesiedelt, wie bereits ausführlich beschrieben wurde (s. S. 31-33). Dies hatte zur Folge, dass alles Land, das sie zwangsweise verlassen mussten und daher nicht mehr bewirtschaften konnten, auf Grund des geltenden Landrechts zum Staatsland erklärt wurde. Daher steht den Beduinen von den fruchtbaren Anbauflächen des Nord-Negev nur noch das Beersheba-Becken zur Verfügung, und ein subsistenzsichernder Ackerbau für Mensch und Tier ist nicht mehr möglich.

Die landlosen Beduinen müssen nun das Land vom Staat pachten. Da die Pachtverträge meistens nur für eine Vegetationsperiode gelten, ist die Verbesserung der Bodenqualität, etwa durch das Einlegen von Brachjahren, nicht mehr möglich. Zwar pachten auch die jüdischen landwirtschaftlichen Siedlungen, die Kibbutzim und Moschavim, das Land vom Staat. Doch ihre Pachtverträge dauern 49 Jahre, praktisch immer mit Garantie zur Verlängerung. Darüber hinaus haben alle jüdischen Siedlungen das Recht, ihre Felder zu bewässern, was den Beduinen, mit wenigen Ausnahmen, verwehrt ist.[9] Dies fällt jedem Besucher des Landes auf, der durch den Negev reist. Im Winter 1996/97 beispielsweise fiel zu wenig Regen. Trotzdem reifte das Korn auf den Feldern der jüdischen Siedlungen im Mai der Ernte entgegen, und in den Siedlungen selber sorgten Wassersprenger dafür, dass Rasen und Bäume nicht verdorrten. Das Getreide der Beduinen hingegen war vertrocknet, und auf den kleinen Feldern weideten die Tiere das Korn ab, dessen Ernte sich nicht mehr lohnte.

Die Anbaubedingungen

Die Entwicklung des Ackerbaus und seine zunehmende Bedeutung für die Ökonomie der Beduinen dürfen nicht darüber hinwegtäuschen, dass die Anbaubedingungen nicht ideal sind. Die im Winter fallenden Niederschläge erlauben nur den Anbau von Wintergetreide. Ausserdem sind für einen existenzsichernden

Trockenfeldbau ausschliesslich die mit Löss bedeckten Ebenen, Becken und Wadis des Nord-Negev und der südjudäischen Küstenebene geeignet, unter der Voraussetzung, dass genügend Regen fällt. Doch Dürrejahre sind häufig,[10] und die Niederschläge fallen fast nur als Sturzregen. So fliesst ein grosser Teil der Regenmenge ungenutzt von den Pflanzen ins Meer und richtet beträchtliche Erosionsschäden an.

Auf den Ebenen und in den Becken gedeihen vor allem Weizen und Gerste, wobei sich die weniger anspruchsvolle Gerste auch mit leichten, sandigen Böden und weniger Regen begnügt. In den Wadis werden zuweilen terrassierte Gärten angelegt, wo Oliven-, Granatapfel-, Mandel- und Feigenbäume gepflanzt sowie Trauben, Wassermelonen, Tomaten und Gurken gezogen werden können. Die Terrassen stauen die gelegentlich eintreffenden Fluten, lassen das Wasser langsam in die Erde sickern und verhindern die Erosion.[11]

Insbesondere die Beduinen in den privilegierten Regionen des Nord-Negev haben, auch unter dem Einfluss der *fallāḥīn*, schon früh begonnen, Ackerbau zu treiben. Von den im Westen von Beersheba lebenden Tarābīn waren es vor allem die Stämme, die in der fruchtbaren Ebene, die im Süden vom Wādī Ġazzah, Wādī aš-Šallālih, Wādī Šnāg und Wādī Bīr as-Sabʿ abgeschlossen wird, ansässig waren. Diese Stämme wohnten schon um die Jahrhundertwende in Dörfern, ebenso wie ihre Nachbarn, die im Wādī Ġazzah lebenden Ḥanāǧrah.[12] Auch die nördlich von Gaza, beim Wādī al-Ḥiṣī ansässigen Stämme der Ǧbārāt widmeten sich intensiv dem Landbau. Sie pflanzten neben Weizen, Gerste und Linsen auch Fruchtbäume, Feigen und Trauben,[13] und die im Norden von Beersheba lebenden Tiyāhā bauten insbesondere im fruchtbaren Wādī aš-Šarīʿah Wintergetreide an.[14]

Für die im Hochland südlich von Beersheba lebenden ʿAzāzmih und Ḍullām war die Situation weniger günstig, da die Niederschläge wie erwähnt von Norden nach Süden und von Westen nach Osten kontinuierlich abnehmen. Während an der Nordgrenze des Negev 400 mm Regen pro m^2 und Jahr fallen, beträgt die Niederschlagsmenge an seiner Südgrenze und im nördlichen Zentral-Negev bloss noch 100 mm, was keinen existenzsichernden Trockenfeldbau mehr ermöglicht.[15] Auch die Böden sind im Bergland des südlichen Teils des Nord-Negev und im Hochland des nördlichen Zentral-Negev nicht überall günstig. Der Anbau von Getreide ist auf einzelnen lösshaltigen Hochflächen und insbesondere in den mit Schwemmlöss bedeckten Partien der Wadis möglich. Hier nutzen die Beduinen auch die von den Nabatäern und Byzantinern (ca. 200 v. Chr. bis ca. 600 n. Chr.) angelegten Terrassen und Dämme, die das Regenwasser entlang der steilen Hänge sammeln und in die Felder leiten.[16]

«Die Mutter des Regens» (Zeichnung aus Musil 1908:10)

Die Mutter des Regens

Ausreichende und rechtzeitige Niederschläge sind ebenso notwendig für das Keimen und Wachsen der Saat wie für das Gedeihen der saftigen Frühlingsweiden für das Vieh. Angesichts der häufigen Dürreperioden entwickelten die Beduinen ihre eigene Methode, um die Niederschlagsmenge der Regenmonate zu bestimmen. Ebenso suchen sie durch magische Prakti-

Früher betrachteten die Beduinen das Pflügen als unwürdige Beschäftigung und überliessen diese harte Arbeit gerne ihren Frauen. Beersheba-Region, 1898-1934 (Foto: G. Eric Matson, LCW)

ken das Eintreffen von Regen zu beeinflussen und z.B. Gott durch ein Opfer gnädig zu stimmen. Jedes Jahr im Spätherbst eruieren sie mit Hilfe der Position der Sterne den *yōm aṣ-ṣalīb*, den «Tag der Haufen».[17] An diesem Tag legen sie auf ein Kaffeetablett sechs Salzhäufchen, eines für jeden Monat des Winterhalbjahres, lassen das Tablett über Nacht auf dem Zeltdach stehen, und am nächsten Morgen schliessen sie aus dem Feuchtigkeitsgrad jedes Häufchens auf die im entsprechenden Monat zu erwartenden Regenfälle. Bleiben diese zu lange aus, so ziehen die «Regenfrauen» (*ġēṯāt*) von Zelt zu Zelt, singen beschwörende Lieder und lassen sich von den Zeltbewohnerinnen mit Wasser bespritzen.[18] Während dieses magische Ritual wahrscheinlich von lokaler Bedeutung ist, kennen viele Stämme das Ritual der «Mutter des Regens» (*umm al-ġēṯ*), eines Numens, das zwischen Gott und Menschen vermittelt. Die Frauen bilden aus zwei Holzstangen ein Kreuz, ziehen ihm ein Frauenkleid und einen weissen Schleier über und behängen die Figur mit Schmuck. Dann tragen sie die «Mutter des Regens» durch das Zeltlager, singen Bittlieder, und häufig schlachten die Männer ein Lamm und bespritzen die Figur mit Opferblut. Dank der Vermittlung der «Mutter des Regens», so hoffen alle, werde Gott der Dürreperiode ein Ende setzen. Dieses auch bei Beduinenstämmen ausserhalb des Negev verbreitete Ritual konnte Bailey in den 1970er Jahren bei den ʿAzāzmih im Zentral-Negev beobachten,[19] und es ist Ausdruck des engen Zusammenhangs zwischen Frau und Fruchtbarkeit im beduinischen Weltbild (s. S. 171).

Die traditionellen Landbautechniken

Bis zu Beginn der 1950er Jahre waren die Anbautechniken einfach. Sie unterschieden sich nicht wesentlich von denen der *fallāḥīn*, waren aber der halbnomadischen Lebensweise angepasst und erforderten ein Minimum an Arbeitsaufwand. Fielen die Ernten zu gering aus, wurden Brachjahre eingeschaltet, während denen das Land hin und wieder umgepflügt wurde.

Beim ersten Winterregen, im November oder Dezember, zogen die Beduinen oder ihre Pächter zu den Feldern, wo sie ihre Zelte aufschlugen. Dann säten sie die Saat auf das manchmal vorgepflügte Feld aus und pflügten sie in die Erde ein.[20] Das Pflügen des harten, steinigen Bodens war anstrengend und theoretisch Männersache. Doch gelegentlich wurde diese Arbeit auch an Frauen oder Mädchen delegiert, da ein ‹echter› Beduine diese Tätigkeit als seiner unwürdig empfand.[21]

Nach dem Pflügen verliessen die Beduinen die Felder, zogen mit dem Vieh auf die Weiden und hofften auf Regen. Verdorrte die Saat, was nicht selten vorkam, säten sie ein zweites Mal an. In guten Jahren versammelten sie sich zwischen Ende April und Ende Mai wieder bei ihren Äckern und begannen mit dem Ernten. Bei dieser Arbeit halfen auch die Frauen mit und manchmal Landarbeiter aus den benachbarten Dörfern. Die Stimmung war gut, und die Schnitter begleiteten die schwere Arbeit mit Liebesliedern und mit Lob- und Dankgesängen an Gott.[22]

Die einfachste Methode des Erntens, das Ausreissen der Halme von Hand, ist noch heute bei den ʿAzāz-

Getreideernte von Hand bei den ʿAzāzmih im Wādī al-Mašāš. 1976 (Foto: Klaus-Otto Hundt)

mih und Ḍullām verbreitet, in deren Gebieten das Getreide weder sehr hoch noch sehr dicht steht. Diese Methode hat zwar den Vorteil, dass alles Stroh dem Vieh zugute kommt, aber den Nachteil, dass die brachliegenden Felder schneller erodieren. In den fruchtbareren, nördlichen Gebieten mit höherem und dichterem Getreidewuchs wurden früher auch Sicheln benutzt.

Nach dem Ausreissen oder Schneiden drosch man das Getreide auf einer möglichst ebenen und harten Fläche. Die einfachste Dreschmethode bestand darin, Esel, Kamele und Pferde über das ausgebreitete Getreide zu führen, wobei der Treiber darauf achten musste, dass die Tiere die Körner nicht frassen. Seltener benutzten die Beduinen eine Dreschtafel (*darāsah*), ein auf der Unterseite mit spitzen Steinen oder Sägeblättern bestücktes Holzbrett, das von einem Tier über das Getreide gezogen wurde.[23]

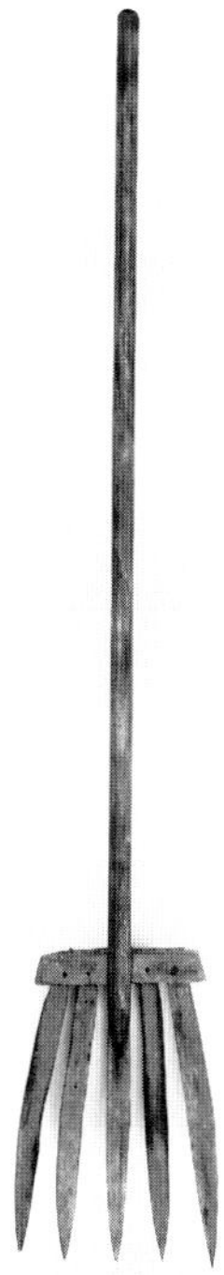

Worfelgabel
Ethnischer Name: *miḏra* oder *miḏrāyah*

Die grob gearbeitete Zinkenhand aus Holz wurde auf dem Markt ohne Stiel verkauft. Die fünf Zinken der Gabel sind im Querholz vernagelt und verleimt. An eine Verlängerung der mittleren Zinke über das Querholz hinaus kann der Käufer den Stiel nageln, was auch der Restaurator des Museums getan hat.

Zinkenhandlänge: 41 cm;
Maximalbreite: 29 cm;
Gesamtlänge: 173 cm
Gesammelt: Sonia Gidal, 1980er Jahre, Markt von Beersheba
Inv. Nr. 19721

Das Worfeln mit der traditionellen Gabel besorgten zwar meist die Männer, manchmal aber auch die Frauen, wie hier bei den ʿAzāzmih im Wādī al-Mašāš. 1976 (Foto: Klaus-Otto Hundt)

Mit Zweigen, Stroh und Erde überdeckte Getreidespeicher in der Beersheba-Region. 1898-1934 (Foto: G. Eric Matson, LCW)

Nach dem Dreschen worfelte man das Getreide. Mit der für Süd-Palästina typischen fünfzinkigen hölzernen Worfelgabel (*midrā* oder *midrāyah*; 19721) warfen die Männer das gedroschene Getreide gegen den Wind in die Luft, so dass die leichte Spreu wegflog und die schweren Körner zur Erde fielen.[24] Sie wiederholten den Prozess mehrere Male, und dann übernahmen vor allem Frauen die weitere Reinigung der Körner mit Getreidesieben verschiedener Maschenweiten.

Wurde das Getreide von Pächtern geerntet, so hatte sich der Eigentümer schon während des Dreschens auf dem Dreschplatz eingefunden, um die Arbeiten, insbesondere das Messen und Abfüllen des Getreides in Säcke, zu überwachen. Je nachdem, wieviele Produktionsmittel (Saatgut, Zugtiere, Landbaugeräte) er zur Verfügung gestellt hatte, bekam er einen grösseren oder geringeren Anteil an der Ernte.[25] Das Aufteilen geschah mit einem hölzernen Mass (*ṣāʿ*) und war mit einer kleinen Zeremonie verbunden. «Lasst uns den Segen teilen», sagte der Pächter zum Besitzer. Darauf nahm dieser die im nächsten Jahr benötigte Menge an Saatgut an sich und legte einen Stein hochkant auf den verbleibenden Kornhaufen. Dies sollte verhindern, dass einer der Partner eifersüchtig würde und auf den anderen den «bösen Blick» warf. Nun füllte der Besitzer das erste Mass, weihte es dem Stammvater Abraham und stellte es beiseite. Dieses, ursprünglich einem Armen zugedachte Mass gehörte dem ersten Passanten, der zufälligerweise vorbeikam und es entdeckte.[26]

Dann wurden die Säcke für den Eigentümer und den Pächter gefüllt und auf Kamelen oder Eseln zu den Kornspeichern transportiert. Südwestlich von Beersheba, im Gebiet der Tarābīn, wurden rechteckige Kornspeicher aus Lehm errichtet. Zuweilen dienten private Zisternen als Kornspeicher, und noch heute verbreitet sind flache Gruben, die mit Zweigen, Stroh und Erde überdeckt werden. War ein solcher Speicher Individualbesitz, so wurde er *maṭmūrah* genannt. Da Kornspeicher nach der Ernte bewacht werden mussten, zogen es viele Landbesitzer vor, ihr Getreide gemeinsam zu lagern und die Kosten für einen Wächter (*nāṭūr*) zu teilen. Deshalb wurde eine Ansammlung von Speichern *manṭarah* (Revier des Wächters) genannt.[27]

Pflug
Ethnischer Name: *fard*
Der südpalästinensische Pflug aus schwerem Holz mit einer Schar aus Eisen gehört zu den Sohl- bzw. Krümmelpflügen. Er war im Besitz eines Tarābīn-Beduinen und dekorierte ein Touristenzelt in der Nähe Jerusalems. Die verschiedenen Holzbestandteile wurden mittels Eisenbändern, kleinen Holzkeilen, Schrauben und Muttern zusammengesetzt und mit einer Schar versehen.
Längen: Pflugschar 43 cm; Scharbaum (Sohle) 57 cm; Lenkstange (Sterze) 70 cm; Pflugbaum (Grindel) 114 cm
Gesammelt: Sonia Gidal, 1980
Inv. Nr. 19709

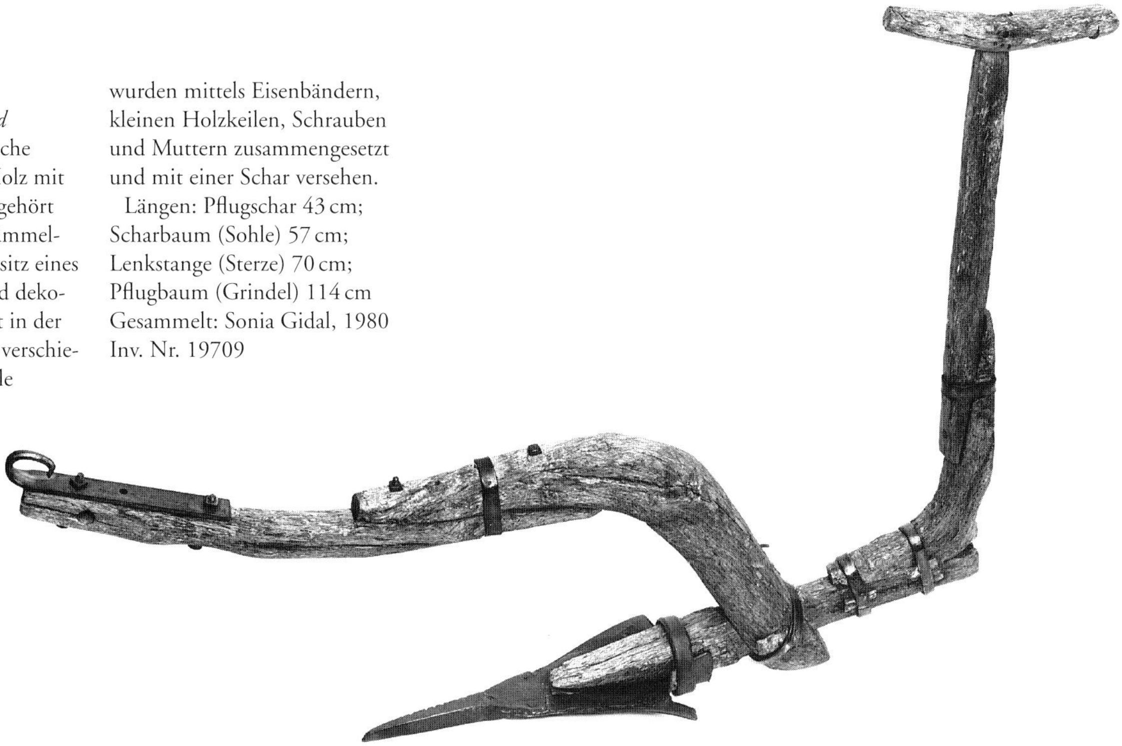

Die traditionellen Landbaugeräte

Wie die Landbautechniken übernahmen die Beduinen auch die Geräte für den Ackerbau von den *fallāḥīn*. Soweit sie in unserer Sammlung vertreten sind, werden sie in diesem Kapitel vorgestellt.

Gepflügt wurde mit dem sog. palästinensischen Pflug. Er gehört zu den Sohlpflügen, da im Unterschied zu den einfacheren Hakenpflügen die eiserne Schar an einem waagrechten Scharbaum, der Sohle, befestigt ist (19709). Die Sohle verstärkt zwar die Wirkung der Schar durch einen Hobeleffekt, aber die Erde wird nicht gewendet, sondern nur oberflächlich aufgeritzt. Diese Art des Pflügens schont die dünne Humusschicht und ist den ökologischen Gegebenheiten insofern angepasst, als sie verhindert, dass unfruchtbare Erde aus der Tiefe an die Oberfläche gebracht wird.[28]

Die palästinensischen Pflüge sind nicht einheitlich konstruiert. Beim südpalästinensischen Pflug, den die Beduinen verwendeten, ist der Pflugbaum im Unterschied zum nord- und ostpalästinensischen Pflug im hinteren Teil stark gebogen (sog. Krümmelpflug). Da die Beduinen nur mit einem Zugtier pflügten und ein Joch sich damit erübrigte, war der Pflugbaum immer kurz; die Zugseile mit dem Querholz wurden an einem eisernen Haken an seinem Ende befestigt. Die Tatsache, dass der Pflug nur von einem einzelnen Tier, meistens einem Kamel, gezogen wurde, spiegelte sich im Negev auch in seinem Namen *fard*, was «einzeln» bedeutet.[29] Den Pflug fertigten die Beduinen oft selber an. Die Pflugschar erwarben sie bei einem Schmied, und die Holzbestandteile schnitzten sie nach Bailey und Danin aus dem Holz einer lokalen Tamariskenart (Tamarix aphylla),[30] wobei aber verschiedene meiner Informanten Eiche als bevorzugtes Material bezeichneten. Es scheint, dass die Beduinen auch von einem Schreiner vorfabrizierte Holzbestandteile verwendeten und dann den Pflug zusammensetzten, was im Falle des museumseigenen Pfluges wahrscheinlich ist.[31]

Wie die Pflugschar wurden auch die Sicheln von Schmieden im heutigen Westjordanland hergestellt und von Zigeunern ausgebessert und neu geschliffen.[32] Die stumpfe Sichel (*gālūš*; 22046b) hatte verschiedene Verwendungszwecke. Neben ihrer Benutzung zum Aus- und Abreissen von Dornkräutern und

Wildwuchs[33] diente sie als Hilfsmittel bei der Ernte. Falls die Getreidehalme höher als normal gewachsen waren, wurden sie zuweilen anstatt von Hand mit der stumpfen Sichel ausgerissen. Der ‹Schnitter› umfasste eine Anzahl Halme und riss das Bündel mit der Sichel möglichst in Bodennähe aus.[34] Wurde das Getreide mit der gezähnten oder ungezähnten Sichel (*manğal*; 22046a) geschnitten, konnte der Schnitter das zu

Stumpfe Sichel
Ethnischer Name: *gālūš*
Sichel zum Ausreissen von Getreide oder Wildwuchs und als Hilfsinstrument zum Schneiden des Getreides mit der geschliffenen Sichel. Die geschmiedete, stumpfe Eisenklinge ist mittels einer Angel (durch den Griff hindurchgesteckte Spitze) im Griff befestigt.
Gesamtlänge: 38 cm; Grifflänge: 11 cm; Durchmesser der Krümmung: 21 cm
Gesammelt: Izhaq Al-Hroub
Inv. Nr. 22046b

Geschliffene Sichel, gekrümmtes Haumesser
Ethnischer Name: *šanšarah*
Je nach Funktion ist dieses Instrument Sichel oder Haumesser. Es dient sowohl zum Mähen des Grases als auch zum Abhauen von Zweigen. Die geschmiedete, gezähnte Eisenklinge ist mittels einer Angel im Griff befestigt, und zur Sicherung der Schäftung findet sich zwischen Klingenbasis und Griff eine Manschette (Zwinge) aus Weissblech. Der Griff ist mit drei parallelen Rillen verziert.
Gesamtlänge: 23 cm; Grifflänge: 11 cm; Klingenhöhe: 12 cm
Gesammelt: Widad Kawar
Inv. Nr. 22273

Geschliffene Sichel
Ethnischer Name: *manğal*
Sichel zum Schneiden von Getreide. Ihre geschmiedete, gezähnte Eisenklinge ist mit einer Angel im Holzgriff verankert. Auf der Klinge sind zwei gekreuzte Hämmer, evtl. das Abzeichen des Schmieds, sowie die Zahl 2/18 oder 2718, wahrscheinlich eine Bezeichnung für die Sichelgrösse, eingraviert.
Gesamtlänge: 36 cm; Grifflänge: 12 cm; Durchmesser der Krümmung: 27 cm
Gesammelt: Izhaq Al-Hroub
Inv. Nr. 22046a

schneidende Ährenbündel mit der stumpfen Sichel anstatt mit der Hand umfassen.[35] Mit einer kleineren, gezähnten Sichel (*šanšarah*; 22273) wurde Gras geschnitten, oder es wurden Zweige abgehauen.[36]

Die in Palästina verwendeten Getreidesiebe waren auch in Syrien und Ägypten gebräuchlich. Es lassen sich im Wesentlichen zwei verschiedene Typen unterscheiden. Das grobmaschige Sieb (*kirbāl*) hält die grösseren Verunreinigungen wie groben Häcksel, Steine oder Erdklümpchen zurück und lässt die Körner mit den kleineren Verunreinigungen durchfallen (22038a und 22235); das feinmaschigere Sieb (*ġirbāl*; 22038b) hingegen hält die Körner zurück. Jeder der Siebtypen ist in verschiedenen Maschenweiten vorhanden, und mit einem besonders feinen Sieb vom Typus *ġirbāl* wird das Getreide im Zelt nochmals gereinigt, bevor es gemahlen wird. Angefertigt wurden die Siebe von Zigeunern und sesshaften Siebmachern. Das Geflecht

Grobes Getreidesieb
Ethnischer Name: *kirbāl*
Das Sieb mit grosser Maschenweite (12 mm) lässt die Körner durchfallen. Der zusammengenagelte Spanrahmen ist mit einem Dreirichtungsgeflecht aus doppelt geführten und um sich selbst verdrehten Darm- oder Rohhautfäden bespannt.
Höhe: 10 cm; Durchmesser: 59 cm.
Gesammelt: Izhaq Al-Hroub
Inv. Nr. 22038a

Grobes Getreidesieb
Ethnischer Name: *kirbāl*
Das Sieb lässt wie 22038a die Körner durchfallen, hat aber eine geringere Maschenweite (6 mm). Der zusammengenagelte Spanrahmen ist mit einem Geflecht von um sich selbst verdrehten Darm- oder Rohhautfäden in Leinwandbindung bespannt. Am Rand wurde das Geflecht mit einer Schnur aus Chemiefasern mit drei Reihen von Kettenstichen umnäht.
Höhe: 9 cm; Durchmesser: 57 cm
Gesammelt: Widad Kawar
Inv. Nr. 22235

Feines Getreidesieb
Ethnischer Name: *ġirbāl*
Das Sieb mit einer Maschenweite von 3 mm hält die Körner zurück. Der zusammengenagelte Spanrahmen ist mit einem Geflecht von um sich selbst verdrehten Darm- oder Rohhautfäden in Köperbindung bespannt. Rand und Geflecht wurden mit Drähten repariert.
Höhe: 7 cm; Durchmesser: 44-57 cm.
Gesammelt: Izhaq Al-Hroub
Inv. Nr. 22038b

älterer Siebe besteht meistens aus Darm- oder Rohhautfäden, die in nassem Zustand mit einer Spindel gedreht und mit einem eisernen Haken durch die Löcher des Rahmens gezogen und verknüpft werden. Beim Trocknen zieht sich das Geflecht zusammen und wird gespannt. Siebe mit Drahtgeflecht gab es schon zu Beginn des 20. Jh., und heute sind sie die Regel.[37]

Getreidemass
Ethnischer Name: *ṣāʿ*
Das Mass fasst ein *ṣāʿ*, d.h. 6-6,5 kg Getreide. Die Spanwandung ist zusammengenagelt und die Bodenplatte angenagelt. Den Zusammenhalt des Behälters verstärken winkelförmige Eisenbänder zwischen Boden und Wandung sowie ein Eisenband am oberen Rand.
Höhe: 19 cm; Durchmesser: 28 cm
Gesammelt: Izhaq Al-Hroub
Inv. Nr. 22037a

Getreidemass
Ethnischer Name: *rubʿ*
Das Mass fasst 1/4 *ṣāʿ* Getreide, also einen *rubʿ*. Es ist gleich konstruiert wie das *ṣāʿ*, wird aber nur am oberen Rand durch ein Eisenband verstärkt. Beide Masse stammen nach Auskunft des Sammlers aus den 1920er Jahren.
Höhe: 12,5 cm; Durchmesser: 18 cm
Gesammelt: Izhaq Al-Hroub
Inv. Nr. 22037b

Getreidemasse aus Holz wurden sowohl auf dem Dreschplatz wie auch von Getreidehändlern verwendet. Das Grundmass fasst ein *ṣāʿ*, was ungefähr 6-6,5 kg Getreide entspricht (22037a).[38] Es gibt auch kleinere Masse, die der Hälfte (*nuṣṣ*), einem Viertel (*rubʿ*; 22037b) oder einem Achtel (*t̠aman*) des Grundmasses entsprechen.[39]

Ackerbau heute: ein politischer Faktor

In den 1950er Jahren begann im Negev die Mechanisierung der Landwirtschaft mit dem Einsatz von Traktoren und landwirtschaftlichen Maschinen. Zum Pflügen wird nun der moderne Scheibenpflug verwendet, der für die harte Erde besonders geeignet ist, und für die Ernte werden Mähdrescher oder Dreschmaschinen gemietet. Dank dieser Innovationen wird der Ertrag der Felder gesteigert.[40]

Allerdings haben die mechanisierten Landbautechniken die traditionellen nicht vollständig abgelöst, und ‹Partnerschaften›, wie sie bis in die 1960er Jahre zwischen Beduinen und *fallāḥīn* üblich waren, werden heute zwischen Beduinen eingegangen. Dies illustriert Abu-Rabias Bericht über die Erntearbeiten eines Beduinen namens Hamza im Frühjahr 1984. Hamza gehört zur Konföderation der Ḍullām und lebt östlich von Beersheba. Er ist mit Jimʿaih, einem Beduinen eines anderen, ebenfalls zu den Ḍullām gehörigen Stamms, eine Partnerschaft eingegangen. Jimʿaih darf Hamzas Zisternen benutzen und hilft dafür seinem Partner bei der Ernte des Weizens. Nachdem Hamza einen Teil des Getreides bereits mit dem Mähdrescher abgeerntet hat, reissen Jimʿaih und sein Sohn den restlichen Weizen von Hand aus, bündeln ihn und transportieren die Bündel mit Hamzas Wagen und Traktor zum Dreschplatz. Hier dreschen Hamza und Jimʿaih zusammen mit ihren Söhnen das Getreide mit einer in Hebron gemieteten Dreschmaschine, deren Miete sie gemeinsam bezahlen. Die Ernte teilen sich die beiden Partner zu gleichen Teilen, und vom Stroh bekommt Hamza zwei Wagenladungen und Jimʿaih eine Wagenladung.[41] Der Grund, dass nicht alles Getreide mit dem Mähdrescher geerntet wird, liegt wahrscheinlich in der höheren Strohmenge, die die Handarbeit liefert. Dafür kann das mit dem Mähdrescher geerntete Feld noch als Viehweide genutzt werden.

Der Ackerbau hat sich, der schlechten Anbaubedingungen wegen, zwar nicht zu einem bedeutsamen Pfeiler beduinischer Wirtschaft entwickeln können, aber er ist zu einem wichtigen politischen Faktor im Kampf um Land geworden. Bei drohender Enteignung durch den Staat bebauen die Beduinen möglichst viel Land. Mit Vorliebe pflanzen sie Obstgärten

Zum Dreschen der Gerste und zum Zerkleinern der Halme werden manchmal Scheibeneggen eingesetzt, z.B. bei den ʿAzāzmih im Wādī al-Mašāš. 1976 (Foto: Klaus-Otto Hundt)

und Olivenhaine an, auch wenn der Ertrag bescheiden ist.[42] Das geltende Landgesetz verhindert nämlich, dass der Staat bebautes Land zum Staatsland erklären kann.

Auch der Widerwille gegen den Landbau scheint sich weitgehend gelegt zu haben, denn viele Beduinen würden landwirtschaftliche Siedlungen nach dem Vorbild der jüdischen Kibbutzim und Moschavim den vom Staat geplanten städtischen Siedlungen vorziehen. Südlich von Beersheba, entlang der Strasse nach Mitzpe Ramon beispielsweise, leben ʿAzāzmih-Beduinen in Zelten und kleinen Schuppen. Ihnen wurde von der Regierung die Umsiedlung nach Segev Shalom nahegelegt. Sie weigern sich, in diese Siedlung zu ziehen, wären aber bereit, sich in einer landwirtschaftlichen Siedlung, die allerdings noch gebaut werden müsste, niederzulassen.[43] Doch diesem Wunsch wurde bis jetzt nicht entsprochen. Die staatlichen Argumente gegen landwirtschafliche Siedlungen, es sei zu wenig Wasser vorhanden und der Landwirtschaftssektor in Israel sei schon zu gross, scheinen nur vorgeschobene zu sein. Die wichtigsten Gründe liegen nach Maddrell wahrscheinlich darin, dass die beduinische Landwirtschaft als Konkurrenz zur jüdischen empfunden wird und dass der Staat kaum Interesse daran hat, den Beduinen mehr Land als unbedingt notwendig zur Verfügung zu stellen.[44]

Das Zelt – ein Haus aus Haar

«Sie sind die Schwarzen und die Schwankenden, und sie sitzen auf dem Berggipfel.
Auch wenn Erdbeben und Donner kommen,
nehmen diese von ihnen weder Zweigstück noch Holz.»[1]

Vom Zelt ins Haus

Das schwarze Zelt aus Ziegenhaar ist wie das Kamel zum Symbol für das Beduinentum geworden. Optimal an die Wüstenbedingungen und an eine nomadische Lebensweise angepasst, verbreitete sich das Zelt im ganzen arabischen Raum und drang mit den arabischen Beduinenstämmen über den Negev und den Sinai bis in die nordafrikanischen Gebiete vor.

Doch wer heute durch den Negev reist, hält vergeblich nach dem schwarzen Zelt (*bēt ša'r*, «Haus aus Ziegenhaar») Ausschau. Ungefähr seit den 1970er Jahren ist es langsam aus dem Negev verschwunden;[2] nur noch in den Touristenzentren steht gelegentlich ein schwarzes Zelt, wo zahlende Gäste mit Essen, Tee oder Kaffee bewirtet werden. Da die Reduktion des Ziegenbestandes seit den 1950er Jahren das Ziegenhaar immer seltener und teurer werden liess, begannen die Beduinen, ihre Zelte aus aufgeschnittenen Jutesäcken zusammenzunähen. Vorerst benutzten sie die Jutezelte nur im Sommer und schonten die Ziegenhaarzelte für den kalten Winter. Heute muss das Jutezelt (*bēt kyās*, «Haus aus Säcken») auch im Winter genügen, und für die kalte Jahreszeit wird es mit Plastikplanen wasser- und windfest gemacht. Die Zelte sind immer mehr der sesshaften Lebensweise angepasst worden. Fest im Boden verankerte Balken haben die Zeltstangen ersetzt, die Böden sind nicht selten zementiert und die Trennwände aus Holz. In solch fest montierten Jutezelten wohnen z.B. die 'Azāzmih-Beduinen im Wādī Boggar.[3]

Im Nord-Negev hat die zunehmende Sesshaftigkeit zwischen 1948-1960 dazu geführt, dass die Zelte vereinzelt durch Hütten und Verschläge aus Brettern oder Wellblech erweitert und in den 1960er Jahren z.T. sogar ersetzt wurden. Diese Bauten, die neuen jüdischen Immigranten als provisorische Unterkünfte gedient hatten, kamen die Beduinen billig zu stehen. Häuser aus Zementziegeln besassen bis 1967 nur einige Scheichs oder reichere Familien. Erst als das West-

Aus Jutesäcken wird das Sommerzelt zusammengenäht. 'Azāzmih, Wādī al-Mašāš, 1981 (Foto: Klaus-Otto Hundt)

Dieses Jutezelt von 'Azāzmih-Beduinen im Wādī Boggar ist der sesshaften Lebensweise insofern angepasst, als es mit fest im Boden verankerten Balken und einer Trennwand aus Holz versehen ist. Während der Gästeraum offen ist, bleibt der Frauenraum verschlossen. Das Dach wird von einer Fernsehantenne und einer weissen Fahne zu Ehre der Beschneidung des neugeborenen Sohnes gekrönt. 1995 (Foto: Peter R. Gerber)

Ein Zeltlager des 'Aṭāwnih-Stammes im Nord-Negev. 1958 (Foto: Sonia Gidal)

Das Gästezelt der Abū Sbēt, eines zur Tiyāhā-Konföderation gehörenden Stammes in der gleichnamigen ‹illegalen› Siedlung, ist eine gemauerte Konstruktion mit hölzernem ‹Dachstuhl›, der mit einer schwarzen Plastikplane überdeckt ist. Die Feuerstelle besteht aus einer Grube. 1997 (Foto: Peter R. Gerber)

Während die Pfosten und der Dachstuhl eine feste Konstruktion bilden, bestehen die Wände und das Dach aus Plastikplanen und Jute; die Trennwand scheint sogar gewebt zu sein. ʿAzāzmih, Zentral-Negev, 1994 (Foto: Alberto Simon)

jordanland von Israel besetzt wurde und viele billige palästinensische Arbeitskräfte ins Land strömten, wurden Zementziegel- oder Betonhäuser für eine Grosszahl der Beduinen erschwinglich. Allerdings dominieren einfache Holz- und Wellblechbaracken noch immer viele spontanen Siedlungen wie z.B. die der ʿAzāzmih südlich der Stadt Beersheba. Da das Siedeln, ausser in den staatlichen Siedlungen, ‹illegal› ist und die Grüne Patrouille gemauerte, nach 1967 errichtete Häuser dem Erdboden gleichmacht, verzichten viele Beduinen bewusst darauf, ein solches Haus zu bauen.[4]

Heute lebt zwar der grösste Teil der Beduinen in festen Bauten, seien es Häuser in den staatlichen Siedlungen, seien es einfache Konstruktionen in den ‹illegalen› Siedlungen. Besucher der staatlichen Siedlungen stellen jedoch mit Erstaunen fest, dass neben den Häusern nicht selten ein Zelt steht. Hier empfängt die ältere Generation ihre Gäste und verbringt im Sommer gelegentlich die Nacht, denn das Zelt hat immer noch einen hohen symbolischen Wert. Wer einen Gast besonders ehren will, lädt ihn in sein Zelt ein. Dies hat scheinbar ein junger Beduine aus der Bekanntschaft des Informanten Kher Albaz nicht begriffen. Er lud zur Einweihung seines neuen Hauses seine Verwandten ein. Obwohl überall Aschenbecher standen, drückte ein alter Onkel des Gastgebers seine Zigaretten ostentativ auf dem neuen Teppich aus. Er tat dies, wie sich später herausstellte, um seinem Unmut darüber Luft zu machen, dass er ins Haus und nicht ins Zelt eingeladen wurde.

Wird in den Siedlungen eine Hochzeit gefeiert, so stellt der Vater des Bräutigams für seine männlichen Gäste ein Hochzeitszelt (*bēt al-faraḥ*) auf, während die Frauen im Haus Platz nehmen müssen. Besitzt der Bräutigamsvater kein so grosses Zelt mehr, leiht er es sich mitsamt der Ausstattung bei Verwandten oder Freunden aus.[5] Während der Hochzeitsfeierlichkeiten hält sich die Braut in einem separaten Zelt (*birzah*) auf, wo sie auch die ersten drei bis sieben Tage nach der Hochzeit verbringt und nur von ihrem Mann besucht werden darf. Hier breitet sie auch die neue Aussteuer aus, insbesondere die Gegenstände, die das junge Paar während der Flitterwoche braucht. Heute ist die *birzah* oft durch einen abgetrennten Raum im Hause der Eltern des Bräutigams ersetzt worden.[6]

Westen: geschlossene hintere Front

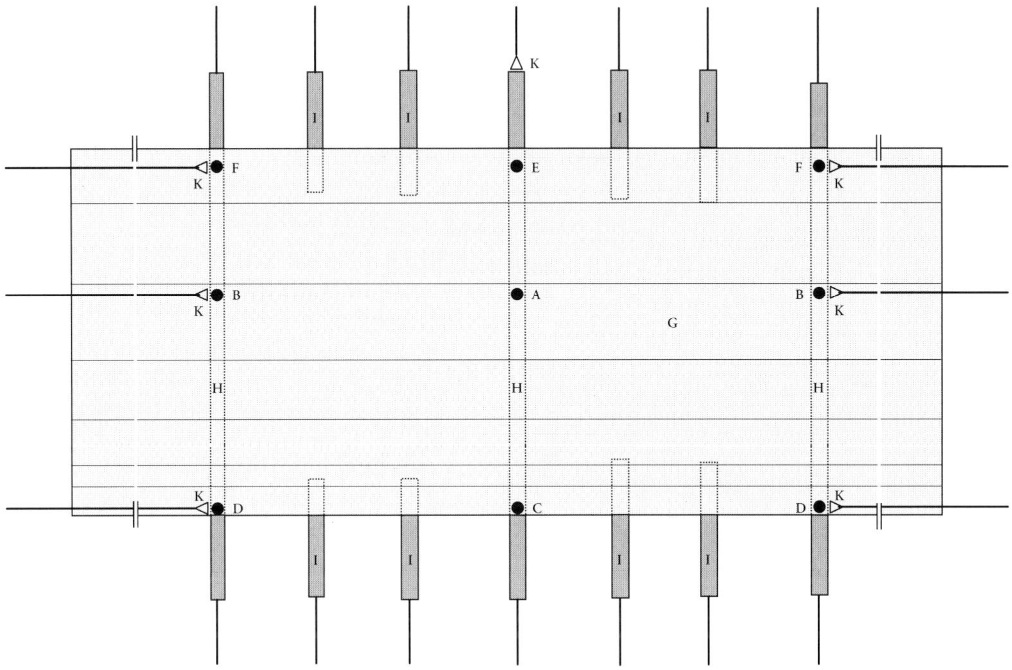

Osten: offene vordere Front

Zeltstangen: *ʿimdān*
A: Zentrale Stange: *wāsiṭ*
B: Mittlere Stange auf jeder Seite: *ʿāmir*
C: Mittlere Stange auf der Vorderseite: *ʿamūd al-migdim*; mit dem entsprechenden Seil: *ḥabl al-migdim*
D: Die rechte und linke Eckstange auf der Vorderseite: *ʿamūd al-īd* («die Stange der Hand»); mit dem entsprechenden Seil: *ḥabl al-īd* («das Seil der Hand»)
E: Die mittlere Stange auf der Rückseite: *zāfrah*
F: Die rechte und linke Eckstange auf der Rückseite: *ʿamūd ar-riǧl* («die Stange des Fusses»); mit dem entsprechenden Seil: *ḥabl ar-riǧl* («das Seil des Fusses»)

Dach und Wände:
G: Dach: *ḏahr al-bēt* («der Rücken des Hauses»)
H: Spannband: *bṭānat al-bēt*
I: Kurzes, am Dach befestigtes Band: *šadaḥ*
K: Winkelholz: *ʿagafah*

nicht sichtbar sind:
- Rückwand und Seitenwand: *rwāg*
- Vorderwand: *ḥaḏnat al-bēt* («die Brust des Hauses»)
- Zwischen- oder Trennwand: *maʿnad*
- Holznadeln zum Befestigen der Wände: *ḫlālāt*

Die Konstruktion des Zeltes

Muḥammad Abū Ǧarabīʿ lebt mit seiner Familie etwa fünf Kilometer südlich von Segev Shalom in einer spontanen Siedlung, die aus einigen Häusern und einem grossen Jutezelt als Empfangsraum für die Gäste besteht. Für sein «Haus aus Ziegenhaar» fand er keine Verwendung mehr, insbesondere weil das Dach dringend der Reparatur bedurfte. So verkaufte er das Zelt in den 1980er Jahren der Sammlerin Sonia Gidal, und es gelangte schliesslich ins Völkerkundemuseum. Dieses Zelt soll nun als Beispiel für die traditionelle Zeltkonstruktion dienen.

Die Bestandteile des Zeltes: Analogie zum menschlichen Körper

Wie die Liste der einheimischen Begriffe zeigt, haben einige der Zeltstangen, Spannseile und Wände Namen, die in Analogie zum menschlichen Körper verwendet werden. So sind die beiden vorderen Eckstangen die «Hände» (*īdēn*), die beiden hinteren Eckstangen die «Füsse» (*riǧlēn*) und das Dach *ḏahr* ist der «Rücken» des Zeltes. Die Bezeichnung *ḥaḏnah* für die Vorderwand bedeutet wörtlich «Brust oder Busen zwischen den ausgebreiteten Armen». Dies lässt an eine Mutter denken, die ihr Kind empfängt und beschützt, weil die Vorderwand in der kalten Jahreszeit Schutz vor Win-

Dieses mit weissen Fahnen geschmückte grosse Zelt stellten ʻAzāzmih-Beduinen im Zentral-Negev speziell für eine Hochzeitsfeier auf. Mit einer Trennwand wird es in einen Männer- und einen Frauenraum unterteilt. 1994 (Foto: Alberto Simon)

terstürmen bietet. Im heissen Sommer hingegen wird sie nicht montiert, ausser manchmal vor dem Frauenraum, und die Seiten bleiben offen, so dass eine gute Belüftung gewährleistet ist. Die dem Besucher zugewendete Frontseite ist das «Gesicht» (*wuǧh*) des Zelts, und die Rückseite der «Hinterkopf» (*gafā*). Jeder Besucher, der sich in ehrenwerter Absicht einem Zelt nähert, soll auf die Vorderseite zukommen und dem Zelt ins «Gesicht» schauen.

An den mittleren Stangen kann eine Trennwand (*maʻnad*) befestigt werden, die das Zelt in zwei Räume, einen privaten Frauenraum und einen öffentlichen Gästeraum trennt. Es sind auch grössere Zelte möglich mit zwei, drei oder mehr Zentralstangen.[7]

Das Zelt: ein Spannbau

Das arabische Zelt ist ein sogenannter Spannbau. Dies bedeutet, dass sich das Gewicht des Zeltstoffes und die beim Aufbau entstehende Spannung auf die wenigen senkrechten Stangen konzentriert, die den Zeltrahmen bilden. Deshalb kann der Zeltrahmen nicht unabhängig von der Zeltbedeckung aufrecht stehen, wie dies bei der Jurte oder dem Tipi der Fall ist, die beide einen von der Bedeckung unabhängigen Holzrahmen haben. Das Zelt der Wüstenstämme hat ein flaches, niedriges Dach und sehr lange Spannseile, damit es den hohen Windgeschwindigkeiten besser standhalten kann.

Im östlichen Verbreitungsgebiet des schwarzen Zeltes, von Iran bis Tibet, findet sich das sogenannte persische Zelt. Bei diesem Zelttypus werden die Spannseile direkt an kurzen, am Zelt angenähten Bändern befestigt. Die Hauptspannung erfolgt nur in Längsrichtung des Zeltes, da eine grosse Spannung in Querrichtung die Nähte der zusammengesetzten Zeltbahnen reissen lassen würde.

Der zweite Zelttypus findet sich in Saudi-Arabien, im Irak und im ganzen westlich von diesen Ländern liegenden Verbreitungsgebiet, d.h. auch im Negev. Bei diesem Typus sind quer über das Zeltdach Spannbänder genäht, und die Spannseile werden durch Winkelhölzer geführt, die ihrerseits an den Spannbändern befestigt sind. Die Spannung erfolgt hier auch in Querrichtung, und der Druck, der durch das Ziehen der Spannseile entsteht, konzentriert sich in den Spannbändern.

Da die zentrale Stange das grösste Gewicht des Zeltdaches trägt, wird für sie, wenn vorhanden, besonders widerstandsfähiges Holz wie z.B. eine Pappelart (Populus euphratica) verwendet, während die übrigen Stangen aus dem Holz der Tamariske (Tamarix nilotica) bestehen können.[8] In der Regel überragt die Zentralstange die übrigen Mittelstangen um etwa 20 cm, beim Zelt der Sammlung sind aber alle drei mittleren Stangen 200 cm hoch, und die seitlichen Stangen messen 174 cm.

Die Zeltwände, die von den Frauen gewebt werden, bestehen aus langen, zusammengenähten Bahnen (*šgāg*). Deren durchschnittliche Breite variiert zwischen 60 und 80 cm, und die Länge richtet sich nach der Grösse des Zeltes. Unser 11 m langes und 3,90 m breites Zeltdach wurde aus fünf Bahnen (zwischen 50-85 cm breit) und zwei sehr schmalen Streifen (20 und 35 cm breit) mit groben Stichen zusammengenäht. Es ist fast vollständig aus Ziegenhaar gewebt (Kette und Eintrag), und nur an wenigen Stellen besteht der Eintrag aus ungefärbter Schafwolle. Ein Gewebe aus Ziegenhaar ist ideal: es ist porös genug, um den Rauch entweichen zu lassen, und es schwillt im feuchten Zustand an, so dass es bei Regen eine Zeitlang wasserdicht bleibt. Das stark beanspruchte Dach wird häufig ausgebessert, und gelegentlich müssen einzelne Zeltbahnen ersetzt werden. Das Dach des ursprünglich Abū Ǧarabī' gehörenden Zeltes wurde ebenfalls an mehreren Stellen ausgebessert, und Frauen aus seiner Familie haben einzelne Zeltbahnen in Sonia Gidals Auftrag erneuert.

Quer über die Innenseite des Dachs verlaufen drei Spannbänder, unter die die Stangen gestellt werden. Sie sind zwischen 14 und 16 cm breit und bestehen aus Schafwolle und Ziegenhaar. Wo das Dach auf der Zentralstange aufliegt, ist am Spannband ein 42 cm langer, mit Stoff überzogener hölzerner Firstpfahl angenäht, der in das halbkreisförmig ausgeschnittene Ende der Stange eingepasst wird. Firstpfahl und alte Stoffresten, die auf alle Stangen gelegt werden, dienen zum Schutze des Dachs. Auf der Aussenseite des Daches sind an der Stelle, wo die seitlichen Stangen zu stehen kommen, je drei Winkelhölzer zum Durchführen der Seile befestigt, die das Zelt in Längsrichtung spannen. In Querrichtung wird das Zelt ebenfalls auf jeder Seite durch drei Seile gespannt. Die grösste Spannung liegt über den mittleren Stangen, weshalb das Seil auch auf der Rückseite durch ein Winkelholz geführt wird. Die übrigen Seile sind an kleinen, in das Ende der Spannbänder eingenähten Hölzchen befestigt. Diese Seile sind zur Spannung nicht mehr notwendig, und sie werden nur bei starkem Wind befestigt.

Die Rückwand unseres Zeltes ist 6,70 m lang und 1,85 m breit und besteht wie das Dach vollständig aus Ziegenhaar (Kette und Eintrag). Sie wurde aus zwei Webbahnen (80 cm und 85 cm breit) und einem schmalen 20 cm breiten Streifen zusammengenäht. Die Wand bildet nur die Rückseite des Zeltes; häufig aber ist sie so lang, dass sie beide Seiten und manchmal sogar die Vorderseite des Frauenraums abschliessen kann. Die Seitenwände werden bei unserem Zelt durch die seitlich herabhängenden Enden des Daches gebildet, die mit Holznadeln oder Nägeln an den Spannseilen fixiert werden. Auf gleiche Weise wird die Rückwand an das Dach montiert.

Da die Rückwand weniger beansprucht wird als das Dach, wird sie häufig aus einem Woll-Haargemisch oder nur aus Wolle gewoben und manchmal mit Kettmustern verziert. Während im Sommer der Wind unter der locker hängenden Wand frei zirkuliert, wird im Winter zur besseren Isolierung manchmal noch ein Streifen alter Sackleinwand angeheftet, der mit Sand und Steinen beschwert werden kann.

Beim Zelt von Abū Ǧarabī' fehlt die Vorderwand, und die Trennwand gehörte ursprünglich nicht zu die-

Dieses Zelt von 'Azāzmih-Beduinen im Wādī al-Mašāš hat eine kunstvoll gewebte Trennwand, wie sie schon seit Jahren nicht mehr angefertigt wird. 1894 (Foto: Lucien Gautier, FLG)

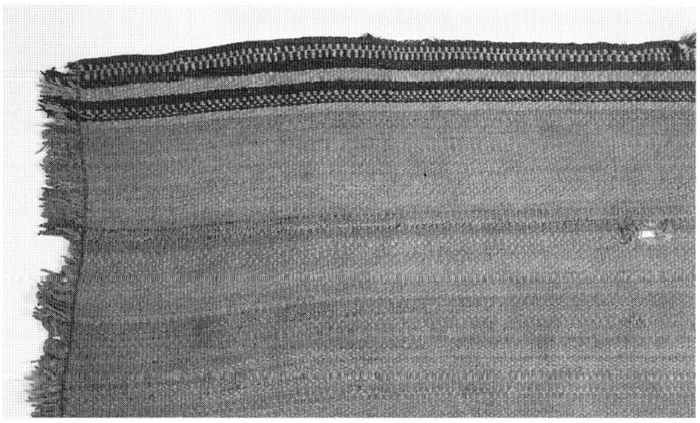

Trennwand
Ethnischer Name: *ma'nad*
Die in Kettrepsbindung gewebte und aus zwei Webbahnen zusammengenähte Trennwand besitzt eine Kette aus hellbraunem Kamelhaar und dunkelbraunem Ziegenhaar und einen Eintrag aus Wolle. Am oberen und unteren Rand wird sie durch eine schmale Borte mit Streifen, Schachbrettmustern und Rippen geschmückt. (Detailaufnahme)
Länge: 335 cm;
Breite: 167 cm
Gesammelt: Sonia Gidal
Inv. Nr. 19691

sem Zelt; Sonia Gidal hat sie, laut ihren Angaben, 1954 von ʿAṭāwnih-Beduinen gekauft. Die aus einem Gemisch von Wolle und Ziegenhaar gewobene Trennwand ist nur an der unteren und oberen Längsseite mit einer schmalen Bordüre von Kettmustern verziert, während eher mehrere breite Bordüren für die Trennwände im Negev typisch sind.[9]

Der Aufbau des Zeltlagers

Trifft eine Familie an ihrem neuen Lagerplatz ein, so stellt sie innert weniger Stunden ihr Zelt auf. Diese Arbeit gehört in den Kompetenzbereich der Frauen, doch in der Regel helfen die Männer der Familie tatkräftig beim Aufstellen mit. Bevorzugter Ort ist im Sommer ein Hügel, wo das Zelt dem kühlenden Wind ausgesetzt ist, und im Winter ein Tal, wo es vor Wind und Wetter geschützt ist. Das Zelt steht immer mit der Rückwand gegen die Windseite, im Negev ungefähr gegen Westen. Steht man vor dem offenen Zelt, ist der Gästeraum rechts (im Norden) und der Frauenraum links (im Süden).[10]

Die Eigenschaften des Zeltes als Spannbau diktieren das Vorgehen beim Aufstellen. Zuerst wird das Zeltdach mit ausgestreckten Seilen flach auf dem Boden ausgelegt, und die Zeltpflöcke werden mit dem Hammer eingeschlagen. Die langjährige Erfahrung lässt die Beduinen genau die richtige Stelle für die Pflöcke erkennen, an denen sie nun die Spannseile provisorisch befestigen. Jetzt stellen sie die drei mittleren Stangen (A, C, E) unter das Dach und spannen die Seile in Querrichtung. Dann schieben sie die beiden mittleren Stangen (B) auf jeder Seite unter das Dach und spannen die Seile in Längsrichtung. Sind auch die Eckstangen (D, F) aufgestellt, werden die Seile definitiv angezogen und mit Knoten gesichert, damit das Zelt seine Festigkeit erhält. Zum Schluss werden Rückwand und Trennwand montiert. Ist die Arbeit beendet, offererieren die bereits am Platz anwesenden Verwandten ein Essen im Zelt der Neuankömmlinge: das «Abendessen für das Zelt» (*ʿašāʾ al-bēt*).[11]

Das traditionelle Zeltlager ist keine feste Einheit wie ein Dorf, und seine Zusammensetzung ist in dauerndem Wechsel begriffen. Es kann aus zwanzig oder nur aus zwei Zelten bestehen, je nachdem ob gerade

Hammer aus Holz
Ethnischer Name: *madaggih*
Sehr schwerer Hammer aus dunklem Holz mit würfelförmigem Schlagteil.
Stiellänge: 39 cm; Länge Schlagteil: 13,5 cm
Gesammelt: Sonia Gidal, 1980er Jahre
Inv. Nr. 20150

Zelt-Hering
Ethnischer Name: *witad*
Der Hering wurde wahrscheinlich von einem lokalen Schmied gefertigt und besteht aus einem dicken Eisenblech.
Länge: 48 cm
Gesammelt: Sonia Gidal
Inv. Nr. 20929

Hammer aus Holz
Ethnischer Name: *madaggih*
Hammer aus hellem Holz mit gebogenem Schlagteil.
Stiellänge: 28,5 cm; Länge Schlagteil: 27 cm
Gesammelt: Widad Kawar
Inv. Nr. 22261

Hammer aus Holz
Ethnischer Name: *madaggih*
Schwerer Hammer aus hellem Holz mit walzenförmigem Schlagteil.
Stiellänge: 47 cm; Länge Schlagteil: 14,5 cm
Gesammelt: Sonia Gidal, 1980er Jahre
Inv. Nr. 20149

die Feldarbeiten anstehen, oder ob das Vieh zu den verschiedenen Weideplätzen getrieben werden muss. Seit den 1960er Jahren jedoch haben sich die mobilen Zeltlager wie erwähnt immer mehr zu festen Siedlungen entwickelt.

Häufig, aber nicht immer, bestehen Lager aus Verwandten, wobei die Familien, deren Männer zur gleichen solidarischen Gruppe (*ḫams*) gehören, vorwiegend in benachbarten Lagern campieren, und tendenziell bilden die *fallāḥīn* grössere Lager als echte Beduinen.[12] Gillian Lewando-Hundt z.B. hat ein aus drei Zelten bestehendes Lager der ʿAzāzmih beschrieben, wo eine erweiterte Familie zusammenlebt. Im einen Zelt wohnt der Vater mit seiner Frau und zwei unverheirateten Söhnen, während in den beiden anderen je ein verheirateter Sohn mit seiner Familie lebt. Die drei Familien bilden sogar einen einzigen Haushalt, da sie ein gemeinsames Budget verwalten und zusammen die Mahlzeiten einnehmen.[13]

Dieses homogene Lager kontrastiert mit einem von Marx beschriebenen, in dessen sechs Zelten Angehörige dreier verschiedener solidarischer Gruppen des Abū Ǧwēʿid-Stammes (Ḍullām) zusammenleben: Drei nebeneinander stehende Zelte werden von den Mitgliedern der kleinen solidarischen Gruppe X bewohnt. Das Zelt mit einem Gästeraum gehört dem Oberhaupt dieser *ḫams*. Im Zelt nebenan lebt seine zweite Frau und im dritten sein Bruder. In der gleichen Linie, aber in grösserem Abstand lebt ein Mann aus der *ḫams* Y, der sich schon vor Jahren mit seinem Bruder zerstritten und sich den X angeschlossen hat. Neben ihm wohnt ein Mann aus der *ḫams* Z mit seiner neuen Frau, während das abgesetzte Zelt dessen verstossene Frau mit ihren Kindern beherbergt.[14] Dieses Zeltlager zeigt die Tendenz der Beduinen, die Zelte in Reihen anzuordnen.[15]

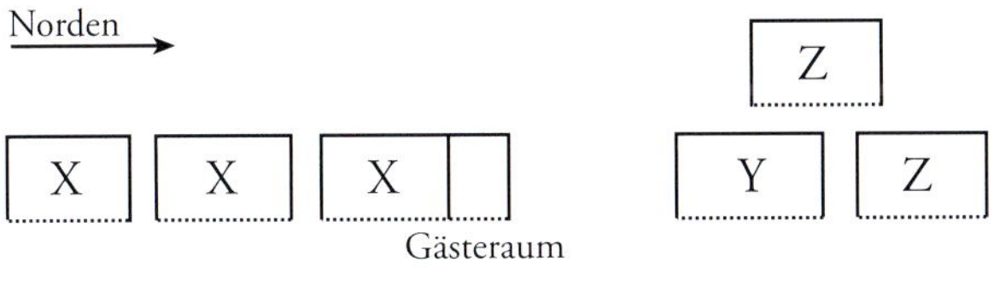

(Zeichnung nach Marx 1967:179)

Das Sommerzelt aus Jute hat zwei Mittelstangen. Ein Mann hat eben ein Schaf geschlachtet, das an den Hinterläufen an einer Zeltstange aufgehängt ist. ʿAzāzmih, Wādī al-Mašāš, 1981 (Foto: Klaus-Otto Hundt)

Das Zelt als sozialer Raum

Öffentlicher und privater Raum

Ein Zelt beherbergt meistens eine Kernfamilie, die wie das Zelt *bēt* genannt wird. Seine Grösse richtet sich nach den Bedürfnissen der Bewohner und nach ihrem Status. Die Anzahl Zentralstangen bestimmt Grösse und Anzahl der Räume und den Namen des Zelts. Dasjenige der Sammlung mit einer einzigen Zentralstange wird *ʿūdiyyah* (von *ʿūd*, «Stange») genannt. Wünscht der Zeltherr einen eigenen Gästeraum, so teilt er das Zelt mit einer Trennwand in zwei Räume: in den privaten Bereich (*maḥramah*, «Ort der Frauen»),[16] und in den öffentlichen Bereich (*šigg*, «Abteil»). Hat ein Zelt zwei Zentralstangen, wird es *miǧwiz* genannt, und das Aufhängen von zwei Trennwänden ergibt drei Räume. Der dritte Raum kann entweder als Speicher und Küche benutzt[17] oder einem neuvermählten Sohn zur Verfügung gestellt werden. Verheiratete Söhne lebten oft im Zelt der Eltern, bis sie ein eigenes hatten, was spätestens mit dem ersten Kind der Fall war.[18] Heute bestehen die Brauteltern darauf, dass der Bräutigam ein eigenes Haus baut, bevor er heiratet.[19]

Ein Zelt mit drei, vier oder mehr Mittelstangen besitzt in der Regel nur eine hochrangige Persönlichkeit

Dieses grosse Jutezelt mit vier Mittelstangen hat einen grossen Gästeraum und gehört Scheich ʿĪd al-Kišhar (Ḍullām-Konföderation), der in der Nähe von Dimona auf seinem eigenen Land lebt. Das Wasser wird mit einem Zisternenwagen zum Zelt geführt. 1995 (Foto: Ania Biasio)

wie das Oberhaupt eines *rubʿ* oder der Scheich eines Stammes. Sein Zelt wird an zentraler Stelle des Lagers aufgerichtet, und der grosse Gästeraum dient als politisches Zentrum des *rubʿ* oder des Stammes. Hier versammeln sich die Männer bei Tee, Kaffee und Essen, und hier leben manchmal für längere Zeit Leute, die sich unter den Schutz des Scheichs gestellt haben. Auch in jedem kleineren Lager befindet sich im Zelt eines anerkannten Mannes ein Gästeraum, für dessen Unterhalt, also für Essen und Trinken, alle gemeinsam zu sorgen haben. Während in vielen Lagern der *fallāḥīn* nur ein gemeinsames Gastzelt vorhanden ist, ziehen ‹echte› Beduinen oft einen eigenen Gästeraum vor, insbesondere wenn sie ihre eigenen Interessen verfolgen und nicht jede Information mit allen teilen wollen.[20]

Während unsere Räume durch Funktionen definiert sind, wie Schlafzimmer, Wohnzimmer oder Küche, sind die Räume in einem Beduinenzelt multifunktional. Im Frauenraum z.B. erledigen die Frauen ihre Haushaltarbeiten, und hier schläft die Familie. Im Gästeraum bewirten die Männer ihre männlichen Besucher und verbringen auch hin und wieder ihre Nächte. Sind aber keine Gäste anwesend, so benutzen auch die Frauen den Gästeraum. Als ich z.B. mit Kher Albaz und meinem erwachsenen Sohn einen Besuch bei Abū Ǧarabīʿ abstattete, verschwanden alle Frauen, die mit den Männern der Familie im Gästezelt zusammengesessen hatten, in ihren Häusern. Während meine Begleiter sich mit den Männern unterhielten, liessen mich die Frauen jedoch bald durch ein Kind zu sich bitten. Die Trennung in einen öffentlichen Männerbereich und in einen privaten Frauenbereich erfolgt also nur dann, wenn fremde, nicht zur Familie gehörende, Männer anwesend sind (s. S. 171). Die von der Unterhaltung mit Fremden ausgeschlossenen Frauen waren aber im Zelt über alles, was im Gästeraum gesprochen wurde, bestens informiert. Sie waren nur durch die textile Trennwand von den Männern getrennt, und eine ‹zufällige› Öffnung in einer Naht konnte als Guckloch dienen. In dieser Beziehung sind die Beduininnen in ihren Häusern heute in einer weniger vorteilhaften Lage.

Die Ausstattung des Zeltes

Nach Informationen von Kher und Kāmlah Albaz ist das Zelt wie folgt ausgestattet:

Zur Ausstattung der Frauenseite gehört eine Feuerstelle (*nugrah*) mit drei Herdsteinen, neben der sich die Handmühle, das Backblech, die Kochutensilien und das Geschirr befinden. Die Vorratssäcke stehen neben der Trennwand im vorderen Teil des Raumes auf einem Brett, das durch zwei Steine etwas vom Boden abgehoben wird. In der Nähe des Herdes befindet sich der Wasservorrat (früher in Wasserschläuchen aus Leder oder in Tonkrügen, heute in Kanistern) und ausserhalb des Zeltes das Feuerholz oder trockener Kameldung. Häufig wird auch das Gestell zum Buttern vor das Zelt gestellt und manchmal das Webgerät, falls die Frau an einem sehr langen Stück arbeitet. Meistens aber wird es im vorderen Teil des Zeltes so aufgespannt, dass die Frau bei der Arbeit im Innern des Zeltes sitzt und die Webbahn ins Freie ragt. Für einen

Der Frauenraum mit der Kochfeuerstelle. ʻAzāzmih, Zentral-Negev, 1994 (Foto: Alberto Simon)

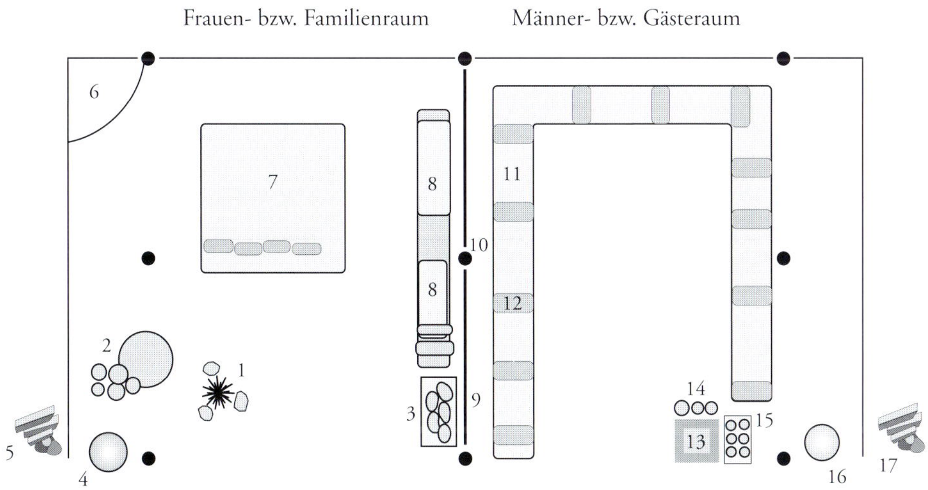

1 Feuerstelle
2 Küchengeräte
3 Vorratssäcke
4 Wasservorrat
5 Brennmaterial (Holz, Kameldung)
6 Waschecke
7 Schlafplatz der Familie
8 gestapelte Matratzen, Decken, Teppiche und Kissen
9 Trennwand
10 Zentralpfosten
11 ausgelegte Teppiche oder Matratzen
12 Kissen
13 Feuerstelle
14 Kaffeekannen
15 Kaffee- und Teegläser
16 Wasservorrat
17 Brennmaterial

Wiege
Ethnischer Name: *zagūḥah* oder *mazfar*

Bei der Wiege aus verschiedenen Stücken von Ziegen- und Schafsleder bildet das Fell die Aussenseite, mit Ausnahme der breiteren Schmalseite, wo der Kopf des Säuglings liegt. Das Fell wurde mit Lederschnüren mit Überwindlingsstichen an den aus drei Ästen bestehenden Rahmen der Wiege genäht. Eine Schnur ist mittels Lederösen und Metallringen so am Rahmen befestigt, dass die nicht durch diesen geschützte Schmalseite beim Aufhängen zusammen gezogen wird.

Länge: 109 cm; Breite: 50 cm
Gesammelt: Sonia Gidal, 1970
Inv. Nr. 20203

Wiege
Ethnischer Name: *murǧēḥah kyās* (Wiege aus Säcken)

Ein aufgetrennter Jutesack wurde in der Mitte mit Überwindlingsstichen zusammengenäht, und entlang der Längsseiten wurden in die mit Vorstichen abgenähte Stoffkante Seile zum Aufhängen der Wiege eingezogen. Als Nähmaterial diente schwarze Nylonschnur.

Länge: 115 cm; Breite: 58 cm
Gesammelt: Sonia Gidal, 1985
Inv. Nr. 19717

Säugling wird eine Wiege an die Zeltstangen gehängt. Die Wiege 20203 mit stabilem Holzrahmen, *zagūḥah* oder *mazfar* («Ort des Seufzens») genannt, kann die Mutter auch mittragen, wenn sie etwa mit dem Vieh unterwegs ist, während die aus einem Jutesack genähte Wiege (*murǧēḥah kyās*; 19717) nur im Zelt aufgehängt werden kann .[21] In der hinteren Ecke des Frauenabteils wird manchmal eine weitere Wand (*rufrāf*) aufgespannt, die eine Waschgelegenheit abtrennt.

Auch im Männerraum befindet sich eine Feuerstelle (*nugrah*), entweder ein tragbares Kohlebecken, oder eine Grube im Boden, die heute häufig gepflastert ist; daneben finden sich die Kaffee- und Teeutensilien. In unmittelbarer Nähe stehen die Behälter mit dem Wasservorrat, und ausserhalb des Zelts liegt das Brennmaterial. Für Licht sorgte schon um 1900 eine Petroleumlampe, die an einer Zeltstange hängen oder auf dem Boden stehen kann und die mit Hilfe eines Trichters aufgefüllt wird.

Der Frauenraum des Zelts wurde mit einer grossen Plastikplane verbreitert. Diese ʿAzāzmih-Frau aus dem Zentral-Negev ist dabei, Wäsche zu waschen. 1994 (Foto: Alberto Simon)

ʿAzāzmih-Beduinen südlich von Beersheba kochen den Kaffee in einem tragbaren Kohlebecken im Freien. Im Innern des Gästeraums sind die ausgelegten Teppiche und Kissen zu erkennen. 1970er Jahre (Foto: Sonia Gidal)

Der Männerraum eines grossen Hochzeitszelts der 'Azāzmih-Beduinen im Zentral-Negev ist mit Teppichen, Matratzen und Kissen ausgestattet. Die Teppiche bestehen aus Plastik oder maschinengewebtem Baumwollstoff, die Matratzen- und Kissenüberzüge aus Synthesefasern. 1994 (Foto: Alberto Simon)

Zum wichtigsten ‹Mobiliar› eines Zeltes gehören Matratzen, Teppiche, Decken und Kissen. Sie werden neben der Zentralstange bei der Trennwand im Frauenteil aufgestapelt und beim Eintreffen von Besuchern im Gästeraum entlang der Trenn-, Rück- und Seitenwand ausgelegt. Jeder Gast wird entsprechend seines Rangs plaziert, wobei der Platz bei der Zentralstange als Ehrenplatz gilt, und der Zeltherr setzt sich in der Regel in die Nähe der Kaffee- und Teeutensilien. Haben sich die Besucher verabschiedet, wird das ‹Mobiliar› wieder versorgt und für eventuell neu eintreffende Gäste nochmals arrangiert, was Sache der Frauen ist. Rang und Status des Gastes bestimmen nicht nur seinen Sitzplatz, sondern auch die Qualität der Stücke, mit denen der Raum ausgestattet wird. Die weniger schönen Matratzen, Decken und Kissen haben neben ihrer öffentlichen Funktion als Sitzgelegenheiten für die Männer auch eine private. Als Bettzeug werden sie nachts im hinteren Teil des Frauenraums ausgebreitet.[22] Da aber besonders wertvolle Gegenstände nur bei festlichen Gelegenheiten und für spezielle Gäste hervorgeholt werden, sind viele der ins Museum gekommenen Teppiche, Kissen, und Decken fast ungebraucht.

Das ‹Mobiliar› des Zeltes

Teppiche, Decken, Kissen und Matratzen sowie die dekorierten Vorratssäcke sind Eigentum der Frau. Sie werden mit einem Teil des Brautpreises, den die Bräutigamsfamilie der Brautfamilie zu entrichten hat, gekauft. Fein dekorierte Kissen stickt jedoch die Mutter des Bräutigams für das junge Paar selbst. Ebenso werden viele Stücke von der Mutter der Braut und ihren Verwandten angefertigt.

Teppiche, Decken und Matratzen

Bis etwa in die 1960er Jahren benutzten die Beduinen kaum Matratzen. Sie legten einen Teppich auf den Boden und deckten sich mit einer Decke zu. Der Teppich, *bsāṭ* oder seltener *mafraš* («Decke», «Matte») genannt, würde immer in Kettrepsbindung gewebt, erklärten beide Informantinnen, Kāmlah Albaz und Fāyizah Abū 'Amrah, einhellig. Die Decke (*ġafrah*) hingegen würde mit zwirngebundenen Bordüren ver-

Der Ehrenplatz im Gästeraum befindet sich bei der zentralen Stange, woran auch das Gewehr aufgehängt wird. ʻAṭāwnih, Ende 1950 Jahre (Foto: Tim Gidal)

Teppich
Ethnischer Name: *bsāṭ* oder *mafraš*

Ein auf einem Webgerät angefangenes Stück eines typischen modernen Teppichs aus Acrylwolle in den Farben Weinrot, Hellrot, Lila, Gelb, Oliv, Hellblau, Weiss und Schwarz. Er ist in Kettrepsbindung gewebt und hat Streifen- und Schachbrettmuster.

Gesammelt: Sonia Gidal, 1985
Inv. Nr. 19708

ziert, und sie könne auch zur Ausstattung des Brautkamels oder, zusammengelegt, als Kissen verwendet werden. Fotos aus dem Ende der 1970er Jahre lassen aber erkennen, dass gelegentlich sehr wohl auch eine Decke auf dem Boden liegen kann, vielleicht zur Ehrung ranghoher Gäste. Früher bestanden die Teppiche aus farbiger Schafwolle und heute aus Acrylwolle. Letztere weben vor allem ältere Frauen als Geschenke für ihre Angehörigen, wobei Rottöne für Hochzeitsgeschenke besonders beliebt sind (19708).

‹Schlafsack›
Ethnischer Name: *ġafrah*

Der aus zwei zusammengenähten Webbahnen bestehende ‹Schlafsack› ist in Kettrepsbindung mit Streifen in Schwarz, Blau, Weiss, Oliv und Rot gewebt. Die Kette besteht aus Schafwolle, wenig Ziegenhaar und weisser Baumwolle und der Schuss aus einem Gemisch aus Schafwolle und Ziegenhaar. Die zwirngebundene Bordüre mit einem Eintrag aus gefärbter Wolle und weisser Baumwolle ist mit «farbigen Rauten» in Schwarz, Weiss, Dunkelrot, Hellrot, Weiss und Blau geschmückt.

Die Kettfransen wurden mit Achterschleifen in verschiedenen Farben blockweise umwickelt, und auf der anderen Seite wurde der Rand mit umfassenden Verschlingstichen, kombiniert mit Festonstichen, umnäht. Die Seitennähte sind mit Zopfstichen, die zum Teil mit Festonstichen kombiniert sind, ausgeführt; alle in blockweise alternierenden Farbkombinationen. Datierung: 1920er Jahre.

Länge: 184 cm;
Breite: 179 cm
Gesammelt: Widad Kawar
Inv. Nr. 22186

Die Decke (*ġafrah*) ist häufig in Kettrepsbindung gewebt und hat wie gesagt horizontale Bordüren in Zwirnbindetechnik. Einige der im Beduinenmuseum des Joe Alon Center ausgestellten Decken sind in Blau- und Olivtönen gewebt, und die zwirngebundenen Bordüren enthalten viel Rot. Die gleiche Farbkombination weist auch der ‹Schlafsack› 22186 auf, der ebenfalls *ġafrah* genannt wird. Von der Brautmutter für die Hochzeit ihrer Tochter gewebt, dient er dem Hochzeitspaar im Hochzeitszelt als Brautlager. Später kann der ‹Schlafsack› als Decke für die Familie verwendet werden. Falls es sich um ein besonders schönes Stück handelt, wird er nur bei speziellen Gelegenheiten gebraucht. Teil eines entlang der Mittelnaht aufgetrennten ‹Schlafsackes› ist auch 19718, ein Objekt, das der Sammlerin als «Zeltvorleger» verkauft wurde. Seine ursprüngliche Gestalt jedoch verraten Wollreste der früheren Mittelnaht, Reste von seitlichen Randabschlüssen sowie ein quer durch das Stück verlaufender, scharfer Falz. Dies fiel Kāmlah Albaz sofort auf, als sie das Stück genauer untersuchte. Entweder wollte der frühere Besitzer die beiden neuwertigen Teile als Teppiche oder Decken verwenden, oder er hat das Stück aufgetrennt, um die beiden Teile getrennt verkaufen und mehr dafür lösen zu können. Die gewebten Decken sind heute durch Steppdecken (*luḥuf*) ersetzt worden, und auf den Teppich kommt noch eine Matratze (*faršāh*) aus Schaumgummi zu liegen, die mit einem Überzug aus farbigem Chemiefaserstoff, dem «Gesicht der Matratze» (*wuǧh al-faršāh*), versehen ist.

Die Kissen

Die Kissen der Sammlung gehören drei verschiedenen Typen an. Das *wsādih* genannte Kissen ist sehr lang, und es dient, mit Stroh oder alten Kleidern gestopft, der ganzen Familie als Kopfkissen. Das kürzere Kissen (*mḫaddih*) wird mit Wolle gefüllt und im Gästeraum auf die Matratze gelegt. Jeder Gast bekommt zwei oder drei aufeinandergelegte *mḫaddāt*, damit er bequem anlehnen und seine Arme aufstützen kann. Im Negev werden keine Kamelsättel für diesen Zeck verwendet, wie dies in Saudi-Arabien oder Jordanien der Fall ist. Das kleinere, mit Baumwolle gefüllte Kissen (*gurnah*) dient vor allem Frauen bei informellen Besuchen als Sitzkissen, und heute schmückt es die Sofaecken.

Halber ‹Schlafsack›
Ethnischer Name: *ġafrah*
Das Kettrepsgewebe zeigt Längsstreifen in Schwarz, Rot, Blau, Olivgrün und Naturweiss. Die Kette besteht aus Schafwolle sowie einem Gemisch aus Schafwolle und Ziegenhaar und der Eintrag ebenfalls aus einem Gemisch aus Schafwolle und Ziegenhaar.
Die mit zwirngebundenen Einträgen gearbeitete, 45 cm breite Partie aus dunkelroter, oranger, blauer und schwarzer Schafwolle sowie weisser Baumwolle ist mit «Halsketten» dekoriert, und den Randabschluss bilden in Achterschleifen umwickelte Fransen. Die 17 cm breite, zwirngebundene Bordüre ist mit «Samenhalsketten» in gleicher Farbkombination geschmückt, und der Rand wurde mit Zopfstichen, kombiniert mit Festonstichen, in alternierenden Farben umnäht. Datierung: 1920er oder 1930er Jahre.
Länge: 183 cm; Breite: 74 cm
Gesammelt: Sonia Gidal
Inv. Nr. 19718

Kissenvorderseite mit Rückseite
Ethnischer Name: *wsādih* mit *bṭānat wsādih* (Kissen mit Futter des Kissens)

Das Kissen besteht aus einer fast 5 m langen, fein gewebten, roten Webbahn in Kettrepsbindung, deren eine Längsseite mit geflochtenen Schnüren und Quasten in Dunkel- und Hellrot verziert ist.

Die Rückseite des Kissens, eine 4 m lange, in Kettrepsbindung gewebte Bahn, zeigt Längsstreifen und ein schmales Band mit Schachbrettmustern in Indigo, Oliv, Rot und wenig Braun. Die Kette besteht aus Schafwolle, der Eintrag aus zum Teil mit Ziegenhaar verzwirnter Wolle. Datierung: evtl. 1920er Jahre.

Länge der Vorderseite: 470 cm; Breite ohne Quasten: 55 cm; Länge der Rückseite: 400 cm; Breite: 50 cm
Gesammelt: Izhaq Al-Hroub
Inv. Nr. 22031a + b

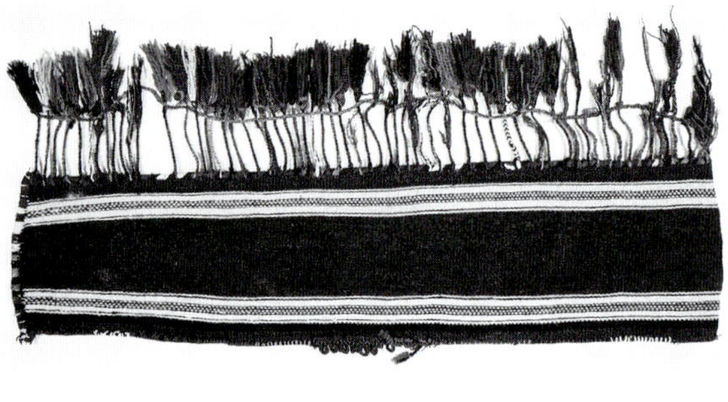

Kissen
Ethnischer Name: *wsādih*

In Kettrepsbindung gewebtes, aus einem Stück bestehendes Kissen mit gleicher Vorder- und Rückseite. Die Kette besteht aus schwarzbraunem Ziegenhaar und naturweisser und indigoblauer Schafwolle, der Schuss aus einem Gemisch aus Ziegenhaar und Schafwolle. Muster: Streifen und Schachbrettmuster.

Eine der Längsseiten ist mit geflochtenen Schnüren (vorwiegend vom Typus «Mäuseschwanz») und Quasten verziert, die andere Längsseite ist mit Festonstichen zusammengenäht und hat eine Öffnung zum Stopfen des Kissens.

Länge: 160 cm; Breite ohne Quasten: 39 cm
Gesammelt: Widad Kawar
Inv. Nr. 22216

Eines der *wsādih* genannten Kissen ist 22031a. An die über vier Meter lange, rote Webbahn wird entlang der nicht mit Quasten verzierten Längskante eine weitere Webbahn genäht, das «Futter des Kissens» (*bṭānat wsādih*; 22031b), so dass es gestopft werden kann. Mit der *wsādih* kann auch das Brautkamel geschmückt werden, wie die Ausstellung im Beduinenmuseum des Joe Alon Center zeigt. Als *wsādih* hat Kāmlah Albaz auch das Kissen 22216 bezeichnet, weil es mit seinen 160 cm zu lang für ein *mḫaddih* sei und keine zwirngebundenen Bordüren habe. Vorder- und Rückseite bestehen aus einer einzigen Webbahn, die in der Mitte zusammengefaltet und auf beiden Seiten zusammengenäht wurde.

Das *mḫaddih* genannte Kissen hat meistens eine in Kettrepsbindung gewebte Rückseite und eine mit zwirngebundenen Musterbändern verzierte Vorderseite und ist auf allen vier Seiten zusammengenäht, bis auf eine kleine Öffnung zum Stopfen mit Wolle

(22180). Das vollständig in Zwirnbindung gearbeitete Kissen 22187 ist hingegen untypisch; vermutlich wurde es aus einer ursprünglich für das Brautkamel bestimmten Decke angefertigt (s. 22030, Abb. S. 55). 22083 ist ein Beispiel heutiger Kissen aus Acrylwolle, die Frauen als Hochzeitsgeschenke für ihre Familie oder zum gelegentlichen Verkauf auf dem Markt weben.

Kissen
Ethnischer Name: *mḫaddih*
Das Kissen wurde aus zwei Webbahnen gearbeitet. Die Rückseite ist in Kettrepsbindung gewebt und hat Streifen in Indigoblau, Blau, Oliv, Rot und Naturweiss. Die Kette besteht aus Schafwolle, der Eintrag aus Ziegenhaar.
Auf der Vorderseite wechseln Kettmuster mit zwirngebundenen Musterbändern ab. Die Kettmuster sind mit Ausnahme eines zusätzlichen schmalen Streifens in Schachbrettmusterung gleich wie auf der Rückseite. Die zwirngebundenen Partien zeigen «gewöhnliche Rauten» in Schwarz, Dunkel- und Hellrot sowie Weiss, und der Eintrag besteht aus gefärbter Wolle und weisser Baumwolle. Auf allen vier Seiten ist das Kissen mit Zopfstichen in Rot und Schwarz zusammengenäht, mit Ausnahme einer Öffnung zum Stopfen des Kissens mit Wolle.
Länge: 71 cm; Breite: 39 cm
Gesammelt: Widad Kawar
Inv. Nr. 22180

Kissen
Ethnischer Name: *mḫaddih*
Vorder- und Rückseite sind zwirngebunden, und eine schmale Bordüre ist in Kettrepsbindung gewebt. Die Kette besteht aus Ziegenhaar und Wolle (Indigoblau, Braun, Rot, Naturweiss), der Eintrag der Kettrepsbordüre aus einem Gemisch aus Haar und Wolle und der zwirngebundene Eintrag aus Wolle in den Farben Weinrot, Orange, Weiss, Dunkelblau, Schwarz, Gelb und Oliv).
Das unterste Musterband zeigt «Halsketten», während die übrigen Muster aus «Samenhalsketten» zusammengesetzt sind. Entlang der vertikalen Diagonalen des mittleren Rautenmusters haben sich Schlitze gebildet. Das Stück wurde vermutlich aus einer Decke gefertigt.
Länge: 81 cm; Breite: 72 cm
Gesammelt: Widad Kawar
Inv. Nr. 22187

Kissen
Ethnischer Name: *mḫaddih*
Das aus einem Stück bestehende, moderne Kissen wurde mit Acrylwolle in Kettrepsbindung grob gewebt. Es zeigt Streifen und Schachbrettmuster in Hellrot, Orange, Braun, Rosa, Gelb, Grün, Weiss, Blau und Schwarz. Die Hülle ist mit senkrecht gestochenen Hexenstichen zusammengenäht und hat an einer Breitseite eine Öffnung zum Stopfen mit Baumwolle.
Länge: 68 cm; Breite: 38,5 cm
Gekauft: 1995, Markt von Beersheba
Inv. Nr. 22083

Kissen
Ethnischer Name: *mḫaddiḫ*
Die Vorderseite des Kissens ist aus orangen, stark gebleichten roten, gelben und grünen Seidentaftdreiecken zusammengesetzt. Die Nähte sind mit Kreuzstichen blockweise in den Farben Rot, Pink, Gelb, Violett, Blau und Grün überstickt. Die Rückseite besteht aus stark ausgebleichtem rotem, handgewebtem Baumwollstoff, die seitlichen Partien aus schwarzem Baumwollstoff. Mit der Maschine aufgenäht sind Bänder aus weisser Baumwolle und rotem Seide-Baumwollatlas. Gestopft ist das Kissen mit Acrylwatte. Wahrscheinlich wurde es aus alten Bestandteilen später zusammengenäht.
Datierung der Bestandteile: 1920er bis 1930er Jahre.
Länge: 92 cm; Breite: 31 cm
Gesammelt: Sonia Gidal, 1960er Jahre, Beersheba
Inv. Nr. 20179

Kissenüberzug
Ethnischer Name: *wuǧh mḫaddiḫ*
Der Kissenüberzug aus weissem Baumwollstoff ist auf der Vorderseite mit Kreuzstichmustern in Weinrot, Hellrot, Orange, Rosa, Hell- und Dunkelgrün, Lila, Schwarz und verschiedenen Gelbtönen (alles Baumwollgarn) bestickt. An den beiden Schmalseiten finden sich Blumenranken, in der Mitte je zwei spiegelbildlich angeordnete Frauenfiguren in Orantenhaltung, flankiert von Rosetten aus Blumen und Blättern. Die Rückseite ist bis auf die seitlichen Blumenranken unverziert. Datierung: evtl. 1960er Jahre.
Länge: 54,5 cm; Breite: 39 cm
Gesammelt: Widad Kawar
Inv. Nr. 22265

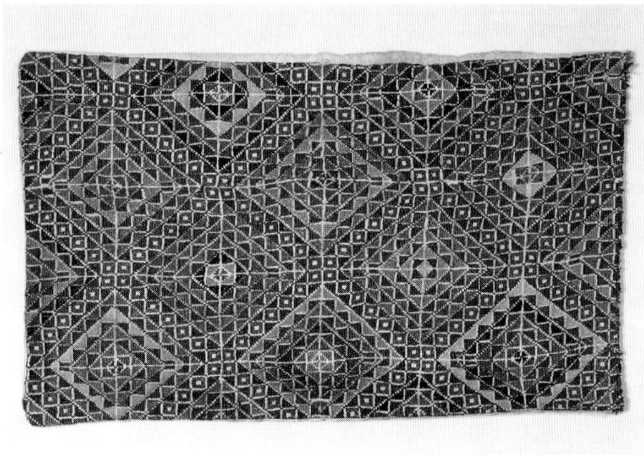

Kissen
Ethnischer Name: *gurnah*
Das aus weissem Baumwollstoff bestehende Kissen ist von Hand zusammengenäht. Die Vorderseite ist mit Baumwollgarn in verschiedenen Selbstönen, Orange, Rosa sowie in Gelb, Hell- und Dunkelblau, Grün, Violett und Schwarz bestickt. Die Kreuzstichmuster bilden «Halsketten».
Länge: 47 cm; Breite: 28 cm
Gesammelt: Widad Kawar
Inv. Nr. 22264

Die Frauen haben nicht nur Kissenhüllen gewebt, sondern auch gestickt, wahrscheinlich unter dem Einfluss sesshafter Frauen. Insbesondere die Braut- und die Bräutigamsmutter haben für das junge Paar Kissen vom Typus *mḫaddiḫ* und *gurnah* gestickt, die es im Hochzeitszelt verwenden konnte. Das Zierfeld des Kissens 20179 aus Seidentaftdreiecken (*mšaggaf darāyah*, «aufgeteilter Taft»)[23] ist von Hebron oder Jaffa beeinflusst, wo besonders fein bestickte Kissenhüllen aus Seide angefertigt wurden.[24] Diese Kissen waren auch

Kissen
Ethnischer Name: *gurnah*
Der Kissenüberzug aus Baumwolle ist mit blauen, doppelt gestochenen Festonstichen zusammengenäht. Die Vorderseite ist in schattierter Plattstickerei oder Nadelmalerei mit zum Teil geflammtem Baumwollgarn in den Farben Rot, Violett, Rosa, Orange, Blau, Braun, Orange und Gelb bestickt. Entlang drei Rändern finden sich Blumenranken, in der Mitte zwei heraldisch angeordnete Löwen sowie gestreute Blumen und zwei Vasen.
Datierung: evtl. 1960er oder 1970er Jahre.
Länge: 42 cm; Breite: 35 cm
Gesammelt: Widad Kawar
Inv. Nr. 22266

im Negev beliebt und verbreitet. Sie wurden entweder in Jaffa oder Hebron erworben oder selber gestickt.

Seit ungefähr den 1950er Jahren ist im ganzen palästinensischen Raum eine andere Variante des *mḫaddih* modern geworden. Die prall gestopften Kissen sind an jedem Schmalende mit einem etwa 10 cm breiten Streifen von leuchtend rotem oder blauem Atlas überzogen, und die Mitte ziert ein auf beiden Schmalseiten offener Kissenüberzug (*wuǧh al-mḫaddih*, «das Gesicht des Kissens»; 22265). Bis etwa in die 1970er Jahre waren die Überzüge aus Baumwolle und handgestickt, dann verbreiteten sich aus China importierte, bedruckte Überzüge aus Chemiefaserstoff, die sich bis heute grosser Beliebtheit erfreuen.[25]

Die beiden aus Baumwollstoff bestehenden Kissen vom Typus *gurnah* sind auf drei Seiten zusammengenäht, während die vierte zum Stopfen offen gelassen wird. Das Rautenmuster (*galāyid*) des Kissens 22264 wurde von zwirngebundenen Mustern inspiriert und gehört wahrscheinlich zu den ältesten beduinischen Stickmustern. Ein ähnliches Muster findet sich auch auf dem hinteren Rockzierfeld des Kleides 19525. Von europäischen Stickmustern inspiriert hingegen ist die Kissenhülle 22266 mit den zwei heraldisch angeordneten Löwen, Symbolen von Kraft und Mut. Die Technik der «Nadelmalerei» hat sich etwa seit den 1970er Jahren verbreitet.

Sack für Getreide
Ethnischer Name: *fardih*
Der Sack ist in Kettrepsbindung gewebt und zeigt vertikale breite und schmale Streifen in Hellbraun (Kamelhaar), Dunkelbraun (Kamel- und Ziegenhaar verzwirnt) sowie Rot (Schafwolle). Der Eintrag besteht aus Wolle, verzwirnt mit Ziegenhaar.
Neben jeder Seitennaht wurden zwei ebenfalls in Kettrepsbindung gewebte Bänder aus Ziegenhaar aufgenäht. Sie sind mit Rauten in Orange, Grün, Rot und Grau bestickt (Schrägstiche), und ein Schlitz auf jeder Seite dient zum Durchziehen eines Seils. Der obere Rand ist mit einem Baumwollstreifen eingefasst und mit Festonstichen zweifarbig umnäht. Datierung: evtl. 1930er Jahre.
Höhe: 107,5 cm; Breite: 74,5 cm
Gesammelt: Izhaq Al-Hroub
Inv. Nr. 22049

Die Säcke

Die Mutter oder die älteste Schwester der Braut weben Säcke, die zum Aufbewahren von Kleidern oder Vorräten dienen und als Decke benutzt werden können. Besonders reich dekoriert sind die Säcke für die Aussteuer der Braut, während Getreidesäcke relativ einfach gearbeitet sind. Unabhängig von seiner Verwendung nennen die Beduinen jeden Sack *fardih*, weil er für den Transport auf einem Lasttier konzipiert ist (s. S. 47).

Die Säcke bestehen aus zwei in der Mitte gefalteten und in der Längsrichtung zusammengenähten Webbahnen. Da sie in gefülltem Zustand sehr schwer sind, enthalten Kette oder Eintrag immer Ziegenhaar. Verschlossen werden die Säcke mit einem Seil, das entwe-

Sack für die Aussteuer der Braut
Ethnischer Name: *fardih*

Die Kette des in Kettrepsbindung gewebten Sacks besteht aus dunkelblauer, roter und weisser Schafwolle sowie aus braunem Kamelhaar, der Eintrag aus einem Gemisch von Wolle und Ziegehaar. Die Stossnaht ist mit Acrylwolle in blockweise wechselnden Farbkombinationen (Hellrot, Dunkelrot, Grün, Schwarz, Blau, Weiss) zusammengenäht.

Die Seitennähte sind mit Zopfstichen und der obere Rand mit umfassenden Verschlingstichen genäht, alle mit Acrylwolle in verschiedenen Farbkombinationen. Der obere Rand ist noch mit einer Zickzackband-Applikation aus roter Baumwolle geschmückt sowie mit aufgenähten Knöpfen und Perlen aus Stein, Glas, Keramik Holz und Plastik, mit einem alten Spinnwirtel, einem Steinfragment und einer kleinen Maske aus Blech. In der Mitte sind zwei maschinell gefertigte Kordeln zum Schliessen des Sacks angenäht. Unten ist der Sack auf beiden Seiten mit je einer Quaste verziert.

Höhe: 122 cm; Breite: 108 cm
Gesammelt: Widad Kawar
Inv. Nr. 22210

der durch Schlitze in der Seitennaht (22049) oder durch Schlaufen (22211) gezogen wird.

Getreidesäcke sind in der Regel ganz aus ungefärbter Schafwolle und Ziegenhaar gewebt und zeigen ausser den einfachen Kettmustern keine weiteren Verzierungen; die Stickereien auf 22049 sind eher ungewöhnlich. Die Säcke für die Aussteuer der Braut sind mit farbiger Wolle gewebt und reicher verziert, wie z.B. 22210. Dieser Sack stammt nach Angaben der Sammlerin von im Wādī 'Arabah lebenden 'Azāzmih-Beduinen. Die für die Nähte verwendete Acrylwolle lässt vermuten, dass der Sack nicht vor den 1980er Jahren entstanden ist. Der eher kleine Sack 22211 ist vielleicht ebenfalls für die Aussteuer einer Braut bestimmt, oder er ist ein reines Renommierstück. Mit solchen Spitzenstücken, erklärte Kāmlah Albaz, pflegten geschickte Weberinnen ihre Professionalität zur Schau zu stellen. Sie präsentierten ihre Werke vorwiegend bei Hochzeiten den anderen Frauen und schlossen sie nachher wieder weg.

Sack für die Aussteuer der Braut

Ethnischer Name: *fardih*

Der Sack ist in Kettrepsbindung gewebt und auf der Vorderseite mit drei zwirngebunden Musterbändern verziert. Die Kette besteht aus Ziegenhaar (schwarze Streifen), einer Mischung aus Ziegenhaar und Wolle (dunkelbraune Streifen) und aus Schafwolle (naturweisse Streifen), der Eintrag aus Wolle. Neben den Streifen zeigt die gewebte Partie noch ein schmales Band mit Schachbrettmusterung. Die oberste und die unterste Bordüre des zwirngebundenen Musters ist mit «Schmetterlingen», die mittlere Bordüre mit «farbigen Rauten» und weiteren «Schmetterlingen» geschmückt. Die Farben sind Dunkelrot, Hellrot, Orange, Indigoblau und Grün.

Die Stossnaht wurde mit blockweise wechselnden Farbkombinationen genäht. Die Seitennähte sind mit sechskreuzigen Zopfstichen, ebenfalls in wechselnden Farbkombinationen, zusammengenäht. Der obere Rand ist mit roter Baumwolle eingefasst und auf der Vorderseite mit einhängendem Verschlingstich, kombiniert mit Festonstich, auf der Rückseite nur mit Festonstich umnäht. Auch hier wechseln die Farbkombinationen blockweise.

Henkel aus Viererzöpfen vom Typus «Mäuseschwanz» dienen zum Durchziehen eines Seils und zum Schliessen des Sacks. Einige Schnüre mit Quasten in Hellrot, Dunkelrot und Indigo verzieren ihn unten. Datierung: 1920er oder 1930er Jahre.

Höhe: 89 cm; Breite: 99 cm

Gesammelt: Widad Kawar

Inv. Nr. 22211

Sack für Lebensmittel

Ethnischer Name: *ḫarīṭah*

Der in Kettrepsbindung mit ungefärbter Wolle (dunkelbraun, hellbraun und naturweiss) gewebte Sack zeigt Streifen- und Schachbrettmuster. Die seitlichen Henkel bestehen je aus einer zweifarbigen Flechte mit quadratischem Querschnitt. Randabschlüsse: umfassender Verschlingstich, kombiniert mit Festonstich in Dunkelbraun und Naturweiss. Seitennähte: achtkreuziger Zopfstich.

Länge: 50 cm; Breite: 52,5 cm

Gesammelt: Izhaq Al-Hroub

Inv. Nr. 22047

Auch im Gästeraum des Zelts von Scheich ʿĪd al-Kišḫar (Ḍullām) fehlt der Fernseher nicht. 1995 (Foto: Ania Biasio)

Ein viel kleinerer Sacktypus ist 22047, den die Beduinen *ḫarīṭah* nennen. Er kann an den beiden Henkeln an ein Tier gebunden oder ins Zelt gehängt werden, und er diente, laut Informationen des Sammlers, vor allem zum Aufbewahren von Lebensmitteln, wofür auch die Herstellung aus ungefärbten Garnen spricht. Solche Säcke waren nach der Meinung von Kāmlah Albaz eher in der Umgebung von Hebron verbreitet, und wurden nur gelegentlich von Negev-Beduinen gebraucht.

Die noch im Zelt lebenden Beduinen haben heute ihre Inneneinrichtung modernisiert. Nicht selten sind die Matratzen im Frauenraum auf einem Campingbett gestapelt, und Gasherd, Kochtöpfe und Geschirr stehen auf einem Tisch. Industriell gewebte Baumwoll- oder Chemiefaserteppiche und Matten aus Kunststoff haben die handgewebten Teppiche ersetzt, und die Überzüge der Kissen und Matratzen sind aus China importiert. Getreide wird in Jutesäcken und Mehl in Nylonsäcken gelagert. Es gibt wohl kaum ein Zelt ohne Transistorradio, Taperecorder und Fernsehapparat, wobei letzterer durch einen Generator mit Strom versorgt wird, und die Kommunikation wird mit Hilfe eines mobilen Telephons aufrechterhalten.[26]

Das ehrenhafte Leben der Männer

«O wie süss ist die Lust zum Angriff, die da gesund macht die Männer!»[1]

Krieg, Jagd und Schmuggel

«Ein Beduine arbeitet nicht.» So lautete der Titel eines Filmes, den die Simba-Film GmbH 1988 produzierte. Auch Reisende und Kolonialbeamte wurden nicht müde, die Arbeitsscheu der Männer zu beklagen, während sie sich lobend über den Fleiss der Frauen ausliessen. So ist etwa bei Murray zu lesen, dass sich die Männer den Tag mit Rauchen, Schwatzen und Kaffeetrinken vertreiben, wenn sie nicht gerade mit dem Weiden ihrer Kamele beschäftigt seien,[2] und Palmer zählt Eloquenz, Gastfreundschaft und Plünderungen zu den einzigen ehrenwerten Tätigkeiten der Tiyāhā-Beduinen.[3] Die Aussagen der beiden Autoren sind zwar plakativ und einseitig, aber die angesprochenen Beschäftigungen haben einen wichtigen Stellenwert in der Kultur, wie ein Gedicht illustriert. Es wird im Sinai und Negev rezitiert und zählt die zehn wichtigsten Dinge auf, die sich die Beduinen von Gott erbitten. Es stehen vorwiegend Güter im Zentrum, deren ein Beduine zum Erlangen von Ehre (*šaraf*) und somit einer hohen Stellung in der Gesellschaft bedarf: Als Gastwirt erbittet er sich ein Zelt, das seine Gäste beherbergt, und eine Frau, die sich auf ihre Pflichten als Gastgeberin versteht. Er bittet um schwarze Ziegen, die er zu Ehren des Gastes schlachten kann, und um Kamele, die diesem eine Schale frischer Milch liefern. Als Krieger bittet er um eine Stute und ein Gewehr sowie um tapfere Söhne, die sich bald einmal in der Schlacht bewähren können. Die vier weiteren begehrten Güter sind schnellfüssige Füllen zur Entschädigung begangenen Unrechts, Gottes Schutz für den guten Ruf der Töchter, eine Pilgerfahrt nach Mekka und schliesslich die Errettung vor der Hölle.[4]

Grosszügige Gastfreundschaft sicherte dem Beduinen einen ebenso hohen Status wie Tapferkeit und Mut. Diese Eigenschaften konnte er in Kriegen und zahlreichen Raubzügen unter Beweis stellen. Kriege zwischen den Stämmen, manchmal sogar innerhalb derselben Konföderation, waren in Palästina bis Mitte des 19. Jh. durchaus die Regel. Häufigste Ursache war der Streit um grössere Territorien, Weide- und Tränke-

Der Scheich des ʿAṭāwnih-Stammes, Kāyid ʿAbd al-Kārīm, präsentiert stolz seinen Dolch. Die Scheide steckt hinter dem Patronengürtel. Nord-Negev, Ende 1950er Jahre (Foto: Tim Gidal)

Die drei Männer haben sich mit Gewehr, Säbel und Patronengürtel in Positur gestellt. 1898-1934 (Foto: G. Eric Matson, LCW)

plätze sowie um die politische Vorherrschaft.[5] Bei kleineren Konflikten zogen die Männer zu einem Raubzug (*ġazū*), einer «Razzia» aus, um dem Gegner das Vieh zu stehlen. Raubzüge wurden weniger in benachbarte Stammesgebiete unternommen als in das Gebiet weit entfernt wohnender Stämme. Die Tarābīn beispielsweise zogen ins Wādī ʿArabah, um sich zu bereichern,[6] und die Tiyāhā suchten sich ihre traditionellen Opfer weit im Norden unter den Gruppen des ʿAnazih-Stammes, die um Palmyra und im Hauran-Gebirge lebten. Jedes Jahr, so berichtet Palmer, verschafften sich die Tiyāhā 1000 Gewehre und legten mehr als 20 Tagesreisen zurück, um den ʿAnazih die Kamele zu stehlen.[7] Dabei vermieden es die Beduinen, wenn immer möglich, ihre Gegner zu töten, um nicht Opfer der Blutrache zu werden, und die Schonung der Frauen gehörte zum Ehrenkodex.[8] Bei diesen Razzien ging es nicht einfach um Beute, sondern um Ehre. Wenn ein Mann sich aus dem Kampf davonmachte, wurde er von den Frauen verhöhnt und war als Ehemann nicht mehr gefragt. Falls er sich überhaupt weigerte, auf einen Raubzug auszuziehen, dann schwärzten ihm die Frauen als Zeichen der Schande das Gesicht und steckten eine schwarze Fahne auf sein Zelt.[9]

Säbel
Ethnischer Name: *sēf*
Der Säbel mit einschneidiger Stahlklinge ist eventuell in die Zeit um die Jahrhundertwende zu datieren. Der im indo-persischen Stil gearbeitete Stahlgriff mit Griffbügel, Parierstange und Knauf zeigt Reste tauschierter (eingelegter) Silber- und Goldverzierungen. Die mit schwarzem Chagrinleder (Esel-Leder) bezogene Holzscheide ist mit Stahlblech (Mundblech und Ortband) beschlagen, das mit reliefartig herausgeätzten Längs- und Querstreifen verziert ist. An zwei Stahlspangen mit Ringen ist eine Tragkette aus Eisen befestigt.
Länge: 102 cm
Gesammelt: Sonia Gidal, 1960er Jahre
Inv. Nr. 20210

Beduinen liebten also Tätigkeiten, die sie als ehrenvoll betrachteten, und sie waren bereit, Strapazen auf sich zu nehmen, im Gefängnis zu landen, ja mit dem Leben zu bezahlen. Neben ihren Aktivitäten als Krieger oder Jäger beschäftigten sie sich mit dem Weiden der Kamele, den Symbolen von Autonomie und Freiheit, gaben als bewaffnete Eskorte den Karawanen Geleitschutz oder überwachten die Pilgerstrassen. Mut, Tapferkeit, ihre Vorliebe für Waffen, ihre ausgezeichneten Kenntnisse der Wüste und ihr Geschick im Spurenlesen machten sie geeignet für den Dienst als Polizisten und Soldaten. Der Satz «ein Beduine arbeitet nicht» bedeutet also nicht, dass ein Beduine faul ist, sondern dass er gewisse Arbeiten, wie etwa das Bestellen der Felder oder das Ausüben eines Handwerks als unter seiner Würde betrachtet. Heute können die Beduinen allerdings nicht mehr wählerisch sein. Nachtwächter, Lastwagenfahrer oder Buschauffeur entsprechen noch am ehesten der traditionellen Vorstellung eines ehrenwerten Berufes, während die Arbeit in einem Dienstleistungsbetrieb, z.B. in einem Hotel, weniger geschätzt wird.[11]

Weitere Betätigungen, bei denen sich die Beduinen Ansehen in der Gesellschaft erwerben konnten, waren Jagd und Schmuggel. Die Jagd auf Wölfe und Panther erforderte Mut, und die Jagd auf die scheuen Steinböcke, die sich in den zerklüfteten Regionen des Negev aufhielten, stellte Ansprüche an die Geschicklichkeit des Jägers. Weitere Tiere, die gejagt wurden, waren Gazellen, Hasen, Stein- und Wüstenhühner, und die Jagdbeute bot eine willkommene Erweiterung des eher frugalen Speisezettels.

Die bis Ende der 1920er Jahren erfolgreich abgeschlossene Befriedung von Negev und Sinai hat den Beduinen die Möglichkeit zu ehrenvollen Kriegen und Raubzügen genommen, und das Grosswild wurde entweder ausgerottet oder unter Naturschutz gestellt. So mussten sich die Beduinen auf andere Betätigungen verlegen, um ihren Mut unter Beweis zu stellen und um Ehre zu erlangen. Eine Möglichkeit war und ist noch immer der Schmuggel von Drogen und anderen Gütern, denn die illegale Grenzüberschreitung mit den verbotenen Gütern ist ein Risiko.[10]

Die Waffen

Lanzen, Säbel und Feuerwaffen

Zogen die Beduinen in den Krieg, so waren Lanzen und Säbel ihre wichtigsten Waffen. Reiter mit Lanzen führten die Raubzüge an und zogen auf die Jagd, um ein gefährliches Tier wie den Panther oder Wolf zu erlegen. Die Lanze (*rumḥ*) bestand aus einem 4-6 m langen Schaft aus Schilf oder Holz und einer Eisen- oder Stahlspitze. Sie diente dem Reiter nicht nur als Stichwaffe, sondern auch zum Abwehren der Schwert- und Säbelhiebe. Schwerter gehörten zwar auch zum Inventar traditioneller Waffen, doch scheinen Säbel grössere Verbreitung gefunden zu haben.[12] Das Schwert mit seiner geraden, beidseitig geschliffenen Klinge wird vor allem als Schlagwaffe eingesetzt. Der mit einer gekrümmten, aussenschneidenden Klinge ausgestattete Säbel hat neben seiner Eigenschaft als Schlagwaffe auch ziehend-schneidende Funktion und wird deshalb als besonders effiziente Waffe für den berittenen Krieger betrachtet (20210).[13] Als Relikte aus alter Zeit hat

Musil bei einzelnen Stämmen noch Panzerhemden aus Ägypten, kupferne Sturmhauben und Kriegsbeile gefunden.[14]

Lanzen und Säbel wurden allmählich durch Gewehre und Pistolen ersetzt. Gautier hat bereits Ende des 19. Jh. von der alten Muskete mit Steinschloss bis zum modernen Gewehr alle Varianten von Feuerwaffen ausmachen können,[15] und Musil führt neben türkischen Gewehren mit Steinschlössern auch das Martini-Gewehr[16], einen modernen Mehrfachlader, auf, ebenso wie Pistolen und Revolver.[17] Das von mehr als 20 Nationen gebrauchte Mauser-Militärgewehr[18] war auch unter Beduinen beliebt, wobei aber jedes moderne Gewehr als Mauser bezeichnet wurde. Die Mauser war im Negev noch Mitte des 20. Jh. die bevorzugte Waffe der Schmuggler und wurde hier *al-almānī* (der Deutsche) genannt.[19]

Die Beduinen scheinen keine besondere Fertigkeit im Schiessen entwickelt zu haben. Insbesondere waren sie mit den alten Steinschlossgewehren oder -pistolen (21438) nicht treffsicher, und Gautier stellt fest, dass die Flinten eher für den Schützen und seine Begleiter eine Gefahr darstellten als für das bedrohte Opfer.[20] Dazu beigetragen haben mag, dass Steinschlossgewehre nicht weit tragen und dass das Laden für einen Reiter umständlich ist. Der Schütze muss Schiesspulver und Kugel mit Hilfe eines Ladestocks in die Laufmündung stossen und Zündkraut, eine feinere Version des Schiesspulvers, auf die Pulverpfanne geben.

Das Pulver (*bārūd*) aus Kalisalpeter, Holzkohle und Schwefel stellten die Beduinen selber her[21] und füllten es in eine Pulverflasche (*'ilbit bārūd*), ein Pulverhorn (*garn bārūd*) oder sonst in einen geeigneten Behälter. Die traditionellen Pulverflaschen bestehen aus Holz (22191), Blech (22227) oder Leder (22189),

Steinschlosspistole
Ethnischer Name: *ṭabanǧah*
Schaft und Kolben dieser aus osmanischer Zeit stammenden Pistole bestehen aus dunkelbraunem Holz und haben Rankenornamente aus z.T. fehlenden Silberdrahteinlagen. Lauf und Schloss sind aus Eisen geschmiedet, und die Schlossplatte besteht aus einem Eisenblech. Knauf, Abzug, Bügel und Schlossgegenplatte sind aus Gelbmetall gegossen. Der Ladestock fehlt.
Gesamtlänge: 42 cm; Lauf: 25 cm
Gesammelt: Sonia Gidal, 1980er Jahre, Beersheba
Inv. Nr. 21438

Pulverflasche
Ethnischer Name: *'ilbit bārūd*
Die Pulverflasche aus rötlichem Holz wurde aus zwei Hälften zusammengeleimt; Naht und Flaschenhals sind mit einem aufgenagelten Messingblech verkleidet. Das um die Flasche führende lederne Tragband wird mittels zweier Messingösen an der Schulter der Flasche fixiert. Eine Bruchstelle im Lederband wurde mit Kupferdraht repariert. Der Verschluss fehlt. Die Flasche ist wahrscheinlich ins erste Drittel des 20. Jh. zu datieren.
Breite: 12 cm; Höhe: 19 cm
Gesammelt: Widad Kawar
Inv. Nr. 22191

Pulverflasche
Ethnischer Name: *'ilbit bārūd*
Die mit einem Stöpsel verschlossene Pulverflasche aus Messingblech schmückt auf der Vorderseite ein getriebenes Buckelband (Poussé) sowie ein mit geschliffenem Glas überdecktes Weissblech, das mit einem vielstrahligen Stern geschmückt ist. Die Rückseite der Flasche ist mit einem Kupferblech abgedeckt. Als Tragriemen dient ein durch drei Spangen führendes und die Flasche umgebendes Lederband. Daran ist der lederne Beutel für die Munition befestigt. Die Flasche ist wahrscheinlich ins erste Drittel des 20. Jh. zu datieren.
Breite: 11 cm; Höhe: 13 cm
Gesammelt: Widad Kawar
Inv. Nr. 22227

Pulverbeutel
Ethnischer Name: *kīs bārūd*
Der aus Leder zusammengenähte Beutel ist mit einem Perlenstoff (Rautenmuster) überzogen. Datierung: wahrscheinlich ins erste Drittel des 20. Jh.
Breite: 6 cm; Höhe: 16 cm
Gesammelt: Widad Kawar
Inv. Nr. 22189

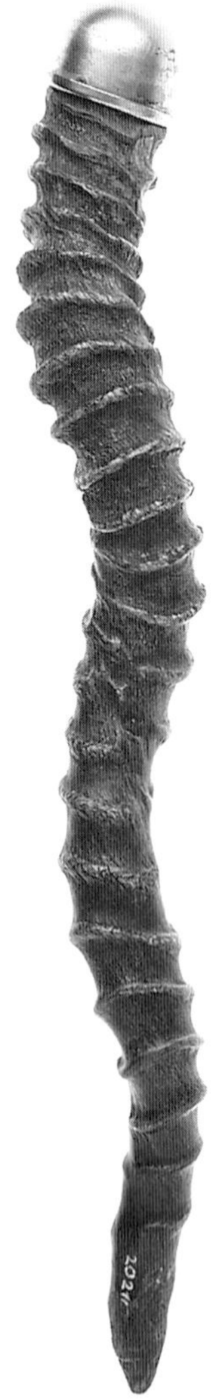

Pulverhorn
Ethnischer Name: *garn bārūd*
Das ausgehöhlte Horn einer Mendes-Antilope (Addax naso maculatus) wurde mit einem Verschluss aus Weissblech (verzinntes Eisenblech) versehen und diente evtl. als Behälter für Schiesspulver.
Länge: 37 cm
Gesammelt: Sonia Gidal, 1980er Jahre, Beersheba
Inv. Nr. 20211

Pulverflasche
Ethnischer Name: *ʿilbit bārūd*
Die aus Messing gegossene Pulverflasche ist europäischer, evtl. britischer Herkunft und dürfte aus der Mandatszeit stammen. Vorder- und Rückseite sind mit einer Palmette verziert, und die Öffnung ist mit einem Schraubverschluss versehen. Vier Ösen dienen zum Befestigen des hier fehlenden Tragriemens.
Breite: 10 cm; Höhe: 21 cm
Gesammelt: Widad Kawar
Inv. Nr. 22230

Zündkrautflasche
Ethnischer Name: *maṣabb bārūd* oder *migyās bārūd*
Die Zündkrautflasche (wörtlich übersetzt «Mündung» oder «Mass für Pulver») besteht aus einem mit Messingblech verkleideten Eisenrohr. Der lange, aus Messing gegossene Verschluss schliesst die enge Mündung mit einem Deckel ab. Er ist durch eine Niete an der Flasche beweglich befestigt und wird durch eine Feder gespannt, die hier abgebrochen ist. Auch der Deckel für die breite Öffnung fehlt. Auf der Vorderseite ist die Flasche mit gravierten Blumenranken und auf der Rückseite mit einem Pentagramm, Dreiecken und U-Formen verziert. Wahrscheinlich ins erste Drittel des 20. Jh. zu datieren.
Schenkellängen: 8 und 11 cm
Gesammelt: Widad Kawar
Inv. Nr. 22229

und ein wahrscheinlich europäisches Modell ist aus Messing gegossen (22230). Vielleicht wurde auch das ausgehöhlte Antilopenhorn für Pulver gebraucht (20211), wie Scheich Ibrāhīm Abū Rgayyig vermutete. Die Behälter für das Zündkraut sind weniger voluminös als die Pulverflaschen und bestehen oft aus fein verziertem Blech (22229). Sie haben eine schmale Mündung und einen Deckelverschluss mit Spannfeder, damit das Zündkraut genau dosiert werden kann. Die Gewehrkugeln wurden in einfachen Lederbeuteln mitgeführt (22227). Die Patronen für die moderneren Hinterlader, in denen Geschoss, Treibladung und Zünder vereinigt sind, machten Pulverflaschen und Zündkrautbehälter überflüssig, und sie wurden in Patronengürteln mitgetragen (22247, Abb. S. 212). Die Geschicklichkeit im Umgang mit Feuerwaffen scheint sich auch mit den modernen Gewehren nicht merklich verbessert zu haben, obwohl das Laden einfacher geworden ist. Die Beduinen verbrauchten die relativ teuren Patronen nur ungern zum Üben, sie hatten Schwierigkeiten mit den verschiedenen Gewehrtypen, und sie verstanden es offenbar nicht, die Visiereinrichtung richtig zu handhaben.

Gewehre kauften sie sich von Zwischenhändlern in Damaskus, Gaza oder Maan, von türkischen Soldaten oder von Polizisten, die Pilgerkarawanen begleiteten, und bei Gelegenheit stahlen sie sie auf Schlachtfel-

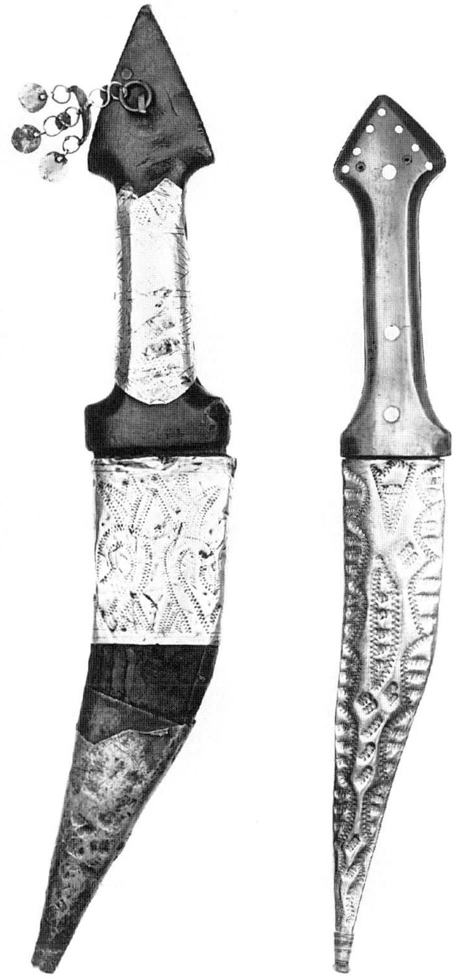

Dolch
Ethnischer Name: *šibriyyih*
Wahrscheinlich älterer Dolch mit leicht gekrümmter Stahlklinge und schwachem Mittelgrat. Der mit getriebenem Weissblech beschlagene Griff aus dunklem Holz ist am Knauf mit einem kleinen Gehänge, einem Halbmond mit drei Plättchen, verziert. Die Scheide aus Holz ist mit getriebenem Weissblech, Eisen- und Messingblech beschlagen. Auf der Rückseite ist ein Band aus Weissblech zum Durchziehen des Gürtels angelötet.
Länge: 34 cm
Gesammelt: Sonia Gidal, 1980er Jahre
Inv. Nr. 19732

Dolch
Ethnischer Name: *šibriyyih*
Der Dolch mit einseitig eingezogener Stahlklinge ist typisch für den Negev. Der Griff ist aus zwei Hornschalen und zwei Weissmetallplatten zusammengenietet, und der Knauf ist mit Ziernägeln verziert. Die Scheide aus Holz ist mit getriebenem Weissblech verkleidet und an der Spitze mit Draht umwickelt. Auf der Rückseite angelötet ist ein Metallband für den Gürtel.
Länge: 31 cm
Gesammelt: Sonia Gidal, 1956
Inv. Nr. 19758

dern. Die Beduinen waren, heimlich oder öffentlich, Waffenhändler für die benachbarten Länder, was ihnen einen nicht unbedeutenden Gewinn verschaffte. Als sich die von den Briten verfolgten Türken von der Ost-Sinai-Front zurückzogen, warfen viele ihre persönliche Waffe weg, nicht ohne vorher die Gewehrschlösser entfernt und im Sand versteckt zu haben. Die Beduinen sammelten Zehntausende dieser Gewehre ein und verkauften sie nach Transjordanien, und so zogen mit Waffen beladene Kamelkarawanen wochenlang durch den Negev.[22] Beim Versuch, die Beduinen zu befrieden und die Raubzüge zu unterbinden, verboten die Briten den Waffenhandel und machten das Tragen einer Waffe – ausser in den kaum besiedelten Gebieten im Innern des Negev – von einer Lizenz abhängig.[23]

Dolche und Messer

Der Dolch, die kurze zweischneidige Stichwaffe, wird zwar auch für den Nahkampf eingesetzt, aber er dient eher dem alltäglichen Schutz, als Instrument zum Schlachten der Tiere, oder als Werkzeug. Der ethnische Name *šibriyyih* ist vom Wort *šibr* (Spanne) abgeleitet, dem alten Längenmass für den Abstand zwischen der Spitze von Daumen und kleinem Finger, der etwa 22-28 cm misst. Der Hirte auf dem Felde hatte ebenso einen Dolch im Gürtel stecken wie der Scheich, und der Unterschied zwischen dem Dolch eines einfachen und eines angesehenen Mannes lag in seiner Ausarbeitung und in der Kostbarkeit der verwendeten Materialien. Der auf der arabischen Halbinsel verbreitete Krummdolch wurde früher im Negev wahrscheinlich auch benutzt,[24] doch die Beduinen scheinen später denjenigen Klingen den Vorzug gegeben zu haben, die auf der einen Seite eingezogen und auf der anderen Seite gerade sind.[25]

Messer sind im Gegensatz zu Dolchen nur einseitig geschliffen. Beliebt und handlich war das Klappmesser (*mūs*), auch *mūs naṣrāwī* genannt, weil es in Nazareth produziert wurde (22035). Es konnte an einer Schnur um den Hals getragen oder zusammen mit dem Feuerzeug in eine Umhängetasche aus Leder gesteckt werden (22039a, Abb. S. 120). Gebraucht

Dolch
Ethnischer Name: *šibriyyih*
Dieser relativ einfach gearbeitete Dolch hat als Griff ein Gazellenhorn. Die einseitig eingezogene Stahlklinge mit schwachem Mittelgrat trägt die Gravur eines Vogels und des Namens des Schmieds: das «Geschäft von Ṭāhar Yāsīn, Amman». Die Holzscheide ist mit dunkelbraunem Leder überzogen, in das geometrische Ornamente eingeprägt wurden. Zwei kleine Fächer auf der Rückseite der Scheide sind für Beimesserchen bestimmt, die fehlen. Die Spitze der Scheide ist mit Weissmetallblech verziert und verstärkt.
Länge: 31 cm
Gesammelt: Sonia Gidal, 1960er Jahre
Inv. Nr. 20198

Klappmesser
Ethnischer Name: *mūs* oder *mūs naṣrāwī*
Das Messer hat einen Horngriff mit Schlitz, in den die Stahlklinge geklappt werden kann. Geschäftet (mit dem Griff verbunden) ist die Klinge durch eine Griffzunge (flache Verlängerung der Klinge). Die Öse an der Basis der Klinge dient zum Durchziehen einer Schnur, damit das Messer um den Hals getragen werden kann.
Gesamtlänge: 20,5 cm
Gesammelt: Izhaq Al-Hroub
Inv. Nr. 22035

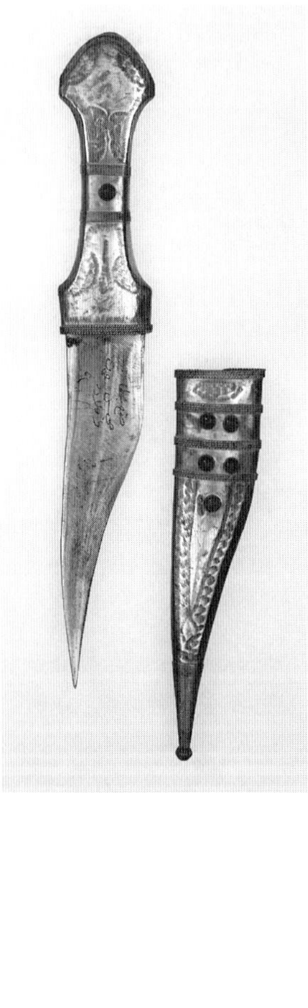

Dolch
Ethnischer Name: *šibriyyih*
Dieser Dolch ist typisch für die heutige Produktion in Jordanien für Einheimische und Touristen. Auf der einseitig eingezogenen Stahlklinge mit schwachem Mittelgrat ist der Name des Waffenschmiedes eingraviert: «hergestellt von 'Aṭā Maḥsn und seinem Sohn, Amman». Griff und Scheide aus Holz sind vollständig mit getriebenem Weissblech verkleidet. Weitere Verzierungen sind rote und grüne Glasperlen sowie Umwickelungen mit z.T. tordierten Drähten. Auf der Rückseite der Scheide ist eine Spange zum Durchziehen des Gürtels aufgelötet.
Länge: 28 cm
Gesammelt: Sonia Gidal, um 1970
Inv. Nr. 20204

wurde es unter anderem zum Scheren der Ziegen und zum Schlachten der Tiere.[26]

Säbel, Dolche und Messer fanden wie die Gewehre über verschiedene Zwischenhändler ihren Weg in den Negev. Ein wichtiges Produktionszentrum, aus dem wahrscheinlich viele Waffen nach Palästina exportiert wurden, war Damaskus. Auch im Norden von Jordanien hatte sich bereits zu Beginn dieses Jahrhunderts ein Waffenschmiedezentrum entwickelt. Später breitete sich dieses Handwerk auch in andere Landesteile aus, und heute sind z.B. in Amman noch Waffenschmiede tätig. Bis sie die Klingen selber zu schmieden lernten, bezogen sie diese aus Damaskus und versahen sie mit Griffen und Scheiden.

In Jordanien werden noch heute Säbel, vor allem aber Dolche in verschiedenen Stilen produziert, und man findet sogar den typischen südarabischen Dolch mit seiner stark gekrümmten Scheide. Abnehmer sind noch immer die Beduinen, aber auch die Touristen, die das Land besuchen und ein handliches Souvenir mit nach Hause nehmen wollen.[27] In Palästina haben in den traditionellen Metallverarbeitungszentren eben-

Die Scheichs der Tarābīn mit ihren Säbeln vor dem Gerichtsgebäude in Beersheba. In der Mitte ist der in einen europäischen Anzug und türkischen Fes gekleidete Gouverneur ʿĀref el-ʿĀref zu erkennen. (Foto aus ʿĀref el-ʿĀref 1938:64)

falls Waffenschmiede Dolche, Säbel und Messer produziert, doch heute ist das Handwerk fast gänzlich ausgestorben. Es werden noch wenige kostbare Waffen angefertigt, die die alte Tradition dokumentieren sollen; der Grossteil der einheimischen Produktion ist jedoch für den Touristenmarkt bestimmt.[28]

Waffen als Renommierobjekte

Waffen waren für die Männer wichtige Statussymbole. Der Beduine in Abb. S. 21 beispielsweise präsentierte sich dem türkischen Beamten mit einer Lanze. In Süd-Palästina galt die in den Boden gesteckte Lanze vor dem Zelt eines Scheichs als Abzeichen seiner Würde, als sie als Waffe schon ausser Gebrauch war,[29] oder sie zeigte den Anspruch auf Besitz des Bodens an.[30] Auch die Säbel waren Renommierobjekte angesehener Persönlichkeiten. Sie wurden beispielsweise von den Tarābīn-Scheichs zu ihrem Besuch beim Gouverneur in Beersheba mitgenommen und für den Fototermin vor dem Gerichtsgebäude zur Schau gestellt. Säbel und Schwerter waren, bis sie durch Stöcke ersetzt wurden, im ganzen arabischen Raum wichtige Requisiten bei Kriegstänzen,[31] und solistische Einsätze mit Schwert oder Säbel waren während des *daḥḥiyyah*-Tanzes – eines der wenigen Tänze, die Männer und Frauen gemeinsam tanzen –, sogar den Frauen vorbehalten.[32]

Der tapfere Jäger, Krieger oder Schmuggler präsentierte sich bei festlichen Gelegenheiten nicht ohne sein Gewehr, und im Zelt hängte er es, für alle sichtbar, an der Mittelstange (*wāsiṭ*) auf der Männerseite auf (s. Abb. S. 83). Fanden Reiterspiele zu Pferd oder Kamel statt, so schossen die Beduinen mit Inbrunst in die Luft. Murray berichtet z. B., dass die ʿAwlād ʿAlī in Ägypten beim Abfeuern des Gewehrs den Lauf gegen den Boden zu richten pflegten. Je näher die Mündung beim Boden war, desto lauter der Knall und desto grösser das Ansehen des Schützen beim Publikum. Gelegentlich konnte es dann passieren, dass das Gewehr barst oder ein Besucher eine Bleiladung in die Beine verpasst bekam und dann Monate brauchte, um sich vom Fest zu erholen.[33]

Dichtung und Musik

«Ihr Kopf ist der Kopf einer Taube, und kein Zweifel,
du wirst sagen: eine furchtsame Gazelle in der Wüste.»[1]

Ein Ventil für Gefühle – auch für Männer

Eloquenz, so schreibt Palmer, sei eine weitere ehrenwerte Eigenschaft der Männer.[2] Redegewandtheit und Überzeugungskraft waren bei Diskussionen in der Männerrunde gefragt. Da ging es um das Fällen politischer Entscheide, um das Planen von Kriegs- oder Raubzügen, um das Schlichten von Streitfällen, oder es fanden Diskussionen über die besten Lager- oder Weideplätze statt. Redegewandtheit hatte auch beim entspannten Zusammensitzen einen nicht zu unterschätzenden Unterhaltungswert. Falls sich jemand in der Runde erhob und aus dem Stegreif Verse dichten oder Gedichte rezitieren konnte, so hob dies die Stimmung beträchtlich.

Rhythmische Verse sind in der oralen Kultur der Beduinen populär. Schon das Kind hört eine Fülle von Sprichwörtern, die es über das richtige Verhalten instruieren, und nicht selten begleitet ein Beduine das Tränken seines Kamels mit einigen Versen.[3] Sitzen die Knaben im Männerraum des Zeltes, zu dem sie ungehinderten Zutritt haben, so sind sie Zeugen von Rezitationen, und auch die Frauen und Mädchen im Frauenraum lassen sich kein Wort entgehen.

Ein kurzes, improvisiertes Gedicht wird *bid'ah* (Improvisation) genannt.[4] Häufig macht sich ein solches Gedicht über die Schwächen eines Anwesenden lustig oder lobt seine Stärken, und oft enthält es erotische und sexuelle Anspielungen. Letztere sind beliebte Ventile für normalerweise unterdrückte Gefühle, denn die Unantastbarkeit der Frauen macht Flirts in der beduinischen Kultur unmöglich.[5] Auch Frauen pflegen *bida'* zu dichten, insbesondere bei einer Hochzeit. Sie setzen sich paarweise einander gegenüber und begleiten ihr Lied mit rhythmischem Händeklatschen.[6]

Für ernstere Themen greifen die Beduinen auf andere Typen von Gedichten zurück, von denen die Kassiden (*qaṣāyid*) die anspruchvollsten sind.[7] Die klassischen Kassiden, von denen sich diejenigen der Sinai- und Negev-Beduinen strukturell aber unterscheiden, gehören zu den wichtigsten Formen vorislamischer Lyrik und werden wegen ihres Inhalts auch als «Zweckgedichte» bezeichnet.[8] Schon damals verfassten die Dichter Kassiden zu Ehren einer hochrangigen Persönlichkeit, von der sie Privilegien oder eine Belohnung erwarteten, und die wohlangesehenen unter ihnen lebten am Hof ihres Gönners, der mit dem Patronisieren von Gedichten Prestige gewinnen konnte. Doch gab es auch Poeten, denen das Glück weniger hold war. In den 1920er und 1930er Jahren scheinen professionelle Dichter, die bettelnd im Lande herumzogen, bei vielen Beduinenstämmen die Regel gewesen zu sein. Die Tatsache, dass sie opportunistisch jedem schmeichelten, wertete sie in der Gesellschaft ab, und man sagte ihnen nach, dass sie anderen ihre Verse stählen.[9]

Die herumziehenden Poeten sind im Laufe der Zeit verschwunden, und Dichter im ‹Nebenberuf› geniessen Ansehen. Sie sind in die Gesellschaft integriert und müssen ihren Lebensunterhalt nicht mit Gedichten bestreiten. Einen besonderen Ruf geniesst beispielsweise der berühmte Schmuggler und Dichter 'Anēz Abū Sālim aus der Tarābīn-Konföderation im Sinai. Zu 15 Jahren Haft verurteilt, verfasste er in den 1960er Jahren hinter Gefängnismauern unzählige Gedichte, die er einem schreibkundigen Mithäftling diktierte und aus dem Gefängnis schmuggeln liess.[10]

Die Themen der Kassiden beschränken sich nicht auf Lobgesänge zu Ehren einer hochrangigen Persönlichkeit, sondern umfassen die gesamte Überlieferung einer reichen beduinischen Kultur und Geschichte. Davon zeugen die Gedichte – alte und aktuelle –, die Clinton Bailey Ende der 1960er und in den 1970er Jahren im Sinai und im Negev aufgezeichnet hat.

In Kassiden und anderen Gedichten kann ein Mann auch seinen Gefühlen wie Sehnsucht, Verzweiflung oder Liebe Ausdruck verleihen, denn über sie darf er nicht einmal mit einem nahen Freund sprechen. Bailey hat ein Gedicht aufgezeichnet, das ein nordarabischer Beduine zu Beginn des 20. Jh. verfasst hat und das im Negev anfangs der 1970er Jahre noch immer rezitiert wurde: Der jungverheiratete Autor des Gedichts begibt sich eines Tages auf die Jagd und muss bei seiner Rückkehr feststellen, dass er Opfer eines Raubzuges geworden ist. Alle seine Tiere sind verschwunden, und seine junge Frau ist von seinem eige-

Muḥammad Abū Ǧarabī' singt zur *rabābah*. 1979
(Foto: Sonia Gidal)

nen, ungetreuen Sklaven vergewaltigt und getötet worden. Der verzweifelte Mann lässt sein Zelt hinter sich und macht sich zu Fuss auf in die Wüste. Er bittet um Aufnahme im Zelt eines Scheichs und bleibt hier mehr als 30 Tage. Auch nach dem Überschreiten der Zeitspanne von dreieindrittel Tagen, für die ein Besucher Gastfreundschaft beanspruchen kann, fragt der Scheich seinen Gast nicht nach dem Woher und Wohin, denn er spürt, dass er nicht einen gewöhnlichen Bettler beherbergt. Eines Nachts ergreift der Gast die *rabābah*, die gestrichene Spiesslaute, die am Mittelpfahl des Zeltes hängt, und gibt seinem Schmerz und seiner Trauer in einem Gedicht Ausdruck.[11]

Obwohl die Frauen kulturell weniger am Ausdruck ihrer Emotionen gehindert werden, benutzen auch sie die Poesie als Vehikel für ihre Gefühle. Bei einem Todesfall ist es ihnen beispielsweise erlaubt, zu weinen und ihre Kleider zu zerreissen. Bei Liebeskummer oder Sehnsucht nach einem unerreichbaren Geliebten hingegen bleibt auch ihnen nur die Poesie.[12]

Wie die vorhergehende Geschichte zeigt, werden die Kassiden nicht nur rezitiert, sondern häufig zur *rabābah* gesungen. Daher war ein Dichter gleichzeitig auch Sänger, weshalb das arabische Wort *šā'ir* sowohl für den Sänger als auch für den Dichter verwendet wird. Neben den professionellen Barden, die auch im Negev wenig Achtung genossen, gab es viele Amateure, denn noch zu Beginn des Jahrhunderts verstand fast jeder Knabe die *rabābah* zu spielen.[13] War jemand Virtuose geworden, so genoss er als Sänger bald über die Stammesgrenzen hinaus einen guten Ruf und wurde gerne zu Festen eingeladen. Es waren allerdings weniger die Beduinen vornehmer Abstammung, die *rabābah* spielten, sondern eher alliierte Gruppen oder Angehörige der *fallāḥīn* oder *'abīd*.[14]

Die *rabābah* ist bei den Beduinen nur Begleitinstrument für Gedichte, wobei kleine Vor- und Zwischenspiele den Vortrag auflockern. Soloinstrumente hingegen sind die von den Hirten gespielten Flöten und Schalmeien. Sie haben aber für das soziale Leben eine geringere Bedeutung, auch wenn sie zuweilen an Festen gespielt werden.

Die Tradition der Dichter und Sänger ist im Verschwinden begriffen. Zu Beginn der 1970er Jahren hat Bailey im Negev nur noch einen einzigen Dichter gefunden, und nur Angehörige der älteren Generation verstanden es noch, Gedichte zu rezitieren.[15] Ebenso sind es die älteren Beduinen, welche die *rabābah* zu spielen wissen, und bei Hochzeiten sind gute Sänger und Spieler noch immer gefragt. Im Alltag allerdings haben Fernsehen und Kassettenrekorder die traditionellen Musikinstrumente weitgehend verdrängt.

Die Musikinstrumente

Die *rabābah* gehört nach Hornbostel und Sachs zu den Spiesslauten. Dies, weil ihr Saitenträger wie ein Spiess durch den Resonanzkörper hindurchgesteckt wird.[16] Auf den Spiess, meistens ein dünner Eisenstab, wird ein hölzerner Hals mit Wirbel gesteckt, damit die unten am Spiess befestigte Saite aus Rosshaar gespannt werden kann. Der Resonanzkörper besteht aus einem rechteckigen, beidseitig mit Ziegenleder bespannten Holzrahmen, wobei die Decke mit mehreren kleinen Schalllöchern versehen ist. Wegen der Form des Resonanzkörpers gehört die *rabābah* der Beduinen zur Untergruppe der Kasten-Spiesslauten, und weil sie mit einem Bogen gestrichen wird, wird sie auch Spiessgeige[17] oder Kastengeige[18] genannt. Die in vielen islamischen Ländern verbreitete *rabābah* ist kein einheitliches Instrument. Es gibt Typen mit bis zu drei Saiten und verschieden geformten Schallkörpern. Die *rabābah* der Beduinen ist aber immer rechteckig und hat nur eine einzige Saite.

Die *rabābah* stellen die Sänger oft selber her. Alafenisch beschreibt, wie der Stammesmusiker Mūsā das Fell einer für einen Gast geschlachteten Ziege gerbt, Rahmen und Hals schnitzt und sich für den Bogen Schweifhaare von den edelsten Stuten des Stammes besorgt.[19] Den schönsten Klang, so vermerkt Musil, sollen die Instrumente geben, die aus dem Holz von Pflanzen gefertigt sind, die Ziegen und Schafe gerne fressen.[20] Zum Einreiben von Saite und Bogen wird ein Stück Harz (*ḥaṣā al-bān*) verwendet, das aus den Samen des Moringa-Baums (*al-bān*; Moringa peregrina) gewonnen wird.[21]

Noch heute stellen einige der Sänger ihr Instrument selber her, andere ziehen es vor, eine *rabābah* aus Jordanien zu kaufen, wo, laut Kher Albaz, besonders

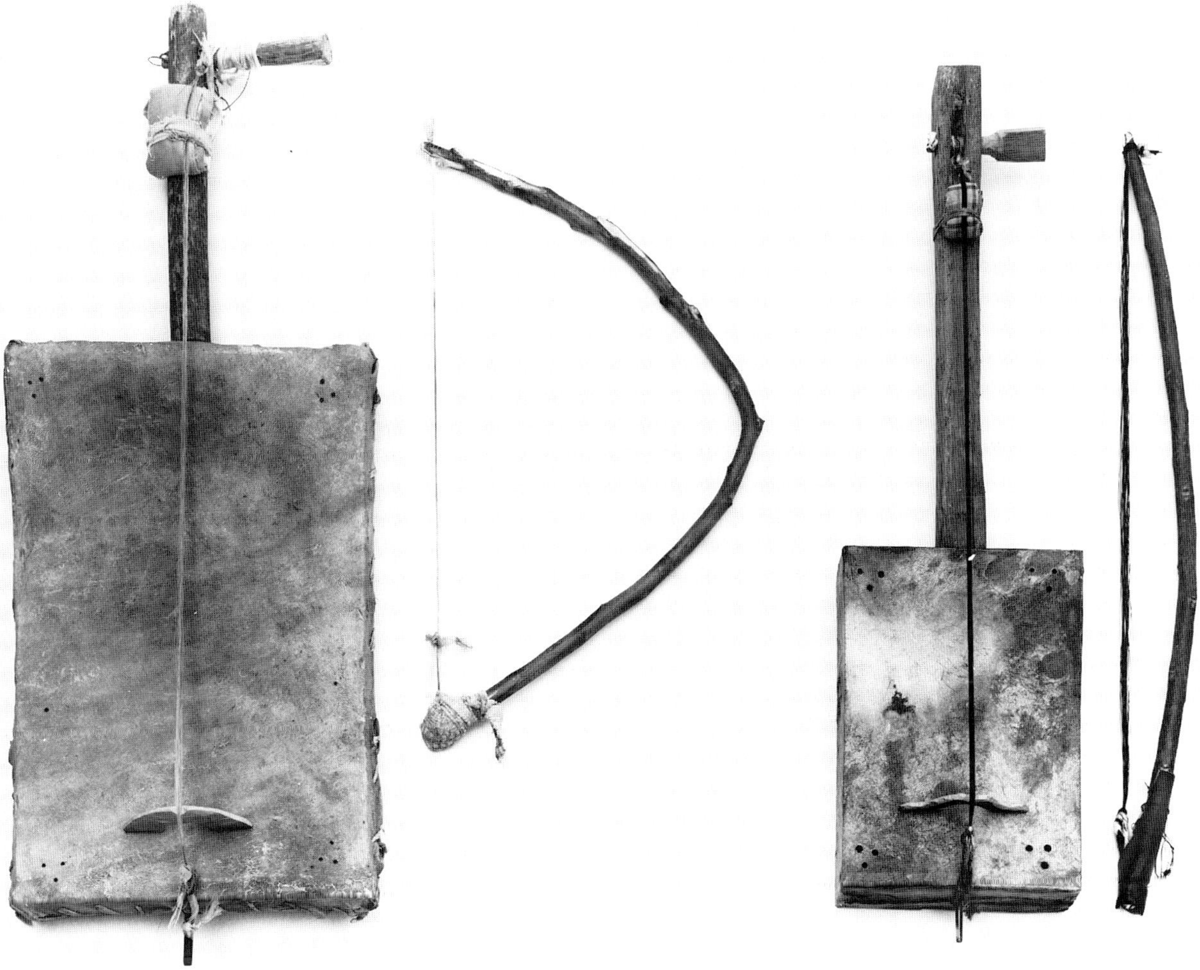

Spiesslaute mit Bogen
Ethnischer Name: *rabābah*,
Bogen: *ḍārab*

Boden und Decke des Resonanzkörpers bestehen aus einer Ziegenhaut, die um den Holzrahmen gespannt und seitlich mit Lederschnüren zusammengenäht ist. Der auf den runden Eisenspiess gesteckte Hals ist aus einem Ast zurechtgestutzt, und der Wirbel besteht aus einem grob geschnitzten Holzzapfen. Die Saite aus weissem Rosshaar ist mit Chemiefaserschnüren an Spiess und Wirbel befestigt; zum Anheben der Saite dient ein kleines Kissen aus Chemiefaserstoff, das unterhalb des Wirbels am Hals festgebunden ist. Den fehlenden Steg hat die Sammlerin nachträglich schnitzen lassen. Der aus einem Ast gefertigte Bogen mit Rosshaarbespannung ist an einem Ende mit Chemiefaserstoff umwickelt.

Gesamtlänge: 58 cm; Resonanzkörper: Länge: 33 cm; Breite: 20,5 cm; Höhe: 4,5 cm
Gesammelt: Sonia Gidal, 1980er Jahre
Inv. Nr. 19681a + b

Spiesslaute mit Bogen
Ethnischer Name: *rabābah*,
Bogen *ḍārab*

Bei diesem kleinen, wahrscheinlich für den Touristenmarkt gefertigten Instrument ist die Ziegenhaut am Rahmen festgeklebt. Der vierkantige Hals mit Andeutung eines Wirbelkastens sowie der Wirbel sind aus rötlichem Holz sorgfältig geschnitzt. Die Saite aus schwarzem Rosshaar ist mit Schlingen aus Chemiefaserschnüren an Wirbel und Spiess befestigt, und ein am Hals festgebundenes Kissen aus Baumwollstoff hebt die Saite unterhalb des Wirbels an. Der aus einem Ast gefertigte und mit Rosshaar bespannte Bogen ist an einem Ende mit schwarzem synthetischem Leder umwickelt.

Gesamtlänge: 50 cm; Resonanzkörper: Länge: 20 cm; Breite: 14,5 cm; Höhe: 4,5 cm
Gesammelt: Sonia Gidal, 1970er Jahre
Inv. Nr. 19703a + b

Der ʿAzāzmih-Hirtenjunge Muḥammad spielt auf seiner Metallflöte. 1980er Jahre (Foto: Sonia Gidal)

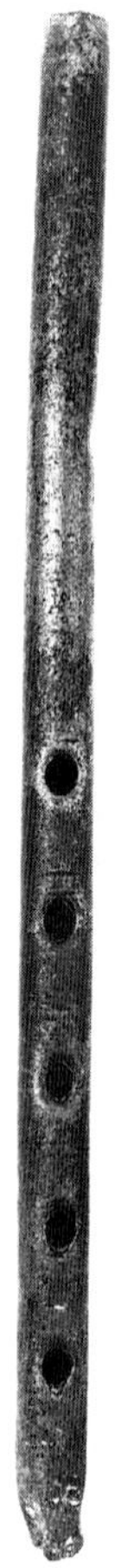

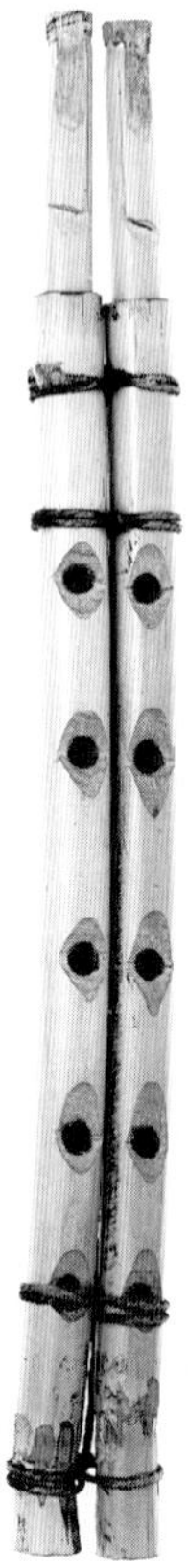

gute Instrumente produziert würden. Aus dem Westjordanland stammen vor allem Spiesslauten, Flöten und Schalmeien, die auf dem Touristenmarkt in der Altstadt von Jerusalem verkauft werden.

Auch Flöte und Schalmei fabrizieren die Hirten selber. Schalmeien schnitzen sie aus getrocknetem Schilfrohr und früher auch aus Adlerknochen.[22] Die Flöten bestehen aus Schilf- oder Eisenrohren, wobei letztere schon im ersten Drittel des 20. Jh. verwendet wurden.[23] Die Rohrflöte 19755 hat sich die Sammlerin Sonia Gidal von Muḥammad, einem ʿAzāzmih-Hirten, schnitzen lassen, der selber eine Metallflöte besass, und mir bot ein Hirte im Wādī Mūjib in Jordanien seine selber gefertigte Eisenflöte 22079 zum Kauf an, nachdem er mir gegen ein kleines Entgelt ein Liedchen geblasen hatte.

Die Längsflöte der Beduinen, *šabbābih* genannt, besteht aus einem beiderseitig offenen Rohr mit fünf

Rohrflöte
Ethnischer Name: *šabbābih gaṣab*
Flöte aus Schilf mit sechs eingebrannten und gebohrten Grifflöchern.
Länge: 24 cm; Durchmesser: 1,3 cm
Gesammelt: Sonia Gidal, 1970er Jahre
Inv. Nr. 19755

Eisenflöte
Ethnischer Name: *šabbābih ḥadīd*
In die Flöte aus einem alten, unten zusammengedrücktem Eisenrohr sind fünf Grifflöcher gestanzt.
Länge: 32,5 cm; Durchmesser: 1,4 cm
Gekauft: 1995, von einem Hirten aus dem Wādī Mūjib, Jordanien
Inv. Nr. 22079

Doppelschalmei
Ethnischer Name: *magrūn*
Diese wahrscheinlich für den Touristenmarkt gefertigte Doppelschalmei aus Schilf hat nur fünf eingeschnittene Grifflöcher. Da kein Vorsatzröhrchen vorhanden ist, wird das Mundstück direkt in das Griffrohr gesteckt. Die beiden gleichen Schalmeien sind mit vier gepichten Schnurschlingen miteinander verknüpft, was im ethnischen Namen *magrūn* (verbunden, verknüpft) zum Ausdruck kommt.
Länge: 30 cm; Durchmesser: 1 cm
Gesammelt: Sonia Gidal, Ende 1980er Jahre, Markt von Beersheba
Inv. Nr. 20923

Doppelschalmei
Ethnischer Name: *arġūl*
Die relativ alte Doppelschalmei aus Schilf besteht aus einem Spielrohr mit sechs eingeschnittenen Löchern und einem doppelt so langen, tief mitschwingenden Bordunrohr. Letzteres bestand ursprünglich aus zwei, mit einer Schnur flexibel verbundenen Teilen, die je nach Bedarf der Tonhöhe zusammengesteckt werden können. Vom Restaurator wurde die Verlängerung mit Wachs fixiert. Mit Bienenwachs bestrichene Stoffbänder sowie Schlingen aus gepichter Schnur verbinden Spiel- und Bordunrohr.
Gesamtlänge: 76 cm
Gesammelt: Izhaq Al-Hroub
Inv. Nr. 22029

Doppelschalmeien werden auch auf dem Markt von Beersheba verkauft. 1970er Jahre (Foto: Sonia Gidal)

bis sieben Grifflöchern. Der Spieler blast gegen die Kante der geschärften Rohrmündung und versetzt so die Luftsäule in Schwingung. Im Gegensatz zur Flöte hat die Schalmei ein oben durch einen Knoten des Schilfs verschlossenes Mundstück, in das als tonbildendes Element eine Lamelle oder Zunge geschnitten wird. Erfolgt der Schnitt von unten, wie bei den palästinensischen Schalmeien, so spricht man von einer hängenden Aufschlagzunge. Die Schwingung der beim Blasen ganz in den Mund gesteckten Zunge überträgt sich auf die Luftsäule im Rohr. Die Schalmei besteht normalerweise aus dem Mundstück, einem kurzen Vorsatzröhrchen und dem Griffrohr mit sechs Grifflöchern.

Werden zwei gleiche Schalmeien zusammengebunden, entsteht die Doppelschalmei (*magrūn*). Sie wird wegen ihres stärkeren Tones geschätzt, doch von der Möglichkeit, mit verschiedenen Griffen auf beiden Schalmeien eine mehrstimmige Melodie zu spielen, wird kein Gebrauch gemacht. Seltener wird eine Schalmei mit einem sog. Bordunrohr, einer Schalmei ohne Löcher, verbunden, die beim Blasen einen konstanten Begleitton erzeugt. Dieser Typus von Doppelschalmei wird *arġūl* genannt und ist bei den Beduinen weniger verbreitet als Flöte, Schalmei oder gewöhnliche Doppelschalmei.

Die Tonskala bei den Blasinstrumenten wird nicht durch die Einteilung der Oktave gefunden, sondern durch das Aneinanderreihen von mehr oder weniger gleich grossen Halbtonschritten. Daher sind die Melodien von schwebenden Übergängen von Ton zu Ton geprägt, und sie bewegen sich auf wenigen Tönen von geringem Gesamtumfang. Die Spiesslauten, Flöten und Schalmeien sind nicht typisch beduinisch, sondern Teil des Inventars der im Mittleren Osten verbreiteten Instrumente.[24]

Kaffee, Tee und Tabak

«Wenn mein Herz beklommen ist,
dann erhebe ich mich, um die Kaffeegeräte bereit zu stellen.»[1]

Die Kaffeezeremonie: Ausdruck der Gastfreundschaft

«Als einst der Mekkapilger Ibrāhīm eṣ-Ṣāne' an einem sehr heissen Tag einen Kaffee zubereitete, stiess ein Mann zu ihm aus dem Stamme der 'Azāzmih (...) und setzte sich ans Feuer, ohne dass er dazu eingeladen worden wäre. Da reichte ihm der Herr des Zeltes eine Tasse Kaffee hin, die er in einem einzigen Zuge leerte. Jetzt begann sein Gesicht hell aufzuleuchten, und er hatte die Überzeugung, dass dadurch sein Geist ihm zurückgegeben worden sei. Und er wandte sich an den Herrn des Zeltes und die Leute in der Runde mit den Worten: ‹Lob sei Gott für diese Gunst! Bei Gott, ihr Leute, heute (...) habe ich noch keinen Kaffee zu schmecken bekommen.›»[2]

Gastfreundschaft ist noch heute für die Beduinen ein zentraler sozialer Wert, und in früheren Zeiten war sie für die Wüstenbewohner eine Überlebensfrage. Ein Reisender, der kein gastliches Zelt und Nahrung fand, war verloren und schutzlos allfälligen Räubern ausgeliefert. War er einmal in ein Zelt eingekehrt, so versorgte ihn sein Gastgeber mit allem Nötigen und gewährte ihm vollständigen Schutz, solange er sich auf dessen Gebiet aufhielt, und, falls er ausgeraubt wurde, war der Gastgeber verpflichtet, ihm zu seinem Recht zu verhelfen.[3]

Für einen eventuell eintreffenden Gast steht auf der Feuerstelle im Gästeraum des Zeltes immer eine Kanne mit heissem Kaffee oder Tee bereit, denn die Höflichkeit gebietet, jedem Ankömmling als Willkommensgruss unverzüglich ein Schälchen Kaffee oder ein Glas Tee anzubieten. Will der Gastgeber seinen Gast aber besonders ehren, so bereitet er in dessen Gegenwart frischen Kaffee zu. Ist der Gast in einem privaten Gästeraum eingekehrt, so übernimmt der Zeltherr diese Aufgabe selber oder delegiert sie an einen seiner Söhne. Ein Scheich hingegen pflegte einen speziell zum Kaffeekoch ausgebildeten Sklaven damit zu beauftragen; manchmal übernahm auch ein im Gästeraum lebender Mann, der sich unter den Schutz des betreffenden Scheichs gestellt hatte, diese Aufgabe, um sich nützlich zu machen.

Kaffeezubereitung in einem Zelt des 'Aṭāwnih-Stammes. An der mittleren Seitenstange hängt der aus einem Hasenbalg gefertigte Kaffeeschlauch, und bei der Zeltöffnung steht ein Radio. Der Beduine im gestreiften *kibr* (Kittelgewand) greift nach dem Becken mit Kameldung, der als Brennmaterial dient. Ende 1950er Jahre (Foto: Tim Gidal)

Nicht nur ein unerwarteter Gast wird mit Kaffe bewirtet, sondern auch alle wichtigen Besprechungen und Entscheidungen in der Männerrunde sind ohne Kaffee undenkbar; das Kaffeeanbieten und -trinken sind sogar Teile der Kommunikation. Wurde eine Verlobung geplant und suchten die Vermittler mit ihrem Scheich den Vater der zukünftigen Braut auf, so wurde ihnen der obligate Kaffee angeboten. Diesen aber pflegten die Vermittler erst nach einer positiven Antwort zu trinken, und das Akzeptieren einer angebotenen Schale Kaffee konnte sogar den Frieden zwischen zwei feindlichen Stämmen besiegeln. Auch bei Schlichtungsversuchen in Streitfällen pflegte der Gast seinen Kaffee zurückweisen, bis eine befriedigende Lösung des Problems gefunden wurde. Zum Kaffeetrinken kam man auch bei entspannten Gelegenheiten zusammen, um z.B. einem *rabābah*-Spieler zu lauschen oder um einfach zu plaudern und Neuigkeiten auszutauschen.

Selbstverständlich trinken auch Frauen Kaffee, doch ohne jegliches Zeremoniell. Werden sie beispielsweise von ihren Verwandten besucht, so geschieht dies im informellen Rahmen. Dieser macht die sonst üblichen Vorschriften und Gepflogenheiten überflüssig, die mit dem Empfang und der Bewirtung von Gästen verbunden sind. Die Verwandten können im Frauenraum Platz nehmen, wo ihnen Kaffee oder Tee angeboten wird.

Kaffee trinkt auch die sesshafte Bevölkerung, doch vor allem bei den Beduinen hat sich die Zubereitung und das Trinken des Kaffees zu einem sozialen Ritual entwickelt. Da die arabische Bezeichnung für Kaffee *qahwah* (beduinisch *gahwah*) im klassischen Arabisch «Wein» bedeutet, wird vermutet, dass nach der Islamisierung der Beduinen und dem Verbot des Weingenusses die ursprünglich mit dem Weintrinken verbundenen Zeremonien auf das Kaffeetrinken übertragen worden sind. Die Kaffeezeremonie ist nämlich relativ jungen Datums. Erst im 15. Jh. gelangte der in Äthiopien heimische Kaffeebaum in den Jemen, woher sich der Kaffee im 16. und 17. Jh. im osmanischen Reich

Kaffeezubereitung in einem Zelt der ʿAzāzmih. Der Zeltherr zerstampft die Kaffeebohnen im Holzmörser. Auch Muḥammad Abū Ǧarabīʿ (rechts im Vordergrund) gehört zu den Gästen. 1979 (Foto: Sonia Gidal)

Im Schatten eines Hochzeitzelts röstet dieser ʿAzāzmih-Beduine Kaffeebohnen in einer modernen Röstpfanne, wie sie heute auf dem Markt von Beersheba angeboten wird. 1994 (Foto: Alberto Simon)

verbreitete. Dies, trotz Widerstand der islamischen Geistlichkeit, die ursprünglich auch Kaffee als Rauschgetränk betrachtetete und sich seiner Ausbreitung widersetzte.[4]

Die Zubereitung des Kaffees

Der Kaffee wird auf der Feuerstelle im Männerraum zubereitet, und als Brennmaterial wird Kameldung oder, wenn vorhanden, Holz verwendet. Der Gastgeber entnimmt dem an der mittleren Seitenstange aufgehängten Kaffeesack grüne Kaffeebohnen, röstet sie in der eisernen Röstpfanne über dem Feuer und bewegt sie mit dem an der Pfanne befestigten Löffel hin und her. Dann kühlt er die heissen Bohnen aus, manchmal in einer speziellen Schütte aus Holz, und schüttet sie in den Mörser. Mit dem Stössel zerreibt und zerstampft er sie in einem synkopischen Staccatorhythmus, der weit durch die Landschaft hallt und besagt: «Wir haben Gäste, kommt eine Tasse Kaffee trinken und Neuigkeiten hören!»[5]

In der grössten Kaffeekanne (*bakraǧ aṭ-ṭabbāḫ*, «die Kanne zum Kochen»; 19543), ist unterdessen Wasser zum Siedepunkt erhitzt worden. Der Gastgeber schüttet das Kaffeepulver in die Kanne und lässt den Kaffee mehrere Male aufkochen. Da diese Kanne oft sehr russig ist, wird sie manchmal *as-sūdānī* (die Sudanesische, im Sinne von «die Schwarze»), genannt. In die mittlere Kanne (*bakraǧ aṣ-ṣaffāy*, «die Kanne zum Reinigen»; 19545), gibt der Kaffeekoch zerstossenen Kardamom, giesst den Kaffee aus der ersten Kanne dazu, lässt das Ganze nochmals aufkochen und wartet, bis sich der Kaffeesatz gesetzt hat und der Kaffee ‹rein› ist.[6] Dann giesst er den Kaffee in die kleinste Kanne, die zum Servieren benutzt wird und deshalb *bakraǧ aṣ-ṣabbāb* («die Kanne zum Eingiessen»; z.B. 19542) heisst. Die kleinen, oft schön dekorierten Kannen haben manchmal auf dem Ausguss einen Deckel mit einer kleinen Metallspirale am Deckelende, die den Deckel fixiert und Kaffeesatz zurückhält.

Bei der Zubereitung des Kaffees gibt es verschiedene Varianten. In der ersten Kanne wird manchmal alter Kaffeesatz mit Wasser nochmals aufgekocht und in der zweiten Kanne mit frischem Kaffee gemischt. Immer aber werden mindestens drei bis vier Kannen unterschiedlicher Grössen gebraucht, die je nach ihrer Funktion verschieden benannt werden. Die Bezeichnungen für die Kaffeekannen varieren regional stark; im Negev werden sie *bakāriǧ* genannt.[7]

Den fertigen Kaffee giesst nun der Gastgeber in kleine, henkellose Schälchen (*fanāǧīn*) wobei er, wenn er traditionsbewusst ist, die Kanne in der linken, die Schälchen in der rechten Hand hält. Dies hat mit der Tabuisierung der linken Hand zu tun, die bei vielen

Handlungen in der arabischen Kultur zu beobachten ist.[8] Das erste Schälchen trinkt der Gastgeber selber, um zu zeigen, dass der Kaffee gut und nicht vergiftet ist, und dann offeriert er seinen Gästen die weiteren Schälchen auf einem Tablett (*ṣīniyyih*) aus Messing- oder Kupferblech in der Reihenfolge ihres Status.[9] Meistens werden nacheinander drei halb gefüllte Schälchen angeboten, denn eine gefüllte Tasse würde bedeuten, dass der Gast austrinken und sofort gehen soll. Erst nach dem dritten Schälchen ist in der Regel die Zeit zum Aufbruch gekommen, falls der Gast nicht mit einem Essen beehrt wird. Will der Gast nach dem ersten oder zweiten Schälchen keinen Kaffee mehr, so hat er das Schälchen leicht zu schütteln, bevor er es zurückgibt. Der durch häufiges Aufkochen starke Kaffee wird ohne Milch und Zucker genossen, dafür wird er mit Kardamom, pulverisierten Samen der Ingwergewächse, gewürzt und bekommt einen scharfen und bitteren Geschmack.

Die Kaffeegeräte

Über das Feuer wird häufig ein eisernes Dreibein (*manṣab*; 19693) gestellt, das zum Auflegen der Röstpfanne und zum Aufsetzen der Kaffeekannen oder des Teekessels dient, und die Glut wird mit einer eisernen Feuerzange (*malgaṭ*; 22062) ergriffen, die auch unter dem Namen *māšī* bekannt ist. Der Schlauch (*maġrabah*)[10] für die Kaffeebohnen bestand im Negev häufig aus einem Hasenbalg mit dem Fell nach aussen;[11] dekorative Schläuche, wie sie die jordanischen und syri-

Kessel zum Teekochen
Ethnischer Name: *burrād*
Industriell gefertigter Kessel aus aussen blau und innen weiss emailliertem Eisenblech mit einem Bügel aus schwarzem Kunststoff. Auf der Bodenfläche findet sich ein nicht mehr leserlicher Produktionsstempel: «made in ...»
Höhe inkl. Bügel: 26 cm; Durchmesser des Bodens: 18 cm
Gesammelt: Sonia Gidal
Inv. Nr. 20206

Dreibein
Ethnischer Name: *manṣab*
Grob gearbeitetes Dreibein aus vier gebogenen und zusammengelöteten Eisenrohren; wahrscheinlich von lokalen Schmieden gefertigt.
Höhe: 15,5 cm
Gesammelt: Sonia Gidal
Inv. Nr. 19693

Feuerzange
Ethnischer Name: *malgaṭ* oder *māšī*
Feuerzange aus Eisenblech in Form eines elastischen Bügels. Herkunft: Gaza.
Länge: 37,5 cm
Gekauft: 1995, Markt von Rahat
Inv. Nr. 22062

schen Beduinen benutzten, waren im Negev selten (22103).[12]

Die langstielige, eiserne Röstpfanne (*maḥmāṣah*) ist durch eine Eisenkette mit einem Löffel (*īd al-maḥmāṣah*) verbunden. Damit sie nicht gehalten zu werden braucht, hat die Pfanne am Griff eine Stütze, manchmal sogar Räder.[13] Die grob gearbeitete Pfanne 19678 mit einem industriellen Eisenrohr als Stiel ist wahrscheinlich eine lokale Produktion. Röstpfannen mit fein verziertem Stiel und ornamentalen Hülsen schienen früher in Damaskus produziert und bis nach Qatar exportiert worden zu sein.[14]

Schlauch für Kaffeebohnen
Ethnischer Name: *maġrabah*
Aus feinem Leder (evtl. Gazellenleder) zusammengenähter und mit einem Henkel versehener Schlauch, der eher für jordanische und syrische Beduinen typisch ist als für Negev-Beduinen. Die langen Lederfransen sind mit vorwiegend blauen Glas- und Plastikperlen geschmückt. Den oberen Rand zieren Kaurischneckenhäuschen und einzelne Knöpfe, den unteren Rand vor allem weisse Knöpfe, als Ersatz für Kaurischnecken. Ein kleiner, rot gegerbter Lederbeutel für Kardamomsamen ist am grossen Schlauch befestigt.
Länge mit Fransen: 59 cm; Breite: 13 cm
Gesammelt: Widad Kawar
Inv. Nr. 22103

Kaffeeröstpfanne und Rührlöffel
Ethnische Namen: *maḥmāṣah* und *īd al-maḥmāṣah* («die Hand der Röstpfanne»)
Die gusseiserne Pfanne besteht aus einer Schale mit kurzem Griff, an den ein industrielles Eisenrohr als Stiel genietet ist. Dieser ist mit drei Hülsen geschmückt und zu einem flachen, herzförmigen Ende mit Öse gehämmert. Ein an den Stiel genietetes, gebogenes Eisenblech dient als Stütze. Ebenfalls aus einem Eisenrohr besteht der Rührlöffel, der vorne zu einem Spatel und hinten zu einem dekorativen Ende mit Öse gehämmert wurde.
Länge Pfanne: 87 cm; Länge Löffel: 63 cm
Gesammelt: Sonia Gidal, 1970
Inv. Nr. 19678

Schütte zum Kühlen von Kaffeebohnen
Ethnischer Name: *mabradah* («Kühler»)

Die aus einem Stück geschnitzte Schütte mit Griff aus hellem, durch den Gebrauch nachgedunkeltem Holz stammt aus dem südpalästinensischen Raum. Es handelt sich um ein schönes Stück, das wahrscheinlich in die frühe Mandatszeit zu datieren ist. Der den Ausguss überdeckende Teil scheint abgebrochen zu sein; auf der Unterseite ist die Schütte mit Standknuppen versehen, zwei runden und einer rechteckigen.

Länge: 24,5 cm; Maximalbreite: 11 cm; Höhe: 3,5 cm
Gesammelt: Izhaq Al-Hroub
Inv. Nr. 22045

Schütte zum Kühlen von Kaffeebohnen
Ethnischer Name: *mabradah*

Die Schütte neueren Datums, wahrscheinlich aus Serienproduktion, ist typisch für Jordanien. Sie besteht aus schwerem, rötlichem Holz, hat einen angeleimten Griff und ist mit gravierten und gepunzten Mustern verziert: mit Schraffuren am Rand, an der Deckfläche über dem Ausguss und am Griff. Die Längswände sind mit einem Ornamentband geschmückt. Spuren von Lack sind noch vorhanden.

Länge mit Griff: 34 cm;
Maximalbreite: 18 cm
Gesammelt: Widad Kawar
Inv. Nr. 22197

Mörser und Stössel für Kaffee
Ethnische Namen: *ǧurn*, seltener: *mihbāš*, und *īd al-ǧurn* («die Hand des Mörsers»)

Der wahrscheinlich aus der Mandatszeit stammende Mörser ist aus dunklem, schwerem Holz (evtl. Terebinthe oder Eiche) geschnitzt, und die Öffnung ist zum Schutz des Randes und zur Verzierung mit einem Weissblech eingefasst. Weitere Verzierungen sind geschnitzte Reliefornamente und Beschläge aus Eisennägeln.

Der aus einem Stück geschnitzte Stössel aus hellem Holz wird durch zwei Wülste in drei Abschnitte gegliedert. Er endet in einem mit gekerbten Rauten verzierten Knopf. Der untere Abschnitt des Stössels ist durch den Gebrauch stark abgenutzt.

Mörserhöhe: 26 cm; Bodendurchmesser: 19 cm; Stössellänge: 57 cm
Gesammelt: Sonia Gidal, 1969
Inv. Nr. 19683

Die hölzerne Schütte (*mabradah*) gehört bei jordanischen und syrischen Beduinen noch immer zu den Kaffeegeräten, während sie im Negev heute kaum mehr gebraucht wird.[15] 22045 ist ein älteres Exemplar aus dem südpalästinensischen Raum, während 22197 neueren Datums und typisch für Jordanien und Syrien ist. Stolz jedes Beduinen ist noch heute ein traditioneller Mörser (*ǧurn*) mit Stössel (*īd al-ǧurn*; 19683). Die besten Mörser bestehen aus dem Holz der Terebinthe (Pistacia atlantica) oder der Eiche. Während osmanischer und britischer Zeit wurden sie aus Jordanien importiert und während der Mandatszeit auch durch Händler aus Gaza in Beersheba vertrieben.[16] Ein wichtiges Zentrum für Holzschnitzereien befand sich beispielsweise in der nordjordanischen Stadt El Mazar, fünf Kilometer südlich von Irbid.[17]

Ein grosszügiger Gastgeber geniesst Ansehen in der Gesellschaft. Aus den vorhandenen Kaffeutensilien (*ma‘āmīl*[18]), vor allem aus der Grösse und Anzahl der Kaffeekannen, kann auf die Menge seiner Gäste und somit auf den Status des Zeltherrn geschlossen werden. Die grössten und zahlreichsten Kannen besitzt ein Scheich, dessen Gästezelt sich als politische Versammlungsstätte kaum je ohne Gäste präsentiert. Die Kaffeekannen und Tabletts bestehen alle aus Kupfer (*nḥās aḥmar*) oder Messing (*nḥās aṣfar*), einer Legierung aus Kupfer und Zink; die arabischen Bezeichnungen bedeuten wörtlich «rotes Kupfer» und «gelbes Kupfer».

Wichtige Erzeugnisse der Kupfer- und Messingschmiede wurden in Damaskus, Aleppo,[19] Kuwait und Bahrain produziert und in den übrigen Mittleren Osten exportiert. Dickson beispielsweise teilte die in Saudi-Arabien und Kuwait gebräuchlichen Kaffeekannen in drei formale Typen ein: den Damaskus-, Kuwait- und Bahraintypus.[20] Für jedes Zentrum schienen bestimmte formale Varianten typisch gewesen zu sein, die später auch von anderen Werkstätten imitiert wurden.

Während der osmanischen und britischen Zeit wurden die Kaffeekannen aus Damaskus und Kuwait in den Negev importiert,[21] nach der Gründung des Staates Israel und insbesondere seit 1967, wurden sie wahrscheinlich von den lokalen Metallschmiedezentren in Akko, Jerusalem, Jaffa, Nablus und Nazareth bezogen,[22] und heute werden sie häufig aus Gaza importiert.[23] Die über Gaza in den Negev gelangenden Kannen stammen wahrscheinlich aus Kairo, wo sich ebenfalls ein traditionelles Metall- und Kupferschmiedezentrum befindet, das heute auch Damaszener-Kunsthandwerk produziert.[24]

In der Sammlung des Museums sind verschiedene Kannentypen vertreten: Die Kanne 19545 erinnert formal an den von Dickson gezeichneten «Bahraintypus», 19541 und 19542 entsprechen dem «Damaskus-

Kaffeekanne
Ethnischer Name: *bakraǧ*, wenn «zum Kochen» verwendet: *bakraǧ aṭ-ṭabbāḫ*

Kanne aus Kupfer mit Resten von Verzinnung auf der Innenseite. Der Henkel ist mit Kupferdraht umwickelt, und zwei verdrillte Drähte sind um den Kannenhals geschlungen. Trotz starker Verrussung und Grünspan ist das flüchtige Zickzackmuster, das in senkrechter, waagerechter und schräger Richtung den Kannenkörper bedeckt, noch zu erkennen. Als Deckelgriff dient ein Kreuz aus Kupferblech.

Höhe inkl. Deckel und Griff: 34 cm; Bodendurchmesser: 13 cm
Gesammelt: Sonia Gidal, 1970
Inv. Nr. 19543

Kaffeekanne
Ethnischer Name: *bakraǧ*, wenn «zum Reinigen» verwendet: *bakraǧ aṣ-ṣaffāy*

Kanne aus Kupfer, wahrscheinlich «Bahraintypus», auf der Innenseite verzinnt. Auf der Aussenseite sind noch Reste der Verzinnung erkennbar und ein Produktionsstempel mit Monogramm: «hergestellt [von] S R N».

Höhe inkl. Deckel und Griff: 30,5 cm; Bodendurchmesser: 10,5 cm
Gesammelt: Sonia Gidal, 1974
Inv. Nr. 19545

Kaffeekanne
Ethnischer Name: *bakraǧ*, wenn «zum Eingiessen» verwendet: *bakraǧ aṣ-ṣabbāb*

Kanne aus Messing, «Damaskustypus», innen verzinnt, mit Fussscheibe; der Deckel auf dem Ausguss ist am Ende zu einer Spirale gebogen. Zwei Rillenpaare schmücken den oberen Teil des Bauches, und schmale Bänder mit gepunzten Ranken- und Tulpenmotiven zieren Hals, Kannendeckel und Ausgussdeckel.

Höhe inkl. Deckel und Griff: 20 cm; Fussscheibendurchmesser: 7 cm
Gesammelt: Sonia Gidal, 1970
Inv. Nr. 19542

typus», und 19543 kann keinem dieser Typen zugeordnet werden. 19685 stellt einen weiteren Kannentypus dar, der formal von den anderen Typen abweicht. Dieser Kannentypus, den man auch in Syrien finden kann,[25] wird vor allem in Nazareth produziert und verbreitete sich etwa in den 1950er Jahren unter den Beduinen.[26] Obwohl das Griffrohr rechts liegt, was das Einschenken mit der linken Hand verunmöglicht, hat dieser Typus eine grosse Akzeptanz gefunden, und er wird sogar zum Einschenken verwendet. Scheich Abū Rgayyig allerdings hat eine Spezialanfertigung dieses Kannentyps erworben, mit einem auf der linken Seite montierten Griff.

Alle anderen Kannentypen haben die Merkmale, die Beduinen an einer Kanne besonders schätzten: «einen weiten Bauch, einen kurzen Hals und einen langen Ausguss».[27] Ihnen sind folgende formale und technischen Eigenschaften gemeinsam: Der mehr oder weniger bauchige Kannenkörper ist aus zwei bis drei, wahrscheinlich auf der Drückbank geformten, Teilen zusammengelötet,[28] und der ausladende, aus Messing gegossene Henkel ist durch ein Verbindungsstück an der Kannenwand angenietet. Die je nach Produktionszentrum verschieden geformten Deckel sind durch ein angenietetes Verbindungsstück mit einem am Henkel befestigten Scharnier verbunden, und sie haben mit Ausnahme von 19543 einen aus Messing gegossenen Griffknopf, der mit dem Deckel vernietet ist. Da sich Messing besser zum Giessen eignet als Kupfer, sind alle Verbindungsstücke und Henkel aus Messing gegossen. Typisch für alle Kannen ist der schnabelförmige, angelötete Ausguss.

Auch die Tabletts wurden mit grosser Wahrscheinlichkeit auf der Drückbank hergestellt; falls die Ränder verziert sind, wurden sie eventuell getrieben (in Handarbeit mit dem Hammer verformt) und gleichzeitig mit Meissel, Punzen und Hammer verziert. Dekortechniken für Metallgeräte, die eingetiefte Ornamente ergeben, sind: Punzen (das Einschlagen von Stahlstiften mit verschieden geformten Arbeitsflächen mit einem Hammer, so dass sich regelmässig wiederkehrende Formen ergeben), Ziselieren (durch Meissel

Kaffeekanne
Ethnischer Name: *bakraǧ*, wenn «zum Eingiessen» verwendet: *bakraǧ aṣ-ṣabbāb*

Kanne aus Messing, «Damaskustypus», innen verzinnt, mit Fussscheibe; der Deckel auf dem Ausguss ist zu einer Spirale gebogen. Zwei Rillenpaare schmücken den oberen Teil des Bauches, und ein breites Band mit gepunzten Blumen- und Rankenmotiven umgibt den Hals. Eine schmales Band mit Blatt- und Rankenmotiven verläuft um den Kannendeckel und entlang des Ausgussdeckels. Der Produktionsstempel lautet: «Ibrāhīm aṣ-Ṣānḥān ad-Damġ 1340» (= 1921 n.Chr.).

Höhe inkl. Deckel und Griff: 24 cm; Fussscheibendurchmesser: 9 cm
Gesammelt: Sonia Gidal, 1970
Inv. Nr. 19541

Kaffeekanne
Ethnischer Name: *bakraǧ*, wenn «zum Eingiessen» verwendet: *bakraǧ aṣ-ṣabbāb*

Messingkanne mit Resten von Verzinnung auf der Innenseite. Der herzförmige Produktionsstempel lautet: «hergestellt [von] Fawzī Ilīās Ḫūrī al-Fār». Boden, Ausguss, Ausgussdeckel und Griffrohr sind angelötet, und der Deckel ist durch ein Scharnier am Kannenhals befestigt. Der eingeschraubte Griff des Kannendeckels hat Vogelform.

Höhe inkl. Deckel mit Griff: 25 cm; Bodendurchmesser: 11,5 cm
Gesammelt: Sonia Gidal
Inv. Nr. 19685

und Hammer werden Linien in das Material eingedrückt), Gravieren (mit von Hand geführten Sticheln werden Späne ausgehoben) sowie Metallschneiden oder Meisseln (die Späne werden mit Formmeissel und Hammer ausgehoben). Die bei den Kannen und Tabletts häufigen Rillenpaare wurden wahrscheinlich schon beim Drücken eingetieft. Die verschiedenen Techniken am fertigen Stück sind kaum zu unterscheiden, da die Arbeitsspuren oft weggefeilt werden.[29]

Die henkellosen Schälchen (*fanāǧīn*; 19547) aus Porzellan stammen aus China. Sie sind schon seit langem im ganzen Mittleren Osten verbreitet, und in Qatar gibt es sogar Schälchen mit Imitationen ‹arabischer› Schriftzeichen.[30] Bis zum Ende der Britischen Mandatszeit, als die Schälchen für die Beduinen noch kostbarer und seltener waren, wurden sie in einem Behälter (*ʿamrah*) aus Holz oder Messing aufbewahrt.[31]

Das Teetrinken

Tee wurde zusammen mit der Teekanne und dem Zuckerhut im 18. Jh. von den Engländern nach Marokko eingeführt, woher er sich zu Beginn des 20. Jh. in die östlichen Mittelmeerländer verbreitete. Auch die Beduinen im Negev übernahmen den Tee von den

Tablett zum Servieren von Kaffee oder Tee
Ethnischer Name: *ṣīniyyih*
Tablett aus Kupfer mit getriebenem Rand und Resten von Verzinnung auf der Innenseite. In der Mitte wurde ein kreisförmiger Flick eingelötet.
Höhe: 3,5 cm; Durchmesser: 36 cm
Gesammelt: Sonia Gidal, 1956
Inv. Nr. 19552

Tablett zum Servieren von Kaffee oder Tee
Ethnischer Name: *ṣīniyyih*
Tablett aus Kupfer mit verzinnter Aussenseite und Resten von Verzinnung auf der Innenseite. Der getriebene, mit Rippen verzierte Rand hat einen gelappten Abschluss. In der Mitte wurde ein runder Flick mit Messing eingelötet.
Höhe: 3 cm; Durchmesser: 26 cm
Gesammelt: Sonia Gidal
Inv. Nr. 20162

Tablett zum Servieren von Kaffee oder Tee
Ethnischer Name: *ṣīniyyih*
Tablett aus Kupfer mit getriebenem Rand und Resten von Verzinnung auf der Innen- und Aussenseite. Zwei konzentrische Rillen schmücken den Spiegel, und in der Mitte ist ein runder Flick eingelötet.
Höhe: 2 cm; Durchmesser: 30,5 cm
Gesammelt: Sonia Gidal
Inv. Nr. 20163

Büchse zum Aufbewahren der Kaffeeschalen
Ethnischer Name: *'amrah*
Der wahrscheinlich aus osmanischer oder britischer Zeit stammende Behälter aus Messing hat einen angelöteten Boden und einen Stülpdeckel. Letzterer ist mit einer Kette an einer am Gefäss angelöteten Öse befestigt. Zwei Reihen gepunzter Ranken bzw. Sonnen umgeben den Behälter.
Höhe: 29 cm; Bodendurchmesser: 6,5 cm
Gesammelt: Widad Kawar
Inv. Nr. 22243

Trinkschälchen für Kaffee
Ethnischer Name: *fanāǧīn*
Porzellanschälchen aus China mit vertikalen Bändern aus stilisierten Blumen und Schuppenmustern, z.T. in Goldfarbe.
Höhe: 5 cm; Maximaldurchmesser: 6 cm
Gesammelt: Sonia Gidal, 1980, Markt von Beersheba
Inv. Nr. 19547

Briten, aber erst zwischen den beiden Weltkriegen.[32] Das Teetrinken ist zwar von der Kaffeezeremonie beeinflusst, hat aber bei den Beduinen nicht die gleiche Bedeutung erhalten wie in Nordafrika, was sich auch in den einfachen Teegeräten spiegelt.

In einem einfachen, industriell gefertigten Teekessel (*burrād*; 20206) wird der Tee gekocht und dann aus einem kleinen Glas (*kubbāyah*) getrunken. Die früher aus Frankreich und heute auch aus Russland importierten Teegläser werden auf einem kleinen Tablett aus Kupfer oder Messing serviert. Efrat, der bereits vor der israelischen Staatsgründung häufig Gast bei Beduinen war, beschrieb die Zubereitung des Tees, der immer stark gesüsst getrunken wird, wie folgt: «Ein paar Handvoll Zucker wurden in einen ehemals blauen Kessel geschüttet, der aber jetzt schwarz von Russ war. Dann wurde aus einem Tonkrug Wasser zugegeben und der Behälter auf einem eisernen Dreifuss übers Feuer gestellt. Als das Wasser zu kochen anfing, gab man eine Handvoll Teeblätter zu, liess den Sud

Die Mutter von Scheich Ibrāhīm Abū Rgayyig in ihrem Zelt in Tel Sheva. Frauen geniessen im informellen Rahmen ebenfalls Kaffee, Tee und gelegentlich eine Zigarette. Zu den Tee- und Kaffeegeräten gehören auch Plastikkannen für Wasser, und sehr oft sorgt ein Transistorradio für Unterhaltung. Ende 1970er Jahre (Foto: Sonia Gidal)

nochmals aufkochen und stellte den Kessel dann zum Kühlen.»[33]

Das Tee- und Kaffeetrinken hat bei Beduinen noch immer einen hohen Stellenwert, und ich bin nie bei ihnen eingetreten, ohne dass mir ein Glas Tee angeboten wurde, auch wenn es sich nur um einen sehr kurzen Besuch handelte. Heute steht zwar eher ein Kessel Tee als eine Kanne Kaffee für einen allfälligen Willkommenstrunk auf dem Feuer bereit, aber für spezielle Gelegenheiten wird der Kaffee immer noch traditionell zubereitet. So kocht Scheich Abū Rgayyig Kaffee in zeremonieller Weise für seine Gäste, während er ihn im Haus für den informellen Gebrauch mit der Kaffeemaschine zubereitet. In seinem ‹Gästezelt›, einer festen Struktur mit gemauerten Wänden, finden sich, wie in vielen anderen Gästeräumen auch, die beschriebenen Kaffee- und Teeutensilien. Häufig habe ich neben der Feuerstelle einen der schönen alten Mörser entdecken können, während die traditionellen Röstpfannen weitgehend verschwunden sind. An ihre Stelle sind industriell gefertigte Röstpfannen mit kürzerem, unverziertem Stiel getreten. Die Kaffeekannen hingegen sind in den traditionellen Formen noch auf dem Markt erhältlich. Mit Kaffee und Tee werden auch die zahlenden ‹Gäste› in den Touristenzelten bewirtet, und im Bedouin's Heritage Center in Rahat können die Touristen nicht nur die Kaffeezubereitung beobachten, sondern auch traditionellen Erzählungen und Gesängen zur *rabābah* lauschen.

Pfeifen und Zigaretten: ein Genuss für Männer und Frauen

Im Gegensatz zu Alkohol war Tabak im Islam nie verboten.[34] Im arabischen Raum seit dem 16. Jh. angepflanzt, wird er im Negev seit der Entwicklung der Landwirtschaft im 19. Jh. auch von den Beduinen kul-

Ein Scheich der 'Azāzmih beim Drehen einer Zigarette. 1979 (Foto: Sonia Gidal)

tiviert. Nach dem ersten Weltkrieg aber verboten die Briten den Tabakanbau in ganz Palästina, so dass die Beduinen nicht nur einer Einnahmequelle beraubt wurden, sondern auch für den Eigengebrauch teuren Tabak bzw. Zigaretten kaufen mussten. Auf eine Einsprache hin wurde der Tabakanbau 1933 in der Gegend von Beersheba wieder zugelassen, während er in den übrigen Teilen Palästinas weiterhin untersagt blieb.[35] Heute pflanzen nur noch wenige Beduinen ihren Tabak selber an. Die meisten beziehen ihn aus der Region um Gaza, falls sie es nicht vorziehen, Marlboro zu rauchen.

Der Tabakgenuss gehörte früher zum sozialen Leben von Männern und Frauen.[36] Heute rauchen vor allem die Männer und gelegentlich ältere Frauen, wenn sie unter sich sind. Im Sinai beispielsweise sass ich mit einigen Frauen zusammen, die ihre selbstgedrehten Zigaretten sogar unter dem Gesichtsschleier geniessen konnten. In abgelegenen Gebieten, so scheint es, rauchen die Beduinen häufiger als in den staatlichen Siedlungen, wo der Tabakgenuss wohl unter dem Einfluss der Gesundheitsberatungsstellen eher rückläufig ist.

Zigaretten waren zwar schon zu Beginn dieses Jahrhunderts erhältlich, doch Beduininnen und Beduinen zogen Pfeifen vor. Sie benutzten kleine Pfeifenköpfe aus Ton oder Stein und versahen sie mit einem Holz- oder Schilfrohr. Frauen zogen lange Rohre vor, doch Männer zogen den Rauch manchmal direkt aus dem Pfeifenkopf. In abgelegenen Gebieten, z.B. bei den 'Azāzmih, schien das Pfeifenrauchen noch Ende der 1930er Jahren die Regel gewesen zu sein.[37] Später rauchten die Beduinen den lokalen Tabak in selbstgedrehten Zigaretten, wie dies noch heute in entlegenen Gegenden oder bei ärmeren Beduinen der Fall ist. Die Wasserpfeife hingegen wurde und wird vor allem von reichen, angesehenen Beduinen benutzt.[38]

Drei Pfeifenköpfe
Ethnischer Name: *ġalāyīn*
Gesammelt: Sonia Gidal, 1956, Markt von Beersheba

Pfeifenkopf aus hellrosa Ton mit Herz-, Rauten-, Linien- und Perlenmotiven. Ansatz gebrochen. Gebrauchsspuren sind bei allen Köpfen vorhanden, und alle sind wahrscheinlich in die osmanische Zeit zu datieren
Kopfhöhe: 4 cm; Durchmesser: 2 cm; Ansatzlänge: 2,5 cm
Inv. Nr. 19555h

Pfeifenkopf aus grau-braunem Ton. Zickzackmuster um den Kopf, Linienmuster um den Ansatz. Rand des Kopfes wahrscheinlich abgebrochen.

Kopfhöhe: 2 cm; Durchmesser: 2 cm; Ansatzlänge: 2 cm
Inv. Nr. 19555e

Pfeifenkopf aus gelblichem Ton mit Kreis-, Linien- und Perlenmustern. Rand z.T. abgebrochen.

Kopfhöhe: 3 cm; Durchmesser: 1,8 cm; Ansatzlänge: 2,4 cm
Inv. Nr. 19555j

Die Rauchutensilien

Den Pfeifenkopf (*ġalyūn*) schnitzten die Negev-Beduinen aus porösem Kalkstein entweder selber, oder sie kauften einen Kopf aus Ton direkt von der sesshaften Bevölkerung oder von fahrenden Händlern. Die Köpfe der Sammlung (19555) stammen nicht aus lokaler Produktion. Sie werden als «türkische Pfeifenköpfe» bezeichnet und wurden wahrscheinlich während der osmanischen Zeit importiert.[39] Am Kopf und um den Ansatz für das Rohr sind sie mit Musterbändern verziert, wobei die geometrischen Motive wahrscheinlich mit kleinen Stempeln oder mit feinen Perlenketten eingedrückt wurden. Das meistens aus Schilf gefertigte Rohr (*gaṣabat al-ġalyūn*) war in der Regel zwischen 20-30 cm lang, konnte aber auch doppelt so lang sein.[40]

Der Tabak wurde zusammen mit dem Feuerzeug, einem Eisenring (*znād*), Feuerstein (*ṣuwwān*) und Zunder (*gadiḥ*), in einem Umhängetäschchen (*ṣufn*) aus Leder aufbewahrt (22039). Streichhölzer ersetzten das traditionelle Feuerzeug, je nach Abgeschiedenheit des Gebietes, früher oder später.[41] Wahrscheinlich schon während der Mandatszeit wurden Zigarettenetuis (22052) und Tabakdosen aus Metall (22063) modern, die bis heute in Gebrauch sind. Wohl unter dem Einfluss der Dorffrauen begannen Bräute für ihren Bräutigam kleine Tabaktäschchen (*kyās duḫḫān*) zu sticken (22174, Privatsammlung). Manche dieser Täschchen sind innen noch mit einem für die Zigarettenpapierchen bestimmten Fach versehen. Sie werden aufgerollt, mit der an der Lasche angenähten Kordel zusammengebunden und in den Gürtel gesteckt.[42] Heute werden diese Täschchen wahrscheinlich speziell für den Touristenmarkt produziert.

Umhängetasche aus Leder für kleine Utensilien wie Feuerzeug, Tabak usw.
Ethnischer Name: *ṣufn*
Die mit nur einem Fach versehene Tasche ist an den Rändern genietet und wird mit einer Lasche und Druckknöpfen verschlossen. Der an einem Ende abgerissene Lederriemen wurde im Museum fixiert, die Schnalle fehlt. Wahrscheinlich in die frühe Mandatszeit zu datieren.
Breite: 14,5 cm; Höhe: 12 cm; Riemenlänge: 41 cm
Gesammelt: Izhaq Al-Hroub
Inv. Nr. 22039a

Schlagfeuerzeug aus Eisen mit Feuersteinen und Zunder
Ethnische Namen: Schlagfeuerzeug: *znād*; Feuerstein: *ṣuwwān*; Zunder: *gadiḥ*
Das Schlagfeuerzeug wurde durch lokale Schmiede gefertigt, die Feuersteine können vor allem im Zentral-Negev gefunden werden, und der Zunder besteht aus getrockneten Bestandteilen der Felsenimmortelle (Phagnalon rupestre). Das leicht entflammbare Material wird auf den Feuerstein gelegt, und mit dem Eisendreieck wird Feuer geschlagen.
Länge Schlagfeuerzeug: 6 cm; grosser Feuerstein: 6 cm; kleine Feuersteine: 2,8 cm
Gesammelt: Izhaq Al-Hroub
Inv. Nr. 22039b - d

Zigarettenetui
Ethnischer Name: *'ilbit sigāyir*
Das Etui aus Weissblech mit geringem Silbergehalt, wahrscheinlich europäischer Herkunft, stammt nach Angaben des Sammlers aus den 1930er Jahren. Der mit Scharnieren am Boden befestigte Deckel ist am Rand mit einfachen Linien- und Rankenmustern verziert und hat einen Schnappverschluss.
Länge: 9,5 cm; Breite: 8 cm; Höhe: 1 cm
Gesammelt: Izhaq Al-Hroub
Inv. Nr. 22052

Dose für Tabak
Ethnischer Name: *'ilbit duḫḫān*
Die Dose aus Aluminium ist auf dem Deckel mit Mondsichel, Stern und Strahlen verziert. Die Büchse wurde zusammen mit Tabak (*duḫḫān*) und Zigarettenpapier Marke «Ottoman», aber «made in Egypt», auf dem Markt in Rahat von einem Händler aus Gaza angeboten.
Länge: 9,5 cm; Breite: 6,5 cm; Höhe: 2 cm
Gekauft: 1995, Markt von Rahat
Inv. Nr. 22063

Tabaktäschchen
Ethnischer Name: *kīs duḫḫān*
Täschchen aus schwarzem Mischgewebe, mit Kreuzstichen aus Baumwollgarn bestickt und mit hellem Mischgewebe gefüttert. Muster: Blumenvasenähnliche Motive und auf der Lasche achtstrahlige Sterne in den Farben Dunkelrot, Hellrot, Grün, Blau und Gelb. Appliziert sind Schnüre aus kleinen, hellblauen Glasperlen und kleine Quasten aus Chemiefasergarn in verschiedenen Farben.
Breite: 12,5 cm; Höhe: 14,5 cm
Gesammelt: 1960er Jahre
Privatsammlung

Tabaktäschchen
Ethnischer Name: *kīs duḫḫān*
Täschchen aus schwarzem Baumwollatlas, mit Kreuzstichen aus Baumwollgarn bestickt und mit schwarzem Chemiefaserstoff gefüttert. Muster: «farbige Rauten» in Dunkelrot, Hellrot und Rosa. Wahrscheinlich nachträglich wurden einige Zwischenräume mit unbeholfenen Rosetten, Sternen und unidentifizierbaren Mustern ausgefüllt.
Breite: 13 cm; Höhe: 21,5 cm
Gesammelt: Widad Kawar
Inv. Nr. 22174

Das arbeitsame Leben der Frauen

«Der Mann ist der Hirte in seiner Familie, und die Frau ist die Hirtin in ihrem Zelt.»[1]

Arbeiten von früh bis spät

Das traditionelle Leben als Halbnomadin bedeutete für die Frau tagaus, tagein harte Arbeit. Sie besorgte unter Mithilfe ihrer Töchter das Kleinvieh, verarbeitete die Milch zu Milchprodukten, verspann die Wolle der Schafe sowie das Haar der Ziegen und Kamele und wob daraus Zeltbahnen und andere Textilien. Sie half bei der Ernte des Getreides mit, schleppte Wasser und Holz herbei und verrichtete die alltäglichen Hausarbeiten wie Reinemachen und Kochen. In ihrer Freizeit bestickte sie die Zierfelder für ihre Kleider und besserte die Kleidung der Familie aus.

Die Geschenke, die die Frau traditionellerweise von ihrem Mann zur Hochzeit erhielt, besiegelten ihre Rolle als Hausfrau: eine Handmühle, ein Getreidesieb, ein Backblech, zwei Wasserkrüge sowie einen Esel zum Wasser- und Holzholen.[2] Während in den Bereichen Viehzucht und Ackerbau viele Arbeiten von Mann und Frau noch heute gemeinsam erledigt werden, lag und liegt die Hausarbeit, insbesondere die tägliche Nahrungszubereitung, ausschliesslich in den Händen der Frau. Eine Ausnahme bildet das Kochen des Fleisches für ein Festmahl, für das der Mann zuständig ist. Ein Mann, dessen Ehefrau nach einem Streit zu ihren Eltern zurückgekehrt ist, kann mit seinen Kindern nur auf eine Einladung zum Essen in einem benachbarten Zelt hoffen. Undenkbar, dass er sich selber an die Zubereitung des Abendessens machen würde. So ist auch heute noch die Weigerung, den täglichen Pflichten nachzukommen, eine häufige Strategie der Frauen, um sich gegen eine ungerechte Behandlung ihrer Ehemänner zur Wehr zu setzen.[3]

Die Bedeutung der Hausarbeit für das Leben der Familie, vor allem aber der produktiven Tätigkeit in Viehzucht und Ackerbau verleihen der Frau Ansehen in der Gesellschaft. Das Gebären und Aufziehen vieler Kinder, vor allem von Söhnen, erhöht noch immer ihren Status. Bitter ist die Lage einer Frau, die keine Kinder oder nur Mädchen zur Welt bringt. Schon bald nimmt sich der Mann eine zweite oder sogar dritte Frau, um zum erhofften Kindersegen zu kommen.

In einem Zelt des ʿAṭāwnih-Stamms. Kinder sind der Stolz jeder Beduinin. 1969 (Foto: Sonia Gidal)

Wasser ist in der Wüste rar. Vor einem Feiertag wäscht diese ʿAzāzmih-Mutter im Wādī al-Mašāš ihr Kind in einer Emailschüssel. 1975 (Foto: Klaus-Otto Hundt)

Eine ʿAzāzmih-Frau mit den typischen Spangen im Haar beim Brotbacken im Wādī al-Mašāš. In Decken gehüllt, schläft ihr jüngstes Kind. 1977 (Foto: Klaus-Otto Hundt)

Schon im letzten Jahrhundert holten die Frauen des Abū Rgayyig-Stammes Wasser mit Tonkrügen. Dieser Brunnen gehörte den Abū Rgayyig und liegt westlich von Beersheba. 1894 (Foto: Lucien Gautier, FLG)

Eine Mutter aus der Gruppe der *'abīd* an einer Zisterne. Auch sie holt das Wasser mit Tonkrügen. Gut sichtbar ist der traditionelle Gürtel (*mugawwaṭ* mit *sfīfih*) der verheirateten Frau. 1898-1934 (Foto: G. Eric Matson, LCW)

Heute ist das Leben der Frauen, vor allem derer, die in den staatlichen Siedlungen leben, einfacher geworden, doch der Verlust der produktiven Tätigkeit ist mit einem Statusverlust verbunden und hat andere Probleme mit sich gebracht.[4]

Wasser holen und Feuerholz sammeln

Der tägliche Gang zum Brunnen oder zur Zisterne war zwar beschwerlich, gab aber den Frauen die Möglichkeit, sich mit anderen Geschlechtsgenossinnen zu einem unbelauschten Schwatz zu treffen.[5] Mit Gefässen aus Leder, später mit Eimern aus Metall schöpften sie das Wasser aus dem Brunnen und füllten es in die mitgebrachten Ziegenhautschläuche, Tonkrüge oder Benzinkanister und transportierten sie auf ihrem Esel nach Hause. Von sesshaften Frauen gefertigte Tonkrüge (Sg. *ǧarrah*) waren schon Ende des letzten Jahrhunderts in Gebrauch. Diese schweren Krüge wurden im Nord-Negev von Beduinen, die in der Nähe von Dörfern oder Städten lebten, bereits während der Mandatszeit durch leichte Benzinkanister (Sg. *ṣafīḥah*) aus Blech ersetzt. Abgelegen lebende Beduinen im Süden und Osten hingegen gaben den Ledersäcken den Vorzug und verliehen mit der Bezeichnung «Tonkrug-Beduinen» ihrer Verachtung für die neuen Behältnisse und ihrer Benutzer Ausdruck.[6] In den 1960er Jahren er-

Zwei Frauen aus Rahat transportieren mit ihren Eseln grosse Mengen von Eukalyptusholz, das sie an der Strasse nach Beersheba gesammelt haben. Beide tragen den roten, *ṣūfiyyih* genannten Gürtel, der in den 1970er Jahren für verheiratete Frauen modern wurde. Um 1980 (Foto: Sonia Gidal)

Eine ʿAzāzmih-Mutter im Wādī al-Mašāš kocht in einem grossen Aluminiumkochtopf Fleisch für einen Feiertag. Ihr Kleid ist wahrscheinlich maschinenbestickt. Ende 1970er Jahre (Foto: Klaus-Otto Hundt)

reichte der Plastikboom auch die Wüstenbewohner. Plastikkanister wurden nun zum Wasserholen gebraucht, und im Zelt haben kleine Plastikkannen (Sg. *brīg*) die Tonkruge abgelöst.

Heute erübrigt sich das Wasserholen auch für die in der Wüste lebenden Frauen völlig. Diese Arbeit wird nun vom Ehemann oder Sohn ausgeführt, der mit dem Traktor seinen Zisternenwagen zu einer Zapfstelle der durch den Negev führenden Wasserleitungen fährt. Die Beduininnen im Nord-Negev konnten bereits zu Beginn der 1960er Jahre, als die ersten Leitungen von der israelischen Regierung gelegt wurden, von dieser Neuerung profitieren, während die Frauen im Zentral-Negev erst seit Mitte der 1980er Jahren Zugang zu einer Wasserleitung haben.

Wie das Wasserholen war auch das Sammeln von Holz für die Kochstelle und das Gästefeuer anstrengend. Im Nord-Negev fanden die Frauen beispielsweise an der mit Eukalyptusbäumen gesäumten Hauptstrasse ihr Brennholz, während sie im Zentral-Negev mit den kleinen dornigen Sträuchern Vorlieb nehmen mussten, die hier noch gedeihen. Sie brachten das Holz in grossen Bündeln auf dem Kopf oder auf dem Esel zu ihrem Zelt. Einzig grosse, schwere Wurzelstücke transportierten die Männer und zerkleinerten sie mit der Axt. Als Ersatz für das häufig fehlende Brennholz diente Kameldung, der von den Kindern eingesammelt wurde.[7] Heute kann Brennholz auch von Händlern aus dem Westjordanland gekauft werden, die es mit kleinen Lastwagen am Donnerstag auf den Markt in Beersheba transportieren.

Nahrung und Nahrungszubereitung

Die Hauptnahrung der Negev-Beduinen bestand ursprünglich aus Getreide- und Milchprodukten. Im Frühling wurde sie durch wildwachsende Gemüse wie Malven, trüffelähnliche Pilze oder kartoffelähnliche Knollen ergänzt. Der Getreideanbau, die Bepflanzung kleiner Gemüsegärten im Nord-Negev sowie das Angebot des Marktes von Beersheba erweitern seit Beginn

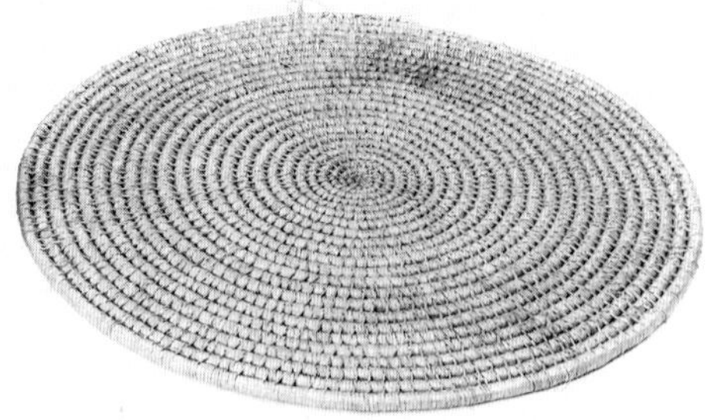

Getreidemühle
Ethnischer Name: *raḥī*
Die Mühle besteht aus zwei runden Scheiben aus porösem Lavagestein (evtl. Basalt aus dem Hauran-Gebirge), wobei die Öffnung im Läuferstein zum Einschütten des Getreides trichterförmig erweitert ist. Im Ständerstein wird eine eiserne oder hölzerne Spindel als Achse für den Läuferstein eingekeilt und durch einen hölzernen Steg mit Loch in der Öffnung des Läufersteins fixiert. Spindel und Steg fehlen bei unserem Exemplar. Das Drehholz wird seitlich in ein Loch am Rand des Läufersteins gesteckt. Beim Mahlen gelangt das Mehl zwischen Mittelachse und Läuferstein nach unten und rinnt zwischen Ständer- und Läuferstein auf eine Unterlage.
Höhe: je 6 cm; Durchmesser: je 43 cm; Mittellochdurchmesser: 5 und 8 cm; Drehholzlänge: 28 cm
Gesammelt: Widad Kawar
Inv. Nr. 22199

Schüssel
Ethnischer Name: *bāṭiyah*
Die leichte Schüssel aus hellem Holz mit einer Schmuckrille an der Aussenwand wurde als Teig- und Essschüssel verwendet. Innen wurde sie mit einem aufgenagelten Aluminiumblech und aussen mit einem, ebenfalls aufgenagelten, Eisenblech repariert.
Höhe: 9,5 cm; Maximaldurchmesser: 45 cm
Gesammelt: Izhaq Al-Hroub
Inv. Nr. 22042

Arbeitsplatte
Ethnischer Name: *ṭabag*
Die ockergelbe, runde Platte aus Weizenstroh wurde sehr regelmässig in durchstechendem Wulsthalbflechten gefertigt.
Höhe: 1,3 cm; Durchmesser: 57 cm
Gesammelt: Widad Kawar
Inv. Nr. 22256

des 20. Jh. den Speisezettel mit Weizen, Gemüse, Reis, Zucker, Feigen, Datteln und anderen Süssigkeiten.[8] Trotz des reichhaltigeren Nahrungsangebotes blieb die Ernährung einseitig. Gründe dafür liegen in der Abgeschiedenheit und Trockenheit mancher Gebiete, in der Armut vieler Beduinen und in der Esstradition, die Neuerungen oft ablehnend gegenübersteht. So war der Mangel an Gemüse und Früchten noch in den 1960er Jahren Hauptursache für die Erkrankung vieler Beduinen an Tuberkulose.[9] Fleisch war und ist ein Luxus. Ein Schaf wird etwa an einem Feiertag oder für einen hochrangigen Gast geschlachtet und gekocht. Braten würden sie das Fleisch nie, betonten Kher und Kāmlah Albaz, da Kochen eine viel bessere Nutzung aller Teile des Tieres ermögliche.[10] Heute, da die Mütter über die Wichtigkeit einer vitaminreichen Nahrung für ihre Kinder aufgeklärt werden, geniessen die in oder in der Nähe von staatlichen Siedlungen lebenden Beduinen vermehrt gekauftes und selbstgezogenes

Negev-Beduininnen beim Brotbacken. Sie benutzen ein schmiedeeisernes Backblech, eine kupferne Teigschüssel und eine Arbeitsplatte aus Stroh. 1925-31 (Foto: Paul Hommel, LAS)

Gemüse wie Tomaten, Auberginen, Gurken, Zwiebeln und Knoblauch.

Das Backen des Brotes

Getreide, vor allem Weizen, wird hauptsächlich in Form von Brot genossen, und das Backen des ungesäuerten Fladenbrotes (*ḫubz šrāk*) gehört zu den täglichen Aufgaben der Frauen. Zuerst reinigen sie den Weizen mit dem feinen Getreidesieb (*ġirbāl*; 22038b, Abb. S. 67) von Unreinheiten und schütten es in die Handmühle (*raḥī*; 22199), unter der ein weisses Baumwolltuch für das Mehl liegt.

Nach dem Mahlen sieben sie das Mehl durch das feine Mehlsieb (*munḫul*), das ungemahlene Getreidekörner oder gröbere Bestandteile zurückhält, in die bereitstehende Holzschüssel (*bāṭiyah*; 22042) oder Kupferschüssel (*ṣaḥn ʻağīn*; 20927) und geben Wasser und etwas Salz dazu. Sie kneten die Masse, bis ein zähflüssiger, dehnbarer Teig entsteht, formen kleine Ballen und wenden sie auf einer Strohplatte (*ṭabag*; 22256) in Mehl.

Unterdessen hat sich das schmiedeiserne, konvexe Backblech (*ṣāğ*), welches auf drei Steinen über der im Boden eingelassenen Kochfeuerstelle steht, erhitzt. Nun ziehen die Frauen die Teigballen in alle Richtungen und werfen sie von einem Handballen auf den anderen, bis dünne Fladen entstehen. Dann backen sie diese kurz auf beiden Seiten und lassen sie auf der bereitstehenden Stroh- oder Metallplatte auskühlen. Das entstandene Brot ist weich und krustenlos wie etwa unsere Crêpe. Serviert wird es in der Mitte gefaltet auf einem Teller oder in einer Schüssel.[11]

In der Regel bäckt die Beduinin für die Hauptmahlzeit am Abend frisches Brot. Trifft aber tagsüber ein Gast ein, so gebietet es die Gastfreundschaft, frisches Brot zu backen, auch wenn noch genügend Vorrat vorhanden wäre. Akzeptiert der Gast in einem fremden Zelt das angebotene Brot, so nimmt er auch

Noch heute wird das Brot auf traditionelle Art gebacken. ʿAyfih ʿAwdih Abū Ǧlidān (ʿAzāzmih) darf sich dank ihres Alters im Männerabteil aufhalten, selbst wenn Besuch anwesend ist. Hier knetet sie den Teig für das Brot. Wādī Boggar, 1995 (Foto: Peter R. Gerber)

ʿAyfih's Tochter bäckt auf der Feuerstelle im Frauenraum das Brot auf dem *ṣāǧ*. Wādī Boggar, 1995 (Foto: Peter R. Gerber)

die Freundschaft des Zeltherrn an, was im Sprichwort «Brot und Salz ist zwischen uns» zum Ausdruck kommt. Allerdings ist weniger das Brot als das Salz das Element, das Gast und Gastgeber verbindet. So hat der Gastgeber die Pflicht, seinen Gast so lange zu beschützen, als das Salz in seinem Magen liegt, eine Zeitdauer, die je nach Interpretation, 24 Stunden bis dreieindrittel Tage umfasst.[12]

Noch heute backen die in den Zelten lebenden Beduininnen – manchmal auch ältere Frauen in den Siedlungen – das Brot auf dem *ṣāǧ*. Trotz moderner Küche mit Herd ziehen sie es vor, ihr Brot draussen im Zelt auf dem offenen Feuer zuzubereiten. Sogar die alten Handmühlen sind bei abgelegen lebenden ʿAzāzmih-Beduinen noch immer in Gebrauch. Die Holz- und Kupferschüsseln sowie die geflochtenen Unterlagen hingegen sind durch Aluminiumgefässe und Plastiktücher ersetzt worden.

Die Verarbeitung der Milch

Nachdem die Schafe und Ziegen im Dezember ihre Jungen geworfen haben, werden sie bis zum Juni zweimal täglich gemolken. Diese Arbeit besorgen die Frauen, die auch die Milch zu Milchprodukten verarbeiten. Sie stellen die zum sofortigen Gebrauch bestimmte, angesäuerte Dickmilch (Joghurt) her sowie zerlassene Butter (Kochbutter) und Hartkäse. Letztere Produkte bleiben auch im heissen Wüstenklima lange haltbar und stellen eine wichtige Nahrungsreserve für das ganze Jahr dar.

Für die Zubereitung der sauren Dickmilch, *rāyib* genannt, erhitzen die Frauen die Milch in einem grossen Kochtopf (*gidr*). Dann lassen sie die Milch auskühlen, geben etwas Joghurt vom Vortag hinzu, um den bakteriellen Gährungsprozess in Gang zu setzen, und lassen den Kessel 24 Stunden lang stehen. Ein Teil der Dickmilch kann frisch genossen, der Rest zur Herstellung von Butter und Käse verwendet werden. Die zum Buttern bestimmte Dickmilch giessen die Frauen in den Butterschlauch (*siʿʿin*; 19701), blasen ihn auf, bis er straff gespannt ist, und hängen ihn an ein hohes Dreibein. Dann stossen sie den Sack etwa eine Stunde lang hin und her, bis sich die Butter (*zibdah*) von der Buttermilch (*laban*) getrennt hat. Die leicht verderbliche Butter zerlassen sie im *gidr* mit Safran, und die entstandene Kochbutter (*samnah*), die wichtigste Fett- und Ölreserve, füllen sie in den kleinen, *ʿakkah* genannten Schlauch (19715). Die Buttermilch wird, soweit nicht frisch genossen, zu Weichkäse (*ǧamīd*) und Hartkäse (*ʿafīg*) verarbeitet. Damit sie sich verdickt, kochen die Frauen die Buttermilch manchmal auf,

Schlauch für Kochbutter
Ethnischer Name: *'akkah*

Die Hinterbeine und die Schnittstelle dieses rötlich gegerbten Schlauchs aus der Haut eines Zickleins wurden mit einem Baumwollstreifen umwickelt. An den beiden Vorderbeinen ist eine Schlaufe aus Baumwollstoff befestigt. Sie dient zum Anbinden der Chemiefaserschnüre, die das Tragband bilden. Ein Loch im Schlauch wurde mit Chemiefaserschnüren zusammengezogen und so repariert.

Maximallänge: 51 cm;
Maximalbreite: 20 cm
Gesammelt: Sonia Gidal, 1970er Jahre
Inv. Nr. 19715

Schlauch zum Buttern
Ethnischer Name: *si''in*

Die Hinterbeine des rötlich gegerbten Schlauches aus der Haut eines Ziegenbocks wurden mit der Schnittstelle vernäht. Eine gezopfte Schnur aus Schafwolle, die an die beiden abgebundenen Vorderbeine geknüpft ist, bildet eine Schlaufe zum Aufhängen des Schlauches am Dreibein (*rawāǧī'*).

Maximallänge: 105 cm;
Maximalbreite: 35 cm;
Gesammelt: Sonia Gidal, 1975
Inv. Nr. 19701

Grossmutter und Enkel stossen gemeinsam eine Stunde lang den Butterschlauch. Im Hintergrund moderne Wasserkanister aus Plastik. 1975
(Foto: Sonia Gidal)

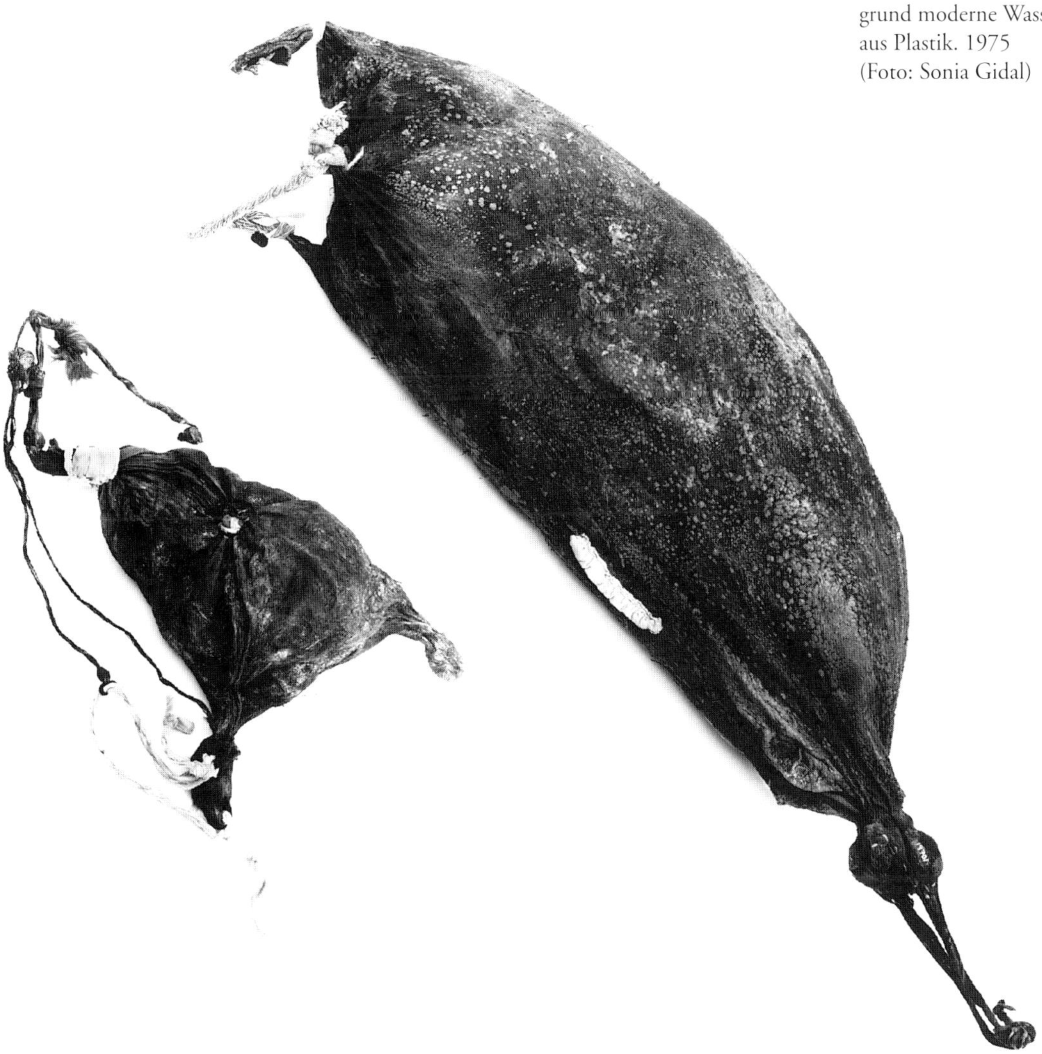

Eine Frau hängt ihren Butterschlauch an einen Baum. Daneben ist die in ein Baumwolltuch eingeschlagene frische Käsemasse aufgehängt, damit die restliche Molke abtropft. Die Beduinin trägt das palästinensische «Neue Kleid», ein weisses Hülltuch aus Gaze sowie einen blauen Gürtel (*ṣūfiyyih*), der seit den 1970er Jahren für ältere oder verwitwete Frauen typisch ist. 1975 (Foto: Sonia Gidal)

oder sie füllen sie einfach in einen Baumwollsack und lassen die Flüssigkeit abtropfen. Der Rückstand wird gesalzen und zu kleinen Kugeln geformt, die als Weichkäse genossen oder auf dem Zeltdach getrocknet werden können. Der so entstandene Hartkäse wird trocken gegessen oder mit Wasser zusammen zum Kochen verwendet.[13]

Die Bedeutung der Tiere für die Kultur der Beduinen, die Wertschätzung der Milchprodukte und ihre Wichtigkeit für die Ernährung haben Anlass für eine Zeremonie beim Verzehren der ersten Milchprodukte gegeben. Nach dem dritten Buttern – vorher werden die Milchprodukte nicht gekostet – serviert die Zeltherrin ihrer Familie die *fatt* genannte Speise aus Brot, Milch und Kochbutter. Die Frau selber rührt das Essen nicht an; sie tritt nur als Gastgeberin auf und bezeugt damit ihre Bereitschaft, die Produkte ihrer Hände mit anderen zu teilen. Nach dem Essen rezitiert der Zeltherr die eröffnende Sure des Korans, die *al-fātiḥah*, und gibt seiner Frau die leere Schüssel mit den Worten zurück: «Möge das dritte Buttern gesegnet sein.» Ohne diese Zeremonie wird nach Ansicht der Beduinen der Butterschlauch in Zukunft seinen Dienst versagen.[14]

Über die Milchprodukte verfügt allein die Frau. Hat sie etwa einen Überschuss von *samnah* und *ʻafīg* produziert, kann der Mann einen Teil davon im Sommer und Herbst, wenn die Preise hoch sind, unter der Hand an Nachbarn verkaufen und den Erlös seiner Frau bringen.[15] Doch zu einem Handelsgut sind Kochbutter und Hartkäse nie geworden; sie sind wichtige Güter zum Ausüben der Gastfreundschaft und mit ihnen zu handeln würde sogar als Schande (*ʻayb*) empfunden.[16]

Einige Menüs und Esssitten

Die Begrenztheit der Nahrungsressourcen und die häufigen Hungersnöte haben sich in den Essgewohnheiten der Beduinen niedergeschlagen. So gehört es zur guten Sitte, in Anwesenheit anderer nur wenig zu essen. Werden bei Festmählern riesige Platten mit Essen aufgetragen, so gebietet es die Höflichkeit, das Mahl zu verlassen, kurz nachdem sich der erste Gast zum Gehen aufgemacht hat,[17] und ich konnte mich selber davon überzeugen, dass sich Beduinen kaum lange beim Essen aufhalten.

Kāmlah Albaz hat einige Menüs aus der Zeit, als sie noch im Zelt lebte, beschrieben. An gewöhnlichen Tagen wurde nur eine warme Mahlzeit serviert, meistens am Abend, und Frühstück und Mittagessen waren äusserst einfach. Zum Frühstück gab es Brot vom Vortag, das in Olivenöl getunkt wurde, manchmal ein Ei, sowie Kaffee oder Tee, und für das Mittagessen wurden geschnittene Tomaten und Gurken mit Öl und Pfeffer vermischt. War kein Fladenbrot mehr vorhanden, wurde allenfalls das *kaʻkah* genannte Brot aus Mehl und Wasser direkt im Feuer gebacken.

Das Abendessen bestand aus *ṭabīḫ*, gekochtem Gemüse mit Zwiebeln und Knoblauch oder *fatt*. Die Bezeichnung *ṭabīḫ* (gekocht) wird auf jede gekochte Speise angewandt, und Dalman erwähnt als Beispiel eines «Kochgerichts» (*ʻēš ṭabīḫ*) eine in Wasser gekochte Speise aus Reis und aus im Mörser gebrochenen Weizenkörnern.[18] *Fatt* ist die traditionelle Hauptspeise

Kochtopf
Ethnischer Name: *ṭāsah*
Topf aus Kupfer mit aufgestelltem Rand. Die Verzinnung ist intakt, und Russspuren an Wandung und Boden sind noch vorhanden.
Höhe: 11,5 cm; Maximaldurchmesser: 22 cm
Gesammelt: Widad Kawar
Inv. Nr. 22275

Kochtopf
Ethnischer Name: *ṭāsah*
Topf aus Kupfer mit Linsenboden, Rillenpaaren am oberen Teil der Wandung und einem um eine Einlage gebogenen Rand. Der Einlegedeckel ist mit einem Griff versehen, der auch als Standring dient. Der Zinnüberzug ist nur noch innen vorhanden, aussen wurde er weggescheuert.
Höhe inkl. Deckel: 20 cm; Maximaldurchmesser: 25 cm
Gesammelt: Sonia Gidal, 1979, Beersheba
Inv. Nr. 20166

Kochtopf
Ethnischer Name: *ṭāsah*
Gleicher Topf wie 20166, aber mit drei Rillenpaaren. Jeder Kochtopf für den täglichen Gebrauch heisst *ṭāsah,* auch ein Aluminiumkochtopf. Manchmal haben die Informantinnen jeden der Kupferkochtöpfe als *ṭāsat nḥās* bezeichnet.
Höhe inkl. Deckel: 26,5 cm; Maximaldurchmesser: 28 cm
Gesammelt: Sonia Gidal, 1979, Beersheba
Inv. Nr. 20165

Kochtopf
Ethnischer Name: *gidrah* oder *ṭāsah*
Wahrscheinlich getriebener, nur innen verzinnter Topf aus Kupfer mit linsenförmigem Boden, konischer Wandung und einem um eine Einlage gebogenen Rand, der mit einem Fischgratornament verziert ist. Altes, durch den Gebrauch geschwärztes Stück, bei dem der Deckel fehlt. Dieser Kochtopf sieht dem traditionellen *gidr* ähnlich, ist aber kleiner. Die einen Informanten haben ihn als *gidrah,* andere als *ṭāsah* bezeichnet.
Höhe: 21 cm; Durchmesser (oben): 34,5 cm
Gesammelt: Sonia Gidal, 1970
Inv. Nr. 19679

Kochtopf
Ethnischer Name: *ṭāsah*
Topf aus Kupfer mit leicht nach aussen gewölbtem Boden, drei Rillenpaaren am oberen Teil der Wandung und Wulstrand. Die Henkel aus Eisen sind in angenieteten Ösen, ebenfalls aus Eisen, beweglich eingehängt. In den russigen Boden wurde ein runder Flick eingelötet (Messinglot). Die Verzinnung ist nur noch innen intakt, aussen wurde sie weggescheuert.
Höhe: 19 cm; Maximaldurchmesser: 29 cm
Gesammelt: Sonia Gidal
Inv. Nr. 20176

Bratpfanne
Ethnischer Name: *gallāyih*
Pfanne aus Kupfer mit leicht nach innen gewölbtem Boden und einem mit Strichpunzen verzierten, waagrecht ausgestellten Rand. Der Stiel aus Eisen ist an die Wandung genietet, und ein genieteter Eisenbogen verstärkt die Halterung. Die nur innen verzinnte Pfanne weist Bratspuren auf, während die Aussenseite gereinigt wurde. Solche Pfannen dienten zum Zubereiten von Eierspeisen und zum Erhitzen von Kochbutter. Ihre Bezeichnung stammt vom Verb *galā* (braten).
Höhe: 7,5 cm; Maximaldurchmesser: 31 cm; Stiellänge: 34 cm
Gesammelt: Sonia Gidal, 1970
Inv. Nr. 21047

Wasserpfanne
Ethnischer Name: *ġullāyah* oder *ṭāsah*
Pfanne aus Kupfer mit einem um eine Metalleinlage gebogenen Rand. Der Stiel aus Eisen mit einer Öse zum Aufhängen ist über ein Verbindungsstück angenietet. Die nur innen verzinnte Pfanne ist am Boden an mehreren Stellen geflickt; die Aussenseite wurde gereinigt. Wird die Pfanne zum Wasserkochen gebraucht, wie Kalkablagerungen vermuten lassen, wird sie *ġullāyah,* von *ġalā* (kochen, sieden) genannt, sonst *ṭāsah.*
Höhe: 14 cm; Maximaldurchmesser: 30 cm; Stiellänge: 26,5 cm
Gesammelt: Sonia Gidal, 1970, Beersheba
Inv. Nr. 20166a

Schöpfer
Ethnischer Name: *maġrafah*
Aus einem Stück geschnitzter Schöpfer aus schwerem, rötlichem Holz. Risse wurden aussen und innen mit einem aufgenagelten Messingblech repariert.
Gesamtlänge: 39 cm; Höhe: 10,5 cm; Durchmesser: 19 cm
Gesammelt: Izhaq Al-Hroub
Inv. Nr. 22044

Schöpfer
Ethnischer Name: *maġrafah*
Aus einem Stück geschnitzter Schöpfer aus schwerem Holz.
Gesamtlänge: 35 cm; Höhe: 10 cm; Durchmesser: 13 cm
Gesammelt: Widad Kawar
Inv. Nr. 22193

Schöpfer
Ethnischer Name: *maġrafah*
Schöpfer aus verzinntem Kupfer mit zwei Rillen am oberen Teil der Wandung und einem um eine Einlage geschlagenen Rand. Das Griffrohr ist über ein Verbindungsstück an den Schöpfteil genietet.
Gesamtlänge: 38 cm; Höhe: 8,5 cm; Durchmesser: 18,5 cm
Gesammelt: Widad Kawar
Inv. Nr. 22194

Schüssel oder Mörser
Ethnischer Name: *hannābih* oder *miṣḥānah*
Die aus einem Stück gedrechselte Griffschüssel aus hellem Holz ist auf der Aussenseite mit fünf Rillenpaaren verziert. Sie wird zum Servieren von Essen, zum Zerreiben von Gewürzen, seltener von Kaffee gebraucht. Als Essschüssel heisst sie *hannābih*, als Mörser *miṣḥānah*, von *maṣḥūn* (zerrieben).
Höhe: 14 cm; Durchmesser: 18 cm
Gesammelt: Widad Kawar
Inv. Nr. 22234

Schüssel
Ethnischer Name: *bāṭiyah*
Sehr weite, gedrechselte Schüssel aus Holz, deren Wandung auf der Aussenseite mit parallelen Linien verziert ist.
Höhe: 9 cm; Maximaldurchmesser: 48,5 cm
Gesammelt: Sonia Gidal, 1970
Inv. Nr. 19680

Platte zum Servieren von Speisen
Ethnischer Name: *mansaf*
Platte aus Kupfer mit waagrecht ausgestelltem Rand und vier konzentrischen Rillenpaaren auf dem Spiegel. Die ursprüngliche Verzinnung ist weitgehend abgerieben.
Höhe: 3 cm; Durchmesser: 57 cm
Gesammelt: Sonia Gidal
Inv. Nr. 20174

Mörser
Ethnischer Name: *ǧurn*
Aus einem Stück geschnitzter Mörser aus schwerem Holz mit senkrechtem Griff und enger, kurzer Öffnung. Sehr grob geschnittene Kerben verzieren den Mörser, der zum Zerstampfen von Gewürzen dient.
Höhe: 15 cm; Durchmesser: 13,5-15,5 cm
Gesammelt: Sonia Gidal, 1978
Inv. Nr. 21056

der Beduinen. Dalman bezeichnet sie als «Bissenspeise», da sie aus Brotstücken besteht, die mit gerade verfügbaren Zutaten vermischt werden.[19] Besonders beliebt ist *fattat samnah*, Brotstücke mit Milch oder Dickmilch und erhitzter Kochbutter. Treffen etwa Gäste zum Frühstück ein, so wird ihnen dieses Menu vorgesetzt, und der Gastgeber stellt durch eine reichliche Zugabe von Kochbutter seine Grosszügigkeit unter Beweis.[20] Gingen Milch und Kochbutter zu Ende, erinnert sich meine Informantin, so mussten manchmal Brotstücke mit Tee oder Zuckerwasser genügen. Serviert wurde das Gericht in einer Holzschüssel (*bāṭiyah*; z.B. 19680) oder einer kupfernen Schüssel (*ṣaḥn ʿağīn*; 20927), aus der sich die ganze Familie bediente.

Legendär ist das Festessen, *mansaf* genannt, das aus Schaffleisch, Reis und Brot besteht. Das Fleisch wird im grossen Kochtopf (*gidr*) in Buttermilch gekocht, wobei die Grösse des *gidr* auf die Generosität und die Wohlhabenheit des Gastgebers schliessen lässt. Angeboten wird das Gericht auf einer Platte aus Kupfer oder Messing, die wie das Menu selber *mansaf* heisst (20174). Man belegt sie zuerst mit Brot, schüttet den Reis hinzu und legt die Fleischstücke obenauf. Dann verflüssigt man Kochbutter in einer Bratpfanne (*gallāyih*; 21047), giesst die heisse Butter über das Essen und serviert es im Gästeraum des Zeltes. Sind die Männer satt, so wird die Platte in den Frauenraum getragen, wo sich die Frauen mit den Resten zu begnügen haben.

Das typische Festmahl aus Schaffleisch, Reis und Brot wird aus einer grossen Platte gegessen. In der Männerrunde sind auch Knaben zugelassen, nicht aber Frauen und Mädchen. 1898-1934 (Foto: G. Eric Matson, LCW)

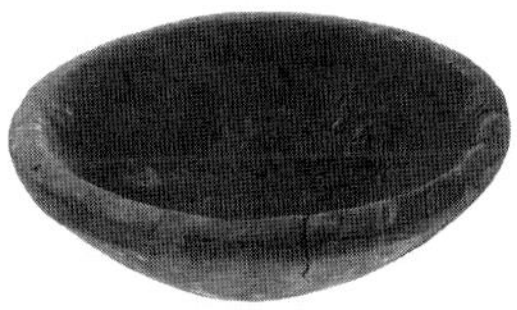

Schale
Ethnischer Name: *hannābih*
Geschnitzte Holzschale, die sowohl auf der Innen- als auch auf der Aussenseite des Bodens mit einem aufgenagelten Eisenblech geflickt ist. Eine *hannābih* genannte Schale besteht immer aus Holz und ist kleiner als die ebenfalls aus Holz bestehende *bāṭiyah*.
Höhe: 8 cm; Maximaldurchmesser: 26,5 cm
Gesammelt: Widad Kawar
Inv. Nr. 22232

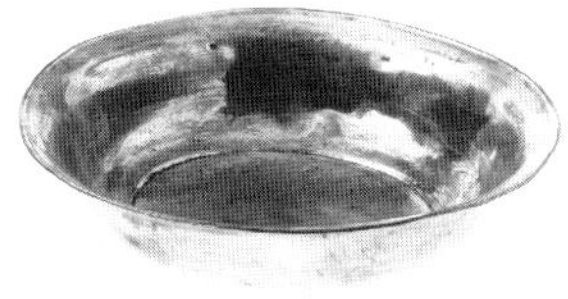

Schüssel
Ethnischer Name: *ṣaḥn ʿağīn*
Schüssel aus Kupfer mit Fussscheibe und umgeschlagenem Rand. Die Verzinnung ist stark abgerieben. Im Unterschied zur *bāṭiyah* genannten Holzschüssel wird eine Schüssel aus Metall *ṣaḥn ʿağīn* («Teigschüssel») genannt.
Höhe: 7 cm; Durchmesser: 28 cm
Gesammelt: Sonia Gidal, 1980er Jahre
Inv. Nr. 20927

Ein Menu, das unter Einfluss der städtischen und dörflichen Küche von den Beduinen übernommen wurde, ist Kuskus.[21] Es wird speziell für Wöchnerinnen zubereitet, da es, wie man glaubt, die körperlichen Kräfte wieder zurückbringt,[22] und mit Kuskus hat uns Kāmlah Albaz willkommen geheissen, als wir sie in Tel Sheva besuchten. Mit Salz und Wasser vermischtes Weizengriess wird mit den Händen gerieben oder gerollt, bis etwa erbsengrosse Kügelchen entstehen. Das Rollen hat dem Kuskus seinen Namen *maftūl* gegeben. Nun werden die Griesskügelchen in einem Sieb (*maftūliyyih*; z. B. 19689) auf einen Kochtopf (*ṭāsah*; z. B. 20176) gesetzt, in dem ein Huhn oder Hammelfleisch gekocht wird, und durch den aufsteigenden Dampf gedämpft.

Gegessen wird immer aus einer gemeinsamen Schüssel. Ein Teller (*ṣaḥn*), aus dem bei uns normalerweise eine einzelne Person isst, ist im Beduinenhaushalt eher eine Platte, auf der Brot, Oliven, geschnittene Gurken oder Tomaten bereitgestellt werden. Öl, Dickmilch, Sauermilch, Saucen oder Gewürze werden in einer Schale – *hannābih*, wenn aus Holz, z. B. 22232, *ṣaḥn*, wenn aus Metall – serviert, und alle Zutaten werden mit einem Bissen Brot ergriffen und in den Mund geschoben. Diese Art zu essen ist noch heute verbreitet, wobei für ein gekochtes Essen auch Löffel verwendet werden.

Schläuche, Koch- und Essgeschirr

Schläuche scheinen im Hausrat von kamelzüchtenden Vollnomaden auf der arabischen Halbinsel eine weitaus wichtigere Rolle gespielt zu haben als bei den Schafzucht betreibenden Halbnomaden im Negev. Während sie beispielsweise bei den Beduinen von Qatar am Persischen Golf auch als Säcke für Kleider und Getreide dienten,[23] wurden im Negev Schläuche vor allem für Wasser, Kaffeebohnen und Kochbutter sowie zum Buttern gebraucht. Für die Aufbewahrung von

Sieb oder Pfanneneinsatz
Ethnischer Name: *ṣaffāyih* oder *maftūliyyih*
Sieb aus Kupfer mit waagrecht ausgestelltem Rand und Rillen an Rand und Wandung; das Zinn ist an einigen Stellen abgerieben. Wird das Sieb zum Sieben gebraucht, wird es *ṣaffāyih* genannt, von *ṣaffā* (durchseihen), wird es zum Dämpfen von Kuskus gebraucht, *maftūliyyih*, von *maftūl* (gedreht).
Höhe: 9,5 cm; Maximaldurchmesser: 30 cm
Gesammelt: Sonia Gidal
Inv. Nr. 19689

Pfanneneinsatz
Ethnischer Name: *maftūliyyih*
Noch vollständig verzinntes Sieb, evtl. aus Kupfer, mit abgesetztem Linsenboden und waagrecht ausgestelltem Rand mit umgeschlagener Kante. Wird zum Dämpfen von Kuskus gebraucht.
Höhe: 7,5 cm; Maximaldurchmesser: 32 cm
Gesammelt: Widad Kawar
Inv. Nr. 22242

Perforierte Rührkelle
Ethnischer Name: *muṣwāṭah*
Aus einem Stück gefertigte Kelle aus Kupfer. Einige Rauten verzieren den Stiel am unteren Ende. Nur noch wenige Stellen sind verzinnt.
Gesamtlänge: 44 cm; Durchmesser: 11,5 cm
Gesammelt: Sonia Gidal, 1952
Inv. Nr. 19549

Schöpfkelle
Ethnischer Name: *maġrafah*
Schöpfkelle aus Kupfer mit geringer Wölbung des Schöpfteils. Der angenietete, mit Doppelbögen geschmückte Stiel ist oben zum Aufhängen umgebogen. Das Zinn ist weitgehend abgerieben.
Gesamtlänge: 39 cm; Durchmesser: 8,5 cm
Gesammelt: Sonia Gidal, 1952
Inv. Nr. 19548

Teller oder Platte
Ethnischer Name: *ṣaḥn*
Noch vollständig verzinnter Breitrandteller aus Kupfer mit Überarbeitungsspuren durch den Hammer. Der Boden mit dem Standring ist an die Wandung gelötet, der Rand umgeschlagen. Der Spiegel ist mit einem sechsstrahligen Stern mit Blütenkelchen sowie Kreisornamenten (Punzen) verziert. Den Rand schmücken zwei geknickte Wellenranken mit runden Punzen an den Scheitelpunkten. Auf der Unterseite des Randes ist der Name «Muḥammad al-Ġaẓı» eingraviert.
Höhe: 4,5 cm; Maximaldurchmesser: 34 cm
Gesammelt: Widad Kawar
Inv. Nr. 22244

Teller oder Platte
Ethnischer Name: *ṣaḥn*
Breitrandteller aus Kupfer, noch vollständig verzinnt, mit Überarbeitungsspuren durch den Hammer. Der Boden mit dem Standring ist an die Wandung gelötet. Der Rand ist mit Blüten- und Blumenornamenten verziert.
Höhe: 3 cm; Maximaldurchmesser: 25 cm
Gesammelt: Widad Kawar
Inv. Nr. 22237

Schale
Ethnischer Name: *ṣaḥn*
Noch vollständig verzinnte Schale aus Kupfer oder Messing. Der Boden mit Standring ist mit der Wandung verlötet. Der waagrecht ausgestellte Rand ist mit gepunzten Sonnen- und Strichornamenten sowie mit Kerben verziert.
Höhe: 4 cm; Maximaldurchmesser: 26 cm
Gesammelt: Widad Kawar
Inv. Nr. 22241

Schale
Ethnischer Name: *ṣaḥn*
Innen verzinnte Schale aus Messing mit Linsenboden und waagrecht ausgestelltem Rand. Starke Überarbeitungsspuren durch den Hammer.
Höhe: 4 cm; Maximaldurchmesser: 21 cm
Gesammelt: Widad Kawar
Inv. Nr. 22238

Teller oder Platte
Ethnischer Name: *ṣaḥn*
Breitrandteller aus Kupfer. Der Boden mit dem Standring ist an die Wandung gelötet. Auf dem Spiegel und dem reparierten breiten Rand finden sich mehrere Rillen und der Schriftzug «hergestellt [von] Sayd Bakr ʿAbaryah». Die Verzinnung auf der Aussenseite des Bodens ist noch vorhanden.
Höhe: 5,5 cm; Maximaldurchmesser: 42 cm
Gesammelt: Sonia Gidal, 1979
Inv. Nr. 20200

Teller oder Platte
Ethnischer Name: *ṣaḥn*
Breitrandteller aus Kupfer mit Rillen auf Spiegel und Rand, der um eine Einlage gebogen wurde. Der Boden mit dem Standring ist an die Wandung gelötet; von der Verzinnung sind noch Spuren vorhanden.
Höhe: 4 cm; Maximaldurchmesser: 31 cm
Gesammelt: Sonia Gidal
Inv. Nr. 20164

Teller oder Platte
Ethnischer Name: *ṣaḥn*
Breitrandteller mit Fussscheibe. Stern-, Blatt- und geometrische Ornamente schmücken Spiegel und Rand, der um eine Einlage gebogen ist. Die Verzinnung ist auf der Aussenseite noch erhalten.
Höhe: 5 cm; Maximaldurchmesser: 34 cm
Gesammelt: Sonia Gidal, 1952
Inv. Nr. 19551

Kleidern und Getreide hingegen verwendeten die Negev-Beduinen gewebte Säcke, vor allem in der ersten Hälfte des 20. Jahrhunderts.

Obwohl es in Nablus und Hebron auf Wasserschläuche spezialisierte Gerbereien gab,[24] gerbten die Frauen laut Kāmlah Albaz die Schläuche bis etwa Ende der 1940er Jahre selber; später machten modernere Behältnisse die Lederschläuche überflüssig. Über den Gerbprozess erfuhr ich nur, dass die Felle mindestens drei Tage lang mit einem Sud aus Eichenrinde oder Granatapfelschale gefüllt wurden – beide Gerbmittel konnten in pulverisierter Form gekauft werden – und dass zuweilen Salz oder pulversisiertes Alaun zugefügt wurde. Die Rinde der Eiche ergab einen rötlichen, die Granatapfelschalen einen gelblichen Farbton. Das Gerben mit diesen Ingredienzien ist weit verbreitet, wobei auch andere Gerbpflanzen verwendet werden können.[25]

Vorgängig mussten die Felle mit einem scharfkantigen Werkzeug von Fettresten befreit und durch einen Fermentationsprozess zur Entfernung der Haare vorbereitet werden. Die Häute wurden mit Salz eingerieben und für eine Woche auf dem Zeltdach der Sonne ausgesetzt.[26] Der Fermentationsprozess kann auch durch das Einlegen der Haut in eine Lösung aus Buttermilch und Salz, das Einreiben der Haut mit Salz und Gerstenmehl oder das Vergraben in der Erde eingeleitet werden.[27]

Während die Felle der Schafe zu Mänteln, zu Sattel- oder Bodenbedeckungen verarbeitet wurden, verwendete man die poröseren Ziegenhäute, die dank ihrer grösseren Verdunstungskapazität den Inhalt länger

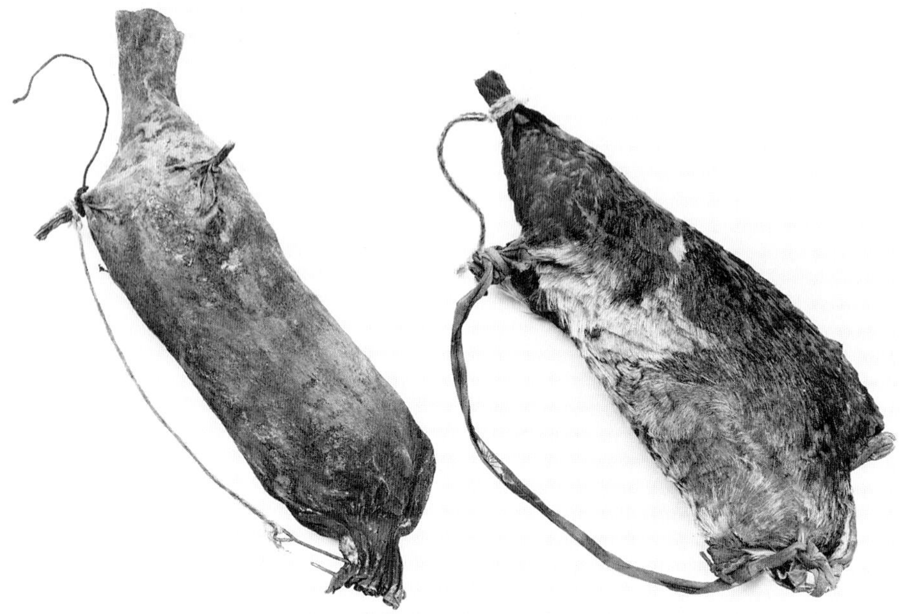

Wasserschlauch
Ethnischer Name: *girbih*
Die Schnittstelle dieses rötlich gegerbten Ziegenhautschlauches wurde in einen gebogenen Eisendraht geklemmt, die Hinterbeine fehlen. Die als Tragband dienende Schnur ist am Eisendraht und an einem Vorderbein befestigt. Ein ebenfalls an ein Vorderbein geknüpfter Schnürsenkel dient zum Verschliessen des Ausgusses.
Maximallänge: 64 cm;
Maximalbreite: 14 cm
Gesammelt: Izhaq Al-Hroub
Inv. Nr. 22041

Wasserschlauch
Ethnischer Name: *girbih*
Bei diesem Schlauch aus nicht enthaarter Ziegenhaut sind die Hinterbeine abgetrennt, und der Schlauch wurde so geschnitten, dass ein Zipfel zum Festbinden des Tragbandes vorsteht. Der hintere Teil des Schlauches ist sorgfältig mit einem Lederband vernäht. Das mit einem Vorderbein verbundene Tragband besteht aus rotem Kunstfaserstoff, und ein ebenfalls an einem Vorderbein befestigtes Seil aus verdrillten Schnüren dient zum Verschliessen des Ausgusses.
Maximallänge: 58 cm;
Maximalbreite: 27 cm
Gesammelt: Widad Kawar
Inv. Nr. 22268

frisch halten, vorwiegend für Schläuche. Damit die Haut beim Schlachten möglichst unversehrt blieb und die Anzahl der Nähte auf ein Minimum beschränkt werden konnte, entfernten die Männer vorerst den Kopf des geschlachteten Tieres, schnitten die Rückseite der Hinterbeine bis zum Schwanz auf und zogen das Fell von hinten nach vorne ab.[28] Die hintere Öffnung wurde vernäht oder zusammengebunden und die Halsöffnung, die zum Ein- und Ausgiessen der Flüssigkeit dient, konnte mit einer Schnur verschlossen werden. Meistens wurden die vernähten Hinter- und Vorderbeine mit einem Band verbunden, damit der Schlauch getragen oder am Sattel des Reittiers festgemacht werden konnte. Im Zelt wurden die Schläuche jedoch nicht aufgehängt, sondern auf dem Boden gelagert und mit einem feuchten Tuch bedeckt. Wurden die Schläuche lange nicht gebraucht, waren sie hart und brüchig, wie dies bei allen Schläuchen der Sammlung der Fall war. Deshalb legte sie die Restauratorin in Salzwasser ein und stopfte sie in nassem Zustand.[29]

Wasserschlauch
Ethnischer Name: *girbih*
Der hintere Teil des braunroten, sehr dunklen Ziegenhautschlauches ist weggeschnitten und mit einem Lederband sorgfältig zusammengenäht. Am unteren Ende wurde das Leder zu einer Schlaufe gebogen, die mit einem Griff aus Holz versehen ist. Jedes der beiden Vorderbeine ist mit einem Lederband zugenäht; Tragband und Band zum Verschnüren des Ausgusses fehlen.
Maximallänge: 65 cm; Maximalbreite: 42 cm
Gesammelt: Izhaq Al-Hroub
Inv. Nr. 22048

Das traditionelle Koch- und Essgeschirr[30] erwarben die Beduinen auf den Märkten oder durch fliegende Händler. Es unterschied sich nicht von dem im übrigen Palästina gebrauchten Gerät, wobei die Beduininnen eine bescheidenere Auswahl an Küchengeräten zur Verfügung hatten als die Dorffrauen. Die Kupfer- und Messingwaren stammten aus den städtischen Kupferschmiedezentren in Damaskus und Kairo, von wo sie in die umliegenden Länder exportiert wurden, sowie aus den palästinensischen Werkstätten in Gaza, Jaffa, Akko, Nazareth und Jerusalem. Wie die Kaffeekannen und Tabletts wurden auch die Kochtöpfe, Pfannen, Schalen und Teller maschinell gedrückt und mit Schmuckrillen versehen; einige Objekte scheinen mit dem Hammer nachträglich überarbeitet worden zu sein, z.B. Schale 22238 sowie die Teller 22244 und 22237.[31] Vor Gebrauch wurde das Geschirr wegen der gesundheitsschädigenden Grünspanbildung vor allem innen verzinnt. Da die Beduinen ihre Töpfe mit Sand scheuerten, nutzte sich die Verzinnung schnell ab und musste in der Stadt oder durch fahrende Handwerker von Zeit zu Zeit erneuert werden. Einige Kochtöpfe, Schalen und Teller unserer Sammlung zeigen nur noch Spuren der ursprünglichen Verzinnung. Starke Scheuerspuren lassen vermuten, dass das Zinn absichtlich entfernt wurde, weil sich Kupfer besser an Touristen und Sammler verkaufen lässt als matte, verzinnte Gegenstände.

Die gelegentlich von Beduininnen verwendeten Arbeitsplatten aus Stroh wurden von Dorffrauen in Heimindustrie geflochten,[32] und die Schüsseln, Schalen und Schöpfer aus Holz wurden von dörflichen Handwerkern Jordaniens und des heutigen Westjordanlandes gefertigt. Mit Vorliebe verwendeten sie für die Schüsseln das Holz der Terebinthe (Pistacia atlantica) und der Tamariske (Tamarix aphylla).[33] Später wurden die hölzernen Geräte durch Kupfergeschirr ersetzt, das Ende der 1940er oder 1950er Jahre durch Aluminiumgeschirr abgelöst wurde. Letzteres wird noch heute auf dem Markt von Beersheba angeboten.

Die Beduinin als Textilproduzentin

«Drei Teppiche sind aus feinem Kamelhaar gewoben
und aus sehr feiner Seide.»[1]

Das liegende horizontale Webgerät wurde mit Zeltheringen vor dem Frauenraum so festgepflockt, dass der Kettbaum ins Freie ragt. Ende 1950er Jahre (Foto: Ruben Milon)

Meisterinnen textiler Techniken

Eine der Hauptbeschäftigungen der Beduininnen war früher die Verarbeitung von Wolle und Haar. Die Frauen verspannen das Vlies der Schafe und die Haare der Kamele und Ziegen zu Garn und woben daraus die Zeltbahnen, die Vorratssäcke, Teppiche, Decken und Kissen sowie die Satteltaschen und den Schmuck für die Kamele. Ihre Erzeugnisse schmückten sie mit farbenfrohen Mustern, mit Quasten, Fransen und Bändern in kunstvollen Zwirnbinde- und Flechttechniken. Zwar webten auch die Dorfbewohnerinnen im heutigen Westjordanland, aber deren Stücke waren weit weniger fein gearbeitet und das Repertoire an Mustern bescheidener, wie Crowfoot feststellte. Daher engagierten beispielsweise die im südlich von Bethlehem gelegenen Artas lebenden Frauen nicht selten zum Weben ihrer Teppiche eine benachbarte Ta'āmrah-Beduinin, und bei ihren eigenen Arbeiten liessen sie sich von den Mustern der Beduinenfrauen inspirieren und lernten deren Flechttechniken.[2]

Beduininnen webten und weben ausschliesslich auf dem liegenden horizontalen Webgerät, das sich leicht montieren und wieder abbauen lässt. Sie richteten es früher vor dem Frauenraum des Zeltes so ein, dass sie im Zeltschatten oder innerhalb des Zeltes sitzen konnten, während der Kettbaum ins Freie ragte. Heute richten die in den Siedlungen lebenden Beduininnen das Gerät unter einem Schattendach im eingezäunten Hof ihres Hauses ein. Die Frauen können also, ob im Haus oder im Zelt lebend, nur während der Trockenzeit arbeiten. Es sind vorwiegend ältere Frauen, die in ihrer Freizeit weben, während die jüngeren nur noch wenig Interesse für diese Arbeit aufbringen. So geraten immer mehr alte Web- und Flechttechniken in Vergessenheit.

Noch in den 1970er Jahren haben die Frauen, auch wenn sie selber keine eigenen Schafe mehr besassen, Wolle auf dem Markt oder von Schafbesitzern gekauft und sie selber versponnen und verwoben. Seit den

Eine ältere 'Azāzmih-Frau im Wādī al-Mašāš, die eine traditionelle Kopfbedeckung (*wugā*) und einen Gürtel (*mugawwaṭ*) trägt, arbeitet an einem Kettrepsgewebe. 1981 (Foto: Klaus-Otto Hundt)

Beduininnen klopfen Ziegenhaar auf dem Markt von Beersheba. Ende 1950er Jahre (Foto: Tim Gidal)

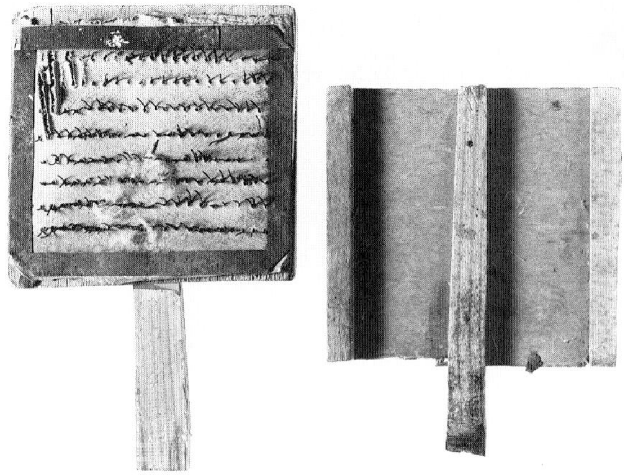

Handkarden
Ethnischer Name: *karadīš*
Holzbretter wurden mit Pappe und einem Stück Plastiktuch bezogen, mit feinen Eisenzähnen versehen und an den Rändern mit schmalen Eisenbändern verstärkt. Von den drei, die Unterseite der Karden verstärkenden Holzlatten wurde die mittlere zu einem Griff verlängert, der bei einer Karde abgebrochen ist.
Gesamtlänge der intakten Karde: 33 cm; Breite: 20,5 cm; Höhe: 20 cm
Gesammelt: Izhaq Al-Hroub
Inv. Nr. 22050

1980er Jahren hingegen kaufen sie Acrylwolle in leuchtenden Farben, verzwirnen zwei oder drei Fäden zu einem dickeren Garn und weben daraus Teppiche, Kissen und dekorative Wandbehänge für das Haus. Um etwas eigenes Geld zu verdienen, verkaufen einige ihre Teppiche. Für jüngere Frauen wäre es allerdings nicht schicklich, die Webereien öffentlich anzubieten. So verkaufen sie ihre Ware fliegenden Händlerinnen aus Gaza, die dann, wenn die Männer bei der Arbeit sind, die Frauen besuchen. Manchmal übernehmen auch ältere Frauen die Rolle als Zwischenhändlerinnen. Da sie mehr Bewegungsfreiheit geniessen, können sie auf den Markt gehen oder die Teppiche Touristen anbieten.[3]

Die Zeiten aber, in denen die Frauen weben müssen, sind vorbei; Jute und Chemiefaserstoffe haben die Webbahnen ersetzt. Als ich mein Bedauern über diese Tatsache äusserte, lachte Kāmlah Albaz. Sie erinnert sich ohne Wehmut und mit leichtem Schaudern an die Zeit, als sie in mühevollster Arbeit Zeltbahnen zu weben hatte.

Vom Rohprodukt zum fertigen Garn

Ḥāǧǧih Miryam aṣ-Ṣānʿ aus Lagiyyah hat zusammen mit ihrer Schwester einen Teppich aus Acryl als Geschenk für ihre Tochter gewoben. Schafwolle verspinnt sie nur noch für das «Negev Bedouin Weaving»-Projekt, und sie erlaubt uns, sie dabei zu fotografieren (s. Abb. S. 295). Auch Kāmlah Albaz braucht nun ausschliesslich Acrylwolle zur Anfertigung dekorativer Gegenstände für das Haus, doch sie erinnert sich noch gut an frühere Zeiten, als die Verarbeitung von Wolle und Haar zu ihren täglichen Pflichten gehörte, und ist bereit, uns darüber zu berichten.

Reinigen und Kardieren

Diese Arbeiten gehören seit den 1980er Jahren praktisch der Vergangenheit an. Nachdem die Männer die Schafe geschoren hatten, reinigten die Frauen die Rohwolle (*ǧizzih*), zupften sie mit den Fingern auseinander, parallelisierten die Fasern und verspannen sie. Während sie das Kamelhaar (*wabar*) gleich behandelten, klopften und kardierten sie das Ziegenhaar (*šaʿr*), damit es weicher wurde, wie Kāmlah Albaz betont. Ebenfalls kardiert wurde ein Gemisch von Ziegenhaar und Wolle, wobei sich die Fasern gleichmässig vermengten und in einer Richtung gezogen wurden. Schafwolle hingegen kardierte man nur dann, wenn die Fasern kurz waren, nicht aber ein sauberes, langfasriges Vlies.[4]

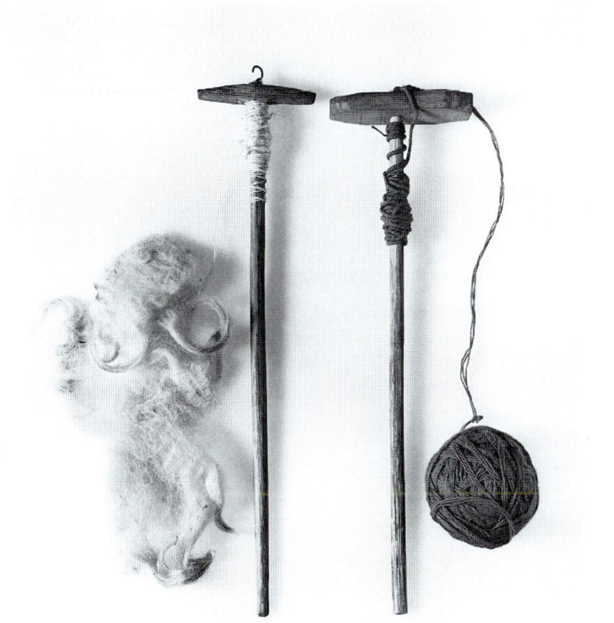

Handspindel
Ethnischer Name: *maġzal*
Auf dem sehr leichten, aus hellem Holz bestehenden Spindelstab steckt als Schwungmasse ein rautenförmiger Spinnwirtel aus schwererem Holz. Das Häkchen auf der Spitze des Stabes dient zur Befestigung des Fadens.
Stablänge: 39 cm; Wirtellänge: 9,5 cm; Breite: 3,5 cm; Dicke: 1 cm
Gesammelt: Sonia Gidal, Ende 1980er Jahre
Inv. Nr. 20921

Handspindel
Ethnischer Name: *maġzal*
Der Spindelstab besteht ebenfalls aus hellem, leichtem Holz und der rechteckige Wirtel mit abgerundeten Ecken aus hellem, schwererem Holz. Im Unterschied zu 20921 dient ein Nagel zum Befestigen des Fadens, und der Wirtel ist massiver.
Stablänge: 38,5 cm; Wirtellänge: 11 cm; Breite: 4,5 cm; Dicke: 1,3 cm
Gesammelt: Sonia Gidal
Inv. Nr. 19719

Eine ʿAzāzmih-Frau im Wādī al-Mašāš demonstriert das Zwirnen von Wolle. 1974 (Foto: Klaus-Otto Hundt)

Zum Kardieren wurden einfache, von lokalen Handwerkern angefertigte Handkarden (*karadīš*; 22050) verwendet. Man legte die Wolle auf eine der Karden, presste das abgeschnittene Ende jeder Flocke in die Metallzähne und zog leicht am Spitzenende. Dann führte man die zweite Karde mehrere Male über die erste.

Spinnen und Zwirnen

Die Tätigkeit des Spinnens mit der Handspindel (*maġzal*) aus Holz wird heute nur noch selten, die des Zwirnens hingegen noch häufig ausgeübt. Die Frauen können diese Arbeiten überall erledigen, zu Hause, unterwegs oder beim Hüten des Viehs. Sie wickeln das Vlies um das linke Handgelenk, hängen es über die Schulter,[5] oder, falls sie am Boden sitzen, legen sie die Rohwolle auf ihre linke Seite, wie ich es bei Ḥāǧǧih Miryam beobachten konnte (s. Abb. S. 295). Mit den Fingern ziehen sie aus dem Vlies genügend Fasern heraus, um eine dünne Strähne zu bilden und wickeln deren Anfang um den in der Spitze des Spindelstabes steckenden Haken. Anschliessend rollen sie die Spindel auf dem rechten Oberschenkel vom Knie zur Hüfte hin, um ihr den nötigen Drall im Uhrzeigersinn (= Z-Drehung) zu verleihen. Dann lassen sie die Spindel fallen, die sich mit dem Wirtel nach oben weiterdreht. Haben die Frauen eine Fadenlänge gesponnen, lösen sie den Faden vom Haken, wickeln ihn um den Spindelstab, und der Arbeitsprozess beginnt von vorne.[6]

Wenn die Frauen dickere Garne benötigen, zwirnen sie mit einer massiveren Spindel meistens zwei, manchmal drei Fäden zusammen. Der Prozess ist gleich wie beim Spinnen; doch das Garn muss nun in der zur Spinnrichtung entgegengesetzten Richtung gezwirnt werden, damit es sich nicht wieder aufdreht.

Deshalb wird die Spindel von der Hüfte zum Knie gerollt, so dass sie sich im Gegenuhrzeigersinn weiterdreht (= S-Drehung). Während in einigen benachbarten Gebieten diese Spindel *mabram* (von *barama*, zusammendrehen) genannt wird, heisst sie im Negev ebenfalls *maġzal*.

Soll die Schafwolle gefärbt werden – Ziegen- und Kamelhaar wird kaum gefärbt –, wird sie nach dem Spinnen zu lockeren Strangen gewunden, damit eine regelmässige Farbaufnahme gewährleistet ist. Nach dem Färben und Trocknen wird die Wolle wieder zu Knäueln gewunden und verzwirnt. Wird bereits gezwirnte Wolle gefärbt, was selten geschieht, so werden beim Aufdrehen des Zwirns ungefärbte Partien sichtbar.

Die Drehrichtung

Je nachdem, ob im senkrecht gehaltenden Faden die vorne liegenden Fasern parallel zum schräglaufenden Teil des einen oder anderen Buchstabens verlaufen, unterscheidet man zwischen S- und Z-Drehung. Die Drehrichtung von gesponnenen und gezwirnten Garnen scheint in einem Gebiet über lange Zeit konstant zu bleiben. Crowfoot zum Beispiel hat festgestellt, dass in Palästina, Syrien und Transjordanien im Uhrzeigersinn, d.h. in Z-Richtung, in Ägypten und im Nord-Sudan hingegen im Gegenuhrzeigersinn, in S-Richtung, gesponnen wird.[7] Die Untersuchung der Drehrichtung an den textilen Objekten der Sammlung hat ergeben, dass die meisten Garne aus zwei Z-gesponnen Fäden bestehen, die in S-Richtung verzwirnt wurden, was mit der Formel Z2S bezeichnet wird.

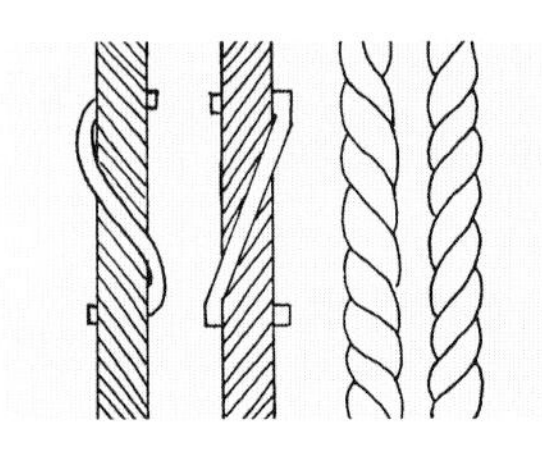

S-Drehung und Z-Drehung
(Zeichnung aus Ferdinand 1993:271)

Das Färben: Natur- oder Synthetikfarben?

Zur traditionellen Farbpalette gehören neben den natürlichen Farben von Wolle und Haar, also Weiss-, Beige-, Grau-, Braun- und Schwarztönen, auch verschiedene Rottöne, Indigoblau und Olivgrün. Dalman beschreibt eine Fülle wildwachsender oder angebauter einheimischer Farbstoffpflanzen, doch schon im 19. Jh. haben synthetisierte Farbpigmente aus Deutschland die natürlichen Farbstoffe fast vollständig verdrängt.[8]

Zu deren wichtigsten Farblieferanten gehören der Indigostrauch (Indigofera argentea), aus dem das Indigo, ein tiefblauer Farbstoff, gewonnen wird, sowie Krapp (Rubia tinctorum; auch Färberröte genannt), deren getrocknete und pulversierte Wurzeln einen roten Farbstoff liefern. Schon zu Beginn des 20. Jh. wurde das natürliche Indigo mit auf Anilinbasis synthetisiertem Indigo gemischt, und später verdrängte der synthetische Indigo den natürlichen Farbstoff vollständig.

Auch der im 19. Jh. synthetisch hergestellte Farbstoff der Krappwurzel, das Alizarin, konkurrierte den natürlichen Farbstoff, von dem er nicht zu unterscheiden war. Vor dem Färben mit Alizarin, einem Beizenfarbstoff, muss die Wolle mit Metallsalzen und/oder Fettsubstanzen gebeizt werden, wobei die Wahl der Beize die Farbe bestimmt. Verbreitete Beizen sind Aluminiumsalze, die unter Zugabe organischer oder anorganischer Säuren aus dem Grundstoff Alaun (Kalimaluminiumsulfat) hergestellt werden können. Bei Verwendung von Salzsäure beispielsweise erzeugt das Aluminiumchlorid mit dem Alizarin ein helles Rot. Heute ist Alizarin von direkt, d.h. ohne Beize, färbenden Säurefarbstoffen verdrängt worden.

Eine Untersuchung über Färbemethoden der Beduinenfrauen im Negev existiert meines Wissens nicht, und ich selber habe nur wenige Informationen zu diesem Thema sammeln können. Roz Willey, der Leiterin des Weberinnenprojekts in Lagiyyah beispielsweise, sind noch wenige alte Frauen bekannt, die Farbpigmente in Pulverform kauften und zu Hause färbten; auch Fāyizah Abū ʿAmrah erinnert sich daran, dass ihre Mutter zu Hause gefärbt habe. Ob mit natürlichen oder synthetisierten Farbpigementen, war nicht mehr abzuklären. Der Grossteil der Frauen, so Roz Willey, hätte ihr Garn in die Färbereien von Gaza und Hebron geschickt, und auch Kāmlah Albaz berichtete, dass bis 1948 Garne nach Hebron, Gaza oder Beer-

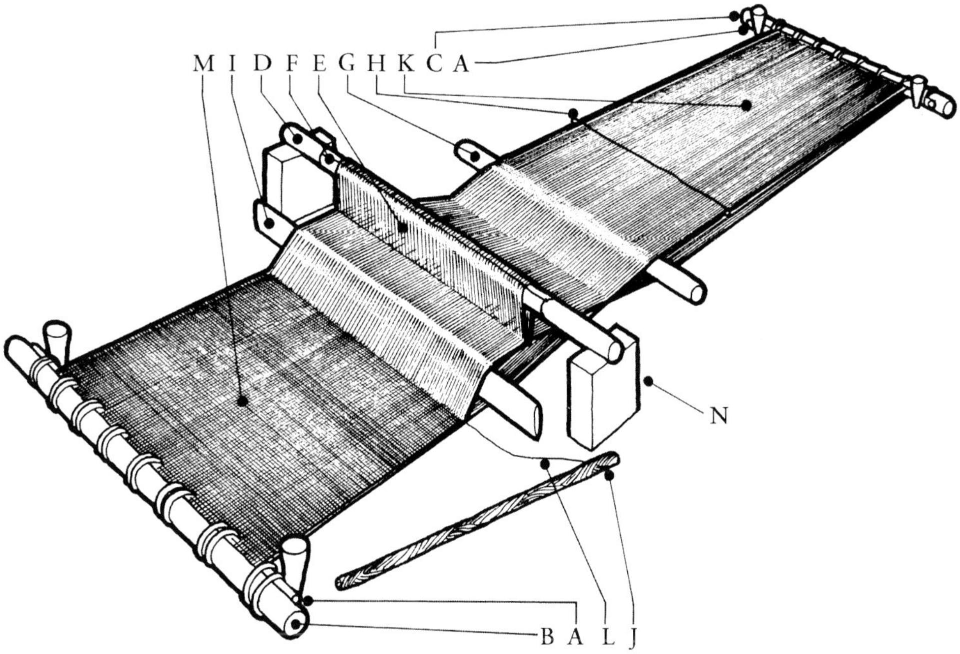

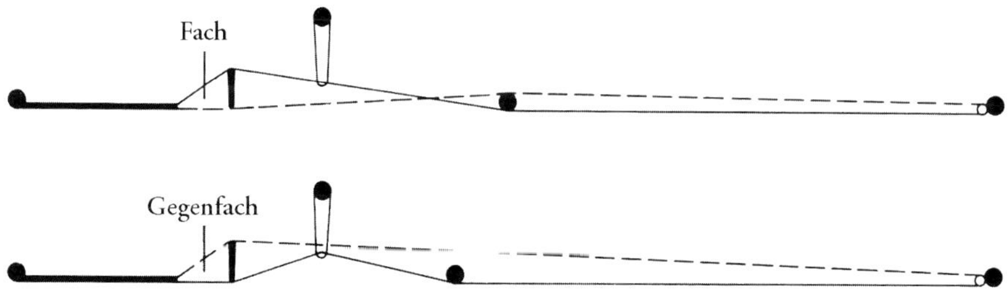

A Zwei Kettenaufzugstäbe (*maṭārig*)
B Brustbaum (*ʿamūd*)
C Kettbaum (*rās*)
D Litzenstab (*minyar*)
E Litzen (*nīrih*)
F Schnur zur Sicherung der Litzen (*maḥtā*)
G Trennstab (*mḥaffah*)
H Schlinge (*glādih*) zur Sicherung der oberen, nicht an den Litzen befestigten Kettfäden
I Schwert (*minsāǧ*)
J Webschiffchen, Eintragstab (*mayšaʿ*)
K Kette (*satā*)
L Schuss, Eintrag (*laḥmih*)
M Gewebtes Stück
N Stein oder Konservenbüchse als Stütze (*mahādī*) für den Litzenstab
(Zeichnung aus Weir 1990:49)

sheba gebracht wurden, wo professionelle, aus Gaza stammende Färber tätig waren. Ihr Eindruck war, dass die Färber natürliche Farben verwendeten. Als die Grenzen nach 1948 zu Ägypten und dem Westjordanland geschlossen wurden, hätten die Frauen vermehrt Farbpulver gekauft und zu Hause mit Salzsäure und *šabbih* (Alaun) selber gefärbt. Diese Information lässt vermuten, dass die Frauen mit pulverisiertem Krapp oder synthetischem Alizarin das Garn hellrot färbten. Nach der Grenzöffnung 1967 frequentierten sie wieder vermehrt die Färbereien von Gaza oder Hebron.

Die gedämpften Farbtöne einiger der älteren Textilien der Sammlung verleiten zur Annahme, dass sie mit Naturfarben gefärbt wurden. Da wahrscheinlich keines unserer Objekte vor die 1920er oder 1930er Jahre zu datieren ist, wage ich das zu bezweifeln, insbesondere da chemisch-synthetische Farben nicht unbedingt grell sein müssen. Viel eher hängt der Farbton von der Qualität der Beizen und Pigmente, vor allem aber von der Geschicklichkeit der Färber ab. Mit Hilfe einiger Grundfarben wie Rot, Blau und Gelb kann eine ganze Farbpalette erzeugt werden, wobei die Mischverhältnisse die Farben und Töne bestimmen. Noch beigefügt werden soll, dass gedämpfte Farbtöne vor allem aus der Sicht der Europäer und Europäerinnen schön sind. So hat Crowfoot bereits in den 1940er Jahren bedauert, dass das schon damals in leuchtenden und grellen Farben auf den Märkten verkaufte Garn durchaus dem Geschmack der Beduinenfrauen entsprach.[9]

Das Weben

Das liegende horizontale Webgerät mit fixiertem Litzenstab (*maddad*)

Das Webgerät besteht im Wesentlichen aus Kett- und Brustbaum, die horizontal am Boden, wo sie festgepflockt werden, aufliegen sowie aus Trenn- und Litzenstab, mit deren Hilfe die Fächer gebildet werden.[10] Das Webgerät wird im Negev *maddad* genannt, was «ausgespannt» bedeutet, während die weiter im Norden oder Nordosten verbreiteten Bezeichnungen *nōl* oder *naṭū* nicht gebräuchlich sind.[11]

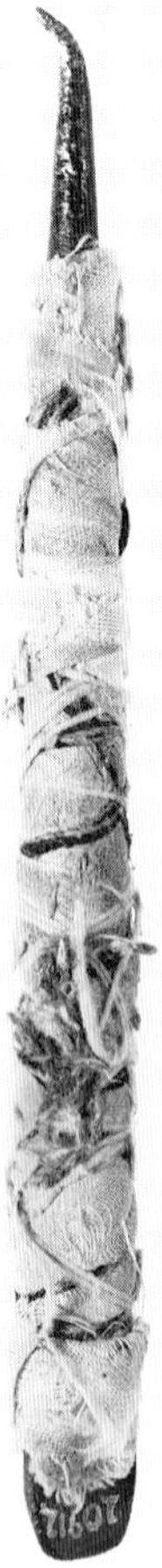

Webhaken
Ethnischer Name: *midrī*
Eine starke Eisennadel mit gebogener Spitze wurde mit Baumwollstoff umwickelt.
Länge: 20,5 cm
Gesammelt: Sonia Gidal
Inv. Nr. 20912

Webhaken
Ethnischer Name: *garn*
Wahrscheinlich Hornende einer Dorkas-Gazelle (Gazella dorcas), auch Negev-Gazelle genannt, mit leicht beschädigter Spitze. (Information Ueli Halder, Zürich)
Länge: 14 cm
Gesammelt: Sonia Gidal, 1970er Jahre
Inv. Nr. 20167b

Wie die beiden Webgeräte der Sammlung belegen, werden sie aus gerade verfügbarem Material ad hoc zusammengesetzt. Beim einen Exemplar sind die dünnen Kettenaufzugstäbe unbearbeitete Äste, beim anderen Eisenstangen, die mit Hanf- und Chemiefaserschnüren an Kett- und Brustbaum befestigt sind. Letztere bestehen aus dickeren Ästen, und der Brustbaum des einen Webgeräts ist ein Schilfrohr. Bei beiden Webgeräten wurde für den Trennstab und das Schiffchen ein dünner Ast verwendet und für den Litzenstab ein grobgeschnitzter, viereckiger Holzbalken. Einzig das Schwert ist aus Holz fein geschnitzt. Einer der Webhaken besteht aus Eisen, der andere aus einem Gazellenhorn. Wird das Gerät ausgespannt, so werden Holzpflöcke oder metallene Zeltpflöcke in den Boden geschlagen.

Der Webvorgang

Die Arbeit beginnt mit dem Zetteln der Kette, wobei die Breite der Webbahn von der Anzahl Kettfäden bestimmt wird. In der Regel beträgt sie 70-100 cm und kann von zwei Weberinnen bequem gemeinsam bearbeitet werden. Für breitere Stoffstücke werden mehrere Bahnen zusammengenäht. Damit dann die Muster übereinstimmen, werden solche Bahnen manchmal auf der gleichen Kette gewoben, deren Länge zwölf und mehr Meter betragen kann.

Beim Zetteln sitzen zwei Frauen an Brust- und Kettbaum einander gegenüber und schlingen das Garn um die Kettenaufzugstäbe, während ein Kind oder eine andere Frau mit dem Wollknäuel zwischen ihnen hin und hergeht.[12] Zur Bildung der Fächer wird der Trennstab so eingeführt, dass abwechslungsweise ein Kettfaden unter, der andere über dem Stab liegt. Alle unter dem Trennstab liegenden Fäden werden nun einzeln durch die aus Garnschlingen bestehenden und am Litzenstab befestigten Litzen geführt und angehoben. Da der Litzenstab fixiert ist, also während des Webens nicht gesenkt und gehoben wird, müssen bei Bildung des Gegenfachs die über dem Trennstab liegenden Kettfäden von Hand über die an den Litzen befestigten gehoben werden.

Dies macht das Weben zu einer harten, körperlichen Arbeit. Zuerst öffnet die Weberin das sich aus der Lage des Trennstabes ergebende Fach, indem sie das Schwert hochkant stellt, und dann führt sie den Eintrag mit Hilfe des Webschiffchens ein. Will sie nun das Gegenfach bilden, zieht sie den Trennstab gegen sich, hebt von Hand eine Anzahl der über dem Trennstab liegenden Kettfäden hinter dem Litzenstab hoch und drückt die an den Litzen befestigten Kettfäden hinun-

Ḥāǧǧih Miryam aṣ-Ṣān' in Lagiyyah webt für ihre Tochter einen Teppich aus Acrylwolle. Sie ist gerade dabei, das Gegenfach zu bilden und hebt von Hand eine Anzahl der über dem Trennstab liegenden Kettfäden hinter dem Litzenstab hoch. 1995 (Foto: Ania Biasio)

ter. Dann zieht sie die über dem Trennstab liegenden Fäden auch vor dem Litzenstab über die anderen und schiebt das Schwert ein, um das Gegenfach offen zu halten. Den Eintrag schlägt sie mit dem Webhaken fest. Mit fortschreitender Arbeit verschiebt die Weberin den Litzenstab weiter nach hinten und setzt sich auf das fertige Stück, um die Spannung der Kette zu verstärken. Bei sehr langen Stücken wird der fertige Teil auf dem Brustbaum aufgerollt.[13]

Die Web- und Zwirnbindetechniken

Der Kettreps (*nasīǧ*)

Alle Webereien der Beduinen sind in Leinwandbindung gewebt, und zwar in deren Sonderform, der Kettreps- oder Kettripsbindung. Bei der Leinwandbindung, der einfachsten Verkreuzungsform von Kett- und Schussfäden, wird der Eintrag regelmässig über und unter einen Kettfaden geführt, wobei er in der nächsten Reihe versetzt wird. Bei der Reps-Bindung – man unterscheidet zwischen Schuss- und Kettreps – ist im fertigen Stück nur ein Fadensystem in Form von horizontalen bzw. vertikalen Rippen sichtbar, während das andere verborgen bleibt. Für einen Kettreps müssen die Kettfäden sehr eng aufgezogen werden, und ihre Anzahl muss die der eingeführten Schussfäden übertreffen. Das Weben in dieser Technik wird *nasīǧ* genannt, was im Hocharabischen «Gewebe» bedeutet.

Allfällige Muster in Kettrepsgeweben müssen bereits beim Zetteln der Kette geplant werden. Da der Eintrag unsichtbar bleibt, entstehen sie durch das Aufziehen verschiedenfarbiger Kettfäden. Die einfachsten und häufigsten Muster sind schmale und breite Längs-

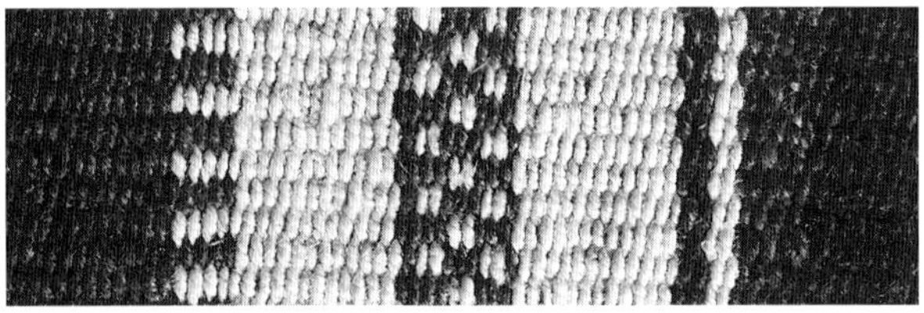

Kettrepsbindung mit vertikal verlaufenden Musterbändern (von links nach rechts): «Rippen» (*ḏlā'*), Schachbrettmuster (*nǧīdah*) und Längsstreifen (*krūr*).
(Detail von 22272, Decke für das Reitkamel)

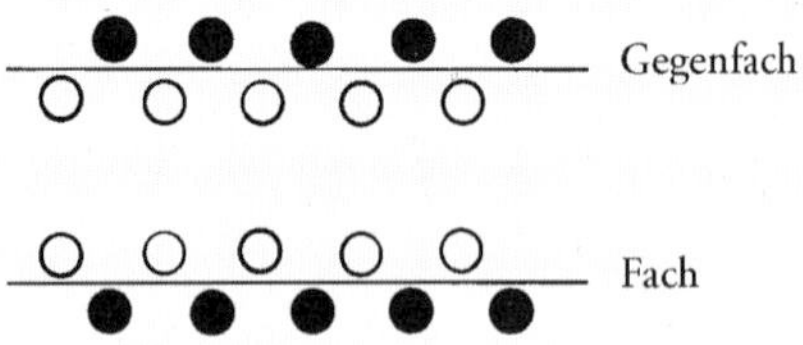

Einzug der Kettfäden für die «Rippen»
(Zeichnung: Elisabeth Schillinger)

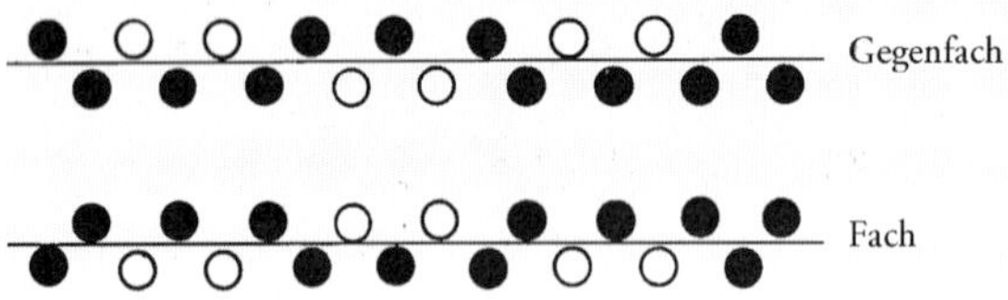

Einzug der Kettfäden für das Schachbrettmuster
(Zeichnung: Elisabeth Schillinger)

Das vertikale Musterband verlangt eine doppelte Kette aus blauem und weissem Garn. Die horizontalen Musterbänder sind zwirngebunden. (Detail von 22262, Trennwand oder Teppich)

Rückseite mit frei flottierenden Kettfäden
(Detail von 22262, Trennwand oder Teppich)

streifen (*krūr*), ein zweifarbiges Schachbrettmuster (*nǧīdah*) sowie ein Muster mit kurzen Querstreifen, «Rippen» (*ḏlā'*) genannt.[14]

Sollen kompliziertere Kettmuster gewoben werden, so werden die Kettfäden paarweise aufgezogen, der eine in der Farbe des Musters, der andere als Hintergrundfarbe. Die Weberin hebt, je nach Erfordernis des Musters, den einen Kettfaden des Paares hoch und lässt den anderen lose auf der Rückseite flottieren. In unserem Beispiel 22262 wurden für die weissen Muster auf blauem Grund ein weisser und ein blauer Kettfaden zusammen geschärt.[15]

Diese Technik war eine Spezialität der Beduininnen im ganzen Mittleren Osten, und sie wurde häufig bei den Bordüren der Trennwände angewandt. Den Dorffrauen war sie nicht geläufig; sie verstanden nur die einfachen Kettmuster zu weben. Besonders kunstvolle Muster stammten beispielsweise aus der westlichen Wüste Ägyptens, wobei die Awlād 'Alī-Beduininnen zu den geschicktesten Weberinnen zählten. Sie produzierten auch für die 'Amriya-Teppichweberei im südwestlich von Alexandria gelegenen Burg el-Arab. Diese nach dem Ersten Weltkrieg eröffnete Manufaktur sollte der Verarmung der Beduinenfrauen entgegenwirken.[16]

Schöne Stücke sind auch von syrischen, jordanischen oder qatarischen Beduininnen überliefert, doch diese Technik ist ungefähr seit den 1950er Jahren verschwunden.[17] Im Negev scheint sie sogar noch früher in Vergessenheit geraten zu sein, denn Kāmlah Albaz wies zwei unserer Textilien sofort als «nicht im Negev bekannt» zurück, nachdem sie bei den ihr unbekannten Mustern die Rückseite mit den frei flottierenden Kettfäden entdeckt hatte. Da aber auf einer vom Ende des 19. Jh. stammenden Fotografie aus dem Negev die Trennwand eines Zeltes zu erkennen ist, die mit dieser Art von Kettmustern verziert wurde, kann angenommen werden, dass sie auch einigen Stämmen im Negev bekannt waren (s. Abb. S.75). Unser Fragment eines Teppichs oder einer Trennwand – das Stück wurde auseinandergeschnitten – stammt nach Angaben der Sammlerin Widad Kawar aus dem Sinai. Aber auch die 'Amriya-Manufaktur oder Jordanien sind als Herkunftsorte nicht auszuschliessen.

Zwirnbinden des Eintrags (*margūm*)

Alle Kettmuster verlaufen vertikal über das ganze Stück. Wünschen die Frauen horizontal verlaufende Musterbänder, so wenden sie eine andere Technik an: das Zwirnbinden des Eintrags um eine passive Kette. Da bei zwirngebundenen Mustern die Kette unsichtbar bleibt, beeinträchtigen verschiedenfarbige Kettfäden das Erscheinungsbild der Muster nicht. Diese Technik bezeichnen die Beduininnen als *margūm*, ein Begriff, der im Negev für vieles, was dekoriert ist, verwendet wird.

Die Frauen arbeiten bei geschlossenen Fächern und tragen immer ein Eintragspaar gleichzeitig ein, indem sie die Einträge vor jedem Kettfaden verzwirnen, d.h. umeinanderdrehen, und einen Eintrag über, den anderen unter dem Kettfaden durchführen.[18] Variationen im Erscheinungsbild ergeben sich z.B. durch die Drehrichtung der verzwirnten Eintragsfäden und deren Abfolge im Gesamttextil: Die Eintragspaare können immer in der gleichen Richtung um einen oder mehrere Kettfäden zwirngebunden werden, z.B. S-kreuzig oder gegenläufig einmal S- und einmal Z-kreuzig.[19] Bei den Webereien der Sammlung sind die Einträge immer gegenläufig und, da die Kette dicht geschärt ist, um zwei oder mehr Kettfäden zwirngebunden. Eine Ausnahme bilden die Schnüre, die in der gleichen Technik gearbeitet sind, wobei die Einträge aber immer S-kreuzig und nur um einen Kettfaden zwirngebunden werden (vgl. Detail vom Zopfschmuck 22171, S.154).

Bei einem mehrfarbigen Muster kann der Eintrag nicht über die ganze Stoffbreite geführt, sondern muss umgewendet werden. Erfolgt der Farbwechsel immer beim gleichen Kettfaden, wie bei senkrecht verlaufenden Musterkanten, resultiert ein vertikaler Schlitz. Bei schräg verlaufenden Begrenzungen von Mustern, z.B. bei Rauten, sind die Einträge gestaffelt, so dass nur ganz kurze Schlitze entstehen.[20]

Reine Kettrepsgewebe (*nasīǧ*) betrachten die Beduininnen als weniger prestigehaltig als solche mit zwirngebundenen Partien (*margūm*). Zuunterst in der Hierarchie stehen Gewebe aus ungefärbter Wolle, Ziegen- und Kamelhaar, aus denen z.B. die Getreide- und Lebensmittelsäcke (22049, Abb. S.90, und 22047, Abb. S.92) oder die Tragtaschen für Esel (19716, Abb.

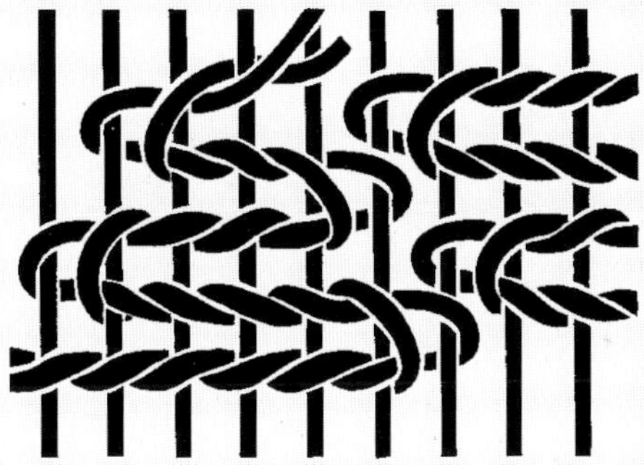

Zwirnbinden des Eintrages, S- und Z-kreuzig, mit umkehrenden Einträgen («gewirktes Zwirnbinden») um einen Kettfaden. (Zeichnung aus Seiler-Baldinger 1991:71)

S.56 gefertigt sind. Für Teppiche (19708, Abb. S.83) und Kleidersäcke, z.B. 22210 (Abb. S.91) hingegen wird für die sichtbare Kette gefärbte Wolle vorgezogen. Damit diese Stücke trotzdem strapazierfähig und reissfest sind, wird für den unsichtbaren Eintrag ein Gemisch von Schafwolle und Ziegenhaar verwendet. Häufig bilden Kettrepsgewebe die unsichtbaren Teile eines Stücks, z.B. die Rückseite der Kissen, z.B. 22180 (Abb. S.87) oder die über dem Sattel liegenden Partien von Kamelsatteltaschen, z.B. 19690 (Abb. S.49), während die sichtbare Vorderseite mit zwirngebundenen Bordüren verziert ist. Im Unterschied zu den Teppichen sind auch die Decken immer mit zwirngebundenen Musterbändern geschmückt, z.B. 22186 (Abb. S.84). Da das Zwirnbinden des Eintrags sehr arbeitsintensiv ist, werden grosse Stücke selten in dieser Technik allein gearbeitet. Die Ausnahme der Sammlung bildet die ausserordentlich wertvolle Decke für das Brautkamel (22030, Abb. S.55). Für kleinere Bänder hingegen ist die *margūm*-Technik beliebt. Beispiele sind Zierbänder für das Kamel wie der Flankenschmuck (22182, Abb. S.52) oder das Nackenband, z.B. 21691 (Abb. S.51) sowie Zierbänder für Gürtel, z.B. 22099 (Abb. S.187) und Zopfschmuck, z.B. 22171 (Abb. S.200).

Margūm-Ornamente von unten nach oben: «farbige Raute» (*mrabbaʿ mlawwan*), «gewöhnliches Dreieck» (*mṯallaṯ ʿādī*), «gewöhnliche Raute» (*mrabbaʿ ʿādī*) und «gewöhnliches Dreieck» (*mṯallaṯ ʿādī*). (Detail der Satteltasche 19690)

Margūm-Ornamente von unten nach oben: «Schmetterling» (*farāšah*), «Schere» (*magaṣṣ*), «gewöhnliches Dreieck» (*mṯallaṯ ʿādī*) und «Schlangenquadrat» (*mrabbaʿ hēmān*). (Detail der Satteltasche 22271)

Motive und Muster

Vergleicht man Muster und Motive verschiedener Regionen, so fällt auf, dass sie überall ähnlich sind. Zwar lässt die Zwirnbindetechnik nur eine begrenzte Auswahl von Mustern zu, aber die Muster haben sich auch durch Kontakte zwischen den Stämmen verbreitet. Werden Formen übernommen und ins eigene kulturelle System integriert, belegt man sie häufig mit neuen Inhalten, und so erhalten sie eine neue soziale Funktion.[21] Ebenso können sich Formen in einer Kultur zwar über lange Zeit erhalten, ihre ursprüngliche Funktion aber, z.B. eine magische, kann vergessen gehen oder ihre Bedeutung verlieren, und ein bestimmtes Muster wird dann nur noch wegen seiner dekorativen Qualität reproduziert.[22] Diesem Prozess ist sowohl die Volkskunst von Industriestaaten unterworfen als auch die Volkskunst von Völkern, die sich in einem abrupten Wandlungsprozess zur Moderne befinden.

Bei den Beduinen hat das Dreieck, besonders als Schriftamulett (*ḥiǧāb*), noch heute eine magisch-schützende Funktion,[23] und wahrscheinlich wehrten die Dreiecke und Rauten auf Webereien und Stickereien ursprünglich ebenfalls negative Einflüsse ab. Da ihre heutigen Namen keinen Hinweis mehr auf eine mögliche symbolische Bedeutung geben, scheinen die Muster diese Funktion verloren zu haben. Wahrscheinlich ermöglichen sie vor allem die Kommunikation der Frauen über die Muster, wie dies Shelagh Weir im Zusammenhang mit den Stickmustern vermutet hat.[24]

Muster oder Ornamente entstehen durch ständige Wiederholung ihrer Komponenten, der Motive. Die einfachste Art der Wiederholung ist die additive Reihung der Motive zu einem Ornamentband. Werden die Motive entlang einer vertikalen oder horizontalen Achse gespiegelt, entsteht eine übergeordnete symmetrische Form.[25] Die *margūm*-Muster setzen sich vorwiegend aus geometrischen, an einer Achse gespiegelten Motiven wie Rauten, Winkeln und Dreiecken zusammen.

Das wichtigste Motiv ist die Raute (Rhombus). Die Diagonalen teilen sie in vier Dreiecke. Wird nur eine Diagonale eingezeichnet, so entstehen zwei Dreiecke. Oft werden die Rauten durch eine Horizontale geteilt und die beiden einander gegenüberliegenden Dreiecke mit einem helleren und einem dunkleren

Fransen und *margūm*-Ornamente von unten nach oben: Blockweise in verschiedenen Farben umwickelte Fransen (*šarāšib manāğil*). Dann folgen: «Halsketten» (*galāyid*), «der Wüstenweg» (*ṭarīg aṣ-ṣaḥrā'*), eine «farbige Raute» (*mrabba' mlawwan*) und «der Weg der Schlange» (*ṭarīg al-ḥāmm*). (Detail der Decke für das Brautkamel 22030)

Schlitzbildung und *margūm*-Ornamente: Deutlich sind die durch Wenden des Eintrags beim immer gleichen Kettfaden entstandenen Schlitze zu erkennen sowie das Muster «Samenhalsketten» (*galāyid bizrih*). (Detail der Decke für das Brautkamel 22030)

Ton derselben Farbe oder mit zwei verschiedenen Farben gefüllt. Die Frage stellt sich natürlich, ob die Raute nun aus gespiegelten Dreiecken besteht oder ob sie selber als Grundkomponente des Musters, als Motiv, betrachtet wird. Crowfoot z.B. hat in Jordanien für ein Rautenmuster aus hellen und dunklen Dreiecken den Namen *ḥiğāb* erhalten,[26] und darum habe ich angenommen, das Dreieck sei wegen seiner magischen Bedeutung das Grundmotiv und die Raute das Ornament. Doch Kāmlah Albaz war anderer Meinung. Sie bezeichnet ein aus kleinen zweifarbigen Dreiecken zusammengesetztes Rautenmuster als «farbige Raute» (*mrabba' mlawwan*), wobei der Begriff *mrabba'* eigentlich «Quadrat» bedeutet. Ein Muster aus vertikal gereihten, einfarbigen Rauten heisst *mrabba' 'ādī* (*'ādī*, gewöhnlich, alltäglich), und eine Raute, gefüllt mit unregelmässigen Linien und Rauten, wird sinnigerweise als «Schlangenraute» (*mrabba' ḥēmān*) bezeichnet.

Ein weiteres häufiges Muster besteht aus konzentrischen Rauten mit verschiedenfarbigen Umrissen und wird «Halsketten» (*galāyid*) genannt, da es an die verschiedenen Halsketten erinnert, die die Frauen tragen. Haben die Rauten getreppte Umrisse, heisst das Muster wörtlich «Samenhalsketten» (*galāyid bizrih*), da die aus kleinen Vierecken bestehenden Treppen an Samen erinnern. Auch bei den «Halsketten» unterscheidet Kāmlah Albaz manchmal zwischen «gewöhnlichen» und «zweifarbigen», je nach dem, ob die zentrale Raute ein- oder zweifarbig ist.

Einfach geknickte Wellenranken (Zickzacklinien) haben je nach Grösse, Anzahl und Art der Kombination verschiedene Namen. Eine breite, horizontal verlaufende, geknickte Wellenranke heisst «der Wüstenweg» (*ṭarīg aṣ-ṣaḥrā'*), und jede der vielen schmalen, vertikalen Zickzacklinen «der Weg der Schlange» (*ṭarīg al-ḥāmm*; *ḥāmm* wird in der Beersheba-Region eine

Zwirngebundene Fransen und *margūm*-Ornamente: Zwirngebundene Fransen mit paarweise verdrillten Enden. Die Ornamente von links nach rechts sind: «Samen» (*bizrih*), «gewöhnliches Dreieck» (*mṯallaṯ ʿādī*), «Samen» (*bizrih*) und «Zähnung» bzw. «Zinnen» (*tasnīn*). (Fransen der Decke für das Reitkamel 22272)

kleine, giftige Schlange genannt). Ist eine Zickzacklinie getreppt, so besteht sie aus «Samen» und wird *bizrih* genannt.

Ein Musterband aneinandergereihter Dreiecke heisst «gewöhnliches Dreieck» (*mṯallaṯ ʿādī*). Werden zwei mit der Spitze gegeneinander stehende Dreiecke an einer dargestellten Achse gespiegelt, so entsteht das «Schmetterling»-Muster (*farāšah*), und zwei mit der Spitze gegeneinanderstehende Winkel mit kleinen Verdickungen an den Enden ergeben eine «Schere» (*magaṣṣ*). Ein den «Rippen» ähnliches, aber doppelt gezähntes Muster wird «Zinnen» oder «Zähnung» (*tasnīn*) genannt.

Die *margūm*-Muster der Beduinenfrauen sind meines Wissens noch nicht untersucht worden, und ich konnte nur Kāmlah Albaz ausführlicher über ihre Benennung befragen. Obwohl die Auskünfte nur einer Informantin nicht genügen können, habe ich trotzdem die wichtigsten Musternamen vorgestellt. Sie geben einen Einblick in das Vokabular der Frauen und die Art und Weise, wie sie Formen mit Inhalt füllen. Entweder benennen sie die Muster nach den wichtigsten Motivkomponenten, oder sie geben einem Musterkomplex seinen Namen wegen einer Ähnlichkeit mit Dingen aus ihrer Umgebung. Manche Motive werden nach den Regeln einer visuellen Grammatik angeordnet, und der Ort eines Motivs und seine Beziehung zu anderen Motiven innerhalb eines Musters sind für seinen Inhalt von Bedeutung.

Die Flechttechniken[27]

Dekorative Bänder, Zaumzeuge, Gürtel, Fransen und Schnüre sind geflochten. Die angewandten Flechttechniken gehören zur Kategorie des echten Flechtens – zwei aktive Systeme werden miteinander verkreuzt – oder zur Kategorie des Halbflechtens, d.h. ein aktives System wird mit einem passiven verkreuzt.[28]

Das echte Flechten

Die in der Sammlung vertretenen Erzeugnisse echten Flechtens gehören zu den Diagonalgeflechten, bei denen die beiden Flechtrichtungen zu den Rändern des Stoffes im Winkel von weniger als 90 Grad verlaufen. Ebenfalls von den Diagonalgeflechten abgeleitet sind die zwei- und dreidimensionalen Zopfgeflechte.[29]

Ältere Bänder zur Kameldekoration 22043 sind zur Mitte hin gearbeitete Diagonalgeflechte mit Repswirkung,[30] deren Herstellung Crowfoot wie folgt beschreibt: Eine gerade Anzahl von Elementen wird an einem Ende verknotet, wobei die Zahl der Elemente je nach Breite des Stücks variert. Die Elemente werden in der Mitte geteilt, und das äusserste Element rechts wird abwechslungsweise über und unter die anderen Elemente bis ins Zentrum geführt und zur linken Hälfte gelegt. Dann wird mit dem äussersten Element links gleich verfahren.[31]

Bei dieser Technik wechseln die aktiven und passiven Elemente ihre Funktion, so dass in der Mitte der ‹Eintrag› zur ‹Kette› wird und hier ein Grat entsteht. Ist der eine Lauf verdeckt und der andere sichtbar, so entstehen Rippen, und man spricht, analog zur Weberei, von einem Reps. Ein Element kann aus zwei bis

Zur Mitte hin gearbeitetes Diagonalgeflecht mit Repswirkung. Da auf der linken Seite sechzehn und auf der rechten siebzehn Elemente verwendet wurden, liegt der Grat nicht genau in der Mitte. (Detail des Bandes zur Dekoration des Kamels 22043)

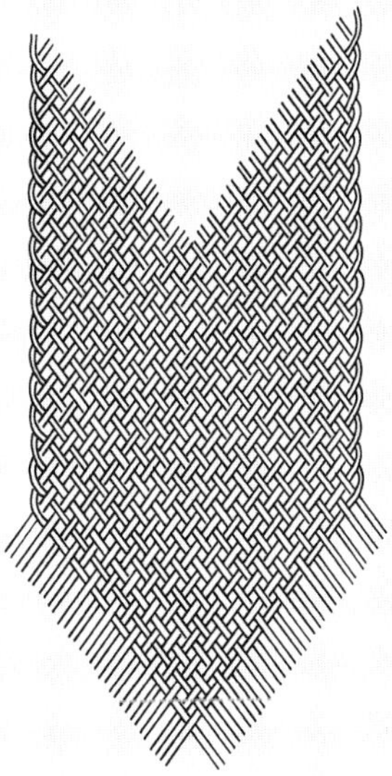

Schematische Darstellung von 22043, bei der die Repswirkung nicht sichtbar gemacht wurde. (Zeichnung: Elisabeth Schillinger)

Das dunkelrote Wollband mit schwarzen und orangen Winkeln besteht aus einem zwirnbindigen Diagonalgeflecht aus insgesamt 44 Elementen mit Repswirkung; eine Hälfte S-, die andere Z-kreuzig. (Detail des Bandes der Kopfbedeckung 22101)

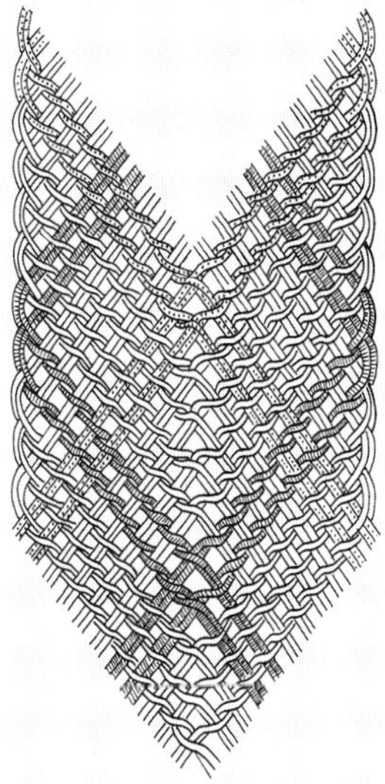

Schematische Darstellung von 22101 (Zeichnung: Elisabeth Schillinger)

drei verzwirnten Garnen bestehen, je nach gewünschter Dicke des Geflechts.

Crowfoot vermutet, dass die Frauen in der Region von Artas diese Technik von den Beduininnen übernommen hätten, um Bänder für ihre Zöpfe zu flechten. Da sie diese Technik an das Weben erinnerte, bezeichneten die Dorffrauen sie auch als «Weben».[32] Kāmlah Albaz hingegen, die diese Flechttechnik zwar noch kennt, aber nicht mehr selber ausführen kann, bezeichnet sie richtigerweise als «Geflecht» oder «Zopf» (*ğadal*).

Bei einer Variante dieser Technik, dem zwirnbindigen Diagonalgeflecht, eine Hälfte S-, die andere Z-kreuzig,[33] wird mit Fadenpaaren gearbeitet, wobei wieder von beiden Seiten gegen die Mitte hin geflochten wird. Vor jedem Eintrag werden die zwei aktiven Elemente miteinander verzwirnt, und ein Element wird über, das andere unter dem passiven Element durchgeführt, wobei die Elemente ihre Funktion in der Mitte wieder von aktiv zu passiv wechseln. In dieser Technik wurden die schmalen Frauengürtel 22084 (Abb. S.186) und 22099 (Abb. S.187) oder das Band der Kopfbedeckung 22101 geflochten. Wie beim vorherigen Beispiel ist nur der aktive Lauf sichtbar, und unter Verwendung verschiedener Farben entstehen V-Muster.

Die Beduininnen verzieren ihre Webereien mit geflochtenen Schnüren und dekorativen Quasten. Die Schnüre werden manchmal aus ungebundenen Kettfäden geflochten, häufiger aber werden sie nachträglich in den Stoff eingezogen oder angenäht. Geflochten wurden beispielsweise auch die Zügel des Pferdezaumzeugs 22253 und des Kamelhalfters 22183. Alle diese Geflechte sind zwei- oder dreidimensionale Zopfflechten.

Unter zweidimensionalen Zopfflechten versteht man schmale Zweirichtungsgeflechte in diagonaler Arbeitsweise, die mit einer ungeraden Zahl (minimal

Zweidimensionaler Sechserzopf (Chinesenzopf) aus weisser Schafwolle und schwarzem Ziegenhaar aus insgesamt 12 Elementen.(Detail des Zügels des Pferdezaumzeugs 22253)

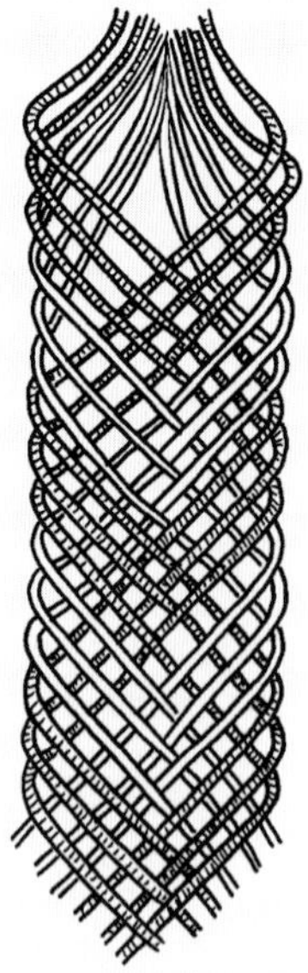

Schematische Darstellung von 22253 (Zeichnung: Elisabeth Schillinger)

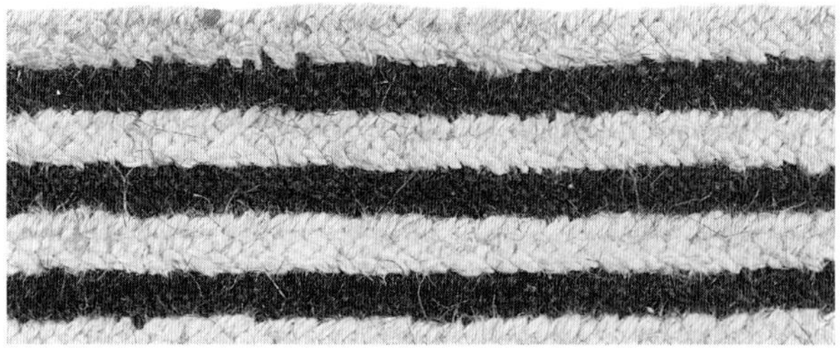

Auf der Rückseite zusammengenähte, zweidimensionale Fünferflechten aus weisser Schafwolle und schwarzem Ziegenhaar. (Detail des breiten Frauengürtels 22099)

Schematische Darstellung von 22099 (Zeichnung: Elisabeth Schillinger)

drei) oder mit einer geraden Zahl (minimal vier) von Elementen geflochten werden.[34] Zu einer einfachen Dreierflechte wurde z.B. der Zopfschmuck 22086 (Abb. S.199) geflochten. Häufiger sind aber kompliziertere Flechten mit mehr Elementen. Für den Zügel des Pferdezaumzeuges 22253 wurden z.B. sechs weisse und sechs schwarze Elemente miteinander zum sogenannten «Chinesenzopf» verflochten, und die schmalen schwarzen und weissen Geflechte, die für den breiten Frauengürtel 22099 zusammengenäht wurden, bestehen aus je fünf Elementen.

Dreidimensionale Flechten variieren in der Form ihrer Querschnitte. Die in der Sammlung vertretenen Flechten haben alle einen runden oder quadratischen Querschnitt. Eine Sonderstellung nehmen die über eine Einlage gearbeiteten Schnüre ein.

Die heute noch beliebteste runde Flechte besteht aus vier Elementen, je zwei in einer Farbe, die so miteinander verflochten werden, dass Längsstreifen entstehen. Von den Frauen wird sie *d̲ēl ǧarbūʿ* («Mäuseschwanz»; *ǧarbūʿ*, Wüstenspringmaus; Jaculus jaculus) genannt, während kompliziertere, aus mehr als vier Elementen bestehende Flechten sehr treffend als *baṭn al-ḥayyah* («die Innereien der Schlange») bezeichnet werden. Flechten mit quadratischem Querschnitt, d.h. Vierkantzöpfe, finden sich vor allem bei älteren Stücken, z.B. beim Band 22043 zur Dekoration des Kamels. Eine Variante stellt der aus vierzehn Elementen aus Ziegenhaar über eine Einlage aus hell- und dunkelroter Wolle gearbeitete Vierkantzopf des Zügels am Kamelhalfter 22183 dar.

Eine runde Flechte aus vier Elementen, je zwei in einer Farbe, wird «Mäuseschwanz» (*ḏēl ǧarbū'*) genannt. (Detail von Kameldekoration 22182)

Schematische Darstellung von 22182 (Zeichnung: Elisabeth Schillinger)

Flechte mit quadratischem Querschnitt aus mindestens acht Elementen und Quaste, deren Ansatz mit roter und blauer Wolle umwickelt ist. (Detail des Bandes zur Dekoration des Kamels 22043)

Schematische Darstellung von 22043 (Zeichnung: Elisabeth Schillinger)

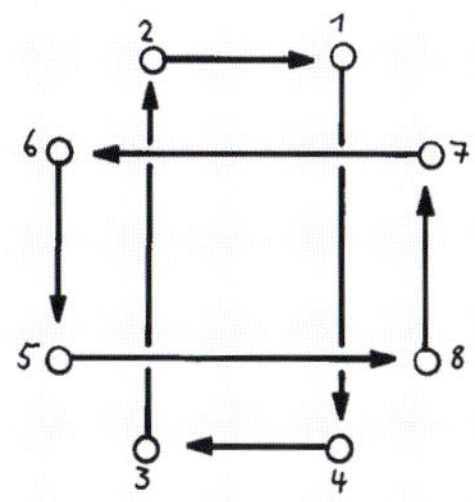

Das Halbflechten

Über eine Einlage gearbeitete Schnüre oder dekorative Fransen werden häufig in Techniken des Halbflechtens gefertigt. Dazu gehört das «umwickelnde Wulsthalbflechten mit der Fadenführung über ein, unter ein passives Element».[35] Die Beduininnen umwickeln immer zwei Fadenbündel in einer Art Achterschleifen, aber ohne die Elemente in der Mitte zu kreuzen. Beim Zopfschmuck 22034 (Abb. S.198) aus dem Beginn des 20. Jh. finden wir die kompliziertere Technik des «doppelschlaufig verschlingenden Wulsthalbflechtens»,[36] die heute wohl kaum mehr praktiziert wird.

Zum Halbflechten gehört auch das Zwirnbinden von Fadenpaaren über eine Kette,[37] eine verbreitete Technik bei der Fertigung runder Schnüre mit Einlage. Zieren diese Schnüre Webereien oder zwirngebun-

Über eine Einlage aus Baumwolle und gespannte Fäden zwirngebundener Eintrag, S-Richtung, mit blockweise die Farbkombination wechselndem Schachbrettmuster. Die gedrillten, im Ansatz umwickelten Quasten sind angenäht. (Schnüre und Quasten des Zopfschmucks 22171)

Perlenstoffbildung durch Bindung der Grundelemente: einfaches Einhängen. (Zeichnung aus Seiler-Baldinger 1991:122)

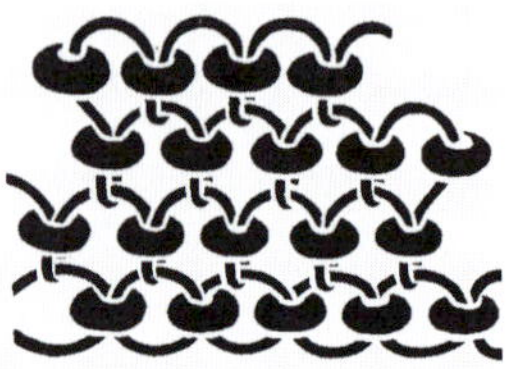

Perlenstoffbildung durch Bindung der Perlen: waagrechtes Einhängen in die Perlen. (Zeichnung aus Seiler-Baldinger 1991:127)

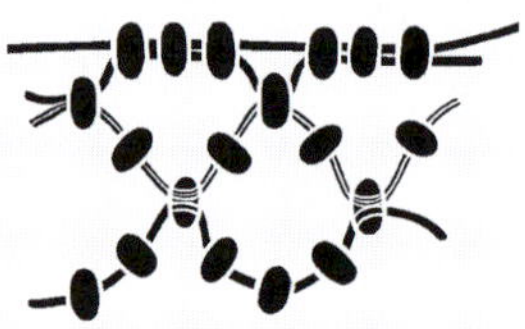

Perlenstoffbildung durch Bindung der Perlen: senkrechtes Einhängen in die Perlen. (Zeichnung aus Seiler-Baldinger 1991:127)

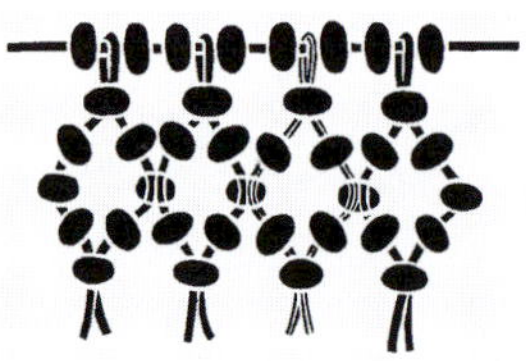

dene Bänder, so werden die ungebundenen Kettfäden über eine Einlage gespannt, und ein Eintragspaar in zwei verschiedenen Farben wird zwirngebunden, und zwar immer S-kreuzig. So entstehen zweifarbige Muster, entweder eine in Längsrichtung verlaufende Spirale oder ein Schachbrettmuster. Beispiele finden sich beim Zopfschmuck, z.B. 22171, sowie bei den Quasten für das Reitkamel (20196, Abb. S. 51).

Perlenstoffe[38]

Sehr häufig sind Dekorationen mit Glas- oder Plastikperlen. Schnüre aus kleinen Perlen werden entweder in der Form gebogener oder einfach geknickter Wellenranken an die Ränder des Zopfschmucks genäht, z.B. 22171 (Abb. S. 200), oder zieren Perlenamulette (Abb. S. 246). Die Beduininnen verstehen sich auch auf die Fertigung von Perlenstoffen, die mit den gleichen Techniken wie die übrigen Stoffe (z.B. Maschenstoffe, Weben, Flechten) gebildet werden können. Dabei erfolgt die Bindung entweder durch die Grundelemente, also die Garne, oder durch die Perlen. Das Perlenamulett 20197 (Abb. S. 245) sowie alle Amulette auf Abb. S. 246 wurden in der Maschenstofftechnik des «einfachen Einhängens» durch Bindung der Grundelemente gearbeitet, wobei der auf- und der absteigende Fadenteil einer Masche, d.h. eines Bindungselementes, durch dieselbe Perle führen. Bei einer weiteren Variante des «einfachen Einhängens» wird das Garn waagrecht oder senkrecht in die Perlen eingehängt, und die Bindung erfolgt durch die Perlen selber und nicht durch das Garn. In dieser Technik wurden die Bänder des Gesichtsschleiers 22085 (Abb. S. 197), der Abschluss der Kopfbedeckung 22075 (Abb. S. 193) oder die Eckverzierungen des Taschentuchs 21435 (Abb. S. 160) ausgeführt. Während bei den eben besprochenen Techniken mit einem fortlaufenden Faden gearbeitet wird, braucht man bei einer flechtereiartigen Technik ein Fadensystem, d.h. zwei Fäden. Die Bindung erfolgt auch hier durch die Perle selbst, indem die sich kreuzenden Fäden durch eine gemeinsame Perle geführt werden (Amulettpaar 22056, Abb. S. 247).

Quasten und Fransen

Quasten (*šarāšib*) bestehen aus einem kugeligen, konischen oder zylindrischen Ansatz und einem Bündel von Fäden oder Schnüren. Den Ansatz umwickeln die Beduininnen entweder mit farbigem Garn und/oder mit Schnüren aus Glasperlen und manchmal mit kleinen Schneckenhäusern. Meistens sind auch die verdrillten Schnüre an den Enden mit kleinen Glasperlen geschmückt.

Die nichtgebundenen Kettfäden beim Abschluss einer Webarbeit werden oft zu Fransen verarbeitet. Bei einfachen Fransen werden die Kettfadenschlingen verdrillt,[39] wie z.B. bei der Kameldecke 22272 (Abb. S.52). Doch meistens sind die Fransen kunstvoller gefertigt. Häufig werden mehrere Kettfäden zu Bündeln zusammengefasst, und immer zwei solcher Bündel werden mit Achterschleifen blockweise in verschiedenen Farben umwickelt («umwickelndes Wulsthalbflechten»), z.B. bei der Decke für das Brautkamel 22030 (Abb. S.55). Gleich gearbeitet sind auch die Schlaufen am Zopfschmuck, z.B. 20195 (Abb. S.200) und die Schnüre für Quasten, z.B. am Zopfschmuck 22057 (Abb. S.199). Diese Fransen oder Schnüre mit Quasten heissen «Sichelquasten» (*šarāšib manāğil*).

Bei einem weiteren Typus von Fransen werden die Einträge über eine gewisse Anzahl Kettfäden zwirngebunden[40] und die Enden paarweise verdrillt. Beispiele finden sich an der Decke 22272 für das Reitkamel sowie am Flankenschmuck 22182 (Abb. S.52). Stehen für Fransen keine Kettfäden zur Verfügung, kann z.B. ein fortlaufender Faden in losen Schlingen in das Gewebe eingehängt werden, und die Schlingen werden dann verdrillt, z.B. Tasche 22214 (Abb. S.40).[41]

Gestickte Randabschlüsse und Nähte[42]

Dekorative Randabschlüsse können nicht nur durch Fransen, sondern auch durch Sticken erzielt werden. Typisch sind umfassende Verschlingstiche, einhängende Verschlingstiche und Zopfstiche, die alle mit Festonstichen kombiniert werden.[43] Meistens werden sie mit zwei Nadeln in alternierenden Farben gearbeitet,

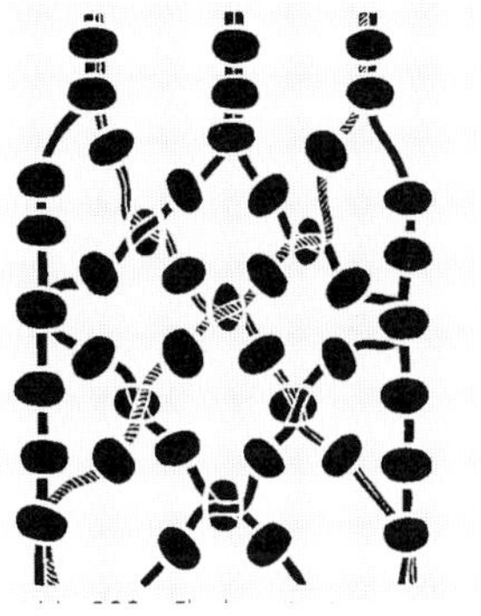

Perlenstoffbildung durch Bindung der Perlen: flechtereiartige Perlenstoffbildung, diagonal. (Zeichnung aus Seiler-Baldinger 1991:128)

Aus dunkelbrauner und weisser Schafwolle gearbeiteter umfassender Verschlingstich, kombiniert mit Festonstich. (Randabschluss des Sacks für Lebensmittel 22047)

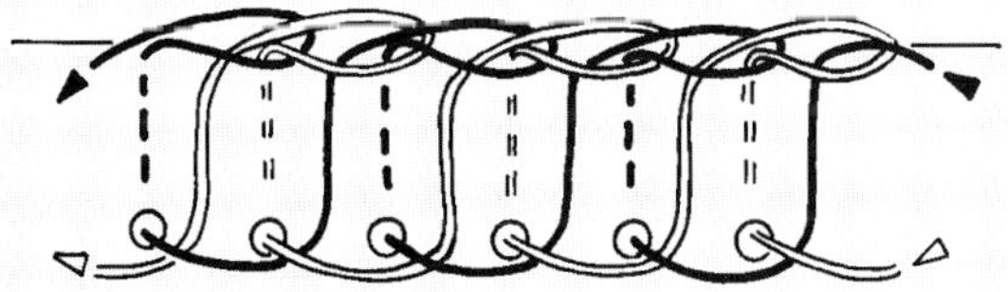

Schematische Darstellung von 22047 (Zeichnung: Elisabeth Schillinger)

Aus roter und weisser Schafwolle gearbeiteter einhängender Verschlingstich, kombiniert mit Festonstich. (Oberer Randabschluss des Sacks für die Aussteuer der Braut 22210).

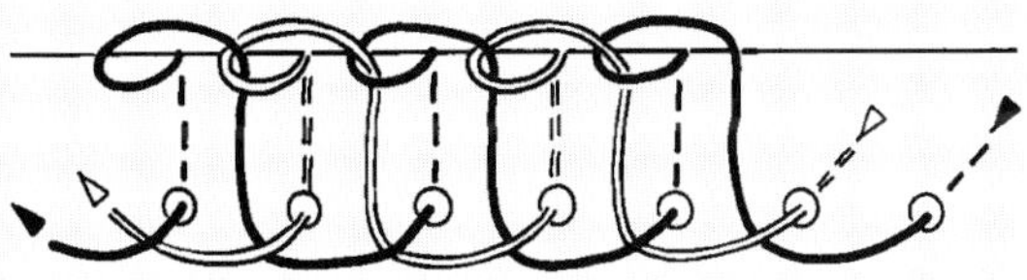

Schematische Darstellung von 22210 (Zeichnung: Elisabeth Schillinger)

Zweifarbiger Zopfstich, kombiniert mit Festonstich in verschiedenen Farbkombinationen. (Randabschluss des halben ‹Schlafsacks› 19718)

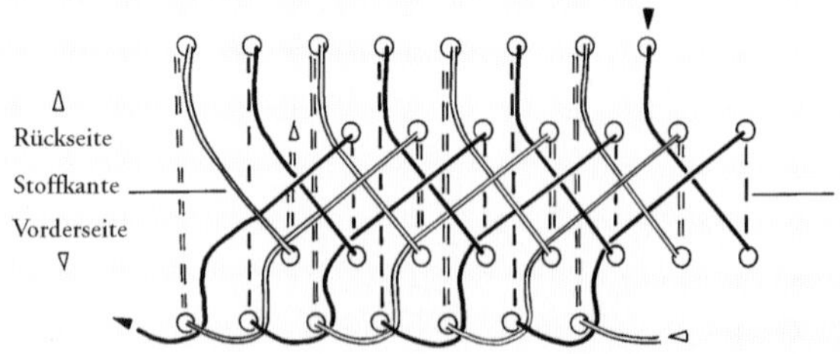

Schematische Darstellung von 19718 (Zeichnung: Elisabeth Schillinger)

Zweifarbiger Festonstich aus roter Schafwolle und hellbraunem Kamelhaar. (Oberer Randabschluss des Getreidesacks 22049)

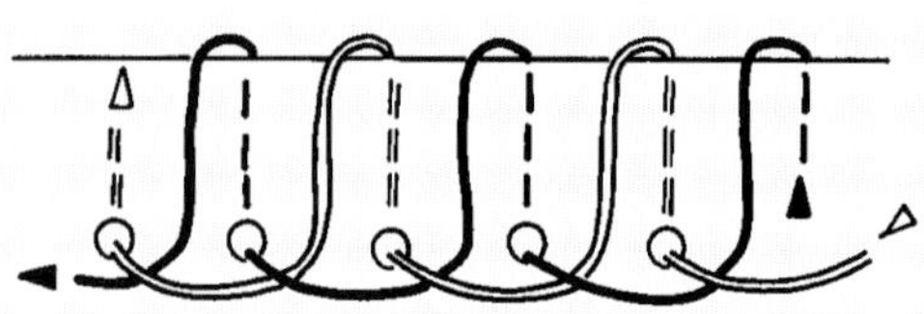

Schematische Darstellung von 22049 (Zeichnung: Elisabeth Schillinger)

wobei die Farbkombination blockweise abwechselt. Etwas seltener finden sich nur Zopfstiche oder nur Festonstiche und ganz selten einfache Überwindlingsstiche. Der aus der Sicht von Kāmlah Albaz einzig «richtige» Randabschluss aber besteht immer aus den mit Festonstichen kombinierten Verschling- oder Zopfstichen; alle anderen Abschlüsse betrachtet sie als minderwertig.

Nähte entstehen dort, wo aufeinander- oder aneinandergelegte Stoffteile verbunden werden, wobei im letzteren Falle auch von Stossnähten gesprochen wird. Ersterer Nahttypus wurde früher, insbesondere bei älteren Stücken, mit Zopfstichen gefertigt. Die Stiche wurden über eine verschieden grosse Anzahl Stickfäden gearbeitet, so dass sich bis zu acht Kreuzungen ergeben konnten.[44] Verschiedene Stiche, häufig sehr unsorgfältig gearbeitete Überwindlingsstiche, finden sich bei neu zusammengenähten alten Stücken, während bei neueren Objekten (z.B. Kissen 22083) senkrecht gestochene Hexenstiche häufig sind. Um den dekorativen Charakter dieser Nähte zu erhöhen, werden sie, wie die Randabschlüsse, blockweise in verschiedenen Farben gearbeitet. Wie die Textilrestauratorin Elisabeth Schillinger festgestellt hat, wurden die meisten Stiche nicht von links nach rechts gearbeitet, wie dies bei uns üblich ist, sondern von rechts nach links.

Stossnähte werden, wenn die Webbahnen nicht mit Überwindlingsstichen zusammengenäht werden (z.B. bei langen Bahnen), mit einem dekorativen Nahtstich blockweise in verschiedenen Farben gestickt. Da die Arbeitsweise an die Umwicklung der Kettfadenbündel erinnert, wird diese Naht ebenfalls als «Sicheln» (*manāǧil*) bezeichnet. Sie findet sich z.B. bei Säcken und stellt auch bei Kleidern ein wichtiges dekoratives Element dar. Da sie typisch für den arabischen Raum ist, wird sie als «arabische Naht»[45] und der Stich als «arabischer Nahtstich» (arab joining stitch)[46] bezeichnet.

Sechskreuziger Zopfstich aus dunkelbrauner und weisser Wolle. (Seitennaht des Sacks für Lebensmittel 22047)

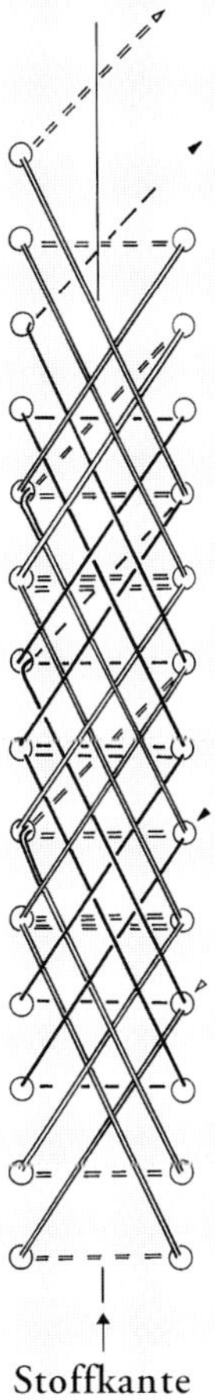

Schematische Darstellung von 22047 (Zeichnung: Elisabeth Schillinger)

Mit roter und weisser Wolle gearbeitete Stossnaht (*manāğil*) oder «arabische Naht». (Stossnaht des Sacks für die Aussteuer der Braut 22210).

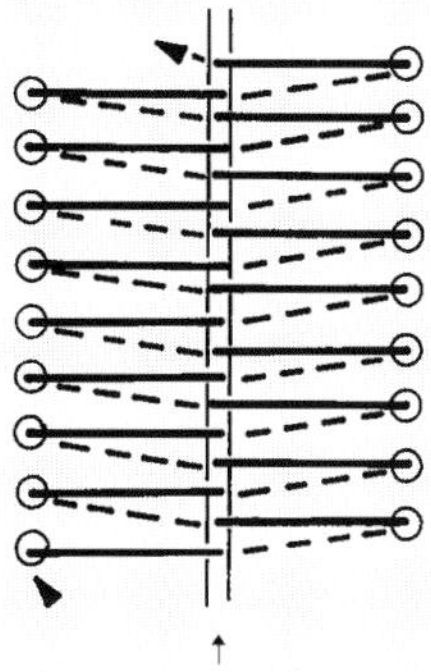

Schematische Darstellung von 22210 (Zeichnung: Elisabeth Schillinger)

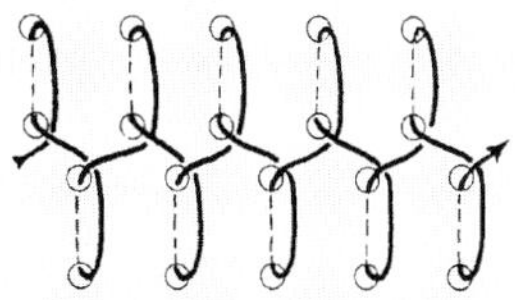

Senkrecht gestochener Hexenstich (Zeichnung aus Boser und Müller 1968:53)

Sticken und Nähen

«Wegen meiner Liebe zu dir, o Schöner, stickte ich deinen Namen auf Taschentücher.»[1]

«Mangel an Arbeit lehrt das Sticken.»[2]

Wie dieses Sprichwort besagt, wurde zu Beginn des 20. Jh. in Palästina Sticken noch als ‹Freizeitbeschäftigung› betrachtet. Erst wenn die Frauen ihre täglichen Arbeiten verrichtet hatten, konnten sie sich mit ihren Stickarbeiten treffen und zusammen plaudern. Da Frauen in Dörfern mit kleinstädtischem Charakter wie Ramallah, Beit Dajan und Bethlehem weniger in der Landwirtschaft beschäftigt waren als die Bewohnerinnen kleiner Dörfer, konnten sich in den genannten Orten wichtige Stickereizentren entwickeln. Ihre Einwohnerinnen trugen schon zu Beginn des Jahrhunderts prächtig bestickte Festkleider, und einige Frauen begannen bereits in den 1930er und 1940er Jahren für die Aussteuer anderer Frauen zu sticken.[3]

Die Kleidung der südpalästinensischen Beduininnen hingegen wiesen noch in den 1920er Jahren kaum gestickte Verzierungen auf. Die damaligen Fotografen haben die Beduinenfrauen allerdings in ihren Alltagskleidern bei der Arbeit fotografiert, und es ist möglich, dass die Festkleider reicher bestickt waren. Es wäre jedoch kaum verwunderlich, wenn die Beduinenfrauen nur wenig Zeit zum Sticken aufgewendet hätten. Ihr Alltagsleben war hart und arbeitsintensiv, und in ihrer ‹Freizeit› waren sie vor allem mit Weben beschäftigt.

Die Hochzeit war und ist das wichtigste Ereignis, wofür die Mutter, ältere Schwestern oder Tanten einer Braut Zierfelder für Festkleider oder Kissenhüllen sticken. Die Braut selber mag ein Tabaktäschchen oder Taschentuch für ihren Bräutigam gestickt haben, doch

Taschentuch
Ethnischer Name: *maḥramah*
Das Tuch aus ursprünglich weissem, handgewebtem Baumwollstoff ist mit sehr feinen Kreuzstichen in Rottönen mit wenig Blau, Grün, Gelb (Baumwollgarn) und wenig Rosa (Seidengarn) bestickt. Datierung: wahrscheinlich 1920er oder 1930er Jahre.
Die gestickten Ranken in der Diagonale bestehen aus «den Lupinenpalmen» und «Samenpalmen», die Seiten halbierenden aus «Zypressen» und einer unidentifizierten Ranke. Dazwischen gestreut sind stilisierte menschliche Figuren und auf einem Dreieck stehende «Zypressen». Die Ränder sind mit einer geflochtenen Schnur, mit kleinen Quasten und Glasperlen geschmückt.
Länge: 29 cm; Breite ohne Quasten: 27 cm
Gesammelt: Sonia Gidal, 1970
Inv. Nr. 19731

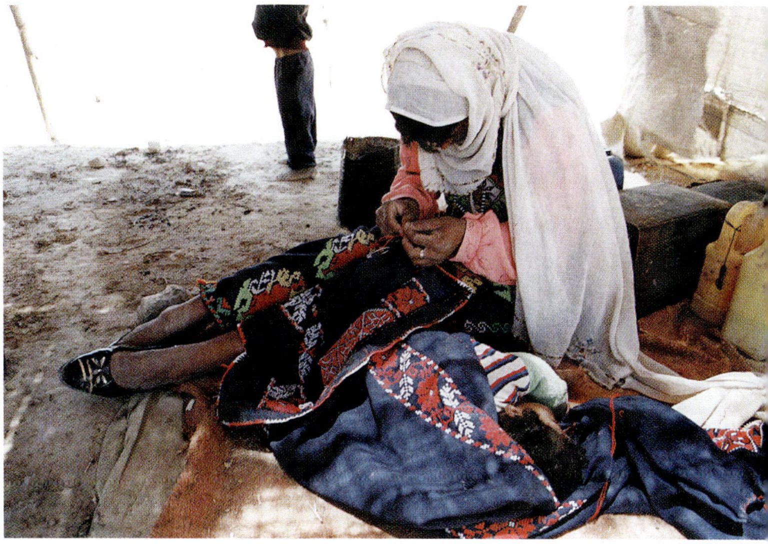

Stickerin. ʻAzāzmih, Zentral-Negev, 1993
(Foto: Alberto Simon)

viele Frauen würden erst nach ihrer Heirat sticken lernen, sagt die Gewährsfrau Fāyizah Abū ʻAmrah. Falls sie nicht genügend Zeit zum Sticken der ganzen Aussteuer aufbrachten, was in der Praxis wohl häufig vorkam, so kauften sie einen Teil der Stickereien bei professionellen Stickerinnen.

Auch heute scheinen es Herdenbesitzer nicht zu schätzen, wenn ihre Hirtinnen beim Hüten sticken. Sie befürchten nämlich, dass sich die Mädchen zu wenig auf ihre eigentliche Arbeit konzentrieren. Nur wenn mehrere Mädchen zusammen auf die Weide gehen, können die einen sticken, während die anderen auf das Vieh aufpassen.[4] So hat die Reduzierung des Viehbestandes seit den 1950er Jahren vielen, vor allem sesshaften Frauen, mehr Musse gegeben, und so können sie sich der Stickerei widmen. Ebenso haben die Modernisierung und das Leben in den Siedlungen seit den 1960er Jahren die Frauen von vielen Arbeiten entlastet. Während eher ältere Frauen weben, sticken heute ältere und junge gleichermassen. Nach Gillian Lewando-Hundt, die zu Beginn der 1970er Jahre in Tel Sheva geforscht hat, sticken die Frauen auch Kleider für Verwandte und Nachbarn, und einige haben begonnen, ihre Arbeiten zu verkaufen. Wie der Verkauf der Webereien, geschieht auch der Handel mit Stickereien ohne Wissen des Ehemannes, und die Frauen verfügen selber über den Erlös.[5]

Taschentuch
Ethnischer Name: *maḥramah*
Das Tuch aus maschinell gefertigtem, rotem Baumwollstoff ist mit feinen Kreuzstichen in den Farben Weinrot mit wenig Hellrot, Gelb, Pink, Orange, Grün, Blau und Schwarz bestickt (Seidengarn). Datierung wahrscheinlich 1920er bis 1930er Jahre.
Die Ornamente bestehen z.T. aus den gleichen Motiven wie auf 19731. Der mit einer «Halskette» bestickte Rand ist mit vielen kleinen Quasten aus farbigem Seidengarn geschmückt. Die Ecken sind mit angenähten Schnüren aus blauen Glasperlen und einem Perlenstoff aus goldfarbenen und bräunlichen Glasperlen und weiteren Quasten betont.
Länge: 48 cm; Breite ohne Quasten: 48 cm
Gesammelt: Sonia Gidal
Inv. Nr. 21435

Taschentuch
Ethnischer Name: *maḥramah*
Das Tuch aus weissem Baumwollstoff wurde mit Kreuzstichmustern in den Farben Hellrot, Rosa, Lila, Hell- und Dunkelgelb, Hell- und Dunkelgrün bestickt (Baumwollgarn). Die Rauten sind mit Vierblattmotiven und am Rand mit achtstrahligen Sternen gefüllt. Eine Häkelspitze mit verschiedenfarbigen Glasperlen umrandet das Tuch, und ein weiteres, in der Mitte angenähtes Glasperlenband dient als Henkel. Datierung: evtl. 1970er Jahre oder später.
Länge: 25 cm; Breite ohne Glasperlenbordüre: 23 cm
Gesammelt: Widad Kawar
Inv. Nr. 22279

Sticken und Nähen lernen die Mädchen von ihren Müttern und anderen weiblichen Verwandten. Die Muster und Techniken werden von der Mutter an die Tochter weitergegeben oder unter den gemeinsam stickenden Mädchen und Frauen ausgetauscht.

Die Materialien

Stoffe

Die Beduinenfrauen haben die Stoffe für Kleider nie selber gewoben, sondern deckten und decken sich in den Läden von Beersheba, Gaza, Khan Yunis, Rafah oder Hebron mit den nötigen Stoffen, Garnen, Nadeln und Knöpfen ein. Sogar als die Grenzen zum Gazastreifen und dem Westjordanland geschlossen waren (1948-1967), stoppte der Güterfluss nicht vollständig, da die Beduinen immer wieder Schmuggelpfade entdeckten, und seit 1967 ist wieder ein reger Güteraustausch insbesondere mit Gaza und Hebron im Gange. Falls die israelischen Behörden nicht gerade die Grenzen für Palästinenser im Gazastreifen und dem Westjordanland schliessen, finden sich heute auf dem Markt von Beersheba und von Rahat Händler und Händlerinnen aus Hebron, Gaza und sogar aus El Arish.

Shelagh Weir sowie Widad Kawar und Katharina Hackstein geben in ihren Publikationen einen ausführlichen Überblick über die palästinensische Textilindustrie sowie über Importe aus Syrien, Ägypten,

Europa und Japan.[6] Mit diesen Ländern florierte der Handel dank der Ausdehnung des Britischen Empire vor allem während der Mandatszeit.[7]

Stoffe wie der in England produzierte schwarze Baumwollatlas (*tubēt*) für Kleider und die schwarze Baumwollgaze (*šāš*) für Kopftücher kamen aus Ägypten. Der von Beduininnen für Kopfbedeckungen und Applikationen geschätzte rote Seide-Baumwollatlas (*aṭlas*) – die Kette besteht aus Seide, der Schuss aus Baumwolle – mit gelben Streifen und kleinen Mustern wurde aus Aleppo importiert.[8]

Da die syrische Textilindustrie, um konkurrenzfähig zu bleiben, billiger produzieren musste, wurden bereits Ende des 19. Jh. die teuren Gewebe aus Baumwolle und Seide durch billigere Imitationen aus Baumwolle ersetzt.[9]

Die ebenfalls für Applikationen (*tašrīf*) gebrauchten Seidenstoffe und Seidentaftbänder kamen auch aus Syrien, und Samt wurde seit 1935 aus Frankreich und Deutschland eingeführt.[10] Seit den 1950er Jahren, evtl. früher, werden die Applikationen auch aus Chemiefaserstoffen, aus Viskose oder aus Baumwolle gefertigt.[11]

Ein handgewebter Baumwollstoff in dunkleren Rottönen, als *dandakī* bezeichnet, wurde bis in die 1960er Jahre in Mejdel (heute Ashqelon) gewebt und zur Mandatszeit in den Läden von Beersheba verkauft.[12] Diesen Stoff brauchten die Beduininnen für Kopfbedeckungen oder als Futterstoffe, bis industriell gefertigte, gemusterte Baumwoll- und Chemiefaserstoffe erhältlich waren.

Garne

Nicht nur die Stoffe, sondern auch die von Beduinenfrauen verwendeten Stickgarne spiegeln die Entwicklung auf den Märkten wider. Ein besonders weiches Stickgarn, die aus Syrien importierte Filofloss-Seide aus leicht miteinander verdrehten Grège-Fäden, wurde bis etwa in die 1930er und 1940er Jahre verwendet und dann durch europäische Garne verdrängt.[13] Insbesondere dem DMC-Garn der französischen Firma Dollfus-Mieg & Cie kommt zentrale Bedeutung zu, denn die mit dem Garn gelieferten Musterbögen haben die palästinensische Stickerei nachhaltig beeinflusst. Erhältlich waren auch Marken wie Anchor,[14] und Kāmlah Albaz hat uns bei ihrem Besuch in Zürich 1996 Garne der Firma Vog aus Frankreich mitgebracht.

Am häufigsten wurde Perlgarn aus Baumwolle gebraucht, Seidengarn seltener. Seit den 1970er Jahren ist Chemiefasergarn in grellen Farben erhältlich, und seit Mitte der 1980er Jahren das sogenannte Flammengarn (*muwannas*). Dieses in abgestuften Farbtönen der gleichen Grundfarbe eingefärbte Perlgarn aus Baumwolle ist noch heute äusserst beliebt.

Nichttextile Applikationen

Beduinenfrauen verzieren ihre Kopfbedeckungen oder Gesichtsschleier mit Münzen oder Münzimitationen, mit Glas- und Plastikperlen, mit Steinen, Kaurischneckenhäuschen und Knöpfen. Vereinzelte Perlen finden sich auch an den Kleidern, manchmal blaue Perlen, die gegen den «bösen Blick» schützen sollen, und häufig werden sie zum Verzieren der Quasten verwendet. All dieses Material kaufen die Frauen auf den Märkten, oder trennen es von alten, nicht mehr gebrauchten Stücken ab, während sie Steine und manchmal sogar antike Perlen und Spinnwirtel auf ihren Gängen durch die Wüste finden.

Die Nähtasche einer Beduinin

Die Nähtasche, welche die Sammlerin Widad Kawar von einer Beduinenfrau erworben hat, ist äusserst aufschlussreich und gibt einen guten Überblick über die von den Frauen gebrauchten Stoffe und nichttextilen Applikationen. Sie enthält neben den verschiedensten Stoffresten – sogar ein altes Stück handgewebter Baumwolle (*dandakī*) ist darunter – Reste alter Zierfelder, Schmuckmünzen, Kaurischneckenhäuschen, Knöpfe und vieles mehr. Die Frauen scheinen das kleinste Stoffstück aufzubewahren und wiederzuverwerten, was die aus Stoffresten zusammengenähten Kopfbedeckungen, die Kleiderfutter oder textilen Applikationen dokumentieren. Auch von schadhaft gewordenen Kleidern trennen sie die guten Zierfelder ab und verwenden sie wieder. Dies erklärt, weshalb an einem relativ modernen Objekt alte Münzen, Kaurischneckenhäuschen oder längst nicht mehr produzierte Stoffe vorhanden sein können.

Nähtasche mit Inhalt
Ethnischer Name: *ḫarīṭah*
Nähtasche aus weissem Baumwollstoff. Mit geflammtem Garn wurden mit Plattstichen Blumen, Ranken, Blätter und ein Pfau in abgestuften Tönen von Rot, Orange, Gelb, Blau und Violett gestickt. Der Henkel ist aus Spanholz und hat eingebrannte Muster wie Palmen, Kamele, Blumen und eine arabische Inschrift («hergestellt in Hebron») sowie die beiden Namen «Faḍl und Šākir».
Zum Inhalt gehören Stoffreste wie roter Baumwollatlas (*aṭlas*) mit gelben Streifen, handgewebte rote Baumwolle (*dandakī*), orange Viskose, Teil eines Gürtels aus bunten Chemiefaserstoffen sowie bestickte Fragmente eines Rockzierfeldes und einer Saumbordüre. Des weiteren finden sich eine schmale Häkelspitze mit Glasperlen, wie sie am Taschentuch 22279 verwendet wurde, mit Glasperlen verzierte Schmuckknöpfe, kleine, gelochte osmanische Münzen und Imitationen von Goldmünzen, Knöpfe verschiedener Farben und Materialien, zwei Kaurischneckenhäuschen, ein durchbohrter Stein sowie verschiedene Glasperlen.
Höhe: 44 cm; Breite: 32 cm
Gesammelt: Widad Kawar
Inv. Nr. 22252

Die Ziersticheⁱ[15]

Das Repertoire an Stichen ist wie die Muster Teil der kulturellen Identität und wandelt sich im Laufe der Zeit. Ein Teil der Nähte und Randabschlüsse wurde schon im Kapitel über die textilen Techniken vorgestellt. Hier sollen einzig noch weitere, für Stickereien typische Stiche berücksichtig werden.

Fast alle Muster von Kleidern, Kissen oder Taschentüchern sind mit Kreuzstichen gestickt. Bei älteren Kleidern wurde direkt auf den Stoff gestickt, später wurde Stramin[16] verwendet. Die Informantin Umm Muḥammad al-ʿAzāzmih aus Amman erklärte, alle Frauen aus der Generation ihrer Grossmutter hätten ohne Stramin gestickt. In der Generation ihrer Mutter hätten die geschickten Frauen ohne, die weniger geschickten mit Stramin gearbeitet, und heute verwendeten alle Frauen Stramin. Da das Sticken direkt auf den Stoff anspruchsvoller ist, wird es von den Frauen noch immer bewundert. Daher hat sich Kāmlah Albaz beim Begutachten der Kleider im Museum bei jedem Objekt besonders dafür interessiert, ob Stramin ver-

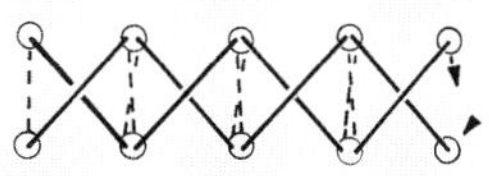

Stiche:
Einfacher Kreuzstich, diagonal zweigängig gearbeitet. (Zeichnung: Elisabeth Schillinger)

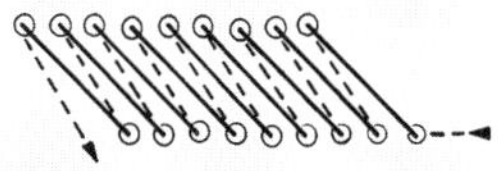

Diagonaler Schrägstich; der Überwindlingsstich ist gleich, aber über eine Stoffkante genäht. (Zeichnung: Elisabeth Schillinger)

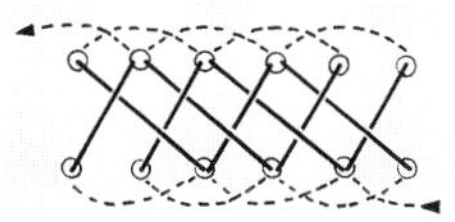

Geschlossener Kreuznahtstich oder Hexenstich. (Zeichnung: Elisabeth Schillinger)

wendet wurde oder nicht, was sie anhand ganz feiner Straminfasern in der Stickerei feststellen konnte.

Eine neuere Entwicklung, die mit dem Aufkommen des Flammengarns zusammenhängen mag, ist das Sticken von Motiven mit Plattstichen, einer Variante von Schrägstichen, die je nach Bedarf des Musters über eine beliebige Fadenzahl geführt werden. Kleider wurden wahrscheinlich nicht in dieser Technik bestickt, sondern eher kleinere Objekte wie das Kissen 22266 (Abb. S.89) oder der Nähsack 22252, wobei letzterer vielleicht in Hebron und nicht von der Besitzerin des Sacks selber bestickt wurde. Bei Verwendung abgestufter Farbtöne wird diese Technik «Nadelmalerei» genannt.[17] In den 1970er und 1980er Jahren boomte die Maschinenstickerei für die Zierfelder der Kleider; heute dominieren wieder Kreuzstichmuster.

Bis die Beduininnen Ende der 1960er Jahre begonnen haben, das palästinensische «Neue Kleid» (vgl. S.184-186) zu tragen, waren die mit einer Bordüre diagonaler Schrägstiche verzierten Kleidersäume untrügliches Indiz für ein Beduinenkleid. Weitere Ornamentstreifen, insbesondere bei älteren und sorgfältig gearbeiteten Textilien wurden zuweilen mit dem geschlossenen Kreuznahtstich, auch geschlossener Hexenstich genannt, gestickt (z.B. die Bordüre um den Brustschlitz des Kleides 20144).

Auch Randabschlüsse und Nähte weisen oft Zierstiche auf. Mit Ausnahme der mit Festonstichen kombinierten Verschlingstiche finden wir die gleichen Stiche wie bei den gewebten Objekten wieder. Falls Halsausschnitt und Brustschlitz eines Kleides nicht von einem Band eingefasst werden, sind die Ränder mit Zopfstichen, blockweise in zwei Farben, gestickt, z.B. Kleid 20144, und in einem neueren Kleid wurden Seitennähte und Randabschluss am Halsausschnitt mit Festonstichen, ebenfalls zweifarbig, genäht (Kleid 22176, Abb. S.183. Seltener sind Randabschlüsse mit einfachen Überwindlingsstichen ausgeführt wie beim Gesichtsgehänge 19752 (Abb. S.196. Insbesondere das palästinensische «Neue Kleid» kann an Halsausschnitt und Ärmelmanschetten mit Häkelspitzen (Kleid 22059, Abb.185) geschmückt sein. Beliebte dekorative Elemente bei diesem Kleid sind auch Stossnähte (*manāǧil*, «Sicheln»), die blockweise in verschiedenen Farben entweder von Hand (Kleid 22059, Abb. S.185 oder mit der Maschine (Kleid 22087, Abb. S.184) genäht werden.

Die Ornamente

Die von den Dorffrauen beeinflussten Stickmuster der Beduininnen gehören zum palästinensischen Formenschatz, der bereits Gegenstand einiger Forschungen geworden ist. Schon 1913 hat sich Friedrich Ulmer die wichtigsten Muster von einer Stickerin aus Bethlehem zeigen und benennen lassen.[18] Weitere Recherchen über Stickmuster und ihre Namen stammen von Zohar Wilbusch, Ziva Amir, Shelagh Weir sowie von Widad Kawar und Katharina Hackstein.[19]

Motive palästinensischer Ornamentik sind Bestandteil des Kulturgutes des gesamten Mittleren Ostens und finden sich sowohl auf türkischen oder persischen Teppichen[20] als auch in Stickmustern aus Osteuropa und dem Balkan.[21] Vielfältige Kulturkontakte sind für die Verbreitung der Muster verantwortlich, und viele der ursprünglich im Mittleren Osten beheimateten Stickmuster erreichten Palästina wieder über die DMC-Musterbögen, die seit den 1930er Jahren von den Stickerinnen eifrig konsultiert werden. Diese Musterbögen[22] haben auch orientalische Stickmuster in ihr Repertoire aufgenommen: Man findet z.B. Blumenranken, wie sie bereits Ulmer beschrieben

Das Zierfeld mit «dem Kopf des Seitenspickels» (*rās al-banīgah*) wird von einer weissen «Kette» (*ǧarīr*) umrahmt, und bei der mittleren Ranke handelt es sich um «die Bisquitranke» (*ʿirg al-baskōt*).

Die Nähte sind mit Blattranken (Rebenlaub) verziert. Farben: vorwiegend Rottöne mit wenig Rosa, Grün, Weiss, Violett und Blautönen. (Seitenspickel des Kleides 19526)

hat, Zypressen, gefiederte Palmblätter, achtstrahlige Sterne, S-Motive oder Blumentöpfe, alles Muster, die sich bis in die altorientalische, antike oder osmanische Zeit zurückverfolgen lassen.

Es ist also kaum mehr auszumachen, wo und von wem die Frauen sich inspirieren liessen. Insbesondere kopierten sie die Muster älterer Kleider und die ihrer Nachbarinnen, oder sie liessen sich von den Stickbeilagen der Zeitschriften inspirieren, und noch heute findet ein reger Austausch über Stickmuster statt. Es scheint, dass die Frauen nicht nur neue Stickmuster aufnehmen, sondern auch für bestehende Muster neue Namen kreieren, von denen einige einer gewissen Ironie nicht entbehren. Manchmal werden Dinge aus dem aktuellen Alltag in ein Stickmuster hinein gedeutet, wie etwa «die Bisquitranke» (*ʿirg al-baskōt*)[23] auf Kleid 19526 und manchmal sogar politische Ereignisse. Es gibt Stickmuster mit dem Namen «Begin und Sadat», und ein harmloses Musterband in der Mitte des Brustzierfeldes von Kleid 19526 (Abb. S. 183) hat Kāmlah Albaz als die «Bar-Lev-Linie» (*ḫaṭṭ Barlēf*) identifiziert;[24] ein anderes Muster hat meine Informantin sogar an die «Raketen von Saddam» erinnert.[25]

Die Motive sind vielfältig. Neben geometrischen Motiven wie Dreiecken, Winkeln, Rauten, Rechtecken, Sternen und Rosetten finden wir pflanzliche Motive wie Blumen, Blätter und Bäume, Blumentöpfe und Blumenvasen, zoomorphe Motive wie Vögel und anthropomorphe Motive wie Mädchen und Knaben. Wie bei den zwirngebundenen Mustern werden die meisten Motive horizontal oder vertikal gereiht und häufig entlang einer horizontalen oder vertikalen Achse gespiegelt. Diese Ornamentbänder heissen *ʿurūg*, was mit «Ranken» oder «Zweige» übersetzt wird. Der Begriff bezeichnet speziell auch die langen, vertikalen Bordüren, die z. B. im palästinensischen «Neuen Kleid» die traditionellen Zierfelder ersetzt haben. Die folgenden Stickmusternamen habe ich von Kāmlah Albaz erhalten, konnte aber einige von ihnen mit Umm Muḥammad al-ʿAzāzmih sowie anderen Negev-Beduininnen im Sūf-Flüchtlingslager in der Nähe von Jarash (Jordanien) verifizieren.

Muster aus geometrischen Motiven

Verschiedene Mustertypen aus geknickten Wellenranken und Rauten, die häufig viele kleine Dreiecke umrahmen, werden «Halskette» (*glādih*) oder «Halsketten» (*galāyid*) genannt, wobei Kāmlah Albaz den Singular oder Plural synonym gebrauchte. Dazu gehört ein horizontales Ornamentband aus gereihten Rauten mit eingeschriebenen Rechtecken, wie es in der Mitte des hinteren Rockzierfeldes von Kleid 19527 oder am bestickten Kamelkopfschmuck 19533 (Abb. S. 51 zu finden ist. Eine weitere Variante des «Halsketten»-Musters besteht aus einer geknickten Wellenranke mit getreppten Umrisslinien und vielen kleinen Dreiecken. Beispiele finden sich in den Zierfeldern der Kleider 19527 und 19525. Zu den «Halsketten»-Mustern gehört auch das flächige Rautenmuster auf dem Kissen 22264 (Abb. S. 88 sowie auf dem

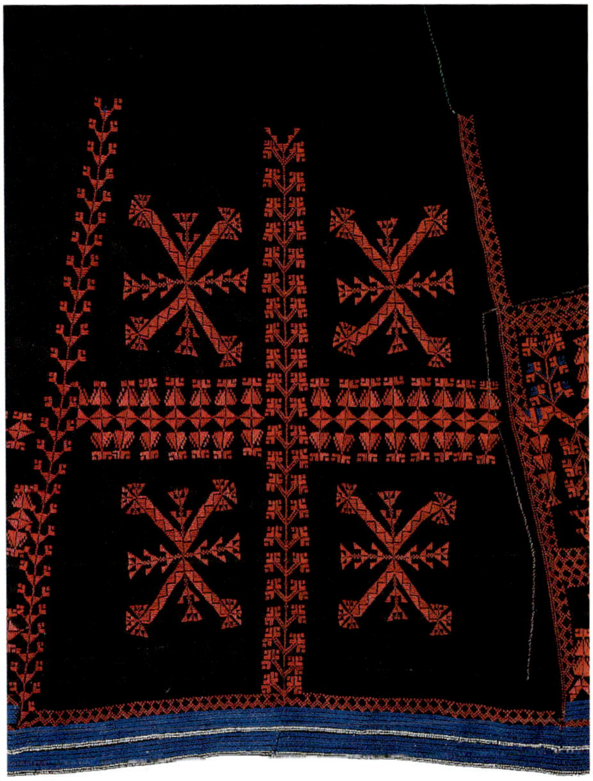

Das flächige Rautenmuster «Halsketten» (*galāyid*) wird oben durch eine schmale Bordüre aus geknickten Wellenranken, ebenfalls *galayid* genannt, begrenzt. Den Abschluss des Zierfeldes bilden Blumen und stilisierte Figuren. Farben: Weinrot und Braunrot mit wenig Pink, Grün, Blau und Gelb. (Hinteres Rockzierfeld des Kleides 19525)

Jedes der vier Winkelpaare stellt eine «Halskettenschere» (*magaṣṣ glādih*) dar; das horizontal verlaufende Musterband enthält «farbige Rauten» (*mrabba' mlawwan*) und «Zypressen» (*sarū*), die vordere Naht (links im Bild) «die Lupinenpalme» (*naḫlat at-turmus*) und die mittlere Naht «die Lupinenblüte» (*nuwwārat at-turmus*). Farben: Hellrot und Dunkelrot mit wenig Blau. (Seitenspickel des Kleides 22032)

hinteren Rockzierfeld des Kleides 19525. Es ist den zwirngebundenen Mustern gleichen Namens so ähnlich, dass die Vermutung naheliegt, es sei aus der Zwirnbindetechnik in die Stickerei transponiert worden und vielleicht sogar beduinischen Ursprungs. Nach Umm Muḥammad al-'Azāzmih war dieses Muster besonders für die hinteren Rockzierfelder der 'Azāzmih- und Tarābīn-Frauen typisch.

Gegenständige Winkel zieren die Seitenzierfelder älterer Beduinenkleider (22032 und 19527, Abb. S.178) aus dem südlichen Gazastreifen, z.B. aus der Gegend von Khan Yunis, aber auch aus dem Hebron-Tiefland[26]. Kāmlah Albaz hat zwei sich an der Spitze berührender Winkel als «Schere» (*magaṣṣ*) bezeichnet, genauer als *magaṣṣ glādih* («Halskettenschere»), weil die Winkel aus Ornamentbändern mit Dreiecksmotiven, d.h. einer «Halskette» (*glādih*) bestehen. Wird die «Schere» aus *talḥamī*,[27] einer Art Rosetten komponiert, so heisst sie *magaṣṣ talḥamī* («Rosettenschere») wie im Seitenzierfeld des Kleides 19527 (Abb. S.178). Weitere *talḥamī*-Motive finden sich auch auf dem Brustzierfeld desselben Kleides.

Ein altes, auch auf Gebetsteppichen vorkommendes Ornament besteht aus gereihten S-Motiven (z.B. Umrandung der Seitenzierfelder des Kleides 19526), die nach Shelagh Weir für Süd-Palästina besonders typisch waren.[28] Ursprünglich mag das Motiv ein Symbol der Schlange und somit von Leben und Tod gewe-

Das Brustzierfeld wird durch einen Winkel, eine «halbe Halskettenschere» (*nuṣṣ magaṣṣ glādih*), gegliedert und mit einer Zickzackband-Applikation (*mšaggaf tašrīf*) aus orangem Baumwollstoff eingefasst. Der «Halskettenrahmen» (*dāyir glādih*) ist gestickt, und der Brustschlitz mit «Zypressen» (*sarū*) verziert. Als Streumuster finden sich einzelne «Rosetten» (*talḥamī*). Farben: Rot, Orange, Grün, Lila und Rosa. (Brustzierfeld des Kleides 19527)

Das zentrale Musterband zeigt «die Sonnenblumen» (*ʿuyūn aš-šams*), die vordere Naht (links im Bild) ist mit «der Vogelranke» (*ʿirg al-ʿaṣāfīr*) überstickt, und «am Kopf des Zierfeldes» (*rās al-banīgah*) sind «Blumenvasen» (*mazhariyyāt al-ward*) zu erkennen. Farben: Rot mit wenig Hellgelb, Dunkelgelb, Orange, Pink, Blau, Braun, Weiss und Grün. (Seitenspickel des Kleides 19525)

sen sein,[29] doch heute scheint es nur noch dekorative Qualitäten zu haben. Für meine Informantin stellt das Muster als Gesamtheit eine «Kette» (*ǧarīr*) dar, während das einzelne Motiv in anderen Gebieten «Blutegel» (*ʿalaq*) genannt wird, was die Vorstellung der Schlange noch anklingen lässt. Ebenfalls als «Kette» hat Kāmlah Albaz das Muster bezeichnet, das das Brustzierfeld des Kleides 20144 umgibt. Ein weiteres Rahmenornament, «Federn» (*rīš*), findet sich auf den Nähten des Kleides 19524 (Abb. S.182).

Achtstrahlige Sterne waren im Mittleren Osten beliebt und wurden auch in das Repertoire vieler DMC-Bögen aufgenommen. Je nach Region wird der Stern als «Stern von Bethlehem», «Mond von Bethlehem», als «Blume» oder als «Baum» interpretiert,[30] und von meiner Informantin als «Sonne» (*šams*; z.B. im oberen Teil des Seitenzierfeldes von Kleid 22177, Abb. S.180). Ein weiteres, aus vier Sternen bestehendes Muster wird von Kāmlah Albaz «die Sonnenblume» (*ʿayn aš-šams*) genannt, während es andernorts «Mond mit Sternen» (*qamar bi-nǧūm*) heisst.[31] Es findet sich z.B. auf dem Seitenspickel von 19525 und auf dem hinteren Rockzierfeld von 22098.

Das «Sonnenblumen»-Muster war auf Kleidern des «Sinai Heritage Museum» sowie des Privatsammlers Muḥammad Koreiem, beide in El Arish, überaus häufig, und nach Auffassung von Muḥammad Koreiem ist es für das Küstengebiet des Nord-Sinai und die Ge-

Der Ausschnitt des «Fliesenbrustzierfeldes» (*ġubbat balāṭ*, s. S.175) ist mit Zopfstichen, blockweise in Hell- und Dunkelrot umnäht und mit einer Bordüre aus geschlossenen Hexenstichen, ebenfalls in Hell- und Dunkelrot, verziert. «Die Umrahmung des Brustzierfeldes» (*dāyir al-ġubbah*), d.h. das äusserste Ornamentband, besteht aus «Ketten» (*ǧarīr*). Farben: Hell-und Dunkelrot mit wenig Gelb, Grün, Pink und Blau. (Brustzierfeld des Kleides 20144)

Das unterste Musterband ist eine «Halskette« (*glādih*) und das zweite ein «Bogennetz» (*gōs mšabbak*). Von einer weiteren «Halskette» (*glādih*) als Zentrum führen nach beiden Seiten kleine Ranken aus «Zypressen» (*sarū*), «Samenpalmen» (*naḫl bizrih*) und Rosetten (*talḥamī*). Dann folgt ein weiteres «Netz aus Bogen». Farben: Blau mit wenig Rot und Orange. (Hinteres Rockzierfeld des Kleides 19527)

gend um Rafah und Khan Yunis typisch. Es findet sich aber sogar nördlich von Ashdod, und wahrscheinlich wurde es insbesondere von den Frauen der Tarābīn und der benachbarten ʿAzāzmih übernommen.[32]

Für die gleiche Region typisch sind Musterbänder aus rechteckigen Feldern, in die geometrische Linien, Rosetten, Blumen oder Zweige eingeschrieben sind (z.B. Brustzierfeld des Kleides 20144). Solche Bänder, die Kāmlah Albaz «Fliesenranken» (*ʿurūg balāṭ*) nennt, dominieren heute die Kleider des Nord-Sinai; sie schmücken auch häufig die, vielleicht aus Gaza stammenden, Brustzierfelder der Negev-Beduininnen.

Pflanzen, Tiere und Menschen

Ein traditionelles Muster ist aus Rauten und Zypressen zusammengesetzt. Die meist aus einem helleren und einem dunkleren Dreieck gebildete Raute wird wie bei den zwirngebundenen Mustern «farbiges Quadrat» bzw. «farbige Raute» (*mrabbaʿ mlawwan*) genannt[33] und die auf den Rautenspitzen stehenden, stilisierten Bäume «Zypressen» (*sarū*). Das Dreieck mit Zypresse symbolisiert nach Kalter und Touma die mit den Turkmenen eingedrungene nordasiatische Vorstellung des Weltenbergs mit dem Lebensbaum.[34] Das Muster ist typisch für Beduinenkleider des südlichen Gazastreifens und des Nord-Sinais (20144, Abb. S.179, 22177, Abb. S.180), wo es heute für Touristenkleider kopiert wird (21661, Abb. S.185).

Musterbänder aus kleinen stilisierten Pflanzen, deren Bezeichnungen regional variieren, sind insbesondere bei älteren Kleidern und Accessoires gängig.[35] Eines dieser Motive nennt Kāmlah Albaz «die Lupinenblüte» (*nuwwārat at-turmus*), ein formal ähnliches Motiv «die Lupinenpalme» (*naḫlat at-turmus*[36]; Kleid 22032, Taschentücher 19731, 21435), und eine weitere Variante heisst «Samenpalmen» (*naḫl bizrih*; Kleid 19527). «Samen» sind wie bei den zwirngebundenen Mustern kleine, viereckige Motive, aus denen vielfältige Muster komponiert werden können, so z.B. das «Samennetz» (*bizrih mšabbak*) im vorderen Rockzierfeld des Kleides 19527 (Abb. S.178). Ein mit dem «Samennetz» verwandtes Muster wird als «Bogennetz»

Die Bänder von unten nach oben zeigen folgende Muster: «die Sonnenblumen» (*'uyūn aš-šams*), «die Blumenvasen» (*mazhariyyāt al-ward*), eine «Halskette» (*glādih*) und «den Königsthron» (*kursī al-malik*). Nach einem stilisierten Blattmotiv wiederholen sich das erste, zweite und fünfte Ornamentband. Farben: Vorwiegend Rottöne, wenig Gelb, Grün, Blau und Pink. (Hinteres Rockzierfeld des Kleides 22098)

Auf dem dritten Musterband von unten ist eine weitere Variante «des Königsthrons» (*kursī al-malik*) zu sehen und auf dem vierten Band «Pfauen» (*ṭawāwīs*). Farben: vorwiegend Rot mit wenig Weiss, Gelb, Blau Grün und Violett. (Hinteres Rockzierfeld des Kleides 19526)

(*gōs mšabbak*) bezeichnet. Ein weiteres einfaches und stilisiertes Motiv besteht aus einer Ranke gegenständiger, eiförmiger Blätter, das «Ähre» (*sabalah*) genannt wird (Seitenspickel des Kleides 20144, Abb. S.179).

Weitere beliebte Motive sind Blumen-, Rosen-, Knospen- und Blattranken sowie Blumenvasen in verschiedenen Formen, stilisiert oder naturalistisch. Diese Motive sind schon lange typisch für die bäuerlichen Kleider und wurden später auch von Beduininnen übernommen. Blumen- und Blattranken gelten als Varianten des Lebensbaummotives, und Blumentöpfe und Vasen sind als Symbole des Überflusses in der osmanischen Hofkunst beliebt gewesen; alle diese Muster finden sich in verschiedenen Varianten auch auf DMC-Musterbögen, die die Entwicklung von einfacheren zu immer komplizierteren Formen beeinflusst haben.

Eine Blumenranke wird je nach Form z.B. als «die Granatapfelblüte» (*zahrat ar-rummān*), als «die Birnenranke» (*'irg an-ngāṣ*) oder «die Damaszener-Rosenranke» (*'irg al-ward al-ǧūrī*) – eigentlich ein Pleonasmus, denn *ǧūrī* bedeutet schon Damaszener-Rose – bezeichnet, und alle diese Muster erfreuen sich heute grösster Beliebtheit (Kleid 22176, Abb. S.183) Zwei einander ähnliche Musterbänder aus Blüten oder Rosetten mit etwas pompösem Charakter heissen *kursī al-malik* («der Königsthron»; 22098, 19526). «Die Blumenvase» (*mazhariyyat al-ward*), auf der manchmal Vögel plaziert sind, schmückt oft den Abschluss der Rock- oder Seitenzierfelder, zusammen mit Mädchen oder Knaben. Die beiden Knaben auf dem Rockzierfeld des Kleides 19525 wurden sogar mit ihren Namen 'Id und 'Ayyād, häufigen Beduinennamen, gekennzeichnet, und meine Informantin vermutete, es handle sich um die Brüder der Trägerin (Abb. S. 181).

Neben Blumenranken sind «die Vogelranken» (*'urūg al-'aṣāfīr*) beliebt, zu denen z. B. «die Truthahnranke» (*'irg al-ḥabaš*; Kleid 22176, Abb. S. 183), «die Pfauenranke» (*'irg aṭ-ṭāwūs*) und «die Hahnenranke» (*'irg ad-dīk*) gehören, beide auf Kleid 22087 (Abb. S. 184). Eine weitere Variante von «Pfauen» (*ṭawāwīs*) findet sich auf dem hinteren Rockzierfeld des Kleides 19526. Pfau und Hahn waren in verschiedenen Kulturen Sonnensymbole, und ein ebenfalls beliebtes Motiv ist der «Löwe» (*asad*) als Sinnbild von Mut und Tapferkeit (Kissen 22266, Abb. S. 89).

Die Tracht der Frauen

«Und sprich zu den gläubigen Frauen, (...) dass sie ihren Schleier über ihren Busen schlagen und ihre Reize nur ihren Ehegatten zeigen oder den Vätern (...)»[1]

Die Tracht als Symbol von Scham und Anstand

Die Tracht umfasst alle Bestandteile der traditionellen Kleidung. Das Kleid, die Kopfbedeckungen und Gesichtsschleier gehören ebenso dazu wie der Schmuck, dem hier wegen seiner Reichhaltigkeit ein eigenes Kapitel gewidmet wird. Aus der Tracht kann jeder, der ihre Sprache versteht, auf die ethnische, soziale und religiöse Zugehörigkeit einer Person schliessen.

So unterschied die Tracht die Beduinin von der Städterin oder Bäuerin, und bestimmte Stickmuster konnten sogar Aufschluss über ihre Stammeszugehörigkeit geben. Das Ausmass an Münzen und Schmuck, das die Frau zur Schau trug, gab Aufschluss über den Reichtum ihrer Familie, und gewisse Attribute wiesen sie als unverheiratete oder verheiratete Frau aus. Die Verhüllung von Körper und Kopf identifiziert sie noch immer als Muslimin, die den religiösen und sozialen Forderungen nach *ḥišmah* (Scham, Schüchternheit, Bescheidenheit, Anstand) Genüge tut.

Wie Abu-Lughod ausgeführt hat, erwächst die Forderung nach *ḥišmah* aus der bei Beduinen besonders ausgeprägten Auffassung der moralischen Unterlegenheit der Frau. Diese liegt in ihrer Fähigkeit zur Fortpflanzung begründet, und zwar weniger in den sozialen Aspekten der Mutterschaft, als in den natürlichen Aspekten von Menstruation, Sexualität und Gebären.[2] Obwohl eine zahlreiche Nachkommenschaft erwünscht ist, stellt die Sexualität als unkontrollierbarer Faktor eine potentielle Bedrohung der Abstammungsgruppe dar.[3] Die Farben Rot und Schwarz symbolisieren nun in der Kleidung die natürlichen Aspekte der Mutterschaft und verweisen auf die wichtigsten Stationen der Frau im biologischen Lebenslauf, die sie als Mädchen (*bint*), verheiratete, respektable Frau und Mutter (*ḥurmah*) und alte, jenseits der Menopause stehende Frau (*ʿağūz*) durchläuft. Die Grenzen zwischen diesen Stadien sind fliessend. Während die einen Stämme die Frau schon nach der Hochzeit als vollwertige Frau betrachten, gilt sie bei anderen bis zur Geburt ihres ersten Kindes noch immer als Mädchen, was sich auch in der Kleidung manifestiert.

Da die Beduinen die Farbe Rot mit Blut und Geburt assoziieren, waren rote Stickereien an Kleidern und rote Gürtel der verheirateten Frau im gebärfähigen Alter vorbehalten und für Mädchen und Frauen nach der Menopause theoretisch verboten. Sie trugen Blau, eine verbreitete Trauerfarbe, die sexuelle Passivität symbolisiert. Die Farbe Schwarz, die in der Kleidung der Beduinin dominiert, ist mit negativen Konnotationen verbunden. Hat ein Beduine sein Gesicht verloren und ist er beschämt, so sagt man, er habe sein Gesicht geschwärzt. Da menstruierende Frauen als unrein betrachtet werden, und zwar nicht nur während der Zeit der Blutung, sondern während ihrer ganzen Lebenszeit im gebärfähigen Alter, schwärzen sie sich aus sexueller Scham durch das schwarze Hülltuch ihr Gesicht.[4]

Das ‹anständige› Verhalten der Frau minimiert nun die Bedrohung, die die Sexualität für die Gesellschaft darstellt. Wenn immer möglich, meidet die Frau alle nicht zur Verwandtschaft gehörenden Männer und hält sich in der *maḥramah*, dem privaten Bereich des Zeltes oder Hauses auf. Sind Kontakte unvermeidlich, so befolgt sie definierte Verhaltensnormen, die auch im Koran (Sure 24/31) festgehalten sind. Sie äussert kein Interesse an Männern, schlägt in ihrer Anwesenheit die Augen nieder, spricht nur das Nötigste, enthält sich des Essens, Trinkens oder Lachens, verzichtet auf eine entspannte Haltung und verschleiert sich.[5] Insbesondere das Verschleiern des Gesichts lässt sich nach Abu-Lughod auf das Verbergen sexueller Scham zurückführen, weshalb sich Frauen im sexuell aktiven Alter häufiger verschleiern als unverheiratete Frauen oder Frauen nach der Menopause.

Das Verschleiern ist auch sichtbares Zeichen der Achtung gegenüber den Idealen des sozialen Systems und ihren Repräsentanten, den respektablen Männern. So verschleiern sich die Frauen eher vor älteren, hochrangigen Männern als vor sozial tieferstehenden; ausgenommen sind immer ihre Verwandten und diejenigen ihres Ehemannes. Sie können auch mit den Gesten, mit denen sie das ganze Gesicht oder nur einen

Die eine der beiden Frauen und das Mädchen lassen die traditionelle Tracht erkennen: Die Frau trägt einen *wugā* mit *zingān* und *maʿṣab*, darüber ein weisses Hülltuch, das sie als Mundschleier benutzt, und einen schwarzen Überwurf (*ʿabāyih*). Der *wugā* des Mädchens ist mit einer *šibēkah* und einer breiten *ġidfah* versehen. (Vgl. S.189-195) Ende 1950er Jahre (Foto: Tim Gidal)

Teil davon bedecken, den Grad ihrer Achtung für einen Mann ausdrücken. Die Handhabung des Schleiers verweist also auf einen ganzen Komplex symbolischer Kommunikation über Moral und gesellschaftliche Konvention.[6]

Verhält sich eine Frau nicht ‹anständig›, sondern ‹schamlos›, so bedroht sie die Ehre ihres Vaters, Bruders oder Ehemanns, ja sogar die ihrer ganzen Abstammungsgruppe. Die Ehre der Männer, die vom Verhalten der Frauen abhängig ist und *ʿirḍ* genannt wird, unterscheidet sich von der Ehre (*šaraf*), die Männer durch ein bestimmtes Verhalten wie Mut, Tapferkeit oder Grosszügigkeit erwerben können (s. S. 95f.). *ʿIrḍ* kann nicht durch das eigene Verhalten beeinflusst werden, und die Männer sind völlig vom Wohlverhalten der Frauen abhängig. Wird diese Ehre zerstört, z.B. durch eine unerlaubte Beziehung der Frau zu einem Mann, so ist noch heute vor allem der Vater oder Bruder verpflichtet, die ‹fehlbare› Tochter oder Schwester zu töten oder in den Selbstmord zu treiben, um die Familienehre wieder herzustellen.[7]

Der Komplex um Ehre, Scham und Anstand nimmt einen zentralen Platz in der beduinischen Kultur ein und findet, wie wir gesehen haben, symbolischen Ausdruck in der Tracht. Es gibt also Idealvorstellungen darüber, wie sich wer bei welcher Gelegenheit zu kleiden hat, und diese Idealvorstellungen geben die befragten Informantinnen wieder. Doch das, was die Leute wirklich tun, stimmt nicht immer mit dem überein, was sie als Norm erachten. Es scheint, dass zwar bei den meisten Stämmen die Frau erst nach dem ersten Kind als vollwertig akzeptiert wird, dass sie aber häufig schon zur Hochzeit ein rotbesticktes Festkleid getragen hat; alle rotbestickten Festkleider wurden nämlich von den Frauen als «Hochzeitskleider» identifiziert; das gleiche mag auch für andere Attribute der Tracht gelten, die alle im folgenden behandelt werden.[8]

Das Kleid

Formen, Materialien und Schnitt

Das traditionelle Kleid (*ṯōb*) der Beduininnen und Bäuerinnen ist lang und hemdartig, wobei das beduinische Kleid am Saum eine gestickte Bordüre aufweist, jedoch in der Mandatszeit länger und weiter war als das bäuerliche Kleid. Während die Saumbordüre erhalten blieb, nahmen seine Länge und Weite mit der Zeit ab. Bis etwa in die 1960er Jahre hatten die Kleider von Bäuerinnen und Beduininnen langzipflige Ärmel, auch Flügelärmel genannt. Diese Ärmel dienten gelegentlich sogar zum Einwickeln eines neugeborenen Kindes, und während der Arbeit wurden sie zusammengebunden und hinter den Hals geschlagen oder unter die Kopfbedeckung geschoben. In den 1960er Jahren waren die Flügelärmel beim bäuerlichen Kleid verschwunden, und mit der Zeit wurden sie auch beim beduinischen Kleid durch enge Ärmel ersetzt. Dieser Prozess ist heute im Negev abgeschlossen, doch im Sūf-Lager in Jordanien tragen einige Negev-Beduininnen sogar das von Widad Kawar und Katharina Hackstein so bezeichnete palästinensische «Neue Kleid»[9] mit Flügelärmeln, die sie im Nacken zusammengebunden haben. Flügelärmel sind auch bei jordanischen Beduininnen noch in Mode. Sie tragen heute das sogenannte jordanische «Neue Kleid», das normalerweise einfarbig, in der beduinischen Version

Für die Arbeit haben diese zwei Frauen die Flügelärmel ihres Kleides zusammengebunden und hinter den Hals geschlagen. Von den Armreifpaaren der Beduinin im Vordergrund gehört eines zum Typus der *ṣwārah slītah*. 1934-40 (Foto: Carl Lutz, AfZG)

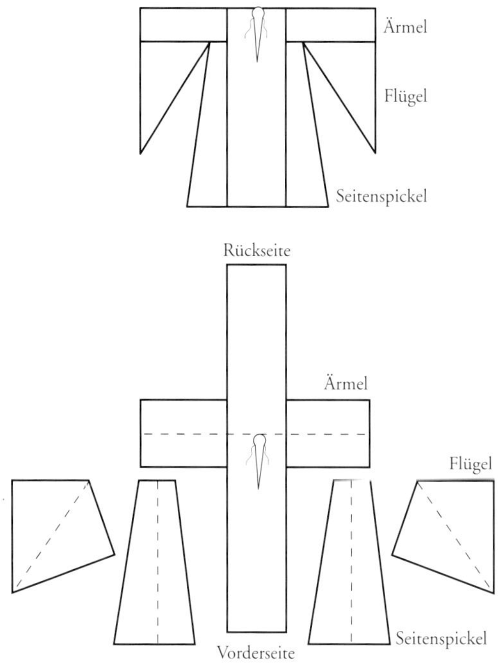

Der orientalische Kleiderschnitt. (Zeichnung nach Zerrnickel 1991:192)

aber bestickt ist. Beispiel eines solchen Kleides ist vielleicht 22176, dessen Stickereien, insbesondere die des Brustzierfeldes, aber stark von palästinensischen Einflüssen geprägt sind.[10] Das Kleid wurde und wird immer mit einem Gürtel getragen, so dass es während der Arbeit vorne geschürzt und in den Gürtel gesteckt werden kann. Das traditionelle Kleid entsprach exakt den Anforderungen der Kleidersitten. Dank seiner Länge bedeckte es die Füsse, und in den Flügelärmeln konnten die Hände verborgen werden.[11]

Seit Beginn dieses Jahrhunderts bestehen viele Kleider der Beduinenfrauen und fast alle der Sammlung aus schwarzem Baumwollatlas (*tubēt*). Ausnahmen bilden die festliche Jacke 22172 und das Kleid 22176 aus schwarzem Seide-Baumwollatlas. Dieser Stoff, dessen Kette aus Seide und der Schuss aus Baumwolle besteht, weist eine glänzende Vorderseite und eine matte Rückseite auf und wird von Kāmlah Albaz *ḫabr*[12] genannt. In vielen Regionen ist der Stoff als *malas* bekannt, und er wurde etwa seit den 1970er Jahren von Beduininnen gelegentlich für Festkleider verwendet. Weitere Ausnahmen bilden die beiden palästinensischen «Neuen Kleider» aus Chemiefaserstoffen. Da sie beständiger und farbechter sind als die traditionellen Stoffe und weniger knittern, erfeuen sich Chemiefaserstoffe wachsender Beliebtheit. Das von Kāmlah Albaz selber genähte und gestickte Kleid besteht aus Georgette (*ǧurǧēt*), einem in Hebron gekauften, chiffonartigen Kreppgewebe. Das andere Kleid, das auf dem Markt von Beersheba von einer Händlerin aus Hebron angeboten wurde, ist aus Chemiefaseratlas gefertigt. Viele der von den Beduininnen verwendeten Chemiefaserstoffe wurden laut meiner Informantin aus Jordanien geschmuggelt und in Hebron und Beersheba verkauft.

Fast alle Kleider der Sammlung folgen theoretisch dem orientalischen Kleiderschnitt, wie ihn Zerrnickel beschrieben hat: Die zwei Kleiderlängen messende Stoffbahn wird in der Mitte gefaltet, und in die Vorderseite wird der Halsausschnitt mit dem Brustschlitz geschnitten. Eine Achselnaht fehlt also bei diesen Kleidern. Die Ärmel werden an die gerade Webkante, d.h. ohne Armlochausschnitte, genäht und manchmal mit drei- oder viereckigen Zwickeln versehen. Eingesetzte Seitenspickel sollen der Trägerin grössere Bewegungsfreiheit auch während der Schwangerschaft garantieren.[13] Einen europäischen Kleiderschnitt mit Achselnähten haben das Kleid 22087, das Kāmlah Albaz genäht hat, sowie das Touristenkleid 21661 aus dem Sinai.

Die Untersuchung der Kleider zeigt aber, dass sie aus mehr als den beschriebenen Teilen zusammengesetzt sind. Wie schon der Inhalt der Nähtasche gezeigt hat, gehen die Beduinenfrauen haushälterisch mit den Materialien um und verschwenden kaum Stoffreste. Meistens wird nicht eine Stoffbahn in der erforderlichen Länge verwendet, sondern zwei oder drei Stücke Stoff werden so zusammengesetzt, dass unter der Brust und manchmal im oberen Rückenbereich eine zusätzliche Naht entsteht, nie aber eine Achselnaht. Meistens sind auch die Seitenspickel und die Ärmel aus mehreren Teilen zusammengenäht, und die Zwickel fehlen häufig. Die Rockzierfelder und meist auch die Saumbordüre werden separat gestickt und später eingesetzt.

Weil die Kleider besonders hinten am Boden schleppen, sind sie am Saum durch ein Futter verstärkt, und die Saumbordüre wird meistens über das

Futter gestickt. Manche Kleider sind auch im Bereich des Brustzierfeldes und der Ärmelvorderseite gefüttert. Als Futterstoffe werden Reste von Baumwollstoffen und Chemiefaserstoffen gebraucht. Alltagskleider sind mit aufgesetzten Flicken ausgebessert und schadhafte Stellen zuweilen ganz ersetzt. Umgekehrt werden Zierfelder alter Kleider für neue Stücke verwendet. Diese Zierfelder heissen *tarḥīl*, was «Überführung an eine andere Stelle» bedeutet. Nach dem Sticken der Zierfelder wird das Kleid entweder von Hand oder, seit den 1950er Jahren, mit der Maschine zusammengenäht.

Die Anordnung der Zierfelder

Die Anordnung der Zierfelder, die Struktur der Stickmuster innerhalb der Zierfelder sowie die Vorliebe für einzelne Motive und Muster waren für jede Gegend Palästinas, also auch für den Negev, ein Charakteristikum und prägten den Kleiderstil einer bestimmten Region. Durch gegenseitige Beeinflussung wurden die Unterschiede im Laufe der Zeit, insbesondere seit 1948, verwischt.[14]

Ärmel (*ridin*)

Die langzipfligen Ärmel oder Flügelärmel (*rdān*) reichen bis etwa zu den Ellbogen. Ihre Zipfel aber können bei älteren Kleidern bis zu einem Meter lang und ihre Ränder innen oder aussen mit einer schmalen Applikation (*tašrīf*) verziert sein. Die engen Ärmel, *rdān gaṣīr* (kurze Flügelärmel) genannt, reichen häufig bis über die Ellbogen und haben bestickte Manschetten, deren Ränder zuweilen mit Zopfstichen, blockweise in zwei Farben, umnäht sind. Beide Ärmeltypen können auf der Oberseite mit Musterbändern bestickt sein, und manchmal sind auch die Ärmelnähte mit einer schmalen Ranke (*'irg*) verziert.

Seitenspickel (*banīgah*)

Die Seitenspickel sind mit vertikalen Musterbändern bestickt. Der Abschluss der Stickerei wird manchmal durch ein prominentes Motiv oder einen Winkel gebildet und wird «der Kopf des Seitenspickels» (*rās al-banīgah*) genannt, z.B. 19526 (Abb. S.164). Dieser betonte Abschluss ist für einige, nach den 1950er Jahren entstandenen Kleider aus der Region von Khan Yunis oder dem nahen Deir el Balah typisch.[15] Die schmalen Ranken (*'urūg*), welche die Seitennähte der Spickel überdecken, werden nach dem Zusammennähen des Kleides gestickt. Die palästinensischen «Neuen Kleider», wie sie auch in Hebron und Beersheba getragen werden, weisen alle je zwei breite Ornamentbänder entlang der vorderen und hinteren Nähte auf (22087, 22059). Diese Anordnung der Musterbänder wurde durch das traditionelle Ramallah-Kleid beeinflusst.

Das Brustzierfeld (*gubbah*)

Bei den ältesten Kleidern der Beduininnen wurde das Brustzierfeld direkt auf das Kleid gestickt[16] und später entweder in das Kleid eingesetzt oder aufgenäht. Ein-

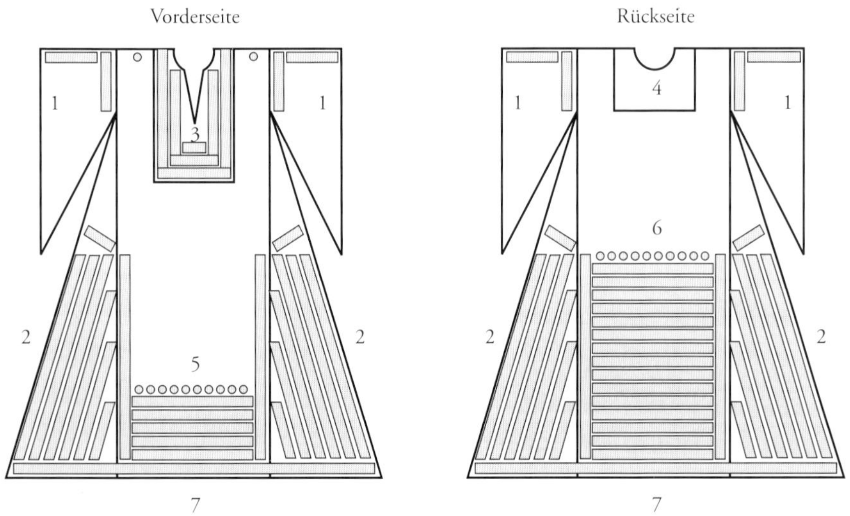

Die Teile des Kleides und seine Zierfelder:
1. Flügelärmel (*ridin*)
2. Seitenspickel (*banīgah*)
3. Brustzierfeld (*gubbah*)
4. Rückenzierfeld (*badan*)
5. Vorderes Rockzierfeld (*ḥiğr*)
6. Hinteres Rockzierfeld (*ḏēl*)
7. Saumbordüre (*kfāyif*)
(Zeichnung: Andreas Brodbeck)

gesetzt sind die Zierfelder bei den beiden ältesten Kleidern der Sammlung (22032, 19527), bei 20144 und bei den beiden «Neuen Kleidern» (22087, 22059), während die Zierfelder der übrigen Kleider alle aufgenäht sind. Letztere Zierfelder werden häufig gekauft und sind daher stilistisch nicht mit den Stickereien am übrigen Kleid identisch.

Jüngere Zierfelder weisen reichere Stickereien auf als ältere, und auf Grund ihrer Struktur lassen sich im Wesentlichen zwei Zierfeldtypen unterscheiden. Der eine Typus wird durch einen Winkel gegliedert (22032, 19527, 22087, 22059). Wird der Winkel auf den leeren Stoffhintergrund gestickt, wie dies bei älteren Zierfeldern der Fall ist, so wird er *nuṣṣ magaṣṣ* («halbe Schere») genannt; liegt er hingegen auf einem bestickten Hintergrund, so heisst er *glādih* («Halsband») oder *tagṭīʿ* («Unterteiler»). Im Unterschied zum «Halsband», einem Musterband aus Dreiecken, besteht der «Unterteiler» nur aus einer einfachen Linie. Ist die «halbe Schere» mit Dreiecken verziert, so wird sie *nuṣṣ magaṣṣ glādih* («halbe Halskettenschere») genannt.

Der zweite Typus neuerer, wahrscheinlich aus dem Nord-Sinai beeinflusster Brustzierfelder ist mit «Fliesenranken» (*ʿurūg balāṭ*) bestickt und wird *gubbat balāṭ* («Fliesenbrustzierfeld»; 22175, 20144) genannt. Verlaufen die Bänder konzentrisch um drei Seiten des Zierfeldes, so heisst das ganze Zierfeld *gubbat laff* («umrandetes Brustzierfeld»; 22177, 19525, 22176). Der Unterschied zwischen der *gubbat balāṭ* und *gubbat laff* ist nicht eindeutig. Je nachdem ob für Kāmlah Albaz die Fliesen oder der Verlauf der Bänder dominant waren, verwendete sie den einen oder anderen Begriff.[17]

Fast immer wird das Zierfeld mit einer bestickten Bordüre umgeben, «dem Rahmen des Brustzierfeldes» (*dāyir al-gubbah*), der je nach Muster charakterisiert wird, z. B. *dāyir glādih* («Halskettenrahmen»; 19527). Manchmal sind Ausschnitt und Zierfeld mit einer Zickzack-Applikation (*mšaggaf tašrīf*) besetzt. (Zur Struktur des Brustzierfeldes vgl. die Detailabbildungen von 19527, S. 166, und 20144, S. 167.)

Rückenzierfeld (*badan*)

Oft wird die Rückenpartie mit einem aufgenähten Zierfeld besetzt, meistens einem rechteckigen Stück Stoff, das häufig mit Maschinenstickerei, selten mit Kreuzstichmustern verziert ist.

Vorderes Rockzierfeld (*ḥiǧr*)
und hinteres Rockzierfeld (*ḏēl*)

Die unteren Partien von Vorder- und Rückseite des Rockes sind mit horizontalen Musterbändern bestickt und haben etwa seit den 1950er Jahren manchmal einen Abschluss mit figürlichen Motiven (19525). Das vordere Rockzierfeld ist – mit Ausnahme desjenigen von Kleid 22177 – weniger reich bestickt als das hintere, und gar nicht vorhanden ist es bei den Kleidern 19524 und 19526, was vielleicht bereits auf den Einfluss der palästinensischen «Neuen Kleider» zurückzuführen ist.

Dem hinteren Rockzierfeld kommt sowohl beim bäuerlichen als auch beim beduinischen Kleid besondere Bedeutung zu. Shelagh Weir ist aufgefallen, dass die Frauen in Beit Dajan die Kleider je nach Gestaltung dieses Zierfeldes in verschiedene Kategorien einteilen,[18] und Seng und Wass haben aufgezeigt, dass das hintere Rockzierfeld zusammen mit den Flügelärmeln bei den Tänzen der Frauen besonders beachtet werde.[19] Als ich nach der Bedeutung des hinteren Rockzierfeldes fragte, antworteten zwei Negev-Beduininnen in Amman: «Es ist für die Männer zum Anschauen.» Auch Beduininnen aus dem Nord-Sinai gaben Andrea Rugh die gleiche Antwort, fügten aber noch hinzu, dass ein reich besticktes vorderes Rockzierfeld den Blick der Männer auf sich zöge und auf das Gesicht lenke, was nicht anständig wäre, und dass prächtige Stickereien die Geschicklichkeit der Frauen und ihre Eignung als Ehefrauen demonstrieren würden.[20] Wahrscheinlich um europäischem Geschmack zu genügen, wurde beim Kleid 21661 für Touristen die Vorderseite bis unter die Brust bestickt.

Saumbordüre (*kfāyif*)

Die etwa fünf Zentimeter breite, mit Schrägstichen gestickte Saumbordüre (*kfāyif*) ist für das Beduinenkleid typisch, wobei immer zwei eng beieinanderliegenden Reihen eine Einheit bilden, die *kfāfih* genannt wird. Besonders dekorativ sind Bordüren, deren Farben auf der Höhe der Seitenspickel blockweise abwechseln (22098, 19524). Meistens wird die Bordüre durch eine Reihe andersfarbiger Steppstiche oder versetzter Kreuzstiche gegliedert.

Fragen zu Stil und Alter der Kleider

Nachdem die wichtigsten Muster und die Anordnung der Zierfelder vorgestellt wurden, stellt sich die Frage, ob der Kleiderstil der Negev-Beduininnen einheitlich war oder ob jede Konföderation oder sogar jeder Stamm einen eigenen Stil pflegte. Diese Frage kann nicht gültig beantwortet werden, insbesondere da die Informantinnen keine einheitliche Meinung vertraten. Sowohl Fāyizah Abū ʿAmrah als auch Kāmlah Albaz haben die meisten Kleider der Sammlung unabhängig voneinander als «Tarābīn-Kleider» klassiert. Für beide Frauen war der Begriff «Tarābīn» gleichbedeutend mit «aus dem südlichen Gazastreifen und dem Nord-Sinai stammend», wo noch heute Tarābīn, aber auch andere Stämme leben, und für beide war die Reichhaltigkeit der Stickerei an den rundherum bestickten Röcken entscheidendes Merkmal. Während aber Fāyizah, selber eine Tarābīn, die Auffassung vertrat, alle Kleider der Negev-Beduininnen seien durch die Tarābīn beeinflusst worden, war Kāmlah der Ansicht, jeder Stamm hätte seine eigenen Besonderheiten in der Kombination von Mustern und Farben gepflegt, eine Meinung, die auch die in Jordanien lebenden Negev-Beduininnen teilten. Diese stilistischen Besonderheiten sind aber für Aussenstehende schwierig zu erkennen, und seit 1948 haben sie kontinuierlich abgenommen. Das einzige Kleid der Sammlung, das von Kāmlah Albaz nicht den Tarābīn, sondern den ʿAṭāwnih zugeschrieben wurde, ist Kleid 19526 ohne besticktes vorderes Rockzierfeld.

Da vor allem Gaza, aber auch Khan Yunis und Rafah schon während der osmanischen und britischen Zeit wichtige Zentren waren, wo Stoffe und Kleider für die Aussteuer der Braut eingekauft wurden, ist die Wahrscheinlichkeit gross, dass die Kleidung der Negev-Beduininnen bereits vor 1948 von den Kleiderstilen der Küstenregion – dem Stammesgebiet der Tarābīn – geprägt war. Die nach 1948 gestickten Festkleider der Sammlung zeigen vermehrt Merkmale dörflicher Kleiderstile der Region, z.B. von Khan Yunis oder Deir el Balah. Seit der Gründung des Staates Israel leben hier Dorfbewohner und Beduinen in grossen Flüchtlingslagern auf engem Raum zusammen. Hier konnten sich die Kleiderstile verschiedener Zentren vermischen, und die Frage drängt sich auf, ob in diesen Lagern nicht auch Kleider für den Markt produziert werden.

Die Beduinenkleidung der südwestlichen Küstenregion hat schon immer auch Einflüsse aus dem Nord-Sinai aufgenommen, wo Mitglieder derselben Konföderationen leben. Umgekehrt haben sich die Beduinenkleider des Nord-Sinai, vor allem zwischen Rafah und El Arish, von den palästinensischen Stickmustern beeinflussen lassen, ein Prozess, der sich nach der Eroberung des Sinai durch Israel intensiviert hat.[21] So kann der Negev und der Nord-Sinai, die auch geographisch und beduinengeschichtlich eine Einheit bilden, als eine einheitliche Stilregion betrachtet werden.[22]

Wichtiges Stickereizentrum im Nord-Sinai ist noch immer El Arish, wo sich die Beduinen dieser Region auf dem wöchentlich stattfindenden Markt treffen. Hier gibt es spezielle Arbeitsbeschaffungsprogramme für Frauen, wie etwa das «El Arish Needlework Program». Diese Werkstätte vergibt Stickereiaufträge an Beduinenfrauen der Umgebung und verarbeitet die fertigen Produkte zu Artikeln für den Touristenmarkt. Auch private Projekte, wie das von Amnah al-Harun, arbeiten auf ähnliche Weise. Das Kleid 21661 wurde in ihrem Auftrag produziert und in Nuweiba (Süd-Sinai) an Touristen verkauft. Die Werkstätten haben immer einige traditionelle Kleider auf Lager, deren Muster sie von den Beduininnen reproduzieren lassen. Das Kleid einer Privatsammlung, das von einer Händlerin aus Gaza in Beersheba verkauft wurde und vollständig mit dem heute im Nord-Sinai verbreiteten Fliesenmuster bestickt ist, kommt ebenfalls aus El Arish. Kleider wie dieses werden noch von den Beduininnen im Nord-Sinai getragen, wie man auf dem Markt in El Arish unschwer feststellen kann. Bei den Negev-Frauen sind sie aus der Mode gekommen. Ältere Beduininnen aus dem jordanischen Sūf-Lager hingegen beziehen ihre Festkleider noch immer aus El Arish, während sie im Alltag das palästinensische «Neue Kleid» tragen.

Das Alter der Kleider ist schwierig zu bestimmen. Sammler und Händler tendieren dazu, das Alter ihrer

Alltagskleid für eine verheiratete Frau
Ethnischer Name: *ṯōb abū rdān* (Kleid mit Flügelärmeln)

Das Kleid aus schwerem Baumwollatlas ist mit Kreuzstichmustern in Hellrot und Dunkelrot mit ganz wenig Blau (Baumwollgarn) ohne Stramin bestickt und von Hand zusammengenäht. Der Sammler, der das Kleid in der Nähe von Ashqelon vom Tarābīn-Scheich al-ʿĪd gekauft hat, datiert es in die 1930er Jahre. Die Muster weisen in die Region um Khan Yunis im südlichen Gazastreifen.

Die Flügelärmel sind mit Applikationen aus alten Seidentaftbändern und neueren Bändern aus Baumwolle und Chemiefaserstoffen besetzt.

Ebenfalls mit einem Besatz aus orangen und roten Seidentaftbändern verziert ist das Brustzierfeld am Halsausschnitt. Es wird durch eine «halbe Halskettenschere» gegliedert und ist von einem «Halskettenrahmen» umgeben.

Das vordere Rockzierfeld zeigt von unten nach oben: eine «halbe Schere» sowie ein horizontales Band mit «farbigen Rauten» und «Zypressen».

Gesamtlänge: 138 cm; untere Weite: 102 cm; Ärmellänge: 30 cm; Zipfellänge: 96 cm
Gesammelt: Izhaq Al-Hroub
Inv. Nr. 22032

Alltagskleid
für eine ältere Frau, eine wiederverheiratete Witwe oder eine verheiratete Frau ohne Kind
Ethnischer Name: *ṯōb ʿādī* (Alltagskleid)

Das stark abgetragene und mit Flicken ausgebesserte Kleid wurde aus schwarzem Baumwollatlas mit der Maschine zusammengenäht und mit Baumwollgarn mit Kreuzstichmustern bestickt. Die blaue Stickerei hat Akzente in Dunkelrot, Hellrot, Orange, Lila, Pink und Grün. Die Muster sind ähnlich wie auf Kleid 22032, und wahrscheinlich handelt es sich ebenfalls um ein Tarābīn-Kleid. Datierung: um 1950.

Vorderes Rockzierfeld: Das breite Musterband «Samennetz» hat einen Abschluss aus «Zypressen».

Seitenspickel: Sie sind mit Ornamentbändern aus Rauten und «Zypressen» sowie mit zwei «Rosettenscheren» verziert. Zwei aufgenähte kleine, blaue Glasperlen schützen wahrscheinlich gegen den «bösen Blick».

Gesamtlänge: 143,5 cm; untere Weite: 96 cm; Ärmellänge: 37 cm
Gesammelt: Sonia Gidal, 1970
Inv. Nr. 19527

Alltagskleid
Ethnischer Name: *ṯōb ʿādī*

Das stark abgetragene Kleid aus schwarzem Baumwollatlas wurde von Hand zusammengenäht. Die Rockzierfelder wurden mit Kreuzstichmustern mit Baumwoll- und Chemiefasergarn in Blau, Dunkel- und Hellgrün, Hellrot, Orange und Gelb bestickt, wobei die Farben z.T. stark ausgebleicht sind. Die «Fliesenranken» der Zierfelder sind für den Nord-Sinai typisch. Datierung: evtl. 1970er Jahre oder später.

Das «Fliesenbrustzierfeld» ist mit Orange als Hauptfarbe und mit Hellgrün, Hellblau, Hellgelb und Dunkelrot bestickt.

Das vordere Rockzierfeld wurde im Unterschied zu den übrigen Zierfeldern mit relativ groben Stichen bestickt und stammt wahrscheinlich von einer anderen Stickerin. Bei Motiven einzelner Fliesenbänder dürfte es sich um Fassaden von Moscheen handeln.

Gesamtlänge: 131 cm; untere Weite: 84,5 cm; Ärmellänge: 23 cm
Gesammelt: Widad Kawar
Inv. Nr. 22175

Stücke zu überschätzen. Dies tun auch die Beduininnen, wenn auch aus einem anderen Grund. Viele der heute nicht mehr modernen Kleider datieren sie vor 1948, da die Gründung des Staates Israel für sie mit einem abrupten Wandel verbunden war. Auch das Material kann nur bedingt als Indikator für das Alter der Kleider herangezogen werden, denn schon früh haben Kontakte mit den europäischen Märkten stattgefunden, und alte Zierfelder oder Stoffe werden für neue Kleider wieder verwendet. Da gewisse Muster heute bewusst reproduziert werden, geben sie ebenfalls keine zuverlässigen Hinweise auf das Alter. Dazu gehört

Festkleid
für eine unverheiratete Frau
Ethnischer Name: *ṯōb abū rdān* (Kleid mit Flügelärmeln) oder *ṯōb azrag* (blaues Kleid)

Das Kleid aus schwerem, schwarzem Baumwollatlas ist mit der Maschine zusammengenäht und mit Kreuzstichmustern mit Baumwollgarn und wenig Seidenfäden (Pink) auffallend sorgfältig und ohne Stramin bestickt. Das Kleid stammt nach Angaben der Sammlerin aus den 1940er oder anfangs 1950er Jahre. Wahrscheinlich handelt es sich um ein Kleid der Tarābīn aus dem Grenzgebiet von Negev und Sinai.

Die Flügelärmel sind mit einem roten Baumwollband besetzt, und die Ärmelzierfelder sind mit den gleichen Mustern wie das Brustzierfeld bestickt.

Vorderes Rockzierfeld: Horizontale Musterbänder mit «farbigen Rauten» in einem helleren und dunkleren Blau und «Zypressen».

Seitenzierfelder: Neben Rauten und Zypressen gibt es noch verschiedene «Ährenranken».

Gesamtlänge: 147 cm; untere Weite: 95 cm; Ärmellänge: 30 cm; Zipfellänge: 96 cm
Gesammelt: Anna Dolany
Inv. Nr. 20144

Festkleid für eine unverheiratete Frau
Ethnischer Name: *ṯōb azraq* (blaues Kleid)
Das Kleid aus schwarzem Baumwollatlas ist von Hand und mit der Maschine zusammengenäht sowie mit Baumwollgarn und wenig Seidengarn (Pink) mit Kreuzstichmustern bestickt. Es ist weniger fein bestickt als Kleid 20144 und wahrscheinlich in die 1960er Jahre zu datieren. Region: Tarābīn, aus dem Grenzgebiet von Negev und Nord-Sinai.
Ärmel: Die ursprünglichen Ärmel, vermutlich Flügelärmel, wurden durch Baumwollatlas ersetzt. Die Ärmelzierfelder sind mit «Fliesenranken», eingerahmt von Blütenranken, in Dunkelrot, Hellrot mit wenig Gelb, Lachs und Pink (Seide) bestickt.
Brustzierfeld: Das «umrandete Brustzierfeld» wurde wahrscheinlich zusammen mit den Ärmelzierfeldern gestickt. Links des Zierfeldes ist eine blaue Augenperle gegen den «bösen Blick» aufgenäht.
Vorderes Rockzierfeld: Es ist etwas höher als das hintere Rockzierfeld und mit fünf horizontalen Bändern bestickt, mit «farbigen Rauten» in einem helleren und dunkleren Blau und «Zypressen».
Seitenzierfelder: Sie sind zum Teil in dunklerem Blau gestickt als die Vorderseite. Musterbänder mit Rauten und «Zypressen» alternieren mit «den Truthahnranken» und Ranken mit «Federn». «Der Kopf des Seitenzierfeldes» besteht aus «Halskette», «Sonne» und «Blumenvase».
Gesamtlänge: 133 cm; untere Weite: 95 cm; Ärmellänge: 43 cm
Gesammelt: Widad Kawar
Inv. Nr. 22177

beispielsweise das als besonders typisch empfundene Muster mit Rauten und Zypressen oder das flächendeckende Rautenmuster, das sich auch an neueren, nach 1948 produzierten Kleidern findet. Muster wie die «Scheren», «Samenpalmen», «Turmuspalmen» und «Turmusblüten» hingegen finden sich nach den 1960er Jahren nur noch selten; ältere Kleider sind spärlicher bestickt als neuere.

Kleider für Mädchen, Mütter und Matronen

Das traditionelle Kleid war, wie eingangs erwähnt, bei vielen Stämmen Indikator für den Status der Frau. Entscheidend ist die Farbe des Rockzierfeldes und nicht die des Brustzierfeldes, das meistens unter einem Hülltuch verborgen ist. Kam ein Mädchen mit etwa zwölf Jahren in die Pubertät und somit ins heiratsfähige Alter, begann es ein schwarzes, blau besticktes Kleid zu tragen, mit besonders reichen Stickereien für festliche Gelegenheiten (20144, 22177). Heiratete die junge Frau, so trug sie bei der Hochzeit oder erst als werdende Mutter ein Kleid mit roten Stickereien.[23] Bis etwa in die 1950er Jahre waren die Kleider der verheirateten Frauen ausschliesslich in Rot, meist in der Kombination Dunkel- und Hellrot bestickt (22032); weitere Farben wie Orange oder Gelb kamen erst später hinzu.

Kam die Frau in die Menopause, so trug sie wiederum ein blaues Kleid, das im Unterschied zum Mädchenkleid spärlicher bestickt und weniger auffällig war. Auch Trauerkleider waren blau oder grün bestickt. Beim Tod des Ehemannes, Sohnes oder Bruders pflegten die Frauen ihre Kleider vom Brustschlitz bis zur Magengegend zu zerreissen und erst nach Ablauf des Trauerjahres wieder bunte Kleider zu tragen.[24] Eine Witwe scheint jedoch erst bei ihrer Wiederverheiratung rote Stickereien an ihrem Kleid angebracht zu haben.

Die Einteilung der Kleider in Mädchenkleider, Kleider für ältere Frauen oder Witwen scheint aber keineswegs eindeutig. Jedenfalls waren sich die Informantinnen beim Kleid 19527 nicht einig. Während Fāyizah Abū ʿAmrah der Ansicht war, es handle sich um das Kleid einer älteren Frau, die noch etwas Rot zugefügt habe, war Fāyizah's Nachbarin der Meinung, das Kleid hätte einer Frau gehört, die bei der Heirat ihr Mädchenkleid mit roten Motiven geschmückt hätte, eine Meinung, die auch Kāmlah Albaz teilte.

Kleidung für Fest und Alltag

Die Frauen teilen die Kleider in zusätzliche Kategorien ein, wobei die Kriterien die Reichhaltigkeit der Sticke-

Hochzeitskleid, Festkleid
Ethnischer Name: *ṯōb faraḥ* (Hochzeitskleid) oder *ṯōb dass* («verborgenes Kleid»)

Das Kleid aus schwarzem Baumwollatlas ist mit der Maschine zusammengenäht und reich mit Kreuzstichen verziert. Farben des Baumwollgarns: Hellrot als Hauptfarbe mit Dunkelrot, Hell- und Dunkelgelb und Dunkelblau. Farben des Seidengarns: Pink, Lachs und Grün. Das Kleid stammt evtl. aus der Gegend von Deir el Balah, nördlich von Khan Yunis, wahrscheinlich aus den 1960er Jahren oder später.

Das Brustzierfeld, eine *gubbat laff*, weist stilistisch in den Nord-Sinai.

Das vordere Rockzierfeld hat von unten nach oben folgende Musterbänder: eine «Halskette», Blumen und stark stilisierte Figuren. Den Abschluss bilden «Blumenvasen» mit Vögeln, Mädchen und zwei Knaben, die mit ihren Namen ʿĪd und ʿAyyād angeschrieben sind.

Gesamtlänge: 130 cm; untere Weite: 102 cm; Ärmellänge: 42,5 cm
Gesammelt: Sonia Gidal, 1970
Inv. Nr. 19525

Hochzeitskleid, Festkleid
Ethnischer Name: *ṯōb faraḥ* (Hochzeitskleid) oder *ṯōb dass* («verborgenes Kleid»)
Das Kleid aus Baumwollatlas ist mit der Maschine zusammengenäht und mit Baumwollgarn vorwiegend in Hellrot und Dunkelrot bestickt. Weitere Farben sind Dunkelgelb, Grün, Blau und Pink (Chemiefasergarn). Das Kleid, nach meiner Informantin ein modernes Tarābīn-Kleid, dürfte aus der Gegend von Deir el Balah, nördlich von Khan Yunis, stammen und wahrscheinlich in die 1960er Jahre oder später zu datieren sein.
Flügelärmel: Sie sind mit roter Zickzackband-Applikation aus Samt besetzt.
Das Brustzierfeld wird durch einen winkelförmigen «Unterteiler» und weitere Winkel gegliedert und mit einer roten Zickzackband-Applikation aus Samt umrandet.
Vorderes Rockzierfeld: Das unterste Musterband zeigt «den Königsthron», das obere stilisierte «Blumenvasen».
Seitenzierfelder: Die Nähte der mit vertikalen Musterbändern üppig bestickten Zierfelder sind mit «Fliesenranken» überdeckt.
Gesamtlänge: 130 cm; untere Weite: 78 cm; Ärmellänge: 23,5 cm; Ärmelzipfel: 78 cm
Gesammelt: Widad Kawar
Inv. Nr. 22098

Hochzeitskleid, Festkleid
Ethnischer Name: *ṯōb faraḥ* (Hochzeitskleid) oder *ṯōb dass* («verborgenes Kleid»)
Das Kleid aus schwarzem Baumwollatlas wurde maschinell zusammengenäht und reich mit Baumwollgarn mit Kreuzstichmustern und Schnurstickerei in den Farben Dunkelrot und Orange mit Grün, Blau, Lila, Gelb und Pink (Seidengarn) bestickt.
Die Flügelärmel sind mit einem schmalen Besatz aus leuchtend rotem Kunsttrikot an der Ärmelinnenseite verziert, und die Musterbänder stammen wahrscheinlich von einem älteren Kleid aus dem Nord-Sinai.
Brust- und hinteres Rockzierfeld haben identische Muster, wobei das hintere Rockzierfeld flächendeckend mit Rauten und Rosetten verziert ist. Eine Besonderheit bilden die glitzernden Glasperlen als Zentrum der in Schnurstickerei ausgeführten Rosetten.
Die Seitenspickel: Neben Rauten- und Rosettenmustern finden sich Bänder mit den *talḥamī* genannten Rosetten, flankiert von «Federn».
Gesamtlänge: 147 cm; untere Weite: 99 cm; Ärmellänge: 39 cm; Ärmelzipfel: 77 cm
Gesammelt: Sonia Gidal, 1969
Inv. Nr. 19524

rei, die Farbe der Rockzierfelder und das Vorhandensein von Flügelärmeln sind.

Hochzeits- und Festkleider waren besonders reich und prächtig bestickt, und, da sie selten getragen wurden, in gutem Zustand. Nach der Hochzeit wurde das Kleid beiseite gelegt, d.h. «verborgen», und erst bei einem Fest wieder hervorgeholt, weshalb das Kleid *ṯōb faraḥ* (Hochzeitskleid) oder *ṯōb dass* («verborgenes

Festkleid
für eine verheiratete Frau
Ethnischer Name: *ṯōb dass* («verborgenes Kleid»)

Das Kleid aus schwarzem Baumwollatlas ist mit der Maschine zusammengenäht und in Kreuzstichmustern bestickt mit Baumwoll- und Seidengarn. Baumwollgarn: verschiedene Rottöne mit Weiss, Hellgelb, verschiedene Blautöne und Dunkelgrün; Seidengarn: Rosa, Violett, Hellgrün und Dunkelgelb. Am Saum ist das Kleid mit handgewebtem Baumwollstoff gefüttert, und das Rückenzierfeld besteht aus einem geblümten, rosafarbenen Chemiefaseratlas. Das Kleid stammt eventuell von den ʿAṯāwnih, Nord-Negev, aus den 1950er oder 1960er Jahren.

Das Brustzierfeld mit weitem Ausschnitt ist mit Seidengarn umnäht (Zopfstiche). Die mittlere Partie des Musters wurde als «Bar-Lev-Linie» bezeichnet.

Gesamtlänge: 143 cm; untere Weite: 91 cm; Ärmellänge: 44,5 cm
Gesammelt: Sonia Gidal
Inv. Nr. 19526

Frauenkleid
Ethnischer Name: *ṯōb abū rdān* (Kleid mit Flügelärmeln)

Das Kleid aus schwarzem Seide-Baumwollatlas ist von Hand zusammengenäht und mit Baumwollgarn in Rot, Orange, Rosa, Dunkelgrün mit Gelb und Hellgrün mit Kreuzstichmustern bestickt. Seitennähte und Halsumrandung sind mit Festonstichen gearbeitet, alternierend in Rot und Grün. Evtl. handelt sich um ein jordanisches «Neues Kleid», wie es von jordanischen Beduininnen getragen wurde. Die Stickereien, insbesondere das Brustzierfeld, eine *gubbat laff*, ist von Palästina beeinflusst, und die Blumenmuster sind bei Beduinenfrauen äusserst beliebt. Datierung: evtl. 1970er Jahre.

Vorderes Rockzierfeld: Musterbänder von unten nach oben: «die Granatapfelblüte», «die Birnenranke» und «die Damaszener-Rosenranke». Dann folgen nochmals eine Birnen- und Damaszener-Rosenranke, und neben den Seitennähten findet sich je eine vertikale «Truthahnranke».

Gesamtlänge: 129 cm; untere Weite: 75 cm; Ärmellänge: 13,5 cm; Ärmelzipfel: 56 cm
Gesammelt: Widad Kawar
Inv. Nr. 22176

Kleid») genannt wird. Zum Hochzeits- oder Festkleid gehörte gelegentlich auch eine bestickte Jacke (*salṭah*; 22172).[25] Das Alltagskleid (*ṯōb ʿādī*) ist spärlicher bestickt, abgetragen und vielfach geflickt. Bei einem blauen Kleid ist nicht die Reichhaltigkeit der Stickerei Einteilungskriterium, sondern die Farbe der Rockzierfelder, weshalb es *ṯōb azrag* (blaues Kleid) genannt wird. Ein weiteres Kriterium bilden die Flügelärmel, die manchmal dem Kleid den Namen geben können: *ṯōb abū rdān* (Kleid mit Flügelärmeln).

Festkleider haben schon immer die Aufmerksamkeit der Sammler auf sich gezogen, und sie fanden viel häufiger Eingang in die Museen und Publikationen als die bescheideneren Alltagskleider. So wurden sich die Frauen der Nachfrage bewusst und verkauften ihre Festkleider aus wirtschaftlicher Not oder weil sie nicht mehr modern waren. Dies mag beim westlichen Betrachter den Eindruck einer reichen und farbenprächtigen Garderobe wecken, was darüber hinwegtäuscht, dass die Beduininnen für die schwere Alltagsarbeit einfach gekleidet waren.

Die Neue Mode

Der traditionelle *ṯōb* wurde bis Ende der 1950er Jahre und in abgelegenen Gebieten noch länger getragen. Während der 1960er Jahre dann wandelten sich die Stickmuster, als maschinenbestickte Kleider modern wurden.[26] Als Zohar Wilbush 1965 im Bus eine Beduinin in einem maschinenbestickten Kleid entdeckte, wurde ihre Neugierde geweckt, und auf ihre Frage hin erzählte die Frau, sie hätte von ihrem Mann eine Nähmaschine bekommen und sticke nun auch für andere Frauen.[27] Der Boom der Maschinenstickerei überdauerte noch die 1970er und eventuell die 1980er Jahre;

Palästinensisches «Neues Kleid»
Ethnischer Name: *ṯōb*
Das Kleid aus schwarzem Kunstfaserstoff Georgette ist mit der Maschine zusammengenäht und mit geflammtem Baumwollgarn in den Schattierungen von Gelb bis Braun sowie mit wenig Rot bestickt. Kāmlah Albaz hat das Kleid vor etwa 15 Jahren selber gestickt und es vorerst bei Festen und später im Alltag getragen.
Das Brustzierfeld ist durch eine «Halskette» gegliedert, und die Stossnähte sind mit der «Maschine» mit «Sicheln» (*manāǧil mākinah*) übernäht. Alle Zierfelder sind mit einer breiten «Pfauenranke» verziert, und das hintere Rockzierfeld besteht aus zwei Musterbändern, die in T-Form die beiden seitlichen, senkrechten Bänder verbinden; auf dem T befindet sich ein einzelnes Motiv aus «der Hahnenranke».
Gesamtlänge: 140 cm; untere Weite: 81 cm; Ärmellänge: 27 cm
Gekauft: 1995, in Tel Sheva
Inv. Nr. 22087

Jacke
für eine verheiratete Frau
Ethnischer Name: *salṭah*
Die Jacke aus Seide-Baumwollatlas ist mit Baumwollgarn mit vertikalen Musterbändern (Kreuzstiche) bestickt. Farben: verschiedene Rottöne mit Rosa, Dunkelgelb, Hellgelb und Grün. Weitere Verzierungen sind Knöpfe und Kaurischneckenhäuschen oberhalb des Saumes und an den Ärmeln. Den unteren Abschluss bildet eine Saumbordüre.
Datierung: evtl. 1950er Jahre.
Gesamtlänge: 76 cm; Schulterbreite: 42 cm; Ärmellänge: 29 cm
Gesammelt: Widad Kawar, 1996
Inv. Nr. 22172

Palästinensisches «Neues Kleid»
Ethnischer Name: *ṯōb ʿādī*
Das Kleid ist aus einem schwarzen Chemiefaseratlas mit der Maschine zusammengenäht und mit geflammtem Baumwollgarn mit Kreuzstichmustern bestickt. Die Farben sind abgestufte Töne von Rot, Orange, Gelb, Grün, Blau, Violett. Das Kleid wurde im Westjordanland, wahrscheinlich in Hebron, gestickt.
Das Brustzierfeld wird durch einen «Unterteiler» gegliedert und ist mit Blumen, Blattranken, Vasen und Vögeln bestickt. Die Ränder des Brust- und Rückenzierfeldes, des Halsausschnittes, Brustschlitzes und der Manschetten sind durch eine gehäkelte Spitze aus geflammtem Garn in abgestuften Rottönen besetzt. Die Stossnähte der Ärmel wurden von Hand mit dem «arabischen Nahtstich» zusammengenäht.
Die Seitenspickel und die Nähte sind durch je drei Musterbänder mit Blumen und Blattranken verziert, und das hintere Rockzierfeld besteht aus einem T-förmigen Musterband mit gleichen Motiven.
Gesamtlänge: 13 cm; untere Weite: 71 cm; Ärmellänge: 22 cm
Gekauft: 1995, Markt von Beersheba
Inv. Nr. 22059

Kleid für Touristen
Das Kleid aus schwarzem Baumwollatlas wurde von Hand zusammengenäht und mit hellrotem und dunkelrotem Baumwollgarn in traditionellen Mustern bestickt. Das sehr breite vordere Rockzierfeld ist vielleicht eine Anpassung an den europäischen Geschmack. Das Kleid wurde in El Arish gestickt und genäht.
Die Musterbänder bestehen aus «farbigen Rauten» mit «Zypressen» und mit einer Variante von «Samenpalmen» oder «Lupinenpalmen».
Gesamtlänge: 130 cm; untere Weite: 83 cm; Ärmellänge: 42 cm
Gekauft: 1994, Souvenirladen in Nuweiba, Süd-Sinai
Inv. Nr. 21661

seit Beginn der 1990er Jahre jedoch dominieren wieder handgestickte Kreuzstichmuster.

Wahrscheinlich als Folge der Eroberung des Westjordanlands und des Gazastreifens 1967 kamen die traditionellen Kleider ganz aus der Mode, und die Beduinenfrauen begannen das palästinensische «Neue Kleid» zu tragen. Schon seit 1948 hat es bei den Dorffrauen der genannten Gebiete und in den jordani-

Frauenkleid
Das Kleid aus schwarzem Baumwollatlas ist von Hand zusammengenäht und mit Baumwollgarn und wenig Synthetikgarn in Hellrot mit Rosa, Gelb, Grün und Blau mit Kreuzstichmustern bestickt, und die Manschetten und der Brustschlitz sind mit Acrylwolle mit Zopfstichen ummnäht. Das aufgesetzte Brustzierfeld scheint von einer anderen Frau gestickt worden zu sein als das übrige Kleid. Alle Zierfelder zeigen aber die für den Nord-Sinai typischen «Fliesenranken». Das wahrscheinlich neue Kleid wurde 1995 von einer Händlerin aus El Arish auf dem Markt von Beersheba verkauft.
Gesamtlänge: 136 cm; untere Weite: 81 cm; Ärmellänge: 34 cm.
Privatsammlung

Gürtel
für eine unverheiratete Frau
Ethnischer Name: *mrīrih* oder *sfīfih*
Das zwirngeflochtene Band aus dunkelblauem Chemiefasergarn mit Winkeln in hellerem Blau und Rot ist am einen Ende mit Chemiefaserstoff eingefasst. Elf Bänder aus hell- und dunkelrotem Baumwoll- und Chemiefasergarn schmücken den Gürtel. Bei jedem Band wechseln zwirngebundene Partien mit solchen ab, bei denen je zwei Kettfadenbündel mit Achterschlingen umwickelt sind. Der weitere Schmuck besteht aus Plastikknöpfen, blauen Glasperlenschnüren und kleinen Quasten. Die Kettfransen mit den Quasten wurden über einen Kern aus Baumwolle zweifarbig zwirngebunden (Schachbrettmuster).
Gürtellänge: 233 cm; Breite: 4,3 cm; Länge der Zierbänder mit Schlaufen und Quasten: ca. 70 cm; Breite: 5,3 cm
Gesammelt: Fāyizah Abū ʻAmrah, bei ihren Verwandten im Nord-Sinai
Inv. Nr. 22084

schen Flüchtlingslagern das traditionelle Kleid verdrängt. Es weist ebenfalls regionale Stilmerkmale auf, sowohl was die Muster als auch was die Farbe des Stoffes betrifft.[28] Die Beduininnen übernahmen das bestickte schwarze, für Hebron typische Kleid. Da die Preise im Westjordanland tiefer sind als in Israel, tätigen sie ihre Einkäufe mit Vorliebe im nahen Hebron, und umgekehrt verkaufen Händlerinnen aus Hebron ihre handgestickten Kleider auf dem Markt von Beersheba. Hier finden sich auch Kleiderhändlerinnen aus El Arish oder Gaza ein, die aber ihre Kundschaft eher unter Touristen als unter Beduininnen finden, da der traditionelle Kleiderstil nicht mehr gefragt ist. Das bestickte «Neue Kleid» tragen vor allem ältere Frauen über einem Kleid oder einer Bluse aus Chemiefasern, während jüngere die in der arabischen Welt verbreiteten, einfarbigen Kleider oder westliche Kleider vorziehen.

Zweiteiliger Gürtel für eine verheiratete Frau
Ethnischer Name: *mugawwaṭ*

Der breite Gürtel aus heller Schafwolle und schwarzem Ziegenhaar war mit einem weissen, handgewobenen Baumwollstoff gefüttert, der streckenweise noch vorhanden ist (vgl. auch Detail-Abb. S. 152).

Das schmale Band aus dunkelblauer Wolle mit Winkeln in Rot und Grün ist zwirngeflochten und mit Kaurischneckenhäuschen und Knöpfen verziert. Die Kettfransen (je zwei Kettfadenstränge sind zweifarbig mit Achterschlingen umwickelt) sind mit Glas- und Knochenperlen sowie mit Quasten verziert.

Drei dekorative Bänder sind am breiten Gürtelteil angenäht, wobei zwei der Bänder älter und aus der gleichen Wolle gearbeitet sind: Um eine Kette aus schwarzem Ziegenhaar wurde der Eintrag aus Wolle zwirngebunden. Muster: Indigoblaue «gewöhnliche Rauten» auf dunkelrotem, gelbem und orangem Hintergrund.

Beim dritten, neueren Band besteht die Kette aus Ziegenhaar, verzwirnt mit Schafwolle, und der zwirngebundene Eintrag aus Schafwolle. Muster: «Halsketten» in Dunkelrot, Orange, Pink, Weiss und Dunkelblau. In die zu zwei Zöpfen geflochtenen Fransen wurde ein steinerner Spinnwirtel geknüpft.

Alle drei Bänder sind mit in Dreiergruppen arrangierten Kaurischnecken, Glasperlen sowie osmanischen Münzen geschmückt. Diese Applikationen wurden mit rotem, relativ neuem Garn angenäht, mit dem auch das blaue Band und die dekorativen Bänder an den breiten Gürtel genäht wurden. Wahrscheinlich wurde der Gürtel, der gemäss der Sammlerin in die 1920er Jahre zu datieren ist, später aus alten Gürtelkomponenten neu zusammengesetzt.

Länge des schwarz/weissen Gürtels: 264 cm; Breite: 12 cm; Länge des blauen Bandes: 313 cm; Breite: 4 cm; Länge der dekorativen Bänder: ca. 70 cm; Breite: 4 cm
Gesammelt: Widad Kawar
Inv. Nr. 22099

Gürtel

Alle Beduinenfrauen tragen einen Gürtel. Er hält das weite, lange Kleid so an der Taille fest, dass sich darüber ein Bausch bildet. Dadurch reduziert sich die Länge des Kleides, und die Frauen pflegten in diesem Bausch kleine Gegenstände unterzubringen. Der Gürtel ist fester Bestandteil der Kleidung jeder anständigen Frau. Da sie ihn nur weglegt, um mit ihrem Mann zu schlafen, wird bei den Awlād ʻAlī eine Frau ohne Gürtel als schamlos und sexuell zu allem bereit betrachtet,[29] und im palästinensischen Dorf Artas war nur die Braut von ihrer Einkleidung bis zum zweiten Tag nach der Hochzeit ohne Gürtel.[30]

Traditionelle Gürtel

Wie das Kleid, so richtete sich auch der Gürtel nach dem Status der Frau, wobei die Frauen im gebärfähigen Alter, wenigstens theoretisch, rote, die anderen blaue Gürtel trugen. Der Gürtel der Mädchen bestand aus einem langen, zwirngeflochtenen dunklen Wollband und wird *mrīrih* oder *sfīfih* (Band) genannt. Am einen Ende wurden in der Regel die Kettfäden des Bandes zu dekorativen Schnüren und Quasten verarbeitet, während am anderen Ende Kaurischneckenhäuschen aufgenäht waren. Der Gürtel wird mehrmals so um die Taille geschlungen, dass die Schnüre und Quasten auf der rechten Seite herunterhängen und die Kaurischneckenhäuschen vorne zu liegen kommen.

Schal, als Gürtel verwendet
Ethnischer Name: *ṣūfiyyih*
Pinkfarbener Schal mit blaugrünen Bordüren und blauer Schal mit Bordüren in Pink mit Dunkelgrün, beide aus Acrywolle. Auf der Etikette ist jedoch zu lesen: *šāl ṣūf kašmīr* («Schal aus Kaschmirwolle»).
Länge: 122 cm; Breite: 122 cm
Gekauft: 1995, Markt von Rahat
Inv. Nr. 22061a + b

Gürtel
für Frauen und junge Männer
Ethnischer Name: *ḥizām* oder *gšāṭ* oder *sēr*
Der Gürtel wurde mit Acrylgarn zwirngebunden (S- und Z-kreuzig) und auf ein Plastikband aufgenäht. Farben: Hellrot, Dunkelrot, Orange, Gelb, Verschiedene Braun-, Blau- und Grüntöne.
Länge: 96 cm; Breite: 4,5 cm
Gesammelt: Widad Kawar
Inv. Nr. 22284

Für festliche Gelegenheiten befestigten die Mädchen hinten am Gürtel dekorative Bänder (*ǧaḏāḏī*ʿ), die besonders bei den Tänzen zur Geltung kamen und wahrscheinlich wie das hintere Rockzierfeld, den Blick der Männer auf sich lenken sollten. Der einfache Mädchengürtel der Sammlung aber ist weder mit Quasten noch mit Kaurischneckenhäuschen verziert und besteht aus Chemiefasergarn. Er stammt aus dem Nordsinai und dürfte neueren Datums sein (22084). Typisch für die Region sind die mit hell- und dunkelroten Rauten geschmückten Bänder (*ǧaḏāḏī*ʿ), die in ähnlicher Form auch als Zopfschmuck dienen.

Der im Alltag getragene Gürtel (*mugawwaṭ*; 22099) der verheirateten Frau besteht aus einem breiten Band aus schmalen, geflochtenen Bändern von Schafwolle und Ziegenhaar.[31] An einem Ende ist der Rand eingeschlagen, so dass ein Täschchen (*ḫubnih*) entsteht, in das die Frau ihr Geld stecken kann. Dieser Gürtel soll den Frauen vorbehalten sein, die schon ein Kind geboren haben. Während weiterer Schwangerschaften soll er den Rücken stützen und nach der Geburt zur Rückbildung der Bauchdecke beitragen.[32]

Häufig wurde noch ein blaues, schmäleres Band darüber gebunden, wie es die Mädchen tragen. Natürlich widerspricht die Farbe Blau in diesem Zusammenhang völlig der Logik der Farbsymbolik; allerdings spricht einiges dafür, dass die Bänder der verheirateten Frauen ursprünglich rot waren.[33] Auf das Band sind Kaurischneckenhäuschen (*wad‘*) und weisse Knöpfe aufgenäht, die die Fruchtbarkeit der Trägerin fördern und gegen den «bösen Blick» schützen sollen. Da weissen Knöpfen wegen ihres ähnlichen Aussehens die gleiche Wirkung zugeschrieben wird, können sie die Kaurischneckenhäuschen ersetzen. Wie die Mädchen befestigen auch die Frauen für festliche Gelegenheiten dekorative Bänder (*ǧaḏāḏī‘*) hinten am Gürtel, und zwar immer in ungerader Anzahl,[34] da im islamischen Volksglauben ungerade Zahlen Glück bringender sind als gerade.

Neue Gürtel

Im Negev wurde der traditionelle Gürtel, wenigstens von den in abgelegenen Gebieten lebenden ‘Azāzmih, bis Mitte der 1970er Jahre getragen,[35] im Nord-Sinai wahrscheinlich länger. Die im Nordnegev, in der Nähe von Beersheba lebenden Beduininnen hingegen begannen ihn in den 1970er Jahren gegen den blauen oder pinkfarbenen viereckigen Schal aus Acrylwolle auszutauschen, der zum Tragen in der Diagonale gefaltet und dann aufgerollt wurde (22061a + b).

Dieser Gürteltypus, der von jenem Zeitpunkt an in Bethlehem und später auch in Gaza produziert wurde, erfreute sich bei Frauen in Bethlehem, Hebron und Gaza ebenfalls grosser Beliebtheit.[36] Obwohl aus Chemiefasern fabriziert, wird er auf der Etikette als *šāl ṣūf kašmīr* («Schal aus Kaschmirwolle») bezeichnet und von den Beduininnen *ṣūfiyyih* (die «Wollene») genannt.[37] Die pinkfarbene Version soll von jungen verheirateten Frauen getragen worden sein, während die blaue der Trauerzeit und älteren Frauen vorbehalten war (s. Abb. S. 125 und S. 130).

Kappen schützen Säuglinge nicht nur vor Sonne, Wind und Kälte, sondern auch vor negativen, magischen Einflüssen. ‘Azāzmih im Wādī al-Mašāš, 1974 (Foto: Klaus-Otto Hundt)

Diese Gürtel sieht man, wenn überhaupt, nur noch an älteren Frauen, denn die meisten Frauen ziehen heute Leder- oder Plastikgürtel vor. Eine weitere Modeerscheinung der 1970er Jahren waren gemusterte Gürtel, die von Frauen und jungen Männern gleichermassen getragen wurden (22284). Auch Kher Albaz erinnert sich, einen solchen Gürtel besessen zu haben. Die verschiedenen ethnischen Namen, nämlich *ḥizām*, der allgemeine Ausdruck für Gürtel, sowie *gšāṭ* und *sēr*, die Bezeichnungen für lederne Gürtel, scheinen alle synonym gebraucht zu werden.

Bedecken – Verhüllen – Verschleiern

Kappen

Schon kleine Kinder trugen eine mit Münzen und Amuletten verzierte Kappe. Kam das Mädchen in die Pubertät, so erhielt es den *wugā* (hocharabisch *wiqāyah*, Schutz), eine Kappe, die es später auch als verheiratete Frau tragen würde. Je nach Position im Lebenslauf wurde die Kappe mit bestimmten Ornamenten versehen.

Diese Negev-Beduininnen tragen die für ihren Status typischen Kopfbedeckungen: Der *wugā* des Mädchens ist mit *šibēkah* und *ǧidfah*, der der verheirateten jungen Frauen mit *zingān* und *ma'ṣab* geschmückt. Die zweite Frau von links sowie das Mädchen haben an ihrem *wugā* noch eine Kinnkette befestigt. Man beachte auch den reichlichen Hals- und Armschmuck der jungen Frauen, während die alte Frau keinen Schmuck mehr trägt. 1925-31 (Foto: Paul Hommel, LAS)

Die Kappe der pubertierenden Mädchen ist an der Stirnseite mit einem langen, etwa vier Finger breiten Stoffband (*ǧidfah*) besetzt, das der Trägerin auf beiden Seiten über die Brust fällt und reichlich mit Silbermünzen verziert ist. Mit Vorliebe wurden die ihres hohen Silbergehaltes wegen besonders geschätzten Maria-Theresien-Taler (*riyāl*) verwendet. An der *ǧidfah* wird ein «kleines Netz» (*šibēkah*) aus Korallen und vier Goldmünzen so befestigt, dass es in die Stirne des Mädchens fällt.

Nach dem ersten Kind ersetzt die Mutter oder Schwiegermutter der Frau *ǧidfah* und *šibēkah* durch *zingān* und *ma'ṣab*. Der *zingān* ist wie die *ǧidfah* ein mit Silbmünzen besticktes Band, das aber schmaler ist. Der *ma'ṣab* ist ein Stirnornament, bestehend aus einem rechteckigen Stoffstück, auf das 15 Goldmünzen in drei Reihen zu je 5 Münzen genäht wurden. Dafür und für den *zingān* verwendete man die Münzen von *ǧidfah* und *šibēkah*, und bei verschiedenen Gelegenheiten kamen neue Münzen hinzu. Das Stirnornament konnte entweder an seiner Schmal- oder Längsseite am *wugā* fixiert werden.[38] Zuweilen wurde an der Kappe noch eine Kinnkette (*znāg*) befestigt, deren Gehänge, meist eine Filigrankugel und ein Maria-Theresien-Taler, vom Kinn her auf die Brust fiel. Laut Kāmlah Albaz begann die Frau erst nach etwa fünf Ehejahren anstelle von *zingān* und *ma'ṣab* den ebenfalls mit Münzen reich geschmückten Gesichtsschleier (*burga'*) zu tragen, und zwar vor allem bei den 'Azāzmih und Tarābīn. Allerdings trug sie ihn nicht täglich wie die Frau im Nord-Sinai, sondern eher an Feiertagen oder in der Öffentlichkeit, z.B. auf dem Markt.[39]

Insbesondere die Münzen an *ǧidfah, šibēkah, zingān* und *ma'ṣab* sowie am *burga'* sind wertvoll, während der *wugā* selber mit grossen, billigen osmanischen Münzen geschmückt wurde. Nähte die Mutter

Kinnkette
Ethnischer Name: *znāg*
An vier durch eine Rosette verbundenen silbernen Jerusalemketten hängt eine aus zwei Hälften und aus Silberdraht zusammengesetzte Filigranhohlkugel, belötet mit kleinen Silbergranulatkügelchen, sowie ein Maria-Theresien-Taler.
Länge mit Gehänge: 34 cm
Gesammelt: Sonia Gidal
Inv. Nr. 21045

ihrer Tochter den ersten *wugā*, so gab sie oft ihre eigenen Münzen an die Tochter weiter. Anzahl und Wert der Münzen waren Indikatoren für den Reichtum der Familie der jungen Frau und besonders für Familien mit heiratsfähigen Söhnen von Interesse. Weitere Silber- und Goldmünzen sowie auch Schmuck erhielt und erhält die Frau noch immer bei ihrer Heirat. Sie werden von ihrem Vater gekauft, und zwar aus dem Brautpreis, den ihm der Bräutigam zu entrichten hat.[40]

Alle Münzen sind Eigentum der Frau, die allein über sie verfügen kann. Trennte die Frau eine Münze ihres *wugā* ab, so ersetzte sie sie wahrscheinlich durch eine billige Schmuck- oder Kursmünze. Verkaufte sie den ganzen *wugā*, so entfernte sie vorerst die kostbaren Münzen, und der Händler brachte wahrscheinlich andere Münzen an, um die Kappe attraktiver und authentischer zu gestalten.[41] So sind Münzen zur Datierung eines Objektes in den meisten Fällen unbrauchbar.

Da die Kapitalanlage der Beduininnen seit den 1960er Jahren aus Goldschmuck (Halsketten mit Goldmedaillons, Armbänder etc.) besteht, hatten die Münzen an Kappe und Gesichtsschleier, dort, wo sie noch getragen wurden, nur noch dekorativen Charakter. Gewisse Münzen wurden wahrscheinlich auch wegen ihrer magischen Qualitäten angebracht, wie vielleicht die saudi-arabischen auf den Kappen 22100 und 22075. Die beiden gekreuzten Schwerter, die zusammen mit einer Palme das saudi-arabische Staatswappen bilden, sollen vielleicht böse Geister abwehren.[42] Dem gleichen Zweck mochten auch die durchbohrten, auf der Hinterseite des *wugā* angnähten Steine dienen, die nicht nur die Kappe beschweren, sondern auch bei jedem Schritt gegeneinander schlagen. Die Kaurischneckenhäuschen sollen die Fruchtbarkeit der Frauen fördern sowie vor dem «bösen Blick» schützen, und die vom Stirnband des *burga*ʿ herunterhängenden Ketten und Bänder hatten ebenfalls magisch-schützende Qualitäten. Der *wugā* bewahrte die Frau also nicht nur vor unbefugten Blicken, sondern er schützte auch den mit seinen Öffnungen als besonders gefährdet betrachteten Kopf vor schädlichen Einflüssen. Im Negev wurde der *wugā* noch bis Mitte der 1980er Jahre von älteren Frauen getragen; wahrscheinlich konnte er sich im Nord-Sinai länger halten.

Die Kappen der Sammlung

In der Sammlung sind zwei Typen von Kappen vertreten. Zum im Negev verbreiteten Typus gehören die Kappen 22101, 22100 und 22169. Sie bestehen aus einem rechteckigen Stück Stoff, das durch ein angenähtes Band und einen Knopf unter dem Kinn fixiert werden kann und am Hinterkopf durch ein Band leicht gerafft wird, damit eine gute Passform gewähr-

Kappe
für eine verheiratete Frau
Ethnischer Name: *wugā*

Die Kappe aus rotem Seide-Baumwollatlas ist auf beiden Längsseiten mit Applikationen aus schwarzen und gelben Seidentaftbändern versehen und mit rotem, handgewebtem Baumwollstoff gefüttert. Das 146 cm lange und 2 cm breite, zwirngeflochtene, dunkelrote Wollband (*zingān*) mit schwarzen und orangen Winkeln ist an der Stirnseite der Kappe angenäht.

Band und Kappe sind vorwiegend mit osmanischen Münzen verziert. Die Ausnahmen bilden eine Palästina-Münze von 2 Mils, bzw. *milān* (Jg. 1927), und eine italienische 1-Lire-Münze (Jg. 1923). Weitere Dekorationen sind in Dreiecksformation aufgenähte Kaurischneckenhäuschen und Knöpfe sowie durchbohrte Steine an der hinteren Seite. Die Kappe dürfte aus den 1920er Jahren stammen.

Länge: 21 cm; Breite der Stirnseite: 30 cm
Gesammelt: Widad Kawar
Inv. Nr. 22101

Kappe
für eine verheiratete Frau
Ethnischer Name: *wugā*

Wahrscheinlich wurde für diese Kappe das bestickte Brustzierfeld eines Kleides verwendet. Sie ist mit Bändern aus grünem Chemiefaserstoff besetzt, und das Futter besteht aus geblümtem Chemiefaserstoff. Eine Aluminiumkette dient zum Fixieren der Kappe unter dem Kinn.

Das an der Stirnseite angenähte schmale Band (*zingān*) aus Baumwollstoff, dessen Enden abgeschnitten sind, weist zwölf Maria-Theresien-Taler auf.

Weitere Applikationen: in Dreiecksform aufgenähte Kaurischnecken, kleine Anhänger aus Metall, hinten ein zerbrochener Spinnwirtel und ein durchbohrter Stein, osmanische Münzen sowie eine ägyptische Münze von 50 Piaster bzw. *qurūš* (Jg. 1916) und eine saudi-arabische Münze von 4 *qurūš* 1376 A.H. (= 1956 n.Chr.).

Länge: 22 cm; Breite der Stirnseite: 29 cm
Gesammelt: Widad Kawar
Inv. Nr. 22100

leistet ist. Die Kappen 22101 und 22100 sind noch mit einem *zingān* versehen, der aber bei 22100 auf beiden Seiten beschnitten wurde. Wahrscheinlich wurde ein Teil der wertvollen Maria-Theresien-Taler separat verkauft, und es ist bemerkenswert, dass zwölf dieser Münzen überhaupt noch vorhanden sind. Das einfache, kaum verzierte Exemplar 22169 wurde laut Kāmlah Albaz zusammen mit einem *burga'* getragen,

Kappe wahrscheinlich für eine ältere Frau
Ethnischer Name: *wugā*
Die sehr einfache Kappe wurde aus verschiedenen Stoffresten von Hand zusammengenäht: aus kariertem Baumwollstoff, roter synthetischer Seide, Streifen eines alten Zierfeldes und aus rosafarbenem Baumwollstoff. Aus dem gleichen Baumwollstoff bestehen auch Futter und Bänder, mit denen die Kappe am Hinterkopf bzw. unter dem Kinn fixiert wird. Applikationen: Osmanische Münzen. Datierung: evtl. 1970er Jahre oder später.
Länge: 20 cm; Breite der Stirnseite: 31 cm
Gesammelt: Widad Kawar
Inv. Nr. 22169

wahrscheinlich von einer älteren Frau, die eine dunklere und weniger farbenprächtige Kappe vorzog.

Der zweite Typus besteht aus einem langen, rechteckigen Stück Stoff, das über den Kopf gelegt wird und hinten als Schleppe über den Rücken fällt. Kopfteil

Kappe für eine unverheiratete Frau
Ethnischer Name: *wugā*
Kappe und Schleppe bestehen aus rotem Baumwollstoff. Die Kappe ist mit Baumwollgarn in Grün und verschiedenen Rottönen mit Kreuzstichen bestickt. Die blauen und rosa Randornamentstreifen wurden im geschlossenen Hexenstich gestickt und die Ränder mit Zopfstichen umnäht. An der Stirnseite sind fünf osmanische Münzen, eine saudi-arabische Münze von 4 *qurūš*, 1376 A.H. (= 1956 n.Chr.) und Kaurischneckenhäuschen angenäht. Mit einem Baumwollband und einem Knopf kann die Kopfbedeckung befestigt werden.
Der Schleppenteil ist mit verschiedenen Stoffresten und Bändern aus Baumwolle sowie Chemiefasern besetzt. Aus dem Baumwollstoff mit Uhrenmotiven wurde sogar ein kleines Täschchen aufgenäht. Den unteren Abschluss bildet ein Perlenband (*'arayğih*) mit einem Dreiecksmuster in Hellblau, Rot, Weiss und Gelb und kleine Quasten aus Baumwollgarn.
Länge: 85,5 cm; Breite 32 cm
Gesammelt: Fāyizah Abū 'Amrah, 1995, von einer 'Azāzmih-Frau im Nord-Sinai
Inv. Nr. 22075

Die ʿAzāzmih-Beduinin trägt ein maschinenbesticktes Kleid, einen traditionellen Gürtel (*mugawwaṭ* mit *sfīfih*), ein schwarzes Hülltuch (*gunʿah*) mit roter Bordüre sowie einen Nasenring und verschiedene Halsketten. Wādī al-Mašāš, 1974 (Foto: Klaus-Otto Hundt)

und Schleppe sind durch Applikationen oder Stickereien optisch voneinander abgegrenzt. Das vorliegende Objekt 22075 hat Fāyizah Abū ʿAmrah von einer im Nord-Sinai lebenden ʿAzāzmih-Frau erworben. Es scheint, dass dieser Kappentypus nur im Zentral-Negev, nicht aber bei den im Nord-Negev lebenden Stämmen verbreitet war, denn Kāmlah war er nicht bekannt. Ṣabḥah Salāmah Darawših, eine ʿAzāzmih-Frau, hingegen erklärte, indem sie lachend die Kappe auf dem Kopf ihrer Tochter plazierte, sie sei früher von Mädchen ab etwa neun Jahren bis zur Heirat getragen worden, wobei die Schleppe noch mit Münzen verziert gewesen sei.

Die Kopfbedeckungen wurden von den Frauen selber genäht. Das älteste, ausschliesslich aus alten Materialien bestehende Objekt 22101 kann wahrscheinlich in die späten 1920er Jahre datiert werden. Das Alter von 22100 hingegen ist kaum zu bestimmen. Die Stickerei und die Maria-Theresien-Taler sind sicher älter als das Futter und die Applikationen aus Chemiefaserstoff. Entweder wurde das Futter, das den *wugā* vor Schmutz und Schweiss schützt, erneuert,[43] oder es wurden verschiedene alte Stücke wieder verwendet. Auch 22169 ist aus älteren und neueren Stoffresten zusammengesetzt, während 22075 vielleicht in die 1970er oder 1980er Jahre zu datieren ist.

Hülltuch, Umhang und Kopftuch

Direkt über dem *wugā* trugen Mädchen nach der Pubertät und verheiratete Frauen ein schwarzes Tuch, *gunʿah* genannt, was «Kopfschleier» bedeutet. Da das Tuch wegen seiner Grösse aber nicht nur den Kopf bedeckt, sondern von der Trägerin auch um den Oberkörper drapiert oder über den Rücken fallen gelassen werden kann, ziehe ich den Begriff Hülltuch vor. Die verheirateten Frauen trugen die *gunʿah* zu Hause; gingen sie aus, so wickelten sie um Kopf und Schultern anstelle der *gunʿah* einen schwarzen Überwurf, *ʿabāyih* oder *ʿabā* genannt. Bei den Tiyāhā zum Beispiel gehörte eine *ʿabāyih* zu den Hochzeitsgeschenken, die der Bräutigam für seine Braut zu kaufen hatte;[44] sie war dem gleichnamigen Kleidungsstück der Männer ähnlich, aber nicht mit Bordüren verziert. Heute ist die *ʿabāyih* ganz verschwunden, sie konnte aber in den 1970er und 1980er Jahren auf dem Markt von Beersheba gelegentlich an älteren Frauen gesehen werden.[45]

Das schwarze Hülltuch und die *ʿabāyih* waren typisch für die Beduinenfrauen. Seit den 1950er Jahren aber gleichen die Beduininnen ihre Tücher immer mehr denen der Dorffrauen an, wobei der Wandel noch immer im Gange ist. Kontinuierlich ersetzen sie die Kappe und das schwarze Hülltuch durch das weisse Kopftuch (*mandīl*) und das weisse Hülltuch aus Baumwollgaze, das *šāših* genannt wird (s. Abb. S. 130). Vorerst trug die Beduinin anstatt des *wugā* eine *šāših*, über die sie, wenn sie ausging, noch eine *gunʿah* drapierte, wie dies noch heute viele Frauen in abgelegenen Gebieten praktizieren. In den Siedlungen hingegen tragen viele Mädchen und Frauen nur das Kopftuch. Verlassen sie das Haus, so bedecken sie das Kopftuch noch mit einer *šāših*, während traditionellere Frauen darüber noch eine *gunʿah* legen. Allerdings gibt es immer mehr junge Frauen, die wenigstens im Haus ganz auf eine Kopfbedeckung verzichten.

Ursprünglich bestand die *gunʿah* aus dem gleichen Stoff wie die Kleider, und in den 1930er Jahren war sie am Rand mit einem roten Band besetzt.[46] Ungefähr zwischen den 1940er bis 1960er Jahren kamen Tücher

Hülltuch
Ethnischer Name: *gun'ah* oder *gun'ah margūmah*
Das Hülltuch aus schwarzer Baumwollgaze ist mit Baumwollgarn in den Farben Hellrot und Dunkelrot mit wenig Rosa, Grün, Gelb und Blau bestickt. Die Musterbänder bestehen aus «Halsketten» und «Zypressen» sowie achtstrahligen Sternen. (Detailaufnahme)
Länge: 155 cm; Breite: 149 cm
Gekauft: 1994, Markt von El Arish
Inv. Nr. 21651

Hülltuch
Ethnischer Name: *šāših*
Das weisse Gazetuch besteht laut Etikette aus 65 % Polyester und 35 % Baumwolle. Gestreute Blumenmotive in Kreuzstichen sind mit rotem, grünem und gelbem Chemiefasergarn auf Stramin gestickt. (Detailaufnahme)
Länge: 155 cm; Breite: 114 cm
Gekauft: 1995, Markt von Beersheba
Inv. Nr. 22066

in Mode, die aus schwarzer, aus Ägypten importierter Baumwollgaze (*šāš*) doppellagig verarbeitet wurden.[47] Da sie mit Kreuzstichmustern bestickt sind – nach Fāyizah Abū 'Amrah im «Tarābīn-Stil» – wird ein solches Tuch *gun'ah margūmah* (verzierter Kopfschleier) genannt (21651). Wahrscheinlich waren diese Tücher besonders im Nord-Sinai verbreitet, wo sie noch heute gestickt und auf dem Markt in El Arish verkauft werden.[48] Etwa seit den 1960er oder 1970er Jahren wird für die Tücher auch gepresster Samt (*maḫmal*) verwendet.

Das weisse Hülltuch (*šāših*) wird heute aus einem Mischgewebe (Polyester und Baumwolle) angefertigt. Der in China fabrizierte Gazestoff (*šāš*)wird in Hebron zu Schleiern verarbeitet und manchmal mit kleinen Mustern wie Blumen oder Bienen bestickt. Noch mit aufgeheftetem Stramin werden die Schleier auf dem Markt von Beersheba verkauft.

Gesichtsschleier

Manchmal trugen unverheiratete und verheiratete Frauen einen schwarzen Halb- oder Mundschleier, der den unteren Teil des Gesichts bis zu den Augen bedeckte.[49] Nach Ḥāǧǧih Ḥamdah al-Makāwī, Tel Sheva, wurde er bei südlichen Stämmen *ngāb*, bei nördlichen *laṯmih* genannt, was vom Verb *laṯṯama* (verschleiern) hergeleitet wird. Anstatt mit einem Mundschleier bedeckten die Frauen Mund und Nase auch mit dem Zipfel von *gun'ah* oder *šāših*, der in diesem Zusammenhang ebenfalls *laṯmih* genannt und noch heute für

Gesichtsschleier
Ethnischer Name: *burga'*
Das gefütterte Stirnband aus rötlichem handgewebtem Baumwollstoff wurde mit Seidenfäden in Orange und Braun mit Pink, Violett und Schwarz mit «Samenhalsketten» bestickt. Zwei der zur Befestigung des Stirnbandes dienende Baumwollbänder bestehen ebenfalls aus handgewebtem Baumwollstoff, die neueren aus maschinell gewebter Baumwolle.
Die beiden äusseren, aus handgewebtem Baumwollstoff bestehenden Bänder des Gehänges sind mit Seidenfäden bestickt, während das mittlere Band mit Seidenfäden zwirngebunden und an der Kante mit Glasperlenschnüren besetzt ist. Mit einer Fuchsschwanzkette können die beiden äusseren Bänder in Position gehalten werden. Eine weitere Fuchsschwanzkette dient vielleicht als Kinnkette.
Das Stirnband ist mit osmanischen und saudi-arabischen Münzen im Wert von 1/4 *qirš* verziert und das Gehänge fast nur mit saudi-arabischen Münzen im Wert von 1/4 *qirš*. Die Prägejahre sind leider nicht mehr zu erkennen, da die Münzen an der betreffenden Stelle gelocht wurden. Neben den Münzen sind noch zwei weiss marmorierte, polierte Steine angenäht. Datierung: 1920er oder 1930er Jahre.
Länge Stirnband: 23 cm; Breite Stirnband: 5 cm; Maximallänge des Gehänges: 26 cm
Gesammelt: Sonia Gidal
Inv. Nr. 19752

diesen Zweck verwendet wird. Der reich verzierte Gesichtsschleier (*burga'*) hingegen wurde, wie schon erwähnt, ausschliesslich von Frauen mit Kindern und nicht jeden Tag getragen.

Der für den Negev typische *burga'* besteht aus einem Stirnband, in dessen Mitte zwei Bänder in Form eines umgekehrten V angenäht sind (19752, 22085; s. auch Abb. S. 214). Manchmal wird in der Gabelung der beiden Bänder ein Ornament aus Korallenstäbchen, Silber- und Goldperlen sowie Goldmünzen befestigt[50] oder ein drittes Band, das nach Ansicht verschiedener Informantinnen älteren Frauen vorbehalten ist (19752). Das Stirnband kann mit Stoffbändern oder Schnüren am Hinterkopf festgebunden werden,

Gesichtsschleier
Ethnischer Name: *burgaʿ*
Das mit einem geblümten Chemiefaserstoff gefütterte Stirnband besteht wahrscheinlich aus einem alten Kleiderzierfeld und ist mit feinen Kreuzstichmustern mit Baumwollgarn in Dunkelblau, Rosa, Gelb, Hell- und Dunkelgrün bestickt und mit Imitationen von Goldmünzen geschmückt. Die zur Befestigung des Stirnbandes dienenden Schlaufen bestehen aus farbigem Chemiefaserstoff. Die seitlichen Bänder, ein Glasperlenstoff in den Farben Hellblau, Rot, Orange, Weiss und Schwarz, sind noch mit Korallenimitationen aus roter Drahtisolation verziert.
Die beiden aus weissem Baumwollstoff bestehenden Bänder des Gehänges sind mit ägyptischen Münzen mit der Inschrift «Vereinigte Arabische Republik» verziert, alle im Wert von 5 *qurūš*, wobei die meisten Münzen aus den Jahren 1972 stammen, einige wenige von 1967 und 1975. Wahrscheinlich ist dieser Schleier in die späten 1970er oder frühen 1980er Jahren zu datieren.
Länge Stirnband: 22 cm; Breite Stirnband: 4 cm; Länge Gehänge: 30 cm.
Gesammelt: Fāyizah Abū ʿAmrah, 1995
Inv. Nr. 22085

Gesichtsschleier
Ethnischer Name: *burgaʿ*
Das Stirnband aus schwarzem Baumwollatlas ist mit dunkelroten und violetten Kreuzstichmustern bestickt (evtl. altes Kleiderzierfeld) und mit Imitationen von Goldmünzen versehen.
Auf beiden Seiten des Stirnbandes befestigt sind je drei Fuchsschwanzketten mit rhomboiden Plättchen an den Enden, eine Kette aus verschiedenfarbigen Plastik- und Glasperlen (weiss, grün, gelb, rot, orange) sowie eine kurze Kette aus röhrenförmigen Korallenimitationen aus Glas und kleinen Schneckenhäusern.
Der Schleier besteht aus zwei Lagen Baumwollgaze, die obere ist braun, die untere auberginefarben. Schmale, vertikale Musterbänder wurden mit Kreuzstichen gestickt (schwarzer Seidenfaden), und den oberen Abschluss bildet ein Besatz aus drei fein geflochtenen schwarzen Schnüren. Die Mittelnaht ist mit Imitationen von Goldmünzen verziert, die beiden Seitenränder sowie der untere Teil des Schleiers mit Imitationen von Silbermünzen.
Neben den Schmuckmünzen finden sich eine ägyptische Münze im Wert von 5 *malīmāt* von 1967 mit der Inschrift «Vereinigte Arabische Republik» und eine Lochmünze mit unleserlicher Prägung. Drei in den beiden unteren Ecken und in der Mitte angenähten Bleistücke garantieren ein besseres Hängen des Schleiers.
Länge Stirnband: 30 cm; Breite Stirnband: 4,5 cm; Länge Schleier: 36 cm; Breite Schleier: 32 cm
Gekauft: 1994, Markt von El Arish
Inv. Nr. 21649

und das Gehänge wird durch Schnüre oder Ketten seitlich so am Stirnband oder an seinen Haltebändern fixiert, dass die Bänder schräg über die Wangen fallen. Für den Sinai hingegen ist ein *burgaʿ* typisch, an dessen Stirnband ein Schleier befestigt ist, der bis zum Kinn reichen oder länger sein kann. Dieser Typus wurde auch im südlichen Gazastreifen, in Khan Yunis und Rafah, getragen (21649).[51] Er ist noch heute bei den Beduininnen im Nord-Sinai verbreitet, während

Zopfschmuck für eine unverheiratete Frau
Ethnischer Name: *garāmīl*
Jede der sechs Schnüre besteht aus einem Vierkantzopf aus schwarzer Wolle, wobei je drei Schnüre am oberen Ende durch ein Stück Atlas (Kette: Seide; Schuss: Baumwolle) zusammengefasst sind. Einzelne Partien sind mit Holzstäbchen verstärkt, mit Baumwollstoff überzogen und mit Fäden bespannt und dann mit Seidengarn umflochten («doppelschlaufig verschlingendes Wulsthalbflechten»).
Weitere Schmuckelemente sind verdrillte Quasten aus Seidengarn mit kleinen Schneckenhäusern am Ansatz sowie kleine, aus handgewebtem Baumwollstoff bestehende Stege, die mit Knöpfen und sechs osmanischen Münzen verziert sind. Datierung: um 1900.
Länge mit Quasten: 82 cm
Gesammelt: Izhaq Al-Hroub
Inv. Nr. 22034

der Gesichtsschleier im Negev seit den 1970er Jahren verschwunden ist.

Die Münzen am *burgaʿ* sind, wie schon erwähnt, Zeichen des Wohlstandes, haben magische und heute vor allem dekorative Funktionen. Die seitlich am Stirnband befestigten Ketten aus Metall oder Perlen – bei dem *burgaʿ* 19752 wurden diese wahrscheinlich entfernt – schmücken und schützen die Trägerin (22085, 21649). Während das ausschliesslich aus alten Materialien gefertigte Objekt 19752 in die 1920er oder 1930er Jahre datiert werden kann, ist 22085 ein neueres Exemplar aus den 1970er oder 1980er Jahren. Es gehörte laut Angaben der Sammlerin einer im Nord-Sinai lebenden ʿAzāzmih-Frau. Ebenso handelt es sich bei 21649 um einen neuen Gesichtsschleier, der auf dem Markt in El Arish erworben wurde und ausschliesslich mit Schmuckmünzen verziert ist.

Der Zopfschmuck

Die Beduinenfrauen tragen ihr Haar zu Zöpfen geflochten und verbergen es nicht wie die Bäuerinnen unter einer Kappe. Früher verlängerten sie die Zöpfe bei festlichen Gelegenheiten mit textilem Zopfschmuck (*garāmīl*), wobei die Gepflogenheiten vielleicht nicht bei allen Stämmen die gleichen waren. Von Fāyizah Abū ʿAmrah und Kāmlah Albaz erfuhr ich, dass man zwischen dem Zopfschmuck von Frauen und Mädchen unterscheiden könne, während nach Orna Goren der Zopfschmuck Frauen mit Kindern vorbehalten war.[52]

Der immer paarweise getragene Zopfschmuck besteht aus farbenfrohen Schnüren mit Quasten oder zwirngebundenen Bändern. Unverheiratete Frauen, welche die Zöpfe über den Rücken fallen lassen, tragen, immer gemäss meinen Informantinnen, langen Zopfschmuck, der mit einer Schnur um den Hals gehängt wird und auf die Brust fällt (22034, 22068). Verheiratete Frauen hingegen lassen die Zöpfe auf die Brust fallen und befestigen verschiedene Varianten von Schmuck direkt an ihnen. Eine Variante aus künstlichen, mit dem eigenen Haar verflochtenen Zöpfen besteht aus Wolle, Ziegen- oder sogar Frauenhaar und wird *garāmīl maʿ ǧadūlih* (Zopfschmuck mit

Zopfschmuck
für eine verheiratete Frau
Ethnischer Name: *garāmīl ma' ǧadūlih* (Zopfschmuck mit Zopf)

Jede Hälfte besteht aus drei Strängen von versponnenem Haar (Ziegenhaar, evtl. echtes Haar) und dekorativen Schnüren mit Quasten. Für jede Schnur wurden zwei Haarbündel mit Chemiefasergarn blockweise in verschiedenen Farben in Achterschleifen umwickelt. Weitere Dekorationen: Schnüre aus kleinen Glasperlen sowie Münzen, vorwiegend Mandatsmünzen «Palestine» aus den Jahren 1927, 1935, 1939, und weisse Knöpfe. Die verdrillten Quasten aus Acrylwolle sind am Ansatz z.T. mit kleinen Schneckenhäusern verziert. Der Schmuck soll aus El Arish stammen.

Länge mit Quasten: 40 cm
Gekauft: 1995, von einer Händlerin aus Gaza auf dem Markt von Beersheba
Inv. Nr. 22057

Zopfschmuck
für eine verheiratete Frau
Ethnischer Name: *garāmīl ma' ǧadūlih* (Zopfschmuck mit Zopf)

Zwei Dreierzöpfe aus brauner Wolle enden in je sechs Schnüren und Quasten. Für jede Schnur wurden zwei Wollbündel mit Chemiefasergarn in Achterschleifen blockweise in verschiedenen Farben umwickelt. Die gedrillten Quasten aus Chemiefasergarn sind mit kleinen Glasperlen und am Ansatz mit Knöpfen verziert.

Länge mit Quasten: 50 cm
Gekauft: 1995, von einer Händlerin aus Gaza auf dem Markt von Beersheba
Inv. Nr. 22086

Zopf) genannt (22086 und 22057); die zweite Variante wird durch Schlaufen am Zopfende befestigt (20195, 22171, 21648).

Zu den Prunkstücken der Sammlung gehört der aus alten Materialien bestehende Zopfschmuck 22034, der sehr fein und mit komplizierten Techniken gearbeitet ist. Nach Auskunft des Sammlers Izhaq Al-Hroub soll er aus dem Beginn des 20. Jh. stammen. Etwa in die Mandatszeit lässt sich wahrscheinlich 20195 datieren, ein ebenfalls aus Seidengarn bestehendes und fein gearbeitetes Objekt. Rezente Exemplare aus dem Nord-Sinai, wo solche wahrscheinlich noch immer getragen werden, sind 22068 und 21648.

Zopfschmuck
für eine verheiratete Frau
Ethnischer Name: *garāmīl*
Die zwirngebundenen Bänder (S- und Z-kreuzig) sind mit «Halsketten» verziert und mit handgewebtem Baumwollstoff gefüttert. Die Schnüre wurden über eine Einlage aus Baumwollstoff und die Kettfäden der Bänder zwirngebunden (S-kreuzig). Weitere Schmuckelemente sind Glasperlenschnüre, je zwei osmanische Münzen und weisse Knöpfe. Der Steg, die Münzen und Knöpfe wurden neu mit rotem Baumwollgarn angenäht, während das übrige Garn aus Seide besteht. Datierung: Mandatszeit.
Länge mit Quasten: 21 cm; Breite: 23 cm
Gesammelt: Sonial Gidal, 1969
Inv. Nr. 20195

Zopfschmuck
für eine verheiratete Frau
Ethnischer Name: *garāmīl*
Die zwirngebundenen Bänder (S- und Z-kreuzig) sind mit «gewöhnlichen Rauten» und an den Rändern mit einer Schnur aus kleinen Glasperlen verziert. Die Schnüre wurden über einer Einlage aus Baumwolle und den Kettfäden der Bänder zwirngebunden (S-kreuzig), wobei das Schachbrettmuster blockweise die Farben wechselt. Material: Baumwollgarn.
Länge: 34 cm; Breite: 19 cm
Gesammelt: Widad Kawar
Inv. Nr. 22171

Zopfschmuck
für eine verheiratete Frau
Ethnischer Name: *garāmīl*
Die Bänder und Schnüre sind bestickt, wobei die Stickerei an den Schnüren die Schachbrett- und Spiralmuster der zwirngebundenen Exemplare imitiert. Knöpfe aus synthetischem Material und Schnüre mit kleinen Glasperlen bilden weitere Verzierungen. Material: Baumwollstoff, Baumwoll- und Chemiefasergarn; Quasten: Acrylwolle. Datierung: wahrscheinlich neu.
Länge mit Quasten: 25 cm; Breite: 4,5 cm
Gekauft: 1994, Markt von El Arish
Inv. Nr. 21648

Zopfschmuck
für eine unverheiratete Frau
Ethnischer Name: *garāmīl*
Die zwirngebundenen (S- und Z-kreuzig) und mit «farbigen Rauten» verzierten Bänder sind durch Partien unterbrochen, bei denen die Kette mit Achterschleifen umwickelt ist. Die über einer Einlage zwirngebundenen Schnüre (S-kreuzig) zeigen Spiral- oder Schachbrettmuster. Weitere Dekorationen sind Knöpfe und Glasperlenschnüre. Das Material ist Baumwoll- und Chemiefasergarn. Datierung: wahrscheinlich neu.
Länge mit Quasten: 58 cm; Breite 4,7 cm
Gesammelt: Fāyizah Abū ʻAmrah, 1995, im Nord-Sinai
Inv. Nr. 22068

Kleider machen Männer

«Iss nach deinem Belieben, aber kleide dich nach dem Belieben der Leute!»[1]

Die Kleidung als Symbol für Reinheit und Status

Die Beduininnen fertigten die Kleidung für die Männer nie selber an. Weder nähten sie die Kleider oder Kittelgewänder, noch woben sie die Überwürfe aus Haar und Wolle. Alle Kleidungsstücke wurden in den textilen Zentren des Landes gefertigt oder aus Nachbarländern, vor allem aus Syrien oder Saudi-Arabien, eingeführt, was mit Ausnahme von Syrien noch immer der Fall ist.[2] Daher unterschied sich die Kleidung der Negev-Beduinen kaum von der im restlichen Mittleren Osten getragenen, und die früher sichtbaren Unterschiede zwischen der Kleidung von Städtern, Bauern und Beduinen nivellierten sich allmählich.

Beduinen konnten im ersten Drittel dieses Jahrhunderts noch an den Flügelärmeln ihres Kleides oder am Kopftuch und am Kopfring erkannt werden, während sich ihre übrigen Kleidungsstücke nicht von denen der Bauern unterschieden. Doch die Flügelärmel verschwanden, und Kopftuch und Kopfring wurden politische Abzeichen der arabischen Bevolkerung aller Länder und Schichten. Zu Beginn des Jahrhunderts aber schien sich die Kleidung der Beduinen noch durch besondere Dürftigkeit ausgezeichnet zu haben, die noch augenfälliger war als die der Bauernkleidung.[3] Erst die Verbesserung der wirtschaftlichen Situation in den 1920er und 1930er Jahren liess auch die Qualität der Kleider steigen.

Die Kleidung des Mannes war und ist Indikator für seine Position innerhalb der sozialen Hierarchie, wobei der Unterschied zwischen einem angesehenen und einem einfachen Mann weniger in der Art als in der Qualität und der Fülle der verwendeten Stoffe lag. So trugen Scheichs im Negev noch bis etwa Mitte des 20. Jh. als Ausdruck ihres Reichtums Kleider und Kittelgewänder in übermässiger Länge.[4]

Während auf symbolischer Ebene die Farbe Schwarz als negativ empfunden und mit den Frauen verbunden wird (s. S.171), wird Weiss mit den Männern assoziiert. Weiss ist die Farbe der Reinheit, der Aufrichtigkeit und zusammen mit Grün die heilige Farbe des Islam. Weisse Kleidung tragen die Mekkapilger, und weisse Fahnen schmücken das Zelt während freudiger Ereignisse wie Hochzeit oder Beschneidung. Ein beschämter Mann, so haben wir gesehen, «schwärzt sein Gesicht». Ein ehrenwerter hingegen hat ein «weisses» Gesicht, was durch sein weisses Kopftuch symbolisiert werden soll.[5]

Zwei Männer in traditioneller Kleidung. Der wahrscheinlich höherrangige Beduine rechts im Bild trägt ein Kleid (*ṯōb*) mit Flügelärmeln und einen schwarzen Überwurf (*ʿabāyih*). Die beiden seitlichen Ecken seines Kopftuchs hat er in den Kopfring (*mrīrih*) gesteckt. 1925-31 (Foto: Paul Hommel, LAS)

Noch heute kleiden sich ältere Beduinen bei einer Hochzeit oder einem anderen Fest ganz in Weiss. ʿAzāzmih, nördlich von Mitzpe Ramon, 1994 (Foto: Alberto Simon)

Unter- und Oberbekleidung

Das Kleid

Ein langes, hemdartiges Kleid (*ṯōb*) aus weisser Baumwolle wurde von Beduinen und Bauern gleichermassen getragen und bildete zusammen mit einem Überwurf (*ʿabāyih*) im 19. Jh. ihre einzige Bekleidung. Geschnitten war der *ṯōb* wie das Frauenkleid, ohne Achselnaht und mit seitlich eingenähten Spickeln, die dem Träger ein bequemes Ausschreiten erlaubten. Im Unterschied zum bäuerlichen Kleid hatte der *ṯōb* der Beduinen

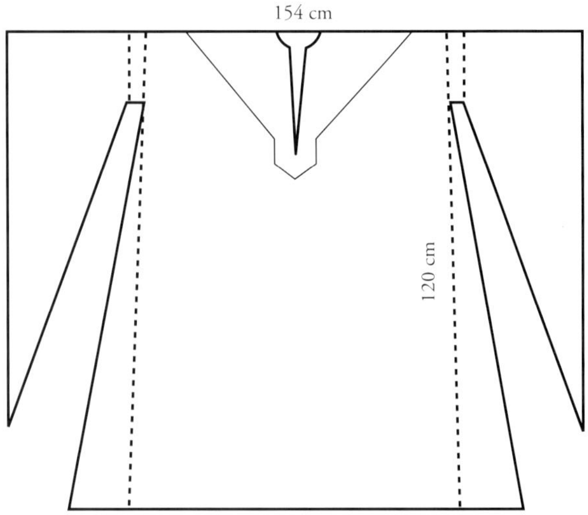

Kleid
Ethnischer Name: *ṯōb*
Beispiel eines *ṯōb* mit Flügelärmeln, wie ihn die Taʿāmrah-Beduinen getragen haben. (Zeichnung aus Dalman V:Abb. 42)

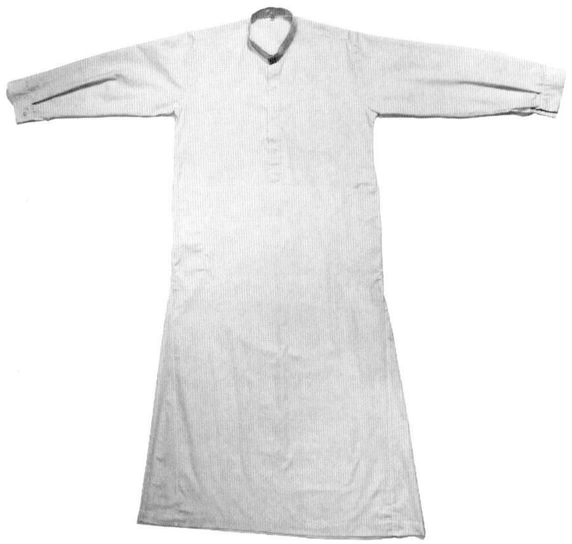

Kleid
Ethnischer Name: *ǧallābiyyah*
Das moderne Kleid in europäischem Schnitt mit Achselnaht wurde aus weissem Mischgewebe (Baumwolle und Chemiefasern) mit der Maschine genäht. Traditionell sind noch die seitlich eingesetzten Spickel und die bis auf den Boden reichende Länge. Das Kleid wird mit Knöpfen geschlossen, und es ist neben einer aufgenähten Tasche mit zwei Innentaschen versehen.
Länge: 150 cm; untere Breite: 90 cm; Ärmellänge: 63,5 cm
Gekauft: 1995, Altstadt von Jerusalem
Inv. Nr. 22089

Flügelärmel, deren bis zu einem Meter langen Zipfel bei der Arbeit zusammengebunden und hinter den Kopf gelegt werden konnten.[6]

Bereits während der Mandatszeit verdrängte die *ǧallābiyyah* (22089), ein hemdartiges Kleid in europäischem Schnitt mit engen Ärmeln, den traditionellen *ṯōb*. Die weisse, mindestens bis zu den Waden reichende, aber meist knöchellange *ǧallābiyyah* war noch Ende der 1950er Jahren im Negev verbreitet und wird heute zuweilen von der älteren Generation, insbesondere bei festlichen Gelegenheiten, getragen.

Das Kittelgewand

Früher trugen wohlhabende Beduinen und gelegentlich auch Beduininnen über dem *ṯōb* ein Kittelgewand (*kibr*). Dieses bis zu den Waden reichende oder knöchellange Kleidungsstück ist vorne offen und hat lange, enge und vorne geschlitzte Ärmel, durch die die Flügelärmel des *ṯōb* gezogen werden konnten. Beim Tragen wird die rechte Seite über die linke geschlagen, mittels einer Kordel oder eines Bandes fixiert und am Halsausschnitt mit einem Knopf geschlossen.[7]

Das in verschiedenen Gebieten mit dem syrischen Wort *qumbāz* bezeichnete Kittelgewand wird von den Negev-Beduinen *kibr* genannt. Diese im Hocharabischen «Ansehen» und «Adel» bedeutende Bezeichnung kann vielleicht im Zusammenhang mit der Geschichte des Gewandes gesehen werden. Der *kibr* gehörte im 19. Jh. zur Stadtkleidung der Osmanen; später trugen ihn auch städtische Araber sowie die Elite der Dorfbewohner und Beduinen, die die regierende Klasse der Städter imitieren wollten. Als diese Ende des 19. Jh.

Kittelgewand
Ethnischer Name: *kibr*
Maschinengenähtes Kittelgewand aus blau-weiss gestreiftem Baumwollatlas mit geschlitzten Armeln, Seitenspickeln und einer Innentasche auf der linken Seite. Auf Ärmelränder, Halsausschnitt und Taschenrand wurde eine Zierborte aus geflochtenen, weissen Baumwollschnüren genäht, und eine geflochtene Schnur dient zum Schliessen des Gewandes. Der obere Teil sowie der Saum ist mit weissem, eventuell handgewebtem, Baumwollstoff gefüttert. Das wahrscheinlich in Hebron fabrizierte Gewand ist wohl in die 1950er oder 1960er Jahre zu datieren.
Länge: 137 cm; untere Breite: 62 cm; Ärmellänge: 63 cm
Gesammelt: Sonia Gidal, 1970er Jahre
Inv. Nr. 20208

Kittelgewand
Ethnischer Name: *kibr*
Das neue, auffallend gross geschnittene Gewand aus einem cremefarbenen Chemiefaserstoff ist im oberen Teil gefüttert und mit einer aufgesetzten Tasche an der linken Brust und zwei seitlichen Innentaschen versehen. Ärmelränder, Halsausschnitt, Taschen sowie die sichtbare Kante vorne sind mit einem schmalen, weissen Besatz aus maschinell geflochtenen Schnüren geschmückt.
Länge: 147 cm; untere Breite: 72 cm; Ärmellänge: 65 cm
Gekauft: 1995, Markt von Rahat
Inv. Nr. 22060

europäische Kleider zu tragen begannen, sank der *kibr* auf der sozialen Skala ab und wurde zum typischen Gewand für Dorfbewohner und Beduinen.[8] Noch heute ist er zumindest bei der älteren Beduinengeneration beliebt.

Im Negev wie im übrigen palästinensischen Raum waren bis etwa Ende der 1970er Jahre Kittelgewänder aus blau-weiss gestreiftem Atlasstoff verbreitet, und nach Bailey wurden sie gelegentlich auch von Frauen bei Hochzeitsfesten getragen.[9] Der Stoff war als Seide-Baumwollatlas mit glänzender Vorderseite und matter Rückseite (Kette: Seide, Schuss: Baumwolle) oder in einer billigeren Baumwollversion erhältlich. Letztere wurde auch für das Alltagsgewand 20208 verwendet, das seiner engen Ärmel wegen wahrscheinlich aus Hebron stammt .[10] Die heutigen Kittelgewänder für den Alltag sind vorwiegend aus grauem oder blauem Baumwollstoff gearbeitet.

Beduinen gaben und geben noch immer, insbesondere bei festlichen Gelegenheiten, weissen Gewändern den Vorzug.[11] Während solche für die Festtage früher aus Seide bestanden, werden sie heute aus Chemiefaserstoffen gefertigt (22060). Dies gilt auch für den Süd-Sinai, wo die Beduinen im Alltag weisse Baumwollgewänder und an den Feiertagen die teureren weissen oder pastellfarbenen aus Terylen tragen.[12]

Der Überwurf

Über *ṯōb*, *ǧallābiyyah* oder *kibr* wird ein mantelartiger Überwurf, *ʿabāyih* oder *ʿabā* genannt, drapiert. Zu seiner Herstellung werden zwei Stoffbahnen der Länge nach so zusammengenäht, dass zwei Stoffbreiten die

Überwurf
Ethnischer Name: *'abāyih* oder *'abā*

Die schwere, hellbraune *'abāyih* aus grobem Kamelhaar (Schuss) und Baumwolle (Kette) ist handgenäht und mit einer goldgelben Seidenstickerei sowie einer geflochtenen Seidenschnur verziert. Die Bordüre ist mit Kettenstichen, Naht und Randabschluss sind mit Zopfstichen genäht. Wahrscheinlich ein aus Saudi-Arabien importierter Überwurf, der in die Mandatszeit zu datieren ist.

Länge: 130 cm; Breite: 156 cm; Bahnbreite: 65 cm; Bahnlänge: 295 cm
Gesammelt: Sonia Gidal, 1970
Inv. Nr. 19702

Überwurf
Ethnischer Name: *'abāyih* oder *'abā*

Der Überwurf aus feinem schwarzem Wollstoff ist handgenäht und am Halsausschnitt mit einer gestickten goldenen Bordüre und einer goldenen Schnur verziert. Die Achselziernaht sowie die Randabschlüsse um die Armlöcher und entlang der vorderen Kanten sind mit Zopfstichen genäht, und zwar mit Goldfäden, die zum Teil blockweise mit Schwarz abwechseln. Wahrscheinlich aus Syrien importierter und in die Mandatszeit zu datierender Überwurf.

Länge: 150 cm; Breite: 142 cm; Bahnbreite: 75 cm; Bahnlänge: 294 cm
Gesammelt: Sonia Gidal, 1972
Inv. Nr. 19522

Länge ergeben. Ausgebreitet hat die *'abāyih* daher die Form eines Rechtecks mit zwei seitlichen Löchern zum Durchführen der Hände, wobei die ‹Ärmel› durch die grosse obere Weite gebildet werden. Vorne ist sie offen und kann mittels einer Schnur am Halsausschnitt zusammengebunden werden. Die *'abāyih* wird aus verschiedenen Materialien gefertigt; sie kann schwer oder leicht, verziert oder unverziert sein, je nach Gelegenheit, für die sie bestimmt ist. Traditionelle Stücke bestehen aus Kamelhaar oder Schafwolle, die manchmal mit Ziegenhaar vermischt wird, und neuere Stücke aus Baumwolle, Chemiefaserstoffen oder Mischgeweben.

Eine schwere *'abāyih* mit vertikalen Streifen aus brauner und weisser Wolle war im ersten Drittel dieses Jahrhunderts vor allem bei Hirten verbreitet (s. Abb. S. 33). Nach Boucheman wurden diese Überwürfe von einem am unteren Euphrat lebenden Beduinen-Stamm gewoben; wahrscheinlich wurden sie auch von lokalen Webzentren mit Varianten im Streifenmuster produziert.[13] Kamelzüchter jedoch bevorzugten einfarbige Überwürfe aus Kamelhaar, wie sie vor allem in Bagdad, Mashhad (Iran) und Al Jawf (Saudi-Arabien),[14] aber auch in Homs (Syrien) fabriziert wurden.[15] Diese im Negev eher selten getragenen Überwürfe konnten aus feinem oder grobem Haar gewoben sein und waren oft mit gestickten Bordüren verziert (19702).

Eine weitere Variante von Überwürfen aus feinem schwarzem Wollstoff ist an Nähten und Rändern mit Goldfäden bestickt (19522). Im Negev war sie überaus verbreitet, und während der Hochzeitszeremonie kam ihr symbolische Bedeutung zu: Befand sich die Braut auf dem Weg zum Bräutigam, so warf ihr ein männlicher Verwandter des zukünftigen Ehemanns eine schwarze *'abāyih* über den Kopf. Diese Geste soll

Fellmantel
Ethnischer Name: *farwah*
Der neue Wintermantel aus braunem Chemiefaserstoff ist vollständig mit braunen und weissen, langfasrigen Schaffellen gefüttert, wobei das Fell an Kragen und Ärmeln nach aussen gewendet ist. Der Mantel kann mit zwei Schlaufen geschlossen werden, wobei die Knöpfe aber fehlen und wahrscheinlich vom Kunden selber angenäht werden müssen.
Länge: 112 cm; untere Breite: 56 cm; Ärmellänge: 55 cm
Gesammelt: Sonia Gidal, 1980, Beersheba
Inv. Nr. 19692

Ein Beduine begrüsst einen vermutlich aus dem Westjordanland stammenden Händler auf dem Markt von Beersheba. Über den *kibr* hat er eine schwarze *'abāyih* drapiert, und das durch einen Ring gehaltene Kopftuch fällt locker auf die Schultern. 1995 (Foto: Ania Biasio)

besagen, dass sich die Braut nach dem Verlassen ihrer Familie unter den Schutz ihres Mannes stellt und in seinen Besitz übergeht.[16]

Der Überwurf war für Bauern und Beduinen ein wichtiges Kleidungsstück, und Leonhard Bauer vermerkt z.B., dass ein Bauer ohne *'abāyih* nicht ausgehen würde, da «sie ein Stück seiner Manneswürde repräsentiert» und dass sich «nur Jünglinge und Bettler» allenfalls ohne sie sehen lassen können.[17] Die *'abāyih* diente aber nicht nur als Statussymbol in der Öffentlichkeit, als warmer Mantel bei der Arbeit oder als Symbol des Schutzes bei der Hochzeit, sondern sie konnte auch als Gebetsteppich verwendet werden, als Sack für Güter, als Wolldecke in kalten Nächten oder, über einen Stock gelegt, sogar als kleines Zelt.[18]

Noch heute wird eine *'abāyih*, insbesondere die schwarze Version, von älteren und statushohen Beduinen getragen, sei es auf dem Markt oder an wichtigen Zusammenkünften.[19] Der Überwurf wird entweder um die Schultern oder locker über die Achsel gelegt oder in anderer Weise um den Körper drapiert.

Der Fellmantel

Bei grosser Kälte dienen Hirten umgehängte Schaffelle als Schutz. Mit diesen werden auch Mäntel und Jacken gefüttert, die von Beduinen und Bauern getragen werden. Gefütterte Mäntel (Sg. *farwah*) aus Chemiefaserstoff werden seit den 1960er Jahren bis heute in Hebron produziert und zum Winteranfang auf dem Markt in Beersheba verkauft (19692).

Kopftuch und Kopfring

Bis in die 1930er Jahre war die Kopfbedeckung eines Mannes Indikator für seine Identität. Sie verriet, ob er

Kopftuch für Männer
Ethnischer Name: *mandīl*
Aus einem Mischgewebe (Baumwolle und Chemiefasern) handgewebtes, weisses Kopftuch mit schwarzen Streifen entlang der Ränder und verknüpften Kettfransen. Als Imitation früherer Kopftücher wurde es von einem ursprünglich aus Mejdel stammenden Weber 1968 auf einem Handwebstuhl gewebt.
Länge: 108 cm; Breite: 108 cm
Gesammelt: Izhaq Al-Hroub
Inv. Nr. 22033

Kopftuch
Ethnischer Name: *mandīl*
Aus weisser Baumwolle gewobenes Tuch mit schwarzen, maschinell gestickten Mustern wie 22071a.
Länge: 118 cm; Breite: 112 cm
Gesammelt: Sonia Gidal, 1985
Inv. Nr. 19520

Kopftuch
Ethnischer Name: *mandīl*
Das weisse Tuch aus Mischgewebe (Baumwolle und Chemiefasern) ist mit einem roten Schachbrettmuster sowie einem Blattmuster an den Rändern maschinell bestickt und hat Quasten aus weisser Baumwolle.
Länge: 118,5 cm;
Breite: 118 cm
Gekauft: 1995, Markt von Beersheba
Inv. Nr. 22071a

Städter, Bauer oder Beduine war, und sie zeigte seine religiöse Zugehörigkeit und seinen sozialen und politischen Status an.[20] Damals trugen nur die Beduinen ein Kopftuch mit Ring, und erst später begannen Bauern und Städter diese Kopfbedeckung als Ausdruck des palästinensischen Nationalismus zu imitieren. Das weithin als *kūfiyyah* bekannte Tuch wird von den Negev-Beduinen *mandīl* genannt.

Je nach Gelegenheit oder klimatischen Verhältnissen wurden Kopftücher aus Baumwolle, Seide oder Wolle in verschiedenen Farben und Mustern getragen. Ein Beduinen-Scheich beispielsweise, der sich zu Beginn dieses Jahrhunderts in Beersheba mit einem türkischen Beamten traf, band sich ein gemustertes Kopftuch um, das wegen der Wichtigkeit des Anlasses wahrscheinlich aus Seide war (s. Abb. S. 21). Einfarbige, dunkle Kopftücher aus Baumwolle, wie sie z.B. die Taʿāmrah-Beduinen der judäischen Wüste trugen,[21] waren eher für den Alltag und die kalte Jahreszeit bestimmt. Weisse Kopftücher aus Baumwolle wurden von den Negev-Beduinen, vor allem im Sommer, bevorzugt. Sie waren zuweilen mit schmalen roten oder schwarzen Bordüren am Rand verziert und wurden in Mejdel (Ashqelon) produziert (22033).[22]

Nach dem Krieg von 1967 und der Besetzung des Westjordanlandes durch die Israeli wurden die schwarz-weiss oder rot-weiss gemusterten Kopftücher populär, wie sie Yassir Arafat, damals Chef der PLO und heutiger Palästinenserpräsident trägt, und sie wurden zum ausdrucksstarken Symbol palästinensischer Identität und Nationalität. Die Negev-Beduinen tragen diese Kopftücher weniger häufig als Palästinenser und jordanische Beduinen und ziehen, insbesondere bei feierlichen Anlässen, weisse Kopftücher vor. Die heutigen weissen Kopftücher aus Baumwolle und Polyester werden in China fabriziert, in Jedda und

Kopfring
Ethnischer Name: *mrīrih*
Vier verzwirnte Baumwollstränge wurden mit einem Kern loser Baumwollfäden verdreht. Obwohl der Ring handgezwirnt zu sein scheint, ist er wahrscheinlich neueren Datums, da er nicht aus den traditionellen Materialien wie Wolle oder Haar, sondern aus Baumwolle besteht.
Länge des Doppelstrangs ohne Kordel: 55 cm
Gesammelt: Sonia Gidal, 1980, Altstadt Jerusalem
Inv. Nr. 20209

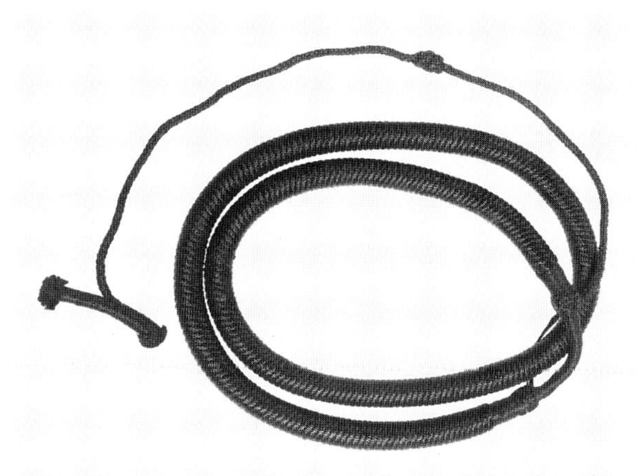

Kopfring
Ethnischer Name: *mrīrih*
Bei diesem neuen, maschinell gefertigten Ring wurde ein fester Kern mit gezwirnten Baumwollschnüren eng umwickelt.
Durchmesser: 14,5-22,5 cm
Gekauft: 1995, Markt von Beersheba
Inv. Nr. 22071b

Dubai vertrieben und erreichen den Markt von Beersheba über Hebron.

Das quadratische Tuch wird zu einem Dreieck gefaltet und mit dem Falz nach vorne über den Kopf gelegt. In der Regel liegt eine Ecke auf dem Rücken, während die beiden anderen Ecken entweder seitlich über die Schultern fallen, gekreuzt um den Hals gelegt oder in den Kopfring gesteckt werden. Falls der Träger für einen Feind unsichtbar bleiben will, kann er sie auch über sein Gesicht ziehen.[23] Unter dem Tuch pflegten die Männer ein Käppchen zu tragen, das sie in der Regel selber aus Kamelhaar häkelten.[24] Das Kopftuch erfüllt nicht nur das muslimische Gebot, den Kopf zu bedecken, sondern es schützt auch vor Sonne und Wind. Heute verzichten allerdings viele jüngere Beduinen auf das Tuch.

Zwei Typen von Kopfringen werden unterschieden. Für den verbreitetsten Typus, die *mrīrih*, wird ein kreisförmiges, etwa 1,20 m langes und 2-5 cm dickes, schwarzes Seil mit Quaste als Abschluss zu einer Achterschleife gelegt. Der entstandene Doppelring wird so auf den Kopf gesetzt, dass die Quaste hinten über den Rücken oder seitlich über die Schulter fällt. Das Seil besteht aus dem Haar der Angoraziege, der gewöhnlichen Ziege oder seltener aus Schafwolle und heute aus Baumwolle (20209). Hergestellt wurde die *mrīrih* im Lande selber, in Nablus,[25] Gaza[26] und in Jerusalem, wo Dalman 1925 ihre Herstellung im Aussätzigenasyl beobachtet und ausführlich beschrieben hat.[27] Heute werden die Ringe wie die Kopftücher wahrscheinlich aus Saudi-Arabien importiert (22071b).

Neben der *mrīrih* gibt es einen zweiten Typus (*'agāl*), der von ranghohen Beduinen vorgezogen wurde, heute jedoch aus der Mode gekommen ist. Der *'agāl* wurde in Damaskus, Mekka und Medina gefertigt und nach Dalman als *'agāl ḥiǧāzī* (Ring aus dem

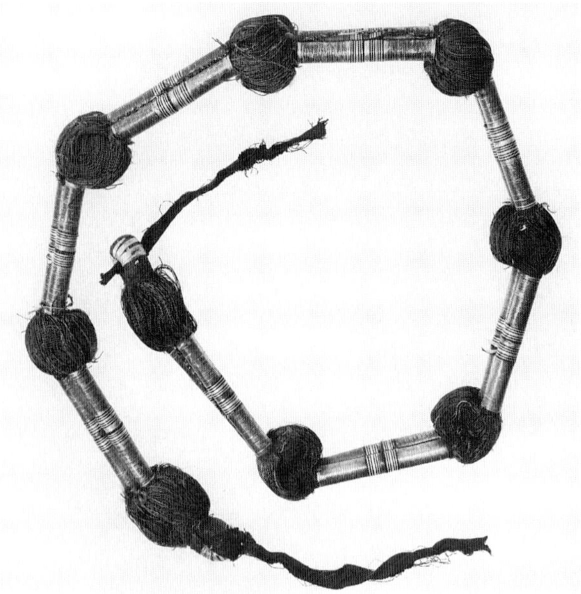

Kopfring
Ethnischer Name: *'agāl*
Wahrscheinlich aus Saudi-Arabien importierter und aus der Mandatszeit stammender Ring aus indigogefärbter Wolle und Baumwolle mit Silber- und Goldfäden.
Zu seiner Herstellung wird eine lange Garnsträhne in Längsrichtung in zwei Hälften geteilt. Jede Hälfte wird blockweise mit Gold- und Silberfäden so umwickelt, dass dazwischen die Woll- und Baumwollpartien sichtbar bleiben. Die beiden Enden werden zu Ösen geformt und mit Schnüren und Quasten verziert. Der Ring wird in zwei Windungen auf den Kopf gelegt, und früher wurde er von statushohen Beduinen getragen.
Durchmesser: 22 cm; Höhe: 6 cm
Gesammelt: Sonia Gidal, 1960
Inv. Nr. 19519

Scheich Salmān al-Hzayyil (Tiyāhā), gestorben 1982, trägt ein schwarz-weiss gemustertes Kopftuch und einen besonders breiten Gürtel mit einem Dolch. Die schwarze *'abāyih* hat er locker um die Schultern gelegt. Mitte 1950er Jahre (Foto: Ruben Milon)

Hijaz; Nordwesten Saudi-Arabiens) bezeichnet,[28] während er im Negev *'agāl as-sa'ūdī* (saudi-arabischer Ring) oder einfach *'agāl* genannt wird. Im Unterschied zur *mrīrih*, die immer schwarz ist, wird der *'agāl* aus grüngelbem, hellbraunem oder indigoblauem Woll- oder Baumwollgarn gefertigt und mit Gold- oder Silberfäden umwickelt, wobei Goldfäden als besonders vornehm gelten (19519; s. Abb. S. 101).

Das Tragen des Kopfrings gilt als Zeichen der Würde und der Fähigkeit, die Pflichten eines Mannes zu erfüllen, und die Art und Weise, wie ein Beduine seinen Ring trägt, ist Teil eines nonverbalen Kommunikationssystems. Ein Mann, der in ernsthaften Angelegenheiten unterwegs ist und seinem Gegenüber mit Respekt begegnen will, legt den Ring in die Mitte des Kopfes; setzt er ihn aber schief auf, so wird dies als Zeichen von Unverschämtheit und Beleidigung interpretiert und kann sogar Racheakte provozieren. Schwenkt ein Beduine den Ring in der Hand, so signalisiert er damit, dass höchste Gefahr im Anzug ist, und bei extremer Frustration kann er seinen Kopfring zu Boden werfen, um auszudrücken: «Entweder löse ich dieses Problem zu meiner Zufriedenheit, oder ich bin kein Mann.» Ist er in einen Mord verwickelt und will er die Affäre mit der Familie des Ermordeten gütlich regeln, so erscheint er als Zeichen seiner Unterwerfung mit dem Kopftuch in der Hand und dem Ring um den Nacken gelegt. Nimmt die Familie des Ermordeten den angebotenen Schadenersatz an, so setzt sie ihm Kopftuch und Ring wieder auf und gibt ihm so seine Würde zurück.[29]

Auch wenn heute viele Männer europäisch gekleidet sind, verzichten vor allem ältere selten auf Kopftuch und Kopfring, die noch immer als die für Beduinen angemessenen Kleidungsstücke gelten.[30] Doch scheinen auch *'abāyih* und *rabābah* stark mit ihrer Identität verknüpft zu sein. Als wir nämlich den Informanten Muḥammad Abū Ǧarabīʿ um Erlaubnis baten, ihn fotografieren zu dürfen, liess sich der in

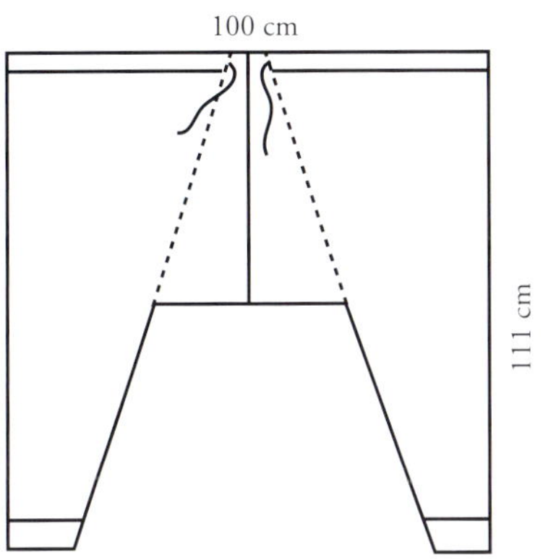

Hose
Ethnischer Name: *sirwāl*
Beispiel einer der im palästinensischen Raum üblichen Pluderhosen. Je breiter das Schamtuch ist, desto mehr Falten wirft die Hose beim Tragen.
(Zeichnung aus Dalman V:Abb. 50)

Zwei ältere Beduinen auf dem Markt von Beersheba, deren Kleidung eine Synthese von Tradition und Moderne darstellt. Über einem Kittelgewand (*kibr*) tragen sie europäische Jacken und über die eine Schulter haben sie eine schwarze *ʿabāyih* geworfen. 1995 (Foto: Fabian Biasio)

Jeans und Hemd gekleidete Mann zuerst ein Kopftuch mit einem Ring bringen, hüllte sich in seine *ʿabāyih* und griff nach der *rabābah*.

Hosen, Jacken und Schuhe

Diese Kleidungsstücke sind in der Sammlung nicht vertreten, sollen aber kurz beschrieben werden. Hosen gehören nicht zur traditionellen Kleidung der Beduinen, und viele sollen sie gar verachtet haben. Eine unter Beduinen verbreitete Anekdote erzählt, dass der Sohn eines Scheichs, der bei seinem Eintritt in die Armee Hosen anziehen sollte, ausgerufen hätte: «Pfui, ich soll meinen Hintern in die Hose stecken? Gott schände sie, wie hässlich ist sie! Verflucht sei der Vater dessen, der sie aufbrachte, und der Vater dessen, der sie anzieht!»[31] Trotzdem begannen Beduinen nach den 1920er Jahren hin und wieder orientalische Pluderhosen (*sirwāl*) zu tragen, wie sie bei den türkischen Beamten Mode waren. Diese Hosen haben einen weiten Bund, der mit einer Schnur zusammengezogen wird, enge Beinlöcher und ein breites, eingenähtes Schamtuch. Der heutige aus China importierte weisse *sirwāl*, der auf dem Markt von Rahat angeboten wird, hat zwar kein Schamtuch, ist aber weiter geschnitten als die gängige europäische Hose, und der Bund kann ebenfalls mit einer Schnur zusammengezogen werden. Ältere Männer tragen ihn noch zusammen mit einer *ǧallābiyyah*. Die meisten Beduinen ziehen aber westliche Hosen vor, die schon während der Mandatszeit in Palästina modern wurden,[32] und bei der jungen Generation sind Jeans äusserst beliebt.

Auch Jacken wurden zuerst von der türkischen Elite und während der Mandatszeit von den Europäern übernommen. Ähnlich wie die Kittelgewänder wurden Jacken zuerst von Städtern, dann von Bauern und Beduinen getragen, wobei letztere eher selten und für spezielle Gelegenheiten reserviert blieben (s. Abb. S. 101).[33] Heute sind europäische Jacken Allgemeingut geworden und werden von älteren Männern auch über einer *ǧallābiyyah* oder einem *kibr* getragen, zusammen mit einer langen Hose oder einem weissen *sirwāl*.

Beduinen gingen zwar oft barfuss, besassen aber nicht selten Schuhe, sei es zum Schutz der Füsse auf dem heissen, steinigen Boden oder zur Repräsentation

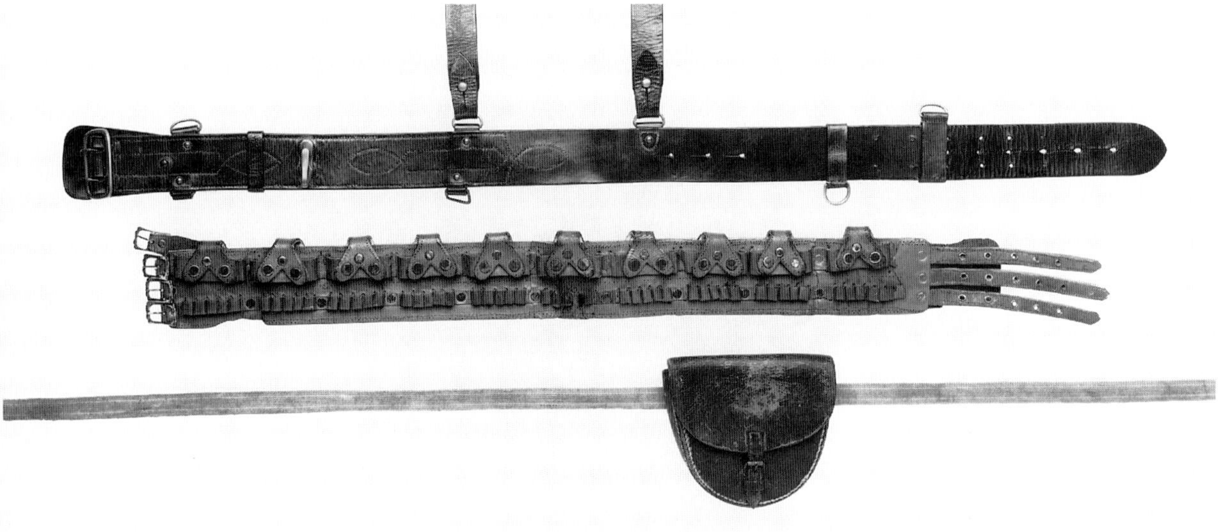

Gürtel mit Schulterriemen
Ethnischer Name: *gšāṭ bi-šayyālāt*
Typischer «Sam Browne»-Gürtel aus dunkelbraunem Leder, einem Lederfutter und mit einer Messingschnalle zum Schliessen. Zwei abnehmbare Schulterriemen – im Bild angeschnitten – sind mit angenieteten Lederschlaufen und Messingringen am Gurt befestigt. Weitere Ringe und ein Haken aus Messing dienen zum Befestigen von Utensilien. Wahrscheinlich stammt der Gürtel aus der Mandatszeit.
Länge: 110 cm; Breite: 5,5 cm
Gesammelt: Sonia Gidal, Markt von Beersheba
Inv. Nr. 20155

Patronengurt
Ethnischer Name: *kaff* (?)
Gurt aus hellem Leder mit Plastikfutter und dreifachem Schnallenverschluss, wahrscheinlich jüngeren Datums. Zehn Lederschlaufen, die durch Laschen mit Druckknöpfen geschlossen werden können, sind angenietet und angenäht. Jede Schlaufe bietet Platz für fünf Patronen. Zwei kleine, angenietete Lederriemen mit Schnallen dienen zum Befestigen von Schulterriemen, die fehlen.
Länge inkl. Riemen für Verschluss: 95 cm; Breite: 8 cm
Gesammelt: Widad Kawar
Inv. Nr. 22247

Bauchtasche an einer Rollladengurte
Ethnischer Name: *ṣufn*
Die steife, genähte Tasche wird vorne mit einer Schnalle geschlossen. Durch eine Schlaufe auf der Rückseite kann ein Ledergürtel gezogen werden. Hier wurde als Gürtelersatz eine Rollladengurte verwendet.
Höhe: 15 cm; grösste Breite: 16 cm; Tiefe: 3 cm
Gesammelt: Widad Kawar, 1996
Inv. Nr. 22190

bei speziellen Gelegenheiten. Sandalen aus Kamelleder mit einem Riemen zwischen der ersten und zweiten Zehe fertigten sie selber an.[34] Schlupfschuhe aus Leder, wie sie bis zum Ende der Mandatsperiode in ganz Palästina erhältlich waren, sowie Stiefel zum Reiten konnten in den Läden und auf den Märkten erworben werden;[35] später wurden dann die palästinensischen Modelle durch importierte Sandalen und Schuhe, wahrscheinlich «made in China», ersetzt. Von den Beduinen der östlichen Wüste in Ägypten berichtet Hobbs beispielsweise, sie hätten in den 50er Jahren begonnen, Sandalen aus alten Autopneus anzufertigen, und später hätten sich Plastiksandalen aus Hongkong grosser Beliebtheit erfreut.[36]

Gürtel und Taschen

Ankleiden und Gürten gehörten zusammen. Der Gürtel wurde entweder direkt über *ṯōb* oder *ǧallābiyyah* oder, falls vorhanden, über dem *kibr* getragen und nur für die Nachtruhe ausgezogen. Er erfüllte nicht nur die Ansprüche sozialer Konvention, sondern er diente auch dazu, die Länge des Gewandes zu reduzieren, wobei in den entstehenden Kleiderbausch oberhalb des Gürtels kleinere Gegenstände gesteckt werden konnten. Um die Beine frei zu haben und das Kleid vor Beschmutzung zu schützen, steckte der Mann während der Arbeit den Saum in den Gürtel.

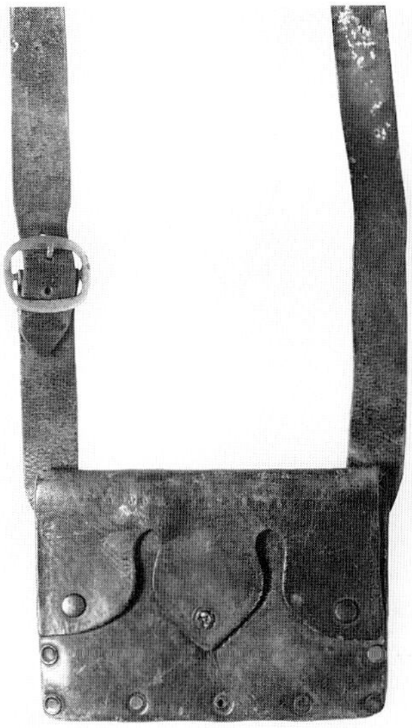

Umhängetasche aus Leder für Geld
Ethnischer Name: *ṣufn*
Die Tasche hat zwei mit Laschen und Druckknöpfen verschlossene Fächer. Eine schmale Lasche verschliesst eines der Fächer, und die breitere, mit bogenförmig eingeschnittenen Ornamenten verzierte Lasche führt über beide Fächer. Auf der Vorderseite ist die Tasche mit geprägten Kreismotiven verziert und an den Rändern genietet. Mit einem – im Bild angeschnittenen – Lederriemen mit Messingschnalle wird die Tasche umgehängt. Wahrscheinlich in die Mandatszeit zu datieren.
Gesamtlänge mit Riemen: 70 cm; Breite: 18,5 cm; Höhe: 13 cm
Gesammelt: Izhaq Al-Hroub, 1996
Inv. Nr. 22040

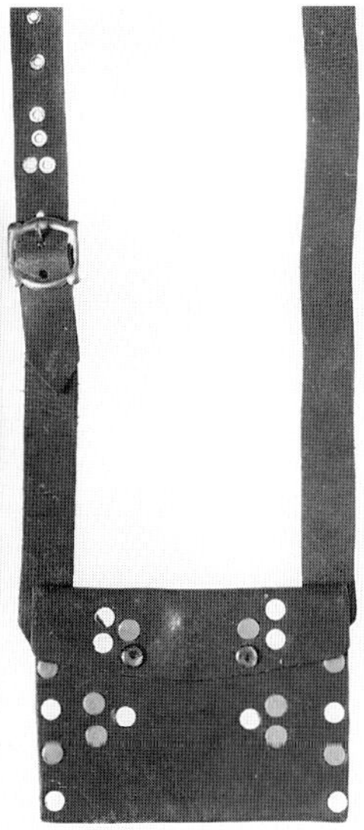

Umhängetasche aus Leder für Geld
Ethnischer Name: *ṣufn*
Die Tasche ist neuer, aber formal gleich wie 22040. Sie hat ausser einigen roten und weissen Nieten als Zierelemente keine weiteren Dekorationen.
Gesamtlänge mit Riemen: 61 cm; Breite: 15 cm; Höhe: 11 cm
Gesammelt: Widad Kawar, 1996
Inv. Nr. 22246

Verschiedene Arten von Gürteln waren Mode. Ein breites, gewobenes Band (*kamar*) war bei Bauern und Beduinen gleichermassen gängig (s. Abb. S. 101).[37] Später wurden die gewobenen Gürtel von solchen aus Leder, meistens mit über der Brust gekreuzten Schulterriemen, verdrängt. Diese, Mitte des 19. Jh. vom englischen General Samuel J. Browne entwickelten «Sam Browne»-Gürtel gehörten zu den Uniformen verschiedenster Nationen und sind bis heute noch nicht ganz verschwunden.[38] Wahrscheinlich durch osmanische und britische Soldaten kamen die Beduinen im Mittleren Osten mit diesen Gürteln in Kontakt und schienen sie ausserordentlich zu schätzen (20155). Ihre praktischen Haken und Ösen, an denen die Soldaten Säbel oder Pistole trugen, dienten nun zum Befestigen von Pulverhorn und Messer, nicht aber des Dolches, der hinter den Gürtel gesteckt wurde. Neben den gewöhnlichen Gürteln trugen die Beduinen auch mit Schulterriemen versehene Patronengürtel, die im Negev noch Ende der 1950er Jahre verbreitet waren. Der Patronengurt 22247 mit seinem Futter aus Chemiefaserstoff scheint sogar noch jüngeren Datums zu sein; und wahrscheinlich sind diese Gürtel wie die Gewehre zu Statussymbolen geworden.[39]

Täschchen konnten am Gürtel befestigt (22190) oder umgehängt werden. Die für Geld bestimmten Umhängetäschchen haben zwei Fächer, von denen jedes mit einer Lasche geschlossen werden kann (22040, 22246). Die Täschchen für Utensilien wie Feuerzeug, Tabak, ein kleines Taschenmesser oder eine Pinzette sind etwas tiefer und nur mit einem Fach versehen (22039a, Abb. S. 120).

Schmücken und Schützen

«Drei Tauben weilen im tiefen Tale,
die Stirne geschmückt mit Gold, die Nacken fein.»*

Birgit Mershen

Beduinenschmuck in Süd-Palästina[1]

Form und Funktion des Volksschmucks

Der Schmuck, der traditionell von den Beduinen Süd-Palästinas getragen wurde und partiell heute noch getragen wird, ist islamischer Schmuck; das heisst: er verwendet bestimmte inhaltliche Konzepte und schöpft – in seiner Vorliebe für Schmucksteine und in der ornamentalen Verwendung von geometrischem und floralem Dekor – aus einem Formenkanon, der aus der allmählichen Synthese von arabischen und antiken östlichen und westlichen Einflüssen gewachsen ist.[2]

Islamisches Gedankengut und daraus gewachsene volksreligiöse Konzepte haben den Schmuck der islamischen Welt nachhaltig geprägt: Koranisch belegte Vorstellungen, wie der Glaube an *barakah*, jene numinose segensbringende Kraft, die von Gott auf Menschen, Tiere oder Dinge übertragen werden kann, und auf der anderen Seite der Glaube an *al-ʿayn*, «den bösen Blick», vor dessen schädlicher Einwirkung man Menschen, Tiere und bestimmte Gegenstände zu schützen sucht. Der Glaube an Geistwesen wie die Kindbettdämonin gehören ebenso hierher wie der Umgang mit ihnen in Form von Amuletten oder amulettwertigem Schmuck.[3] Die Beschriftung von Schmuckstücken mit bestimmten Koranversen, die Verwendung mancher apotropäischer, d.h. Unheil abwehrender, Formen, insbesondere der Hand, des Auges und bestimmter Materialien sowie als magisch geltender Zahlen sind ebenfalls überregional verbreitet.

Andererseits zeigt der Schmuck in den einzelnen Ländern auch regionale, an lokale und oft an vorislamische Traditionen anknüpfende formale und volksreligiös-funktionale Facetten. Diese sind gerade im beduinischen Umfeld besonders ausgeprägt.[4] In der Regel ist es aber schwierig, Schmuckstücke bestimmten Örtlichkeiten oder eng eingegrenzten Gebieten zuzuordnen: Das liegt zum einen an der Mobilität von Handwerkern und bestimmten Bevölkerungsgruppen, zum anderen daran, dass die Hauptproduktionszentren von Schmuck auf wenige grössere Orte beschränkt waren.[5] Im Schmuck der Beduinen Süd-Palästinas treffen und überlappen sich die dörflich-urbanen Schmucktraditionen des südlichen *Bilād aš-Šām* (Palästina, Jordanien, Süd-Syrien) mit ägyptischen Schmuckformen und solchen, die von den Beduinen der nördlichen arabischen Halbinsel bekannt sind. Ausserdem finden sich immer wieder Schmuckstücke, die nicht dem lokalen Schmuckrepertoire zugehören. Dass Exoten ihren Weg nach Palästina fanden, liegt an den weitreichenden Handelsbeziehungen und der Bedeutung der Wallfahrtsorte, insbesondere Mekka und Medina, aber auch Damaskus und Jerusalem als Umschlagplätze für Schmuck, den Pilger aus ihrer zentral-, mittel- oder südasiatischen Heimat mitgebracht und veräussert haben.

Innerhalb einer Schmuckregion sind häufig auch sozio-ökonomisch bedingte Unterschiede auszumachen. In Palästina wurde ein Grossteil der zum traditionellen Repertoire gehörenden Schmuckstücke in allen Landesteilen und von Städtern, Bauern und Beduinen getragen, abgesehen von Kopfschmuck und Gesichtsschleiern als Bestandteile lokaler Kostüme. Allerdings wurden gleiche Schmucktypen in unterschiedlicher Qualität gefertigt, also mit unterschiedlich hohem Silbergehalt, mit preiswerten Legierungen oder Bronze anstelle von Silber, mit Glas und Kunststoffen anstelle von edleren Materialien. Als wirtschaftlich relativ schwache Gruppe[6] kauften Beduinen ihren Schmuck oft in solch preiswerterer Ausführung.[7] Aus dem gleichen Grund sind Beduinenhalsketten zuweilen nur im Sichtbereich über der Brust mit Schmuckelementen bestückt und im Halsbereich durch einfache Ketten ergänzt.[8] Die Qualität des Beduinenschmucks wurde ferner dadurch beeinflusst, dass er häufig von umherziehenden Händlern oder Zigeunern bezogen wurde und somit ausserhalb der Qualitätskontrolle durch den Markt stand. Aus den 1930er Jahren wird berichtet,

Die Münzen an Kopfbedeckung und Gesichtsschleier, die Halsketten und Armreifen sind Ausdruck des Reichtums der Frau; sie sind Schmuck und zugleich magischer Schutz. 1925-31 (Foto: Paul Hommel, LAS)

Einen Nasenring tragen heute vorwiegend ältere Frauen. ʿAzāzmih, 1980er Jahre (Foto: Sonia Gidal)

dass bei den Beduinen Nord- und Zentral-Arabiens folgende Schmuckstücke in Gebrauch waren: «Halsketten und Ringe, und zwar Nasen-, Ohren-, Finger-, Armringe und Ringe an den Knöcheln. Bei den Armen bestanden sie aus Blei, Horn und Glasperlen, bei den Reichen aus Bernstein, Korallen, Perlmutter, Silber und Gold.»[9] Noch in den ersten Jahrzehnten des 20. Jahrhunderts war in Hebron hergestellter Glasschmuck wie Armreifen, Oberarmringe, Fingerringe, verschiedene Glasperlen, dessen Tradition sich bis ins Mittelalter zurückverfolgen lässt,[10] wichtiger Bestandteil vieler Schmuckausstattungen.[11] Allerdings seien von Negev-Beduininnen, nach Auskunft älterer Informantinnen, weder Oberarmringe noch Fussringe getragen worden, und Ohrringe aus Gold würden erst seit den 1960er Jahren zum Schmuckrepertoire gehören, seit sich Goldschmuck auch unter den Negev-Beduininnen grösster Beliebtheit erfreut.

Die Bescheidenheit von Beduinenschmuck, was den Gebrauch von Edelmetallen und Halbedelsteinen betrifft, und die Bedeutung von Materialien wie Kupfer, Bronze, Eisen und Glas scheinen eine lange Tradition zu haben und lassen sich bereits beim Beduinenschmuck der ersten nachchristlichen Jahrhunderte beobachten. Die arabischen Nomaden, die im 2. bis 3. Jahrhundert n.Chr. ihre Toten in der Nähe des heutigen Ammaner Queen Alia-Flughafens begruben, hatten vor allem Schmuck aus Kupfer, Bronze, Eisen und Glasperlen, während Schmuck aus Edelmetall und Halbedelsteinen auf wenige Bestattungen beschränkt war.[12]

Der Brauch, Verstorbene mit ihrem Schmuck zu bestatten, wird vom Islam abgelehnt. Dennoch hat er teilweise auch in islamischer Zeit weiterbestanden, wie uns durch archäologische[13] und ethnographische Zeugnisse bekannt ist. Musil berichtet von den Stämmen in Süd-Jordanien, dass eine verstorbene Frau parfümiert, mit Henna geschmückt und mit ihrem gesamten Schmuck, als ginge sie zu ihrer Hochzeit, bestattet wurde.[14]

Hier ist einer der Gründe dafür zu suchen, dass man selten sehr alten Beduinenschmuck findet. Schuld daran ist aber auch, dass sich der von den Frauen bei der täglichen schweren Arbeit getragene Schmuck schnell abnutzt. Abgenutzter oder gar beschädigter Schmuck wird gern wieder eingeschmolzen und gegen neuwertigen eingetauscht. Vor dem Hintergrund der starken Beanspruchung von Schmuck wird die Vorliebe für grossteilige und robuste Stücke verständlich.

Beduininnen trugen, bis Silber weitgehend von Gold abgelöst wurde, Schmuckausstattungen von beträchtlichem Gewicht und aus vielen Einzelteilen bestehend an ihrem Körper. Dies verweist auf die funktionalen Zusammenhänge des Schmuckes: Er muss weit mehr leisten, als zu schmücken und die Attraktivität seiner Trägerin zu erhöhen. Eine ‹gewichtige› Schmuckausstattung bedeutet materielle Absicherung und gesellschaftliche Anerkennung. Absicherung deshalb, weil Schmuck alleiniges Eigentum der Frau ist, über das niemand anderes verfügen darf und das sie nach Belieben veräussern kann. Gillian Lewando-Hundt berichtet von Witwen im Negev, die durch den Verkauf ihres Schmuckes Häuser kaufen und ihre Kinder ohne fremde Hilfe aufziehen konnten.[15] Diese Art der finanziellen Absicherung ist besonders dann wichtig, wenn, wie bei den Beduinen, Erbregelungen nach

Halsband
Ethnischer Name: *kirdān foḍḍah* (Silberhalsband)
Das aus zwei schwarzen Baumwollbändern zusammengenähte Band ist mit zwölf Anhängern versehen. Letztere bestehen aus in Achterform gebogenen Drähten mit aufgelöteten Metallrosetten, deren Zentren blaue und rote Steine bilden. Weitere Bestandteile des Gehänges sind runde und rhombenförmige Anhänger, teilweise mit gestanzten Mustern, eine Kupfermünze mit unleserlicher Prägung und drei, in Konstantinopel geprägte Silbermünzen im Wert von 40 *nārah*, 1327 A.H. (= 1909 n.Chr.). Der Halsschmuck kann durch eine Schlaufe und einen Knoten am Ende des Baumwollbandes geschlossen werden.
Länge mit Gehänge: 21 cm
Gesammelt: Sonia Gidal, 1963
Inv. Nr. 19576

dem Gewohnheitsrecht erfolgen, das die Frauen vom Erbe ausschliesst, was im Widerspruch zum islamischen Erbrecht steht, welches die Frauen zu einem festgelegten Erbanteil berechtigt.[16] Allerdings zeichnet sich in dieser Frage mit der wachsenden Einflussnahme des islamischen Rechtes (*šarī'ah*) neuerdings ein allmählicher Wandel ab.[17]

Junge Mädchen bekommen nach Lewando-Hundt schon vor der Hochzeit von ihrem Vater einen Armreif und einen Nasenring, aber den Grossteil ihres Schmuckes erhalten die Frauen mit ihrer Heirat von einem Teil des Brautpreises,[18] wobei der Schmuck normalerweise von der Familie der Braut gekauft wird. Auch nach der Hochzeit erhält die Frau zu bestimmten Anlässen Schmuck: Ihre aktive Rolle in der traditionellen, auf Viehzucht und Landwirtschaft beruhenden Wirtschaftsweise und die für das wirtschaftliche Überleben der Familie sowie für den Nachwuchs entscheidende Verantwortung können nach Geburten und geschäftlichen Transaktionen, wie Verkauf von

Amulettkette
Ethnischer Name: *glādih māskih* («haltende Halskette»)
An einer Jerusalemkette von geringem Silbergehalt hängen eine hohle, mit Granulat geschmückte Filigransilberkugel und ein facettiert geschliffener Karneol. Auf die Amulettscheibe ist auf der Vorderseite das erste Drittel des Thronverses aus dem Koran ohne die «Bismillah»-Formel graviert und auf der Rückseite, in drei konzentrischen Kreisen von aussen nach innen, die Sure 112, die Namen der vier Erzengel und ein nicht mehr leserlicher Text. Dieser Typus von Amulettscheibe wirkt gegen Frühgeburten, soll also das Kind im Mutterleib halten.
Gesamtlänge: 40 cm;
Scheibenlänge: 5 cm
Gesammelt: Sonia Gidal
Inv. Nr. 19748

Amulettkette
Ethnischer Name: *glādih māskih*, auch *glādih māskih nğāṣih* («haltende, birnenförmige Halskette»)
An die mit einer Öse versehenen Jerusalemkette ist ein Schnürsenkel geknüpft, auf den zwei Perlen aufgefädelt wurden: eine aus zwei Silberblech-Halbkugeln zusammengelötete Metallperle mit kordiertem (mit kleinen Rillen versehenem) Silberdraht und Granulierung an der Nahtstelle sowie eine zylindrische Bernsteinimitation aus Kunststoff. Auf das gegossene, birnenförmige (*nğāṣ*, Birne) Amulettplättchen wurde auf Vorder- und Rückseite sehr sorgfältig der ganze Thronvers eingraviert.
Gesamtlänge: 35 cm;
Plättchenlänge: 4,5 cm
Gesammelt: Widad Kawar
Inv. Nr. 22162

Land, Häusern und Vieh[19] oder nach einer guten Ernte[20], auf diese Art vergütet werden. Schmuck bringt gesellschaftliche Anerkennung, weil er äusseres Zeichen für die erfolgreiche Bewältigung der verschiedenen Aufgaben einer Frau ist. Hier deutet sich ein enger Zusammenhang zwischen dem Tragen von Schmuck und der reproduktiven und wirtschaftlich produktivsten Lebensphase der Frau an. Diese Vermutung wird bestärkt durch die Beobachtung, dass Frauen, wenn sie älter werden, weniger Schmuck tragen, diesen an ihre Töchter weitergeben oder ihn bei Bedarf verkaufen.[21]

Schmuck gewährt einer Frau Sicherheit nicht nur als materieller Rückhalt, sondern dient durch die Amulettwertigkeit vieler Stücke auch dem Schutz von Körper und Psyche. Auf eine enge Abgrenzung zwischen Schmuck und Amulett kann verzichtet werden, da einerseits Schmuck häufig Amulettcharakter hat, andererseits auch Amulette als Schmuck getragen werden.[22]

Die Schmuckformen

Zur traditionellen Schmuckausstattung der südpalästinensischen Beduininnen gehören Halsschmuck, Kopfschmuck oder Gesichtsschleier, Haarschmuck, Finger- und Nasenringe sowie Armreifen.

Halsschmuck

Beduininnen tragen sowohl Halsschmuck, den sie selber herstellen, als auch solchen, den sie von Händlern erwerben. Zu letzterem gehörten Ketten, Anhänger und Colliers aus Silberelementen und oft auch Schmucksteinen. Colliers bestehen häufig aus in Matritzen geformten oder gegossenen kleinen Silberelementen, Silberkugeln, osmanischen Münzen oder Münzimitationen und vielfach aus blauen Perlen gegen den «bösen Blick» oder gelben, Bernstein imitierenden Perlen.

Neben Ketten, bei denen sich Silber- und Bernsteinperlen abwechseln, sind Ketten mit zentralen Anhängern sehr verbreitet. Beliebte Anhänger mit Amulettfunktion sind die Gurke (*ḫiyārah*), ein zylindrischer Behälter für Schriftamulette, mit Koranversen beschriftete scheiben- oder tropfenförmige Anhänger, z.B. 19748, oder Anhänger in Dreiecks- oder Mond-

Amulettkette
Ethnischer Name: *glādih māskih* oder *glādih māskih nğāṣih*

An einer feingliedrigen Kette hängt ein birnenförmiges, wenig silberhaltiges Amulettplättchen, das mit Filigran aus kordiertem Draht und schlaufenförmig gewickeltem, sogenanntem Galeriedraht umrandet ist. Auf Vorder- und Rückseite sind die ersten drei Zeilen der Sure 112 ziseliert. An dem durch Ösen fixierten Gehänge aus Jerusalemketten hängen sechs in Konstantinopel geprägte osmanische Münzen von 20 *nārah*, 1327 A.H. (= 1909 n.Chr.).

Gesamtlänge: 37 cm;
Plättchenlänge ohne Gehänge: 6 cm
Gesammelt: Sonia Gidal
Inv. Nr. 19745

Amulettkette
Ethnischer Name: *glādih māskih* oder *glādih māskih nğāṣih*

An der Kette aus unedlem Metall ist über eine Öse eine zusammengelötete, hohle Metallperle und ein aus Silberblech geschnittenes, birnenförmiges Amulettplättchen befestigt. Auf der Vorderseite wurden Ornamente gepunzt und ziseliert, z.B. ein Vierblatt in der Mitte, und auf der Rückseite wurden Ornamente und die Sure 112 ziseliert. Das Gehänge besteht aus Fuchsschwanzketten mit blattförmigen Metallplättchen sowie kleinen Vollmonden, auf die Verzierungen aus kordiertem Draht gelötet sind.

Gesamtlänge: 61 cm;
Plättchenlänge ohne Gehänge: 6,5 cm
Gesammelt: Sonia Gidal
Inv. Nr. 19746

Amulettkette
Ethnischer Name: *glādih māskih* oder *glādih māskih nğāṣih*

An der Kette aus unedlem Metall ist eine mit zwei Ösen versehene, silberne Filigranhohlkugel aus zwei zusammengelöteten Hälften befestigt. Auf der Vorderseite des aus einer Silberlegierung gegossenen birnenförmigen Amulettplättchens ist der ganze Thronvers eingraviert, und auf der Rückseite ist der Felsendom von Jerusalem ziseliert.

Gesamtlänge: 38 cm;
Amulett: 5,5 cm
Gesammelt: Sonia Gidal
Inv. Nr. 20193

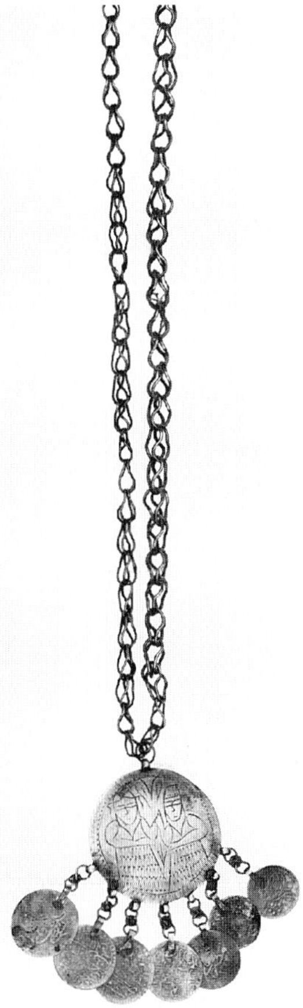

Amulettkette
Ethnischer Name: *glādih māskih*

Die Amulettscheibe hängt mit einer Doppelöse an einer Fuchsschwanzkette. Auf der Vorderseite sind die zwei, im ägyptischen Zārkult eine Rolle spielenden Geister Sīd und Sitt graviert. Diese haben für die Negev-Beduinen keine Bedeutung, sondern nur die auf der Rückseite gravierten, ersten Zeilen des Thronverses. Die sieben Anhänger sind zu Schmuckzwecken gefertigte Münzimitationen. Nach der ägyptischen Staatspunze mit der Katze wurde die Scheibe vor 1946 angefertigt, und sie weist einen Silbergehalt von 600 auf.

Gesamtlänge: 4 cm;
Scheibenlänge ohne Gehänge: 4,5 cm
Gesammelt: Sonia Gidal
Inv. Nr. 19747

Halskette
Ethnischer Name: *glādit ḫaraz* (Perlenhalskette)

Neunzehn längliche Karneolperlen, zwei facettierte grüne Achatperlen (würfelförmig mit abgerundeten Ecken), eine grünlich-graue, gleich facettierte Achatperle sowie eine kleine, graurot gemusterte Achatperle sind mit zwanzig runden, schwach silberhaltigen Perlen in Melonen- und Maulbeerform und drei roten Glasperlen auf einer Baumwollschnur aufgereiht.

Länge: 32 cm
Gesammelt: Widad Kawar
Inv. Nr. 22107

Halskette
Ethnischer Name: *glādit ḫaraz* (Perlenhalskette)

Rotorange, zylindrische Bernsteinimitationen aus Kunststoff und kleine, runde Messingperlen sind alternierend auf Baumwollgarn aufgereiht. Eine Verlängerung aus fünf Gliedern einer Fuchsschwanzkette enthält den Hakenverschluss.

Länge: 20 cm
Gesammelt: Sonia Gidal, 1980
Inv. Nr. 19575

Halskette
Ethnischer Name: *glādit ḫaraz tūt* (Halskette mit Maulbeerperlen) oder *glādit ḫaraz karhamān* (Halskette aus Bernsteinperlen)

Gelbliche, zylindrische Bernsteinimitationen aus Kunststoff und wie Maulbeeren geformte Silbergranulatperlen sind alternierend auf Nylonfäden aufgereiht. An der Verlängerung aus sechs Gliedern einer Fuchsschwanzkette ist der Hakenverschluss befestigt.

Länge: 26 cm
Gesammelt: Sonia Gidal
Inv. Nr. 21068

sichelform. Solche Anhänger wurden ihrerseits wieder mit Anhängseln versehen. Die Metallketten waren meist in Fuchsschwanztechnik aus Weissmetall oder Silber hergestellt, z.B. 19747, oder es handelte sich um silberne, sogenannte Jerusalem-Ketten (19748, 22162).

Unter den aus Perlen unterschiedlicher Materialien zusammengestellten Halsketten der Beduinen fallen insbesondere zwei Gruppen auf: bunte Ketten aus Glas-, Stein- und anderen unterschiedlich geformten Perlen in ungleichmässiger Reihung, z.B. 22105 und 22108 (Abb. S.250) und Ketten, die überwiegend aus gleich geformten Bernsteinperlen oder aus Silber- im Wechsel mit Bernsteinperlen bestehen. Im Volksschmuck der Region sind solch gleichmässige Perlenstränge auf besonders wertvolle Materialien wie Bernstein, Korallen und facettierte Achatperlen beschränkt (22107, 19575, 21068). Ketten aus diesen besonders prestigeträchtigen Materialien, die sich nicht alle leisten können, setzen sich somit häufig auch formal vom typischen Duktus der Halsketten der Beduinen ab. Aber auch Ketten, die ausschliesslich aus grossen zylindrischen oder scheiben- bis keilförmigen bernsteinfarbenen Ketten bestehen, z.B. 21650, sind typischer Bestandteil beduinischer Schmuckausstattung. Bernstein ist in der islamischen Welt als Schmuckmaterial hoch geschätzt und wird vielseitig verwendet: als Amulett und, zu Pulver zerstossen, auch als oral verabreichtes Heilmittel.[23] Sein Gebrauch als schützendes Amulett vor allem gegen den «bösen Blick» ist im Mittelmeerraum seit langem belegt.[24] Dabei ist nicht erheblich, ob es sich um echten Bernstein handelt oder eine Imitation, da man annimmt, dass, was gleich aussieht, auch gleich wirkt. Dieses Prinzip gilt natürlich auch für andere als amulettwertige Schmuckkomponenten verwendete Materialien.

Nicht nur die zahlreichen Mythen, die sich um seinen Ursprung ranken[25],trugen dazu bei, dass dem Bernstein magisch-therapeutische Eigenschaften zugesprochen werden, sondern auch seine elektromagnetischen Eigenschaften (*kahrabah*, Elektrizität), auf die sich die arabische Bezeichnung für Bernstein (*kahramān*, beduinisch *karhamān*) bezieht. Hierher rührt der Glaube an die anziehende Wirkung von Bernstein. Ketten aus Bernstein oder aus Bernsteinimitation[26] sind daher sehr geschätzt als Mittel zur

Halskette
Ethnischer Name: *glādit ḫaraz karhamān* (Halskette aus Bernsteinperlen)

Die nur im Sichtbereich auf einer Chemiefaserschnur symmetrisch aufgefädelten Bernsteinimitationen sind verschieden geformte Kunststoff-, Glas- und Steinperlen. Die Kette wurde im Nackenbereich mit einer geflochtenen Schnur aus roter Acrylwolle verlängert. Auf die zentrale Perle aus einer Silberlegierung, von den Beduininnen als *wusṭ al-glādih* («die Mitte der Halskette») bezeichnet, sind Drahtstege gelötet, und sie weist Reste von Niello auf. Solche Ketten sollen vor allem Frauen mittleren oder höheren Alters getragen haben.

Länge: 34 cm
Gesammelt: Sonia Gidal, 1980er Jahre
Inv. Nr. 21692

Halskette
Ethnischer Name: *glādit ḫaraz karhamān* (Halskette aus Bernsteinperlen)

Auf Baumwollgarn aufgereiht sind Kunststoffperlen in Zylinder-, Scheiben- und Keilform in Gelb-, Rot- und Brauntönen. Die «Mitte der Halskette» bildet eine 4,5 cm lange, konisch zulaufende Hälfte eines sechseckigen Kegels. Solche Ketten sollen vor allem Frauen mittleren oder höheren Alters getragen haben.

Gesamtlänge: 33 cm
Gekauft: 1994, Markt von El Arish
Inv. Nr. 21650

Halskette
Ethnischer Name: *glādit ḫaraz karhamān* (Halskette aus Bernsteinperlen)

Gelbe und dunkle, mehr oder weniger zylindrische Bernsteinimitationen aus Kunststoff, kleine, zylindrische, hellrote Glasperlen (evtl. Korallenimitationen), zwei Perlmuttperlen und zwei durchlochte, palästinensische 5-Mils-Münzen mit den Jahrgängen 1935 und 1942 sind auf Baumwollgarn aufgefädelt. Als Anhänger dient eine aus zwei Hälften zusammengelötete Messingschelle mit eingeschlossenen Kügelchen.

Gesamtlänge: 23 cm
Gesammelt: Sonia Gidal
Inv. Nr. 20387

Steigerung der Anziehungskraft der Kettenträgerin, z. B. 21692.

Bei dem in Palästina verwendeten Bernstein scheint es sich im wesentlichen um baltischen Bernstein gehandelt zu haben. Jedenfalls konnte ein eindeutiger Nachweis für die Ausbeutung der lokalen Bernsteinvorkommen im Libanon und am Zarqa-Fluss in Jordanien[27] bisher nicht erbracht werden. Baltischer Bernstein erfuhr im Spätmittelalter einen Popularitätsschub und wurde bis ins 19. Jahrhundert zu Perlen für katholische, buddhistische und islamische Rosenkränze verarbeitet und in grossem Stil auch in die islamische Welt exportiert,[28] denn Bernstein gilt Muslimen als bestes Rosenkranzmaterial schlechthin (20189, Abb. S. 238).[29] Daher findet man häufig einzelne Bernsteinperlen und charakterisch geformte Trennperlen aus Rosenkränzen in palästinensischen Halsketten wieder (21065, Abb. S. 232).

In den allermeisten Fällen handelt es sich aber bei den Ketten aus Bernsteinperlen um Kunststoffimitationen. Bis in die Mitte des 20. Jahrhunderts wurden in Palästina und Jordanien Bernsteinketten und Armbänder aus transluzenten, scheiben- oder keilförmigen, roten bis gelben Plastikperlen getragen (21650, 20387).[30] Die Vorläufer dieser Perlen scheinen die bis ins 19. Jahrhundert verbreiteten scheibenförmigen echten Bernsteinperlen mit facettierten Rändern gewesen zu sein.[31]

Perlen aus Stein, Glas, Bernstein, Korallen oder Kunststoffimitationen sind die hauptsächlichen magisch-therapeutischen Komponenten im Schmuck der Beduinen. Es gibt eine grosse Zahl solcher oft namentlich bezeichneter Perlen: verschiedenste Arten von Handelsperlen aus Glas, bei denen Farbe, Form und Dekor für den Verwendungszweck ausschlaggebend sind; geschliffene Achat- und Karneolperlen; Perlen aus Bernstein, Korallen, Perlmutt; Funde aus der Natur wie durchbohrte Kiesel, Muscheln und andere Kleinfunde wie die manchmal als «Mühlsteine der Ameisen» bezeichneten antiken, steinernen Spinnwirtel[32]. Diese Fundstücke gelten als besonders wirkungsvolle Amulette, was sicher mit der stärker naturverbundenen Lebensweise der Beduinen zusammenhängt.[33] Dunkelrote Perlen aus Glas, Achat, Karneol oder Koralle werden im allgemeinen in einem

Kurze Halskette
Ethnischer Name: *diḫnigat al-ʿaḏām* («kurze Halskette aus Knochen»)

Die zweireihige Kette aus geschliffenen Glas- und Kunststoffperlen sowie zwei würfelförmigen grünen Achatperlen endet mit einer grossen durchsichtigen Glasperle, einem scheibenförmigen Achat und einem Fingerring aus Bronze auf der einen Seite und mit einer Münze sowie einer Hohlperle von geringem Silbergehalt auf der anderen Seite. Die beiden Stränge fixieren rechteckige Perlmuttperlen, die Kāmlah Albaz evtl. irrtümlicherweise als *ʿaḏām* (Knochen) bezeichnet hat. Der arabische Begriff für Perlmutt ist *ṣadaf*.

Länge: 36 cm
Gesammelt: Widad Kawar
Inv. Nr. 22160

Zusammenhang mit Blut und Fortpflanzung gesehen; blaue und grüne Perlen sollen vor dem «bösen Blick», gelbe, tonnenförmige Glasperlen vor Gelbsucht schützen; apotropäische Wirkung wird auch schwarzen Glasperlen mit weissem Dekor zugeschrieben. Es gibt weisse Steinperlen, die als sogenannte Milchperlen den Milchfluss der Stillenden fördern sollen – dem gleichen Zweck dienen nach Bailey Korallenäste[34] –, und grüne Moosachatperlen, die Wöchnerinnen vor der krankmachenden Wirkung des von Menstruierenden ausgehenden «Druckes» (s. S. 240) bewahren sollen. Bernstein- und Perlmuttperlen und bestimmte rotbraune, meist antike Achatperlen sollen Zuneigung erwecken, während hexagonale Prismen aus rotem Achat gegen Augen- und Halsentzündungen getragen werden.

Ketten aus solchen Perlen werden den jeweiligen Bedürfnissen und Problemen entsprechend von den Frauen selbst zusammengestellt, ergänzt oder verändert (vgl. z. B. 22105, 22108, Abb. S. 250). Diese Ketten, in mancher Hinsicht Spiegelbilder der physischen und psychischen Situation ihrer Trägerin,[35] sind also sehr dynamische Elemente der Schmuckausstattung. Sie sind bei den Beduinen in Süd-Palästina, im Sinai[36] in Jordanien[37] und Saudiarabien[38] weit verbreitet.

Speziell zu Hochzeiten und anderen festlichen Gelegenheiten wurden Ketten aus Gewürznelken, Glas-, Korallen- und Permuttperlen getragen (22159, 22104, Abb. S. 233), die eine vollkommene Synthese von schmückenden und anziehenden (Nelkenduft, Perlmutt) und magisch fruchtbarkeitsfördernden (rote Perlen) sowie apotropäischen Elementen (in der Regel in Form blauer Perlen) darstellen.

Kopfschmuck und Gesichtsschleier

Zur traditionellen Schmuckausstattung gehören auch reich geschmückte Kappen (*wugā*) und vielfach Gesichtsschleier (*burgaʿ*). Gemeinsam sind den verschiedenen Typen von *wugā* und *burgaʿ* Stickereien, angehängte Glasperlenketten und Bänder aus kleinen blauen Glasperlen, Korallen, Kettenanhängseln sowie der dichte Besatz bestimmter Teile der Kappen und Schleier mit Münzen.

Der Kopf- und Gesichtsschmuck verbindet die unterschiedlichen Funktionsbereiche des Volksschmucks sehr anschaulich. Als funktionale Schmuckstücke sind

Haarspange
Ethnischer Name: *buklih*
Haarspange aus Silber mit drei aufgelöteten, granulierten Silberrosetten und zwei blauen, gefassten Glasperlen. An jeder Rosette hängt ein Anhänger mit einer osmanischen Schmuckmünze aus unedlem Metall.
Länge: 6 cm
Gesammelt: Sonia Gidal
Inv. Nr. 19744

Haarspange
Ethnischer Name: *buklih*
Haarspange aus Silber mit zwei aufgelöteten, granulierten Silberrosetten und zwei orangen, gefassten Glasperlen. Als Anhänger dienen zwei osmanische Schmuckmünzen in Goldimitation sowie eine Metallöse mit Spirale, Stern und zwei Kügelchen aus Silber.
Länge: 5 cm
Gesammelt: Sonia Gidal
Inv. Nr. 20183a

sie Bestandteil der Kleidung, drücken die ethnische Zugehörigkeit aus und schmücken die Trägerin. Als auf dem Kopf oder vor dem Gesicht getragenes Münzdepot dienen sie nicht nur der materiellen Absicherung, sondern sind sie auch Prestigeobjekte, die etwas über den sozialen Status der Trägerin aussagen. Damit diese die Aufmerksamkeit erregenden Schmuckstücke und ihre Trägerin nicht den «bösen Blick» auf sich ziehen, fügt man immer bestimmte amulettwertige Elemente hinzu. Diesem Zweck dienen Geflechte oder Ketten aus kleinen blauen Perlen (Gesichtsschleier 22085, Abb. S.197), durchbohrte Steine und Kaurischnecken, z.B. Kappe 21101 (Abb. S.192), sowie Dreiecks- und Rhombenformen (Gesichtsschleier 21649, Abb. S.197). Häufig sind bei neueren Gesichtsschleiern die Münzen durch Münzimitationen, Pfandmarken, Uniformknöpfe und andere runde Metallstücke ersetzt. Als Muschelersatz dienen weisse Hemdknöpfe.

Obwohl Kopftuch und Gesichtsschleier zur traditionellen Kleidung der südpalästinensischen Beduininnen gehören, tragen sie ihr Kopfhaar weitgehend sichtbar.[39] Zopfornamente (s. S.198-201) und Haarspangen sind daher wichtige Schmuckformen. Letztere bestehen aus einfachen Silberspangen mit aufgelöteten Silberrosetten, blauen oder roten Steinen und Münzanhängern (19744, 20183a). Ähnliche Haarspangen werden heute in Gold gefertigt.

Finger- und Nasenringe

Beduininnen tragen meist ein bis zwei Ringe an einer Hand. Charakteristisch sind einfache glatte Reifen. Ringe mit roter Glas- oder Plastikperle als Ersatz für Koralle oder mit grossen roten Steinen stehen im Zusammenhang mit dem Thema Fortpflanzung (19736, 19569, 19562). Einfache Ringe mit schlicht gefasstem rotem Karneol oder einer Glasimitation sind nicht nur in Palästina, sondern auf der ganzen arabischen Halbinsel beliebte Männerringe, da der Prophet Muḥammad einen solchen Ring getragen haben soll.[40] Häufig zu sehen sind auch Ringe mit kuppelförmigem oder flachem silbernem Aufsatz, der mit einem oder mehreren kleinen Türkisen, blauen oder grünen Perlen zum Schutz vor dem «bösen Blick» versehen ist (19568, 19564, 19565). Besonders verbreitet ist die Kombination von roten und blauen oder grünen Schmucksteinen in Ringen (19734).

Fingerring
Ethnischer Name: *ḫātim ḫarazah bunnī* (Fingerring mit braunem Stein)
Sich verjüngender Reif mit aufgelöteter, rechteckiger Fassung für den sandbraunen Achat.
Gesamthöhe: 3 cm
Gesammelt: Sonia Gidal, Beersheba
Inv. Nr. 19561

Fingerring
Ethnischer Name: *ḫātim ḫarazah ḥamrā'* (Fingerring mit rotem Stein)
Schmaler Silberreif mit runder, aufgelöteter Fassung und einem karminroten, ungeschliffenen Glasstein.
Gesamthöhe: 2,9 cm
Gesammelt: Sonia Gidal, Beersheba
Inv. Nr. 19569

Fingerring
Ethnischer Name: *ḫātim ḫarazah ḫaḍrā'* (Fingerring mit grünem Stein)
Schmaler Reif mit ovaler Fassung und flaschengrünem, facettiert geschliffenem Glasstein.
Gesamthöhe: 2,4 cm
Gesammelt: Sonia Gidal, Beersheba
Inv. Nr. 19565

Fingerring
Ethnischer Name: *ḫātim mšabbak ḫarazah ḥamrā'* (Filigranfingerring mit rotem Stein)
Sowohl Reif als auch Fassung sind mit feinem, kordiertem Silberdraht und -granulat filigran verziert und mit einem kupferroten, glattgeschliffenen Karneol geschmückt. *Mšabbak* für «Filigran» ist mit dem Wort *šubbāk* (Flechtwerk) verwandt.
Gesamthöhe: 3,2 cm
Gesammelt: Sonia Gidal, Beersheba
Inv. Nr. 19562

Fingerring
Ethnischer Name: *ḫātim foḍḍah aḥmar fātiḥ* (hellroter Silberfingerring)
Der sich verjüngende Reif und die ovale Fassung sind aus unedlem Metall, der orangerote, undurchsichtige Stein besteht aus Glas.
Gesamthöhe: 2,1 cm
Gesammelt: Sonia Gidal
Inv. Nr. 19736

Fingerring
Ethnischer Name: *ḫātim ḫarazah bunnī* (Fingerring mit braunem Stein)
Die auf den Reif gelötete, kegelförmige, gezähnte Fassung enthält einen kupferbraunen Karneol.
Gesamthöhe: 3,2 cm
Gesammelt: Sonia Gidal
Inv. Nr. 19735

Fingerring
Ethnischer Name: *ḫātim ḫarazah bunnī* (Fingerring mit braunem Stein)
Auf den mit feinen Blüten- und Rankenornamenten verzierten Reif ist eine getriebene Halbkugel mit Fassung gelötet, die einen orangebraunen Achat fixiert.
Gesamthöhe: 3,5 cm
Gesammelt: Sonia Gidal, Beersheba
Inv. Nr. 19567

Fingerring
Ethnischer Name: *ḫātim ḫarazah zargā'* (Fingerring mit blauem Stein)
Auf den Reif aus unedlem Metall ist eine Halbkugel mit zwei blaugrünen Glasperlen gelötet.
Gesamthöhe: 2,4 cm
Gesammelt: Sonia Gidal, Beersheba
Inv. Nr. 19568

Fingerring
Ethnischer Name: *ḫātim mšabbak ḫarazah ḫaḍrā'* (Filigranfingerring mit grünem Stein)
Der tropfenförmige Ringaufsatz ist mit kordiertem Draht und Silberspiralen fein verziert und enthält eine Fassung mit einem hellgrünen Stein aus Glas.
Gesamthöhe: 2,3 cm; Länge: 3,5 cm
Gesammelt: Sonia Gidal, 1980, Beersheba
Inv. Nr. 19564

Fingerring
Ethnischer Name: *ḫātim ṯalāṯah ḫarazāt* (Fingerring mit drei Steinen)
Auf den mit Kerben verzierten Ring mit wenig Silbergehalt ist eine Fassung mit einem roten und zwei dunkelgrünen, geschliffenen Glassteinen gelötet.
Gesamthöhe: 2,8 cm; Länge: 3,5 cm
Gesammelt: Sonia Gidal
Inv. Nr. 19734

Nasenring
Ethnischer Name: *šnāf*
Sehr feine Filigranarbeit mit kordiertem Draht, Galeriedraht, granuliertem oberem Abschluss und aufgelöteten Halbmonden, Sternen und einer Blüte. Neun kleine, runde Schmuckplättchen sind am unteren Rand mit Ring und Öse befestigt. Sowohl Bügel, Filigranarbeit und Schmuckplättchen bestehen aus Gold.
Länge: 5 cm; Breite: 6 cm
Gesammelt: Widad Kawar
Inv. Nr. 22166

Das Tragen grosser Nasenringe ist eine Besonderheit der südpalästinensischen Beduininnen. Es lassen sich verschiedene Typen unterscheiden: Sehr verbreitet sind grosse Ringe, deren obere Hälfte den Bügel formt und deren untere Hälfte mit einer halbrunden aufgelöteten Platte oder mit einer aus Halbmonden, Sternen und stilisierten Händen bestehenden halbrunden Fläche geschmückt ist. Letztgenannte Variante wird meist durch angehängte Plättchen und Glasperlchen vervollständigt.[41] Spätestens seit den vierziger Jahren werden diese Nasenringe ausschliesslich aus Gold hergestellt (22166). Bei einer Variante dieses Typs ist das untere Halbrund des Ringes nur mit Filigranarbeit gefüllt. Anstelle von Anhängseln sind silberne Hohlkörper angelötet (19570). Eine weitere, bescheidenere Variante hat gar keine Anhänger (22074).

Bei einem vermutlich älteren Typ waren die Bügel der Ringe aus Silberdraht, die untere Hälfte dagegen aus Silberblech mit beidseitig aus Granulat angesetzten kleinen Dreiecken gefertigt.[42] In ähnlicher Form wurden solche Nasenringe auch im Sandgussverfahren hergestellt.

Armreifen, Armspangen und Armbänder

Armreifen wurden grundsätzlich paarweise an beiden Armen getragen. Da man alles, was man besass, auch zu tragen pflegte, waren die Arme je nach Vermogen mit nur einem oder zwei Paaren oder aber mit einer

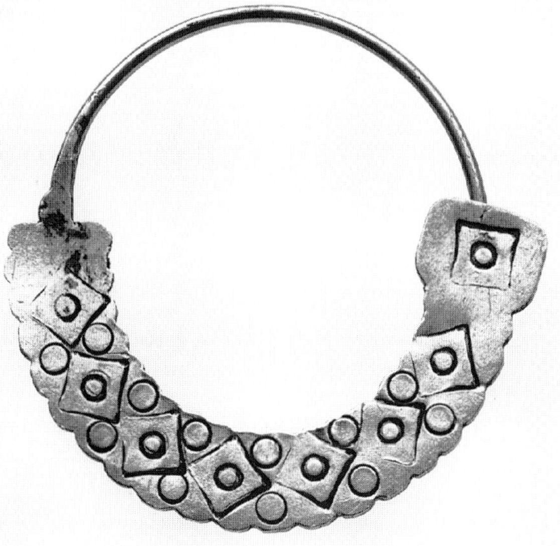

Nasenring
Ethnischer Name: *šnāf*

Der einfache Nasenring von geringem Silbergehalt ist mit gepunzten Vierecken und Kreisen verziert.

Länge: 4,5 cm; Breite: 4,7 cm
Gekauft: 1995, von einer Händlerin aus El Arish, Markt von Beersheba
Inv. Nr. 22074

Nasenring
Ethnischer Name: *šnāf*

Feine Silberfiligranarbeit mit Galeriedraht, kordiertem Draht, einem granulierten oberen Abschluss und amphorenförmigen, unbeweglichen Anhängern am unteren Rand.

Länge: 4,5 cm; Breite: 4,5 cm
Gesammelt: Sonia Gidal, 1970
Inv. Nr. 19570

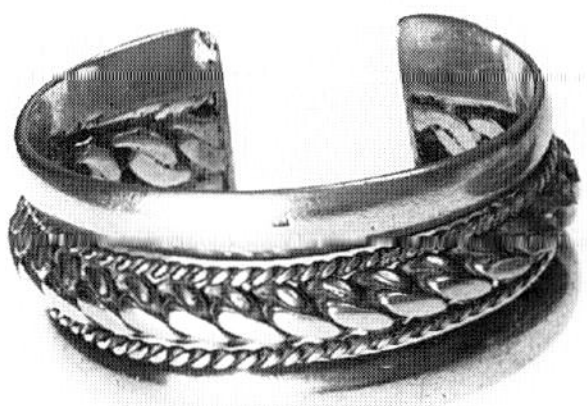

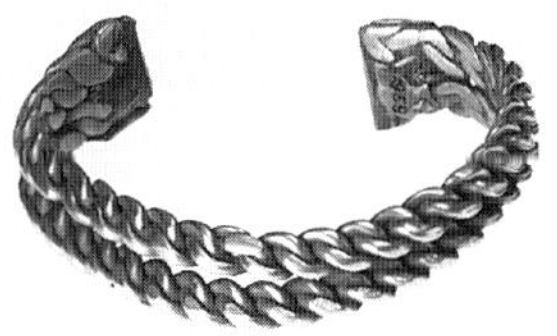

Armspange
Ethnischer Name: *ṣwārah foḏ̣ḏ̣ah*, seltener *ṣwārah maṣriyyih* (Silberarmspange oder ägyptische Armspange)

Silberne Armspange mit einem Geflecht aus drei Drähten sowie zwei kordierten Drähten. Auf dem glatten Abschluss ist die Andeutung eines Stempels zu erkennen, was auf Ägypten als Herstellungsort schliessen lässt. Nach 1948 wurden diese Armreifen auch in Gaza fabriziert.

Durchmesser: 6 cm; Breite: 3 cm
Gesammelt: Sonia Gidal, 1960
Inv. Nr. 19578

Armspange
Ethnischer Name: *ṣwārah mabrūmah mṯallaṯ* (dreifach gewundene Armspange)

Armspange mit drei Flechten aus je drei Runddrähten von geringem Silbergehalt und flachgehämmerten Enden.

Durchmesser: 6 cm; Breite: 2 cm
Gesammelt: Sonia Gidal, Altstadt Jerusalem
Inv. Nr. 19593

Armspange
Ethnischer Name: *ṣwārah mabrūmah miǧwiz* (doppelt gewundene Armspange)

Armspange mit zwei Flechten aus je drei Runddrähten von geringem Silbergehalt und mit flachgehämmerten Enden.

Durchmesser: 5,7 cm; Breite: 1,3 cm
Gesammelt: Sonia Gidal, Markt von Beersheba
Inv. Nr. 19594

Armspange
Ethnischer Name: *ṣwārah mabrūmah* (gewundene Armspange)

Armspange mit einer Flechte aus drei Runddrähten und polyedrischen Enden.

Durchmesser: 5,5 cm; Breite: 0,5 cm
Gesammelt: Sonia Gidal, 1969
Inv. Nr. 19589

Armspange
Ethnischer Name: *ṣwārah mabrūmah* (gewundene Armspange)

Wenig silberhaltige Armspange mit einer Flechte aus drei massiven Runddrähten und polyedrischen Enden.

Durchmesser: 7 cm; Breite: 1,2 cm
Gesammelt: Sonia Gidal, Markt von Beersheba
Inv. Nr. 19590

Armspange
Ethnischer Name: *ṣwārah mabrūmah* (gewundene Armspange)

Schwach silberhaltige Armspange mit einer Flechte aus drei Runddrähten und polyedrischen Enden.

Durchmesser: 6,5 cm; Breite: 0,7 cm
Gesammelt: Sonia Gidal, 1960
Inv. Nr. 19579

Armspange
Ethnischer Name: *ṣwārah mabrūmah* (gewundene Armspange)

Fünf Metalldrähte sind über einen Eisenkern gewunden und an den knolligen Enden mit einem abgeplatteten Metallstück verlötet. Der unleserliche Stempel weist auf einen gewissen Gehalt an Silber und eventuell auf Ägypten als Herkunftsland hin.

Durchmesser: 6,5 cm; Breite: 0,7 cm
Gesammelt: Sonia Gidal, 1969, Beersheba
Inv. Nr. 19588

Armspange
Ethnischer Name: *ṣwārah mabrūmah* (gewundene Armspange)

Wenig silberhaltige, gegossene Armspange, deren Ornament eine Flechte darstellen soll, mit polyedrischen Enden.

Durchmesser: 6,5 cm; Breite: 0,7 cm
Gesammelt: Sonia Gidal, 1970, Beersheba
Inv. Nr. 19581

Armspange
Ethnischer Name: *ṣwārah slītah* (flache Armspange)

Gleich fabrizierte Armspange wie 19580. Sie ist jedoch weniger massiv und hat sogar einige Löcher. Da kein Stempel vorhanden ist, kann angenommen werden, dass sie in Gaza und nicht in Ägypten hergestellt wurde.

Durchmesser: 5,5 cm; Breite: 4 cm
Gesammelt: Sonia Gidal, Markt von Beersheba
Inv. Nr. 19591

Armspange
Ethnischer Name: *ṣwārah slītah* (flache Armspange)

Diese Armspange wurde wahrscheinlich durch Einschlagen in eine Matrize oder durch Poussé-Technik (von hinten negativ getrieben) dekoriert und auf der Vorderseite mit Punzen und Sticheln nachbearbeitet. Gemäss der Lotosblume als ägyptischer Staatspunze wurde die Armspange nach 1946 hergestellt, und der Silberanteil ist mit 600 angegeben. Die stilisierte Darstellung wird entweder als Skorpion, als Frosch oder Kröte interpretiert.

Durchmesser: 6 cm; Breite: 4,5 cm
Gesammelt: Sonia Gidal, 1960
Inv. Nr. 19580

Die Mutter mit dem der verheirateten Frau vorbehaltenen Gesichtsschleier trägt eine *ṣwārah slītah*-Armspange, ein Armband aus Bernsteinperlen und eines aus Kaurischneckenhäuschen sowie mehrere Fingerringe. 1925-31 (Foto: Paul Hommel, LAS)

grösseren Zahl von Armreifen oder -spangen geschmückt.[43]

Der meistgetragene Armschmuck der Beduininnen lässt sich im wesentlichen mit einigen Haupttypen erfassen: Die wichtigsten Armspangen sind die sogenannten *mabrūmah*, die «gewundenen» Typen. Entweder sind sie aus Metalldrähten gewunden (19588) mit polyedrischen oder knolligen Enden, oder sie bestehen aus miteinander verflochtenen Metalldrähten (z.B. 19589 und 19579) mit polyedrischen oder in Metallblech eingeschlagenen Enden.[44] Eine Besonderheit dieses Typs sind die sogenannten ägyptischen Armspangen (*maṣriyyih*). Hier wird die Flechte von zwei glatten Silberstreifen gefasst (19578). Sehr verbreitet sind auch die im Negev *ṣwārah slītah* genannten Armspangen mit Darstellungen von Skorpionen (19591, 19580).[45] Die beiden letztgenannten Armspangen wie auch einige der *mabrūmah*-Armspangen wurden zunächst in Ägypten hergestellt und nach Gaza exportiert und später auch dort angefertigt.[46] Sie weisen, wenn sie aus Silber und nicht aus anderen Metalllegierungen gefertigt sind, auch meist die ägyptischen Silberstempel auf.

Abgesehen von Armspangen und -reifen aus Silber und anderen Metallen gab es bis in die erste Hälfte des 20. Jahrhunderts solche aus Bernsteinperlen und farbige Glasreifen. Unter Hinzunahme von archäologischem Vergleichsmaterial für das 18. Jahrhundert aus dem semi-nomadischen ostjordanischen Bereich[47] darf man annehmen, dass bei diesen Bevölkerungsgruppen zu dieser Zeit Armreifen aus Eisen, Bronze und Glas überwogen. Eine solche Mutmassung korreliert mit Kawars Feststellung für die Entwicklung der palästinensischen Kostüme in osmanischer Zeit, die in der Einfachheit ihrer Stickerei die schwierige Wirtschaftslage reflektierten.[48] Mit dem Übergang von Subsistenz- zu eher marktorientierter Wirtschaft und zunehmendem Wohlstand setzte sich dann im 19. Jahrhundert Silber als Schmuckmaterial durch. In den dreissiger und vierziger Jahren des 20. Jahrhunderts wurde von Armeniern und Tscherkessen produzierter Silberschmuck mit Niellodekoration in Palästina und Jordanien sehr populär.[49] Seit den 1940er Jahren, bei den südpalästinensischen Beduinen erst seit den 1960er Jahren, wurde schliesslich Gold zum beliebtesten Schmuckmetall.

Die vorstehenden Ausführungen zum Schmuckinventar der südpalästinensischen Beduinen und zur Entwicklung der Armreifen im 19. und 20. Jahrhundert zeigen, dass vieles, was heute als traditioneller Schmuck bezeichnet wird, die mehr oder minder langlebige Entwicklungsstufe eines Schmucktyps ist, dass Prestigefragen, aber auch Modeerscheinungen eine Rolle spielen und die Zusammensetzung von manchen Kompositionsschmuckstücken entscheidend von volksreligiösen und magischen Vorstellungen geprägt ist.

Obgleich sich manche Schmucktypen oder einzelne Elemente über weite geographische Räume und lange Zeitabschnitte zurückverfolgen lassen, kann man doch beobachten, wie sich die meisten Typen unter dem Einfluss neuer Geschmacksrichtungen, Materialien, Techniken, durch Zuzug von fremden Handwerkern und nicht zuletzt in Abhängigkeit von sozio-ökonomischen Faktoren weiterentwickeln und verändern oder aber aufgegeben werden. Den grössten Hang zur Langlebigkeit kann man bei den Schmuckstücken beobachten, die entweder wichtige Amulettfunktionen haben oder der ethnischen Abgrenzung dienen.

Widad Kawar

Schmuck-Perlen der Beduinen[1]

Ein historischer Rückblick

Perlen im «fruchtbaren Halbmond»

Im Vorderen Orient, der Wiege grossartiger Zivilisationen, wurden im 19. Jahrhundert viele archäologische Ausgrabungen durchgeführt. Sie offenbarten, dass seit 5000 v.Chr. Schmuckperlen in Ägypten, Syrien, Palästina, im Libanon und in der Türkei sowohl hergestellt als auch verwendet wurden. Gesetze zum Schutz von Altertümern existierten damals in diesen Ländern nicht, und da die Ausgrabungen von Forschern aus dem Westen durchgeführt wurden, kamen viele Perlen und andere Artefakte in westliche Museen, oder sie fanden den Weg zu Antiquitätenhändlern, die sie an Perlensammler rund um die Welt verkauften. Wo immer diese Perlen landeten, sie bezeugen die Menge und die Vielfalt der in den Ursprungsländern produzierten Perlen und belegen, dass schon in frühsten Zeiten eine grosse Nachfrage bestand.

Ausgrabungen in den Friedhöfen Jordaniens und Palästinas zeigen den Reichtum alter Perlen, die in jener Zeit vor allem zu Halsketten aufgefädelt wurden. Diese Halsketten unterscheiden sich nicht wesentlich von denen, die heute in beiden Ländern getragen werden. Sehr wahrscheinlich wurden sie über die Jahrhunderte hinweg immer wieder umgestaltet und neu zusammengesetzt, wie dies auch heute noch praktiziert wird.

Das vorhandene Rohmaterial bestimmte weitgehend die Art der hergestellten Perlen eines bestimmten Gebietes. Bereits um 8000 v.Chr. fertigten die im Jordantal lebenden Natoufien-Menschen Perlen aus Knochen, Steinen und Muscheln an, wie die Ausstellung im Jordanischen Archäologischen Museum in Amman belegt. Da die Werkzeuge damals noch einfach waren, sind die Perlen zum Teil von unregelmässiger Form. Als sich etwa um 3000 v.Chr. der Handel zwischen Ägypten, Syrien und Mesopotamien (Irak) entwickelte, bildete sich eine begüterte Oberschicht, die ihren Wohlstand mit reichem Perlenschmuck zur Schau zu stellen begann. So wurden in diesen Ländern schöne Perlen mit hohem Prestige verbunden und entwickelten sich zu einem Statussymbol.

Vor allem in Ägypten gab es Rohmaterialien aller Art zur Herstellung von Perlen, die von Männern und Frauen als Schmuck und als Schutzamulette verwendet wurden. ‹Juweliere› arbeiteten mit Priestern zusammen, die den Perlen die magische Schutzkraft für das diesseitige und jenseitige Leben verleihen sollten. Von Ägypten aus fand ein umfangreicher Perlenhandel mit Mesopotamien statt, wo das beste Kunsthandwerk entwickelt und kontrolliert wurde.

Während in Ägypten alle notwendigen Rohmaterialien gefördert wurden, stellten die Phönizier im Libanon die schönsten Glasperlen her. Beide Länder bewahrten jedoch ihren eigenen Stil und ihre geheimen Techniken der Perlenproduktion und trieben mit den Schmuckperlen gegenseitigen Handel. Auch Fayence, Vorläuferin von Glas, wurde in Ägypten in grossen Mengen hergestellt, wozu man Kieselerde und Alkali verwendete sowie Kupfer zum Erzeugen der blaugrünen Farbe.

Von den Römern bis zu den Türken

Als die Römer in Europa und im Mittelmeerraum die Vorherrschaft innehatten, kombinierten sie den elaborierten Stil des hellenistischen Schmuckes mit demjenigen des Mittelmeerraums. Alexandria und Antiochia, beide für ihren hellenistischen Schmuckstil berühmt, begannen für das römische Imperium zu produzieren. Die stark zunehmende Fabrikation von Glasperlen führte zu sinkenden Preisen, so dass sich immer mehr Leute Schmuckperlen leisten konnten.

Im Byzantinischen Reich wurde die Fabrikation von Glasperlen fortgesetzt, und echte Muschelperlen sowie Korallen wurden vom Persischen Golf importiert und zum Schmuck der Gewänder hochrangiger Priester verwendet. Somit wurde Byzanz zum Bindeglied der römischen und islamischen Kulturperiode.

Während der islamischen Zeit wurden Tyros, Sidon, Damaskus und Aleppo zu Zentren der Perlenfabrikation. Sie führten die phönizischen und römischen

Halskette (?)
Ethnischer Name: *glādih* (?)
Für diese sehr kurze Kette (wahrscheinlich eher eine Perlensammlung) sind facettiert geschliffene Karneole, zwei Perlmuttperlen, rund geschliffene Achate sowie Glas- und Kunststoffperlen auf eine Baumwollschnur aufgefädelt worden. Die Perlen sind zum Teil sehr alt.
Länge: 14 cm
Gesammelt: Widad Kawar
Inv. Nr. 22164

Halskette (?)
Ethnischer Name: *glādit ḫaraz karhamān* (Halskette aus Bernsteinperlen)
Obwohl diese kurze Kette (wahrscheinlich eher eine Perlensammlung) aus verschiedenen Perlen besteht, haben sie die Informantinnen nach den dunklen Bernsteinimitationen aus Kunststoff benannt, die zusammen mit der Trennperle evtl. zu einer Gebetskette gehörten. Die übrigen Steine sind, neben wenigen echten Achaten und Karneolen, vor allem facettierte und siebenkantige Glasperlen als Karneolimitationen.
Länge: 18 cm
Gesammelt: Sonia Gidal
Inv. Nr. 21065

Techniken weiter, entwickelten aber auch neue wie die Facettierung und Sprenkelung von Perlen.

Als die Osmanen Syrien besetzten, emigrierten vermutlich Handwerker aus diesen alten und berühmten Glasmanufakturen nach Venedig, das im 13. und 14. Jahrhundert mit Syrien gute Beziehungen unterhielt. Daher wurde in Venedig die Herstellung der mannigfaltigen und einzigartigen hellenistischen, römischen und islamischen Perlen wieder neu belebt. Die Venezianer griffen auf die alten Techniken zurück, verbesserten und vereinfachten sie. Dank seiner guten Handelsbeziehungen und dank seiner Flotte exportierte Venedig seine Perlen in alle damals bekannten Teile der Welt und kontrollierte bis zum 18. Jahrhundert den gesamten Perlenhandel.

Doch kehren wir zum östlichen Mittelmeerraum zurück, der unter die Vorherrschaft der Osmanen gefallen war. Hier fanden die billigen und einfachen Per-

Gewürznelkenkette
Ethnischer Name: *glādit grunful*
Vier Baumwollgarnschnüre mit aufgefädelten Gewürznelken sind in regelmässigen Abständen mit kleinen, blauen Glas- und kubisch granulierten Silberperlen zusammengefasst, und die Kette wird so auch in vier Abschnitte unterteilt. Fünf stark abgegriffene osmanische Münzen aus den Jahren 1223 und 1277 A.H. (= 1808 und 1861 n. Chr.) sind in der Mitte und an den zwei unteren Unterteilungen befestigt. Die Münze in der Kettenmitte dient zusammen mit einer hohlen Perle von geringem Silbergehalt als Anhänger.
Gesamtlänge: 69 cm
Gesammelt: Widad Kawar
Inv. Nr. 22159

Gewürznelkenkette
Ethnischer Name: *glādit grunful*
Die vierreihige Kette mit auf Baumwollgarn aufgefädelten Gewürznelken wird in regelmässigen Abständen mit kleinen blauen, beigen und braunen Glas- und Kunststoffperlen und durch zwei durchbohrte Perlmuttrechtecke zusammengefasst. Der Nackenbereich ist mit Glasperlen, modernen Knöpfen und einer osmanischen Münze verziert. Der Anhänger in der Kettenmitte besteht aus einem 20-Kopeken-Stück von 1916, zwei osmanischen Münzen mit abgegriffenen Prägungen, aus Glasperlen und aus einem durchbohrten, elfenbeinfarbenen Stein.
Gesamtlänge: 55 cm
Gesammelt: Widad Kawar
Inv. Nr. 22104

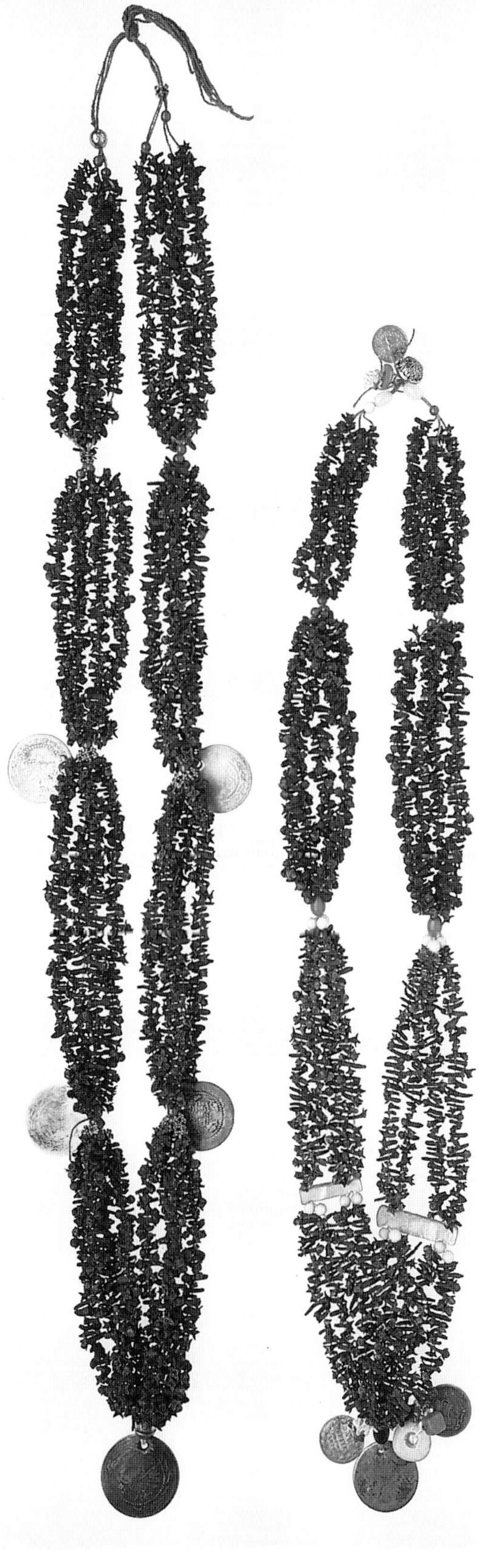

len in der breiten Bevölkerung Anklang. Dabei handelte es sich um Achate in allen Farben, um Karneol, Bernstein, Korallen[2] sowie um einfache Glasperlen, die aus den Produktionsstätten von Hebron, Damaskus, Aleppo und Kairo stammten. Wie schon erwähnt, kamen im 19. Jahrhundert durch legale und illegale Ausgrabungen auch schöne, alte Glas- und Fayenceperlen auf den Markt und fanden so wieder Verwendung.

Perlen in der beduinischen Kultur

Perlen für die Schönheit – Perlen zum Schutz

Um sich zu schmücken, benutzten beduinische Frauen aller arabischen Gebiete für Halsketten und sonstigen Schmuck mit Vorliebe Perlen. Da sie überzeugt sind, dass Perlen alles Böse abwehren und vor Krankheit bewahren können, schätzten die Frauen die Perlen auch wegen ihrer schützenden Eigenschaft.

Der Sinai liegt geographisch zwischen Ägypten und dem einstigen Gross-Syrien, zwischen zwei Ländern, die gegenseitig nicht nur regen Handel trieben, sondern sich auch immer wieder heftig bekriegten. Die seit Jahrhunderten im Sinai lebenden Beduinen verstanden es trotzdem, ihre eigene kulturelle Identität zu entwickeln. Daher ist es aufschlussreich, die Halsketten und Armbänder aus Schmuckperlen, die von den Frauen dort getragen werden, näher zu betrachten. Sie enthalten z.B. aus Ägypten stammende, facettiert geschliffene Achate unterschiedlicher Färbung und Perlen aus reinem Bernstein oder bernsteinähnlichem Kunststoff. Im Gegensatz zu Achatperlen sind Bernsteinperlen sehr leicht und fühlen sich warm an, weshalb man letztere als Schmucksteine bevorzugte. Ihre Färbungen reichen von Hellgelb über Dunkelgelb bis zu Dunkelrot und Braunrot.

Im Glauben und in den Vorstellungen der Beduinen haben die verschiedenen Farben ganz bestimmte, heilende und schützende Kräfte. Ein Amulett aus Bernstein, das ein Säugling um den Hals trägt, bewahrt ihn vor allem Bösen. Eine Halskette aus Bernstein schützt die Mutter vor Krankheit, hat heilende Kräfte und dient gleichzeitig als Quelle von Stärke.

Hochzeitsschmuck

Einen Grossteil des Schmucks, den die Beduinenfrauen aus dem Gebiet um Beersheba und aus dem Sinai besitzen, erhalten sie bei der Hochzeit, und den Rest stellen sie sich im Laufe der Jahre bei Gelegenheiten zusammen. Eine Woche vor der Hochzeit kauft die Brautmutter Gewürznelken und lädt zusammen mit der Braut alle jungen Mädchen der beiden Familien an einem bestimmten Abend ein. Jedes Mädchen fädelt sich nun aus den zuvor in Wasser eingeweichten Gewürznelken eine eigene Halskette für das Hochzeitsfest auf (22159 und 22104).

Für ihren Gang durch Beersheba trägt die alte Frau einen schwarzen Überwurf, einen Gesichtsschleier, Zopfschmuck und mehrere Halsketten. Das kleine Mädchen ist bereits mit der Kopfbedeckung für pubertierende Mädchen ausgestattet. 1934-40 (Foto: Carl Lutz, AfZG)

Der Halsschmuck der Braut ist kunstvoller gefertigt als der der anderen Mädchen. Er besteht aus einer eng anliegenden Halskette aus Korallen, Bernstein- und Glasperlen sowie einem Gehänge aus drei Doppelschnüren mit aufgefädelten Nelken und einigen Perlen aus Bernstein, Perlmutt, Koralle, blauem Hebronglas und anderen islamischen Perlen.[3] Diese Gewürznelkenkette (*glādit grunful*) wird von der Braut während der Hochzeit und später an Festtagen getragen. Sie ist nicht nur wegen des jahrelang anhaltenden Dufts der Nelken beliebt, sondern auch wegen ihrer Amulettwirkung.

Bedeutung der Schmuckperlen

Ausser der Gewürznelkenkette tragen die Beduininnen Halsketten, die sie sich, je nach ihren eigenen Bedürfnissen, aus verschiedenen Perlen selbst zusammengestellt haben. Ich fragte die Informantin Umm ʻAlī nach Herkunft und Bedeutung der verschiedenen Perlen ihrer Halskette. Sie sagte, einige der islamischen Perlen habe sie von ihrer Mutter und einige veneziani sche Perlen von ihrer Schwiegermutter erhalten. Andere habe sie von ihren Tanten bekommen und den Rest auf dem Markt in Gaza gekauft. Die Kaurischneckenhäuschen trage sie zur Förderung der Fruchtbarkeit, weisse Perlen als Stillhilfe, grüne Achate für eine gute Gesundheit und braune Achate, um sich die Liebe ihres Ehemannes zu sichern. Blaues Glas und Fayence, so Umm ʻAlī, schützen sie vor dem «bösen Blick», und braune Karneole wecken Zuneigung. Bernsteinperlen sollen ihr die Liebe der Familie erhalten und honigbraune Achate die eheliche Harmonie. Metallische Perlen lindern Gelenkschmerzen, rote Glasperlen ziehen die Aufmerksamkeit auf die Trägerin, und Korallen garantieren ein langes Leben.

Eine solche Halskette ist demnach ein sehr persönliches Schmuckstück. Es gehört zur Ausstattung einer Beduinin, in welcher Situation sie sich auch befinden mag, und im Sinai wird sie von den Frauen sogar jeden Tag getragen. Die aus verschiedenen Schmuckperlen zusammengesetzten Halsketten haben magische Kraft und verleihen gleichzeitig den tief verwurzelten Wünschen, Hoffnungen und Vorstellungen ihrer Trägerinnen Ausdruck. Es ist die Kombination von Farbe und Form, welche den Amulettcharakter bewirkt (Halsketten dieses Typus sind insbesondere 22105, 22108 auf Abb. S. 250, und 22106 auf Abb. S. 251).

Stein-, Glas- oder Fayenceperlen können als Halskette aufgefädelt oder einzeln auf Kinder- und Frauenkleider oder an der Kopfbedeckung getragen werden, wo sie ihren Schutz entfalten, z. B. Anhänger 22165d (Abb. S. 247). Manchmal werden diese Perlen mit Amuletten aus Metall kombiniert und zusammen mit der persönlichen Habe als Schutz im Zelt oder Hause aufbewahrt.

Herkunft einiger Perlen

Neue Glasperlen, wie die flachen blauen und die mit stilisierten blauen Augen versehenen, werden aus Hebron und Ägypten importiert. Aus Kairo oder dem übrigen Nordafrika stammen die aus Korallen (*murǧān*) gefertigten Perlen. Nachzutragen wäre, dass in Hebron auch Hände aus Glas, die ebenfalls in Halsketten Verwendung finden, hergestellt werden.

Andere Halsketten, welche die Beduininnen traditionellerweise trugen, waren echte Korallenhalsketten mit einigen, in regelmässigen Abständen eingefügten Bernsteinperlen, oder sie trugen Bernsteinhalsketten, die vorwiegend aus braunen und einigen wenigen gelben Bernsteinperlen bestanden, z. B. 21650 (Abb. S. 222). Diese Halsketten werden aus dem Jemen und aus Nordafrika importiert.

Speziell geschliffene Perlen aus Halbedelsteinen werden oft in Silber gefasst und als Anhänger einer Halskette beigefügt. Häufig werden sie bei fahrenden Händlern gekauft, die eigens in die Beduinenlager reisen.

Die Beduinen des Sinai und des Negev haben seit jeher ein gemeinsames kulturelles Erbe. Seit die Negev-Beduinen in den neuen Siedlungen zur Sesshaftigkeit gezwungen werden, laufen aber dieses Kulturgut und das dazugehörige Wissen Gefahr, in Vergessenheit zu geraten. Die wunderschönen Perlen sind Teil dieser untergehenden Kultur.

Ursula Rahm-Mottl

Die magisch-religiöse Bedeutung des Schmucks[1]

Die islamisch-religiösen Vorstellungen der Beduinen

Offiziell sind die Beduinen Muslime. Sie glauben an den allmächtigen und allwissenden Gott, Allāh, an die Propheten Adam, Noah, Abraham, Moses, Jesus Christus und Muḥammad, den wichtigsten und letzten Propheten, der den Menschen die letztgültige und somit für alle verbindliche Offenbarung Gottes, den Koran, überbracht hat. Ebenso glauben sie an die von Gott geschaffenen Lichtwesen, die Engel, sowie an das Gericht des jüngsten Tages, wenn der Mensch zur Rechenschaft gezogen und entweder ins Paradies oder ins Höllenfeuer geschickt wird.

Allerdings, so führt Bailey aus, hatten die Beduinen wegen ihrer halbnomadischen Lebensweise bis in die Mitte des 20. Jahrhunderts nicht die Möglichkeit, regelmässig Moscheen zu besuchen. Ebenso fehlten ihnen die Richter des islamischen Rechts (*šarī'ah*), die ihre Rechtsstreitigkeiten hätten regeln, wie auch andere Beamte, die zur Registrierung von Hochzeiten, Geburten, Scheidungen oder Todesfällen hätten beigezogen werden können. Ebenso mussten die Kinder weitgehend auf eine religiöse Unterweisung verzichten. Von ihren Eltern und bei seltenen Moscheebesuchen lernten sie zwar die grundlegenden Regeln des Betens, aber diese knappe Anleitung hatte zur Folge, dass z.B. die richtigen Zeiten für die vom Islam geforderten täglichen fünf Gebete nicht exakt eingehalten und die für die verschiedenen Zeremonien vorgesehenen Gebete verwechselt wurden. Weitere Verwirrungen ergaben sich aus sprachlichen Verwechslungen und aus ungenauen Kenntnissen religiöser Konzepte. Aus Unkenntnis anderer Gebete wird bei allen Gelegenheiten nur die *fātiḥah*, die den Koran eröffnende erste Sure, oder das kurze Gebet von Sure 15/87 rezitiert. Trotz ihrer unorthodoxen Religionsausübung betrachten sich die Beduinen als gute Muslime. Sie sind fromm, beten täglich, halten die muslimischen Feiertage und den Fastenmonat Ramadan ein, sie beschneiden die Knaben, legen Wert auf den Anstand der Frauen und richten ihre Gräber nach Mekka aus.[2]

Allāhu akbar

Die im ganzen Mittleren Osten und in verschiedenen Teilen des Mittelmeerraums verbreitete Gebetskette, im Negev *sibḥah* oder *misbaḥah* (von *sabbaḥa*, lobpreisen) genannt, fehlt nie, wenn die Männer bei Kaffee und Gesprächen zusammensitzen, und gelegentlich kann man auch ältere Beduininnen mit einer Kette zwischen den Fingern sehen. Nach den täglichen fünf Gebeten wiederholen fromme Muslime die Formeln *subḥān allāh* («Lobpreis Gottes»), *al-ḥamdu lillāh* («Lob sei Gott») und *allāhu akbar* («Gott ist gross») je 33mal, wobei ihnen die meistens aus 99 Perlen bestehende Gebetskette als Gedächtnisstütze dient. Kleinere Gebetsketten aus nur 33 Perlen werden dreimal gebetet. Um das Zählen zu erleichtern, wird bei den grossen nach 33 und bei den kleinen nach 11 Perlen jeweils eine anders geformte Trennperle, die soge-

Hin und wieder unternehmen ältere Frauen eine Pilgerfahrt nach Mekka, befolgen die Gebetszeiten und besitzen manchmal eine Gebetskette. Diese Frau trägt noch einen Nasen- und einen Fingerring sowie ein Paar «Silberarmspangen» und eine «gewundene Armspange». 1970er Jahre (Foto: Sonia Gidal)

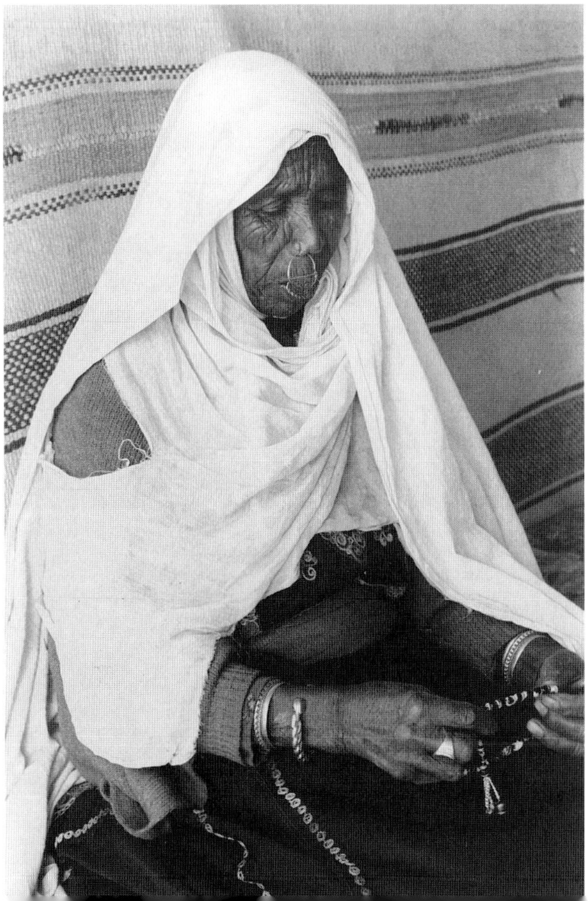

Gebetskette
Ethnischer Name: *sibḥat* oder *misbaḥat karhamān* (Gebetskette aus Bernstein)
Einunddreissig zylindrische, Bernstein imitierende Kunststoffperlen sind auf Baumwollgarn aufgereiht. Zwei zusätzliche, scheibchenförmige Trennperlen befinden sich an elfter und dreiundzwanzigster Stelle und müssen beim Beten mitgezählt werden. An der Handperle hängt eine Schmuckmünze.
Gesamtlänge: 33 cm
Gesammelt: Sonia Gidal
Inv. Nr. 20189

Gebetskette
Ethnischer Name: *sibḥah* oder *misbaḥah*
Dreiunddreissig ellipsoide Perlmuttperlen sind auf Nylonfaden aufgezogen. Zwei rechteckige Trennperlen sind nach jeweils elf Perlen dazwischengeschoben. Die Handperle schmücken drei Rillen, und eine weisse Baumwollquaste bildet den Abschluss.
Gesamtlänge: 30 cm
Gesammelt: Sonia Gidal, 1992, Markt von Beersheba
Inv. Nr. 21440

Gebetskette
Ethnischer Name: *sibḥah* oder *misbaḥah*
Dreiunddreissig in der Längsachse und zwei quer durchbohrte Olivenkerne als Trennperlen sind auf schwarzes Garn aufgereiht. Die Handperle fehlt, und eine mehrfarbige Baumwollquaste bildet den Abschluss.
Gesamtlänge: 27 cm
Gesammelt: Widad Kawar
Inv. Nr. 22226

Gebetskette
Ethnischer Name: *sibḥat* oder *misbaḥat ḫašab* (Gebetskette aus Holz)
Die neunundneunzig, auf eine Baumwollschnur aufgereihten, ringförmigen Holzperlen sind durch zwei zylinderförmige, segmentierte Trennperlen unterteilt, wobei beim Abzählen ein Fehler unterlaufen ist, denn anstatt je 33 sind 32, 33 und 34 Perlen separiert. Die Gebetskette besitzt zudem eine mit einer Rille versehene Handperle. Die Baumwollschnur endet in einer grünen Quaste aus Acrylwolle.
Gesamtlänge: 33 cm
Gesammelt: Sonia Gidal
Inv. Nr. 21693

nannte *imām*-Perle[3], eingeschoben. Am Ende der Gebetskette befindet sich meistens eine flaschenhalsförmige, längliche sog. Handperle (*yad*-Perle), die auch Minarettperle genannt wird, sowie eine Quaste aus Seide, Baumwolle oder Wolle. Die Gebetskette wird auch zum Abzählen der 99 Namen Gottes oder als Amulett benutzt, oder man kann sie zum Zeitvertreib durch die Finger gleiten lassen.[4]

Alle Gebetsketten der Museumssammlung sind neueren Datums und wurden auf dem Markt erworben. Einzig das aus Olivenkernen bestehende Exemplar 22226 könnte von Beduinen selber hergestellt worden sein. Canaan beschreibt nämlich eine Gebetskette aus den Kernen getrockneter Beeren einer Ginsterart, die Kindern als Schmuck und Amulett umgehängt wird.[5]

Gebetskette
Ethnischer Name: *sibḥah* oder *misbaḥah*
Dreiunddreissig tonnenförmige Perlen und zwei kurze, zylindrische Trennperlen aus einem schwarze Korallen (Dörnchenkorallen) imitierenden Kunststoff mit Silbereinlagen sind auf schwarzes Garn aufgereiht. Eine Handperle aus dem gleichen Material mit schwarzer Quaste aus Acrylwolle bildet den Abschluss.
Gesamtlänge: 47 cm
Gesammelt: Widad Kawar
Inv. Nr. 22223

Nicht-islamische religiöse Vorstellungen

Das harte Leben, die Abhängigkeit von den Launen der Natur, die Gefahren der Wüste und die daraus resultierenden Überlebensstrategien haben nicht nur das wirtschaftliche und soziale Leben der Beduinen geprägt, sondern auch Einfluss auf ihre religiösen Werte und Vorstellungen genommen. Die Beduinen lebten in ständiger Angst vor Trockenzeiten und Hochwassern, welche Vieh, Ernte und ihre Habe bedrohten, sowie vor Krankheiten und Schlangen- oder Skorpionbissen, gegen welche ihre Medizin machtlos war.

Unter diesen Umständen erstaunt es nicht, dass die Beduinen auf magisch-religiöse Praktiken zurückgriffen, um Einfluss auf ihr Geschick zu nehmen oder zumindest das Gefühl zu haben, das Schicksal besser kontrollieren zu können.

So beginnen sie jede Tätigkeit und jedes Unternehmen mit der Anrufung Gottes, unternehmen weite Wallfahrten zu den Gräbern berühmter, gottesfürchtiger Vorfahren oder Heiliger und bringen dort ihr grösstes Gut, das Vieh, als Blutopfer dar.[6] Ebenso wichtig ist es, gute und schlechte Vorzeichen genau zu beachten und viele Regeln und Tabus im täglichen Leben einzuhalten.[7]

Übelwollende Kräfte

Im Volksglauben des ganzen islamischen Raumes haben sich Amulette, Zauberformeln und Beschwörungen erhalten, welche sich in ihren Grundzügen sehr ähnlich sind. Es geht darum, mit diesen Mitteln auf das launische Schicksal Einfluss zu nehmen und Gott, den Allmächtigen, gnädig zu stimmen.

Vorislamischen Ursprungs sind die zahlreichen Naturgeister und ihre positiven und negativen Wirkungskräfte. Insbesondere die bösen Geister (*ǧinn*) sind im Volksglauben des Islams fest verankert, und der Koran anerkennt auch ausdrücklich deren Existenz sowie die Realität von Zauber und «bösem Blick». Allerdings verbietet er die Beschäftigung mit ihnen und nennt auch keine Mittel zu ihrer Bekämpfung.[8] Diese übelwollenden Kräfte spielen bei den Beduinen eine Hauptrolle in der Erklärung, wie Krankheiten entstehen. Und obwohl die beduinische Medizin reich an kurativem Wissen[9] ist, werden zur Prophylaxe und

Behandlung von Krankheiten häufig Amulette eingesetzt.

Böse Geister

Die übelwollenden Geister (*ǧinn*) beiderlei Geschlechts können den Menschen heimsuchen, ihm an ganz speziellen Orten auflauern und ihm schaden. So werden etwa plötzliche Attacken psychischer und physischer Natur durch die Besessenheit von einem Geist verursacht. Die *ǧinn* haben verschiedene Erscheinungsformen, bevorzugte Wohnorte und Zeiten, zu denen sie in Erscheinung treten. Indem sie in einen Menschen fahren, können sie durch dessen «Atem» und dessen Augen anderen Schaden zufügen.[10]

Der «böse Blick»

Am verbreitetsten ist die Angst vor «dem bösen Blick» (*al-ʿayn*). Ein ʿAzāzmih-Beduine erklärte Bailey dessen Wirkungsweise folgendermassen: Ein mit seinem Los unzufriedener Mensch hat in seinem Herzen oder in seiner Seele eine Leere, die von Satan (*šayṭān*) eingenommen werden kann. Satan trennt den Menschen von Gott und lässt Neid über ihn herrschen. Ein solcher Mensch ist gefährlich, und der Blick aus seinem Auge trifft alles Schöne, Junge und Talentvolle, ob belebt oder unbelebt, und er kann Krankheiten, Unglück, Zerstörung, ja sogar den Tod verursachen.[11]

Canaan beschreibt ein dem «bösen Blick» verwandtes, nicht immer genau unterscheidbares, aber im Negev bekanntes Konzept: das der «bösen Seele» (*nafs*). Im Gegensatz zum «bösen Blick», welcher auch bei Abwesenheit und unwillentlich wirken kann, soll die «böse Seele» nur direkt und vorsätzlich wirken. Durch den Hauch einer neidischen menschlichen Seele trifft eine unsichtbare Kraft das Objekt der Begierde und schadet ihm.[12]

Die Kindbettdämonin

Bei den Frauen im ganzen Mittleren Osten am meisten gefürchtet ist die Kindbettdämonin. Als übelwollende «begleitende Genossin», wie der Begriff *qarīnah* (beduinisch *garīnah*) zu übersetzen ist, kann sie Unfruchtbarkeit, unregelmässige Menstruation, Fehlgeburten, Kinderkrankheiten oder gar den Tod von Säuglingen bewirken, denn ihr Bestreben ist es, das menschliche Geschlecht auszurotten.[13] Viele Kinder zu haben, vor allem Söhne, ist in der beduinischen Gesellschaft wichtig, und der Status einer Frau steigt mit der Anzahl männlicher Nachkommen. Die Kindersterblichkeit ist hoch, und die Gebärfähigkeit der Frau ist Störungen unterworfen. Kinderlosigkeit macht für den Mann eine Scheidung oder die Heirat mit einer zweiten Frau fast unumgänglich. Daher wird im weiblichen Lebensbereich ganz besonders sorgfältig darauf geachtet, dass alle Regeln eingehalten und alle störenden Einflüsse ausgeschaltet werden.

Der «Druck»

Eine weitere übernatürliche Ursache, welche den Bereich der Fortpflanzung bedroht, ist der «Druck» (*kabsih*). Gemeint ist damit die schädigende Wirkung von durch Menstruationsblut oder Sperma verunreinigten Personen auf eine Wöchnerin und ihr Neugeborenes. Eine Menstruierende, welche nicht zur engeren Familie gehört, darf eine Wöchnerin nicht vor dem vierzigsten Tag nach der Geburt besuchen. Ansonsten könnte die Frau unfruchtbar, kraftlos oder kränklich werden, und das Kind könnten allerlei Entwicklungsstörungen befallen, welche unter Umständen zum Tod führen. Wie Bailey und Kāmlah Albaz ausgeführt haben, verstehen die Negev-Beduinen unter dem Begriff *kabsih* (manchmal auch *kbāsih* genannt) vor allem die durch den Kontakt mit einer Menstruierenden bewirkte nachgeburtliche Sterilität einer Frau.[14]

Die männerverzehrende Dämonin

Allein reisende oder Vieh hütende Männer und Knaben müssen sich vor der *ǧūlah* in Acht nehmen, einer männerverzehrenden Dämonin, welche mit Vorliebe in Höhlen und Felsspalten haust. Oft erscheint sie als betörende junge Frau, welcher kein Mann widerstehen kann. Normalerweise aber ist sie hässlich und wird als Mischgestalt, halb Tier halb Frau, beschrieben. Nach der Begegnung mit der *ǧūlah* stellen sich meist Krankheiten wie Lähmungserscheinungen, Impotenz und Nervenleiden ein.[15]

Die magisch-religiöse Bedeutung des Schmucks

Neben dem ästhetischen und wirtschaftlichen Aspekt hat der Schmuck der Beduininnen des Negev auch eine magisch-religiöse Bedeutung. Die Angst des Menschen, durch übernatürliche Mächte geschädigt zu werden, und seine Besorgnis, Neid könnte sein Wohlergehen beeinträchtigen, bildeten die Grundlage für das Tragen von magisch-religiösen Amuletten. Sind die Gefahren übernatürlicher Art, so kann auch ihre Bekämpfung nur auf eine übernatürliche Art erfolgen. Um sich also vor diesen schädigenden Einflüssen zu schützen oder auch zur Behandlung von Leiden, helfen Gebete, das Aussprechen des Namen Gottes, das Räuchern mit Weihrauch (*baḫūr*) oder Alaun (*šabbih*), Austreibungen, Beschwörungen oder eben das Tragen von Amuletten. Eine klare Abgrenzung zwischen Schmuck und Amulett ist nicht möglich, da sich an jedem beduinischen Schmuckstück zumindest eine Schmuckperle oder ein Anhängsel befindet, welches eindeutig magischen Charakter hat und dazu dienen soll, den neidischen «bösen Blick» auf sich zu ziehen und zu neutralisieren. Das Täschchen an der Halskette 20197 ist beispielsweise nicht nur Zierde, sondern es dient zur Aufbewahrung eines persönlichen Amuletts. Bei den Amuletten spielt, mit wenigen Ausnahmen, immer das Ähnlichkeitsprinzip eine entscheidende Rolle, d.h. dass ähnlich geformte oder gefärbte Materialien und Objekte ähnlich wirken. Im Folgenden werde ich mich auf die Beschreibung der in der Museumssammlung vorkommenden Amulette beschränken.

Mit Hand und Auge gegen den «bösen Blick»

Die abwehrende oder schützende Hand nimmt im islamischen Volksglauben und somit auch bei den Beduinen eine Sonderstellung ein. Die «Hand Fatimas» ist nicht nur den Muslimen, sondern auch den Juden und Christen des Mittleren Ostens als «Hand Gottes» oder «Hand der Maria» bekannt. Sie gilt als Schutz gegen den «bösen Blick» und, wo diese Vorstellung vorhanden ist, gegen die «böse Seele».[16] Da das Auge ebenfalls ein altes Schutzsymbol ist, haben Augenamulette die gleiche Funktion. Aus Gründen der Ähnlichkeit mit einem Auge werden Kaurischnecken (*wad‘*),

Halskette
Ethnischer Name: *glādit ḫaraz azrag* (Halskette mit blauen Perlen)

Eine solche Halskette sollen vor allem jüngere und ärmere Frauen getragen haben. Sie ist zweiteilig und besteht aus blauen, runden Glasperlen, die wahrscheinlich aus Hebron stammen. In regelmässigen Abständen sind die zwei Stränge mit verschiedenfarbigen Glas- und Kunststoffperlen zusammengefasst. Die «Mitte der Halskette» bildet eine durchlochte Muschelhälfte.

Länge: 36 cm
Gesammelt: Widad Kawar
Inv. Nr. 22161

Kleine Kinder werden gegen den «bösen Blick» und die «böse Seele» durch Amulette geschützt. ʿAzāzmih, 1973 (Foto: Klaus-Otto Hundt)

blaue Perlen (*guššāš*) – weil blaue Augen als besonders gefährlich gelten –, Dreiecke als stilisiertes Abbild eines Auges sowie Alaun – weil seine Farbe der des Augapfels gleicht – gegen den «bösen Blick» getragen. Da Alaun seine Form im Feuer verändert, kann es auch zur Divination gebraucht werden, wenn es etwa darum geht, einen Verursacher des «bösen Blicks» zu identifizieren, oder es kann als Räuchersubstanz zu Heilzwecken verbrannt werden.[17]

Im Namen Allahs des Erbarmers, des Barmherzigen

Das Schriftamulett (*ḥiǧāb*)[18] hat die eindeutigste Schutzfunktion. Es besteht im allgemeinen aus Koransprüchen, den verschiedenen Namen Gottes und der vier Erzengel sowie den sieben Siegeln Salomons[19] und magischen Quadraten[20]. Diese Schutzzettel werden meist in Behältern aus Metall, Leder oder Stoff um den Hals getragen. Im Negev werden sie von einem Spezialisten, dem *ḫaṭīb* oder *darwīš*, eigens für die individuellen Bedürfnisse des Hilfesuchenden von Hand auf Papier geschrieben.[21] Sie sind daher nicht übertragbar und sollten nicht entfaltet und nicht gelesen werden.[22]

Weitere Schriftamulette sind die im ganzen islamischen Raum bekannten gravierten oder ziselierten Metallplättchen mit mehr oder weniger Silbergehalt.[23] Ein solches Amulettplättchen (*māskih*) wird an einer Kette (*glādih*) um den Hals getragen und soll ihre Trägerin vor der *garīnah* schützen.[24] Auf seine prophylaktische Funktion gegen eine Frühgeburt deutet auch der Name *māskih* (die «Haltende») hin.

Weitaus am häufigsten werden die Amulettplättchen mit dem sogenannten Thronvers aus dem Koran, der als besonders Segen bringend (*barakah*-haltig) gilt, oder mit einer Passage daraus beschrieben: «Allah! es gibt keinen Gott ausser Ihm, dem Lebendigen, dem Ewigen! Nicht ergreift Ihn Schlummer und nicht Schlaf. Sein ist, was in den Himmeln und was

Amulettanhänger
Ethnischer Name: *māskih*
Auf der Weissmetallscheibe sind eine Zickzacklinie als Randornament, ein magisches Quadrat mit z.T. nicht leserlichen Zahlen und darum herum die Namen der vier Erzengel sehr unsorgfältig ziseliert: oben ʿAzrāʾīl, rechts Ǧubrāʾīl, links Miḫāʾīl und unten Ṣarāfīl (für Sarafāʾīl bzw. Isrāfīl). Auf der Rückseite wurde ein Teil der Sure 112 ziseliert. Fünf von insgesamt sieben Hohlkügelchen sind noch am unteren Rand befestigt.
Durchmesser: 5,5 cm
Gesammelt: Widad Kawar
Inv. Nr. 22165a

Amulettanhänger
Ethnischer Name: *māskih*
Auf der Vorderseite findet sich die ziselierte Darstellung der Safina, einer Dämonin mit Fischschwanz aus dem ägyptischen Zārkult, und auf der Rückseite der Anfang des Thronverses. An den angelöteten Ösen hängen noch zwei der ursprünglich fünf Kügelchen. Gemäss der ägyptischen Staatspunze mit der Lotosblüte wurde das Amulett nach 1946 angefertigt, und es hat einen Feinsilbergehalt von 600.
Durchmesser: 4 cm
Gesammelt: Widad Kawar
Inv. Nr. 22165b

Amulettanhänger
Ethnischer Name: *māskih*
Das birnenförmige, gegossene Amulettplättchen aus einer Silberlegierung ist am Rand granuliert, und auf Vorder- und Rückseite wurde sehr sorgfältig der vollständige Thronvers eingraviert.
Länge: 5,5 cm; Breite: 4,5 cm
Gesammelt: Widad Kawar
Inv. Nr. 22165c

auf Erden. Wer ist's, der da Fürsprache einlegt bei Ihm ohne Seine Erlaubnis? Er weiss, was zwischen ihren Händen ist und was hinter ihnen, und nicht begreifen sie etwas von Seinem Wissen, ausser was Er will. Weit reicht Sein Thron über die Himmel und die Erde, und nicht beschwert Ihn beider Hut. Denn Er ist der Hohe, der Erhabene.»[25] (Vgl. z.B. 22165c.)

Manchmal tragen die Amulettplättchen, z.B. 19745 (Abb. S.219) auch die kurze Sure 112: «Sprich: Er ist der eine Gott, Der ewige Gott; Er zeugt nicht und wird nicht gezeugt, Und keiner ist Ihm gleich»[26] oder auch nur die «Bismillah», die Formel «Im Namen Gottes des Barmherzigen, des Erbarmers»[27]. Diese steht am Beginn jeder Sure, und sie leitet nicht nur die Rezitation des Korans ein, sondern auch jede Verrichtung eines frommen Muslims, da sie Geister, Teufel oder andere schädigende Einflüsse bannen kann. Zuweilen finden sich auf Amuletten auch die Namen der vier Erzengel: Gabriel (Ǧubrāʾīl), der Gottesbote, Michael (Miḫāʾīl), der über die Natur wacht, Isrāfīl, der mit seiner Posaune die Toten am Jüngsten Gericht aufweckt, und ʿAzrāʾīl, der Todesengel. Als «guten Geistern» wird ihnen schützende Kraft zugeschrieben, und häufig erscheinen ihre Namen auf Amuletten als Umrandung «magischer Quadrate» (22165a).

Aus dem in Ägypten verbreiteten Zārkult, einer Zeremonie zur Besänftigung von Besessenheitsgeistern, in deren Mittelpunkt Opfer und ekstatische Tänze stehen,[28] stammen die Amulettanhänger 22165b, 22106 sowie 19747 (Abb. S. 219). Die dargestellten Zārgeister jedoch sind für die Negev-Beduinen nicht von Bedeutung, sondern nur die Koranverse. Diese Amulette werden durch Händler aus Ägypten oder Gaza importiert und den Frauen für ihren eigenen Schutz oder den ihrer ungeborenen und geborenen Kinder verkauft.

Magische Zahlen

Die Zahl Fünf, repräsentiert durch die gestreckten fünf Finger, ist eine gefürchtete Zahl, und man versucht das Aussprechen derselben zu umgehen. Viele Schmucksachen sind mit fünf Gehängen versehen, um das Bild der Hand und damit ihre Abwehr- und Schutzkraft entstehen zu lassen, z.B. 22165b. Die Zahl Drei hingegen gilt als heilige, Glück bringende Zahl, weswegen Amulette oft dreieckig und/oder mit drei Anhängseln versehen sind, was die Segenswirkung verdoppelt, z.B. 22165d. Auch das Auge wird, wie erwähnt, oft als Dreieck dargestellt, und die das Auge symbolisierenden und gegen den «bösen Blick» gerichteten Alaunstücke sind ebenfalls häufig dreieckig geschnitten. Auch die Zahl Sieben ist eine alte, Glück bringende Zahl, weswegen ein Amulett oft sieben Anhänger aufweisen kann, z.B. 22165a. Wegen der Bedeutung der Zahlen müssen viele Zeremonien und Handlungen drei-, fünf-, siebenmal oder um ein Vielfaches dieser Zahlen wiederholt werden, was sie besonders wirksam werden lässt.[29]

Analogieprinzip

Wie wir bei den Hand- und Augenamuletten oder bei der Magie gewisser Zahlen gesehen haben, kann der Lauf der Dinge durch das Tragen spezifischer Schutzgegenstände günstig beeinflusst werden. Dabei spielen Farbe, Form und Grösse des Objektes eine wesentlichere Rolle als das Material. Fundgegenstände aus der Wüste, auf dem Markt gekaufte Halbedelsteine und andere Schmuckperlen werden auch auf der Innen- und Aussenseite der Kleidungsstücke oder an verschiedenen, zu schützenden Gegenständen befestigt.

Im Negev wird zum Beispiel Feuerstein (*ṣuwwān*) an die Kopfbedeckung von Säuglingen gehängt, weil sich sein Name mit dem arabischen Wort für Frauen (*niswān*) reimt. Deshalb, so sagen die Beduinen, wirkt der Feuerstein gegen den neidischen «bösen Blick» der Frauen.[30]

Antike, tönerne und steinerne Spinnwirtel wirken nach Kāmlah Albaz gegen Verlust der Selbstkontrolle und Ohnmachtsanfälle. Ein kleiner Wirbelkörper oder ein formal ähnlicher, in der Mitte gelochter Stein soll nach der gleichen Informantin «Haus der Ameise» genannt werden (21063) und in Analogie zum Ameisenstaat ein Symbol für gutes Zusammenleben und gute Zusammenarbeit darstellen. Ein ähnliches Objekt im Museum für jordanisches Brauchtum in Amman war mit «Mühlstein der Ameise» angeschrieben.

Ovale, abgeschliffene Steine, z.B. in Perlensammlung 21064, werden auch hinten an der Kopfbedeckung der Frauen befestigt. Sie dienen nicht nur dem korrekten Sitz des *wugā*, sondern wirken durch ihre beim Gehen klappernden Geräusche laut Kāmlah Albaz attraktiv auf die Männer und gleichzeitig abschreckend für übelwollende Geister, welche Lärm nicht lieben. Ebenso klingeln viele Anhänger am Schmuck der Beduininnen oder die verschiedenen Münzen an Gesichtsschleiern, Kopfbedeckungen und Schmuck.

Der Edelmetallgehalt der als Schmuck oder Amulett getragenen Münzen ist oft gering, und als Zahlungsmittel sind sie in der Regel längst ausser Kurs. Manchmal handelt es sich nicht um Originalmünzen, sondern um billige Kopien aus unedlem Metall, die u.a. in Kairo hergestellt werden. Die Vermutung liegt deshalb nahe, dass diese Münzen weniger als Zeichen von Wohlstand getragen werden, sondern dass ihnen vor allem magische Bedeutung zukommt. Die Kupfermünze in Halskette 22105 ist eine Nachbildung des venezianischen Zecchino. Schienerl weist darauf hin, dass die Seite mit der Darstellung Christi in der Mandorla als magisch bedeutsam empfunden wird. Seine Recherchen ergaben, dass diese Münze im Zusammenhang mit Geburten und magischen Praktiken zur Beseitigung weiblicher Unfruchtbarkeit zur Anwendung kam; die Mandorla wurde nämlich als Vulva und die ganze Darstellung als Wiedergabe des Geburtsaktes interpretiert.[31]

Apotropäische Wirkung haben generell alle osmanischen Münzen und deren Kopien, da die aufgeprägten

Sultanssiegel die «Bismillah» enthalten. Münzen mit einem Loch in der Mitte, wie die griechische 5-Lepta-Münze von 1912 (Halskette 22108) oder die 5-Mils-Münzen aus Palästina von 1935 und 1942 (Halskette 20387, Abb. S. 222), sind nicht nur leichter auf einen Faden zu reihen, sondern werden auch als Amulett gegen Augenerkrankungen geschätzt.[32]

Im ganzen Mittleren Osten waren die Maria-Theresien-Taler der österreichisch-ungarischen Kaiserin, welche von 1740-1780 regierte, sowohl wegen des Abbilds eines Adlers auf der Rückseite als auch wegen ihres hohen Feinsilbergehalts von 833 zum Einschmelzen oder als Kapitalanlage sehr beliebt (Kappe 22100, Abb. S. 192, und Kinnkette 21045, Abb. S. 191).[33] Silber gilt als besonders *barakah*-haltig, weshalb Silberperlen im Unterschied zu spezifisch wirkenden Perlen als allgemein schutzbringend betrachtet werden.

Für Beduinen sind auch Teile von Tieren und Pflanzen bedeutungsvoll. Stehen die benötigten Materialien jedoch nicht zur Verfügung, so begnügt man sich mit einer Nachbildung aus irgendeinem Material oder einer Zeichnung, und dies mit dem gleichen Erfolg. Beispiele in der Sammlung stellen die Armbänder mit den stilisierten Skorpionen (19580, 19591, Abb. S. 228) sowie das Froschamulett 22054 dar.[34]

Perlendreiecke und andere Amulette zum An- und Aufhängen

Das dreieckige, mit Perlenstoff überzogene Amulett (*ḥiǧāb ḫaraz*, Perlenamulett) wird häufig von Beduininnen selber angefertigt. Falls keine besondere Störung zu bekämpfen ist, füllen die Frauen das Amulett mit einem dreieckigen Stoffkern, andernfalls können sie es mit einem speziell für den Träger oder die Trägerin angefertigten Schutzzettel versehen, der zur Erhöhung seiner Wirksamkeit ebenfalls ins Dreieck gefaltet wird. Zur weiteren Steigerung der Schutzkraft können netzartige Gehänge mit Alaunstückchen gefüllt werden, wie dies beim Amulett 22168a der Fall ist. Solche Amulette werden ins Haus gehängt und gemäss Kāmlah Albaz kleinen Kindern und anderen Schutzbedürftigen an der Kleidung befestigt. Während die Sinai-Beduinen auch ihre Kamele mit diesen Amuletten schützten, schien dies im Negev nicht der

Halskette
Ethnischer Name: *glādit ʿarāyiǧ* (Halskette aus kleinen Perlen)

Die zwei- und dreisträngige Kette besteht vorwiegend aus kleinen, blauen Glasperlen, einigen roten Korallenimitationen und weissen Perlen aus Glas; die Stränge werden in regelmässigen Abständen mit zylindrischen, roten oder orangefarbenen Bernsteinimitationen aus Glas zusammengefasst.

Auf der Vorderseite ist das Täschchen aus einem durch einfaches Einhängen gearbeiteten Perlenstoff mit Rautenmustern in Rot, Grün, Blau, Gelb, Weiss und Schwarz gearbeitet, und für die Rückseite wurde Bauwollstoff verwendet. Das Gehänge besteht aus drei mal drei mit Achterschlingen umwickelten Garnsträngen in Dunkelbraun und Hellbraun. Am Ansatz sind die Quasten mit Glasperlenschnüren verziert und an den Enden mit einer Glasperle verdrillt. Wegen der auffallenden Quasten wird diese Kette auch *šarāšib ʿarāyiǧ* («Perlenquasten») genannt. Im Negev ist sie sehr verbreitet und wird entweder mit einem Schutzzettel als Amulett oder eher als Dekoration getragen.

Gesamtlänge: 72 cm; Breite des Täschchens: 8 cm
Gesammelt: Sonia Gidal
Inv. Nr. 20197

Perlenamulett
Ethnischer Name: *ḥiǧāb ḫaraz*
Das Amulett besteht aus einem durch einfaches Einhängen gearbeiteten Perlenstoff mit Rautenmustern und einem Kern vermutlich aus Baumwolle. In zwei der an der Basis befestigten netzförmigen, flechtereiartig gearbeiteten Anhängern finden sich Reste von Alaun.
Gesamtlänge: 113cm; Breite: 5 cm
Gesammelt: Widad Kawar
Inv. Nr. 22168a

Perlenamulett
Ethnischer Name: *ḥiǧāb ḫaraz*
Das Amulett ist gleich gearbeitet wie 22168a, aber im Unterschied dazu ist die Randverzierung aus einer in Zickzack angenähten Glasperlenschnur noch intakt. Keines der Anhänger enthält mehr Alaun, das sublimiert.
Gesamtlänge: 14 cm; Breite: 5,5 cm
Gekauft: 1995, Beersheba
Inv. Nr. 22055

Perlenamulett
Ethnischer Name: *ḥiǧāb ḫaraz*
Während die zwei vorangehend beschriebenen Amulette gebraucht wirken, ist dieses Amulett neuwertig. An der Basis des grossen Dreiecks befestigt sind kleine, gleich gearbeitete Dreiecke, die noch mit einem Gehänge von je drei Glasperlenschnüren geschmückt sind.
Gesamtlänge: 15 cm; Breite: 8 cm
Gesammelt: Widad Kawar
Inv. Nr. 22168b

Perlenamulett
Ethnischer Name: *ḥiǧāb ḫaraz*
Auch dieses Amulett ist neuwertig und scheint das modernste von allen zu sein. Besonders ausgeprägt ist die Randverzierung aus einer in Zickzack angenähten Glasperlenschnur. Auch das Gehänge besteht aus Glasperlenschnüren.
Gesamtlänge: 18 cm; Breite: 10 cm
Gekauft: 1995, Beersheba
Inv. Nr. 22073

Fall gewesen zu sein.[35] Heute gefertigte Amulette, z.B. 22073, werden auch am Rückspiegel im Auto aufgehängt.

Amulettpaare (22056, 22054) werden meist am Kleid, am Gesichtsschleier oder an der Kappe befestigt. Bestehen sie aus Glasperlen, so können sie neben Papier, Aluminiumfolie und Baumwollstoff auch Schriftamulette enthalten. Laut Kāmlah Albaz wird der gefasste Karneol mit den drei Münzen zur Heilung von geröteten, entzündeten Augen verwendet und deshalb *ṭarfah* genannt (*ṭarf*, Auge, Blick). Der kleine Anhänger mit der stilisierten, durchbrochenen In-

Amulettpaar aus Glasperlen
Ethnischer Name: (?)
Das eine, vorwiegend aus orangen Glasperlen flechtereiartig gearbeitete Netz enthält ein Baumwollsäckchen, welches zur Hälfte von Aluminiumfolie umhüllt ist. Das zweite Amulett aus roten, weissen und schwarzen Perlen enthält wahrscheinlich einen gefalteten Schutzzettel. Dieses Amulett scheint eher für Ägypten als für den Negev typisch, denn es war den Informantinnen nicht bekannt.
Gesamtlänge: 15 cm; Breite: je 4 cm
Gekauft: 1995, Beersheba
Inv. Nr. 22056

Froschamulettpaar
Ethnischer Name: *ḍafādiʿ* (Frösche)
Die stilisierten, je 3,5 cm langen Frösche aus unedlem Metall können mit Ösen an einem Kleidungsstück befestigt werden. An den Hinterbeinen und am Schwanzansatz hängen je drei Kettchen mit Halbmonden. Die aufgelötete kreisrunde Form auf dem einen Halbmond stellt wahrscheinlich den Vollmond dar.
Gesamtlänge: 13 cm
Gesammelt: Izhaq Al-Hroub
Inv. Nr. 22054

Amulettanhänger
Ethnischer Name: *māskih*
Auf dem Silberplättchen findet sich in durchbrochenen Buchstaben die Inschrift *illā allāh* («Wenn nicht Gott»). Der untere Rand ist mit fünf Kügelchen geschmückt, und zum Befestigen des Amuletts an der Kleidung dienen zwei Ösen. Die ägyptische Staatspunze mit der Katze stammt von 1938; der Silbergehalt beträgt 600.
Gesamtlänge: 5 cm; Breite: 4 cm
Gesammelt: Widad Kawar
Inv. Nr. 22165f

Amulettanhänger
Ethnischer Name: *ṭarfah*
Der kupferbraune Karneol in gezähnter Silberfassung kann mit einer Öse an der Kleidung befestigt werden. Das Gehänge besteht aus drei osmanischen Silbermünzen von 1327 A.H. (= 1909 n.Chr.) im Wert von 10 und 20 *nārah*. Der Karneol (*ṭarfah*) soll im Negev besonders gegen Augenentzündungen wirken.
Gesamtlänge: 7,5 cm; gefasster Stein: 2,5x2,5 cm
Gesammelt: Widad Kawar
Inv. Nr. 22165d

schrift *illā allāh* («Wenn nicht Gott») wird gemäss Kāmlah Albaz paarweise an den Gesichtsschleier gehängt oder auf Schulterhöhe an die Kleider kleiner Kinder genäht.[36] Auch das paarweise getragene Froschamulett soll dem Schutz kleiner Kinder dienen. Es wird gemäss Auskunft des Sammlers Izhaq Al-Hroub an die Kopfbedeckung eines Säuglings gehängt, und es soll prophylaktisch gegen kleine Geschwüre unter der Zunge wirken.[37]

Perlensammlung
Ethnischer Name: *mḫawwašah* (Sammlung)
Aufgefädelt auf Baumwollgarn sind eine gelbe, durchsichtige Glasperle, zwei Knöpfe, eine osmanische Münze, ein Fingerring mit sechs verschiedenfarbigen Steinen, eine schwarze, ringförmige Steinperle, ein elfenbeinfarbiger Plastikring, ein ellipsoider Achat (*ḫarazat ūlādah*, «Geburtsstein»), eine kleine, würfelförmige Silberperle, eine kleine osmanische Silbermünze, eine ringförmige, grüne Glasperle, eine Hohlperle mit Kragen aus Silberlegierung, eine zylindrische, olivfarbene Kunststoffperle, zwei verschieden geformte Perlmuttperlen, eine längliche, sechsflächig geschliffene Karneolperle, eine Korallenimitation aus hellrotem Glas, eine gelbe Bernsteinimitation aus Kunststoff, eine schwarze Glasperle mit Applikationen, eine scheibenförmige, orangerote Glasperle, eine mit Draht befestigte Holzperle und eine Kunststoffperle, eine dunkelbraune Holzperle, eine zylindrische, gelbe Bernsteinimitation aus Kunststoff, eine längliche, zylinderförmige Perlmuttperle und ein gelochter Stein.
Länge: 16 cm
Gesammelt: Widad Kawar
Inv. Nr. 22111

Perlensammlung
Ethnischer Name: *mḫawwašah* (Sammlung)
Auf eine Chemiefaserschnur aufgereiht sind zwei rundgeschliffene Steine und ein flacher, zerbrochener Stein. Auf der anderen Seite der Baumwollschleife aufgefädelt sind eine kleine, rote Glasperle, eine runde, gelbe Kunststoffperle, eine facettierte Karneolperle, ferner eine Messingkugel mit Kerbe, eine rote Bernsteinimitation aus Kunststoff, anschliessend ein Liebe erweckendes rotes Glasherz (*galb*) mit Mondsichel und sechsstrahligem Stern, eine hohle Silberperle mit Kragen, eine rote, zylindrische und eine gelbe Kunststoffperle und eine kleine Korallenimitation aus Glas.
Länge: 18 cm
Gesammelt: Sonia Gidal, 1980er Jahren
Inv. Nr. 21064

Perlensammlung
Ethnischer Name: *mḫawwašah* (Sammlung)
An mehrfach verknüpften Baumwollfäden sind zwei dunkelgraue, kegelförmige Spinnwirtel, zwei lachsrosa marmorierte, durchlochte Steine und ein kleiner Wirbelkörper befestigt. Ein mit Loch versehener Feuerstein ist einzeln verknüpft. Dazwischen sind eine hell- und eine dunkelgelbe, zylindrische Kunststoffperle, wahrscheinlich Bernsteinimitationen, sowie ein ockerfarbener Stein von eigenwilliger Form aufgezogen.
Länge: 15 cm
Gesammelt: Sonia Gidal, 1980er Jahren
Inv. Nr. 21063

Perlensammlung
Ethnischer Name: *mḫawwašah* (Sammlung)
An Baumwollfäden hängen eine kleine Kette aus roten, Korallen imitierenden Glasröhrchen und runden Glasperlen mit einer kleinen Schmuckmünze, daneben ein durchlochter, schwarzer Stein und ein kleines Schneckenhäuschen. In der mittleren Partie finden sich ein kleines, aus Silberblech geformtes Röhrchen, ein runder, ockerfarbener Stein, ein winziges Öllämpchen und ein oval geschliffener Achat (*ḥbuniyyih*, «Wundstein»). Den oberen Teil der Kette bilden drei würfelförmige, dunkelgrüne Achate (*kabsih*), eine zylinderförmige, Bernstein imitierende Kunststoffperle, zwei Perlmuttperlen, drei rote Perlen aus Kunststoff und Glas sowie eine kleine, silberne Hohlperle.
Länge: 24 cm
Gekauft: 1995, Beersheba
Inv. Nr. 22072

Schutz- und Heilketten

Je nach den Bedürfnissen der Trägerin sind in ihrem Schmuck verschiedene Elemente zu einem besonders wirksamen Schutz mit mehreren Wirkungskomponenten verknüpft. Auf dem Markt können die Frauen auf Garn aufgereihte Sammlungen verschiedener Perlen, Steine, Münzen, Knöpfe, Ringe usw. aus den unterschiedlichsten Materialien kaufen oder den einen oder anderen Stein auswählen. Eine solche Sammlung wird *mḫawwašah* genannt, abgeleitet vom Verb *ḫawwaša* (anhäufen). Ebenso sammeln die Frauen, während sie in der Wüste unterwegs sind, alle ihnen wegen Form oder Farbe ins Auge springenden Gegenstände, z.B. seltsam geformte Steine und Samen sowie Knochen kleiner Tiere, und verwenden sie für ihren Halsschmuck. Je ungewöhnlicher ein Fund ist, umso wertvoller ist er. Gelegentlich finden sich auch Grabbeigaben wie Fayencen, Rollsiegel, römische Glasperlen und sogar aus prähistorischen Zeiten stammende Artefakte. Da sie durch viele Hände gegangen sind, sind alte Funde besonders wertvoll, insbesondere die Grabbeigaben, die den Toten nahe waren und etwas von ihrer Seelenkraft aufgenommen haben.[38]

Die gekauften und gesammelten Steine und Perlen können je nach Anwendungsbereich auf verschiedene Art verwendet werden. Als Prophylaxe reicht schon das blosse Umhängen einer aus diesen Steinen aufgefädelten Halskette. Als Therapie können einzelne Steine oder die ganze Kette ins Wasser gelegt werden, mit dem die zu schützende Person gewaschen wird. Dies hat z.B. Ṣabḥah Salāmah Darawšah, eine 'Azāzmih-Frau aus dem Zentral-Negev, mit der Perlensammlung 22072 gemacht. Als ihr Elisabeth Biasio die auf dem Markt erworbene Perlenkette zeigte, füllte die junge Mutter ein Waschbecken mit Wasser, legte die Kette hinein und wusch ihrem neugeborenen Sohn mit diesem Wasser das Gesicht. Besonders angetan hatten es ihr die drei würfelförmigen, dunkelgrünen Achate, die sie *kbāsih* (anstatt *kabsih*) nannte und die für Mutter und Kind bis zum vierzigsten Tag nach der Geburt einen besonderen Schutz darstellen. Nach Canaan wird das entsprechende Wasser auch getrunken, und in Fett oder Wasser eingelegte Amulette ergeben eine Art Salbe oder Tinktur, die äusserlich angewendet werden kann.[39]

Amulettkette oder Perlensammlung
Ethnischer Name: *glādih māskih* oder *mḫawwašah*
Bei dieser kleinen Kette handelt es sich eventuell um eine Perlensammlung und nicht um eine Halskette. Die meisten auf Kupferdraht aufgereihten Glasperlen sind stark verkalkt und stammen wahrscheinlich aus Grabfunden. Weitere Objekte sind drei Kaurischnecken, ein rundes Knochenstück, ein Kunststoffknopf und ein Spinnwirtel. Das tropfenförmige Amulettplättchen aus unedlem Metall ist gegossen, und die Ornamente, Sterne und Halbmonde, sind stark abgegriffen.
Gesamtlänge: 16 cm; Plättchenlänge: 6 cm
Gesammelt: Widad Kawar
Inv. Nr. 22110

Halskette
Ethnischer Name: *glādih mḥawwašah* («gesammelte Halskette») oder *glādih mšakkalah* («gemischte Halskette»)

Die Kette aus Glas-, Bernstein-, Achat-, Karneol- und Kunststoffperlen (vor allem Bernsteinimitationen) ist auf einem Baumwollgarn aufgefädelt. Der weisse, auf der Rückseite braune Achat (rechts, dritter von unten) ist ein Stein für eine eiternde Wunde (*ḥbuniyyih*). Ferner wurden verschiedene Funde aus der Wüste aufgefädelt, z.B. ein cremefarbenes Rollsiegel (links, siebtes von oben), ein Feuerstein (*ṣuwwānah*; links, fünfter von unten), ein beritztes Dreieck aus Schiefer («die Mitte der Halskette»), zwei dunkle Spinnwirtel und ein kleines, durchsichtiges Siegel aus Achat. Im Nackenbereich finden sich ein 20-Kopeken-Stück von 1873, eine griechische Lochmünze von 1912 im Wert von 5 Lepta, eine osmanische Münze aus dem Jahre 1327 A.H. (= 1909 n.Chr.) im Wert von 10 *nārah*, eine hohle Silberperle, eine stilisierte Hand von geringem Silbergehalt und eine cremefarbene Achatperle.

Gesamtlänge: 33 cm
Gesammelt: Widad Kawar
Inv. Nr. 22108

Halskette
Ethnischer Name: *glādih mḥawwašah* («gesammelte Halskette») oder *glādih mšakkalah* («gemischte Halskette»)

Verschiedene Perlen aus Perlmutter, Glas (u.a. Karneolimitationen und eine Augenperle), Bernstein, Achat, Quarz, Kunststoff und Metall sowie zwei gelochte osmanische Münzen von 1327 A.H. (= 1909 n.Chr.) im Wert von 5 und 10 *nārah*, eine palästinensische 50-Mils-Münze von 1935, eine Nachbildung des venezianischen Zecchino und ein rautenförmiger Metallanhänger mit blauem Stein sind auf einer Chemiefaserschnur aufgereiht.

Gesamtlänge: 29 cm
Gesammelt: Widad Kawar
Inv. Nr. 22105

Die Frauen fädeln ihre Ketten selber auf, können aber die gesammelten Steine von einer in magischen Belangen bewanderten Fachfrau oder Heilkundigen (*darwīšah* oder *ṭabībah*) zusammenstellen lassen. Das Fachwissen ist zwar spezialisiert, doch ältere Frauen wie Ḥāǧǧih Ḥamdah al-Makāwī aus Tel Sheva oder Kāmlah Albaz können noch immer Angaben über die Wirksamkeit der Steine machen, und sogar jüngere, noch in der Abgeschiedenheit der Wüste lebende Informantinnen wie Ṣabḥah wissen einiges über die Steine und ihre Bedeutung. Allerdings hat sich gezeigt, dass die Auskünfte der Frauen nicht immer übereinstimmen, was auch damit zusammenhängen könnte, dass jeder Stein mehrere Wirkungen haben kann. Zum Erklären der Widersprüche oder zur vollumfassenden Analyse aller Steine der Sammlung wäre eine eigene, nur diesem Thema gewidmete Feldforschung nötig.[40]

Zu den Schutz- und Heilketten gehören z.B. 22105 und 22108. Manchmal werden sie *glādih mḥawwašah* («gesammelte Halskette») genannt, manchmal auch *glādih mšakkalah* («mannigfaltige, aus verschiedenen Stücken gemischte Halskette»). Die eine oder andere Bezeichnung wird gewählt, je nachdem ob für die Informantin das Sammeln oder das Mischen verschiedener Elemente dominiert. Falls die Halskette von der Mutter auf die Tochter übergeht, was häufig der Fall ist, so würde sie *glādih tarkah* («vererbte Halskette») genannt, erklärte Ḥāǧǧih Ḥamdah al-Makāwī. Die Übergabe an die Tochter kann noch zu Lebzeiten der Mutter geschehen, etwa wenn diese nach der Menopause keine Kinder mehr gebären kann oder wenn sie dank vieler männlicher Kinder bereits einen gesicherten Status erworben hat.[41] Die Tochter kann die Kette tragen, als Andenken aufbewahren oder entsprechend

Amulettkette
Ethnischer Name: *glādih māskih* oder *glādih mšakkalah*

Auf Baumwollgarn sind Perlen aus Stein, Glas, Perlmutt, Achat, Karneol, Keramik, Kunststoff, Bernstein und Silber aufgereiht sowie ein kleines, schwach silberhaltiges Koranbüchlein in Niellotechnik, auf welchem die Namen Allāh und Muḥammad zu lesen sind, und verschiedene Münzen. Letztere sind ein 20-Kopeken-Stück aus dem Jahre 1906, zwei ägyptische Münzen im Wert von 5 *malīmāt*, eine von 1348 A.H. (= 1930 n.Chr.) und die andere mit nicht mehr leserlicher Jahreszahl. Unter den Perlen finden sich z.B. eine Augenperle (*al-ʿayn*) gegen den «bösen Blick» (rechts, dritte von unten), ein facettierter, grüner Achat gegen den «Druck» (*kabsih*; rechts, achte Perle von unten), ein facettiert geschliffener, oranger Karneol (*ṭarfah*) gegen Augenentzündungen (rechts, zehnte Perle von unten), ein weisslicher, auf der Rückseite bräunlicher, runder Achat gegen entzündete Wunden (*ḫbuniyyih*; links oben neben Münze) sowie ein ovaler, leicht gräulicher Achat gegen die «böse Seele» (*nafs*; links oben, neben Silberperle). Die wenig silberhaltige Amulettscheibe ist auf der Vorderseite mit den Geistern des ägyptischen Zārkultes Sīd und Sitt und auf der Rückseite mit den ersten Zeilen des Thronverses ziseliert worden. Das Gehänge bestand ursprünglich aus sieben Metallkügelchen, von denen zwei abgefallen sind.

Gesamtlänge: 35 cm;
Scheibendurchmesser: 5 cm
Gesammelt: Widad Kawar
Inv. Nr. 22106

ihren Bedürfnissen wieder neu zusammensetzen oder ergänzen.[42] Diese typisch beduinischen Halsketten sind immer auf einer Schnur aufgefädelt und unregelmässig zusammengestellt. Im Gegensatz dazu stehen die regelmässigen, partiell mit Metallgliedern versehenen Halsketten, wie sie Schmuckhändler verkaufen (s. Abb. S. 220).

Auch wenn heute die meisten Beduinen im Negev Zugang zur modernen Medizin haben, können die Amulette noch immer ihre wohltätige Wirksamkeit entfalten, sowohl im Alltag als auch bei Erkrankungen, insbesondere bei psychosomatischen. Trägt jemand einen Liebeszauber, so vermag dies sein Verhalten gegenüber dem geliebten Menschen positiv zu beeinflussen, und bekommt man ein Amulett gegen eine bestimmte Krankheit, so wirkt es ähnlich wie ein Plazebo in der modernen Medizin. Jedenfalls haben es die Beduinen mit diesen Mitteln verstanden, ihr Schicksal und das harte Leben in der Wüste über Jahrhunderte hinweg als annehmbar zu empfinden – eine Tatsache, die allein schon für diese Art der Lebensbewältigung spricht.

Beduinen im Anpassungsprozess

«Unser Dilemma ist, dass wir zwar den Fortschritt wollen,
aber einen sehr hohen Preis dafür zahlen müssen.»
Sālīm Abū Hānī

Tovi Fenster

Übergang und sozialer Wandel – Siedlungen für Beduinen[1]

Allgemeiner Hintergrund

Die Beduinen des Negev haben in den letzten hundert Jahren einen bedeutenden Wandel in allen Aspekten ihres Lebens erfahren. Dieser Wandel ist hauptsächlich das Ergebnis gesellschaftlicher, wirtschaftlicher und politischer Umformungen, die in diesem Gebiet besonders nach der Gründung des Staates Israel 1948 stattgefunden haben. Mein Aufsatz hat zum Ziel, einige Aspekte dieses Wandels hervorzuheben, die Entwicklungen der letzten vier Jahrzehnte zu beschreiben und deren Auswirkungen auf die ethnische Identität und die Bürgerrechte der Beduinen zu analysieren.

Die Beduinen gehören zu den nicht-jüdischen Minderheiten innerhalb der israelischen Gesellschaft. Ihre kulturellen und sozialen Wurzeln liegen im nomadischen Lebensstil, den sie bis zu Beginn des 20. Jahrhunderts aufrechterhalten haben. Sie sind Muslime und sprechen arabisch. Gegen Ende des Britischen Mandats im Jahre 1948 waren die Beduinen in 95 Stämme gegliedert. Diese Gliederung beruhte auf der offiziellen Definition eines Stammes, wie sie die britischen Behörden festgelegt hatten. Sie anerkannten die Stämme als territoriale und administrative Einheiten, die von Scheichs angeführt wurden, wobei die Behörden letztere als offizielle Vertreter der Stämme betrachteten. Nach der Proklamation des Staates Israel blieben nur 11 000 von den 65 000 Beduinen im Negev, die vor 1948 dort gewohnt hatten; der Rest floh nach Jordanien oder wurde dorthin vertrieben. Seitdem ist die Bevölkerungszahl gestiegen, da die Sterbeziffer sank und die Geburtenrate hoch blieb.

Die soziale Struktur von Nomadengesellschaften erfüllt spezielle Funktionen im nomadischen Lebensstil. Die klar umrissene gesellschaftliche Gruppierung beruht gewöhnlich auf verwandtschaftlichen Beziehungen, und die Gesellschaftsstruktur der Nomaden funktioniert hierarchisch: Verwandtschaftsgruppen schliessen sich zu Stämmen zusammen und Stämme zu sog. Subkonföderationen, die ihrerseits Konföderationen bilden. Sobald Nomadenvölker sesshaft werden, verändern sich die Beziehungen zwischen diesen sozialen Gruppen sowie innerhalb derselben, und dies ist auch bei den Beduinen der Fall. Die auffallendsten Umwälzungen in der sozialen Struktur, welche die Beduinen seit Beginn dieses Jahrhunderts erfahren haben, sind die sinkende Bedeutung der Stämme innerhalb der hierarchischen Struktur und die sich ändernde Rolle der Scheichs.

Während des Britischen Mandats in Palästina hörten die Beduinen auf zu wandern. Von dieser Zeit an liessen sie sich spontan in Ansiedlungen nieder, welche die israelischen Behörden später als illegal betrachten sollten. Ab 1951 wurden alle Negev-Beduinen in einer Reservation von 1100 km² Fläche konzentriert; dieses Gebiet unterstand der militärischen Verwaltung Israels und durfte von niemandem ohne einen speziellen Ausweis verlassen werden. Diese Regelung wurde 1966 aufgehoben, und seither haben sich die Beduinen verstärkt in die israelische Wirtschaft integriert. Um die Mitte der 60er und Anfang der 70er Jahre zog ein Teil von ihnen in zwei Siedlungen, welche die israelische Regierung für sie eingerichtet hatte: Tel Sheva (Tell as-Sab‘) und Rahat. Seitdem hat die Regierung fünf weitere Siedlungen gebaut: Kseifa (Ksēfah), Aroer (‘Ar‘rah), Segev Shalom (Šagīb as-Salām), Hura (Ḥūrah) und Lagiyyah; 1994 lebten ungefähr 50 000 Beduinen in diesen sieben Ortschaften. Der Rest verblieb in den spontan gebildeten Ansiedlungen, die über ein Gebiet von ca. 1500 km² im nördlichen Negev verstreut sind.

Wie aus der Fachliteratur bekannt ist, lässt sich der nomadische Lebensstil nicht immer mit Gesetz und Ordnung der zentralen Behörden vereinbaren. Dies bestätigen auch die Beziehungen zwischen den Beduinen und den israelischen Behörden, wobei vor allem zwei Grundprobleme im Vordergrund stehen: der Konflikt über Landbesitzrechte im Negev und die

Noch im Zelt geboren, arbeitet Sālīm Abū Hānī heute als Chef des Department of Human Resources in einem modern eingerichteten Büro im Stadthaus von Rahat. 1993 (Foto: Sonia Gidal)

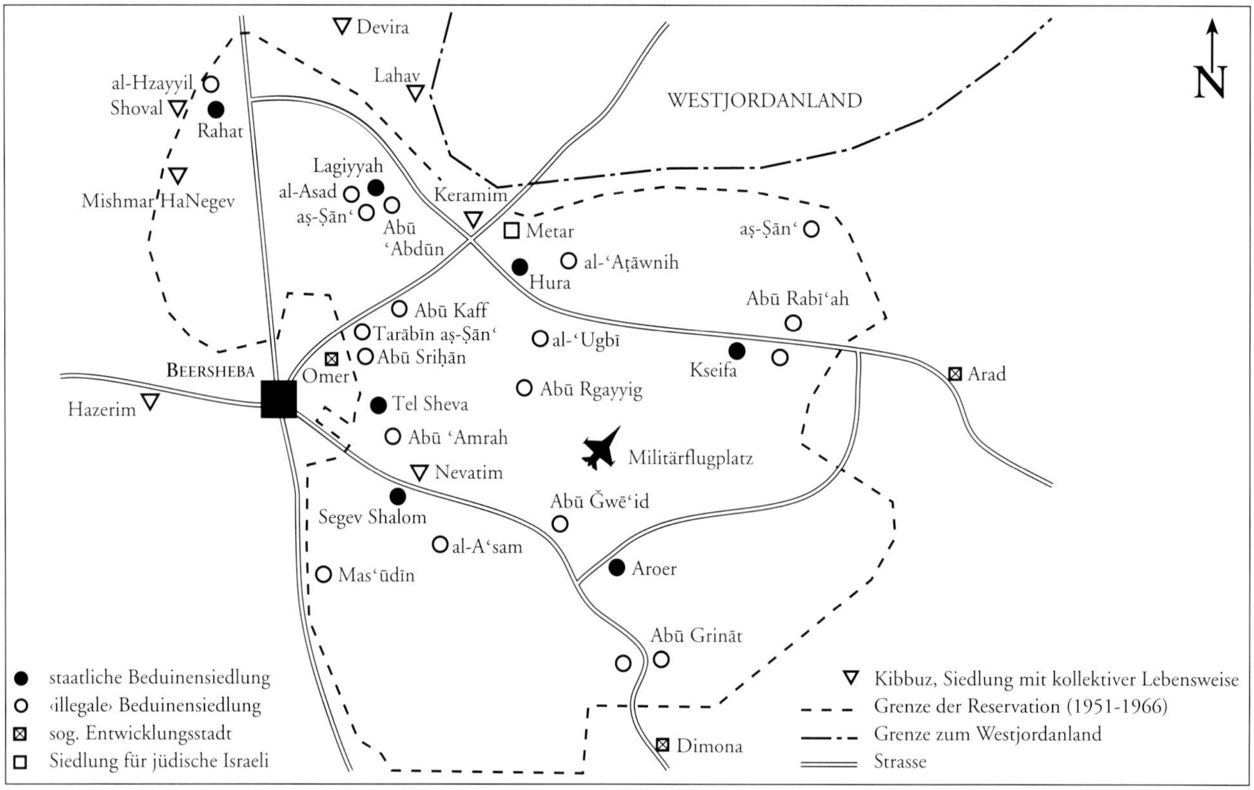

Die staatlichen und ‹illegalen› Beduinensiedlungen im Nord-Negev. (Karte nach Maddrell 1990:14 und Jakubowska 1985:42)

Debatte über die Art, wie die Beduinen wohnen sollten. Beide Seiten, Behörden und Beduinen, erheben Besitzanspruch auf den Negev, und beide begründen diesen Anspruch mit einer Reihe von Gesetzen. Die Behörden stützen ihren Anspruch hauptsächlich auf das osmanische Landgesetz von 1858. Da nach diesem Gesetz landwirtschaftlich nicht nutzbares Land als Staatsland gilt und der ganze Negev als nicht anbaufähig klassifiziert wird, ist er folglich als Staatsland eingestuft. Die Beduinen hingegen begründen ihre Landansprüche mit dem Gewohnheitsrecht, nach dem sie das Land über Generationen hinweg kultiviert haben, obwohl sie nicht über die offiziellen Dokumente verfügen, um ihre Ansprüche zu belegen.

Der Konflikt über den Landbesitz wirkt sich auf die Entwicklung des Gebietes aus. Die Regierung will alle Beduinen auf die genannten sieben Siedlungen konzentrieren, um das ihnen zugeteilte Land minimal klein zu halten. Die Beduinen ihrerseits sind daran interessiert, ihre frühere Lebensweise aufrechtzuerhalten und in ihren ländlichen, spontan angelegten Ansiedlungen weiter zu leben, die – wie schon erwähnt – als illegal gelten.

Im Folgenden behandelt der Aufsatz die speziellen Bedürfnisse der Beduinen in bezug auf ihre ethnische Identität, insbesondere Landbesitz, soziale Anliegen und Art der Häuser. Dann folgt eine Analyse der vier Beduinensiedlungen Rahat, Tel Sheva, Kseifa und Lagiyyah, mit besonderer Berücksichtigung von zwei Begriffen: ethnische Identität und Bürgerrechte.

Ethnische Identität und Bürgerrechte

Ethnische Identität kann durch verschiedene Komponenten charakterisiert werden: Territorien, gemeinsame geschichtliche Erinnerungen, klare Abgrenzungen zwischen Gruppen, eine eigene politische Kultur, eine gemeinsame Lebensweise und Sprache.[2] Diese Komponenten bilden das gemeinsame Interesse ethnischer

Gruppen, die mit der Definierung dieser Komponenten optimale Bedingungen für ihr Leben zu erzielen versuchen. Bürgerrechte sind die Rechte, die einer Gruppe genau gleich wie dem Rest der Staatsbürger zugestanden werden. Die wichtigsten ethnischen Identitäten und Bürgerrechte oder ethnischen und staatsbürgerlichen Bedürfnisse drücken sich räumlich aus, und wir werden uns auf die folgenden drei Bedürfnisse konzentrieren: Landbesitz, soziale Bedürfnisse und Wohnen.

Würde der Staat den Bedürfnissen der Beduinen gerecht werden, so müsste er anerkennen, dass die spontanen Ansiedlungen der räumliche Ausdruck ihrer ethnischen Identität darstellen, denn hier leben die Beduinen ohne jegliche planerische Einmischung. Die Struktur dieser Ansiedlungen widerspiegelt Wohnformen, die von den Bewohnern selber ohne äussere Einflüsse geschaffen wurden. Die folgenden Abschnitte analysieren die Struktur der spontanen Ansiedlungen, d.h. ihre wirtschaftlichen, landbesitzrechtlichen und sozialen Aspekte sowie die Wohnformen.

Spontane Siedlungen als Modelle für die Planung

Die duale Ökonomie und die Bedürfnisse der Beduinen

Die zwei für die Beduinen relevanten Wirtschaftsformen sind die traditionelle Arbeit und seit den 1960er Jahren die auswärtige Lohnarbeit. Die traditionellen Tätigkeiten der Beduinen, Ackerbau und Viehzucht, benötigen Wasser und Ackerland. Diese beiden Erfordernisse sind von erstrangiger Bedeutung unter Wüstenbedingungen wie extremer Hitze, Knappheit an Wasser und an fruchtbarem Land. Deshalb wurden die spontanen Siedlungen in der Nähe von Wasserquellen und bebaubarem Land angelegt.

Die traditionellen wirtschaftlichen Bedürfnisse haben sich geändert. Da die meisten Beduinen nicht mehr ausschliesslich von Landwirtschaft und Viehzucht als einzigen Verdienstquellen leben, hat sich ihre Abhängigkeit von Wasser und Ackerland verringert. Doch nach wie vor legen sie grossen Wert auf bebaubaren Boden für die Landwirtschaft. Sie haben sich zwar in den israelisch-jüdischen Arbeitsmarkt integriert, aber gleichzeitig ihre traditionelle Ökonomie weitergeführt. So sind zwei unterschiedliche, sich gegenseitig ergänzende Wirtschaftsformen geschaffen worden, insbesondere weil bezahlte Arbeit nie von Dauer ist: Die Beduinen nehmen eine Arbeit an, ohne zu wissen, wie lange sie sie ausüben können.

Die traditionelle, auf Ackerbau und Viehzucht beruhende Ökonomie ist eine Quelle wirtschaftlicher Sicherheit.[3] Dies gilt vor allem für die ‹echten› Beduinen. Die Tatsache, dass sie eine ethnische Minderheit bilden, lässt beide Wirtschaftsformen nebeneinander weiterbestehen. Die traditionelle Ökonomie schützt sie bis zu einem gewissen Grade vor der Diskriminierung bei der Arbeitssuche und unterstützt sie während den Perioden der Arbeitslosigkeit. Sie verschafft ein Gefühl von Sicherheit und Stabilität und verhindert, dass sie total von der unsicheren Lohnarbeit abhängig sind. Lohnarbeit garantiert ein höheres Einkommen und damit die finanzielle Möglichkeit, mehr technische Erzeugnisse zu erwerben und den relativ niedrigen Lebensstandard zu verbessern. Der Rückgriff auf traditionelle Wirtschaftsformen zeigt jedoch, dass insbesondere bei unbefriedigten Bedürfnissen als Staatsbürger das Gefühl für ethnische Identität als Schutz gegen Diskriminierung benutzt werden kann. Für die *fallāḥīn*, insbesondere die ohne Landbesitz, ist die duale Ökonomie weniger von Bedeutung, da sie grösstenteils von Lohnarbeit abhängig sind. Sie sind als ehemalige Klientel der ‹echten› Beduinen weniger an der Aufrechterhaltung ihrer Ethnizität als an der Anerkennung als Staatsbürger interessiert.

Bedürfnisse nach Landbesitz

Der Konflikt wegen des Landbesitzes zwischen den Behörden und den Beduinen hatte einen markanten Einfluss auf Erfolg oder Misserfolg der beduinischen Siedlungen.[4] Das lebensnotwendige Bedürfnis nach Land beider Völker, Juden und Beduinen, resultierte in diesem Konflikt. Wie in den meisten Auseinandersetzungen um Land zwischen Regierungsbehörden und ethnischen Gemeinschaften stehen sich zwei unterschiedliche Standpunkte gegenüber: die von den Regierungen geschaffenen Gesetze, die den Anspruch auf das Land legitimieren sollen, und die traditionellen Landrechte, auf die sich die ethnischen Gruppen

Ein Jute-Zelt der 'Azāzmih-Beduinen wurde mit verschiedenen Verschlägen aus Abfallmaterialien und Wellblech erweitert. Im Vordergrund sind die zerschlissenen Zeltbahnen aus Ziegenhaar ausgebreitet. 1978
(Foto: Sonia Gidal)

berufen. Um mit den Landkonflikten besser umgehen zu können, behauptet ein Staat gewöhnlich – was auch in der einschlägigen Literatur beschrieben wird –, dass gemäss Definition Nomaden kein Land besässen. Dies, weil sie keine festen örtlichen Bindungen hätten, sondern von einem Ort zum andern zögen. Je sesshafter sie jedoch werden, umso stärker würden sie sich an das Land binden.[5]

Als ein Ergebnis der Umsiedlung in die Reservation und des Landkonfliktes entstanden seit den 1950er Jahren ungefähr 100 spontane Siedlungen mit über 5000 Wohnstätten auf einem grossen Gebiet von 1500 km².[6] Ihretwegen kann dieses Gebiet vom Staat nicht genutzt werden. Die Beduinen ihrerseits versuchen, den Besitz dieses Landes zu erzwingen, da nach dem in Israel immer noch geltenden osmanischen Landrecht bebautes Land, worunter auch Siedlungsflächen fallen, den Bewohnern gehört.

Die territoriale Aufsplitterung von umstrittenen Ländereien wirkt sich auf Standort und Struktur der spontanen Siedlungen aus.[7] Die in diesem Gebiet von landbesitzenden Beduinen errichteten Siedlungen sind meistens kleine Weiler mit permanenten Einrichtungen und befinden sich an Orten, wo Familien Rechte auf Grundbesitz geltend machen können. Landlose wie die *fallāḥīn* und umgesiedelte Beduinen konzentrieren sich in grossen Ansiedlungen mit vielen Zelten oder anderen temporären Unterkünften. Zudem schafft die Gewohnheit der ‹echten› Beduinen, sich von den *fallāḥīn* abzugrenzen, eine grosse geographische Distanz zwischen den Ansiedlungen dieser zwei Gruppen.

Idealerweise sollte beim Planen der Siedlungen berücksichtigt werden, dass sich Beduinen nicht auf Land niederlassen, das anderen Beduinen gehört. Aber in der Realität wurde darauf keine Rücksicht genommen, und deshalb haben die Siedlungen heute enorme Probleme bezüglich Besitztum, wie im nächsten Abschnitt dargelegt wird.

Eine Lösung des Landbesitzkonfliktes ist für die Beduinen von allergrösster Bedeutung. Sie betrachten nämlich beide Angelegenheiten – die Niederlassung in den staatlichen Siedlungen und die Antwort der Regierung auf ihre Landbesitzansprüche – als eng miteinander verbunden. Sie machen geltend, dass einer der Hauptgründe, der sie davon abhalte, in die Sied-

Der Übergang vom Zelt über Holz- oder Wellblechschuppen bis ins moderne Haus aus Zementziegeln und Beton verläuft in den staatlichen Siedlungen nach dem gleichen Schema. Rahat, 1994 (Foto: Ania Biasio)

lungen zu ziehen, die Landfrage sei. Sie ist auch der Grund, wie wir sahen, weshalb die grosse Mehrheit derer, die in die Siedlungen gezogen sind, keine Grundbesitzer sind, sondern *fallāḫīn*.

Soziale Bedürfnisse

Zu den traditionellen sozialen Bedürfnissen gehört die Geschlossenheit der Abstammungsgruppe, insbesondere auf der Stufe der Kernfamilie und der erweiterten Familie. Besonders wichtig ist, dass die Privatsphäre der Beduinenfrauen respektiert wird. Dementsprechend sind zwei Tendenzen für die spontane Ansiedlung charakteristisch: Erstens schliessen sich die erweiterten Familien, die zum selben Unterstamm (*rub*ʿ) gehören, zusammen, und zweitens wird soviel Platz beansprucht, dass die Privatsphäre jeder Familie gewahrt werden kann. Die Distanzen zwischen den Wohnstätten innerhalb einer Familie sind relativ klein, werden aber grösser zwischen verschiedenen erweiterten Familien oder gar zwischen Unterstämmen, um das Risiko unerwünschter Begegnungen zu verringern.[8]

Die unvermeidliche Expansion der Beduinenfamilie mit der Geburt von neuen Generationen ist ein weiteres soziales Bedürfnis, das durch die Grossflächigkeit der spontanen Ansiedlungen befriedigt wird. Die Möglichkeit zur Ausdehnung ist ein wesentlicher Teil der Siedlungsentwicklung. Amiran et al. beschrieben fünf Phasen in der chronologischen, durch den Lebenszyklus einer Kernfamilie bedingten Entwicklung einer spontanen Siedlung. Zuerst wird die Unterkunft der Kernfamilie, gewöhnlich ein Zelt, als einzige Einheit angelegt. In der nächsten Phase, wenn der erste Sohn heiratet, wird ein einfacher Holzverschlag hinzugefügt. Die dritte Phase beginnt, wenn der Sohn Kinder hat, ein neues Haus aus Zementziegeln errichtet und der Holzverschlag als Küche gebraucht wird. In der vierten Phase wird eine weitere feste Unterkunft für den nächsten verheirateten Sohn gebaut. Zuletzt zieht das Familienoberhaupt, das zu alt ist, um allein zu leben, in das Haus eines seiner Söhne, um mit ihm zusammenzuleben, und seine frühere Wohnstatt, gewöhnlich das Zelt, verschwindet.[9]

Diese Beschreibung zeigt sowohl das Bedürfnis der Familienmitglieder, nahe beieinander zu leben, um ihre jeweiligen sozialen Rollen wahrzunehmen, als auch das Bedürfnis nach Raum für das natürliche Wachs-

(Fortsetzung S. 260)

Willkommen in Abū Kaff

Abū Kaff, zwischen den jüdischen Siedlungen Omer und Metar gelegen, ist eine seit den 1930er Jahren bestehende, etwa 3000 Menschen umfassende ‹illegale›

Die Abū Kaff haben selber eine Wasserleitung gelegt und ein Ortsschild aufgestellt, das den Ankömmling willkommen heisst. Dieses Schild, so entschied die israelische Regierung, muss verschwinden. Ein Gerichtsentscheid ist noch immer hängig. 1997 (Foto: Peter R. Gerber)

Ein aus Zementziegeln errichtetes Wohnhaus, das mit Fernsehantenne und modernen Satellitenschüsseln versehen ist. 1995 (Foto: Peter R. Gerber)

Mitglieder der gleichen Familie leben nahe beieinander. Zwischen den Häusergruppen verschiedener Familien liegt so viel Raum, dass sich die Streusiedlung über ein weites Gebiet erstreckt. 1997 (Foto: Peter R. Gerber)

Der Wohnraum zeigt eine Synthese arabischer und europäischer Einrichtung. Wie in vielen westlichen Haushaltungen läuft hier fast pausenlos der Fernseher. 1995 (Foto: Peter R. Gerber)

Siedlung. Alle Einwohner sind Angehörige des Abū Kaff-Stammes, der zur Subkonföderation der Gdērāt und zur Konföderation der Tiyāhā gehört.

1960 wurde eine Elementarschule eröffnet, die vom Kindergarten bis zur achten Klasse besucht wird. Da alle Kinder das Recht und die Pflicht auf Schulbildung haben, muss die israelische Regierung die Lehrkräfte bezahlen. 1995 (Foto: Ania Biasio)

24 arabische Lehrerinnen und Lehrer, vor allem aus dem Norden Israels, unterrichten insgesamt 520 Schülerinnen und Schüler. Der Schulbesuch ist zwar gratis, aber die Eltern müssen für Bücher und Hefte aufkommen, was für viele eine beträchtliche finanzielle Belastung darstellt. 1995 (Foto: Ania Biasio)

Ein Quartier in Abū Kaff. Während sich die Kinder fotografieren lassen wollten, drückten einige Frauen lauthals ihr Missfallen darüber aus. 1995 (Foto: Peter R. Gerber)

Das Misstrauen der Bevölkerung ist begründet. Dieses Haus liess die israelische Regierung vor noch nicht allzu langer Zeit zerstören. 1995 (Foto: Peter R. Gerber)

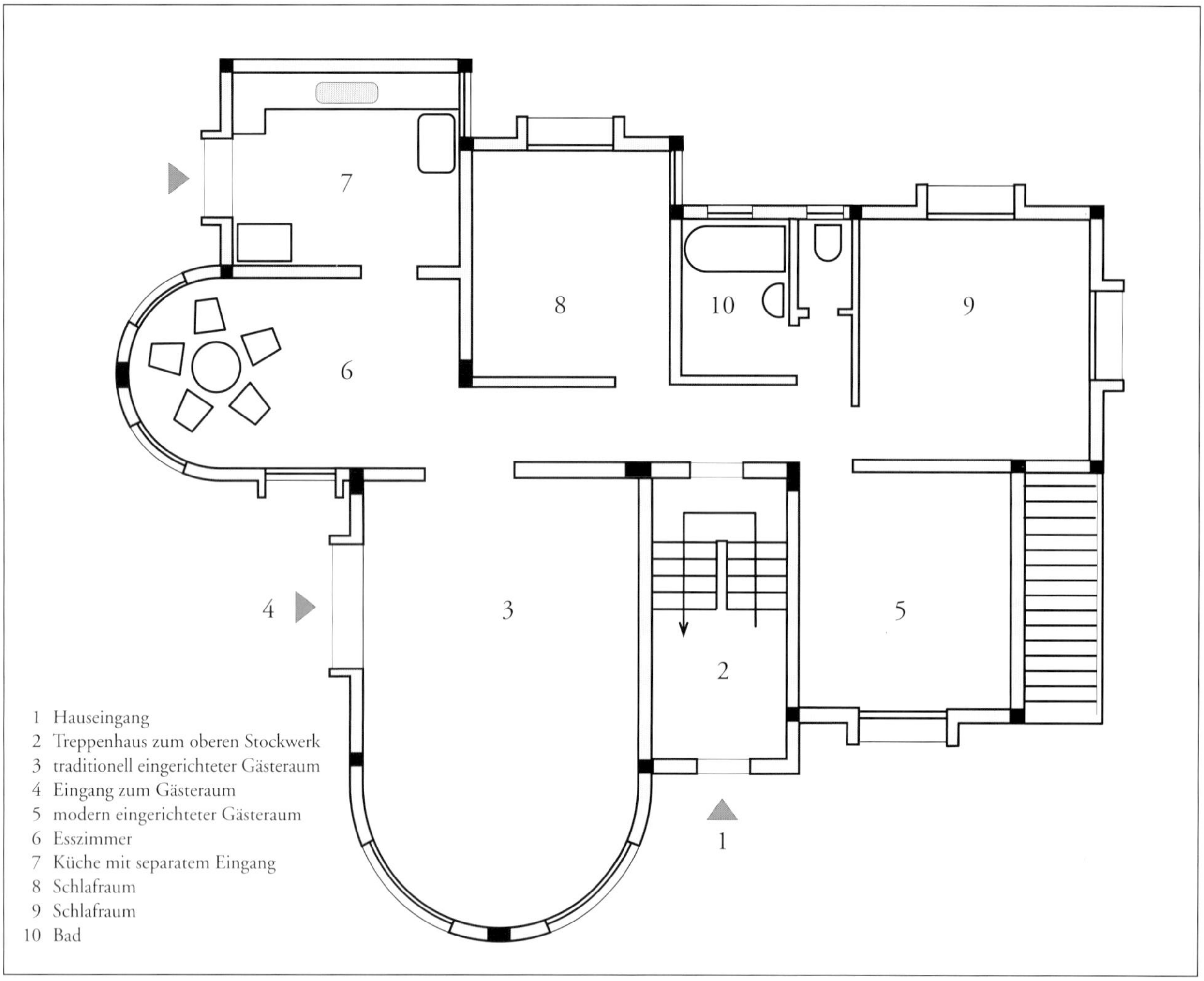

Grundriss des auf der nächsten Seite beschriebenen Hauses in Kseifa. (Zeichnung nach einer Vorlage von Tovi Fenster)

tum der Familie. Diese traditionellen Muster sind selbstverständlich dynamisch und könnten sich in Zukunft ändern. Jedenfalls sollten diese verschiedenen sozialen Bedürfnisse in der Gestaltung jeder modernen staatlichen Siedlung berücksichtigt werden.

Wohnbedürfnisse der Beduinen

Die Wohnstätten in den spontanen Siedlungen reichen von einfachen Zelten bis zu Häusern aus Zementziegeln. Obwohl die Anzahl Zelte zugunsten der Häuser abnimmt, ist es wichtig, die innere Struktur des Zeltes, das noch immer einen wichtigen Ausdruck beduinischer Kultur darstellt, zu verstehen. Seine Aufteilung widerspiegelt nämlich die ethnischen Vorstellungen der Beduinen vom Wohnen und wird in den modernen Häusern der Siedlungen nachgeahmt.

Das Zelt gliedert sich in zwei Hauptbereiche. Der erste Bereich ist der Wohnbereich, wo sich während des Tages die Frauen aufhalten und ihre häuslichen Arbeiten verrichten und wo die Familienmitglieder nachts schlafen. Der andere Bereich, der Gästebereich, ist völlig vom Wohnbereich abgetrennt, damit die Privatsphäre der Frauen gewahrt wird. Da Gastfreundschaft in der Beduinentradition von grosser Bedeutung ist, ist dieser Bereich immer geräumig und komfortabel,[10] und Frauen können sich hier nur aufhalten, wenn sie mit Familienmitgliedern allein sind. Dieses Muster wurde in den spontanen Siedlungen auf die permanenten Wohnbauten aus Holz oder Zementziegeln übertragen. Ein Haus hat zwei oder drei in einer Reihe liegende Räume, wie es dem Grundriss des traditionellen Zeltes entspricht. Weitere Räume können hinzugefügt werden, wie z.B. eine Küche oder Verschläge für Tiere.

Auch in den staatlichen Siedlungen wurden einige der traditionellen Wohnmuster in den von den Beduinen selbst gebauten Häusern reproduziert, mussten aber den neuen Verhältnissen angepasst werden. Daher ist das Leben in diesen Häusern für einen Beduinenhaushalt kompliziert. Einen besseren Einblick in den Wandlungsprozess soll die Beschreibung eines Haushalts in der von der Regierung entworfenen Siedlung Kseifa vermitteln, den ich während meiner Feldforschung 1988 besuchte. Es handelte sich um die Familie eines jungen *fallāḥ* mit zwei Frauen und acht Kindern. Der Mann wohnte mit seiner ersten Frau in einem relativ grossen Haus. Seine zweite Frau lebte in einem kleineren, eher bescheidenen Haus in der Nähe.

Das Haus des Mannes lag am Ende einer Sackgasse auf einem Eckgrundstück. Er und seine Familie wohnten nur im Parterre; der erste Stock war noch nicht fertiggestellt. Es gab zwei Schlafzimmer, zwei Empfangsräume für Gäste, ein Esszimmer, Küche, Toilette und Bad. Das grössere Gästezimmer hatte viele Fenster und war im traditionellen orientalischen Stil mit Teppichen und Kissen am Boden eingerichtet. Gäste betraten diesen Raum durch einen separaten Eingang, so dass die Privatsphäre der Frauen respektiert wurde. Das kleinere Zimmer, ohne separaten Eingang, war in westlichem Stil mit Sofa und Lehnstühlen möbliert und hatte sogar eine Klimaanlage. In einem Schlafzimmer gab es in der Ecke Matratzen, die nachts für die Kinder zum Schlafen auf dem Boden ausgebreitet wurden. Das andere Schlafzimmer hatte ein modernes Doppelbett und einen grossen Wandschrank. In der Küche gab es moderne Einrichtungen wie Kühlschrank, Backofen und Gasherd. Es gab einen Tisch und Stühle im Esszimmer, wohingegen die Beduinen früher, als sie in Zelten und in ihren spontanen Siedlungen wohnten, auf dem Boden sitzend zu essen pflegten.

Beim Einzug waren die modernen Kücheneinrichtungen problematisch; selbst nach fünf Jahren waren

Der Wohnraum dieser Familie in Tel Sheva ist traditionell eingerichtet. Doch maschinell gewebte, bunte Baumwollteppiche haben die handgewebten Teppiche aus Wolle ersetzt. 1993 (Foto: Sonia Gidal)

Eine Beduinin in ihrer modern eingerichteten Küche in Tel Sheva. Viele ältere Frauen ziehen aber das Kochen im Zelt vor. 1993 (Foto: Sonia Gidal)

Die Highschool von Segev Shalom, einer im traditionellen 'Azāzmih-Gebiet liegenden Siedlung. Die fussballspielenden Kinder sind Nachfahren schwarzer Sklaven. 1995 (Foto: Ania Biasio)

Eine Moschee in Segev Shalom. 1995 (Foto: Ania Biasio)

viele Beduinenfrauen noch immer nicht an diese Einrichtungen gewöhnt, und ich sah einige Frauen draussen im Hof an einem Feuer ihre Speisen kochen, während ihre modernen Kochherde unbenutzt blieben. Diese Gewohnheit hat sich erhalten, da die meisten Frauen es vorziehen, ihre traditionellen Menüs auf traditionelle Weise zu kochen.

Die Toilette und das Badezimmer waren modern, aber noch nicht fertiggestellt. Da es kein zentrales Kanalisationssystem gab, benutzten die Beduinen Sickergruben. Auch die Benutzung der Toiletten war anfangs problematisch, denn die Beduinen betrachten es als respektlos, ihre Notdurft so nahe bei ihrem Wohnbereich zu verrichten. In früheren Zeiten legten sie zu diesem Zweck eine weite Entfernung zurück. In den staatlichen Siedlungen war dies natürlich unmöglich, und sie mussten sich an moderne Toiletten gewöhnen. Es wird deutlich, wie wenig auf die Übergangssituation, in der sich die Beduinen befinden, Rücksicht genommen wurde. Obwohl die Häuser von den Beduinen selbst gebaut wurden, waren die Pläne ihren Bedürfnissen zu wenig angepasst. Die Beduinen müssten nämlich nicht nur das Recht haben, in den Siedlungen Häuser gemäss ihren eigenen Vorstellungen zu bauen, sondern sie auch so fertig zu konstruieren, dass ein besserer Übergang zum Leben in festen Häusern möglich wäre.

Heute hat sich die Lage gebessert, da die meisten Beduinen ihre Häuser selber fertigstellen. Viele Häuser sind an Wasser, Elektrizität und Telefonleitung angeschlossen. Jedoch haben die meisten Beduinen, besonders die ältere Generation, Zelte in ihren Gärten, die sie häufig benutzen.

Infrastruktur und soziale Dienstleistungen

Spontane Siedlungen haben, da sie als illegal gelten und ihnen die Behörden keine Infrastruktur zugestehen, weder eine Grundversorgung mit Wasser, Elektrizität und Kanalisation noch soziale oder wirtschaftliche Dienstleistungen. Das Wasser wird in Tankwagen gebracht und Elektrizität mit privaten Generatoren erzeugt. An zentraler Lage hat die Regierung Schulen und Kliniken für die nächstgelegenen Ansiedlungen gebaut. Aber die vereinzelten Schulen liegen über beträchtliche Entfernungen verstreut, was den Schulbesuch der Kinder weder fördert noch erleichtert. Die Lebensbedingungen in einer spontanen Siedlung wurden treffend von einer jüdischen Sozialarbeiterin beschrieben, die einige Jahre bei den Beduinen lebte:

«Als sie (die Beduinen) eine Wasserleitung legten, entschlossen sie sich, das Rohr unter der Strasse zu verlegen. Das war vor 10 oder 12 Jahren, und sie schlossen ihre Häuser an die Leitung an, und wenn sie ins Gefängnis kämen, so kämen sie eben ins Gefängnis (weil es ungesetzlich war). Am Ende kamen sie doch nicht ins Gefängnis, und ich habe Wasser. Aber viele Stunden bin ich ohne Wasser, weil der Druck schwach und die Leitung dünn ist; so habe ich zu gewissen Zeiten oben auf dem Hügel kein Wasser, wenn sie es unten benutzen.»

Das kleine Postbüro und das medizinische Zentrum für ambulante Behandlungen in Tel Sheva. 1997 (Foto: Peter R. Gerber)

In den staatlichen Siedlungen gehört die Infrastruktur zu den Grundkomponenten, die den Lebensstandard erhöhen und die Integration der Beduinen in die israelische Wirtschaft unterstützen sollen. Neben der oben erwähnten Wasserversorgung usw. sollten Strassen, Telefonverbindungen, soziale Dienstleistungen, wie Schul- und Gesundheitsinstitutionen, sowie wirtschaftliche Möglichkeiten bereitgestellt werden.

Gerade die Entwicklung des Schul- und Gesundheitswesens wäre ein wichtiger Schritt, um den staatsbürgerlichen Bedürfnissen der Beduinen gerecht zu werden. Ausbildung würde der jungen Generation grundlegende Fähigkeiten vermitteln, und sie könnte besser in die moderne Wirtschaft integriert werden. Für den Erwerb rudimentärer Kenntnisse wie Lesen, Schreiben und Rechnen bis hin zu handwerklichen Berufen, z.B. Zimmermann oder Schlosser, und anderen technischen Fertigkeiten sind eine Grundschule und Berufsausbildung innerhalb der Siedlungen nötig. Dies würde die Beduinenkinder zum Schulbesuch motivieren und sie befähigen, mit einer höheren Schulbildung fortzufahren, falls sie das wünschen. Medizinische Dienstleistungen wären ein weiterer Anreiz, den Wandel zu akzeptieren, und Einrichtungen wie Läden und Banken sind entscheidend für die ökonomische Integration der Beduinen in den israelischen Markt.

Das neue Gemeindezentrum in Tel Sheva. 1997 (Foto: Peter R. Gerber)

Eine solche Bedürfnisliste beim Planen von Siedlungen kann für jede ethnische Gruppe erstellt werden, die sich im Prozess des Überganges oder sozialen Wandels befindet und die sowohl ihre ethnischen, von traditionellen Verhaltensmustern geprägten Bedürfnisse als auch ihre staatsbürgerlichen Bedürfnisse wie gleiches Niveau der Infrastruktur und gleicher Zugang zum Arbeitsmarkt respektiert haben will.

Bevor die Situation in den vier Beduinensiedlungen beschrieben wird, ist eine Diskussion der Planungspolitik der Regierung nötig, und zwar auf der Makro- und der Mikro-Ebene.

Planung für die Beduinen

Die Makro-Ebene der Planung

Die Entscheidung, Siedlungen für die Beduinen zu planen, war der Schlusspunkt einer langen und komplizierten Debatte über die Frage der Anzahl und Grösse solcher Siedlungen. Die Grösse jeder neuen Siedlung beeinflusst nämlich deren Gesamtzahl: je grösser die Siedlungen, umso weniger werden benötigt.

Die Präferenzen der Beduinen

Die Beduinen bevorzugen in Anlehnung an die Struktur spontaner Siedlungen so viele kleine als möglich. Sie argumentieren, dass solche Siedlungen ihre traditionellen sozialen Bedürfnisse nach Isolierung der einzelnen Abstammungsgruppen und Stämme am ehesten befriedigten und dass sie Wert auf bebaubares Land legten, um ihr duales Wirtschaftssystem aufrecht erhalten zu können. Daher betrachten sie die Legalisierung der spontanen Siedlungen als die beste Lösung. Wenn jedoch geplante Siedlungen angeboten würden, gäben sie kleinen, auf Landwirtschaft basierenden den Vorrang.

Die Politik der israelischen Behörden

Ganz im Gegensatz zu den Präferenzen der Beduinen verfolgen die israelischen Behörden seit Ende der 50er Jahre die Politik, nur sieben städtische Siedlungen zu bauen. Diese Entscheidung wurde trotz der Schwierigkeiten getroffen, weit vom vorgesehenen Gebiet entfernt lebende Stämme umzusiedeln und Stämme unterschiedlicher sozialer Herkunft, von denen einige in ständiger Fehde miteinander lagen, in einem einzigen Gebiet sesshaft zu machen.[11] Es ist klar, weshalb die Behörden daran interessiert sind, die Beduinen nur auf diese sieben Siedlungen mit je 15'-25 000 Einwohnern zu konzentrieren: Die Infrastruktur kostet weniger und, was noch mehr zählt, es wird weniger Land benötigt als beim Bau einer grösseren Anzahl kleiner Siedlungen.

Die offiziellen Begründungen für diesen Entscheid waren Arbeitsbeschaffung, Dienstleistungen, soziale Faktoren und finanzielle Zwänge.[12] Aus der Perspektive der Arbeitsbeschaffung wurde argumentiert, dass nur 10% der Beduinen in der Landwirtschaft tätig seien und der Rest in Industrie, im Dienstleistungssektor und im Baugewerbe. In grösseren Siedlungen seien zudem die Arbeitsmöglichkeiten vielseitiger als in kleinen, auf Landwirtschaft ausgerichteten. Selbst wenn eine landwirtschaftliche Siedlung dem Lebensstil der Beduinen entgegenkäme, wäre es wegen der Wasserknappheit und des Mangels an bebaubarem Boden im Negev nicht für alle von ihnen möglich, in der Landwirtschaft tätig zu sein. Ein weiteres Argument bezog sich auf den Standard der Dienstleistungen, der in grösseren Siedlungen besser gewährleistet werden könne als in kleinen.

Vom sozialen Standpunkt aus sahen die Planer Vorteile in der Integration verschiedener Stämme, die in grösseren Siedlungen stattfinden würde, während die spontanen Ansiedlungen bis anhin nur von einem einzigen Stamm bewohnt wurden. Und zuletzt haben grössere Siedlungen in finanzieller Hinsicht den ‹Mengen-Vorteil›. Dies bedeutet, dass es rentabler ist, mehr Leute an einem Ort zu konzentrieren, was die Kosten pro Person verringert, als für jede kleine Siedlung alle Grundleistungen und eine Infrastruktur zur Verfügung zu stellen.

Es ist offensichtlich, dass die für die geplanten Siedlungen gewählten Lösungen den Prioritäten der Behörden entsprechen. Aber erfüllen sie auch die Bedürfnisse der Beduinen? Das Argument, dass grössere Siedlungen mehr Arbeitsmöglichkeiten und angemessenere Dienstleistungen versprechen, scheint stichhaltig zu sein. Dies hat bereits die Erfahrung mit kleinen jüdischen Siedlungen gezeigt, in denen diese Leistungen nicht genügten.[13] Aber die Vorstellung von grossen Siedlungen ist dem Bedürfnis der Beduinen nach Trennung der Stämme völlig entgegengesetzt.

Ein dicht bebautes Quartier an einem Hügel in Hura. Diese Siedlung liegt im traditionellen Siedlungsgebiet der zur der Tiyāhā-Konföderation gehörenden ʿAṭāwnih. 1995 (Foto: Ania Biasio)

In den ersten Planungen wurde die Landbesitzfrage stur ignoriert. Die Prämisse der Regierung war, dass es keinen Zusammenhang zwischen dem Landkonflikt und den geplanten Siedlungen gäbe. Folglich wurden die Bedürfnisse der Beduinen nach Landbesitz überhaupt nicht berücksichtigt. Inoffiziell war es jedoch klar, dass sich die Planer des Zusammenhanges zwischen Landanspruch und geplanten Siedlungen durchaus bewusst waren. Sie zogen es aber vor, dies nicht zu beachten, und verliessen sich darauf, dass die *fallāḥīn* oder andere Landlose schliesslich bereit wären, in diese Siedlungen zu ziehen, und dass die ‹echten› Beduinen mit der Zeit folgen würden.

1973 genehmigte die Regierung schliesslich einen sog. Master-Plan, in dem sie die sieben geplanten Siedlungen spezifizierte und optimistisch die Stämme aufführte, die dorthin ziehen sollten. Ihr Standort wurde, wie die Planer behaupteten, gemäss Präferenzen der Beduinen ausgewählt.[14] Dies aber ist fraglich, da sich diese zu der Zeit noch standhaft weigerten, umgesiedelt zu werden. Die offizielle Zahl der Beduinensiedlungen blieb bis heute auf sieben beschränkt, obwohl es Gerüchte über eine Änderung der offiziellen Staatspolitik gibt, wonach die Anzahl der Beduinensiedlungen erhöht werden sollte.

Die Mikro-Ebene der Planung: der innere Grundriss der Siedlungen

Die innere Gestaltung einer Siedlung folgte der Idee, dass die soziale Integration verschiedener Stämme erzwungen werden sollte, und zwar durch einen Plan, der deren klare örtliche Trennung vorsah. Diese Prinzipien sollten garantieren, dass der Plan die spontanen Siedlungen nachahmen und somit den traditionellen sozialen Strukturen der Beduinengesellschaft genügen würde. Die Planer strukturierten die Siedlungen wie folgt:[15]

Soziale Struktur	*Architektonische Struktur*
Kernfamilie	Haus
erweiterte Familie	Gasse oder Sackgasse
Unterstamm (*rubʿ*) oder Stamm	Wohnquartier, ‹Nachbarschaft›
eine Anzahl von Stämmen	Siedlung

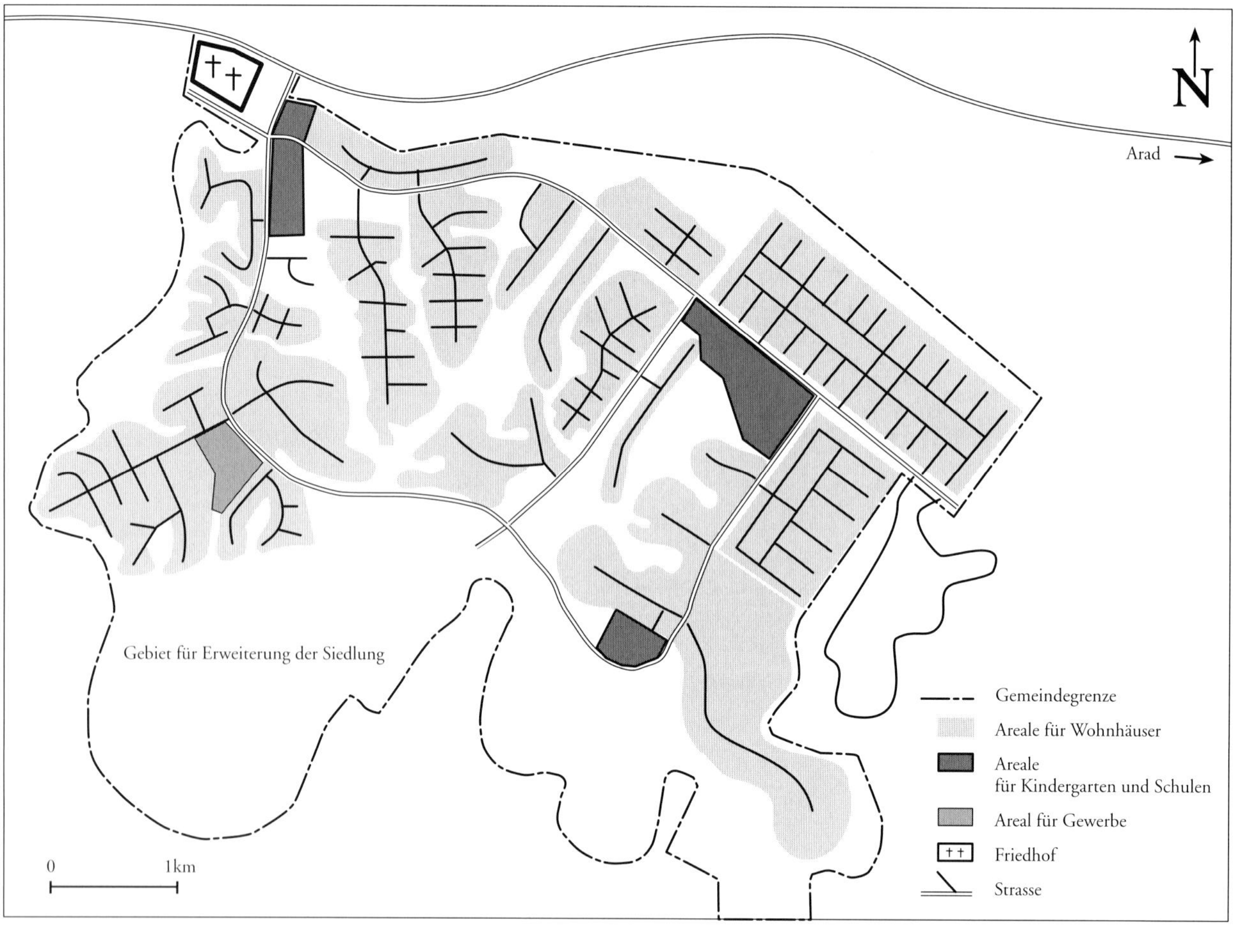

Ortsplan von Kseifa.
(Zeichnung nach einer Vorlage von Tovi Fenster)

Die oben aufgeführte Struktur berücksichtigt die Tradition, dass die Stämme oder Unterstämme getrennt leben, damit die Privatsphäre jeder gesellschaftlichen Einheit gewahrt wird und Reibungen möglichst gering gehalten werden. Gleichzeitig versuchten die Planer, eine so dichte Siedlung zu entwerfen, dass sich angemessene Dienstleistungen rentierten. Diese widersprüchliche Aufgabe erforderte einen Kompromiss zwischen dem traditionellen Bedürfnis nach grosszügiger Privatsphäre innerhalb einer weiten Fläche und der praktischen Notwendigkeit, das Wohngebiet möglichst klein zu halten, um Kosten zu sparen.

Dieses Ziel wurde durch die Planung der Wohnquartiere erreicht. Die Planer betrachteten die Quartiere als Grundeinheit innerhalb der hierarchischen Struktur. Jedes Quartier wurde für einen einzigen Unterstamm oder eine Abstammungsgruppe geplant, und es liegt auf einem topographisch markanten Punkt, z.B. einem Hügel, und relativ weit vom nächsten Quartier entfernt. Von einem Quartier zum anderen gibt es keine Verbindungsstrasse, da der Durchgang von ‹Fremden› durch ein Quartier als Eindringen in die Privatsphäre empfunden würde.[16] Um die verschiedenen Quartiere herum führt eine Hauptstrasse, von der aus in jedes Quartier Abzweigungen und Sackgassen führen. An diesen stehen die Häuser für die Abstammungsgruppen oder erweiterten Familien, und auch die Sackgasse garantiert, dass Fremde die Privatsphäre der Familie, insbesondere die der Frauen, nicht stören.

Die übliche Praxis für die erweiterte Familie ist es, mehrere Grundstücke zu erwerben, damit die Söhne später ihre Häuser neben dem Elternhaus bauen können und wie in den spontanen Siedlungen die Konti-

Blick über Tel Sheva vom Dach des Hauses von Kher Albaz. 1997 (Foto: Peter R. Gerber)

nuität des Territoriums für die Abstammungsgruppe erhalten bleibt. Die Planer machten ihrer Ansicht nach den bestmöglichen Entwurf. Sie schufen eine Ansammlung von Quartieren, die in ihrer sozialen Struktur den spontanen Siedlungen ähnlich sind und den Bedürfnissen nach Privatsphäre Rechnung tragen, und sie stellten für die gesamte Siedlung qualitiativ hochstehende Dienstleistungen zur Verfügung. Die Planer liessen auch unbebaute Zonen zwischen den Quartieren, damit sich die wachsende Bevölkerung ausbreiten kann. So würden die Entfernungen zwischen den Quartieren immer kleiner, und die soziale Abgrenzung, so hofften die Planer, würde in Zukunft weniger Bedeutung haben.

Dieser Siedlungstyp hat sich jedoch nicht als erfolgreich erwiesen, wie wir an den Fallbeispielen von Tel Sheva, Rahat, Kseifa und Lagiyyah noch sehen werden. Hauptsächlich deshalb, weil sich die grundlegende Annahme der Planer, die Bedürfnisse der Beduinen würden befriedigt, als falsch erwies, und weil ihr Modell nach wie vor zu teuer war und die Infrastruktur daher nur sehr langsam erstellt werden konnte.

Die Beduinensiedlungen

Tel Sheva: die erste Beduinensiedlung

Tel Sheva wurde 1965 gegründet, bevor der Master-Plan von 1973 ausgearbeitet war, und galt viele Jahre lang als Fehlschlag. Obwohl die modernsten Einrichtungen vorhanden waren, entsprach sie nicht den Bedürfnissen der Beduinen.[17] Für den Misserfolg gibt es mehrere Erklärungen: Die Siedlung wurde auf Land gebaut, das den ursprünglich dort lebenden Beduinen weggenommen worden war. Wie schon erwähnt, weigerten sich Beduinen, sich auf Land niederzulassen, das einem anderen Stamm gehörte, zumal Landbesitzern, die gewillt waren, in die Siedlung zu ziehen, keine Landkompensation angeboten wurde. Dies hielt die ‹echten› Beduinen davon ab, sich in der Siedlung niederzulassen, zumal sie fürchteten, dass der Kauf von Häusern in Tel Sheva ihre legalen Rechte auf Land, worauf sie Anspruch erhoben, zunichte machen würde.

Ausserdem erlaubte der Ortsplan von 1965 den erweiterten Familien nicht, voneinander getrennt zu wohnen. Das Quartier war relativ übervölkert, was im

Widerspruch zu den Gepflogenheiten der spontanen Siedlungen stand. Die von der Regierung erbauten Häuser entsprachen in ihrer Raumaufteilung nicht den Bedürfnissen der Bewohner, und die Abstände zwischen den Häusern waren zu klein, was als Bedrohung der sittlichen Integrität der Frauen empfunden wurde.

Es gab auch keine Arbeitsmöglichkeiten innerhalb der Siedlung, da kein Platz für Handwerksbetriebe eingeplant war. Schliesslich zogen nur *fallāḥīn*, und auch sie nur in kleiner Zahl, nach Tel Sheva.[18] Als Antwort auf diesen Misserfolg wurde 1977 ein zweiter Ortsplan für Tel Sheva erstellt, der 34 separate Wohnquartiere mit Grundstücken in der Grösse eines Dunam (= 1000 m^2) vorsah.[19] Auch diese Änderungen motivierten jedoch nicht viele Beduinen, sich hier niederzulassen, vor allem weil die Landfrage noch immer ungelöst war, und so waren die meisten Leute, die in die Siedlung zogen, *fallāḥīn*. 1992 war sie mit 7500 Einwohnern die zweitgrösste Beduinensiedlung im Negev. Die meisten Beduinen aber, die nach Tel Sheva ziehen sollten, leben noch immer ausserhalb, vor allem wegen wirtschaftlicher Probleme und ungenügender Infrastruktur und Dienstleistungen.

Rahat: die erste Beduinenstadt in Israel

Rahat, die zweite geplante Beduinensiedlung, wurde 1972 gegründet. Sie besteht, wie im schon erwähnten Master-Plan entwickelt wurde, aus mehreren, voneinander getrennten Quartieren, von denen jedes nur von einer spezifischen Gruppe bewohnt wird. In einigen Quartieren wurden Schulen und Gesundheitszentren gebaut. Das Geschäftszentrum liegt am Eingang der Stadt und enthält Läden, eine Bank und das Stadthaus. Wie schon in Tel Sheva, wurde auch hier die Landfrage nicht in die Stadtplanung miteinbezogen, weshalb sich in der ersten Phase wiederum nur *fallāḥīn* niederliessen. Erst in den letzten zehn Jahren kamen ‹echte› Beduinen hinzu, nachdem ein Quartier auf ihrem Land gebaut und in die Siedlung integriert worden war.

Die Grossräumigkeit der Stadt verursachte in der Verwirklichungsphase finanzielle Probleme, da der Bau einer weitreichenden Infrastruktur, wie schon erwähnt, teuer ist. Folglich waren das Kanalisationssystem, die Strassen und die Telefonanschlüsse Anfang der 90er Jahren noch nicht völlig fertiggestellt. Auch hier gibt es innerhalb der Stadt keine Möglichkeit, Arbeit zu finden, und die meisten Einwohner von Rahat arbeiten in Beersheba. Auch das Versprechen, bewässertes Agrarland zur Verfügung zu stellen, wurde nicht eingelöst.

Die zunehmende Raumknappheit in den einzelnen Quartieren bedeutet, dass es keinen Platz für die spätere Ausbreitung der Familien innerhalb der Quartiere gibt, wie es in den spontanen Siedlungen möglich ist. Ebenso ist die angestrebte Integration verschiedener Stämme höchst fragwürdig. Gegner dieser Bestrebungen argumentieren, dass die Stammesstruktur und mehr noch die Identität der erweiterten Familie so stark seien, dass sich keine grössere soziale Interaktion zwischen verschiedenen Stämmen entwickeln werde, wie die Planer angenommen hatten. Dies gilt noch heute; Ergebnisse einer Umfrage in den Beduinensiedlungen zeigen, dass die Bewohner noch immer eine Trennung der Stämme in ihren Quartieren bevorzugen.[20]

Rahat sollte die Konflikte zwischen den ethnischen und den staatsbürgerlichen Bedürfnissen der Beduinen verringern, was in der Praxis aber missglückte. Die Beduinen wurden in beiden Bereichen diskriminiert. In dieser Phase wurden ihnen trotz ihres Status als gleichberechtigte israelische Staatsbürger geringere Dienstleistungen und Infrastrukturen angeboten, und sie hatten ungleiche Chancen auf dem Arbeitsmarkt. Zudem wurden auch ihre ethnischen Bedürfnisse missachtet, indem ihre duale Wirtschaftsform und somit ihr Bedarf an Agrarland nicht berücksichtigt wurde. Zuletzt wurden auch ihre Ansprüche auf Land nicht befriedigt, da die Behörden bei der Planung die Lösung des Landkonflikts ausser Acht gelassen hatten.

1993 betrug die Einwohnerzahl 24 000; somit ist Rahat die grösste Beduinensiedlung im Negev, und das Innenministerium hat sie zur ersten Beduinenstadt in Israel erklärt. Sie ist die attraktivste der sieben Siedlungen und hat die entwickeltste Infrastruktur und ein gutes Angebot an Dienstleistungen, obwohl der Standard noch verbessert werden müsste. Als einzige Siedlung hat sie ein städtisches Zentrum, und sie ist die am schnellsten wachsende Beduinensiedlung im Negev.

Blick über Rahat vom Dach des neuen Hauses von Sālīm Abū Hānī. Im Vordergrund liegt sein altes Wohnhaus. 1995 (Foto: Ania Biasio)

Ihr Hauptproblem ist der zur Ausdehnung nötige Bedarf an Land.

Kseifa

Kseifa mit seinen 6300 Einwohnern wurde zu Beginn der 1980er Jahre für Beduinen gebaut, die aus Tel Malhata umgesiedelt wurden. In diesem Gebiet wurde nämlich nach dem Friedensschluss mit Ägypten und der Rückgabe des Sinai 1979 ein Militärflughafen gebaut. Die Beduinen wurden für das enteignete Land finanziell entschädigt und erhielten Bauland für ihre Häuser in Kseifa und Aroer, einer weiter südlich gelegenen Siedlung. Im Verlauf der Umsiedlung wurde die Bevölkerung in grossem Masse an der Planung von Kseifa beteiligt. Da jedes Quartier nach dem Willen des jeweiligen Stammes oder der Abstammungsgruppe, die dort leben sollte, angelegt wurde, ist die Siedlung sehr weitläufig und gleicht eher einer Ansammlung von Quartieren als einer strukturierten Ortschaft. Wie andere Siedlungen leidet auch Kseifa unter unbefriedigten Landansprüchen und an einem Mangel an angemessenen Dienstleistungen, was ihre Ausdehnung verhindert.

Lagiyyah

Lagiyyah ist eine relativ neue Siedlung mit nur 500 Einwohnern. Im Master-Plan wurde sie für eine Bevölkerung von 10'-15 000 konzipiert. Auch Lagiyyah leidet unter einem ausgeprägten Landkonflikt, der eine weitere Ausdehnung verhindert, sowie an einem Mangel an Infrastruktur und Dienstleistungen. Beduinen, von denen erwartet wird, dass sie in die Siedlung ziehen, leben wegen der Landfrage noch immer ausserhalb von ihr.

Das Gleichgewicht zwischen ethnischer Identität und Bürgerrecht in den Siedlungen

Mein Aufsatz beschreibt und analysiert den Wandlungsprozess, den die Beduinen in den letzten Jahrzehnten durchlaufen haben, und die Mittel, die die israelischen Behörden einsetzten, um diesen Wandel zu steuern. Zweifellos ist eine Planung für traditionelle Gesellschaften kompliziert und widersprüchlich, insbesondere wenn beide Parteien entgegengesetzte Auffassungen und Interessen in bezug auf die Nutzung des fraglichen Gebietes und die Bedürfnisse der betroffenen Bevölkerung vertreten.

Die Identifizierung und Anerkennung ethnischer Bedürfnisse und Bürgerrechte setzt das Bewusstsein voraus, dass ethnische Gruppen eine doppelte Identität haben. Das Gleichgewicht zwischen ethnischen Bedürfnissen und Bürgerrechten ist jedoch in ständigem Wandel begriffen und hängt u.a. davon ab, ob ethnische Gruppen diskriminiert oder völlig assimiliert werden. Wenn eine Gruppe im Konflikt mit einer Behörde steht, die diskriminierende Taktiken anwendet, so kann die Verwirklichung ihrer ethnischen Bedürfnisse als eine Möglichkeit angesehen werden, auf ihre Bürgerrechte aufmerksam zu machen und sie auch zu erhalten. Dies ist sowohl bei den Beduinen in Israel der Fall wie auch bei den in den USA lebenden Schwarzen, Mexikanern und Puertoricanern. Die Lösung wäre ein freier und gleichberechtigter Zugang aller ethnischer Gruppen zu sozialen, ökonomischen und politischen Ressourcen des Staates. Dies würde weniger Diskriminierung in den Bürgerrechten und einen stärkeren Einbezug der ethnischen Minderheiten in die Gestaltung ihrer Zukunft und ihrer Umwelt bedeuten.

Was die Beduinensiedlungen betrifft, muss das Gleichgewicht zwischen ethnischen und staatsbürgerlichen Rechten darin bestehen, dass genügend Infrastruktur und Dienstleistungen zur Verfügung gestellt werden, und gleichzeitig muss mit einer Flexibilität geplant werden, die einen sanften Übergang und sozialen Wandel der Negev-Beduinen garantiert.

Sālīm Abū Hānī

«Es gibt keinen Weg zurück ...»[1]

Die Lebensgeschichte von Sālīm Abū Hānī illustriert in vielen Aspekten den Übergangsprozess und den sozialen Wandel, den die Beduinen in den vergangenen Jahrzehnten durchlaufen haben. In seinen vierzig Lebensjahren hat Sālīm auf wirtschaftlicher, gesellschaftlicher, kultureller und räumlicher Ebene dramatische Veränderungen erlebt, und seine Geschichte beschreibt viele der Faktoren, die diese Änderungen bewirkt haben. Seit 1989 arbeitet Sālīm im Stadtrat von Rahat als Chef des für Wohlfahrt, Erziehung, Sport und Kultur zuständigen Department of Human Resources. Er ist mit Amnah, einer Kindergärtnerin, verheiratet und hat mit ihr sechs Kinder.

Sālīm Abū Hānī mit zwei seiner Kinder auf dem Dach seines neuen Hauses in Rahat. 1995 (Foto: Ania Biasio)

Ich wurde 1955 in der Wüste Negev geboren, in dem Gebiet, wo heute die Stadt Rahat liegt. Ich war der erstgeborene Sohn und das siebte Kind meiner Familie. Meine Mutter war die erste Frau meines Vaters; als ich 13 war, heiratete er noch eine zweite Frau, mit der er zwei weitere Töchter und zwei Söhne hat. Da ich jedoch der erste Sohn bin, bin ich für das Wohlergehen meiner Eltern verantwortlich. Meine Abstammungsgruppe, die Abū Hānī, ist Teil des Hzayyil-Stammes (Tiyāhā), der aus fünf grossen Abstammungsgruppen besteht: den Abū Hānī, den az-Zīʿdnah, al-Grinawī, aṭ-Ṭūrī und den Abū Laṭīf. Die meisten ihrer Angehörigen wohnen in Rahat oder in der Umgebung.

Die Abū Hānī stammen ursprünglich aus Saudi-Arabien. Die Geschichte, die in meiner Familie seit Generationen erzählt wird, berichtet, dass in osmanischer Zeit, wahrscheinlich um die Mitte des 19. Jh., ein sehr vornehmer Mann aus dem Dorfe Hāniyah in Saudi-Arabien auszog, um sich in Bani Suheila im Gazastreifen niederzulassen. Er heiratete und hatte viele Kinder, von denen einige später nach Ägypten auswanderten und andere in die Wüste Negev zogen. Dies geschah gegen Ende des 19. Jh. Im Negev erwarben sie Land von anderen Beduinen, die in dem Gebiet wohnten, und seitdem leben sie dort. Die Abstammungsgruppe besteht heute aus 250 Mitgliedern.

Mein Vater wurde 1919 in einem Zelt geboren und ich ebenfalls. Ich erinnere mich nicht an Einzelheiten meiner Kindheit, nur dass das Leben schwer war und wir nicht genug zu essen und nicht genug Kleider hatten. Wir assen nur dann Fleisch, wenn ein Gast kam und mein Vater ihm zu Ehren ein Lamm schlachtete. Wir lebten ohne fliessendes Wasser und Elektrizität und gingen zweimal am Tag drei Kilometer zu Fuss, um unsere Krüge mit Wasser zu füllen. Meine Mutter wärmte das Wasser auf dem Feuer, und wir badeten in grossen Kesseln. Es war schwer, alles sauber zu halten, da es keinen Fussboden gab und wir auf dem Sand lebten. Es gab keine medizinische Versorgung, und die Frauen brachten ihre Kinder in den Zelten mit Hilfe einer Hebamme zur Welt. War ein Kind krank, so mussten wir zur nächsten jüdischen Siedlung gehen, wo es eine Klinik gab. Wir hatten nicht genug Geld und nicht immer Schuhe und Kleider. Woran ich mich aber gern erinnere, ist die grosse Weite der Natur, in der wir lebten. Die Familien wohnten in angemessener Entfernung zueinander, so dass die Privatsphäre besser gewahrt wurde als heute in der Stadt.

Mein Vater besuchte nie eine Schule. Er war sein Leben lang ein einfacher Arbeiter. Obwohl die Familie Land besass, war es wegen der Wasserknappheit in der Wüste schwierig, davon zu leben, und in Dürrezeiten hatte die Familie nicht genug zu essen. Daher beschloss mein Vater anfangs der 1960er Jahre, als ich fünf war, mit der Familie in ein Gebiet in der Nähe von Ramla, einer Stadt in Zentral-Israel, zu ziehen, um eine Stelle zu suchen. Er fand Arbeit als Wächter in einer Plantage bei Ramla, die von einer jüdischen Firma betrieben wurde. Wir wohnten in einem verlassenen arabischen Haus in der Nähe der Plantage. Mein Vater wollte, dass ich meine Primarschulausbildung weiterführen sollte, aber da es an dem neuen Ort keine Schule gab, blieb ich bei meiner verheirateten Schwester im Negev, bis ich die Schule 1968 beendet hatte. Wir lebten immer noch in Zelten ohne Infrastruktur, aber zu der Zeit waren wir glücklich; das Leben schien mit weniger Verpflichtungen weniger kompliziert zu sein. Nach Beendigung der Primarschule wollte ich auf die Highschool gehen, aber da es in dem Gebiet keine gab, ging ich nach Tira, einem arabischen, in Zentral-Israel gelegenen Dorf. Es lag auch näher beim Wohnsitz meiner Eltern. Wir waren vier Cousins, die die Highschool besuchten, und wir mieteten zusammen ein Zimmer und lebten selbständig. Alle zwei Wochen ging ich nach Ramla, um meine Familie zu besuchen. Dies dauerte bis 1973, als ich die Schule abschloss.

Als ich 18 Jahre alt war, wusste ich nicht, was ich tun sollte. Ich hatte keine Lust, ins Dorf zurückzukehren; ich wollte im Leben vorwärtskommen und die Welt ausserhalb erfahren, weshalb ich Arbeit in Tel Aviv suchte. Ich fing als einfacher Arbeiter in einem Hotel an und arbeitete mich langsam hoch und wurde schliesslich Manager in einem Lebensmittelladen. Diese Stelle hatte ich fünf Jahre lang inne, und gleichzeitig lernte ich Buchführung. Dies dauerte bis 1980, als meine Familie beschloss, nach Rahat in den Negev zurückzukehren.

Rahat wurde 1972 gegründet. Obwohl wir weit weg wohnten, hatten wir über die Entwicklungen in diesem Gebiet gehört, und zwar deshalb, weil die Regierung unser Land enteignete, um die Stadt zu bauen. Bezüglich der Gründung der Stadt hatten wir gemischte Gefühle: Obwohl wir den Fortschritt wollten, fühlten wir uns wegen der Landenteignung verunsichert. Das Land, das wir als Ersatz bekamen, konnten wir nur pachten, und die Regierung konnte es uns jederzeit wieder wegnehmen. Unser Dilemma ist, dass wir zwar den Fortschritt wollen, aber einen sehr hohen Preis dafür zahlen müssen. Mein Vater und ich beschlossen, zwei Baugrundstücke in der Stadt zu kaufen. Wir begannen 1979, als wir noch in Ramla respektive in Tel Aviv wohnten, mit dem Bau des Familienhauses, und 1981 zogen wir nach Rahat.

In diesem Jahr heiratete ich. Meine Frau Amnah lernte ich bei einem Familienbesuch in der Nähe von Ramla kennen. Sie wohnte in der nahegelegenen Stadt Lod und studierte an einem Lehrerseminar. Nach sechs Monaten beschlossen wir zu heiraten; deshalb gingen meine Eltern und ich zu ihren Eltern und baten um die Erlaubnis. Als diese einverstanden waren, verlobten wir uns und heirateten nach weiteren sechs Monaten. Für meine Frau war der Umzug nach Rahat ein Kulturschock, da sie in einer relativ grossen Stadt mit Infrastruktur und Dienstleistungen gewohnt hatte. Auch die Freiheit der Frauen war in der Stadt viel

Sālīm Abū Hānī mit Familie im Zelt seiner Eltern. 1993 (Foto: Sonia Gidal)

grösser als bei den Beduinen. Zum Beispiel war es für Beduinenfrauen nicht üblich, ausserhalb des Hauses zu arbeiten, aber Amnah und ich bestanden darauf, dass sie in ihrem Beruf arbeiten sollte, obwohl meine ganze Familie dagegen war. Am Ende gab diese nach, und Amnah war eine der ersten berufstätigen Frauen in Rahat.

Nachdem wir nach Rahat gezogen waren, verliess ich meine Stelle in Tel Aviv und fand Arbeit als Bankangestellter in Beersheba. Ich arbeitete dort anderthalb Jahre, und als die Bankmanager 1982 beschlossen, eine Filiale in Rahat zu eröffnen, wurden ich und ein anderer Angestellter mit dieser Aufgabe beauftragt; es war die erste Bankfiliale in einer Beduinensiedlung. Unter den Kunden waren viele Beduinen, die ihr Geld wie Sozialleistungen oder Kinderzulagen auf ihr Bankkonto einbezahlt bekamen. Ich arbeitete bis 1983 bei der Bank und studierte Bankwesen am Regional College of the Negev. Ich wollte mich weiterentwickeln und suchte eine neue Stelle. Ich sah die Ausschreibung einer solchen im Stadtrat von Rahat und bewarb mich. Ich fing als Buchhalter an, und nach kurzer Zeit wur-

Das neue Haus von Sālīm Abū Hānī kurz vor seiner Fertigstellung. 1995 (Foto: Ania Biasio)

de ich zum Manager der Steuerabteilung ernannt. Diese Arbeit tat ich fünf Jahre lang, und 1989 wurde ich zum Chef des Department of Human Resources ernannt, eine Position, die ich heute noch innehabe. Während der Zeit, als ich im Stadtrat arbeitete, fuhr ich mit meinen Studien fort. Ich studierte am Regional College of the Negev das Fach Kommunalwesen und bewarb mich für den Bachelor-Grad an der Open University[2]. Ich beabsichtige, mein Studium in Stadtplanung bis zum Master-Grad fortzusetzen.

1994 beschlossen meine Frau und ich, ein eigenes Haus zu bauen. Obwohl wir meine Eltern sehr hochschätzen, haben wir das Gefühl, dass wir unser Privatleben brauchen, und deshalb bauen wir das Haus auf dem zweiten Grundstück, das mein Vater und ich vor einigen Jahren gekauft haben. Es liegt sehr nahe beim Haus meiner Eltern, so dass ich weiter für sie sorgen kann, wenn sie alt sind. Mein jüngerer Bruder ersetzt uns und lebt jetzt in der Wohnung mit den Eltern.

Während der letzten Jahrzehnte hat sich das Leben enorm verändert, was sich vor allem auf die ältere Generation auswirkt. Mein Vater hat sich nie daran gewöhnt, in einem Haus zu leben; es gefällt ihm nicht, und deshalb hat er im Hof für sich ein Zelt aufgerichtet, wo er die meiste Zeit verbringt, und so leben auch andere alte Leute. Für uns, die mittlere Generation, ist das Leben ein Dilemma: Einerseits wollen wir den Fortschritt, eine gute Infrastruktur, moderne Häuser, moderne Stellen, Schulbildung für die Kinder und regionale medizinische Dienstleistungen. Andererseits sind die Bürde von Ausgaben und Steuern sowie die Ansprüche des modernen Lebens ermüdend; aber es gibt keinen Weg zurück ...

Kher Albaz

Wandel und Krise – Soziale Wohlfahrt für die Negev-Beduinen[1]

Ein Beduine wird Sozialarbeiter

Vom Zelt zur Highschool

In diesem Beitrag berichte ich über meine Aufgaben als Sozialarbeiter in verantwortlicher Leitung der öffentlichen Fürsorge zugunsten der beduinischen Bevölkerung im Negev. Vorerst komme ich aber auf den beruflichen Hintergrund zu sprechen sowie auf meine Gründe für den Eintritt in diese Berufswelt.

1962 wurde ich in einem Beduinenstamm geboren, der 20 km östlich von Beersheba siedelte. Ich war der älteste Sohn einer sehr jungen Familie – bei meiner Geburt waren meine Mutter 15 und mein Vater 17 Jahre alt –, und wir lebten in ärmlichen Verhältnissen in einem Zelt. Das Leben eines Beduinenkindes habe ich am eigenen Leibe erfahren. Bereits in sehr jungem Alter begann ich der Familie beim Hüten der Herden zu helfen wie auch beim Sammeln von Feuerholz und beim Schleppen von Wasser, das wir mit einem Esel vom Ziehbrunnen holten, welcher sich in beträchtlicher Distanz zum Lagerplatz befand.

Als ich sechs Jahre alt war, willigten meine Eltern ein, dass ich eine Primarschule für Beduinen besuchen konnte, allerdings erst nach einigem Zureden durch Familienangehörige und auf meinen ausdrücklichen Wunsch hin. Ich wurde zusammen mit drei andern Kindern aus meinem Stamm zur Schule geschickt, die 10 km von unserem Zeltlager entfernt war.

So begann also meine Schulzeit. Zusammen mit den andern Kindern verliess ich jeden Tag in der Früh das Zelt. Nach einem Eselsritt von gut eineinhalb Stunden erreichten wir die Schule. Der Unterricht

Der Schulweg der Beduinenkinder war oft so lange, dass sie ihn mit dem Esel zurücklegen mussten. Schule der ʿAṭāwnih, 1970er Jahre (Foto: Sonia Gidal)

Hausaufgaben im Zelt. Diese Knaben sitzen auf einer Decke, mit der normalerweise das Brautkamel geschmückt wird. Ende 1950er Jahre (Foto: Tim Gidal)

dauerte bis zum Mittag, darauf machten wir uns mit unsern Eseln auf den Heimweg. Um das Tageslicht zu nutzen, pflegten wir öfters anzuhalten, um die Hausaufgaben zu erledigen; in den Beduinenzelten gab es damals noch keine Elektrizität.

Zu Beginn der 70er Jahre zog meine Familie mit dem ganzen Stamm in ein anderes Zeltlager, das sich näher bei der Schule befand. In der gleichen Periode wurde die erste neue Beduinensiedlung, Tel Sheva (Tell as-Sabʿ), gegründet und dort die erste Highschool für Beduinen gebaut. Erst nach einigem Zureden erhielt ich von der Familie die Erlaubnis, meine Schulbildung fortzusetzen. Allerdings muss man verstehen, dass zu jener Zeit die Beduinen die Schulbildung ganz allgemein als Luxus und nicht als Notwendigkeit erachteten.

Die Pflichten eines Beduinenkindes waren klar geregelt. Von einem Knaben wurde erwartet, dass er die Familie bei den anstrengenden Arbeiten im täglichen Überlebenskampf unterstützte. Mein Stamm sah mich deshalb als ein arbeitendes Individuum, dessen Pflicht es war, die Herden zu hüten, Feuerholz zu sammeln und Wasser vom Ziehbrunnen zu holen. Deshalb wurde die Schule als ein Faktor betrachtet, welcher die Erfüllung dieser Pflichten behinderte. Dennoch wurde mir die Gelegenheit geboten, meine Schulbildung in der Highschool von Tel Sheva weiterzuführen, was für viele Kinder meines Stammes damals nicht möglich war. 1979 schloss ich die Highschool erfolgreich ab.

Steiniger Weg zur Universität

Nach der Graduierung übte meine Familie starken Druck auf mich aus, um mich wie alle Beduinen in meinem Alter zu verheiraten, denn nach beduinischem Brauch sollten die jungen Männer im Alter zwischen 15 und 18 Jahren heiraten. Der Druck auf mich war umso stärker, als ich der älteste Sohn war. Meine Familie erwartete von mir, dass ich ein Haus baue und eine eigene Familie gründe. Doch dies richtete sich völlig gegen meine Absicht zu studieren, so dass ich einmal mehr die ganze Familie davon überzeugen musste.

Unmittelbar nach dem Schulabschluss bewarb ich mich um einen Studienplatz bei mehreren Universitäten. Alsbald musste ich erfahren, dass das allgemeine Niveau meiner Schule in Tel Sheva einiges tiefer lag als in den meisten andern Highschools in Israel. Obwohl ich mit Erfolg abgeschlossen hatte, war ich für ein Studium zuwenig vorbereitet und konnte von einer Universität auch nicht akzeptiert werden. Dennoch war mein Wunsch nach einem Studium damals so stark, dass ich für ein Jahr nach Haifa zog, rund 250 km von zu Hause entfernt. Dort besuchte ich einen speziellen Jahreskurs, um mich für die Universität besser vorzubereiten[2], was eine schwere finanzielle Belastung für meine Familie bedeutete.

Nach der Rückkehr zu meinem Stamm heiratete[3] ich und bewarb mich für ein Studium in Sozialarbeit an der Ben Gurion-Universität in Beersheba. Anfang 1984 konnte ich schliesslich mit dem Studium beginnen und war in diesem Jahr der einzige zugelassene Beduine. Während meiner Studienzeit war ich freiwillig in verschiedenen sozialen Bereichen für die Beduinen tätig.

Weiterbildung in Kanada

1987 schloss ich mein Studium mit einem Bachelor-Grad in Sozialarbeit ab. Mit Hilfe des Departements für Sozialarbeit der Ben Gurion-Universität konnte ich ein Jahr später mit meiner Familie nach Kanada ziehen, um dort mein Studium in Sozialplanung sowie

Turnstunde im Freien. Schule der ʿAṭāwnih, 1970er Jahre
(Foto: Sonia Gidal)

Sozialpolitik fortzusetzen und mit einem Master-Grad abzuschliessen.

Während des zweijährigen Studiums und den folgenden zwei Jahren, in denen ich im kanadischen Wohlfahrtssystem arbeitete, habe ich viele Erfahrungen in Bereichen sammeln können, die sich mit speziellen Bevölkerungsgruppen befassen wie den indianischen Ureinwohnern, Einwanderern und Flüchtlingen. Als ich mit diesen Gruppen zusammenarbeitete, beschäftigte ich mich vor allem mit der Planung und Entwicklung von Dienstleistungen, die den Charakteristiken und Bedürfnissen dieser Leute entgegenkamen, welche denjenigen der beduinischen Bevölkerung, aus der ich stamme, sehr ähnlich sind.

Die öffentliche Fürsorge den speziellen Bevölkerungsgruppen anzupassen, indem ihre Kultur und Tradition berücksichtigt werden, war das Hauptaugenmerk meiner Arbeit in Kanada. Ohne Zweifel hatte dies den stärksten Einfluss auf die Fortsetzung meines beruflichen Werdegangs. Zu jener Zeit hatte ich mich schon entschieden, dass meine berufliche Zukunft darin bestehen würde, soziale Projekte für die Beduinen im Negev zu planen, zu entwickeln und durchzuführen.

Das zweistöckige Haus von Kher Albaz in Tel Sheva; rechts im Hintergrund der Kindergarten seiner Frau. 1997 (Foto: Peter R. Gerber)

Zurück im Negev

1992 kehrte ich mit meiner Familie nach Israel in die neue beduinische Siedlung von Tel Sheva zurück, wo mein *rub'* und mein Stamm leben. Zur selben Zeit wurde mir die Stelle des Leiters eines neu geschaffenen staatlichen Fürsorgeamtes für Beduinen angeboten. Das Hauptziel dieser Stelle ist der Ausbau sozialer Leistungen speziell für Beduinen, um sie bei der Lösung von Problemen zu unterstützen und ihren Bedürfnissen Rechnung zu tragen, und zwar unter Berücksichtigung der spezifischen Struktur der beduinischen Gesellschaft sowie ihrer Kultur und Traditionen.

Um die ganze Komplexität meiner Aufgabe zu zeigen, werde ich im nächsten Kapitel überblicksartig die Geschichte der Negev-Beduinen seit der Gründung des Staates Israel 1948 bis zur Gegenwart darstellen. Ich werde zudem auf den rapiden Wandel eingehen, dem die Beduinen ausgesetzt sind und der ihre verschiedenen Lebensbereiche und die gesellschaftliche Struktur beeinflusst.

Im weiteren behandle ich den Einfluss dieses Wandels auf meine Tätigkeit als Sozialarbeiter, der den Beduinen soziale Leistungen anbietet. Dem folgen einige Beispiele von Projekten und Aktivitäten, die bei den Beduinen durchgeführt wurden. Dabei werde ich die aufgetretenen Schwierigkeiten darstellen wie auch die beruflichen Dilemmas, Zweifel und die recht harten Konflikte zwischen den lokalen Werten und der Sozialarbeit, d.h. vor allem den Konflikt zwischen den modernen Werten und der beduinischen Tradition und Kultur. Ich beziehe mich dabei einerseits auf meine Position als verantwortlicher Leiter professioneller Sozialarbeit gemäss den Lehrmeinungen, die mir beigebracht wurden, anderseits geht es ja auch darum, dass ich als Beduine in einem traditionellen Beduinenstamm aufwuchs und erzogen wurde.

Die Geschichte der Negev-Beduinen

Die gute alte Zeit

Für Jahrhunderte lebten die Beduinen der Negev-Wüste in harmonischer Beziehung zu ihrer Umwelt. Ihre nomadische Lebensweise, bei der sie ihre Herden

Kāmlah Albaz wohnt auf demselben Grundstück wie ihr Sohn Kher. Neben ihrem Haus hat sie wie viele ihrer Generation ein Zelt aufgestellt. 1995 (Foto: Ania Biasio)

von einer Region zur andern führten und dabei den Wasserquellen und den ergiebigen Weidegründen folgten, erlaubte ihnen, sich gegenüber der extremen Hitze, Kälte und Trockenheit in einer der unwirtlichsten Gegenden unseres Planeten zu behaupten. Zur selben Zeit war die materielle Kultur der Beduinen der Umwelt, in der sie lebten, bestens angepasst. Zum Beispiel verwendeten sie mobile Zelte aus Ziegenhaar, um sich gegen die extremen Klimaverhältnisse zu schützen. Das soziale Ideal der gegenseitigen Unterstützung und des gegenseitigen Schutzes sowie die Verwandtschaft mit den Nachbarn lieferte ihnen die Grundlagen, in der Wildnis der Wüste zu überleben.

Der traditionelle Lebensstil dieser Gemeinschaft soll jedoch nicht überbewertet werden. Dürre, Hunger, hohe Kindersterblichkeit und eine relativ kurze Lebenserwartung waren nur einige der vielen Probleme, welche für die Beduinen in diesem Lebensraum alltäglich waren. Überdies dienten ihre Wirtschaft und die Sozialordnung nicht blossem Selbstzweck, sondern den notwendigen Anpassungen an die sich stets wandelnden Umweltbedingungen.

Sesshaftigkeit gegen Nomadismus

Im späten 19. Jahrhundert begannen sich Änderungen in der regionalen Politik auf die Negev-Beduinen auszuwirken. Die Osmanen, die damals in diesem Gebiet herrschten, versuchten verschiedentlich, die nomadische Bevölkerung in zweckdienlichen Zentren anzusiedeln, womit sie jedoch nur begrenzten Erfolg hatten. Nach dem 2. Weltkrieg und dem Ende der Kolonialzeit wurde mit weitaus stärkerem Druck eine ganze Zahl staatlicher Ansiedlungsprogramme durchgeführt, und zwar im ganzen Nahen Osten, um den Modernisierungs- und Entwicklungsprozess der Beduinenvölker zu beschleunigen und um eine grössere politische Stabilität und Kontrolle über abgelegene, wenig entwickelte oder randständige Gebiete durchzusetzen.

Auch der neue Staat Israel startete gleich zu Beginn seiner Existenz in den späten 40er Jahren ein solches Programm. Die Beduinenvölker im Negev sollten an permanenten Plätzen angesiedelt werden, und zwar in einem Gebiet nahe der Stadt Beersheba im Norden des Negev. Dieses Gebiet, im Hebräischen *seig* genannt, war im Grunde ein abgegrenztes Territorium und erlaubte wenig Bewegungsfreiheit. Die damalige militärische Administration des Negev richtete diese Reservation ein, um die nomadischen Aktivitäten der Beduinen zu überwachen und zu kontrollieren.

Erzwungene Ansiedlung

Mitte der 60er Jahre wurde den Bemühungen zur Ansiedlung eine feste Form gegeben, indem der *seig* aufgehoben und ein Plan von neuen Beduinensiedlungen entworfen wurde. Das eigentliche Planziel war die dauernde Sesshaftigkeit der Beduinen in Siedlungen, welche von den staatlichen Behörden als Dienstleistungszentren geplant wurden; somit sollte ihre nomadische Lebensweise beendet werden.

Die erste, neue urbane Beduinensiedlung, Tel Sheva, erwies sich für die meisten Beobachter von Anfang an als eine Fehlplanung; sie vermochte nämlich kaum die zögernden zukünftigen Bewohner anzulocken, und jene Einwohner, welche dorthin umzogen, waren kaum fähig, sich an den sozio-ökonomischen Wandel anzupassen, der sich bei einer urbanen Lebensweise ergibt. Diese Fehlleistung konnte jedoch nicht verhindern, dass in den 70er und frühen 80er Jahren weitere, besser geplante urbane Beduinensiedlungen aufgebaut wurden.

Zur Zeit bestehen sieben solcher Siedlungen in der nördlichen Beersheba-Ebene. Gemäss dem Ministerium für Wohnbau und der offiziellen Wohnstatistik vom September 1992 umfasste damals die Gesamtbevölkerung der sieben urbanen Siedlungen 46 000 Einwohner, das heisst 56 % der schätzungsweise 82 000 Beduinen, die insgesamt im Negev lebten. Die meisten nichtstaatlichen Quellen sprachen jedoch von einer weit tieferen Verstädterungsrate von nur 45 % (rund 40 000); zudem schätzten sie die beduinische Gesamtbevölkerung auf gegen 90 000 Personen.

Wie auch immer, rund die Hälfte der Negev-Beduinen hat sich bis heute geweigert, in diese urbanen Siedlungen umzuziehen. Die meisten von ihnen bleiben in den Randgebieten und leben in traditionellen Zeltlagern oder, nun häufiger, in spontanen Ansiedlungen aus Blechhütten und einfachen Zementziegelhäusern. Diese Beduinen begründen ihre Weigerung gegenüber einer Umsiedlung mit offenen Fragen bezüglich Arbeitsmöglichkeiten, Verlust von Landbesitz und möglichem sozialem Stress.

Der Masos-Regionalrat

Die sieben urbanen Siedlungen der Negev-Beduinen wurden bis 1997 von verschieden strukturierten Räten regiert: Zwei hatten ihren eigenen Lokal- resp. Stadtrat (Tel Sheva und Rahat), zwei wurden vom Shoket-Regionalrat regiert (Hura und Lagiyyah), und drei standen unter der Zuständigkeit des Masos-Regionalrates (Kseifa, Aroer und Segev Shalom). Die Mitglieder dieser Regionalräte werden vom Innenministerium berufen und nicht demokratisch gewählt; dahinter steht das Konzept, dass die anfängliche Bevölkerungszahl der geplanten Siedlungen klein war und die Beduinen nur eine mangelhafte Bereitschaft bekundeten, eigene Repräsentanten zu wählen, um ihre Angelegenheiten selbst zu regeln.

Sobald eine der neuen Siedlungen mehr als 5000 Einwohner zählt, wird ihr angeboten, ihre eigene Beduinenregierung zu wählen. So hat die grösste, Rahat, schon eine selbstgewählte Stadtregierung, und Tel Sheva wird bald ihre eigene, ordnungsgemäss gewählte Regierung haben. Sobald die notwendige Bevölkerungszahl erreicht ist, werden auch die Siedlungen des Shoket- resp. Masos-Regionalrates ihre Wahlen durchführen und ab 1998 mit je einem eigenen Lokal- resp. Stadtrat sich selbst verwalten.

Der Masos-Regionalrat wurde im August 1988 etabliert, und zwar als Reaktion auf die Notwendigkeit, die drei unterstellten urbanen Siedlungen verstärkt in die Planung und Entwicklung einzubinden. Der ursprüngliche Rat umfasste vierzehn Beduinen; zusätzlich wurden vier Juden berufen. Sechs der Beduinen lebten in Aroer, sechs in Kseifa und zwei in Segev Shalom. Einer der Juden wurde zum Vorsitzenden gewählt, dies, weil die Ratsmitglieder sich nicht auf einen der Beduinenvertreter einigen konnten.

Während diese Tatsache offenbarte, dass die alten traditionellen Rivalitäten und Streitigkeiten unter den Beduinen in der urbanen Beduinengesellschaft fortdauern, war es von Anfang an klar, dass die Ratsmitglieder wie auch die Einwohner gegenüber der Modernisierung, die das urbane Leben den Beduinen brachte, durchaus offen waren. Die Regierungspolitik spiegelte die neue Betrachtungsweise, nämlich die Gemeindemitglieder von Anfang an in einige der Entscheidungsprozesse miteinzubeziehen.

Alles in allem erachtete der Regionalrat jüngere Einwohner als die empfänglichsten für eine kulturelle Anpassung und sah in ihnen die «zukünftigen führenden Persönlichkeiten». Dieser vom Regionalrat geförderte sozio-kulturelle Wandel diente dazu, die jungen Beduinen mit mehr Macht auszustatten, was jedoch auf Kosten des alten Systems geschah, in dem der Scheich die bestimmende Figur war, das nun herausgefordert war und unterhöhlt wurde. Diese Transformation war aber nur ein Beispiel der Rollenwechsel, die sich als Resultat der Umsiedlungen ereigneten.

Modernisierung und Anpassung in der urbanen Umwelt

Vordergründig gibt es ein Anzahl von sozialen Wandlungen und materiellen Verbesserungen, die in den staatlichen Siedlungen im Vergleich zu den traditionellen leicht zu registrieren sind: Einwohner der neuen Beduinensiedlungen leben nun zum grössten Teil in festen Häusern und haben fliessend Wasser, Elektrizität und Telefonanschlüsse. Ein umfassendes Gesundheitssystem mit Kliniken, inklusive Kinderkliniken, wird in den urbanen Siedlungen angeboten. Ebenso bestehen im ganzen urbanen Bereich diverse Bildungseinrichtungen.

Im Gegensatz dazu leben Bewohner der traditionellen Siedlungen in Hütten oder Zelten, da permanente Bauten in den nun als Staatsland bezeichneten Gebieten legalerweise nicht gebaut werden dürfen. Über Elektrizität verfügen nur solche, die einen Generator betreiben, und der kostet immerhin rund $ 1500; viele haben überhaupt keinen elektrischen Strom.

Die spontanen Siedlungen haben keine Telefonanschlüsse. Wasserleitungen werden manchmal verlegt, doch meistens kann das Wasser nur aus Tankwagen bezogen oder aus nahegelegenen Ziehbrunnen geholt werden. Wenn überhaupt Toiletten zur Verfügung stehen, dann sind es separate WC-Häuschen, die je ungefähr $ 1000 kosten.

Die spontanen Siedlungen haben auch keine Gesundheitseinrichtungen. Ein einfacher mobiler Gesundheitsdienst aus dem Soroka-Spital in Beersheba fährt alle zwei Wochen in die spontanen Siedlungen; wer jedoch mehr braucht als diese medizinische Grundversorgung, muss nach Beersheba reisen.

Inwieweit sich das Niveau des Bildungswesens innerhalb der neuen Siedlungen verbessert hat, ist weniger leicht zu bestimmen. Das Erziehungsministerium hat für die Schüler aus spontanen Siedlungen separate Schulen aufgebaut, die nach offiziellen Angaben von etwa 90 % der Kinder besucht werden. Vorsichtigere Schätzungen hingegen sprechen von rund 38 %, und sie stützen sich dabei auf aktuelle, offizielle Besuchsstatistiken aus demselben Ministerium. Die Schulbesuchsrate in den urbanen Beduinensiedlungen ist beträchtlich höher: Gemäss einer unabhängigen Studie vom Juli 1993 gehen zum Beispiel in Segev Shalom 75 % der Kinder im Alter von 5-17 Jahren zur Schule. Die Tatsache, dass die Besuchsrate da, wo die Schulen in kurzen Wegdistanzen erreichbar sind, trotzdem deutlich unter der 90 %-Rate liegt, wirft die Frage auf, wie zuverlässig die vom Ministerium vorgelegten Daten wohl sind.

Obwohl in den staatlichen Siedlungen einige positive Aspekte zu vermelden sind, leiden die Beduinen an verschiedenen sozialen und ökonomischen ‹Krankheiten›. Arbeitslosigkeit, hohe Raten von frühzeitigen Schulabgängern, ein steigender Drogenhandel, Autodiebstahl, Frauen- und Kindsmissbrauch, Gewalttätigkeit auf den Strassen und 1996 sogar eine Entführung mit Vergewaltigung (allerdings ein Einzelfall), dies alles unterminiert die Beduinengesellschaft. Auch wenn nicht gesagt werden kann, dass die Verstädterung diese Schwierigkeiten verursacht hat, ist es klar, dass es eine Verbindung gibt zwischen der Ansiedlung der Beduinen in den neuen Siedlungen und dem Ansteigen von sozialer und ökonomischer Unrast in diesen Gemeinden.

Ebenso ist festzuhalten, dass die Schwächung der traditionellen Familien- und Stammesbande die kulturellen Werte der Beduinengesellschaft zerbrechen lässt. Das resultierende Vakuum zieht eine ganze Vielfalt stabilisierender Elemente an, unter anderem den muslimischen Fundamentalismus. In der Tat identifiziert sich der 1989 gewählte beduinische Bürgermeister von Rahat mit der fundamentalistischen Bewegung.

Das Büro für öffentliche Fürsorge des Masos-Regionalrats

Die täglichen fürsorgerischen Probleme haben von der Regierung konkretes Handeln verlangt. Deshalb ist von allen urbanen Regionalräten eine Vielfalt von sozialen und kommunalen Dienstleistungen entwickelt worden. Das Büro des Masos-Regionalrats für soziale Fürsorge ist, wie erwähnt, für drei der sieben Beduinensiedlungen verantwortlich; zudem ist es für fast alle Beduinen zuständig, die in spontanen Siedlungen leben, d.h. für rund 40 000 Leute. Alles in allem ist Masos bezüglich der Fürsorgeleistungen für rund 60 000 Leute verantwortlich, d.h. für über zwei Drittel aller Negev-Beduinen.

Gegenwärtig arbeitet im Fürsorgebüro ein kleines Team von hochqualifizierten beduinischen und jüdischen Sozialarbeitern. Verantwortlichkeiten sind nach spezifischen sozialen Problemen und nach geographischen Regionen aufgeteilt. Kulturelle Programme für Frauen und für die ältere Generation, Freizeitprogramme für Jugendliche, Nachhilfeunterricht für Schüler, die sich zum Beispiel auf das israelische voruniversitäre Examen vorbereiten möchten, dies sind nur einige wenige Aktivitäten, welche das Büro in der jüngsten Vergangenheit organisiert hat.

Hinzu kommt, dass zwei Sozialarbeiter dafür verantwortlich sind, dass das wachsende Problem des Kindsmissbrauchs in den Gemeinden angegangen wird. Es handelt sich um Fälle wie Inzest, Schwangerschaft respektive Schwangerschaftsabbruch bei Minderjährigen und das Aussetzen von Kindern. Die Arbeit des Büros in diesem Problembereich nimmt jede Woche um drei bis vier Fälle zu.

Ein Sozialarbeiter ist bestimmt worden, um ausschliesslich mit geistig Behinderten zu arbeiten, da unter den Beduinen häufig Kinder geboren werden, die verschiedenartige geistige und körperliche Behinderungen zeigen. Ehen zwischen Basen und Vettern ersten Grades, genetische Mängel, die sich wegen eines begrenzten genetischen Pools wiederholen, sowie Schwangerschaften in den späten Jahren der weiblichen Fruchtbarkeit, alle diese Faktoren beeinflussen dieses Problem. Um den spezifischen Bedürfnissen dieser Beduinenkinder gerecht zu werden, sind zwei Sonderschulen in der Nähe von Kseifa eröffnet worden. Während diese zwei Schulen von je über 80 Schülern besucht werden, hat das Fürsorgebüro von weiteren 150 Kindern Kenntnis, die ebenfalls diese Schulen besuchen könnten resp. sollten.

Schliesslich hat das Büro beantragt, in jede der drei urbanen Siedlungen einen Sozialarbeiter für allgemeine Fragen zu plazieren. Zudem sollte ein Sozialarbeiter bestimmt werden, der mit Familien arbeitet, die weiterhin in den randständischen spontanen Siedlungen leben.

Trotz dieser ausgedehnten Verantwortlichkeiten wartet das Fürsorgebüro von Masos immer noch auf die finanzielle Unterstützung, die zum notwendigen personellen Ausbau benötigt wird, auch wenn man nur das Minimum der Dienste anbieten will. Dazu kommt, dass das Büro mehr Mitarbeiter braucht, um den stark wachsenden Bedarf nach speziellen Diensten zum Schutz der Kinder abdecken zu können. Programme, die auf die Entwicklung von Familienwerten hinzielen (zum Beispiel betreffend Frauen- und Drogenmissbrauch), wie auch solche, die mehr informelle Bildungsangebote leisten, alle diese Programme könnten dazu dienen, den Übergang der beduinischen Gemeinschaft in eine urbane Umwelt zu erleichtern.

Aber vielleicht am wichtigsten dürfte der Bedarf für Programme sein, welche die Gemeindeentwicklung stärken. Das Eindringen von Drogen in die Beduinengesellschaft ist beispielsweise eine Folge der Gefühle von Hoffnungslosigkeit und Gleichgültigkeit, welche die heutige Beduinenjugend quälen.

Wir müssen uns direkter mit den zentralen Werten der beduinischen Identität auseinandersetzen und uns dem Gefühl stellen, dass die Beduinengesellschaft durch die Umsiedlung in eine urbane Welt «ihre Kultur verloren hat». Schliesslich sollen die Kultur und die Traditionen der Beduinen bewahrt werden, und zwar soweit, dass die soziale Erniedrigung aufgehalten wird, die gegenwärtig die soziale und ökonomische Entwicklung unterminiert.

Ausblick in die Zukunft

Bei Ansiedlungsprojekten wie denjenigen für die Beduinen ist ein umfassendes öffentliches Fürsorgeprogramm notwendig, um die Entwicklung der Gemeinden besser voranzutreiben und gleichzeitig die schädlichen sozialen und wirtschaftlichen Folgen der Entwurzelung und Umsiedlung für eine indigene Bevölkerung mildern zu können. Zahlreiche soziale Probleme entstehen gegenwärtig in der Beduinenbevölkerung; einige davon sind neu (Drogenmissbrauch, Schule schwänzen, willkürliche Gewalt) und einige längst bekannt, kamen jedoch bis vor kurzem relativ selten vor (Vergewaltigung, Inzest). Da eine Bevölkerung in der Periode des Wandels gefährdet ist, müssen solche Probleme sorgfältig beobachtet und mit Nachdruck in Schach gehalten werden, wenn die zukünftige Entwicklung der Gesellschaft als ganzes in eine positive Richtung verlaufen soll.

Solange der Masos-Regionalrat den beduinischen Einwohnern der urbanen Siedlungen eine allgemein verbesserte Lebensqualität im Vergleich zu derjenigen in den spontanen Siedlungen verspricht, würde ein mangelhaftes Eingehen auf die heutigen Sorgen und Bedürfnisse eines beträchtlichen Teils der Bevölkerung sich wiederum auf sie schädigend und sozial zerrüttend auswirken.

Die Verpflichtung des Masos-Regionalrats, die Negev-Beduinen zu ‹entwickeln›, ist sehr wohl begründet. Die Unterstützung für weiterführende Anstrengungen und Aktivitäten des Fürsorgebüros wird dazu beitragen, dass der urbanen Beduinengemeinschaft eine bessere Zukunft gesichert ist.

Die Entwicklung der sozialen Wohlfahrt und ihre Begründung

Schneller Wandel und grosse Unsicherheit

Während meiner bisherigen Arbeit mit Beduinen habe ich gelernt, dass sie eine einzigartige Bevölkerungsgruppe mit Charakteristiken und Bedürfnissen bilden, die total verschieden von denjenigen anderer Bevölkerungsgruppen im selben Lebensraum sind. Es handelt sich um eine Gemeinschaft, die inmitten einer modernen, liberalen Gesellschaft mit einem sich rasch verwestlichenden Lebensstil existiert, der mit dem traditionellen beduinischen Lebensstil kontrastiert.

Als, wie schon erwähnt, Ende der 40er Jahre der Staat Israel gegründet wurde, gerieten die Negev-Beduinen in eine Periode des schnellen Wandels, der alle Teile der Gesellschaft beeinflusste. Dieser Wandel wirkte sich insbesondere auf folgende Aspekte aus: die traditionelle Form der Führung, die Struktur des Stammes und der Familie, die Beziehung zwischen Kindern und Eltern, den Status der Frauen, die traditionell männlichen und weiblichen Rollen in der beduinischen Gesellschaft, die soziale, ökonomische und politische Mitwirkung der Beduinenbevölkerung wie auch ihren sozio-ökonomischen Status.

Diese Situation ruft unter den Beduinen Gefühle der Unsicherheit hervor. Dies zeigt sich zum Beispiel bei der Frage, ob das traditionelle Leben am bisherigen Wohnort weitergeführt werden kann oder ob damit zu rechnen ist, dass man an einen neuen Ort umgesiedelt wird. Aus dem Wandel resultiert eine Ungewissheit in so vitalen Bereichen wie Wohnort, Arbeit, soziale und politische Mitwirkung. Schlimm ist auch das starke Gefühl, keine Kontrolle über diesen Wandel zu haben.

Die genannten Ungewissheiten erzeugen innerhalb der Bevölkerung der Negev-Beduinen eine Atmosphäre von Spannung, Druck und Zerfall. Weit schlimmer: Die Beduinen haben keine entsprechende Führung, welche in der Lage wäre, sie durch diesen Wandel zu leiten; es müssten Anführer sein, die einerseits mit der traditionellen Beduinengesellschaft vertraut sind und die sich anderseits in der israelischen Gesellschaft auskennen, in der die Beduinengemeinschaft ja lebt.

Als Verantwortlicher in der öffentlichen Fürsorge für die Beduinen, in Kenntnis ihrer Probleme und mit der Bereitschaft, diese lösen zu helfen, übernahm ich die Aufgabe, verschiedene Projekte und Dienstleistungen zu entwickeln, welche die Bevölkerung auf ihrem Weg durch den Umwandlungprozess ihrer Alltagserfahrungen unterstützen sollten.

«Hilf mir heute, dann helfe ich dir morgen.»

Einen Bereich, den ich hervorhebe möchte und den ich als vielversprechend für die Beduinengesellschaft erachte, und zwar in unmittelbarer Weise und auf längere Sicht, ist die freiwillige Hilfe von Beduinen für Beduinen.

Freiwilligkeit ist für die Beduinen nicht ein neues Konzept. Vielmehr zeigt die Geschichte, dass Freiwilligkeit einer der Grundwerte im beduinischen Kulturerbe ist. Gegenseitige Hilfe war und ist heute noch eine der wichtigsten Komponenten für das eigene Überleben und für das Überleben innerhalb der Beduinengesellschaft.

Es gibt mehrere Beispiele, um diese Tatsache zu illustrieren:

- Man gab Beduinen, die durch die Wüste zogen, jedoch nicht zum eigenen Stamm gehörten, Nahrung und gewährte ihnen Unterkunft gemäss dem Gebot: «Hilf mir heute, dann helfe ich dir morgen.»
- Man leistete bedrohten, armen und kranken Mitgliedern der Gemeinschaft Hilfe und bot ihnen Zuflucht, ohne eine unmittelbare Belohnung dafür zu erwarten.
- Man unterstützte sich gegenseitig während der nomadischen Wanderschaft auf der Suche nach Wasser und Weideplätzen.

Viele andere Beispiele könnten hinzugefügt werden, die das Konzept der Freiwilligkeit und gegenseitigen Hilfe und deren Bedeutung für das Überleben der Beduinen in den harten Lebensbedingungen der Wüste unterstreichen. Die von mir vorgelegten Beispiele zeigen, wie wichtig die Freiwilligkeit für das soziale Wohlbefinden der Beduinen in der Vergangenheit war. Heute jedoch nehmen die Bedürfnisse und Ansprüche zu, und das Konzept der Freiwilligkeit ist erst recht wichtig.

Gegenseitige freiwillige Hilfe

Ich bin fest davon überzeugt, dass wir mit dem Aufbau einer breiten Freiwilligenstruktur von Jungen und Erwachsenen nicht nur die unmittelbaren Grundbedürfnisse befriedigen können, sondern auch in der Lage bleiben, die Führung der beduinischen Gemeinschaft in Zukunft selber wahrnehmen zu können. Diese Führung wird die Probleme der Gemeinschaft erkennen und sich an deren Lösung beteiligen, wobei sie die speziellen Aspekte der beduinischen Gesellschaft in Betracht ziehen wird. Eine solche Leitung wird sich verantwortlich und der Gemeinschaft zugehörig fühlen.

Das Ziel einer Freiwilligenstruktur ist gleichzeitig in zwei Bereichen erreicht worden: Zuerst mussten wir in jedem Stamm lokale Aktivisten, Männer und Frauen, finden, um mit ihnen gemeinsame Projekte aufzubauen. Die lokalen Aktivisten entwickelten sich zu echten Partnern und nahmen an allen Projekten teil, auf allen Planungsstufen und an deren Verwirklichung, und zwar von dem Augenblick an, als sie rekrutiert wurden. In kurzer Zeit entwickelten die Aktivisten ein grosses Engagement für das Projekt und zeigten bei der Realisierung viel Begeisterung und ein gewachsenes Selbstbewusstsein. Einige von ihnen besuchten darauf sogar an der Ben Gurion-Universität in Beersheba einen speziellen Kurs für das Management von sozialen Projekten.

Im zweiten Bereich von Freiwilligkeit geht es um den Aufbau von Studentengruppen in allen Beduinen-Highschools. Nach einer speziellen Vorbereitung sollten die älteren Studenten in einem freiwilligen Rahmen jüngeren Studenten und auch Primarschülern, die in der Schule Schwierigkeiten haben, Nachhilfeunterricht anbieten. Dies kann nach der Schule am Nachmittag und völlig informell geschehen.

Ein anderes Anliegen, bei dem der Einsatz von Freiwilligen in jedem Stamm resp. jeder Siedlung wichtig ist, sind die nachmittäglichen Freizeitaktivitäten, wie Gesellschaftsspiele, Diskussionen über verschiedenste Themen, sportliche Tätigkeiten oder auch Ausflüge. Bei diesen Projekten geht es darum, die beduinische Jugend zum Wohle der Gemeinschaft zu aktivieren.

Die Beduinin in der Krise

Ich glaube, dass die Planung und Entwicklung spezieller Programme für Frauen ein weiteres wichtiges Feld der Sozialarbeit für die Beduinen ist. Die Frauen sind durch den Wandel, den die beduinische Bevölkerung in letzter Zeit erlebt hat, am stärksten betroffen.

Die Beduinin hat viele traditionell definierte Pflichten: sie kümmert sich um die Kinder, sammelt Feuerholz, webt Teppiche, führt den Haushalt, hütet die Herden, hilft dem Manne beim Säen und Ernten, stellt das Zelt während der Wanderschaft auf, richtet es ein und erfüllt weitere wichtige und schwierige Aufgaben. Sie ist deshalb mit diesen Aufgaben zeitlich voll ausgelastet. Frauen werden als vitaler Teil der Beduinenfamilie erachtet und gelten als einer der wichtigsten Faktoren fürs Überleben unter den harten Wüstenbedingungen.

Die Frau von Kher Albaz, Hūdah, betreut in ihrem privat geführten Kindergarten ihre eigenen Kinder sowie solche aus der Nachbarschaft. 1997 (Foto: Peter R. Gerber)

Der Wandel innerhalb der Beduinengesellschaft verringert allmählich diese traditionellen Frauenaufgaben. Die Zelte sind durch Häuser ersetzt, die Grösse der Herden nimmt laufend ab, und die Kinder verbringen die meiste Zeit in der Schule. Somit wandeln sich die beduinischen Frauen langsam von einem produktiven zu einem konsumierenden Segment der Gesellschaft. Dieser Wandel senkt ihren Status, schädigt ihre Selbstachtung und ihre Einstellung zur Umwelt, wodurch grosse gesellschaftliche und familiäre Probleme entstehen. Die Frauen sitzen total unterbeschäftigt und verzweifelt zu Hause, während ihre Kinder in der Schule und ihre Männer am Arbeitsplatz sind. Da wir befürchten müssen, dass die Beduinenfrauen sich zu einer Risiko-Gruppe entwickeln, hat mein Team mit mir zusammen ein breites Angebot von freiwillig geleisteten Diensten geschaffen, um sie aus dem Teufelskreis der Hoffnungslosigkeit zu befreien.

Programme für Frauen

Unsere Arbeit war in zwei Teile gegliedert: In einer ersten Phase wurden bei den Stämmen und in den Siedlungen Frauenklubs gegründet, wobei die Frauen vor Ort die Hauptlast bei der Planung wie auch bei der Durchführung der Aktivitäten tragen. In diesen Klubs sind die Frauen in Selbsthilfegruppen organisiert, in denen sie an Vorträgen zu verschiedenen Themen teilnehmen. Themen sind zum Beispiel: Kinderpflege, Gesundheitsfragen, Unfälle im Haus, Schönheitspflege und Kosmetik, Unterricht in Arabisch und Hebräisch, Kunsthandwerk sowie manch andere soziale Aktivität wie Reisen und Exkursionen, Ausflüge, Treffen mit Frauen aus andern Gesellschaftskreisen in Israel usw.

In der zweiten Phase unserer Arbeit konzentrierten wir uns auf die berufliche Ausbildung der Frauen. Erklärt wird dies damit, dass diese dank einer Berufsausbildung ein eigenes Einkommen verdienen und somit wirtschaftliche Unabhängigkeit gewinnen können.

Die Mehrheit der Berufe, welche die Frauen gelernt haben und seit kurzem auszuüben beginnen, sind Sonderunterricht und das Leiten von Kindergärten. Sie lehren auch Berufe wie Juwelierin, Schneiderin, Sekretärin, Coiffeuse, Näherin und Siebdruckerin.

Es sei nicht verschwiegen, dass die Einführung dieser modernen Ideen und Projekte in die konservative beduinische Gesellschaft mit einer gewissen Zurückhaltung begrüsst wurde. Als das Vertrauen aber einmal aufgebaut war und die Projekte den Bedürfnissen der Bevölkerung angepasst waren, wurden sie begeistert akzeptiert. Als wir zum Beispiel das Projekt der Berufsausbildung für Frauen starten wollten, zögerten die Stämme damit, den Frauen die Erlaubnis zu erteilen, sich ihre Ausbildung auswärts zu erwerben. Die Leute meinten, dass es der beduinischen Tradition widerspreche, wenn Frauen zur Ausbildung für einen ganzen Tag nach Beersheba geschickt würden. Dehalb wurde zusammen mit den Repräsentanten der Stämme die Entscheidung getroffen, die Ausbildung im Stammesrahmen anzubieten, so dass die Frauen den Stamm nicht verlassen mussten. Die Stämme stellten die Räumlichkeiten für die Ausbildungsprogramme zur Verfügung, und Lehrerinnen und Instruktorinnen wurden angestellt, die speziell für diese Zwecke zu den einzelnen Stämmen kommen. Dieses Arrangement erwies sich in jedem Stamm und auf allen Gebieten als so tauglich, dass wir es als ein Arbeitsmodell übernahmen.

Zwischen zwei Kulturen

Westliche Wohlfahrtslehre und indigene Kultur

In diesem Kapitel komme ich auf meine Verantwortlichkeiten als beduinischer Sozialarbeiter, der in jener Gesellschaft tätig ist, in welcher er geboren und erzo gen wurde. Ich werde meine Dilemmas und Zweifel darlegen, die ich als Sozialarbeiter habe; denn von mir wird nach der Ausbildung an modernen westlichen Universitäten erwartet, dass ich meine beruflichen Kenntnisse für die beduinische Gesellschaft einsetze, aber gleichzeitig bin ich Repräsentant einer traditionsgeprägten Minderheit, welche inmitten der modernen jüdischen Gesellschaft von Israel lebt.

Die Sozialarbeit, die ich in Israel und Kanada studiert habe, ist für die Bedürfnisse einer modernen westlichen Bevölkerung entwickelt worden, um sich deren Ansprüchen zu stellen und deren soziale Probleme zu lösen. Ich denke, dass die Sozialarbeitslehre sich nicht gründlich genug mit traditionellen Gemeinschaften befasst und dass sie zuwenig spezielle Werkzeuge zur Verfügung hat, damit man sich mit der Komplexität ihrer Probleme auseinandersetzen kann.

Das Fehlen spezieller Instrumentarien ist mir besonders aufgefallen, als ich mit den Beduinen zu arbeiten begann: Beduinen waren immer davon überzeugt, dass ihre sozialen Probleme innerhalb des Stammes gelöst werden sollten und nicht durch eine aussenstehende Autorität. Die grössten sozio-kulturellen Unterschiede betreffen die Gewalt innerhalb der Familie, die Berufstätigkeit der Frauen, die Vielehe (nach israelischem Recht ist nur eine Ehefrau erlaubt, nach islamischem Recht und gemäss der beduinischen Tradition kann ein Mann hingegen mehrere Frauen heiraten) sowie das Herausholen von bedrohten Frauen und Kindern aus ihren Häusern, um sie in andern beduinischen Familien unterzubringen (oder manchmal sogar an nicht-beduinischen Orten).

Das Dilemma in solchen Fällen besteht darin, ob man nach traditionellen Vorstellungen handeln soll, ungeachtet der beruflichen Anliegen, die das Wohl der Frauen und Kinder in den Vordergrund stellen, oder ob man gemäss dem israelischen Recht vorgehen müsste, welches nicht selten der beduinischen Tradition widerspricht. Eines darf man nicht vergessen: Wenn man nach israelischem Recht handelt, kann dies zum Vertrauensverlust führen, einem Vertrauen, das ich erfolgreich mit der beduinischen Bevölkerung aufgebaut habe, und zwar sowohl als Sozialarbeiter wie auch als ein Mitglied ihrer Gemeinschaft.

Das Beispiel der Polygamie

Das deutlichste Beispiel eines solchen Konfliktes zwischen israelischer Gesetzgebung und beduinischer Tradition ist die Polygamie. Die beduinische Tradition und das islamische Religionsgesetz erlauben wie gesagt dem Beduinen, mit bis zu vier Frauen gleichzeitig verheiratet zu sein, solange er jede dieser Frauen gleich behandelt. Seit Urzeiten erachten die Beduinen die Vielehe als das sinnvollste Mittel, um das Problem von unverheirateten Frauen zu lösen. In einigen Fällen entlastet die Vielehe auch finanzielle Probleme, denn der polygame Ehemann erhält als Vater vieler Kinder spezielle Zulagen von der israelischen Sozialversicherung.

Kher Albaz mit drei seiner vier Kinder und seiner Mutter Kāmlah in ihrem Zelt. 1995 (Foto: Ania Biasio)

Die polygame Heirat wird heute als familieninternes Übereinkommen zwischen dem Ehemann und der neuen Ehefrau arrangiert, was in keinem offiziellen Dokument vermerkt wird, das die Verletzung des israelischen Rechtes beweisen könnte. So hat die zweite Ehefrau, wie auch die dritte und die vierte, den gesetzlichen Status einer «Ehefrau nach Gewohnheitsrecht».

Das israelische Gesetz ist jedoch in dieser Frage unzweideutig: Polygamie ist illegal, ausgenommen in einigen seltenen Fälle, die vor Gericht speziell anerkannt wurden. Dennoch gibt es in der beduinischen Gesellschaft zahlreiche Fälle von Polygamie, die auf raffinierteste Weise zustande kamen. In solchen Fällen sind wir als Sozialarbeiter und ich speziell als beduinischer Sozialarbeiter mit einem schwierigen Dilemma konfrontiert: Sollen wir darauf hinwirken, dass die Polygamie aus der beduinischen Gesellschaft verschwindet, entgegen der Tradition, oder erledigen wir unsere tägliche Arbeit, ohne auf dieses Phänomen zu achten? Die Frage, ob unsere Nichtbeachtung dann vom polygamen Ehemann als stillschweigende Billigung interpretiert wird oder nicht, kann ich bis heute nicht beantworten.

Der Umgang mit kulturellen Dilemmas

Es gibt noch andere, persönlichere Dilemmas, abgesehen von den professionellen und moralischen, auf die ich oben hingewiesen habe. Diese Dilemmas ergeben sich aus der Tatsache, dass ich zu einer beduinischen, islamischen Minderheit gehöre, die im vorwiegend jüdischen Staat Israel lebt.

Als Teenager schloss ich meine Schulbildung in einer beduinischen Highschool ab, die zu jener Zeit jegliche Weltoffenheit vermissen liess. Nach dem Schulabschluss war ich ununterbrochen dieser äusseren Welt ausgesetzt, in der sich die Normen, die Sitten und die Lebensgewohnheiten stark von denjenigen der beduinischen Gesellschaft unterschieden, in der ich aufgewachsen war. Die neue Welt wirkte sehr attraktiv auf mich, aber meine Integration war nicht einfach, hauptsächlich aufgrund von Kommunikationsproblemen, aber auch wegen meiner völligen Unkenntnis der modernen westlichen Lebensformen.

Der einzige Weg, um in einer akademischen Umwelt akzeptiert zu werden, bestand für mich darin, schnellstens Hebräisch zu lernen und mit den Sitten und Bräuchen sowie der Denkweise der modernen Gesellschaft vertraut zu werden, und zwar ohne Voreingenommenheit oder Beurteilung. Und das tat ich dann auch, was zu meiner vorübergehenden Trennung von der beduinischen Welt führte.

Zwei Identitäten

Wie ich eingangs schrieb, kehrte ich nach dem Abschluss meines Studiums in die beduinische Gesellschaft zurück, wo ich jetzt lebe und arbeite. Nach meiner Rückkehr wurde ich laufend geprüft, ob ich immer noch zur traditionellen beduinischen Kultur gehörte oder ob ich mich in ein Mitglied der modernen Gesellschaft verwandelt hatte. Zu jener Zeit fühlte ich in mir eine doppelte Identität, zwei Leben und zwei gänzlich verschiedene Lebensstile. Einerseits arbeitete ich tagsüber mit der ‹modernen› westlichen Gesellschaft, in der die Normen und Sitten gegenüber denjenigen der beduinischen Gemeinschaft so unterschiedlich waren. Anderseits verbrachte ich den Feierabend und die Wochenenden mit meiner traditionsbewussten, beduinischen Familie. Hier sind die Lebensart, die Beziehungen zwischen Mann und Frau, zwischen Eltern und Kindern, zwischen Jungen und Alten so ganz anders als in der westlichen Welt.

Die westliche Welt ist schnelllebig und individualistischer als die unsere. Ein Individuum in einer solchen Gesellschaft ist jedoch fast ununterbrochen gestresst und rechnet ständig mit irgendwelchen Missgeschicken, die sich ereignen könnten. Demgegenüber ist die beduinische Lebensart langsamer und viel entspannter. Hier übernimmt die Gemeinschaft die Verantwortung für ihre Mitglieder, während das Individuum dem Kollektiv verpflichtet ist. In dieser Gesellschaft werden Zeit und Raum verschieden wahrgenommen. Es erfordert viel Energie, um mit solch einem täglichen Wechsel von einer Gesellschaft zur andern fertig zu werden.

Um diese Schwierigkeiten zu überwinden, habe ich wie viele andere Beduinen beide Lebensweisen intensiv studiert. Dieses Studium hat Bereiche zu umfassen wie die Sprache, die Kultur, die sozialen Normen, die Geschichte und die Traditionen, und zwar sowohl der beduinischen wie der westlichen Gesellschaft.

Das Studium der westlichen Lebensart ist von grosser Bedeutung für das Überleben und für die Integration in die westliche Gesellschaft, wobei es immer darum geht, Fehler zu vermeiden. Das Studium der beduinischen Lebensart jedoch gibt uns Kraft und vermittelt uns das Gefühl, dass man zur beduinischen Gemeinschaft gehört und dass sie uns vertraut.

Diese Art und Weise, mit den Dilemmas umzugehen, hat sich als sehr erfolgreich erwiesen. Ich werde nun wie andere auch von den Beduinen als eine Person eingeschätzt, die in der westlichen Gesellschaft integriert ist und die ihnen helfen kann, ihre Probleme zu lösen, das heisst einer Gesellschaft, die eine rapide Umgestaltung von der nomadischen Lebensweise zu einer modernen westlichen Lebensform erfährt.

Elisabeth Biasio

Neues Kunsthandwerk – Frauenprojekte im Negev

Zur Situation der Frauen in den Beduinensiedlungen

Das traditionelle Leben im Zelt war, wie wir gesehen haben, für die Beduinin hart. Sie verrichtete nicht nur die Haushaltsarbeiten und sorgte für die Kinder, sondern sie beteiligte sich zusammen mit ihrem Mann auch tatkräftig an Viehzucht und Landwirtschaft. Die Tatsache, dass die Frau ihren produktiven Beitrag zum Lebensunterhalt der Familie leistete, erhöhte ihren gesellschaftlichen Status und stärkte ihr Selbstwertgefühl. Was hier als Vergangenheit beschrieben wird, trifft jedoch zum Teil in abgelegenen Gebieten im Zentral-Negev noch heute zu.

Anders in den von der israelischen Regierung seit den 1960er Jahren gebauten Beduinensiedlungen. Die Männer sind überwiegend Lohnempfänger auf dem israelischen Arbeitsmarkt, und da die Bereiche gemeinsamer Arbeit wegfallen, ist die Trennung zwischen Mann und Frau stärker ausgeprägt. Allerdings haben Frauen mehr Möglichkeiten zu sozialen Aktivitäten als etwa ihre semi-nomadisch lebenden Geschlechtsgenossinnen. Die höhere Siedlungsdichte ermöglicht ihnen zum Beispiel, die im selben Quartier lebenden Frauen aus der Verwandtschaft häufiger zu besuchen.[1]

Das Fehlen einer produktiven Tätigkeit wirkt sich jedoch negativ auf das Selbstwertgefühl der Frauen aus. Dies ist die Ansicht von Kher Albaz, der 1995 als Direktor des Welfare Department des Masos Regional Council in Beersheba tätig war (s. S. 280-286). «Wenn Frauen in die Siedlungen ziehen», so Kher Albaz, «verlieren sie ihre traditionellen Beschäftigungen wie Weben, Milchverarbeitung, Wasserholen oder das Hüten der Herden. Alle diese Tätigkeiten verschwinden. Die Frauen leben in modernen Häusern und haben all die Haushaltmaschinen zur Verfügung. So haben sie bereits morgens um neun Uhr, wenn die Kinder in der Schule sind, nichts mehr zu tun, und sie sitzen herum und schwatzen. Dies erzeugt viel Druck und soziale Probleme.» So entschloss sich Masos, Handwerksprojekte für Frauen zu initiieren, damit die Frauen ihre Zeit sinnvoll nutzen und eigenes Geld verdienen können.

Die Möglichkeit, einen Beruf zu erlernen und damit eine gewisse ökonomische Unabhängigkeit zu erlangen, bleibt Beduinenfrauen noch weitgehend verschlossen. Obwohl in Israel ein achtjähriger Schulbesuch für alle Kinder obligatorisch ist, zeigen statistische Daten, dass Mitte der 1980er Jahre bei den Beduinen im Vergleich zu den Knaben (Anzahl Knaben: 100 %) nur gerade 40 % der Mädchen die Primarschule (1.-8. Klasse) und gar nur 18 % die Highschool (9.-12. Klasse) besucht haben,[2] und zwar nimmt die Anzahl der Mädchen proportional zur Höhe der Klasse ab[3]. Dies hat mit der klar definierten Geschlechterrolle der Frau als Hausfrau und Mutter und mit der nach der Pubertät einsetzenden Geschlechtertrennung zwischen Frauen und Männern zu tun. Zwar, versicherte Kher Albaz, gingen heute mehr Mädchen zur Schule als noch vor zehn oder zwanzig Jahren, und es schlössen auch mehr Mädchen die Highschool ab, doch noch immer können Frauen als Trägerinnen der Familienehre nur in den seltensten Fällen einer Arbeit ausserhalb der Siedlung nachgehen. In der Beduinenstadt Rahat etwa wurden junge, unverheiratete Frauen mit Einwilligung ihrer Väter als ungelernte Arbeiterinnen in jüdischen Kleiderfabriken beschäftigt, doch führten sie diese Arbeit nach ihrer Heirat nicht weiter.[4] Eine Anstellung ausserhalb der Siedlung würde den in der Tradition verankerten und geforderten Anstand der Frauen und damit die Ehre der Männer bedrohen.

Als akzeptable, gelernte Berufe gelten Kindergärtnerin, Primarschullehrerin oder Krankenschwester, alles Berufe, die Frauen innerhalb ihrer Siedlung ausüben können. Dass sie zur Erlernung dieser Berufe ans Lehrercollege nach Beersheba, oder wie im Falle einer Ausbildung zur Krankenschwester, nach Ashqelon gehen müssen, wird heute von der Familie toleriert. Ja, die Väter würden die Frauen sogar zu diesen Kursen ermuntern, sagte Kher Albaz, denn sie wären um eine Erhöhung des Familieneinkommens froh. Dies hängt damit zusammen, dass Beduinen eine schlechtere

Schulbildung geniessen als jüdische Kinder. Überfüllte Klassen, unqualifizierte Lehrer und Lehrerinnen[5] und mangelhafter Unterricht in Hebräisch, Englisch und Mathematik sind an den Beduinenschulen die Regel. Während 1989 47 % der jüdischen Kinder die Highschool abschlossen, schafften es nur gerade 10 % der Beduinenkinder, und weniger als 1 % erlangten einen Universitätsgrad, im Gegensatz zu 8 % des jüdischen Durchschnitts.[6] So sind die Beduinen auf dem jüdisch-israelischen Arbeitsmarkt diskriminiert und verrichten oft schlechtbezahlte ungelernte Arbeit, z. B. im Strassen- oder Hausbau in den jüdischen Siedlungen, in Fabriken oder Hotels. Dementsprechend hoch ist auch die Arbeitslosenrate unter den Negev-Beduinen.[7]

Die Projekte des Masos Regional Council[8]

In den Beduinensiedlungen gibt es kaum Arbeitsplätze, weder für Männer noch für Frauen. So betrachtete Masos anfangs der 1990er Jahre die Aufgabe, Betriebe für Frauen einzurichten, als eine seiner Prioritäten. In Kseifa entstand eine Manufaktur für Schmuck, und in Segev Shalom wurden ein Treibhaus mit Blumen, eine Manufaktur für Kleider sowie eine Werkstätte für Webereien eingerichtet.

Um die Projekte kümmert sich noch heute Hana Piravandi, eine jüdische Mitarbeiterin im (ehemaligen) Masos Regional Council. Bei der Planung der Projekte jedoch war die heute über 70jährige, aber immer noch äusserst aktive Ruth Dayan, die ehemalige Frau des 1981 verstorbenen Generals und Politikers Moshe Dayan, massgeblich beteiligt. Sie war mehr als dreissig Jahre im Ministry of Labour and Welfare (Ministerium für Arbeit und Wohlfahrt) tätig und verfügt über eine reiche Erfahrung in der Initiierung von kunsthandwerklichen Projekten und in der Arbeit mit verschiedenen ethnischen Gruppen. Sie hat nicht nur Projekte für jüdische Immigrantinnengruppen und Frauen in arabischen Dörfern realisiert, sondern sie hat sich auch mit lateinamerikanischen und haitianischen Projekten auseinandergesetzt, als sie für fünf Jahre als Projektberaterin in Washington D.C. tätig war. Bei ihrer Arbeit bleibt Ruth Dayan pragmatisch und lässt sich nicht von Nostalgie leiten. Sie vertritt

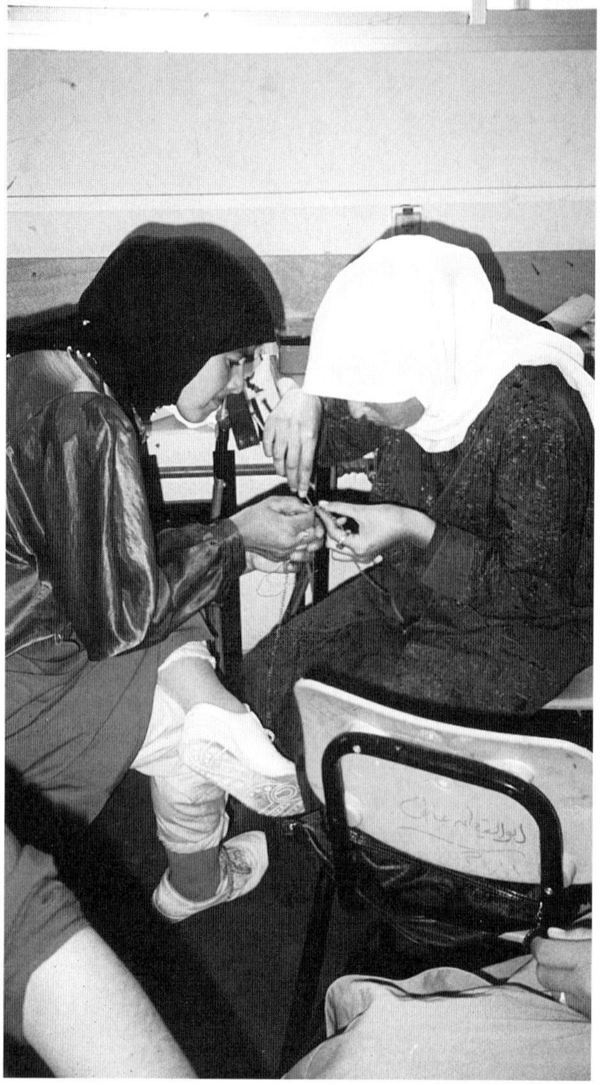

Junge Frauen arbeiten in der Schmuck-Manufaktur in Kseifa. 1993 (Foto: Sonia Gidal)

die Auffassung, dass sich Handwerksprojekte lohnen und ein Einkommen sichern müssen; sie ermuntere die Frauen nie, etwas zu tun, nur weil es ihre Mütter und Grossmütter schon getan hätten.

Die Planung sieht in der Entwicklung der Projekte drei Schritte vor: Erstens wird den Frauen in einem Kurs die zur Arbeit nötige Ausbildung vermittelt, und zweitens wird ein Absatzmarkt für die Produkte erschlossen. Drittens sollen auch Beduinen ins Management einbezogen werden, damit sie die nötigen Kenntnisse erwerben, das Projekt später selber verwalten und die Produkte vermarkten können. Während die ersten zwei Schritte in allen Projekten erfolgreich verliefen, hat der Übergang zur Selbstverwaltung Schwierigkeiten bereitet, und alle Projekte waren im Herbst 1995 geschlossen. Allerdings versuchten Hana Piravandi und Ruth Dayan neue Impulse zu geben,

Formal ist der Schmuck eine Synthese zwischen traditionellem und modernem Design.

Länge Halsketten: 28 cm, 41 cm und 39 cm; Länge Armband: 26 cm; Durchmesser Armreif: 6 cm Gesammelt. Sonia Gidal, 1994 Inv. Nr. 21684-88

um zwei der Projekte wieder zum Funktionieren zu bringen; die Kleider-Manufaktur wurde hingegen aufgegeben.

Das erste Projekt, die Schmuck-Manufaktur in Kseifa, wo zu Beginn der 1980er Jahren die zur Ḍullām-Konföderation gehörenden Stämme aus Tell al-Milḥ (Tel Malhata) angesiedelt wurden, begann im Jahre 1992 vielversprechend. Ruth Dayan konnte den professionellen, jüdisch-jemenitischen Silberschmied David Ben Chaim als Lehrer engagieren.[9] Der Kurs war besonders wichtig, da Beduininnen bei der Herstellung von Silberschmuck nicht auf traditionelle Kenntnisse zurückgreifen können. Formal ist der Schmuck eine Synthese zwischen traditionellem und modernem Design, wobei vor allem das Buch über saudi-arabischen Beduinenschmuck von Heather Colyer Ross, aber auch Abbildungen archäologischer Funde als Inspirationsquelle genutzt wurden, und die Stücke trafen den Publikumsgeschmack. Damit die Produkte vermarktet werden können, müssen sie qualitativ hohen Ansprüchen genügen, sagte Hana Piravandi, und sie betonte die Wichtigkeit eines guten Lehrers. Als das Projekt in private Hände überging, konnten diese Ansprüche nicht mehr befriedigt werden. Dem neuen Leiter, einem Beduinen aus Kseifa, fehlte neben den notwendigen Manager-Kenntnissen das Geld, um den Lehrer weiter zu beschäftigen, und die immer schlechter werdende Qualität der Produkte verunmöglichte deren Verkauf. Im Frühling 1997 beschäftigte der Manager sporadisch noch zwei seiner Töchter in der Manufaktur, während das Projekt in seiner guten Phase zwölf Frauen aus der Siedlung Arbeit bot.

An der Feier zum 25. Jahrestag der Stadt Rahat verkauften Frauen die Erzeugnisse der Schmuck-Manufaktur von Kseifa. 1997 (Foto: Peter R. Gerber)

Endgültig aufgegeben wurde die Kleider-Manufaktur in Segev Shalom, wo seit den 1980er Jahren vor allem Stämme der ʿAzāzmih-Konföderation leben. Produziert wurden modische Kleider mit Stilelementen der traditionellen Beduinenkleider. «Doch», so bedauerte Kher Albaz, «die Mode wechselt zu schnell, wir kamen da nicht mehr mit, konnten uns nicht schnell genug dem neuen Modetrend anpassen.» Dafür befand sich ein neues Weberinnen-Projekt in Entwicklung, ebenfalls in Segev Shalom. Die erste Phase des Projekts, das Unterrichten der Frauen durch einen Lehrer aus Tel Aviv, war Ende 1995 bereits erfolgreich abgeschlossen. Gewebt wird nicht mit dem traditionellen Webgerät, sondern mit Webstühlen aus Schweden. Während die horizontalen Webgeräte viel Platz beanspruchen und im Boden verankert werden müssen, so dass sie nur im Freien montiert werden können, lassen sich die schwedischen Webstühle in einem Raum aufstellen. Dies hat den Vorteil, dass die Frauen auch im Winter während der Regenzeit arbeiten können. Allerdings eignet sich der Webstuhl nicht für die Verarbeitung von Schafwolle, wie die ersten Versuche gezeigt haben, und so wurde auf Baumwolle umgestellt.

Hana Piravandi war 1995 dabei, die anstehenden Probleme in Angriff zu nehmen, für die meines Wissen noch immer keine befriedigende Lösung gefunden werden konnte. Schwierigkeiten ergaben sich bereits während der Ausbildung der Weberinnen mit den alten Webstühlen, die als Occasionen erworben wurden und für die Ersatzteile kaum mehr erhältlich waren. Probleme ergaben sich damals auch mit dem Einkauf der Baumwolle, da die Fabrik nur daran interessiert war, en gros zu liefern. Doch der Einkauf grosser Quantitäten stellte ein Risiko dar, solange das Projekt nicht richtig lief.

Schliesslich war Hana Piravandi auf der Suche nach einer lokalen Privatperson, die das Projekt weiterführen konnte. Daran waren besonders die zehn Frauen, alle im Alter zwischen 20 bis 30 Jahren, interessiert, die den Kurs erfolgreich abgeschlossen hatten und weiter arbeiten wollten. Die Webstühle standen und stehen noch immer in einem Raum des Women's Club, einem Zentrum, das für die Behandlung von Problemen der Frauen zuständig ist. «Die Frauen geniessen es, aus dem Haus zu gehen, hierher zu kommen, zu arbeiten, eigenes Geld zu verdienen und andere Frauen zu treffen», betonte Kher Albaz. «Die Web-Manufaktur soll nicht nur ein Geschäft für Frauen sein, sondern ein soziales Zentrum, denn das Hauptziel von Masos ist nicht einfach, die Frauen in ein berufliches, sondern auch in ein soziales System einzubinden.»

In den Hügeln von Lagiyyah liegt das kleine Wohnhaus von Roz Willey aṣ-Ṣān' (links im Hintergrund), das bis 1996 auch als Produktionsstätte des «Negev Bedouin Weaving»-Projekts diente. Im Vordergrund ist das neue Projekt-Gebäude zu sehen. 1997 (Foto: Peter R. Gerber)

Das «Negev Bedouin Weaving»-Projekt[10]

Entstehung und Ziel des Projekts

Die «Negev Educational Association», eine von den Beduinen selbst getragene Organisation, die kleine Selbsthilfeprojekte wie Kindergärten, Bibliotheken oder Computerkurse lanciert, erachtete ein Projekt speziell für Frauen ebenfalls als besonders sinnvoll. Sie realisierte ein solches denn auch 1991, unter der Bedingung, dass es später einmal selbsttragend funktionieren würde. Ein Weberinnen-Projekt wurde ins Auge gefasst, weil die Kunst des Webens noch lebendig und das Rohmaterial, die Wolle des im Negev heimischen Awāsi-Schafes, lokal vorhanden ist. Obwohl ältere Frauen noch immer Teppiche und Kissen für den Eigengebrauch, als Geschenke für ihre Angehörigen oder für einen gelegentlichen Verkauf auf dem Markt in Beersheba weben, brauchen sie etwa seit den 1980er Jahren keine Schafwolle mehr, sondern ausschliesslich die leichter zu verarbeitende Acrylwolle, die nicht mehr gesponnen, sondern nur noch zu einem dickeren Garn gezwirnt werden muss. Mit dem Rückgriff auf die Wollweberei soll nicht nur eine vom Verschwinden bedrohte Tradition wiederbelebt, sondern auch Schafbesitzern ein neuer Absatzmarkt für Wolle erschlossen werden.

Der Verwirklichung des Projekts vorausgegangen war eine Pilotstudie der britischen Entwicklungsorganisation «Oxfam», die bestätigte, dass Projekte für Frauen Priorität haben sollten. In dieser Studie wurde festgehalten, dass vor allem Projekte gefördert werden müssen, die Frauen aus ihrer Isolation herausholen, ihnen zu einer gewissen ökonomischen Unabhängigkeit verhelfen sowie ihr Selbstwertgefühl und ihre kulturelle Identität stärken. Allerdings hat bereits die Pilotstudie offenbart, dass das Hauptproblem des Projekts die Vermarktung der Produkte zu einem für die Weberinnen interessanten Preis ist. Doch obwohl die damals an der Studie beteiligten Frauen nicht die gewünschten Preise erzielen konnten, wollten sie unbedingt weiterarbeiten.

Der Besuch des Projekts

Es ist nicht ganz einfach, die Projektleiterin, Roz Willey aṣ-Ṣān', eine mit einem Beduinen aus Lagiyyah verheiratete Engländerin, zu besuchen. Eine Busverbindung nach Lagiyyah, dem Zentrum des Projekts, existiert nicht, und so holte uns Roz Willey bei unserem ersten Besuch in Beersheba ab. Hat man keine private Transportmöglichkeit, bleibt das Sammeltaxi, das zwischen dem Markt von Beersheba und Lagiyyah verkehrt und das von dort ansässigen Beduinen betrieben wird. Gut zu finden ist das Taxi nicht, doch ausser den

Blick auf den neuen Teil von Lagiyyah. 1997
(Foto: Peter R. Gerber)

Einwohnern der Siedlung wird es von niemandem benutzt, auch nicht von Touristen, die zwischen zwei Sehenswürdigkeiten den Beduinenmarkt von Beersheba besuchen und dann weiterreisen.

Die in den 1980er Jahren geplante Siedlung liegt etwa 13 km nordöstlich von Beersheba und wurde auf dem Gebiet der zu den Tiyāhā gehörenden Stämmen aṣ-Ṣān', Abū 'Abdūn und al-Asad errichtet. Die in dieser Gegend spontan und weit verstreut siedelnden Beduinen sollten alle in die neue Siedlung ziehen, doch noch immer sind Landkonflikte ungelöst, und viele Beduinen verweigern die Umsiedlung. Roz Willey lebt ebenfalls nicht in der neuen, offiziellen Siedlung, sondern mit ihrem Mann Ḥasan aṣ-Ṣān' und ihren drei Kindern in einem kleinen Haus auf dem Hügel, an dessen Fuss die neuen Häuser gebaut werden.

Die Regierung lässt sich mit der Infrastruktur Zeit. Bis Ende 1995 war Lagiyyah nicht ans öffentliche Elektrizitätsnetz angeschlossen, und wer Strom haben wollte, betrieb einen Generator. Noch heute gibt es nur für die ‹legalen› Häuser Elektrizität, und da die Bewohner den teuren Anschluss selber zu bezahlen haben, müssen viele darauf verzichten. Es gibt in der Siedlung weder eine Post noch eine Bank, und auch die Kanalisation lässt auf sich warten. Die Schulen sind nach Ansicht von Roz Willey zweitklassig, und das lokale Gesundheitszentrum wird massgeblich von der «Galilee Society», einer arabisch-israelischen NGO (Non Governmental Organization) aus dem Norden Israels, unterstützt.

Ḥāǧǧih Miryam aṣ-Ṣān‘ spinnt Schafwolle für das «Negev Bedouin Weaving»-Projekt. Den Ehrentitel *ḥāǧǧih* erhielt sie nach ihrer Pilgerfahrt nach Mekka, 1995 (Foto: Fabian Biasio)

Die Weberinnen und Spinnerinnen

Für das Projekt arbeiteten Ende 1995 etwa vierzig Weberinnen aus den staatlichen Siedlungen Lagiyyah und Hura und aus der spontanen Ansiedlung von Tel Arad (Tell ‘Arād) sowie fünfundzwanzig Spinnerinnen aus verschiedenen anderen Gebieten. Seither sind auch Frauen aus dem Westjordanland ins Projekt integriert worden. «Zuerst waren es ältere Frauen von mehr als 35 Jahren, die am Projekt teilnahmen», erklärte Roz Willey: «Es waren Frauen, die wussten, wovon sie sprachen, wenn es ums Weben ging; Frauen, die früher Zeltbahnen gewoben haben. Jüngere fanden das Weben zuerst altmodisch. Doch dann sahen sie, dass sie damit Geld verdienen können, dass wir attraktive Muster und Farben verwenden, und sie begannen sich dafür zu interessieren. Sie wollten von ihren Müttern und anderen Verwandten lernen und ein eigenes Webgerät haben.»

Die Spinnerinnen hingegen sind häufig sehr alte Frauen oder Mütter mit ganz kleinen Kindern, denn das Spinnen erfordert weniger Aufwand und Konzentration als das Weben. Frauen können überall spinnen, wenn sie unterwegs sind oder andere Frauen besuchen; aber es lässt sich nur ein Taschengeld damit verdienen. Zu den Spinnerinnen gehören auch Frauen, die in so abgelegenen Gebieten leben, dass sie nicht als Weberinnen ins Projekt integriert werden können, auch wenn sie es gerne wollten. Roz Willey hat sogar Hirtinnen dazu bewegen können, für das Projekt zu spinnen: «Zuerst wollten sie nicht, denn sie glaubten nicht, dass ich wiederkommen und das Garn holen würde. So begann ich, die Hirtinnen zwei- bis dreimal jähr-

Fāṭmah Abū Badr webt unter einem Schattendach im Freien. Ihr Haus im neuen Teil von Lagiyyah ist eines der Zentren für die wöchentlichen Treffen der Webgruppen. 1995 (Foto: Peter R. Gerber)

lich zu besuchen. Als die erste Hirtin das Risiko auf sich nahm und für mich zu spinnen begann und als ich das Garn auch wirklich kaufte, fassten andere Hirtinnen ebenfalls Vertrauen, und viele beliefern mich nun mit Garn.»

Die Frauen weben zu Hause. Im Sommer spannen sie das traditionelle Webgerät unter einem Schattendach im Freien auf; während der Regenzeit, d.h. im Winter, können sie nicht arbeiten. Das Geld, das sie verdienen, ist ihr eigenes, und sie bestimmen, wie sie es ausgeben wollen. «Prinzipiell bezahlen wir die Frauen nur, wenn die Männer nicht zu Hause sind», sagte Roz Willey. «Wenn wir zu einer Frau kommen, um ihr den Lohn für ihre Arbeit zu bringen, und ihr Mann oder ein Sohn ist anwesend, dann gehen wir weg und kommen am nächsten Tag wieder.»

Webgruppen und Management

Die Frauen sind in sogenannten Webgruppen zusammengefasst, die sich wöchentlich im lokalen Zentrum treffen. In jeder Siedlung gibt es ein bis zwei solcher Zentren, und zwar im Haus einer von allen anerkannten und akzeptierten Weberin. Roz Willey bedauert, dass es in Lagiyyah keinen zentralen Treffpunkt für alle Frauen des Projekts gibt, aber es sei unmöglich gewesen, Land für ein Frauenzentrum zu bekommen. Als Brennpunkt sozialer Beziehungen und Aktivitäten wäre ein Zentrum wichtig gewesen. An den Treffen nimmt auch eine Managerin des Projekts teil. 1995 bestand das Management neben der Projektkoordinatorin Roz Willey aus drei ebenfalls in Lagiyyah wohnenden Beduininnen, Miryam Abū Ṣiyām, Miryam ʿAbd al-Ḫālig und Miryam aṣ-Ṣānʿ; zwei von ihnen

Zaynab aṣ-Ṣān' näht ein grosses Sitzkissen für den Bazar in Jerusalem zusammen. 1995 (Foto: Peter R. Gerber)

Sārah aṣ-Ṣān' in der alten Färberei; sie kocht die Wolle in der Farblösung. 1995 (Foto: Fabian Biasio)

arbeiteten voll und eine während zwei Tagen in der Woche.

An den Zusammenkünften der Webgruppen erhalten die Frauen das gefärbte Wollgarn zum Weben oder Rohwolle zum Spinnen, und sie geben ihre fertigen Produkte ab. An den Treffen werden auch Erfahrungen ausgetauscht und Probleme diskutiert. Eines, mit denen die Managerinnen immer wieder konfrontiert werden, ist laut Roz Willey die Qualität der Webereien, die einer anspruchsvollen Kundschaft genügen soll: «Die Beduinen legen Teppiche normalerweise unter die Matratzen, da spielt es keine Rolle, ob die Kanten gerade sind oder ob sich noch etwas Stroh in den Teppichen findet. Ebenso müssen wir darauf achten, dass die Stiche, mit denen die Webbahnen zusammengenäht werden, sorgfältig ausgeführt sind. Die Frauen unterrichten sich gegenseitig, damit haben wir nichts zu tun, aber wir müssen die fertigen Produkte kontrollieren und auf Unsorgfältigkeiten hinweisen.» Wichtig bei diesen Treffen ist, dass Frauen miteinander ins Gespräch kommen, die sonst kaum Kontakt miteinander hätten, und dass sie ein gemeinsames Interesse teilen. Eine zusätzliche Motivation bilden die Ausflüge nach Tel Aviv und Jerusalem, wo zweimal jährlich die Webereien in Ausstellungen und Bazaren präsentiert werden.

Das Färben

Vorerst wurde in Lagiyyah in einem Schuppen eine bescheidene Färberei eingerichtet. Die traditionelle Farbpalette, die neben den natürlichen Braun- und Weisstönen Rot, Oliv, Schwarz und Blau umfasst, wurde erweitert, um die Produkte dem Publikumsgeschmack anzupassen. Für die Färberei verantwortlich

Sārah aṣ-Ṣān' hängt die gefärbten Strangen vor der alten Färberei zum Trocknen auf. 1995 (Foto: Fabian Biasio)

sind Hāǧar aṣ-Ṣān' mit ihrer Assistentin Sārah aṣ-Ṣān', beides Frauen aus Lagiyyah. Als wir im November 1995 die Färberei besuchten, war Sārah gerade am Arbeiten und demonstrierte uns den Färbevorgang. Zuerst rührte sie die pulverisierten, synthetischen Säurefarbstoffe in etwas heissem Wasser an und gab die stark konzentrierte Farblösung in einen elektrisch beheizten Kessel, der mit etwa 30 Liter heissem Wasser gefüllt war. Dann kochte sie die in lockere Strangen gewundene Wolle in der Lösung, spülte sie gründlich mit Wasser und hängte sie vor der Färberei zum Trocknen auf. Das gefärbte Garn wurde zusammen mit der Rohwolle und dem ungefärbten Garn in einem kleinen Schuppen untergebracht, und die fertigen Webereien lagerten in einem Raum, der Roz Willey zugleich als Büro diente und im Obergeschoss ihres Hauses lag. Inzwischen wurde ein neues, grösseres Haus für das Projekt errichtet, das der Färberei, der Administration und dem Lager ausreichend Platz bietet und in dem auch die fertigen Stücke ausgelegt und kontrolliert werden können.

Die Vermarktung

Das Sortiment umfasst Teppiche in verschiedenen Grössen, Kissenüberzüge, dekorative Taschen und Bänder, die an der Wand befestigt werden können. Ein attraktiv gestalteter Produktekatalog zeigt eine Auswahl des Sortiments, aber auch Spezialwünsche von Kunden werden berücksichtigt. «Die Vermarktung der Produkte ist und bleibt das grosse Problem», sagte Roz Willey 1995. «Die Auflage, dass wir gewinnorientiert arbeiten müssen, setzt uns konstant unter Druck. Verkaufen wir beispielsweise durch Zwischenhändler, so schlagen sie so viel auf den Preis, dass die Stücke zu teuer werden.» Deshalb zieht Roz Willey den Direktverkauf vor, obwohl er für sie mit viel Aufwand verbunden ist. Gezielt spricht sie ausländische Botschaften an und organisiert ein- bis zweimal jährlich die schon erwähnten Ausstellungen und Bazare in Tel Aviv und Jerusalem, vor allem innerhalb gemeinnütziger kirchlicher Organisationen. In Jerusalem präsentiert sie die Arbeiten z.B. bei der schottischen St. Andrew's-Kirche, die einen kleinen Laden für Handwerkser-

Roz Willey und drei ihrer Mitarbeiterinnen im neuen Projekt-Gebäude. In diesem grossen und luftigen Raum werden die Wollstrangen gefärbt und gelagert. 1997
(Foto: Peter R. Gerber)

zeugnisse von Selbsthilfe-Projekten arabischer Frauen eingerichtet hat. Allerdings liegt dieser Laden abgelegen und ist nicht leicht zu finden. Teppiche verkauft sie hin und wieder an Hotels oder Privatpersonen, die zufällig auf das Projekt aufmerksam geworden sind. Im Laufe der zwei letzten Jahre konnte sich Roz Willey dank der Unterstützung einer im Westjordanland tätigen Amerikanerin auch den amerikanischen Markt erschliessen, womit die erwähnte Erneuerung der Infrastruktur zusammenhängen mag.

Leider hatte ich beim Versuch, Entwicklungsorganisationen in der Schweiz für den Verkauf der Produkte zu interessieren, weniger Glück und machte die Erfahrung, dass die Produkte einhellig als zu teuer erachtet werden. Obwohl der Begriff «fairer Handel» in aller Munde ist, besteht die Tendenz des Publikums noch immer, im Drittweltladen kleine, billige Geschenke zu kaufen, aber kaum einen etwas teureren Einrichtungsgegenstand, der zudem seinen Preis mehr als wert wäre.

Noch immer fehlen dem Weberinnen-Projekt Läden mit Schauräumen an zentraler Lage in Israel, wo die vielen Touristen die Produkte erwerben, mit Kreditkarte zahlen und sich die Teppiche zuschicken lassen könnten. Einen solchen Verkaufsraum im Zentrum von Amman besitzt z.B. das jordanische Weberinnen-Projekt «Bani Hamida», das von der Entwicklungsorganisation «Save the Children» initiiert und von der «Noor Al-Hussein Foundation», einer von Königin Noor getragenen Stiftung, grosszügig unterstützt wird. Zwar werden auch in Jordanien die Landrechte der Beduinen nicht selten missachtet, vor allem wenn es sich um touristisch interessante Orte wie die Nabatäerstadt Petra handelt,[11] aber das beduinische Erbe prägt die nationale Identität des Landes, und es wird entsprechend gewürdigt und gepflegt[12].

Zwei Frauen – zwei Geschichten

In Israel kämpfen Beduinen um ihre Landrechte und um ihre kulturelle Identität. Frauen haben in einer Gesellschaft, in der die Männer das Sagen haben, noch

Der neue Lagerraum für die fertigen Produkte ist grosszügig und attraktiv gestaltet. 1997 (Foto: Peter R. Gerber)

weniger Möglichkeiten, die Selbstbestimmung zu verwirklichen. Im Unterschied zu den Palästinenserinnen, von denen wenigstens eine intellektuelle Elite an die Öffentlichkeit tritt – die bekanntesten Beispiele sind die palästinensische Abgeordnete Hanan Ashrawi und die Politikerin, Frauenvertreterin und Dozentin an der Bīr Zeyt-Universität Sumaya Farhat-Nasr –, fehlen bei den Beduininnen solche Rollenmodelle noch weitgehend. Eine der wenigen Beduininnen, die es geschafft haben, ist die Universitätsabsolventin Suraya Nudjaydat, die im Dorf Bu'ayana Nudjaydat in Galiläa lebt. Sie ist Gründerin und Vorsitzende des arabisch-beduinischen Frauenverbandes in Israel, und sie plante im September 1995 für die Knesset, das israelische Parlament, zu kandidieren, in dem bislang keine einzige arabische Frau vertreten ist[13] – leider erfolglos, wie sich später herausstellen sollte. Eine für schlecht ausgebildete Beduininnen bescheidene, aber von ihrem sozialen Umfeld akzeptierte Möglichkeit, etwas mehr Autonomie zu erlangen, ist die Teilnahme am Weberinnen-Projekt. Dies sollen zwei Beispiele illustrieren, die uns Roz Willey während unseres Besuches in Lagiyyah erzählt hat:

«Die Beduinengesellschaft legt grossen Wert auf Kinder. Der Status der Frau wird mit jedem Kind, das sie bekommt, grösser, speziell mit jedem männlichen Kind. Wenn eine Frau keine Kinder hat, so geniesst sie in der Gesellschaft kein Ansehen, und ihre Selbstachtung ist gering. Wenn Frauen zusammenkommen, dreht sich das ganze Gespräch um Kinder, und eine kinderlose Frau hat nichts zu sagen. Wir haben einige kinderlose Frauen im Projekt, und für diese Frauen ist das Projekt besonders wichtig.

Eine dieser Frauen ist mit einem Mann verheiratet, der eine zweite Frau genommen hat, und diese Frau hat viele Kinder. Die erste Frau schloss sich dem Projekt an, war aber anfangs chronisch depressiv. Wenn wir eine Zusammenkunft hatten, nahm sie nicht daran teil, oder sie schlief während der Sitzungen ein. Mit der Zeit änderte sich dies. Ihre Kinderlosigkeit gereichte ihr plötzlich zum Vorteil. Sie konnte mehr Teppiche weben und mehr Geld verdienen als Frauen

Das Hotel «Ramon Inn» in Mitzpe Ramon hat eine Ecke vor dem Cheminée mit Kissen des «Negev Bedouin Weaving»-Projekt ausgestattet. 1995 (Foto: Fabian Biasio)

mit Kindern, und sie konnte sich einen beträchtlichen Betrag an Erspartem anlegen. Die Kinder der zweiten Frau ihres Mannes begannen ein Haus zu bauen und machten Schulden. Die erste Frau hatte Geld, und zum ersten Mal in ihrem Leben mussten diese Kinder zu ihr kommen und sie höflich um Hilfe bitten. Und bei ihr lag die Entscheidung, ob sie das Geld geben wollte oder nicht.

Wenn ich sie früher fragte: ‹Was möchtest du als nächstes weben?›, sagte sie: ‹Was du willst.› Mit der Zeit änderte sich dies. Sie ist eine sehr intelligente Frau, sie hat ein ausgezeichnetes Gedächtnis und eine gute rechnerische Begabung. Sie kann sich immer daran erinnern, wieviel Wolle von jeder Farbe für ein bestimmtes Webstück benötigt wurde. So ist sie zu einer wichtigen Bezugsperson für die anderen Frauen geworden, und sie hilft ihnen, die Menge an verschiedenen Garnen auszurechnen, die sie brauchen. Sie kann mitreden und wird geschätzt. Ihre Depressionen sind verschwunden, und wenn ich sie heute besuche, sehe ich, wie stark sie sich verändert hat.»

«Auch das nächste Beispiel zeigt, was das Projekt für die Frauen bedeuten kann. Der Mann einer Frau nahm sich eine zweite Frau. Die erste Frau hatte neben erwachsenen noch kleine Kinder und war daher sehr von ihrem Mann abhängig. Sie lebte in einem Gebiet, wo ich damals noch nicht gut bekannt war, auch die Familie kannte mich nicht. Jedesmal, wenn wir dorthin kamen, Charlotte Heath (von «Oxfam») und ich, um die fertigen Webereien abzuholen, versammelten sich alle Kinder und Erwachsenen des Quartiers, um zu sehen, was wir Fremden hier täten. Als wir einmal die Webereien abholen wollten, kam der älteste Sohn dieser Weberin und sagte zu mir vor der versammelten Menge: ‹Du solltest sie entlassen, sie taugte nie zu irgend etwas, und sie ist nicht gut genug, um für dich zu arbeiten.› Und dies zeigte mir, was die Leute über diese Frau dachten und was sie selber über sich dachte. Natürlich sagten wir, sie sei eine gute Weberin, aber der Schaden war angerichtet, weil dies alles öffentlich gesagt worden war. Die Frau selber war eine intelligente Frau und auch bei den Frauenzusammenkünften sehr geschätzt, aber sozial genossen die Frauen in dieser Gemeinschaft keine grosse Achtung. Diese Frau hatte Töchter, intelligente Töchter, die gerne weiter in die Schule gehen wollten.

Sie arbeitete weiterhin im Projekt, und vor zwei Jahren gingen wir auf unseren jährlichen Ausflug nach Jerusalem, bei dem die Frauen sehen können, wo ihre Produkte sich jetzt befinden. Diese Frau nahm eine ihrer Töchter und deren Freundin mit. Wir gingen ins Ambassador Hotel, wo Wandbehänge von uns hängen. Ich wollte den Frauen auch die Wichtigkeit guter Qualität vor Augen führen, denn an einem teuren Stück für ein gutes Hotel muss jede Quaste tadellos gefertigt sein, und es darf kein Strohhalm mehr im Wandteppich stecken. Ich hatte vergessen, dass zwei der Wandbehänge in diesem Hotel von eben dieser Frau waren. Und wir gingen in die Hotelhalle, und hier hing einer ihrer Wandbehänge. Die Tochter, die ihrer Mutter beim Aufziehen der Kettfäden geholfen hatte, erkannte den Teppich wieder. Und sie stand da und starrte auf das Stück, das in einem so vornehmen Hotel hing. Und sie sagte laut: ‹Meine Mutter hat das gemacht.› Und für dieses Mädchen war es ganz wichtig, die Mutter in einem anderen Licht zu sehen, nicht mehr als die Frau, die zu nichts taugt, sondern als eine Künstlerin, die etwas produziert hat, das in einem teuren Hotel hängt und wo es Leute aus der ganzen Welt sehen und bewundern können.»

Schlussbetrachtungen

Die Handwerksprojekte geben den Frauen eine gewisse finanzielle Unabhängigkeit, fördern soziale Kontakte unter ihnen und erhöhen ihr Selbstwertgefühl durch die produktive Arbeit. Im Falle des «Negev Weaving Project» soll explizit die kulturelle Identität der Frauen gestärkt werden, indem ein einheimisches Handwerk wieder belebt wird. Dies ist einer der Vorteile dieses Projekts gegenüber den Masos-Projekten. Es kann auf teure Lehrer verzichten, da die Frauen sich gegenseitig unterrichten. Die traditionellen, horizontalen Webgeräte lassen sich aus einfachen Holzknüppeln zusammensetzen, und es gibt keine Probleme mit Ersatzteilen. Auch eine Manufaktur erübrigt sich, da die Frauen zu Hause arbeiten können und dank der wöchentlichen Treffen der Webgruppen der soziale Zusammenhalt gewährleistet wird.

Ein weiterer Glücksfall für das Lagiyyah-Projekt sind die Mitarbeit und der enorme Einsatz von Roz Willey. Die Tatsache, dass eine in Lagiyyah akzeptierte Ausländerin zusammen mit drei einheimischen Beduininnen das Projekt leitet, hat eminente Vorteile. Bei der traditionellen Separierung der Beduinenkultur in eine Männer- und Frauenwelt würde sich ein männlicher Projektleiter kaum für die praktischen Belange der Weberei interessieren, und er könnte keine so intensiven Kontakte mit Frauen der verschiedensten Verwandtschaftsgruppen pflegen und auf ihre Probleme eingehen. Beduinenfrauen kommen als selbständige Projektleiterinnen zur Zeit noch kaum in Frage. Sie werden in ihrer Kultur nicht ermutigt, selbständig zu denken, zu handeln und sich durchzusetzen, und ihr Aktionsradius ist eingeschränkt. Als Ausländerin hat Roz Willey mehr Bewegungsfreiheit als ihre Mitarbeiterinnen, und sie bringt mehr Erfahrung in Bezug auf Aussenkontakte und Innovationen mit. So war während unserer Besuche 1995 ein schottischer Färbereiexperte anwesend, der half, anstehende Probleme mit der Färberei zu lösen, und Roz war am Ausprobieren einer Haspel, mit dem die Wollknäuel vor dem Färben mechanisch zu Strangen gewickelt werden können, um so den Arbeitsprozess zu rationalisieren.

Die Probleme der Masos-Projekte haben gezeigt, wie wichtig es ist, dass die Projektleitung nicht nur gute Managementkenntnisse hat, sondern auch mit der Materie vertraut ist. Laut Ruth Dayan versteht der private Leiter des Kseifa-Schmuckprojekts nichts von Schmuck, und dies sei einer der Gründe gewesen, weshalb nach dem Weggang des Lehrers die Qualität zurückgegangen sei. Auch andere Gründe mögen eine Rolle gespielt haben. Weltweit zeigen Erfahrungen mit Selbsthilfeprojekten, dass Schwierigkeiten mit der Vermarktung auftreten, wenn die Projekte durch Einheimische übernommen werden. Wie die Beduinen sind auch andere indigene Völker oft eine diskriminierte Minderheit, und die meisten können sich wegen der ethnisch unterschiedlichen Sozialisierung auf dem westlichen Markt schlecht behaupten.[14]

Aus den Erfahrungen, die sie mit der Privatisierung der Masos-Projekte gewonnen hat, will nun Hana Piravandi die Konsequenzen ziehen. Sie erwägt, die Projekte, ähnlich wie in Lagiyyah, auf Heimindustrie umzustellen, und sie überlegt sich ernsthaft, ob sie die Projekte nicht doch selber führen soll. Dies hätte den Vorteil, dass einerseits die Beduininnen nicht von einem Mann dominiert würden, dass anderseits eine nicht in die lokale Sozialstruktur integrierte Frau neutralere und unparteiischere Entscheidungen treffen könnte und dass sie als Jüdin eher mit der israelischen Geschäftswelt vertraut ist als die Beduinen. Es ist aber zu hoffen, dass die Projektleitung durch eine Nichtbeduinin nur eine Übergangsphase darstellt, denn die Beduinenfrauen sollten mit der Zeit so viel Autonomie und Selbständigkeit entwickelt haben, dass sie ihre Projekte selbst betreuen können.

Anhang

Anmerkungen

Einführung, S. 16-27

1 Aus einem beduinischen Gedicht, gesammelt von Kher Albaz, 1998.

2 Als «Fruchtbarer Halbmond» werden die im Regenfeldbau nutzbaren Gebiete bezeichnet, die halbkreisförmig Teile Israels, Jordaniens, des Libanon, Syriens, der Türkei sowie das Zweistromland Mesopotamien (heute Irak und westliches Grenzgebiet Irans) umfassen.

3 Diese kurze Einführung folgt vor allem Karmon (1983:234-254) und Richter (1985:26-31); vgl. auch Oppenheim (1943:13).

4 Zur Geschichte vgl. Oppenheim (1943) und Bailey (1990). Zur Bevölkerungszahl vor der Gründung des Staates Israel sind unterschiedliche Schätzungen publiziert: Marx (1967:11) erwähnt die Zahl von 65 750, während Muhsam (1966:29) von über 95 000 Personen spricht.

5 Zur Landfrage vgl. z.B. Marx (1967:12f., 53f.), Maddrell (1990:7f.) und Kressel et al. (1991:30).

6 Über die traditionelle Sklavenhaltung vgl. z.B. Musil (1908:224f.) und Jaussen (1948:125-127). Das Leben der *'abīd* in neuerer Zeit wurde noch kaum erforscht. Bei Kressel (1992:68f., 84-86, 88) finden sich einige Hinweise auf *'abīd* in den staatlichen Siedlungen, wo sie endogame Kasten bilden, d.h. sie wählen die Ehepartner innerhalb derselben Kaste.

7 Nach Marx (1967:11) wird der Begriff *gabīlah* für die Konföderation gebraucht; für die Subkonföderation existiert keine arabische Bezeichnung. Der beduinische Autor Abu-Rabia (1994:22) hingegen nennt die Konföderation *ṣaff* (Partei), eine Bezeichnung, die nach Oppenheim (1943:81) die Konföderation der Ǧbārāt verwendete. Auch nach Ansicht der Gewährsleute Scheich Abū Rgayyig und 'Alī Abū Sbēt wird die Konföderation *ṣaff* und die Subkonföderation *gabīlah* genannt. Eine gründliche Abklärung dieser Begriffe hätte den Rahmen dieser Arbeit allerdings gesprengt.

8 Zu Blutrache und Blutpreis bei den Negev-Beduinen vgl. Ginat (1987).

9 Über Heiraten vgl. Marx (1967:101-176, 220-233); Jakubowska (1985: 285-327); Kressel (1992).

10 Noch 1960 waren die Negev-Beduinen in 19 Stämme aufgeteilt (Marx 1967: 13), während es 1979 bereits 21 Stämme waren (Jakubowska 1985:41).

11 Bei diesem Überblick habe ich mich vor allem auf Parizot (1995:25-29) gestützt, der in seiner Darstellung der sozialen und politischen Organisation einen in Hebräisch erschienenen Artikel von Frank Stewart berücksichtigen konnte, der mir aber nicht zugänglich war: Frank Stewart *The Structure of Bedouin Society in the Negev: Emanuel Marx's Bedouin of the Negev revisited*, in: Hamirah Hehadash 1991, 33:132-144. Marx (1967:61-80) war nämlich der Auffassung, dass die *fallāḥīn* und *'abīd* Mitglieder der entsprechenden Stämme wurden und somit ebenfalls das Recht auf Nutzung des Stammesterritoriums hatten. Diese Auffassung wurde von Stewart korrigiert. Einen guten Überblick über die Organisation der *fallāḥīn* findet sich bei Jakubowska (1985:6-9).

Die Viehzucht, S. 28-57

1 Aus einem Gesang auf das Kamel, 'Āref el-'Āref (1938:118).

2 Vgl. z.B. Scholz (1991).

3 Eine Bahn von Jaffa nach Jerusalem wurde 1892 und die Hijazbahn von Damaskus über Amman nach Mekka 1908 eröffnet. Eine weitere Bahn von Kairo nach Gaza nahm 1926 ihren Betrieb auf.

4 Kressel und Ben-David 1995:133.

5 Diqs 1967:13-16.

6 Oppenheim 1943:122, 131, 151.

7 Zur Entwicklung in der osmanischen und britischen Zeit vgl. Marx (1967: 31-34) und insbesondere Richter (1985:44-51).

8 Zu den von der israelischen Regierung geplanten Beduinensiedlungen siehe die Aufsätze von Tovi Fenster und Kher Albaz in diesem Band.

9 Für die Zuteilung der Weiden sind folgende Behörden zuständig: das Landwirtschaftsministerium in Zusammenarbeit mit der «Grünen Patrouille», die Israeli Land Authority (Israelische Landbehörde), der Jüdische Nationalfonds, die Israeli Defence Forces (Israelische Verteidigungsstreitkräfte) und das Veterinary Office (Veterinäramt) (Parizot 1995:43f.).

10 Zur Beziehung zwischen Viehzucht und Lebenszyklus vgl. Boneh (1984).

11 Nach Angaben des Landwirtschaftsministeriums betrug 1989 die Anzahl Schafe und Ziegen im Negev 220 000, und die Anzahl Kamele 3000, gegenüber 13 784 Kamelen und 70 000 Schafen und Ziegen 1943 (vgl. Tabelle in Parizot 1995:40). Dies dürfte eine Annäherung sein. Wie Abu-Rabia (1994:11) ausführt, geben die Beduinen meistens eine kleinere Anzahl Tiere an, als sie wirklich besitzen. Dies, weil sie die Tiere versteuern müssen und Repressionen des Landwirtschaftsministeriums befürchten.

12 Zu den in diesem Kapitel dargestellten Entwicklungen vgl. Marx (1967:34-58), Abu-Rabia (1994) und Parizot (1995:36-68).

13 Marx 1977:347, 350.

14 Richter 1985:40.

15 'Āref el-'Āref 1938:124-129; Marx 1967:22-25; Evenari et al. 1982:148-172; Kressel 1991:35.

16 'Āref el-'Āref 1938:130f.; Marx 1977: 345; Abu-Rabia 1994:50.

17 Marx (1967:81-100) hat sich mit den Weidezyklen halbnomadisch lebender Gruppen des Abū Ǧwē'id Stammes (Ḍullām) befasst (1960-63); Abu-Rabia (1994:25-67) hat die Weidezyklen einer halbnomadischen und einer sesshaften Viehzücherfamilie aus dem östlichen Beersheba-Becken detailliert beschrieben (1984-85); Parizot (1995:52) hat den Weidezyklus einer im Zentral-Negev lebenden 'Azāzmih-Gruppe untersucht, deren halbnomadisches Weideverhalten mit sesshaftem abwechselt (1994-1995).

18 Marx (1967:90-100) ging irrtümlicherweise, wie sich später herausstellte, da-

von aus, dass das ganze Stammesgebiet auch den abhängigen *fallāḥīn* offenstand, und erklärte die unterschiedlichen Weidezyklen mit den kulturellen Unterschieden zwischen Bauern und Viehzüchtern. Diese Auffassung hat Parizot (1995:47-49) korrigiert.

19 Abu-Rabia 1994:60f.

20 Musil 1908:123; Jaussen 1948:34; Marx 1967:94.

21 Abu-Rabia (1994:115-119) schildert das Anheuern eines Hirten aus dem Westjordanland. Parizot (1995:86-90) beschreibt und analysiert den Wandel des Hirtentums.

22 Musil 1908:284f.

23 Einen Überblick gibt z.B. Dalman (VI:213-228).

24 Information: Maǧīd al-'Aṭāwnih.

25 Vgl. dazu eine bei Bauer (1903:5) abgebildete Schleuder. Die bei Dalman (VI:223 und Abb. 36, 37) beschriebene Schleuder hat Griffschnüre in der Länge von 65 und 75 cm. Eine weitere Schleuder aus der sich heute in Berlin befindlichen Sammlung Sonia Gidals ist in Korsching (1980:86) abgebildet. Sie hat eine Gesamtlänge von 180 cm.

26 Lavie 1990:131.

27 Information: Maǧīd al-'Aṭāwnih.

28 Abu-Rabia (1994:74) führt aus, dass das von Hirten direkt in der Glut gebackene Brot im Unterschied zu dem von den Frauen auf dem Backblech zubereiteten anders genannt wird, weil damit die unterschiedliche Geschlechterrolle von Mann und Frau betont wird. Kochen gehört sonst zu den ausschliesslichen Arbeitsbereichen der Frau.

29 Information: Kher Albaz.

30 Crowfoot 1943:83.

31 Lavie 1990:127.

32 Abu-Rabia 1994:27, 30. Laut Parizot (1995:51) sei der Begriff *'izbih* früher von transhumanten Bauern im Nord-Negev gebraucht worden, und er sei ein Indikator dafür, dass sich die Beduinen heute nicht als Nomaden, sondern als Halbnomaden betrachten.

33 Abu-Rabia 1994:27, 31.

34 Dalman VI:186f.

35 Abu-Rabia 1994:110.

36 Dalman VI:181f.

37 Kressel und Ben-David 1995:133.

38 Information: Kher und Kāmlah Albaz.

39 Musil 1908:261.

40 Information: Kher Albaz.

41 Ben David und Kressel 1995.

42 Jaussen 1948:276; Dalman V:5.

43 Kressel und Ben-David 1995:136.

44 Das Waschen der Tiere bestätigten auch Kher und Kāmlah Albaz.

45 Vgl. Musil (1908:285); bei Dalman (V:2-5) findet sich ein Überblick über die Schafschur und die damit verbundenen Bräuche.

46 Information: Salmān Salīm Abū Ǧlidān ('Azāzmih).

47 Zu den Heiratsbräuchen vgl. Bailey (1974a:116).

48 Zur Bedeutung der Schafe und Ziegen für Kultur und Gesellschaft siehe vor allem Abu-Rabia (1994:69-106) und Parizot (1995:32-34). Zum Schlachten vgl. Dalman (VI:74-76).

49 Zum Kamel als Tauschobjekt vgl. Kressel (1991:96).

50 Diese Namen hat 'Āref el-'Āref (1938: 113f.) als typisch für die Beduinen um Beersheba bezeichnet. Weitere Namen finden sich bei Jaussen (1948: 270), Musil (1908:255) und Dalman (VI:149).

51 Musil 1908:279; 'Āref el-'Āref 1938:105-112.

52 Zum Erkennungszeichen der Schafe der Ehefrau vgl. Kressel et al. (1991:Anm. 35).

53 Oppenheim 1943:107, Anm. 2.

54 Oppenheim 1943:108, Anm. 14.

55 Oppenheim 1943:121, Anm. 20.

56 Einen Überblick über die Erkennungszeichen und ihre Bedeutung gibt 'Āref el-'Āref (1938:118-123).

57 Efrat 1983:249f.

58 Bauer 1957:250.

59 Dostal 1967:12; Abbildung z.B. in Weir (1990:37).

60 Zum Beinpolster vgl. Bailey (1991: 118, Fn. 11) und Abu-Rabia (1994: 105, Anm. 2).

61 Musil 1928:356f.; Dalman VI:376.

62 Musil (1908:263) beschreibt den bestickten Kopfschmuck eines Reitkamels; der bei Weir (1990:41) abgebildete Kopfschmuck ist zwirngebunden.

63 Information: Kāmlah Albaz.

64 Nach Bailey (1974a:124) war das Brautkamel nicht bei allen Stämmen Brauch. Im Negev war es z.B. bei den Tiyāhā und den Tarābīn verbreitet, nicht aber bei den 'Azāzmih. Das Modell eines geschmückten Brautkamels findet sich z.B. in den Ausstellungsräumen des Beduinenmuseums im Joe Alon Center, in der Nähe des Kibbutz Lahav in Israel.

65 Musil 1908:278; Jaussen 1948:264.

66 Die Informantinnen zur textilen Ausrüstung der Tieren waren, neben Kāmlah Albaz, Fāyizah Abū 'Amrah, Sa'dah al-'Azāzmih und Sulṭānah Abū 'Afāš, alle in Segev Shalom.

67 Layne 1994:101-103.

Der Ackerbau, S. 58-69

1 Aus einem Lied an die «Mutter des Regens», Jaussen (1948:326).

2 Jaussen 1948:240f.

3 Vgl. dazu die Kapitel *Viehzucht; Das ehrenhafte Leben der Männer; Kaffee, Tee und Tabak* in diesem Band.

4 Zur Entwicklung der Stadt und der Landwirtschaft: Kressel und Ben-David 1995:124f. bzw. 121f.

5 Vgl. dazu auch das Kapitel *Die Meerzwiebel blüht – der Sommer flieht* in Efrat (1983:254-266).

6 Vgl. dazu auch Jaussen (1948:242).

7 Kressel und Ben-David 1995:134.

8 Zur Privatisierung von Land, zur Einwanderung der Bauern und zu den Pachtverhältnissen vgl. Kressel et al. (1991).

9 Maddrell 1990:12; Jakubowska 1985:50f.

10 Vgl. z.B. den Überblick von 'Āref el-'Āref (1938:161-164) über die vielen unfruchtbaren Jahre zwischen 1863-1932. Auch die Jahre zwischen 1957/58-1962/63 beispielsweise waren nach Marx (1967:22) mager bis unfruchtbar.

11 Zu den agrarökologischen Bedingungen des Negev, insbesondere des Nord-Negev, vgl. Richter (1985:26-31, 57f.).

12 Musil 1908:28, 32; Oppenheim 1943:90, 97.

13 Diqs 1967:44, 69.

14 Epstein 1939:67; Oppenheim 1943:112.

15 Karte mit den Isohyeten in Evenari et al. (1982:32).

16 Eine ausführliche Beschreibung des Gebietes der 'Azāzmih findet sich bei Canaan (1928); zum zentralen Negev vgl. auch Evenari et al. (1982:49-58) und Karmon (1983:244-248). Evenari et al. (1982:95-119) geben zudem einen Überblick über die Landwirt-

schaft der Nabatäer und ihre Bewässerungsanlagen.

17 Nach Bailey (1974b:590) richten sich die Beduinen im Nord-Negev und Nord-Sinai beim Planen der Aussaat nach dem Sternenhimmel, vor allem nach den Plejaden und Sirius. Alafenisch (1992:98) bezeichnet den «Tag der Haufen» als «Kreuzesnacht» (*laylat aṣ-ṣalīb*). *Ṣalīb* bedeutet zwar im Hocharabischen «Kreuz», aber der Begriff würde, nach Kher Albaz, im Beduinendialekt «Haufen» bedeuten. Vielleicht wird er als Kollektiv von *ṣalībah* gebraucht, wie nach Musil (1908:304) und Kressel et al. (1991:43) ein Kornhaufen genannt wird.

18 Die Informationen zum «Tag der Haufen» und zu den «Regenfrauen» stammen von Kāmlah Albaz. Beide Zeremonien seien noch in den 1970er Jahren durchgeführt worden.

19 Bailey 1982:78. Vgl. auch Musil (1908:8-10), der verschiedene Lieder an die «Mutter des Regens» aufgezeichnet hat, und Jaussen (1948:323-330).

20 Bauer 1903:138, Musil 1908:296f.; Dalman II:179-188.

21 Abbildung einer pflügenden Frau z.B. auch in Marx (1967:Pl. II, nach, S. 16).

22 Z.B. Musil (1908:299f.) und Diqs (1967:49).

23 Musil 1908:301f.; Jaussen 1948:253. Für eine ausführliche Beschreibung der Dreschtafel siehe Dalman (III:79-82 und Abb.16-22).

24 Musil 1908:302f.; Dalman III:116f. und 126-130; Jaussen 1948:254.

25 Beim Abū Rabīʿah-Stamm (Ḏullām) bekam jeder Partner die Hälfte, falls der Landbesitzer Saatgut und Geräte lieferte; stellte der Pächter beides zur Verfügung, so bekam er 2/3 der Ernte (Kressel et al. 1991:43). Bei anderen Stämmen galten wieder andere Übereinkünfte (Jaussen 1948:241f.). Ebenso haben sich im Verlaufe der Zeit die Verteilungsregeln geändert.

26 Diese Zeremonie war beim Abū Rabīʿah-Stamm üblich und wurde von Kressel et al. (1991:43f.) beschrieben. Auch andere Stämme hatten ähnliche Zeremonien. Vgl. Musil (1908:304f.) und Jaussen (1948:254).

27 Zu Kornspeichern vgl. Musil (1908: 306), Canaan (1928:106f.), ʿĀref el-ʿĀref (1938:14, 126), Marx (1967:83) und Kressel et al. (1991:44).

28 Canaan 1928:106; Dalman II:64; Epstein 1939:70.

29 Zu den Pflugtypen vgl. Dalman (II: 64-90), Hirschberg und Janata (1980: 256-259) sowie Barthel und Stock (1994:470f.). Zum Pflügen mit einem Zugtier im Negev und zur Erklärung des ethnischen Namens des Pflugs vgl. Dalman (II:81).

30 Bailey und Danin 1981:158.

31 Nach Dalman (II:66f.) werden Pflüge eher vom Schreiner angefertigt, doch nach Informationen von Kher Albaz stellen die Beduinen im Negev die Pflüge selber her. Grobe, selbstgezimmerte Pflüge sind beispielsweise im Museum des Touristenzentrums in Rahat ausgestellt.

32 Dalman III:20-22.

33 Dalman III:19.

34 Dalman III:34.

35 Dalman III:37.

36 Dalman (III:23) bezeichnet diese Sichel als «Zweigsichel» (*šuršārah*), da sie im Westjordanland zum Schneiden der Weinstöcke dient. Nach Kher Albaz wird sie im Negev auch zum Schneiden des Grases verwendet.

37 Dalman III: 139-146.

38 Dalman III:150.

39 Informationen: Izhaq Al-Hroub, Kher und Kāmlah Albaz. Im Negev werden die Masse nach ihrem Volumen benannt.

40 Marx 1967:43f.; Kressel et al. 1991:43.

41 Abu-Rabia 1994:48f.

42 Kressel et al. 1991:34.

43 Informationen einiger ʿAzāzmih-Männer dieses Gebiets, Herbst 1995. Bis jetzt gibt es nach Jakubowska (1985:60) zwei landwirtschaftliche Beduinensiedlungen, Kseifa und Aroer. Die hier angesiedelten Beduinen wurden nach dem Friedensschluss mit Ägypten resp. dem Camp David-Abkommen von 1979 aus dem Gebiet von Tell al-Milḥ (Tel Malhata) evakuiert, wo die israelische Regierung die Militärbasis Nevatim anlegte. Da der Regierung sehr daran gelegen war, die Umsiedlung ohne Probleme vornehmen zu können, willigte sie in den Bau landwirtschaftlicher Siedlungen ein.

44 Maddrell 1990:15f.

Das Zelt – ein Haus aus Haar, S. 70-93

1 Arabisches Rätsel, Dalman (V:16).

2 Als Marx (1967) anfangs der 1960er Jahren im Negev forschte, scheinen die schwarzen Zelte noch verbreitet gewesen zu sein, und Lewando-Hundt (1984:120f.) berichtet, dass zu Beginn der 1970er Jahre wenige Frauen noch Zeltbahnen woben. Heute gibt es im Negev kaum mehr Ziegenhaar zu kaufen.

3 Vgl. auch Parizot (1995:85).

4 Zu spontanen und staatlichen Siedlungen vgl. die Aufsätze von Tovi Fenster und Kher Albaz in diesem Band sowie Jakubowska (1985).

5 Bailey 1974a:117.

6 Bailey 1974a:125f. Die Übersetzung des Begriffes *birzah* («das, das ausserhalb steht») verdeutlicht den Seklusionscharakter des Hochzeitszeltes.

7 Die Informationen zu den Namen stammen von Kher und Kāmlah Albaz, ʿAlī Abū Kaff sowie Muḥammad Abū Ǧarabīʿ; zur Terminologie des arabischen Zeltes siehe auch Rackow und Caskel (1938:182-184) und Dalman (VI:42-44).

8 Bailey und Danin 1981:156.

9 Vgl. zu diesem Kapitel auch Rackow und Caskel (1938:170-178) und Faegre (1979:9-27).

10 In anderen Gebieten liegt der Frauenraum rechts, der Männerraum links von der Trennwand. Vgl. z.B. Rackow und Caskel (1938: Abb. 3 und S. 177). Bei den von uns im Negev besuchten Zelten jedoch war der Frauenraum links und der Männerraum rechts.

11 Kher und Kāmlah Albaz haben im August 1996 das Zelt im Garten des Völkerkundemuseums probehalber aufgerichtet. Der Beschreibung des Aufbaus liegen diese Beobachtungen zugrunde.

12 Marx 1967:90. Nach Information von ʿAlī Abū Sbēt wird die Kernfamilie *bēt*, die erweiterte Familie *ʿāʾylah* genannt. Letztere kann neben Mutter, Vater und unverheirateten Kindern noch die Grosseltern väterlicherseits, Vaters Brüder mit Familien und verheiratete Söhne mit Familien umfassen. Der gleiche Informant ist der Ansicht, dass vor allem Mitglieder der erweiterten Familie zusammen ein Lager bilden.

13 Lewando-Hundt 1984:90f. Die Autorin forschte von 1972-1978 im Negev.

[14] Marx 1967:179f. Zur Zusammensetzung der staatlichen Siedlungen siehe den Aufsatz von Tovi Fenster in diesem Band.

[15] Nach Musil (1908:130) konnte das Lager bei drohender Gefahr Ellipsenform annehmen, wobei die Zeltschnüre der Schmalseiten so übereinander gepflockt wurden, dass niemand unbemerkt hindurchschlüpfen konnte. Nach Raswan (1934:153) stellten die kamelzüchtenden Beduinen ihre Zelte in langen parallelen Reihen, die Schafzüchter (d.h. Halbnomaden) hingegen halbmondförmig oder im Kreise auf. Auch ʿĀref el-ʿĀref (1938:131) beschreibt ein kreisförmiges Lager.

[16] Der beduinische Begriff für Frau ist *ḥurmah*, wörtlich übersetzt, «das, was unantastbar, geheiligt ist». Der Begriff *ḥarīm* bedeutet im Hocharabischen «geheiligter, unverletzlicher Ort», und er wurde als «Harem» ins Deutsche übernommen. Im Beduinendialekt ist *ḥarīm* der Plural für Frauen.

[17] ʿĀref el-ʿĀref 1938:131.

[18] Information: Kher Albaz.

[19] Jakubowska 1985:303.

[20] Marx 1967:82, 86.

[21] Eine Wiege jeden Typus ist auch bei Dickson (1949:102) abgebildet.

[22] Zur öffentlichen und privaten Funktion der Räume und des Mobiliars vgl. auch Layne (1994:64-73).

[23] Darāyah bedeutet auf Ägyptisch «Taft», «Seide» und *šaqaf* (Koll.) im Hocharabischen «Scherben».

[24] Ähnliche Kissen aus der Region Jaffa und dem Hochland von Hebron sind in Kawar und Hackstein (1987:334, Abb. 257; S. 316, Abb. 196) abgebildet. Beide Kissen werden in die 1920-1930er Jahre datiert. Ähnliche Applikationen zieren auch Festkleider der Region Hebron, Jaffa und Gaza, wie Abbildungen in der gleichen Publikation zeigen: S. 308, Abb.174; S. 340, Abb. 273; S. 343, Abb. 281.

[25] Ähnliche Kissenüberzuge wie 22265 sind in Kawar und Hackstein (1987: 401, Abb. 479, 480) abgebildet. Sie sind auch in Jordanien, wahrscheinlich im ganzen Mittleren Osten verbreitet.

[26] Siehe auch Parizot (1995:59f).

Das ehrenhafte Leben der Männer, S. 94-101

[1] Aus einem beduinischen Gedicht, ʿĀref el-ʿĀref (1938:155).

[2] Murray 1935:60.

[3] Palmer 1871:295.

[4] Bailey 1991:138f.

[5] In den Jahren 1813-1816 beispielsweise kämpften die ʿAṭāwnih gegen die Hzayyil und Gdērāt, alles Stämme der Tiyāhā-Konföderation. Letztere sind während des Konflikts sogar eine Koalition mit den Tarābīn eingegangen (Bailey 1991:254f.). Weitere Stammeskriege beschreiben z.B. Musil (1908: 369f.) und Jaussen (1948:173-180).

[6] Jaussen 1948:166.

[7] Palmer 1871:295.

[8] ʿĀref el-ʿĀref 1938:154.

[9] Musil 1908:373. Zur Bedeutung der Farbe Schwarz siehe auch S. 203 im Kapitel *Kleider machen Männer*.

[10] Bailey 1991:288-291.

[11] Über Lohnarbeit der Beduinen siehe Stein (1981:159-170), Kressel (1984:125-155), Marx (1984:173-186). Information über die wenig geschätzte Arbeit im Service: Kher Albaz.

[12] Nach Musil (1928:133) hatten die Rwalā-Beduinen Schwerter. Da Musil (1908:372) und Dalman (VI:51) in ihrer Beschreibung der Beduinen der jordanischen und israelischen Wüsten keine Schwerter erwähnen, scheinen diese Beduinen nur Säbel verwendet zu haben.

[13] Balsiger und Kläy 1992:79, 93.

[14] Musil 1908:372.

[15] Gautier 1898:116.

[16] Eigentlich Martini-Henry Gewehr; es wurde von B. Tyler Henry und Frederick Martini im 19. Jh. in den USA entwickelt.

[17] Musil 1908:372.

[18] Der in Deutschland zu Beginn des 20. Jh. von Paul Mauser entwickelte Mehrfachlader.

[19] Bailey 1991:25, Fn. 1.

[20] Gautier 1898:116.

[21] Beschreibung der Herstellung von Schiesspulver z.B. bei Dalman (VI: 315), Murray (1935:78) und Hess (1938:106).

[22] Kressel und Ben-David 1995:132f.

[23] ʿĀref el-ʿĀref 1938:169.

[24] Der Krummdolch wird bei Musil (1908:372) erwähnt, und Dalman (VI:222f.) bezeichnet ihn als Waffe der Hirten der südjudäischen Wüste.

[25] Informationen des Schwiegervaters von Kher Albaz und von ʿAlī Abū Sbēt.

[26] Dalman VI:74.

[27] Abu Hamdan 1989:32f.

[28] Shammout 1978.

[29] Murray 1935:76.

[30] Kressel et al. 1991:31.

[31] Barthel und Stock 1994:578f.

[32] Bailey 1974a:123; Alafenisch 1992:138.

[33] Murray 1935:79.

Dichtung und Musik, S. 102-107

[1] Aus einem Liebesgedicht der Tiyāhā, Musil (1908:243).

[2] Palmer 1871:295.

[3] Bailey 1991:381f.

[4] Das Gedicht umfasst nur wenige Zeilen, die Versfüsse innerhalb einer Zeile sind unregelmässig, und alle Reime sind gleich, also aa, aa etc. (Bailey 1991:387).

[5] Bailey 1991:164f.

[6] Bailey 1974a:121.

[7] Da die Komposition einer Kasside hohe Ansprüche an den Poeten stellt, kleiden weniger begabte Dichter auch ernsthafte Themen in die *bidʿah*-Form, und umgekehrt wird die Kasside auch zur Unterhaltung rezitiert.

[8] Die klassischen Kassiden bestehen im allgemeinen aus mehr als fünfzehn zweiteiligen Versen mit dem Reimschema aa, ba, ca usw. (Barthel und Stock 1994:330). Die Kassiden der Sinai- und Negev-Beduinen unterscheiden sich von den klassischen Kassiden und nähern sich dem, ebenfalls vorislamischen, *rağaz*-Gedicht an (Bailey 1991:425-29). Sie zeigen vorwiegend das Reimschema ab, ab, ab, und die Zeilen haben acht Versfüsse in unregelmässigen Versmassen (Bailey 1991:389f.).

[9] Musil 1928:283; Boucheman 1934:108; und Informationen von Kher Albaz.

[10] Bailey (1991:288-340) veröffentlichte mehrere seiner Gedichte, ebenso wie die ins Gefängnis geschmuggelten Antworten der Adressaten der Gedichte.

[11] Bailey 1991:50-56.

[12] Mit der Poesie der Frauen bei den Awlād ʿAlī-Beduinen der westlichen

Wüste in Ägypten befasst sich das Buch von Abu-Lughod (1988).

13 Musil 1908:232.

14 Dies gilt für alle Beduinenstämme; die anfangs dieses Jahrhunderts von der Lehre der Wahhabiten beeinflussten Beduinen lehnen die *rabābah* sogar ganz ab (Dickson 1949:520f.).

15 Bailey 1991:10.

16 Hornbostel und Sachs 1914:579.

17 Z.B. in Barthel und Stock (1994:488).

18 Sachsse 1927:149.

19 Alafenisch 1993:5-7.

20 Musil 1908:232.

21 Bailey und Danin 1981:158.

22 Information: Scheich Ibrāhīm Abū Rgayyig.

23 Dalman (VI:227) erwähnt Eisenflöten, bemerkt aber, dass Flöten von Hirten kaum gespielt würden. Dies konnte ich für die Negev-Beduinen nicht bestätigt finden.

24 Zu Flöten und Schalmeien vgl. Bauer (1903:280-81), Hornbostel und Sachs (1914:582-83, 588), Sachsse (1927: 156-157), Dalman (VI:224-228) und Janata (1975.184, 230).

Kaffee, Tee und Tabak, S. 108-121

1 Aus einem beduinischen Gedicht, ʻĀref el-ʻĀref (1938:151).

2 ʻĀref el-ʻĀref 1938:152.

3 Musil 1908:351-359.

4 Dalman VI:111-119; ʻĀref el-ʻĀref 1938:147-152; Dickson 1949:195-201; Efrat 1983:146f.; Jakubowska 1985:213; Kressel et al. 1991:42; Alafenisch 1992:129.

5 Efrat 1983:146.

6 Nach Bailey (1991:117, Fn. 8) wird die Kanne mit dem Kardamom auch «Gewürzkanne» (*bahārğiyyah*) genannt.

7 Die Informationen über die Kaffeezubereitung und die Namen der Kannen stammen von Scheich Ibrāhīm Abū Rgayyig.

8 Die Nahrung wird beispielsweise mit der rechten Hand zum Munde geführt, weil die linke zum Abwischen der Ausscheidungen gebraucht wird. Zu rechts und links vgl. z.B. Nippa (1991:96-101).

9 Bailey (1991:129, Fn. 4) beschreibt eine andere Variante des Eingiessens: Zuerst macht das Tablett mit den Schälchen die Runde, jeder Gast bedient sich, und dann wird der Kaffee eingegossen.

10 Nach Abu-Rabia (1994:105, Anm. 2) heisst der Sack für Kaffeebohnen und Kaffeeutensilien *ğrāb*.

11 In Efrat (1983:146) erwähnt und abgebildet in Gidal (1961:34).

12 Weitere Abbildungen in Kalter (1991c:133, Abb. 317) und in Weir (1990:22).

13 Nach Dalman (VI:115) im östlichen Teil des El Ghōr, südlich des Toten Meeres. Abgebildet auch in Weir (1990:23).

14 Ferdinand 1993:227f.

15 Abgebildet auch bei Weir (1990:23) und Kalter (1991c:131, Abb. 308).

16 Kressel und Ben-David 1995:137; Ben-David und Kressel 1995.

17 Abu Hamdan 1989:34f.

18 Zur Bezeichnung für die Gesamtheit der Kaffeeutensilien siehe ʻĀref el-ʻĀref (1938:149) und Bailey (1991:447). Der Begriff wird auch für die Teeutensilien gebraucht.

19 Kalter 1991a:66.

20 Dickson 1949:89.

21 Kressel und Ben-David 1995:137; Ben-David und Kressel 1995.

22 Shammout 1978 (o. S.).

23 Information: Scheich Ibrāhīm Abū Rgayyig.

24 Ammoun 1991:105-108.

25 Kalter 1991c:133, Abb. 317.

26 Information: Scheich Ibrāhīm Abū Rgayyig. In Gidal (1961:36) ist eine solche Kanne zu sehen, deren Form vielleicht für die Drusen typisch ist, die diese Kannen auch in ihren Dörfern am Karmel-Gebirge anfertigen.

27 Bailey 1991:136, Fn. 2.

28 Das auf einer Drückbank befestigte und rotierende Blech wird durch einen Stab an die Form gedrückt. Westphal-Hellbusch und Bruns (1974:53) beschreiben das Drücken ausführlich. Die beiden Autorinnen erwähnen (S. 87f.), dass bei gut gesäuberten Gefässen die Arbeitsspuren kaum mehr feststellbar sind. Das heisst, dass nicht mehr ersichtlich ist, ob sie gedrückt oder in reiner Handarbeit formgetrieben, d.h. auf eine Form aufgehämmert wurden. Auch starke Gebrauchsspuren lassen Arbeitsspuren verschwinden. Bei den beschriebenen Kannen können noch folgende Arbeitsspuren festgestellt werden: mäanderförmige Lötfugen am Kannenkörper (19541, 19542, 19543); ein punktförmiger Eindruck im Kannenboden, wo das Werkstück fixiert wurde (19541, 19542).

29 Alle genannten Techniken finden sich ausführlich bei Westphal-Hellbusch und Bruns (1974:59-67) sowie bei Hirschberg und Janata (1980:99f.) beschrieben.

30 Ferdinand 1993:230.

31 Die Behälter für die Kaffeeschälchen werden auch bei Dalman (VI:114, 117) und ʻĀref el-ʻĀref (1938;149) erwähnt. Alle Informationen zu den Kaffeegeräten stammen hauptsächlich von Scheich Ibrāhīm Abū Rgayyig. Ergänzende Informationen sind von ʻAlī Abū Kaff und von ʻAlī Abū Sbēt.

32 Bailey 1991:116.

33 Efrat 1983:145f.

34 Die Ausnahme bilden die Wahhabiten, deren Lehre die offizielle Religion im Königreich Saudi-Arabien darstellt. Sie lehnen neben Tabak auch Kaffee und Wein generell ab. Die Wahhabiten haben auch Anhänger in anderen islamischen Ländern.

35 ʻĀref el-ʻĀref 1938:168.

36 Z.B. Musil (1908:172) und Musil (1928:127f.). Eine Abbildung in Raswan (1934:nach 152) zeigt eine Mutter mit ihrem Baby, die eine lange Pfeife raucht. Die Legende lautet: «‹Die Familienpfeife›. Die Mutter hat als erste Anrecht darauf.»

37 Canaan 1928:117; ʻĀref el-ʻĀref 1938:152.

38 Bailey 1991:83, Fn. 6.

39 Briefliche Mitteilung von Rosemary Eshel, Museum of Bedouin Culture, Joe Alon Center, März 1997.

40 Sehr lange Pfeifenrohre sind z.B. auf Fig. 3 in Musil (1908:37) zu sehen.

41 Musil (1928:128) beispielsweise erwähnt das traditionelle Feuerzeug bei den Rwalā-Beduinen, während nach Dalman (IV:21) Beduinen und Bauern meist europäische Streichhölzer benutzten. Dalman sammelte das Material für seine Publikationen zwischen 1899-1925.

42 Kawar und Hackstein 1987:306.

Das arbeitsame Leben der Frauen, S. 122-137

1 Ein Ausspruch des Propheten, nach ʿĀref el-ʿĀref (1938:87).
2 Bailey 1974a:130.
3 Lewando-Hundt 1984:92; Abu-Rabia 1994:99.
4 Zur aktuellen Situation der Frauen siehe Lewando-Hundt (1984:83-123), Madrell (1990:18f.) und Biasio *Neues Kunsthandwerk – Frauenprojekte im Negev* in diesem Band.
5 Nach Jaussen (1948:31) war ein Weg von eineinhalb bis zu drei Stunden keine Seltenheit.
6 ʿĀref el-ʿĀref 1938:126.
7 Zum Brennmaterial vgl. auch Dalman (IV:1-20).
8 Kressel und Ben-David 1995:136f.
9 Marx 1967:27.
10 Nach Musil (1908:149) bewirteten Hirten zuweilen einen Gast mit gebratenem Fleisch, und bei einigen der von Jaussen (1948:65) und Dalman (VI:72) untersuchten Stämme war das Braten des Fleisches auf dem Backblech üblich.
11 Zum Mahlen des Mehls siehe Dalman (III:219-225), zum Brotbacken Dalman (IV:59-65) und Weir (1990:29-31). Das Backen des Brotes konnte ich mehrfach auch selber beobachten.
12 Dalman IV:50.
13 Die Verarbeitung der Milch konnte ich nicht selber beobachten; einige Informationen über die Milchprodukte und ihre Namen stammen von Kāmlah Albaz; vgl. auch Musil (1908:143-145), Dalman (VI:296-302), Weir (1990: 32f.).
14 Abu-Rabia 1994:86f.
15 Abu-Rabia 1994:75f.
16 Kressel und Ben-David 1995:136.
17 Marx 1967:26.
18 Dalman VI:69. Auch nach Musil (1908:153) sind im Wasser gekochte, gebrochene Weizenkörner eine Hauptspeise der Negev-Beduinen.
19 Dalman IV:62.
20 Bailey 1991:53, Fn. 8.
21 Nach Dalman (III:275) war Kuskus bei Beduinen nicht üblich.
22 Jakubowska 1985:225.
23 Ferdinand 1993:257-260.
24 Dalman V:188.
25 Weitere Pflanzen, die im Negev und Sinai zum Gerben der Wasser- und Butterschläuche benutzt werden, sind laut Bailey und Danin (1981:157): für die Wassersäcke die Rinde einer Akazien-Art (Acacia raddiana), die dünnen, grünen Stiele einer Ephedra-Art (Ephedra alata), die Rinde der Terebinthe (Pistacia atlantica) und die Wurzel des Sumach oder Essigbaumes (Rhus tripartita); für die Buttersäcke die dünnen, grünen Stiele einer anderen Ephedra-Art (Ephedra pachyclada), die Wurzeln einer Sonnenröschen-Art (Helianthemum ventosum) und die Blätter einer Gattung einjähriger Pflanzen (Medicago laciniata).
26 Alafenisch (1993:5f.) beschreibt dieses Vorgehen bei der Vorbereitung einer Ziegenhaut für die Anfertigung einer Spiesslaute, einer *rabābah.*
27 Verschiedene Methoden beduinischen Gerbens beschreiben Boucheman (1934:77), Murray (1935:83) und Hess (1938:124f.).
28 Beschreibung des Häutens von Murray (1935:83) und Abbildung in Korsching (1980:52).
29 Dieses Rezept verdanke ich einem ehemaligen beduinischen Mitarbeiter des Beduinenmuseums des Joe Alon Center bei Lahav.
30 Neben Kāmlah Albaz war Sulṭānah Abū ʿAfāš (ʿAzāzmih) aus Segev Shalom die wichtigste Informantin für die ethnischen Namen der Schläuche sowie des Koch- und Essgeschirrs.
31 Der punktförmige Eindruck am Boden, der durch die Befestigung des Blechs auf der Drückbank entstanden ist, ist fast überall gut sichtbar. Insbesondere bei den Kochtöpfen, der Schüssel (20927) und dem Sieb (19689) sind die feinen, um den Topf verlaufenden Linien, die der Drückstahl hinterlassen hat, zu erkennen. Zur Technik der Metallverzierung vgl. S.115f..
32 Amiry und Tamari 1989:42f.
33 Bailey und Danin 1981:156.

Die Beduinin als Textilproduzentin S. 138-157

1 Aus einem beduinischen Gedicht, gesammelt von Kher Albaz, 1998.
2 Crowfoot 1944:124f.; Crowfoot 1943:77f.
3 Lewando-Hundt 1984:120-122.
4 Verschiedene Stämme scheinen überhaupt auf das Kardieren verzichtet zu haben, denn nach Dalman (V:7f.) und Weir (1990:45f.) wird die Wolle nur mit der Hand gekämmt.
5 Weir 1990:45f.
6 Es kann auf verschiedene Arten gesponnen werden. Nach Dalman (V:54) wird in Aleppo z.B. mit dem Wirtel nach unten gesponnen, und in Kapernaum wird die Spindel in einer Bratpfanne gedreht und nicht fallen gelassen. Laut Crowfoot (1944:129) wird das Ziegenhaar ohne Spindel von Hand verdrillt, oder es wird wie die Baumwolle auf einer Spindel gesponnen, die aber nicht fallen gelassen wird (Crowfoot 1945:37).
7 Crowfoot 1945:38.
8 Dalman II:300-302; Dalman V:73-76.
9 Crowfoot 1943:75f.
10 Seiler-Baldinger 1991:90.
11 Die Bezeichnungen für die Teile des Webgeräts stammen von Kāmlah Albaz und von Saʿdah al-ʿAzāzmih aus Segev Shalom. Für Bezeichnungen, die in anderen Regionen gebraucht werden, siehe Dalman (V:97) und Weir (1990:49).
12 Crowfoot (1945:40f.) beschreibt das Zetteln, das ich nicht selber beobachten konnte.
13 Weir (1990:48-52) und eigene Beobachtungen.
14 Zu den Webmustern konnte ich die Informantinnen Kāmlah Albaz und Ḥāǧǧih Miryam aṣ-Ṣānʿ aus Lagiyyah befragen.
15 Crowfoot (1945:34-46) hat diese Technik ausführlich beschrieben und die Namen einiger Muster recherchiert. Kurzbeschreibungen und Illustrationen finden sich bei Collingwood (1988: 104f.), Weir (1990:53) und Hecht (1991:71-79).
16 Murray 1935:60f.; Crowfoot 1945:35f.
17 Beispiele aus Jordanien und Syrien finden sich in Weir (1990:53-55); aus Qatar in Ferdinand (1993:289-295).
18 Diese Technik, die zu den sogenannten «Kettenstoffverfahren» gehört, d.h. zur Stoffbildung mit passiver, fixierter Kette, liegt in der Nähe der Flechttechniken.
19 Seiler-Baldinger 1991:58 und 70f.
20 Diese Technik wird auch Wirken genannt; falls Schlitze vorhanden sind, Schlitzwirken. Von Wirken spricht man nur bei einem Schussreps, bei

dem die Einträge nicht über die ganze Stoffbreite geführt, sondern den Erfordernissen der Muster entsprechend, umgekehrt werden. Folgende Bindungen können vorkommen: Leinwandbindung, zwirngebundener Eintrag oder gewickelter Eintrag (Sumak); vgl. dazu Emery (1980:78-81) und Seiler-Baldinger (1991:72-75).

21 Alfred L. Kroeber (1967:279.) nennt diesen Vorgang Stimulus-Diffusion.

22 Dunare 1979:717.

23 *Ḥiǧāb* bedeutet «Amulett»; das Wort ist abgeleitet von *ḥaǧaba* (abschirmen), auch gegen böse Einflüsse.

24 Weir 1989:113.

25 Pawlik und Strassner 1969:204f.

26 Crowfoot 1945:43f.; bei diesem Muster handelt es sich um ein Kettmuster mit frei flottierenden Kettfäden auf der Rückseite und nicht um ein zwirngebundenes Muster.

27 Die Identifizierung der Flechttechniken an den Museumsobjekten erfolgte durch Elisabeth Schillinger und Eveline Churcher.

28 Seiler-Baldinger 1991:45 und 34.

29 Seiler-Baldinger 1991:46f.

30 Zur Repswirkung im Diagonalgeflecht siehe Speiser (1991:25).

31 Crowfoot 1943:76f.

32 Crowfoot 1943:77.

33 Speiser 1991:33, Abb. d; Seiler-Baldinger (1991:51) bezeichnet diese Technik als «aktiv-passives Zwirnflechten».

34 Seiler-Baldinger 1991:47f.

35 Seiler-Baldinger 1991:42, Variante von Abb. 62c.

36 Seiler-Baldinger 1991:43, Abb. 65d.

37 Seiler-Baldinger 1991:39.

38 Die Analyse der Perlenstoffe führte Elisabeth Schillinger aus.

39 Seiler-Baldinger 1991:138, Abb. 246.

40 Seiler-Baldinger 1991:143.

41 Seiler-Baldinger 1991:139, Abb. 249a.

42 Die Analyse der Randabschlüsse an den Museumsobjekten erfolgte durch Elisabeth Schillinger und Eveline Churcher.

43 Die mit Festonstichen kombinierten Verschlingstiche werden von Crowfoot (1944:127) als «buttonholing» und von Ferdinand (1993:296) als «double buttonhole stich» bezeichnet.

44 Boser und Müller (1969:55) unterscheiden nur zwischen dem zweikreuzigen und dem vierkreuzigen Zopfstich, wobei letzterer als «Doppelter Zopfstich» bezeichnet wird.

45 Briefliche Mitteilung von Alice Spinnler-Dürr, Wisen SO.

46 Crowfoot 1944:127.

Sticken und Nähen, S. 158-169

1 Sprichwort, zitiert nach Dalman (V:170).

2 Sprichwort, zitiert nach Dalman (V:169f.).

3 Weir 1989:104f.

4 Abu-Rabia 1994:62.

5 Lewando-Hundt 1984:122.

6 Kawar und Hackstein 1987; Weir 1989:23-46.

7 Ben-David und Kressel 1995.

8 Auch Indien käme als Exportland in Frage, wo dieser Stoff äusserst verbreitet war; mündliche Information von Dr. Cornelia Vogelsanger, Völkerkundemuseum Zürich.

9 Winkelhane 1987:152.

10 Weir 1989:43.

11 Weir 1989:93.

12 Einen Überblick über die in Mejdel gewebten Textilien gibt Weir (1989: 27-32). Über Läden in Beersheba siehe Ben-David und Kressel (1995).

13 Weir 1989:107.

14 Wilbush 1976:8.

15 Das Bestimmen der Zierstiche an den Museumsobjekten erfolgte durch Elisabeth Schillinger und Eveline Churcher.

16 Stramin ist ein gitterartiges, appretiertes Baumwollgewebe, das als Stickereigrundstoff verwendet wird. Es wird mit groben Stichen auf den zu bestickenden Stoff geheftet und nach dem Sticken weggeschnitten und weggerissen, wobei bei dicht bestickten Stoffen häufig kleine Fasern des Stramins zurückbleiben.

17 Boser und Müller 1969:40.

18 Ulmer 1921:81-90.

19 Wilbush 1976:5-27; Amir 1977; Weir 1970 und 1989; Kawar und Hackstein 1987:174-411.

20 Vgl. z.B. Acar (1983) und Azadi (1985).

21 Gostelow 1977:116-133.

22 Die von Thérèse de Dillmont entworfenen Stickmusterbögen wurden in einer Reihe «Album de Broderies au point de croix» bzw. in deutscher Sprache «Bibliothek DMC» von Dollfus-Mieg & Cie, Mulhouse-Belfort-Paris, 1920-1935 herausgegeben. Vgl. auch Thérèse de Dillmont 1996 (1897).

23 Ähnliche Stickmusternamen finden sich auch in Amir (1977): auf S. 31 ein «Stück Seife» (Abb. 13, 14) und das «Offiziersabzeichen» (Abb. 15); auf S. 33 «Sahnebonbons» (Toffee sweets; Abb. 22) oder auf S. 45 der «Boden der Kaffeetasse» (Abb. 56).

24 Von Menachem Begin, Ministerpäsident Israels (1977-1983), und Muhammad Anwar as-Sadat, Staatspräsident Ägyptens (1970-1981), wurde 1979 der israelisch-ägyptische Friedensvertrag unterzeichnet. Die Bar-Lev-Linie, eine militärische Befestigungsanlage, wurde 1969 nach den Vorstellungen des israelischen Generalstabschef Bar-Lev auf dem von Israel besetzten Ostufer des Suezkanals errichtet und 1973 von den ägyptischen Truppen überwunden. Die Stickmuster «Begin und Sadat» sowie die «Bar-Lev-Linie» scheinen sowohl bei den Dorffrauen als auch bei den Beduininnen beliebt zu sein; vgl. Weir (1989:112) und Caplan (1991). Allerdings scheint mir fraglich, ob die unter diesen Namen bekannten Muster überall gleich sind. Ich hatte jedenfalls den Eindruck, dass Kāmlah Albaz die «Bar-Lev-Linie» unbedingt einbringen wollte und spontan ein ihr passend scheinendes Muster so benannte.

25 Damit sind die Raketen gemeint, die der irakische Präsident Saddam Hussein während des Golfkriegs 1991 auf Israel abschiessen liess.

26 Kawar und Hackstein 1987:305. Die Winkel werden hier ebenfalls «Schere» genannt.

27 Das Wort *talḥamī* wird für Dinge verwendet, die miteinander verbunden sind, hier also für die Blätter der Rosette.

28 Weir 1970:34.

29 Amir 1977:23.

30 Amir 1977:25.

31 Amir 1977:58, Abb. 87.

32 Vgl. z.B. das Kleid der ʿAzāzmih von 1968 in Kawar und Hackstein (1987:360, Abb. 338) und das Festkleid aus Deir el Balah, nördlich von Khan Yunis, sowie das Festkleid aus dem nördlich von Ashdod gelegenen Yibna (Yavne), beide in Abu Omar (1987:93 resp. 85-87).

[33] Nach Amir (1977:25) hat dieses Motiv verschiedene Namen: Es wird z.B. als «Amulett» (*ḥiǧāb*), Apfel oder Blume bezeichnet.
[34] Zur Symbolik alter Ornamente vgl. Kalter und Touma (1991:232-238).
[35] Bei Wilbush (1976:12, 19, Abb. 6) z.B. heissen diese Muster, die die Naht eines Beduinenkleides aus der frühen Mandatszeit zieren, «Palmen».
[36] Die Blütentraube der Lupine (Lupinus) ist einer Palme ähnlich. Die Samen, die wie Sonnenblumenkerne gegessen werden können, sind auch auf dem Markt in Beersheba erhältlich.

Die Tracht der Frauen, S. 170-201

[1] Aus dem Koran, Sure 24/31.
[2] Abu-Lughod 1988:124.
[3] Abu-Lughod (1988:143-152) führt aus, dass diese Einstellung zur Sexualität weniger in der religiösen Ideologie begründet liegt, als in der Sozialstruktur vieler arabischer Völker, also auch der Beduinen, die Heiraten innerhalb der patrilinearen Abstammungsgruppe bevorzugen.
[4] Abu-Lughod 1988:134-143, s. auch Anm. 5 im Kapitel *Kleider machen Männer.*
[5] Abu-Lughod 1988:152-159.
[6] Abu-Lughod 1988:159-167.
[7] Zu Familienehre, ihre Gefährdung und Wiederherstellung durch Tötung der ‹schuldigen› Tochter oder Schwester vgl. Ginat (1987:113-151) und insbesondere Kressel (1992:160-216).
[8] Rugh (1986:84) sind bei ihren Recherchen über Kleider im Nord-Sinai ähnliche Inkonsequenzen aufgefallen.
[9] Dieser Kleidertypus, den Kawar und Hackstein (1987:397) definierten, wird seit den 1950er Jahren von vielen Palästinenserinnen getragen und verweist nicht mehr auf den Herkunftsort der Trägerinnen.
[10] Zum jordanischen «Neuen Kleid» siehe Kawar und Hackstein (1987:403).
[11] Allgemeine Informationen zum Kleid der Beduininnen finden sich bei Musil (1908:168f.), Dalman (V:306-310), Jaussen (1948:33; er erwähnt sogar ein Kleid von zwei bis drei Metern Länge), Kawar und Hackstein (1987:355), Weir (1989:139) und Weir (1990: 63-67).
[12] *Ḥabr* bedeutet im Hocharabischen wörtlich das «Erfreuen», und *ḥabarah* ist ein «Überwurf aus Seide».
[13] Zerrnickel 1991:192.
[14] Zur Struktur der Kleider siehe Kawar und Hackstein (1987) und Weir (1989:116-126).
[15] Vgl. z.B. Abbildungen in Rajab (1989:99) und Abu Omar (1987:95).
[16] Z.B. bei einem in Wilbush (1976:17) abgebildeten Kleid, das in die Mandatszeit datiert wird und aus einer Gegend südlich von Beersheba stammen soll.
[17] Eine Definition dieser Begriffe findet sich auch bei Kawar und Hackstein (1987:428).
[18] Weir 1989:213.
[19] Seng und Wass 1995:246.
[20] Rugh 1986:85f.
[21] Vgl. auch Rugh (1986:88-91).
[22] Marx (1967:4f.) betrachtet den Sinai als wichtigste Quelle des Einflusses auf die Kultur der Negev-Beduinen.
[23] Nach Bailey (1974a:130) war es bei den meisten Stämmen des Negev und Sinai unverheirateten Mädchen verboten, rote Stickereien zu tragen. Das blaue Kleid für Mädchen war laut Umm Ḥamdān Abū an-Naǧǧā in Amman nur bei den Tarābīn und den ʻAzāzmih üblich.
[24] Musil (1908:428) hat diesen Brauch bei den ʻAzāzmih und Tiyāhā beobachtet; vgl. auch Dalman (V:307f.) und Alafenisch (1992:35).
[25] Bailey 1974a:121. Nach Goren (1992: 39-48) haben nur die Frauen bei den ʻAzāzmih im ersten Ehejahr eine Jacke getragen.
[26] Eine Abbildung in Weir (1989:143) zeigt das Zierfeld eines mit der Maschine bestickten Kleides mit farbenprächtigen Blumen und Vögeln.
[27] Wilbush 1976:7. Nähmaschinen verbreiteten sich schon nach der Gründung des Staates Israel. Doch vorerst scheinen sie nur zum Zusammennähen der Kleider gebraucht worden zu sein und nicht zum Sticken.
[28] Zu regionalen Unterschieden des palästinensischen «Neuen Kleides» siehe Kawar und Hackstein (1987:397).
[29] Abu-Lughod 1986:136.
[30] Dalman V:318.
[31] Dalman (V:Abb.108a) zeigt eine Beduinin, die diesen breiten Gürtel trägt.
[32] Information Umm Ḥamdān Abū an-Naǧǧā, Amman. Vgl. auch Kawar und Hackstein (1987:364 und Abb. 355).
[33] Musil (1908:169) erwähnt einen weisswollenen Gürtel – eventuell den aus Schafwolle und Ziegenhaar gefertigten weiss/schwarzen – über dem ein roter getragen werde. Laut Murray (1935: 71f.) haben die Beduininnen im Sinai einen schwarz-weissen Gürtel mit einem roten Band darüber getragen, von dem Quasten bis zu ihren Knien herunterhängen.
[34] Diese Beobachtung hat auch Goren (1992) gemacht.
[35] Abbildung aus dem Jahre 1975 in Weir (1990:66).
[36] Kawar und Hackstein 1987:284.
[37] Der Begriff Kaschmir, eigentlich das feine Unterhaar der Kaschmirziege, wird allgemein für feine wollene und neuerdings für wollähnliche Gewebe gebraucht. Vgl. auch Dalman (V:318, Anm. 5).
[38] Vgl. auch Goren (1992:39-48). Die von Bailey (1974a:130) beschriebene *ʻaṣbah*, ein rotes oder schwarzes Band, das die Frau um die Kappe bindet, wurde laut Kāmlah Albaz im Negev nicht getragen, sondern eher von Beduininnen Jordaniens.
[39] Nach Musil (1908:185) wird das «Stirnband mit Münzen» nur im ersten Ehejahr getragen und dann durch den *burqaʻ* ersetzt.
[40] Vgl. z.B. Jakubowska (1985:299-302) und Kressel (1992:129-159).
[41] Auffallend viele der osmanischen Münzen sind mit neuen, roten Fäden angenäht. Obwohl auch die Beduininnen ihre Kopfbedeckungen dauernd verändern, ist der Eingriff von Händlern wahrscheinlich.
[42] Schienerl 1988:60-72.
[43] Vgl. auch Ulmer (1921:110).
[44] Musil 1908:185.
[45] Goren 1992.
[46] Weir 1989:166.
[47] Kawar und Hackstein 1987:355.
[48] Bestickte Hülltücher sind im Sinai Heritage Museum in El Arish ausgestellt, und ein Tarābīn-Kleid aus der Sammlung von Muḥammad Koreiem ist mit den gleichen Mustern bestickt.
[49] Vgl. auch Bailey (1974a:130).
[50] Dieses Stirnornament findet sich bei Kawar und Hackstein (1967:367) auf

den Abbildungen 370-73 und wird dort *gudlih* genannt.

51 Siehe auch die Abbildungen in Abu Omar (1987:105) und Kawar und Hackstein (1987:367).

52 Goren 1992:39-48. Möglich ist, dass die Autorin den um den Hals gehängten Zopfschmuck der Mädchen, der streng genommen gar kein Zopfschmuck ist, nicht berücksichtigt.

Kleider machen Männer, S. 202-213

1 Arabisches Sprichwort, zitiert nach Dalman (V:203).

2 Weir 1989:22-46.

3 Guthe 1908:122.

4 Bailey 1991:293, Fn. 13.

5 Alexander Borg, Ben-Gurion University of the Negev, Sede Boqer, Israel, befasst sich in seinen Feldstudien im Negev seit Jahren mit der Farbsymbolik. Im November 1994 hat er einige seiner Resultate im Völkerkundemuseum der Universität Zürich in einem Referat über «Die Sprache der Farben bei den Negev-Beduinen» vorgestellt. Dabei ist er zu ähnlichen Resultaten gekommen, wie sie Abu-Lughod (1988:131) bei den in der westlichen Wüste Ägyptens lebenden Awlād ʿAlī gefunden hat.

6 Zum traditionellen *ṯōb* siehe Dalman (V:203-208).

7 Zum *qumbāz* bzw. *kibr* siehe auch Dalman (V:224-227).

8 Weir 1989:51.

9 Bailey 1974a:121. Nach Stillman (1979:14f.) hat das Kittelgewand der Frauen einen etwas anderen Schnitt als das der Männer.

10 Nach Stillman (1979:15f.) wiesen die Hebron-Gewänder sehr enge Ärmel auf, im Unterschied zu den aus Jerusalem stammenden.

11 Nach Musil (1908:164) wurde dieses Gewand bei gewissen Stämmen *ṣāyah bēḍaʾ* genannt, eine im Negev nicht gebräuchliche Bezeichnung.

12 Lavie 1990:95.

13 Boucheman 1934:19f.; Pl. I, Abb. 8. Ein fast identischer Überwurf aus dem Museum of Mankind, London, ist in Weir (1989:50) abgebildet, ebenso ein ähnlicher Überwurf, den ein Hirte der Taʿāmrah-Beduinen trägt (S. 49).

14 Musil 1908:166.

15 Weir 1989:40.

16 Nach Bailey (1974a:125) wurzelt dieser Brauch in vorislamischer Zeit.

17 Bauer 1903:55f.

18 Bauer 1903:56; Dalman V:241.

19 Die *ʿabāyih* wird in arabischen Ländern auch heute noch von hochrangigen Persönlichkeiten getragen. Bei einem Staatsakt in Saudi-Arabien präsentieren sich z.B. König Fahd und Kronprinz Abdallah in einer *ʿabāyih* (Abb. Tages-Anzeiger vom 7. Juni 1996:5 und 10. Juni 1996:4).

20 Die verschiedenen Kopfbedeckungen werden bei Dalman (V:251-257) und Weir (1989:58-71) beschrieben.

21 Abbildung aus der Mandatszeit in Weir (1989:70).

22 Gemäss mündlicher Information von Izhak Al-Hroub, November 1995.

23 Musil 1908:166; Dalman V:255f.

24 Murray 1935:69; Alafenisch 1992:147f.

25 Nach Weir (1989:33) bis ca. 1920.

26 Murray 1935:69.

27 Dalman V:64-66.

28 Dalman V:66.

29 Die Beispiele stammen aus Ginat (1987:71, 160, Anm. 8) und Bailey (1991:332, Fn. 14).

30 Vgl. auch Bailey (1991:369, Fn. 5).

31 Dalman V:220.

32 Weir 1989:54f.

33 Vielleicht wurden die Jacken aus Syrien importiert; eine ähnliche Jacke wie diejenige des Beduinen links von der Mitte auf dem erwähnten Foto, trugen auch syrische Beduinen und wurde *dāmar* genannt (Boucheman 1934: Pl. I, Abb. 11.).

34 Musil 1928:167.

35 Weir 1989:56f.

36 Hobbs 1989:54.

37 Auf einer Abbildung in Weir (1989:56) aus dem Jahre 1936 tragen zwei Negev-Beduinen gewobene Gürtel.

38 Mollo 1972:214f.

39 Zu den verschiedenen Gürteltypen siehe auch Musil (1908:165), Dalman (V:232-236) und Weir (1989:55f.).

Schmücken und Schützen, S. 214-251

* Aus einem Lied, das von Frauen bei einer Hochzeit gesungen wird, Musil (1908:191).

Birgit Mershen: Beduinenschmuck in Süd-Palästina, S. 215-230

1 Die Objektlegenden zu den drei Schmuck-Beiträgen (Mershen, Kawar, Rahm-Mottl) wurden von Ursula Rahm-Mottl und Elisabeth Biasio verfasst. Partielle Recherchen zu den Schmuckobjekten aus der Museumssammlung konnte Elisabeth Biasio 1995 und 1997 in Israel und Jordanien durchführen. Alle ethnischen Namen der Objekte stammen von folgenden Negev-Beduininnen: Kāmlah Albaz, Tel Sheva; Sulṭānah Abū ʿAfāš, Segev Shalom; Fāyizah Abū ʿAmrah, Segev Shalom und Ṣabḥah Salāmah Darawših im Wādī Boggar. (Anm. E. Biasio)

2 Mershen 1991a:162.

3 Mershen 1982:10, 14f., 23f.

4 Zu den volksreligiösen und magischen Praktiken der Beduinen im Sinai und Negev vgl. Bailey (1982) sowie den Aufsatz von Ursula Rahm-Mottl in diesem Band.

5 Kalter 1991b:82.

6 Maddrell 1990:5, 15.

7 Weir 1989:193.

8 Stillmann 1979:91.

9 Haefelis Quelle in ʿĀref el-ʿĀref (1938:Anm. 108) ist die Dissertation von Adolf Käselau über «Die freien Beduinen Nord- und Zentral-Arabiens», 1927.

10 Helmecke 1986.

11 Weir 1989:194.

12 Ibrahim und Gordon 1987:27.

13 Mershen 1991b:138.

14 Musil 1908:424.

15 Lewando-Hundt 1984:118.

16 Marx 1967:185; Lewando-Hundt 1984:93.

17 Layish 1984:49.

18 Lewando-Hundt 1984:118.

19 Lewando-Hundt 1984:118.

20 Kalter 1991a:76.

21 Lewando-Hundt 1984:118.

22 Mershen 1987:106.

23 Budge 1930:307f.; Venzlaff 1985:28f.

24 Venzlaff 1977:206f.

25 Dubin 1987:292.

26 Allen 1976.

27 Bandel und Abdallah 1979.

28 Dubin 1987:293.

29 Venzlaff 1985:29.

30 Mershen 1991a:Abb. 194; Kawar und Hackstein 1987:335.

31 Mershen 1991b:139. Die Analyse einer solchen Perle aus einem Grab des 18. Jh. bewies, dass es sich um baltischen Bernstein handelt.

32 Zum magischen Gebrauch von Handmühlen bei den Beduinen vgl. Bailey (1982:82).

33 Zu den naturreligiösen Aspekten des Islams in beduinischer Ausprägung vgl. Bailey (1982:71f.).

34 Bailey 1982:82.

35 Mershen 1989:53.

36 Abbildungen bei Weir 1976:72; Crociani 1994:55, 57, 85, 99.

37 Mershen 1989:45.

38 Colyer Ross 1980:110.

39 Kawar und Hackstein 1987:356.

40 Rajab 1989:116.

41 Weir 1989:Abb. auf S. 200; Kawar und Hackstein 1987:221.

42 Korsching 1980:Abb. 64.

43 Vgl. Foto einer Negev-Beduinin mit fünf Armreifpaaren in Weir (1989: 193).

44 Mershen 1991a:169.

45 Kawar und Hackstein 1987:356, 368f. Die hier genannte ethnische Bezeichnung *dakket il-'agrabe* ist jedoch im Negev nicht gebräuchlich; zu einer alternativen Interpretation der Darstellungen als Kröten siehe Schienerl (1984:105-113).

46 Schienerl 1983:9; Kawar und Hackstein 1987:349.

47 Mershen 1991b:139.

48 Kawar 1980:121.

49 Weir 1976:61; Mershen 1991a:169.

Widad Kawar: Schmuck-Perlen der Beduinen, S. 231-236

1 Übersetzung des Beitrags aus dem Englischen von Peter R. Gerber, Völkerkundemuseum Zürich.

2 Achat, arabisch *'aqīq*, ist ein gebänderter Chalzedon, ein Quarzmineral mit wechselnder Struktur und Färbung.

Karneol ist eine durch Eisenoxid gefärbte, gelblich bis blutrote Varietät des Chalzedons; er wird im Arabischen ebenfalls *'aqīq* genannt. Durch facettierten Schliff und Politur bekommt der Schmuckstein einen kräftigen Glasglanz, weshalb es viele Glasimitationen gibt.

Echter Bernstein (*ḫarazat karhamān*, hoch-arab. *kahramān*) ist ein hellgelbes bis bräunlichrotes, undurchsichtiges bis transparentes fossiles Harz vor allem von Nadelhölzern.

Um Pressbernstein (*ḫarazat karhamān*) zu produzieren, werden bei 170-190° C die weich gewordenen Bruchstücke von Bernstein unter Vakuum hydraulisch zu einer festen Masse gepresst (auch Ambroid genannt). Der gepresste Bernstein ist gegenüber natürlichem Bernstein etwas weniger glänzend, hat einen leicht niedrigeren Schmelzpunkt und eine geringere elektrostatische Wirkung. (Allen 1976: 15f.) Das Betupfen mit Äther hinterlässt einen matten Fleck (Schlossmacher 1962:284).

Bakelit (*ḫarazat karhamān*) war einer der ersten Kunststoffe, der als Bernsteinersatz verwendet wurde. Da Bakelit ein Duroplast ist, kann es, einmal gehärtet, nicht mehr durch Erhitzen geschmolzen und in seiner Form verändert werden. Es brennt nicht, wird aber schwarz, ohne seine Form zu verlieren, und es entwickelt sich ein unangenehmer säuerlicher Geruch.

Auch thermoplastische Materialien wie Weichplastik (*ḫarazat karhamān*) werden neben fossilen und natürlichen Harzen wie Kopal zur Imitation von Bernstein verwendet. Thermoplaste können beliebig oft durch Erhitzen erweicht und verformt und durch Abkühlen wieder verfestigt werden.

Die kalkhaltige rote Edelkoralle (*murǧān*) wird seit den 1930er Jahren durch Glas- und Kunststoffimitationen ersetzt. Sogar rote Isolationshüllen von Elektrokabeln werden als Korallenersatz verwendet. (Anm. U. Rahm-Mottl)

3 Vgl. dazu Abbildung in Kawar und Hackstein (1987:368).

Ursula Rahm-Mottl: Die magisch-religiöse Bedeutung des Schmucks, S. 237-251

1 Nicht nur für die Schmuckstücke, sondern allgemein ergänzend konnte Elisabeth Biasio 1995 und 1997 partielle Recherchen für diesen Beitrag in Israel und Jordanien durchführen.

2 Bailey 1982:66-70.

3 *Imām* bedeutet eigentlich «Anführer». So wird z.B. der Vorbeter in der Moschee genannt, oder der Begriff wird als Ehrentitel verwendet.

4 Kriss und Kriss-Heinrich (1962:54-57, 68-71) zu den 99 Gottesnamen; Wilkins 1969:29.

5 Canaan 1929:104.

6 Musil 1908:329-334; 'Āref el-'Āref 1938:194-202; Jaussen 1948:294-318; Bailey 1982:74-78.

7 Musil 1908:309-314; 'Āref el-'Āref 1938:189; Bailey 1982:80f.

8 Vgl. die Zusammenfassung von Mershen (1982:1 und 1987:106f.).

9 Musil 1908:411-421; 'Āref el-'Āref 1938:182-188.

10 Musil 1908:319-328, 413; Canaan 1914:6-27; Canaan 1929:3-8; Jaussen 1948:318-323; Kriss und Kriss-Heinrich 1962:14-16.

11 Bailey 1982:78; vgl. zum Konzept des «bösen Blicks» auch Canaan (1914: 28-32), Kriss und Kriss-Heinrich (1962:17-21), Mershen (1982:22f.) und Schienerl (1988:84).

12 Canaan 1914:32.

13 Vgl. Canaan (1914:26f.), Canaan (1929:47-49), Kriss und Kriss-Heinrich (1962:22f.), Bailey (1982:82) und Mershen (1982:23-26).

14 Zum Konzept der *kabsih* vgl. Canaan (1914:36-39), Canaan (1929:43-45), Bailey (1982:82) und Mershen (1982:26f.).

15 Canaan 1929:17f.; Bailey 1982:79. Wir danken auch Baruch Freiman für seine Semesterarbeit «Die Gula, die männerfressende Frau – Eine Psychoanalyse der Geschlechterbeziehung bei den Sinai-Beduinen», geschrieben im Wintersemester 1994/95 am Ethnologischen Seminar der Universität Zürich.

16 Zu den Handamuletten vgl. z.B. Canaan (1914:64f.) sowie Kriss und Kriss-Heinrich (1962:2-10).

17 Zu Augenamuletten und Alaun vgl. z.B. Canaan (1914:57f., 60-26), Kriss und Kriss-Heinrich (1962:10-12, 19-21) und Bailey (1982:81f.).

18 Mershen (1982:4) schreibt, dass *al-ḥiǧāb* die Hülle, den Schleier, den Vorhang bezeichnet, also das, was vor Blicken abschirmt oder zwischen zwei Dingen trennt und damit die bösen Mächte abhält oder bannt.

19 Kriss und Kriss-Heinrich 1962:74-80.

20 Kriss und Kriss-Heinrich 1962:81-99; Schienerl 1988:107-116.

[21] Information von Kāmlah Albaz.
[22] Zum Schriftamulett vgl. z.B. Kriss und Kriss-Heinrich (1962:58-63, 100-109) und Mershen (1982).
[23] Vgl. dazu die ägyptischen Staatspunzen in Klever (1977:38f.).
[24] Zu diesen Schriftamuletten vgl. z.B. Canaan (1914:52f.) sowie Kriss und Kriss-Heinrich (1962:62-67).
[25] Aus der Koran-Sure 2 («Die Kuh»), Vers 255.
[26] Koran-Sure 112 («Die Reinigung»).
[27] Das Wort «Bismillah» oder «Basmalah» stammt aus dem ersten Teil der Formel *Bismi 'llāhi' r-raḥmāni' r-raḥīm* («Im Namen Gottes, des Barmherzigen, des Erbarmers»).
[28] Vgl. z.B. Kriss und Kriss-Heinrich (1962:140-204).
[29] Zur Bedeutung der Zahlen vgl. Canaan (1914:93-95, 118, 123), 'Āref el-'Āref (1938:185f.), Kriss und Kriss-Heinrich (1962:2-12), Klever (1977:18f.) und Kalter (1991:96f.).
[30] Bailey 1982:82.
[31] Schienerl 1988:97-103; vgl. auch Canaan (1914:128) sowie Kriss und Kriss-Heinrich (1962:46-48).
[32] Bailey 1982:82.
[33] Klever 1977:39.
[34] Musil 1908:314-319; Canaan 1914: 53-56, 129; Kriss und Kriss-Heinrich 1962:26-38; Bailey 1982:82-85.
[35] Information von Kāmlah und Kher Albaz. In der Privatsammlung von Muḥammad Koreiem in El Arish (Nord-Sinai) fand sich jedoch ein solches Amulett an einem Kamelschmuck befestigt.
[36] Dieses im Mittleren Osten verbreitete Amulett kann laut Kriss und Kriss-Heinrich (1962:64) auch als Ohrgehänge getragen werden; vgl. auch Bliss (1983:70).
[37] Diese Information deckt sich mit Canaan (1914:36). Allerdings kannte Kāmlah Albaz das Amulett nicht. Zu weiteren Bedeutungen des Frosch- oder Krötenamuletts vgl. Kriss und Kriss-Heinrich (1962:33).
[38] Canaan 1914:87.
[39] Canaan 1914:126.
[40] Mershen (1989) konnte nicht nur bei drei Halsketten Perle für Perle identifizieren, sondern von den Trägerinnen der Ketten die Geschichte der Stücke erfahren. Dies ist leider bei Objekten nicht mehr möglich, die nicht dem Eigentümer direkt abgekauft wurden.
[41] Vgl. dazu Mershen (1989:52).
[42] Vgl. dazu auch den Aufsatz von Widad Kawar in diesem Band.

Die Beduinen im Anpassungsprozess, S. 252-303

Tovi Fenster: Übergang und sozialer Wandel – Siedlungen für Beduinen, S. 253-270

[1] Beträchtliche Teile dieses Artikels wurden in *Progress in Planning* (1993) veröffentlicht. Die Autorin und das Völkerkundemuseum der Universität Zürich danken Elsevier Science Ltd. für die Erlaubnis der Publikation. Übersetzung aus dem Englischen: Helga Tobias, Zürich.
[2] Prazanska 1991.
[3] Marx 1980.
[4] Marx und Shela 1979.
[5] Rappoport 1978.
[6] Marx und Shela 1979.
[7] Ben-David 1976; Marx und Shela 1979; Tahal 1982; Kliot und Medzini 1985.
[8] Ben-David 1976.
[9] Amiran et al. 1979.
[10] Havakuk 1983.
[11] Government of Israel Ministerial Economic Committee, Entscheid vom 30.5.1973.
[12] Kaplan et al. 1979.
[13] Marx 1988.
[14] Kaplan et al. 1979.
[15] Kaplan und Amit 1979:4.
[16] Kaplan und Amit 1979.
[17] Kliot und Medzini 1985; Tahal 1982.
[18] Tahal 1982.
[19] Horner 1982.
[20] Fenster et al. 1995.

Sālīm Abū Hānī: «Es gibt keinen Weg zurück ...», S. 271-274

[1] Aufgezeichnet von Tovi Fenster und aus dem Englischen übersetzt von Helga Tobias, Zürich.
[2] Diese Universität nimmt Prüfungen ab und verleiht Bachelor-Grade, wobei sich der Student aber das Wissen selber aneignet.

Kher Albaz: Wandel und Krise – Soziale Wohlfahrt für die Negev-Beduinen, S. 275-288

[1] Übersetzung des Beitrages aus dem Englischen von Peter R. Gerber, Völkerkundemuseum Zürich.
[2] Den Vorbereitungskurs, Mekhina genannt, bieten israelische Universitäten vor allem Soldaten und Soldatinnen an, die nach der Highschool für 2-3 Jahre den Militärdienst absolvieren und nun ihr Schulwissen für die Aufnahme in die Universität wieder auffrischen müssen.
[3] Hūdah, meine Frau, ist mit mir als Cousine 2. Grades verwandt, d.h., die Väter unserer Väter waren Brüder.

Elisabeth Biasio: Neues Kunsthandwerk – Frauenprojekte im Negev, S. 289-303

[1] Jakubowska 1985:192-201; Lewando-Hundt 1984:109-118.
[2] Maddrell 1990:19.
[3] Jakubowska 1985:141-150.
[4] Jakubowska 1985:195f.
[5] Junge arabische Lehrer und Lehrerinnen aus dem Norden des Landes, meistens noch ohne Abschlussexamen, müssen drei Jahre im Negev unterrichten, bevor sie gewählt werden können (Maddrell 1990:16; Wagner 1977:28).
[6] Maddrell 1990:17.
[7] Allgemeine Informationen zur Erziehung: Maddrell 1990:16f., speziell der Frauen S. 18f.; Jakubowska 1985: 141-150; *Masos Regional Council*, S. 3; *Association for Support and Defence of Bedouin Rights in Israel*, S. 5f.
[8] Alle Informationen zu diesen Projekten stammen aus Interviews mit Kher Albaz und Hana Piravandi, beide Mitarbeiter im Masos-Regionalrat, Oktober 1995, sowie mit Ruth Dayan, Herzliyya, November 1995.
[9] Im Jemen wie auch in anderen muslimischen Ländern waren Silberschmiede Juden oder gehörten einer anderen nicht-muslimischen Minderheit an. Der Islam verbietet es den Gläubigen, sich mit Edelmetallen zu beschäftigen.
[10] Die Informationen zu diesem Kapitel stammen aus Gesprächen und einem Interview mit Roz Willey aṣ-Ṣān' im Oktober und November 1995 sowie

aus einer schriftlichen Dokumentation des Projekts der Negev Educational Association, Beersheba.

[11] Simms und Kooring 1996:22-25.

[12] Layne 1994:103f. und 128-142.

[13] Israel Nachrichten, 8.9.95.

[14] Mündliche Informationen von Peter R. Gerber, Völkerkundemuseum Zürich, der entsprechende Erfahrungen mit Projekten kanadischer Indianerinnen und Indianer gemacht hat.

Zitierte Literatur und Wörterbücher

Abu Hamdan, Meg. 1989
The Crafts of Jordan – An Introductory Guide. Amman: Al Kutba.

Abu-Lughod, Lila. 1988 (1986)
Veiled Sentiments – Honor and Poetry in a Bedouin Society. Berkeley: University of California Press.

Abu Omar, Abed Al-Samih. 1987
Traditional Palestinian Embroidery and Jewelry. Jerusalem: Al-Shark.

Abu-Rabia, Aref. 1994
The Negev Bedouin and Livestock Rearing – Social, Economic and Political Aspects. Oxford: Berg Publishers Ltd.

Acar, Belkis B. 1983
Kilim – Cicim – Zili – Sumak: Türkische Flachgewebe. Istanbul: Eren Yayinlari.

Alafenisch, Salim. 1992 (1989)
Die acht Frauen des Grossvaters. Zürich: Unionsverlag.

Alafenisch, Salim. 1993
Das versteinerte Zelt. Zürich: Unionsverlag.

Allen, Jamey D. 1976
Amber and its Substitutes – PT. II Mineral Analyses. *The Bead Journal*, 2, 4:11-22.

Amir, Ziva. 1977
Arabesque – Decorative Needlework from the Holy Land. Israel: Massada Press Ltd.

Amiran, David, Amnon Shinar und Josef Ben-David. 1979
The Bedouin Settlements in the Beer Sheva Valley. In: Avshalom Shmueli und Yehuda Gradus (Hrsg.). *The Land of the Negev*. Tel Aviv: Ministry of Defense Publishers, S. 652-665 (hebräisch).

Amiry, Suad und Vera Tamari. 1989
The Palestinian Village Home. London: British Museum Publications Ltd.

Ammoun, Denise. 1991 (1985)
Crafts of Egypt. Kairo: The American University in Cairo Press.

'Āref el-'Āref. 1938
Die Beduinen von Beerseba – Ihre Rechtsverhältnisse, Sitten und Gebräuche. Aus dem Arabischen übersetzt, mit einer Einleitung und mit Anmerkungen versehen von Leo Haefeli. Luzern: Verlag Räber & Cie.

Association for Support and Defence of Bedouin Rights in Israel. o.J.
The Bedouin Arabs of the Negev: The Struggle for Equal Rights as Citizens of Israel. Beersheba.

Azadi, Siawosch. 1985
Mafrash. Gewebte Transporttaschen als textile Bilder des Orients – Arbeiten der Schahsawan und anderer Stämme Persiens. Berlin: Dietrich Reimer Verlag; München: Weltkunst Verlag.

Bailey, Clinton. 1974a
Bedouin Weddings in Sinai and the Negev. In: I. Ben-Ami (Hrsg.). *Folklore Research Center Studies, 4. Studies in Wedding Customs*. Jerusalem, S. 105-132.

Bailey, Clinton. 1974b
Bedouin Star-Lore in Sinai and the Negev. *Bulletin of the School of Oriental and African Studies*, 37:580-596.

Bailey, Clinton. 1982
Bedouin Religious Practices in Sinai and the Negev. *Anthropos*, 77:65-88.

Bailey, Clinton. 1990
The Ottomans and the Bedouin Tribes of the Negev. In: Gad G. Gilbar (Hrsg.). *Ottoman Palestine 1800-1914 – Studies in Economic and Social History*. Leiden: E. J. Brill, S. 321-332.

Bailey, Clinton. 1991
Bedouin Poetry from Sinai and the Negev – Mirror of a Culture. Oxford: Clarendon Press.

Bailey, Clinton und Avinoam Danin. 1981
Bedouin Plant Utilization in Sinai and the Negev. *Economic Botany*, 35:145-162.

Balsiger, Roger N. und Ernst J. Kläy. 1992
Bei Schah, Emir und Khan – Henri Moser Charlottenfels 1844-1923. Schaffhausen: Meier Verlag.

Bandel, Klaus und Abbas Haddadin Abdallah. 1979
The Depositional Environment of Amber-Bearing Rocks in Jordan. *Dirasat. A research journal published by the University of Jordan*, VI, 1.

Barthel, Günter und Kristina Stock (Hrsg.). 1994
Lexikon Arabische Welt – Kultur, Lebensweise, Wirtschaft, Politik und Natur im Nahen Osten und Nordafrika. Wiesbaden: Dr. Ludwig Reichert Verlag.

Bauer, Leonhard. 1903
Volksleben im Lande der Bibel. Leipzig: Kommissionsverlag von H. G. Wallmann.

Bauer, Leonhard. 1957
Wörterbuch der Arabischen Umgangssprache in Palästina und im Libanon – Deutsch-Arabisch. (2. erw. und verb. Aufl.) Wiesbaden: Otto Harrassowitz.

Beck, Horace C. 1973
Classification and Nomenclature of Beads and Pendants. York, Pennsylvania: George Shumway Publisher.

Ben-David, Josef. 1976
The Process of Spontaneous Settlements among the Negev Bedouin. *Notes on the Bedouin*, 10:12-21 (hebräisch).

Ben-David, Josef und Gideon M. Kressel. 1995
The Bedouin Market – The Axis around which Beer Sheva developed in the British Mandatory Period. Unpublizierter Artikel aus dem Blaustein Institute for Desert Research, Ben Gurion University of the Negev, Sede Boqer.

Black, David und Clive Loveless (Hrsg.). 1979
Woven Gardens – Nomad and Village Rugs of the Fars Province of Southern Persia. London: David Black Oriental Carpets.

Blanc, Haim. 1990
The Arabic Dialect of the Negev Bedouins. (Nachdruck aus: Proceedings of the Israel Academy of Sciences and Humanities, 4, 1970). In: Frank H. Stewart. *Texts in Sinai Bedouin Law*. Wiesbaden: Otto Harrassowitz, S. 112-150.

Bliss, Frank. 1983
Zur Typologie und Herkunft des Bahriya-Schmucks (Westliche Wüste Ägyptens). *Archiv für Völkerkunde*, 37:63-84.

Boneh, Dan. 1982
A Survey of a Bedouin Group Evacuated in 1949 and Sedentarized near Tel Sheva. *Implementation Authority*. Tel Aviv (hebräisch).

Boneh, Dan. 1984
Returning to Pastoralism: Three Cases from the Negev Bedouin. *Nomadic Peoples*, 15:41-50.

Boser, Renée und Irmgard Müller. 1969
Stickerei – Systematik der Stichformen. Basel: Museum für Völkerkunde.

Boucheman, Albert. 1934
Matériel de la Vie Bédouine – Recueilli dans le Désert de Syrie (Tribu des Arabes Sba'a). Documents d'Etudes Orientales 3. Paris: Institut Français de Damas.

Budge, E. A. Wallis. 1930
Amulets and Superstitions. London: Oxford University Press.

Canaan, Taufik. 1914
Aberglaube und Volksmedizin im Lande der Bibel. Abhandlungen des Hamburgischen Kolonialinstituts, XX.

Canaan, Taufik. 1928
Die 'Azāzime-Beduinen und ihr Gebiet. *Zeitschrift des Deutschen Palästina-Vereins*, 51:89-118.

Canaan, Taufik. 1929
Dämonenglaube im Lande der Bibel. Morgenland, Heft 21.

Caplan, Yehudit. 1991
Contemporary Bedouin Embroidery in the Negev (englisch und hebräisch, 8 Seiten). Near Kibbutz Lahav: Colonel Joe Alon Center, The Museum of Bedouin Culture.

Collingwood, Peter. 1988 (1987)
Textile Strukturen. Eine Systematik der Techniken aus aller Welt. Bern: Verlag Paul Haupt.

Colyer Ross, Heather. 1981
The Art of Bedouin Jewellery – A Saudi Arabian Profile. Fribourg: Arabesque Commercial SA.

Crociani, Paola. 1994
Bedouin of the Sinai. Reading: Garnet Publishing.

Crowfoot, Grace M. 1943
Handicrafts in Palestine – Primitive Weaving I., Plaiting and Finger-weaving. *Palestine Exploration Quarterly*, (July-Oct.), S. 75-88.

Crowfoot, Grace M. 1944
Handicrafts in Palestine – Jerusalem Hammock Cradles and Hebron Rugs. *Palestine Exploration Quarterly*, (Jan.-April), S. 121-130.

Crowfoot, Grace M. 1945
The Tent Beautiful – A Study of Pattern Weaving in Transjordan. *Palestine Exploration Quarterly*, (Jan.-April), S. 34-46.

Dalman, Gustav. 1987
Arbeit und Sitte in Palästina, II-VI. (Nachdruck von 1932-1939, Gütersloh). Hildesheim: Georg Olms Verlag.

Dickson, H. R. P. 1949
The Arab of the Desert – A Glimpse into Badawin Life in Kuwait and Sau'di Arabia. London: George Allen & Unwin Ltd.

Dillmont, Thérèse de. 1996 (1897)
Encyklopädie der weiblichen Handarbeiten. (Nachdruck von 1908, Mülhausen). Augsburg: Bechtermünz Verlag im Weltbild Verlag GmbH.

Diqs, Isaak. 1967
A Bedouin Boyhood. London: George Allen & Unwin Ltd.

Dostal, Walter. 1967
Die Beduinen in Südarabien – Eine ethnologische Studie zur Entwicklung der Kamelhirtenkultur in Arabien. Wiener Beiträge zur Kulturgeschichte und Linguistik, Bd. 16. Horn-Wien: Verlag Ferdinand Berger & Söhne OHG.

Dubin, Lois, S. 1987
The History of Beads, from 30 000 B.C. to the Present. London: Thames and Hudson.

Dunare, Nicolae. 1979
Criteria for the Classification of Folk Ornaments. In: Justine M. Cordwell (Hrsg.). *The Visual Arts – Plastic and Graphic*. Den Haag: Mouton Publishers.

Efrat, Arie. 1983
Nachbarn im Negev – Ein Kibbuz zwischen Bauern und Beduinen. Gerlingen: Bleicher Verlag.

Emery, Irene. 1980
The Primary Structures of Fabrics – An Illustrated Classification. Washington, D.C.: The Textile Museum.

Epstein, Eliahu. 1939
Bedouin of the Negeb. *Palestine Exploration Quarterly*, S. 58-73.

Evenari, Michael, Leslie Shanan und Naphtali Tadmor. 1982 (1971)
The Negev – The Challenge of a Desert. Cambridge: Harvard University Press.

Faegre, Torvald. 1979
Tents – Architecture of the Nomads. London: John Murray Ltd.

Fenster, Tovi. 1993
Settlement Planning and Participation under Principles of Pluralism. *Progress in Planning*, 39, Part 3, S. 167-242.

Fenster, Tovi et al. 1995
Development Plan for the Bedouin Settlements in the Negev. Ministry of Housing, Israel.

Ferdinand, Klaus. 1993
Bedouins of Qatar. Kopenhagen: The Carlsberg Foundation, Rhodos International Science and Art Publishers A/S.

Gautier, Lucien. 1898
Souvenirs de Terre-Sainte. Lausanne: Georges Bridel & Cie.

Gidal, Sonia und Tim Gidal. 1961
Söhne der Wüste – Erzählung für die Jugend. Zürich: Orell Füssli Verlag.

Ginat, Joseph. 1987
Blood Disputes among Bedouin and Rural Arabs in Israel – Revenge, Mediation, Outcasting and Family Honor. Pittsburgh: The University of Pittsburgh Press.

Goren, Orna. 1992
Symbolic Aspects in Bedouin's Women Clothing and Jewels. *Notes on the Bedouin*, 23:39-48 (hebräisch).

Gostelow, Mary. 1977
The Complete International Book of Embroidery. New York: Simon and Schuster.

Government of Israel Ministerial Economic Committee. 1973
Decisions on the Bedouin.

Guthe, Hermann. 1908
Palästina. Monographien zur Erdkunde 21. Bielefeld und Leipzig. Verlag von Velhagen & Klasing.

Havakuk, Jacob. 1983
Beit ash-sha'ar – The Traditional Bedouins' Dwelling. *Notes on the Bedouin*, 14:31-71 (hebräisch).

Hecht, Ann. 1991 (1989)
Webkunst aus verschiedenen Kulturen. Färben, Spinnen, Weben – ein Querschnitt durch Techniken, Geräte und Material. Bern: Verlag Paul Haupt.

Helmecke, Gisela. 1986
Palästinensischer Glasschmuck und Amulette aus Hebron in den Sammlungen des Staatlichen Museums für Völkerkunde Dresden. *Abhandlungen und Berichte des Staatlichen Museums für Völkerkunde Dresden*, Bd. 42: 193-205.

Hess, Jean Jacques. 1938
Von den Beduinen des Innern Arabiens – Erzählungen, Lieder, Sitten und Gebräuche. Zürich: Max Niehans Verlag.

Hirschberg, Walter und Alfred Janata (Hrsg.). 1980
Technologie und Ergologie in der Völkerkunde. (2. und verb. Aufl.) Berlin: Dietrich Reimer Verlag.

Hobbs, Joseph J. 1989
Bedouin Life in the Egyptian Wilderness. Austin: University of Texas Press.

Hornbostel, Erich M. und Curt Sachs. 1914
Systematik der Musikinstrumente. *Zeitschrift für Ethnologie*, 4+5:553-590.

Horner, Deborah. 1982
Planning for the Bedouin: The Case of Tel Sheva. *Third World Planning Review*, 4:159-176.

Ibrahim, Moawiyah und Robert Gordon. 1987
A Cemetery at Queen Alia International Airport. Wiesbaden: Otto Harrassowitz.

Jakubowska, Longina A. 1985
Urban Bedouin: Social Change in a Settled Environment. Dissertation, State University of New York. Ann Arbor, Mich.: UMI Dissertation Information Service (1987).

Janata, Alfred. 1975
Musikinstrumente der Völker – Aussereuropäische Musikinstrumente und Schallgeräte: Systematik und Themenbeispiele. Sammlungskatalog. Wien: Museum für Völkerkunde.

Jaussen, Antonin. 1948 (1907)
Coutumes des Arabes au Pays de Moab. Paris: Librairie d'Amérique et d'Orient, Adrien-Maisonneuve.

Kalter, Johannes. 1991a
Beispiele städtischen Handwerks. In: Johannes Kalter, Margareta Pavaloi und Maria Zerrnickel (Hrsg.). *Syrien – Mosaik eines Kulturraumes.* Stuttgart: Edition Hansjörg Mayer, Linden-Museum, S. 64-78.

Kalter, Johannes. 1991b
Syrischer Volksschmuck. In: Johannes Kalter, Margareta Pavaloi und Maria Zerrnickel (Hrsg.). *Syrien – Mosaik eines Kulturraumes.* Stuttgart: Edition Hansjörg Mayer, Linden-Museum, S. 79-102.

Kalter, Johannes. 1991c
Die Kultur der Nomaden. In: Johannes Kalter, Margareta Pavaloi und Maria Zerrnickel (Hrsg.). *Syrien – Mosaik eines Kulturraumes.* Stuttgart: Edition Hansjörg Mayer, Linden-Museum, S. 123-142.

Kalter, Johannes und Antoine Touma. 1991
Ein Mosaik syrischer Ornamentik. In: Johannes Kalter, Margareta Pavaloi und Maria Zerrnickel (Hrsg.). *Syrien – Mosaik eines Kulturraumes.* Stuttgart: Edition Hansjörg Mayer, Linden-Museum, S. 232-238.

Kaplan, Aviali und Yehasoa Amit. 1979
Planning for the Bedouin. Mimeo (hebräisch).

Kaplan, Aviali, Yehasoa Amit, Avshalom Shmueli, Pritz Treitel und Uri More. 1979
Master Plan for the Bedouin Settlements (hebräisch).

Karmon, Jehuda. 1983
Israel – Eine geographische Landeskunde. Darmstadt: Wissenschaftliche Buchgesellschaft.

Kawar, Widad. 1980
The Traditional Palestinian Costume. Interview. *Journal of Palestine Studies*, 37, X, 1.

Kawar, Widad und Katharina Hackstein. 1987
Frauenkleidung aus Palästina und Jordanien seit dem 19. Jahrhundert – die Sammlung Widad Kawar. In: Gisela Völger, Karin v. Welck und Katharina Hackstein (Hrsg.). *Pracht und Geheimnis – Kleidung und Schmuck aus Palästina und Jordanien.* Köln: Rautenstrauch-Joest-Museum, S. 174-411.

Klever, Katrin und Ulrich. 1977
Exotischer Schmuck. München: Mosaik Verlag.

Kliot, Nurit und Amnon Medzini. 1985
Bedouin Settlement Policy in Israel 1964-1982: Another Perspective. *Geoforum*, 16:428-439.

Koran, der. 1960
Aus dem Arabischen übersetzt von Max Henning, Einleitung und Anmerkungen von Annemarie Schimmel. Stuttgart: Philipp Reclam jun.

Korsching, Friederike. 1980
Beduinen im Negev – Eine Ausstellung der Sammlung Sonia Gidal. Mainz am Rhein: Verlag Philipp von Zabern.

Kressel, Gideon M. 1984
Changes in Employment and Social Accommodations of Bedouin Settling in an Israeli Town. In: Emanuel Marx und Avshalom Shmueli (Hrsg.). *The Changing Bedouin.* New Brunswick, N.J.: Transaction Books, S. 125-155

Kressel, Gideon M. 1992
Descent Through Males – An Anthropological Investigation into the Patterns Underlying Social Hierarchy, Kinship, and Marriage among Former Bedouin in the Ramla-Lod Area (Israel). Wiesbaden: Otto Harrassowitz.

Kressel, Gideon M. und Josef Ben-David. 1995
The Bedouin Market Corner Stone for the Founding of Be'er-Sheva: Bedouin Traditions about the Development of the Negev Capital in the Ottoman Period. *Nomadic Peoples*, 36+37:119-144.

Kressel, Gideon M., Josef Ben-David und Khalil Abu Rabi'a. 1991
Changes in the Land Usage by the Negev Bedouin Since the Mid-19th Century – The Intra-Tribal Perspective. *Nomadic Peoples*, 28:28-55.

Kriss, Rudolf und Hubert Kriss-Heinrich. 1962
Volksglaube im Bereich des Islam II – Amulette, Zauberformeln und Beschwörungen. Wiesbaden: Otto Harrassowitz.

Kroeber, Alfred L. 1967 (1940)
Stimulus-Diffusion. In: Carl A. Schmitz (Hrsg.). *Historische Völkerkunde.* Frankfurt a.M.: Akademische Verlagsgesellschaft, S. 270-292.

Lavie, Smadar. 1990
The Poetics of Military Occupation – Mzeina Allegories of Bedouin Identity Under Israeli and Egyptian Rule. Berkeley: University of California Press.
Layish, Aharon. 1984
The Islamization of the Bedouin Family in the Judean Desert, as Reflected in the Sijill of the Sharī'a Court. In: Emanuel Marx und Avshalom Shmueli (Hrsg.). *The Changing Bedouin*. New Brunswick, N.J.: Transaction Books, S. 39-58.
Layne, Linda L. 1994
Home and Homeland – The Dialogics of Tribal and National Identities in Jordan. Princeton: University Press.
Lewando-Hundt, Gillian. 1984
The Exercise of Power by Bedouin Women in the Negev. In: Emanuel Marx und Avshalom Shmueli (Hrsg.). *The Changing Bedouin*. New Brunswick, N.J.: Transaction Books, S. 83-123.

Maddrell, Penny. 1990
The Bedouin of the Negev. London: The Minority Rights Group, Report No. 81.
Marx, Emanuel. 1967
Bedouin of the Negev. Manchester: University Press.
Marx, Emanuel. 1977
The Tribe as a Unit of Subsistence: Nomadic Pastoralism in the Middle East. *American Anthropologist*, 79, 1:343-363.
Marx, Emanuel. 1980
Economic Changes among the Bedouin in the Last Decade. *Notes on the Bedouin*, 11:3-11 (hebräisch).
Marx, Emanuel. 1984
Changing Employment Patterns of Bedouin in South Sinai. In: Emanuel Marx und Avshalom Shmueli (Hrsg.). *The Changing Bedouin*. New Brunswick, N.J.: Transaction Books, S. 173-186.
Marx, Emanuel. 1988
Advocacy in a Bedouin Resettlement Project. Paper presented at the 12th International Congress of Anthropological and Ecological Science.
Marx, Emanuel und Moshe Shela. 1979
The Situation of the Bedouin in the Negev. In: Tahal Consulting Engineers. *A Proposal for Evaluation and Resettlement of the Bedouin of Tel Malhata*. Appendix 1 (hebräisch).

Masos Regional Council. o.J.
[Informationsbroschüre]. Beer-Sheba.
Mershen, Birgit. 1982
Untersuchungen zum Schriftamulett und seinem Gebrauch in Jordanien – Dargestellt am Beispiel der Stadt Jarash und ihres ländlichen Umfeldes. Diss. Mainz: Birgit Mershen.
Mershen, Birgit. 1987
Amulette als Komponenten des Volksschmucks im Jordanland. In: Gisela Völger, Karin v. Welck und Katharina Hackstein (Hrsg.). *Pracht und Geheimnis – Kleidung und Schmuck aus Palästina und Jordanien*. Köln: Rautenstrauch-Joest-Museum, S. 106-109.
Mershen, Birgit. 1989
Amulets and Jewelry from Jordan – A Study on the Function and Meaning of Recent Bead Necklaces. *Tribus*, 38:43-58.
Mershen, Birgit. 1991a
Folk Jewellery in Jordan. In: P. Bienkowski (Hrsg.). *The Art of Jordan*. Liverpool: National Museums and Galleries on Merseyside, S. 162-17.
Mershen, Birgit. 1991b
The Islamic Cemetery of Abu en-Naml. In: S. Kerner (Hrsg.). *The Near East in Antiquity*, II. Amman: Goethe Institut und German Protestant Institute for Archaeology, S. 135-141.
Mollo, John. 1972
Die bunte Welt der Uniform – 250 Jahre militärischer Tracht: 17.-20. Jahrhundert. Fribourg: Office du Livre.
Murray, G. W. 1935
Sons of Ishmael – A Study of the Egyptian Bedouin. London: George Routledge & Sons, Ltd.
Musil, Alois. 1908
Arabia Petraea III – Ethnologischer Reisebericht. Wien: Kaiserliche Akademie der Wissenschaften.
Musil, Alois. 1928
The Manners and Customs of the Rwala Bedouins. New York: The American Geographical Society.

Negev Educational Association, the. 1992
Project Document – The Negev Weaving Project. Beersheva.
Nippa, Annegret. 1991
Haus und Familie in arabischen Ländern – Vom Mittelalter bis zur Gegenwart. München. Verlag C. H. Beck.

Oppenheim, Max, Freiherr von. 1983
Die Beduinen, Bd. II – Die Beduinenstämme in Palästina, Transjordanien, Sinai, Hedjāz. (Nachdruck von 1943, Leipzig). Hildesheim: Georg Olms Verlag.

Palmer, E. H. 1871
The Desert of the Exodus – Journeys on Foot in the Wilderness of the Forty Years' Wanderings, 2 Bde. Cambridge: Deighton, Bell & Co.
Parizot, Cédric. 1995
Les stratégies pastorales des Bédouins du Negev depuis 1948 – Changement économique et changement social. Mémoire de Maîtrise, Université de Paris X. Nanterre.
Pawlik, Johannes und Fritz Strassner. 1969
Bildende Kunst – Begriffe und Reallexikon. Schauberg, Köln: Verlag M. DuMont.
Prazanska, Andre. 1991
Ethnic Conflicts in the Context of Democratizing Political System. *Theory and Society*, 20:581-602.

Rackow, Ernst und Werner Caskel. 1938
Das Beduinenzelt. *Baessler-Archiv*, 21:151-184.
Rajab, Jehan. 1989
Palestinian Costume. London: Kegan Paul International.
Rappoport, Ralf. 1978
Nomadism as a Man-Environment System. *Environment and Behavior*, 10, 2:214-247.
Raswan, Carl R. 1934
Im Land der schwarzen Zelte – Mein Leben unter den Beduinen. Berlin: Ullstein.
Richter, Werner. 1985
Das Nomadentum im Negev und auf der Sinaihalbinsel – Phasen und Probleme der Sesshaftwerdung mobiler Lebensformgruppen seit dem 19. Jahrhundert. Vechtaer Arbeiten zur Geographie und Regionalwissenschaft, Bd. I. Vechta: Vechtaer Druckerei & Verlag GmbH.
Rugh, Andrea B. 1986
Reveal and Conceal – Dress in Contemporary Egypt. Syracuse, N.Y.: Syracuse University Press.

Sachsse, L. 1927
Palästinensische Musikinstrumente. *Zeitschrift des Deutschen Palästina-Vereins*, 50:117-172.

Schienerl, Peter W. 1983
Palestinian Folk Jewelry Made in Egypt. *Ornament*, 6, 3:9-11.

Schienerl, Peter W. 1984
Tierdarstellungen im Islam. Göttingen: edition herodot.

Schienerl, Peter W. 1988
Schmuck und Amulett in Antike und Islam. Aachen: Alano Verlag, edition herodot.

Schlossmacher, Karl. 1962
Edelsteine und Perlen. Stuttgart: E. Schweizerbart'sche Verlagsbuchhandlung.

Scholz, Fred. 1991
Von der Notwendigkeit, gerade heute über Nomaden und Nomadismus nachzudenken. In: Fred Scholz (Hrsg.). *Nomaden – Mobile Tierhaltung*. Berlin: Das Arabische Buch.

Seiler-Baldinger, Annemarie. 1991
Systematik der Textilen Techniken. Basler Beiträge zur Ethnologie, Bd. 32. Basel: Ethnologisches Seminar der Universität, Museum für Völkerkunde und Wepf & Co. AG Verlag.

Seng, Yvonne J. und Betty Wass. 1995
Traditional Palestinian Wedding Dress as a Symbol of Nationalism. In: Joanne B. Eicher (Hrsg.). *Dress and Ethnicity – Change across Space and Time*. Oxford: Berg.

Shammout, Ismail. 1978
Palästinensische Volkskunst. Zur Ausstellung der Palästinensischen Befreiungsorganisation im Pergamon-Museum. Berlin: Islamisches Museum.

Shmueli, Avshalom. 1980
Nomadism about to Cease. Tel Aviv: Dvir Publishers (hebräisch).

Simms, Steven und Deborah Kooring. 1996
The Bedul Bedouin of Petra, Jordan – Traditions, Tourism and an Uncertain Future. *Cultural Survival Quarterly*, (Winter), S. 22-25.

Speiser, Noémi. 1991 (1983)
The Manual of Braiding. Basel: Noémi Speiser.

Stein, Lothar. 1981
Beduinen in neuen Berufen – Versuch einer Analyse. In: *Die Nomaden in Geschichte und Gegenwart*. Veröffentlichungen des Museums für Völkerkunde zu Leipzig, Heft 33. Berlin: Akademie-Verlag, S. 159-171.

Stillman, Yedida K. 1979
Palestinian Costume and Jewelry. Albuquerque: University of New Mexico Press.

Tahal Consulting Engineers. 1982
Development Plan for the Negev. No. 2. Tel Aviv (hebräisch).

Ulmer, Friedrich. 1921
Arabische Stickmuster. *Zeitschrift des Deutschen Palästina-Vereins*, 44:81-90.

Venzlaff, Helga. 1977
Der Marokkanische Drogenhändler und seine Ware. Wiesbaden: Franz Steiner Verlag.

Venzlaff, Helga. 1985
Der Islamische Rosenkranz. Abhandlungen für die Kunde des Morgenlandes. Wiesbaden: Steiner GmbH.

Wagner, Jacob. 1977
Die Intelligenz und psychologische Welt von Beduinenkindern in der Negev-Wüste Israels. Bern: Peter Lang.

Wehr, Hans. 1985
Arabisches Wörterbuch für die Schriftsprache der Gegenwart – Arabisch-Deutsch. (neu bearb. und erw. 5. Aufl.) Wiesbaden: Otto Harrassowitz.

Weir, Shelagh. 1970
Palestinian Embroidery – A Village Arab Craft. London: The Trustees of the British Museum.

Weir, Shelagh. 1976
The Bedouin – Aspects of the Material Culture of the Bedouin of Jordan. London: World of Islam Festival.

Weir, Shelagh. 1989
Palestinian Costume. London: British Museum Publications Ltd.

Weir, Shelagh. 1990
The Bedouin. (neue Ausgabe von: Weir 1976) London: British Museum Publications Ltd.

Westphal-Hellbusch, Sigrid und Ilse Bruns. 1974
Metallgefässe aus Buchara. Berlin: Museum für Völkerkunde.

Wilbush, Zohar. 1976
Arab Women's Dresses in Judea and Southern Israel. *Ethnologische Zeitschrift Zürich*, I:5-27.

Wilkins, Eithne. 1969
The Rose-Garden Game. The Symbolic Background to the European Prayer-Beads. London: Victor Gollancz Ltd.

Winkelhane, Gerd. 1987
Textilgewerbe und Karawanenhandel Syriens im 19. und 20. Jahrhundert. In: Gisela Völger, Karin v. Welck und Katharina Hackstein (Hrsg.). *Pracht und Geheimnis – Kleidung und Schmuck aus Palästina und Jordanien*. Köln: Rautenstrauch-Joest-Museum, S. 150-155.

Zerrnickel, Maria. 1991
Textile Techniken. In: Johannes Kalter, Margareta Pavaloi und Maria Zerrnickel (Hrsg.). *Syrien – Mosaik eines Kulturraumes*. Stuttgart: Edition Hansjörg Mayer, Linden-Museum, S. 172-190.

Glossar der beduinisch-arabischen Wörter

aḥmar fātiḥ
hellrot
al-ḥamdu lillāh
Lob sei Gott (Gebetsformel).
allāhu akbar
Gott ist gross (Gebetsformel).
almānī
Deutscher; Bezeichnung für das Mausergewehr
arǧūl
Doppelschalmei aus einer gewöhnlichen Schalmei und einem Bordunrohr
asad
Löwe
aṣl
Abstammung
aṭlas
roter Seide-Baumwollatlas (Kette: Seide; Schuss: Baumwolle) mit gelben Streifen und kleinen Mustern
aʿrābī, Pl. *aʿrāb*
Wüstenaraber
azrag (m.), *zargāʾ* (w.)
blau
ʿabā oder *ʿabāyih*
Überwurf für Männer und verheiratete Frauen
ʿabayih oder *ʿabā*
Überwurf für Männer und verheiratete Frauen
ʿabd, Pl. *ʿabīd*
Sklave
ʿaḏār
Nackenband am Halfter; textiler Kopfschmuck für das Kamel
ʿaḏm, Pl. *ʿaḏām* (hocharab. *ʿaẓm*, Pl. *ʿiẓām*)
Knochen
ʿafīg
Hartkäse
ʿagafah
Winkelholz zur Befestigung der Spannseile des Zelts
ʿagāl
Kopfring für hochrangige Männer
ʿagrab
Skorpion
ʿaǧūz
alte Frau, jenseits der Menopause
ʿakkah
Schlauch für Kochbutter
ʿalaq
«Blutegel»: Stickmuster, das im Negev *ǧarīr* genannt wird.
ʿamrah
Büchse zum Aufbewahren der Kaffeeschalen
ʿamūd, Pl. *ʿimdān*
Stange; Zeltstange; Brustbaum des Webgeräts
ʿamūd al-īd
«Die Stange der Hand»: die rechte und linke Eckstange auf der Vorderseite des Zelts
ʿamūd al-migdim
die vordere, mittlere Stange des Zelts
ʿamūd ar-riǧl
«Die Stange des Fusses»: die rechte und linke Eckstange auf der Rückseite des Zelts
ʿaqīq
Achat; Karneol
ʿarayǧih, Pl. *ʿarāyiǧ*
kleine Glasperle; Band aus Glasperlen
ʿaṣbah
Rotes oder schwarzes Band, das die verheiratete Beduinin in Jordanien um ihre Kappe schlingt; im Negev selten.
ʿaṣfūr, Pl. *ʿaṣāfīr*
Vogel
ʿašāʾ
Abendessen
ʿašīrah, Pl. *ʿašāʾir*
Stamm
ʿayb
Schande
ʿayn, Pl. *ʿuyūn*
Auge; «böser Blick»; Quelle
ʿayn aš-šams
«Die Sonnenblume»: Stickmuster aus vier Sternen
ʿAzrāʾīl
ein Erzengel
ʿādī
gewöhnlich; alltäglich
ʿāmir, Pl. *ʿawāmir*
mittlere Stange auf jeder Seite des Zelts
ʿāʾylah
erweiterte Familie
badan
Rückenzierfeld (Frauenkleid)
badawī, Pl. *badawiyyūn*
Wüstenbewohner
bahārǧiyyah
Gewürzkanne
baḫūr
Weihrauch
bakraǧ, Pl. *bakāriǧ*
Kaffeekanne
bakraǧ aṣ-ṣabbāb
«Die Kanne zum Eingiessen»
bakraǧ aṣ-ṣaffāy
«Die Kanne zum Reinigen»
bakraǧ aṭ-ṭabbāḫ
«Die Kanne zum Kochen»
balāṭ
Fliesen; Steinplatten
banīgah, Pl. *banāyig*
Seitenspickel (Frauenkleid)
barakah
Segen, den Gott bestimmten Personen, Gegenständen und Orten verleiht.
barama
zusammendrehen
baṭn al-ḥayyah
«Die Innereien der Schlange»: Flechte aus mehr als vier Elementen
bān
Moringa-Baum (Moringa peregrina)
bārūd
Schiesspulver; Salpeter
bāṭiyah
Holzschüssel
bēt
Haus; Kernfamilie
bēt al-faraḥ
das Hochzeitszelt
bēt kyās
«Haus aus Säcken»: Jutezelt
bēt šaʿr
«Haus aus Ziegenhaar»: schwarzes Beduinenzelt
bidʿah, Pl. *bidaʿ*
Improvisation: Form eines beduinischen Gedichts
Bilād aš-Šām
Arabische Bezeichnung für Gross-Syrien, das heute die Länder Syrien, Israel, das Westjordanland, Jordanien und den Libanon umfasst.
bint
Tochter; Mädchen
bint ʿamm
Vaters Bruders Tochter (Cousine väterlicherseits)

birzah
«Das, das ausserhalb steht»: kleines Zelt für das Brautpaar während der ersten sieben Tage nach der Hochzeit

bismi ʾllāhi ʾ r-raḥmāni ʾ r-raḥīm
«Im Namen Gottes, des Barmherzigen, des Erbarmers»: Formel, die die Koransuren einleitet und «Bismillah» oder «Basmalah» genannt wird.

bizrih, Koll. *bizr*
Same; Kern; Korn; bei Stickmustern und Mustern in Zwirnbindetechnik werden kleine Vierecke so genannt.

bizrih mšabbak
«Samennetz»: Stickmuster

bīr, Pl. *byār* (hocharab. *biʾr*, Pl. *biʾār*)
Brunnen

brīg
Plastikkanne für Wasser

bsāṭ oder *mafraš*
Teppich

bṭānat al-bēt
das Spannband für das Zelt

bṭānat wsādih
«Futter des Kissens»: Rückseite des zum Schlafen verwendeten Kissens

buklih
Haarspange

bunnī
braun

burgaʿ
Gesichtsschleier

burrād, Pl. *barārīd*
Kessel zum Teekochen

daḥḥiyyah
Tanz, der von Mädchen und jungen Männern mit Säbeln getanzt wird.

dandakī
Handgewebter Baumwollstoff in dunklen Rottönen, der vor allem als Futterstoff verwendet wird.

darāsah
Dreschtafel

darāyah
Taft; Seide (ägypisch)

darwīš
Derwisch, frommer, oft asketischer Mann; im Negev Spezialist, der Amulette schreibt.

darwīšah oder *ṭabībah*
Im Negev heilkundige Frau, die Schutzketten zusammenstellen kann.

dāmar
traditionelle Stoffjacke für Männer (Ausdruck syrischer Beduinen; im Negev (?))

dāyir al-gubbah
der Rahmen des Brustzierfeldes

dāyir glādih
«Halskettenrahmen»: mit gestickten Dreiecken geschmückter Rahmen vor allem des Brustzierfeldes

diḥnigah
kurze Halskette

dīk
Hahn

dīrah
von einem Stamm kontrolliertes Gebiet

duḫḫān
Tabak

dwēraʿ
«kleiner Schild»: Beinpolster aus Leder; auch *mērakah* genannt

ḏēl, Pl. *ḏyāl*
hinteres Rockzierfeld, Schleppe (Frauenkleid); Schwanz

ḏēl ǧarbūʿ
«Mäuseschwanz»: Zweifarbige Flechte aus vier Elementen

ḍahr al-bēt (hocharab. *ẓahr al-bēt*)
«Der Rücken des Hauses»: das Zeltdach

ḍārab
Bogen für die Spiesslaute

ḍifdaʿah, Pl. *ḍafādiʿ* (hocharab. *ḍifdiʿah*, Pl. *ḍafādiʿ*)
Frosch

ḍlāʿ (Pl.; hocharab. *ḍilʿ*, Pl. *aḍlāʿ*)
«Rippen»: Muster mit kurzen Querstreifen in Kettrepsgeweben

ʿēš ṭabīḫ
gekochte Speise

faḫḫ ʿaṣfūr
Vogelfalle

fallāḥ (m.), *fallāḥah* (w.), *fallāḥīn* (Pl.)
Bauer, Bäuerin, Bauern

faraḥ
Hochzeit

farāšah
«Schmetterling»: Muster in Zwirnbindetechnik, d.h. zwei mit der Spitze gegeneinander stehende Dreiecke werden an einer Achse gespiegelt.

fard
einzeln; von einem einzigen Tier gezogener Pflug

fardih
«Sack zum Transport als die eine Seite der Last»: Bezeichnung für einen Kleider- oder Getreidesack, der auf einem Lasttier transportiert wird.

faršāh, Pl. *faršāt*
Matratze

farwah
Fellmantel

fatt
«Bissenspeise»: Brotstücke mit Milch oder Dickmilch

fattat samnah
Brotstücke mit Milch oder Dickmilch und Kochbutter

fātiḥah
«Eröffnende»: erste Sure im Koran

finǧān, Pl. *fanāǧīn*
henkelloses Schälchen für Kaffee

foḍḍah (hocharab. *fiḍḍah*)
Silber

gabīlah, Pl. *gabāʾil*
Konföderation oder Subkonföderation

galb
Herz

gadiḥ
Zunder

gafā
Hinterkopf

gafā al-bēt
«Der Hinterkopf des Zelts»: die Rückseite des Zelts

gahwah
Kaffee

galā
braten

galāyid bizrih
«Samenhalsketten»: Muster in Zwirnbindetechnik

gallāyih
Bratpfanne

garāmīl
Zopfschmuck aus farbigen Bändern und Quasten

garāmīl maʿ ǧadūlih
Zopfschmuck mit Zopf

garīnah
Kindbettdämonin

garn
Horn; Webhaken aus Horn

gaṣabah, Koll. *gaṣab*
Schilfrohr

gaṣīdah, Pl. *gaṣāyid*
Kasside: Form eines vorislamischen und beduinischen Gedichts

gaṣīr
kurz

gaṭār
Zug von Kamelen

gālūš
stumpfe Sichel

gidr
grosser Kochtopf

gidrah
dem *gidr* ähnlicher, aber kleinerer Kochtopf

girbih
Wasserschlauch

glādih, Pl. *galāyid*
Halskette; Schlinge zur Sicherung der oberen, nicht an den Litzen befestigten Kettfäden (Webgerät). Pl.: konzentrische Rauten mit verschiedenfarbigen Umrissen: Muster in Zwirnbindetechnik; Sg. und Pl.: verschiedene Stickmuster aus geknickten Wellenranken und Rauten, die viele kleine Dreiecke umrahmen; ein mit Dreiecken verzierter Winkel auf einem bestickten Brustzierfeld.

glādih bizrih
«Samenhalskette»: Muster in Zwirnbindetechnik

gōs
Bogen

grunful
Gewürznelke

gšāṭ oder *sēr*
Ledergürtel

gšāṭ bi-šayyālāt
Gürtel mit Schulterriemen

gubbah
Brustzierfeld (Frauenkleid)

gubbat laff
«umrandetes Brustzierfeld»: Die *ʿurūg balāṭ* («Fliesenranken») verlaufen konzentrisch um drei Seiten des Brustzierfeldes.

gubbat balāṭ
«Fliesenbrustzierfeld»: ein mit *ʿurūg balāṭ* («Fliesenranken») verziertes Brustzierfeld

gudlih
Stirnornament am *burgaʿ*

gunʿah
schwarzer Kopfschleier bzw. schwarzes Hülltuch

gunʿah margūmah
verzierter, d.h. bestickter Kopfschleier bzw. Hülltuch

gurgāʿ
kleine Schelle für das Leitschaf

gurnah, Pl. *gran*
kleines Sitzkissen oder Kissen für die Sofaecken

guššāš (Pl.)
blaue Perlen gegen den «bösen Blick»

ġabīṭ oder *šdād*
Sattel

ġafrah
Decke, ‹Schlafsack›

ġalā
kochen, sieden

ġalyūn, Pl. *ġalāyīn*
Pfeifenkopf

ġanam
Schaf; Kleinvieh

ġaṭā
bedecken, einhüllen, Decke

ġazū
Razzia; Raubzug

Ġazzawīyyah
Bezeichnung für eine aus Gaza stammende *fallāḥīn*-Gruppe

ġēṭāt
Regenfrauen

ġidfah
am *wugā* unverheirateter Frauen befestigtes, vier Finger breites Band

ġirbāl
feinmaschiges Getreidesieb

ġullāyah
Wasserpfanne

ġurḍah
schmückendes Band für das Reitkamel

ġūlah
Männerverzehrende Dämonin, die zu den *ǧinn* gehört.

ǧadal
Geflecht, Zopf

ǧallābiyyah
hemdartiges, langes Männerkleid in europäischem Schnitt

ǧamal
männliches, erwachsenes Kamel nach dem fünften Lebensjahr

ǧamīd
Weichkäse

ǧaras
Glocke oder Schelle für das Kamel

ǧarbūʿ
Wüstenspringmaus (Jaculus jaculus)

ǧarīr
«Kette»: Stickmuster aus gereihten S-Motiven

ǧarrah
Tonkrug

ǧāʿid
Schaffell

ǧinn (Koll.)
Dschinn: schadenbringende Dämonen

ǧizzih
Vlies; Schafwolle

ǧrāb oder *maǧrabah*
Schlauch für Kaffeebohnen

Ǧubrāʾīl
Gabriel (ein Erzengel)

ǧuddāʿah, Pl. *ǧadādīʿ*
dekoratives Band für Frauen- und Mädchengürtel

ǧurǧēt
Georgette, chiffonartiges Kreppgewebe

ǧurn, seltener *mihbāš*
Mörser zum Zerstossen der Kaffeebohnen

ǧūrī
Damaszener Rose (Rosa damascena)

hannābih
Holzschale

harābah, Pl. *harābāt*
Zisterne

hāmm, Pl. *hēmān*
kleine, giftige Schlange in der Beersheba-Region

hiǧīn
Ein Kamel, das schnell läuft.

ḥabarah
Überwurf aus Seide (hocharab.)

ḥabaš
Truthahn

ḥabl al-īd
«Das Seil der Hand»: das Zeltseil der rechten und linken Eckstange

ḥabl al-migdim
«Das vordere, mittlere Zeltseil»

ḥabl ar-riǧl
«Das Seil des Fusses»: das Seil der rechten und linken Eckstange auf der Rückseite des Zelts

ḥabr
Stoff mit glänzender Vorder- und matter Rückseite (Kette: Seide; Schuss: Baumwolle); in anderen Regionen als *malas* bekannt. Hocharabisch bedeutet *ḥabr* das «Erfreuen».

ḥadīd
Eisen

ḥaḍnat al-bēt (hocharab. *ḥiḍn al-bēt*)
«Die Brust (zwischen den ausgebreiteten Armen) des Hauses»: die Vorderwand des Zelts

ḥaǧaba
abschirmen, auch gegen böse Einflüsse

ḥamrāʾ (w.) *aḥmar* (m.)
rot

ḥamūlah
Abstammungsgruppe bzw. solidarische Gruppe der sesshaften Bevölkerung, der beduinischen *fallāḥīn* und manchmal auch der ‹echten› Beduinen.

ḥaṣā al-bān
Steinchen; Kies aus den Samen des Moringa-Baums zum Einreiben von Saite und Bogen der Spiesslaute

ḥaṭṭ Barlēf
«Bar-Lev-Linie»: Stickmuster

ḥawwaša
anhäufen

ḥāǧǧih
Eine Frau, die die Pilgerfahrt nach Mekka ausgeführt hat. Wird als Ehrentitel vor den Namen gesetzt.
ḥbuniyyih
Wundstein
ḥidād
geschmücktes Brautkamel; auch Decke für Brautkamel
ḥiǧāb
Schriftamulett
ḥiǧāzī
aus dem Hijaz kommend
ḥiǧr
vorderes Rockzierfeld (Frauenkleid)
ḥimār
Esel
ḥišmah
Scham, Schüchternheit, Bescheidenheit, Anstand
ḥizām
Gürtel (allgemeiner Ausdruck)
ḥurmah, Pl. *ḥarīm*
Das, was unantastbar, geheiligt ist; verheiratete Frau und Mutter.
ḥuwār
neugeborenes Kamel
ḫaḍrā' (w.), *aḫḍar* (m.); (hocharab. *ḫaḍrā'*, *aḫḍār*)
grün
ḫams
Fünf; solidarische Gruppe der ‹echten› Beduinen, die theoretisch einen gemeinsamen Ahnen besitzt, der vor fünf Generationen gelebt hat.
ḫamsīn
fünfzig; trockener Wind aus Ost oder Südost
ḫarazah, Koll. *ḫaraz*, Pl. *ḫarazāt*
Kügelchen; Perle; Schmuckstein
ḫarīṭah
kleine Tasche, meistens zum Umhängen
ḫašab
Holz
ḫaṭīb
Prediger einer Moschee; im Negev: Spezialist, der Amulette schreibt.
ḫawārah
Eine Kamelin, die sehr viel Milch gibt.
ḫātim
Fingerring
ḫiyārah
Gurke; zylindrischer Behälter für Schriftamulette
ḫlāl, Pl. *ḫlālāt*
Holznadel zum Befestigen der Zeltwände
ḫubnih
Täschchen am *mugawwaṭ*
ḫubz šrāk
ungesäuertes Fladenbrot
ḫurǧ
doppelte Satteltasche
illā allāh
Wenn nicht Gott (Inschrift auf Amulett).
imām
Anführer, Vorbeter in der Moschee oder Ehrentitel; Bezeichnung für die Trennperle der Gebetskette
Isrāfīl, *Sarafā'īl*
ein Erzengel
īd, Dual *īdēn*
Hand
īd al-ǧurn
«Die Hand des Mörsers»: der Stössel
īd al-maḥmāṣah
«Die Hand der Röstpfanne»: der Rührlöffel
'ilbih
Büchse; Dose; Etui
'irḍ
Ehre des Mannes, die vom Wohlverhalten der Frauen abhängt.
'irg, Pl. *'urūg*
Ranke; Zweig; Ornamentband
'irg ad-dīk
«Die Hahnenranke»: Stickmuster
'irg al-'aṣāfīr
«Die Vogelranke»: Stickmuster
'irg al-baskōt
«Die Bisquitranke»: Stickmuster
'irg al-ḥabaš
«Die Truthahnranke»: Stickmuster
'irg al-ward al-ǧūrī
«Die Damaszener-Rosenranke»: Stickmuster
'irg an-nǧāṣ
«Die Birnenranke»: Stickmuster
'irg aṭ-ṭāwūs
«Die Pfauenranke»: Stickmuster
'irg balāṭ
«Fliesenranke»: Stickmusterband aus rechteckigen Feldern
'izbih
nomadische Saison; kleines, während der nomadischen Saison gebrauchtes Zelt
'īd al-aḍḥā
islamischer Feiertag: Opferfest
'īd al-fiṭr
islamischer Feiertag: Fest des Fastenbrechens am Ende des Monats Ramadan
kabīr
gross; Vorsteher
kabsih, seltener *kbāsih*
«Druck»: schädigende Wirkung von Menstruationsblut und Sperma
kaff (?)
Patronengurt
kahrabah
Elektrizität
kahramān
Bernstein (hocharab.)
kamar
Männergürtel aus einem gewobenen Band
karhamān
Bernstein (beduinisch)
ka'kah, Koll. *ka'k*
meistens von Hirten direkt in der Glut gebackenes Brot
kbāsih, häufiger *kabsih*
«Druck»: schädigende Wirkung von Menstruationsblut und Sperma
kfāfih, Pl. *kfāyif*
gestickte, aus zwei Schrägstich-Reihen bestehende Einheit der Saumbordüre an Frauenkleidern; Pl: ganze Bordüre
kibr
Kittelgewand, das über dem *ṯōb* getragen wird.
kirbāl
grobmaschiges Getreidesieb
kirdān
Halsband
kirdāš, Pl. *karadīš*
Handkarde
kīs, Pl. *kyās*
Sack; Beutel; im Plural besonders für Jutesäcke gebraucht
kmāmah
Maulkorb für das Kamel
krūr
Längsstreifen in Kettrepsgeweben
kubbāyah
Teeglas
kursī al-malik
«Der Königsthron»: Stickmuster
kūfiyyah
Kopftuch für Männer, das im Negev *mandīl* genannt wird.
laban
Buttermilch
laff
Wickelung; herumgehen; Umweg
laḥāf, Pl. *luḥuf*
Steppdecke
laḥmih
Schuss; Eintrag (Weben)

laṯmih
Halb- oder Mundschleier nördlicher Negev-Stämme
laṯṯama
verschleiern
mabradah
«Kühler»: Schütte zum Kühlen von Kaffeebohnen
mabram
Handspindel zum Zwirnen (Ausdruck im Negev nicht gebräuchlich)
mabrūmah
gewunden, gedreht
madaggih
Holzhammer
maddad
ausgespannt; liegendes horizontales Webgerät mit fixiertem Litzenstab
mafraš
Decke; Matte; Teppich
maftūl
gedreht; Kouskous
maftūliyyih
Pfanneneinsatz zum Dämpfen von Kouskous
magaṣṣ
«Schere»: Muster in Zwirnbindetechnik und Stickmuster: zwei mit der Spitze gegeneinander stehende Winkel
magaṣṣ glādih
«Halskettenschere»: Stickmuster
magaṣṣ talḥamī
«Rosettenschere»: Stickmuster
magrūn
verbunden, verknüpft; Doppelschalmei aus zwei gleichartigen Schalmeien
magwad
Lenkseil
maġrafah
Schöpfkelle; Schöpfer aus Holz oder Metall
maġzal
Handspindel
maǧrabah oder *ǧrāb*
Schlauch für Kaffeebohnen
mahādī
Stützen für den Litzenstab (Webgerät)
maḥmāṣah
Kaffeeröstpfanne
maḥramah
«Ort der Frauen»: privater Familienraum des Zelts; Taschentuch (Pl. *maḥārīm*)
maḥtā
Schnur zur Sicherung der Litzen (Webgerät)
maḫmal
Samt
malas
Stoff mit glänzender Vorder- und matter Rückseite (Kette: Seide; Schuss: Baumwolle); im Negev als *ḥabr* bekannt.
malgaṭ oder *māšī*
Feuerzange
mandīl
Kopftuch für Frauen und Männer
manḏar
dekorative Decke für das Reitkamel (hocharab. *manẓar*: Anblick, Aussehen)
manǧal, Pl. *manāǧil*
Geschliffene Sichel; der Plural wird für die als «arabische Naht» bezeichnete Stossnaht verwendet; vgl. auch *šarāšib manāǧil*.
mansaf
Festessen aus Schaffleisch, Reis und Brot; Platte zum Servieren von Speisen
manṣab
eisernes Dreibein
manṭarah, Pl. *manāṭir*
Revier des Wächters; Ansammlung bewachter Getreidespeicher
margūm
Zwirnbinden des Eintrags; etwas, das dekoriert ist.
maṣabb bārūd
«Mündung für Pulver»; Zündkrautflasche
masḥūn
zerrieben
maṣriyyih (w.), *maṣrī* (m.)
ägyptisch, aus Ägypten kommend
maṭmūrah, Pl. *maṭāmīr*
individueller Getreidespeicher
maṭrag, Pl. *maṭārig*
Kettenaufzugstab (Webgerät)
*mayša*ʿ
Webschiffchen, Eintragstab
mazfar
«Ort des Seufzens»: Wiege mit stabilem Holzrahmen zum Mittragen und Aufhängen; auch *zagūḥah* genannt
mazhariyyat al-ward, Pl. *mazhariyyāt al-ward*
«Die Blumenvase»: Stickmuster
mākinah
Maschine; Nähmaschine
māskih
«Haltende»: Bezeichnung für Amulette, die prophylaktisch eine Frühgeburt verhindern.
māšī oder *malgaṭ*
Feuerzange
maʿāmīl
Gesamtheit der Kaffeeutensilien
maʿnad
Seite; Zwischen- oder Trennwand des Zelts
maʿṣab
Stirnornament der verheirateten Frau
mērakah
«Ort für den Schenkel»: Beinpolster aus Leder; auch *dwēra*ʿ genannt
mḫaffah
Trennstab (Webgerät)
maḥwwašah
Sammlung; gesammelt
mḫaddih, Pl. *mḫaddāt*
vor allem zum Aufstützen der Arme gebrauchtes Kissen
midrī
Webhaken aus Eisen
miḏrā oder *miḏrāyah*
Worfelgabel
*miglā*ʿ
Steinschleuder
migyās bārūd
«Mass für Pulver»: Zündkrautflasche
miǧazz ġanam
Schafschurschere
miǧwiz
doppelt; Zelt mit zwei Zentralstangen
mihbāš, häufiger *ǧurn*
Mörser zum Zerstossen der Kaffeebohnen
Miḫāʾīl
Michael (ein Erzengel)
minsāǧ
Schwert (Webgerät)
minyar
Litzenstab (Webgerät)
misbaḥah oder *sibḥah*
Gebetskette
misḥānah
Mörser, z.B. zum Zerreiben von Gewürzen
*mrabba*ʿ
Quadrat, Raute
*mrabba*ʿ *ʿādī*
«gewöhnliche», d.h. einfarbige «Raute»: Muster in Zwirnbindetechnik
*mrabba*ʿ *ḥēmān*
«Schlangenraute»: Muster in Zwirnbindetechnik
*mrabba*ʿ *mlawwan*
«farbige Raute»: Muster in Zwirnbindetechnik; Stickmuster
mrīrih
als Gürtel für Mädchen und Frauen verwendetes Band; Kopfring für Männer
mšabbak
flechtwerkartig, Filigran

mšaggaf
aufgeteilt
mšaggaf tašrīf
Zickzackband-Applikation
mšakkalah
Mischung; gemischt
mṯallaṯ
Dreieck; dreifach
mṯallaṯ ʿādī
«gewöhnliches Dreieck»: Musterband aneinandergereihter Dreiecke in Zwirnbindetechnik
mugawwaṭ
breiter, geflochtener Gürtel für die verheiratete Frau
munḫul
Mehlsieb
murǧān (Koll.)
Korallen
murǧēḥah
Wiege, die nur aufgehängt werden kann.
muṣwāṭah
perforierte Rührkelle
muwannas
Flammengarn
mūs
Klappmesser
nafs
Seele, auch die «böse Seele»
naḫlah, Koll. *naḫl*
Palme
naḫl bizrih
«Samenpalmen»: Stickmuster aus kleinen stilisierten Pflanzen
naḫlat at-turmus
«Die Lupinenpalme»: Stickmuster aus kleinen stilisierten Pflanzen
nasīǧ
Weben; Kettrepsgewebe; Kettrepstechnik
naṣrāwī
aus Nazareth kommend
naṭū
liegendes horizontales Webgerät mit fixiertem Litzenstab (Ausdruck im Negev nicht gebräuchlich)
nāṭūr
Wächter
ngāb
Halb- oder Mundschleier südlicher Negev-Stämme
nǧāṣ
Birne
nǧīdah
zweifarbiges Schachbrettmuster in Kettrepsgeweben
nḥās aḥmar
«rotes Kupfer»: Kupfer
nḥās aṣfar
«gelbes Kupfer»: Messing
niswān
Frauen
nīrih
Litzen (Webgerät)
nōl
liegendes horizontales Webgerät mit fixiertem Litzenstab (Ausdruck im Negev nicht gebräuchlich)
nugrah
Feuerstelle im Zelt
nuṣṣ
Hälfte; halb; Getreidemass, das ein halbes *ṣāʿ* fasst.
nuṣṣ magaṣṣ
«halbe Schere»: Stickmuster auf Brustzierfeldern: ein auf leeren Hintergrund gestickter Winkel
nuṣṣ magaṣṣ glādih
«Halbe Halskettenschere»: Stickmuster auf Brustzierfeldern: ein auf leeren Hintergrund gestickter Winkel, der mit Dreiecken verziert ist.
nuwwārah, Pl. *nuwwarāt*
Blüte
nuwwārat at-turmus
«Die Lupinenblüte»: Stickmuster aus kleinen stilisierten Pflanzen
qamar bi-nǧūm
«Mond mit Sternen»: das im Negev *ʿayn aš-šams* genannte Stickmuster aus vier Sternen
qumbāz
Kittelgewand (syrische Bezeichnung)
rabābah
Spiesslaute
raǧaz
Form eines vorislamischen und beduinischen Gedichts
raḥī
Handmühle
ramaḍān
Ramadan: der 9. Monat des islamischen Kalenders, der als Fastenmonat begangen wird.
rasan
Halfter, Zaumzeug
rawāǧīʿ
Dreibein zum Aufhängen des Butterschlauchs
rās (hocharab. *raʾs*)
Kopf; Kettbaum (Webgerät)
rās al-banīgah
der Kopf des Seitenspickels
rāyib
saure Dickmilch
ridin, Pl. *rdān*
langzipfliger Ärmel; Flügelärmel
riǧl, Dual *riǧlēn*
Fuss
rīš (Koll.)
«Federn»: Stickmotiv
riyāl
Maria-Theresien-Taler
rubʿ
Ein Viertel; Getreidemass, das einen viertel *ṣāʿ* fasst; Bezeichnung für einen Unterstamm.
rufrāf
Vorhang im Zelt, der eine Waschgelegenheit abtrennt.
rumḥ
Lanze
rummān
Granatapfel
rwāg
Rückwand und Seitenwand des Zelts
sabalah
«Ähre»: Stickmuster
sabbaḥa
lobpreisen
salṭah
Bestickte Frauenjacke aus schwarzem Baumwollatlas
samnah
Zerlassene Butter, Kochbutter
Sarafāʾīl, *Isrāfīl*
ein Erzengel
sarwah, Koll. *sarū*
«Zypresse»: Stickmuster
satā
Kette (Webgerät)
saʿūdī
saudi-arabisch
sēf
Säbel
sēr oder *gšāṭ*
Ledergürtel
sfīfih
Band jeglicher Art, z.B. als Kamelschmuck oder als Gürtel; als Gürtelband auch *mrīrih* genannt
sibḥah oder *misbaḥah*
Gebetskette
sirwāl
orientalische Pluderhosen; Unterhosen
sīgārah, Pl. *sigāyir*
Zigarette
siʿʿin
Schlauch zum Buttern
slīṭah
flach; einfach

subḥān allāh
Lobpreis Gottes (Gebetsformel)
sūdānī
sudanesisch, auch im Sinne von «schwarz»
ṣadaf (Koll.)
Perlmutt
ṣaff
Konföderation; Partei
ṣaffā
durchseihen
ṣaffāyih
Sieb
ṣafīḥah
Benzinkanister
ṣaḥn
Teller; Platte; Schale
ṣaḥn ʿağīn
Teigschüssel; Kupferschüssel
ṣaḥrāʾ
Wüste
ṣalībah, Koll. *ṣalīb*
Haufen, insbesondere Kornhaufen (hocharab. *ṣalīb*: «Kreuz»)
ṣāğ
konvexes Backblech für Brot
ṣāyah bēḍaʾ
weisses Kittelgewand (Ausdruck im Negev nicht gebräuchlich)
ṣāʿ
Hölzernes Mass, das 6-6,5 kg Getreide fasst.
ṣıniyyih
Tablett
ṣufn
Kleine Tasche aus Leder, die umgehängt oder am Gürtel befestigt wird.
ṣuwwānah, Koll. *ṣuwwān*
Feuerstein
ṣūf kašmīr
Kaschmirwolle; wollähnliches Gewebe
ṣūfiyyih
«Wollene»: als Gürtel getragener Schal aus Acrylwolle
ṣwārah
Armspange
šabbābih
Längsflöte
šabbih
Alaun
šadaḥ, Pl. *šūdaḥ*
kurzes, am Zeltdach befestigtes Band
šams
«Sonne»: Sternförmiges Stickmotiv
šanšarah
geschliffene Sichel zum Schneiden von Gras; Haumesser
šaqaf (Koll.)
Scherben
šaraf
Ehre des Mannes, die erworben werden kann.
šarāšib manāğil
«Sichelquasten»: die Schnüre oder Fransen bestehen aus zwei mit Achterschleifen umwickelten Elementen.
šarīʿah
Pflichtenlehre und religiös begründetes Recht des Islam
šaršibbih, Pl. *šarāšib*
Quaste mit dazugehöriger Schnur; Franse
šayṭān
Satan
šāl
Schal
šāš
Baumwoll- und Chemiefasergaze
šāših
weisses Hülltuch aus Gaze für Frauen
šāʿir
Sänger, Dichter
šaʿr
Ziegenhaar
šdād oder *ġabīṭ*
Sattel
šēḫ
Scheich
šibēkah
«kleines Netz»: Stirnornament für die unverheiratete Frau
šibr
Spanne.
šibriyyih
Dolch
šigg
«Abteil»: Gästeraum des Zelts
šnāf
Nasenring
šubbāk
Flechtwerk
šuggah, Pl. *šgāg*
Webbahn
šuršārah
Zweigsichel
tagṭīʿ
«Unterteiler»: gestickter Winkel auf Brustzierfeldern
talḥamī
Dinge, die miteinander verbunden sind, z.B. die Blätter einer Rosette.
tarḥīl
Überführung an eine andere Stelle; alte, wiederverwendete Zierfelder
tarkah
Vermächtnis, Erbe
tasnīn
«Zinnen, Zähnung»: doppelt gezähntes Muster in Zwirnbindetechnik
tašrīf
Applikation oder Besatz an einem textilen Gegenstand
tubēt
schwarzer Baumwollatlas
tūt (Koll.)
Maulbeeren
ṭabag
Strohplatte
ṭabanğah
Steinschlosspistole
ṭabībah
Ärztin; im Negev heilkundige Frau, die Schutzketten zusammenstellen kann; auch *darwīšah* genannt.
ṭabīḫ
gekocht; für eine gekochte Speise verwendet
ṭarf
Auge; Blick
ṭarfah
Roter Karneol, der gegen Augenentzündungen wirkt.
ṭarīg
Weg, Strasse
ṭarīg al-ḥāmm
«Weg der Schlange»: vertikale Zickzacklinien in Zwirnbindetechnik
ṭarīg aṣ-ṣaḥrāʾ
«Wüstenweg»: breite, horizontal verlaufende, geknickte Wellenranken in Zwirnbindetechnik
ṭāsah
Kochtopf
ṭāsat nḥās
Kupferkochtopf
ṭāwūs, Pl. *ṭawāwīs*
Pfau
ṯalāṯah
drei
ṯaman
Ein Achtel; Getreidemass, das ein achtel *ṣāʿ* fasst.
ṯamīlah, Pl. *ṯamāyil*
Kleine, in einem Wadi gegrabene Grube, in die das Wasser sickert.
ṯōb
hemdartiges, langes Kleid im arabischen Kleiderschnitt für Frauen und Männer
ṯōb abū rdān
Kleid mit Flügelärmeln

ṯōb azrag
blaues Kleid
ṯōb ʿādī
Alltagskleid
ṯōb dass
«verborgenes Kleid»: Festkleid
ṯōb faraḥ
Hochzeitskleid
umm al-ġēṯ
«Die Mutter des Regens»: Zeremonialfigur
ūlādah
Geburt
ʿūd
Stange
ʿūdiyyah
Zelt mit einer Zentralstange
wabar
Kamelhaar
wadʿ (Koll.)
Kaurischneckenhäuschen; Muscheln
wardah, Koll. *ward*
Rose
wasm
den Tieren eingebranntes Erkennungszeichen
wādī
Trockental bzw. -fluss, der nur nach heftigen Regenfällen Wasser führt.
wāsiṭ
zentrale Zeltstange
wiqāyah (hocharab.)
Schutz
witad
Zelthering
wsādih
Sehr langes, mit Stroh oder Kleidern gestopftes und zum Schlafen verwendetes Kissen; ungestopft wird es auch zum Schmuck des Brautkamels verwendet.
wugā
Schutz; Kappe für Frauen
wuǧh
Gesicht
wuǧh al-bēt
«Das Gesicht des Zelts»: die Vorderseite des Zelts
wuǧh al-faršah
«Das Gesicht der Matratze»: der Matratzenüberzug
wuǧh al-mḫaddih
«Das Gesicht des Kissens»: der Kissenüberzug
wusṭ al-glādih
die Mitte der Halskette
yad (hocharab.)
Hand; die Minarettperle der Gebetskette wird auch als Handperle bezeichnet.
yiḥaddid
Ein Brautkamel schmücken.
yōm aṣ-ṣalīb
der Tag der Haufen
zagūḥah oder *mazfar*
Wiege mit stabilem Holzrahmen zum Mittragen und Aufhängen
zahrah
Blume, Blüte
zahrat ar-rummān
«Die Granatapfelblüte»: Stickmuster
zargāʾ (w.), *azrag* (m.)
blau
zāfrah
die mittlere Zeltstange auf der Rückseite
zibdah
Butter
zingān
am *wugā* der verheirateten Frau befestigtes, schmales Band
znād
Schlagfeuerzeug
znāg
Kinnkette

Autorinnen und Autoren

Abū Hānī, Sālīm
BA in Kommunalwesen, Rahat; Chef des Human Resources Department des Stadtrates von Rahat (zuständig für soziale Angelegenheiten, Erziehung, Sport und Kultur).

Albaz, Kher
MA in Sozialplanung und Sozialpolitik, Tel Sheva; Studium in Israel und Kanada; Direktor des Sozialdienstes für Segev Shalom und alle ‹illegalen› Siedlungen.

Biasio, Elisabeth
Lic. phil. I., Ethnologin, Zürich; seit 1978 Wissenschaftliche Mitarbeiterin und Kuratorin der Abteilung Nordafrika, Äthiopien und Mittlerer Osten im Völkerkundemuseum der Universität Zürich; div. Publikationen und Ausstellungen über äthiopische Kunst.

Fenster, Tovi
Ph.D. in Sozialplanung und Geographie, Jerusalem; Lehrbeauftragte an der Universität in Tel Aviv und Beraterin von Ministerien und Regionalräten auf dem Gebiet der Sozialplanung. Dissertation über die neuen Beduinen-Siedlungen im Negev: *Settlement planning and participation under principles of pluralism*, 1992.

Kawar, Widad
Studium am Frauen-College, Beirut, und an der Universität von Arizona, Tuscon. Sie lebt in Amman und besitzt eine der besten Sammlungen von palästinensischen Textilien und palästinensischem Schmuck; div. Publikationen über die palästinensische Tracht; u.a. ist sie Mitautorin des Artikels über ihre Sammlung in *Pracht und Geheimnis*, 1987.

Mershen, Birgit
Dr. phil., Stuttgart; Studium der Islamkunde und Semitistik; div. Publikationen, u.a. eine Dissertation über jordanischen Schmuck: *Untersuchungen zum Schriftamulett und seinem Gebrauch in Jordanien*, 1982. Sie lebte mehrere Jahre in Jordanien und arbeitete an der Yarmouk Universität in Irbid.

Rahm-Mottl, Ursula
Lic. phil. I, Ethnologin; Zürich; ab 1988 temporär Assistentin am Völkerkundemuseum der Universität Zürich.

Fotografinnen und Fotografen

Ania Biasio, Zürich
Fabian Biasio, Zürich
Erich Frei (Schmuck und nichttextile Objekte der Beduinen-Sammlung), Völkerkundemuseum der Universität Zürich
Lucien Gautier, Fondation Lucien Gautier, Colombier
Dr. Peter R. Gerber, Völkerkundemuseum der Universität Zürich
Sonia Gidal, Berlin
Dr. Tim Gidal, Jerusalem
Paul Hommel, im Nachlass von Johann Ludwig Schneller, Landeskirchliches Archiv, Stuttgart (LAS)
Klaus-Otto Hundt, Leamington Spa (England)
Konsul Carl Lutz, Archiv für Zeitgeschichte, Eidgenössische Technische Hochschule, Zürich (AfZG)
G. Eric Matson, The Library of Congress, Washington D.C. (LCW)
Peter Nebel (Textilien der Beduinen-Sammlung), Völkerkundemuseum der Universität Zürich
Alberto Simon, Berlin
unbekannter Fotograf, Jewish National and University Library, Jerusalem